니
체
의
삶

니체의 삶

—

2020년 6월 24일 초판 1쇄 발행
2023년 8월 16일 초판 7쇄 발행

—

지은이 수 프리도
옮긴이 박선영
펴낸이 강준규

—

책임편집 유형일
마케팅지원 배진경, 임혜솔, 송지유, 이원선

—

펴낸곳 (주)로크미디어
출판등록 2003년 3월 24일
주소 서울시 마포구 마포대로 45 일진빌딩 6층
전화 번호 02-3273-5135
팩스 번호 02-3273-5134
편집 02-6356-5188
홈페이지 http://rokmedia.com
이메일 rokmedia@empas.com

—

ISBN 979-11-354-8422-3 (03990)
책값은 표지 뒷면에 적혀 있습니다.

—

• 비잉은 로크미디어의 인문 도서 브랜드입니다.
• 잘못 만들어진 책은 구입하신 서점에서 교환해 드립니다.

니체의 삶

역사상 가장 위대한 철학자 니체의 진정한 삶

수 프리도 지음 · 박선영 옮김

Being

지은이 _ **수 프리도**^{Sue Prideaux}

수 프리도는 소설가이자 전기 작가이다. 영국에서 태어나 노르웨이에서 세례를 받았고 두 나라를 오가며 유년 시절을 보냈다. 피렌체, 파리, 런던에서 미술사를 공부했다. 그녀의 할머니 키스 베넷은 위대한 탐험가 로알 아문센과 플라토닉한 연인 사이였고, 덴마크 왕실 부부, 노르웨이 왕 하콘 7세와 올라프 5세와 사교계에서 교류했다. 그녀의 대모 헨리에테 올센은 노르웨이의 대표적인 선박 기업 프레드 올센 그룹의 창립자 페테르 올센의 손자였던 토마스 올센의 아내였다. 헨리에테는 남편 토마스와 함께 오랫동안 뭉크의 주요 후원자였으며, 뭉크는 감사의 뜻으로 직접 헨리에테의 초상화를 그려주기도 했다. 이러한 환경 덕분에 수 프리도는 노르웨이의 대표적인 예술가 뭉크의 삶과 작품을 영미권에 전달하기에 적합했다. 2005년에 펴낸 《에드바르 뭉크: 세기말 영혼의 초상^{Edvard Munch: Behind the Scream}》은 〈뉴욕 타임스〉로부터 "평전을 문학 작품의 경지로 승화시켰다"는 격찬을 받았으며, 영국의 가장 오래된 문학상인 '제임스 테이트 블랙 기념상^{James Tait Black Memorial Prize}' 전기 부문을 수상했다. 또한 2012년에는 스웨덴의 극작가이자 소설가인 아우구스트 스트린드베리의 삶을 조명한 《스트린드베리의 삶^{Strindberg: A Life}》을 펴내어 "매혹적인 전기"라는 평을 받으며 '더프 쿠퍼상Duff Cooper Prize'을 수상했다. '사무엘 존슨 상Samuel Johnson Prize'의 최종 후보로도 꼽혔다. 이 책《니체의 삶》은 역사상 가장 위대한 철학자에 관한 색다른 전기이다. 수 프리도는 누구보다 뛰어난 통찰력과 냉철한 시각을 지니고도 누구보다 고독하고 고통스러운 삶을 살았던 니체의 세계로 파고들어 그동안 잘못 알려진 사실들을 철저히 바로잡고, 그의 삶과 글을 형성한 사건과 사람들을 집중 조명하여 그의 철학을, 그의 자전적 이야기를 한 순간도 눈을 뗄 수 없을 만큼 생생하게 그려냈다.《니체의 삶》은 타임스가 뽑은 2018 올해의 전기, 뉴욕 타임스 에디터가 선정한 올해의 책 등에 이름을 올렸으며, 2019년에 100주년을 맞이한 영국의 가장 권위 있는 문학상인 호손덴상Hawthornden Prize을 수상했다. 이 책에 대해 호손덴상 심사위원 전원이 니체라는 복잡하고 어려운 인물의 삶을 명료하게 잘 써냈다고 동의했으며 심사위원장이었던 옥스퍼드 대학교 영문학 명예교수 허마이오니 리 Dame Hermione Lee는 "이 책은 니체에 대한 기존의 관점을 완전히 바꾸어놓는 훌륭한 문학 작품"이라고 평했다.

옮긴이 _ **박선영**

경성대학교 영문과를 졸업하고 부산대학교 교육대학원에서 영어교육학 석사를 취득했다. 영국에서 1년간 사회봉사 활동을 하고 필립모리스 코리아 등 외국기업에서 7년간 근무했다. 영어 강사와 기술 번역가로 활동했으며 글밥 아카데미를 수료한 뒤 현재는 바른 번역에 소속되어 활동 중이다. 역서로는《혼자 살아도 괜찮아》,《오래도록 젊음을 유지하고 건강하게 죽는 법》,《깃털 도둑》,《다윈의 실험실》,《처음 만나는 그리스 로마 신화》가 있다.

조지아, 앨리스, 메리, 샘 그리고 조지에게
자신이 누구인지 알고, 네 자신이 되어라.

일러두기

- 단행본은 《 》, 논문·잡지·시는 〈 〉, 오페라·희곡·악곡은 「 」로 표기하였습니다.
- 책 제목은 국내 번역서가 있는 경우, 기존 번역서 제목을 사용하였습니다.
- 도량형 단위는 미터법을 적용하여 환산하였습니다.

목차

Friedrich Wilhelm Nietzsche' life

· 1장 ·

음악의 밤

. . .

견디기 힘든 압박감에서 벗어나려고 사람들은 대마를 찾는다.
그렇다면 나에게는 바그너가 필요하다. 바그너는 독일 모든 것의 해독제다.

《이 사람을 보라》'나는 왜 이렇게 현명한가?' 6절

1868년 11월 9일, 스물네 살의 니체는 라이프치히대학교 동창 에르빈 로데Erwin Rohde에게 편지를 보내어 자신이 겪은 재미난 일을 이야기했다.

이 이야기는 3부로 되어 있다네.

1. 학회의 저녁 모임 혹은 부교수, 2. 쫓아낸 재단사, 3. X와의 만남(출연자에는 부인들도 몇 명 포함됨.)

목요일 저녁에 로문트Romundt가 나를 극장에 데려갔다네. 그것 때문에 나는 기분이 점점 나빠졌지. 우리는 왕좌에 앉은 올림포스 신들처럼 의자에 앉아서 「그라프 에섹스」라는 저속한 연극을 보았어. 당연히 나는 나를 납치해온 사람에게 툴툴거렸지.

다음 날 저녁에는 그 학기 첫 고전학회 강의가 잡혀 있었어. 얼마 전 부탁받은 강의였지. 학문적 무기를 비축해둘 필요가 있다고 생각했어. 물론 전부터 준비는 되어 있었지만. 자스펠 강의실에 들어가니 학생들이 40명쯤 앉아 있더군. 강의는 편하게 했어. 노트 한 장에만 의지해서 말일세. 괜찮은 일이 될 것 같다는 생각이 들더군. … 집에 도착하니 메모가 있었어. '리하르트 바그너Richard Wagner를 만나고 싶으면 오후 3시 45분까지 카페 극장으로 오기를. 빈디시Windisch가' 라고.

나는 너무 놀라서 머리가 어찔했지. 당연히 내 멋진 친구 빈디시를 만나러 달려 나갔어. 그가 더 많은 정보를 알려주더군. 바그너는 라이프치히에서 신분을 철저히 숨기고 있었어. 신문사들은 전혀 몰랐지. 하인들은 쥐죽은 듯 지내라는 지시를 받았고. 알고 보니 바그너의 여동생인 브로크하우스Brockhaus[1] 교수가 자신의 친구인 리츨Ritschl 교수를 오빠에게 소개했더라고. 그날 바그너가 「마이스터징거」를 연주했는데, 리츨 교수가 그 곡을 이미 잘 알고 있다고 말했지. 그랬더니 그가 깜짝 놀라면서 무척 좋아했다지 뭐야! 나를 꼭 만나고 싶다고 하면서 말이지. 그래서 일요일 저녁 모임에 내가 초대를 받게 된 거였어. (당시 바그너의 오페라 작품인 「뉘른베르크의 마이스터징거Die Meisteringer von Nürnberg」가 몇 달 전 초연되었는데, 리츨 교수는 니체가 직접 피아노를 치며 그 노래를 부르는 걸 들은 적이 있어 그 곡을 잘 알고 있었다. 그때 니체가 연주한 편곡 악보는 아주 최근에서야 공개되었다).

그날이 오기를 기다리며 기분이 정말 묘했다네. 그가 얼마나 범접하기 어려운 인물인지 생각하면 그를 만난다는 것은 동화가 현실이 되는 것 같았지. 초대받은 사람이 나 말고도 많을 테니 옷을 잘 입어야겠다고 생각했어. 다행히 재단사가 일요일까지 옷을 보내주겠다고 했다네. 약속 날은 진눈깨비가 내려서 아주 끔찍했어. 그래도 오후에 동료 로셔Roscher[2]가 찾아와 기분은 좋았지. 우리는 엘레아학파(기원전 6세기경 활동한 초기 그리스의 학파)와 철학에서의 신에 관해 여러 이야기를 나누었다네. 어느새 날이 어두워졌는데, 그때까지도 재단사가 오지 않았지. 로셔가 집을 나설 때, 재단사를 찾아가 보려고 나도 따라나섰어. 재단사의 하인들이 내 옷을 만드느라 정신이 없더군. 45분 안에 옷을 보내주겠다는 약속을 듣고 그 자리를 나왔지. 그리고 킨치스(학생들이 주로 이용한 식당)에 들러 〈클라데라다치〉(풍자 잡지)를 읽었는데, 거기에 바그너가 스위스에 있다는 기사가 있더군. 갑자기 기분이 좋아졌어. 나는 바로 그날 저녁에 그와 만나기로 되어 있었고, 그가 어제 국왕(바이에른의 루트비히 2세)에게서 '위대한 독일인 작곡가 리하르트 바그너에게'라고 쓴 편지를 받았다는 것을 알고 있었으니까 말이야.

집으로 돌아와 보니 재단사는 아직 도착하지 않았더군. 느긋하게 기다리면서 에우도키아[3]에 관한 논문을 읽었지. 그러다 어디선가 벨소리가 들리는 것 같아 밖을 내다보았어. 대문 밖에 누가 있다는 확신이 들었지. 대문과 앞문이 모두 잠겨 있어서 밖에 있는 남자에게 집 뒤쪽으로 오라고 정원 너머로 소리쳤다네. 하지만 빗소리가 너무 커서 내 말이 들릴 리 없었어. 집 전체가 웅웅거렸으니까. 한참 만에 꾸러미를 든 노인이 방으로 올라왔지. 시간은 이미 6시 반이었고. 만날 장소까지 거리를 생각하면 옷을 입고 나가야 할 시간이었어. 남자가 옷을 내밀더군. 입어 보니 잘 맞았어. 그런데 그 순간 약간 불길한 기분이 들었어. 남자가 계산서를 내밀더라고. 나는 점잖게 받아들었지. 그는 돈을 바로 받아야 한다더군. 나는 재단사에게 직접 주겠다고 했어. 밑에서 일하는 사람에게는 돈을 줄 수 없다고 말이야. 남자는 계속 돈을 요구했어. 그렇게 실랑이하는 사이에 시간이 계속 흘러 나는 무작정 옷을 입었어. 그러자 그는 내가 옷을 입지 못하게 막더군. 나도 잡아당기고 그도 잡아당기고. 나는 셔츠 바람으로 다리를 집어넣으려고 안간힘을 썼지.

품위를 지키려는 자와 돈을 받으려는 자의 대결이었다고 해야 하

나. 어쨌든 나는 그가 내 옷을 가지고 떠나는 모습을 보면서 재단사와 그에게 저주를 퍼붓고 복수를 다짐했다네. 2부는 여기까지일세. 나는 셔츠 차림으로 소파에 앉아 곰곰이 생각했어. 검정 벨벳을 입고 바그너를 만나도 괜찮을지 말이야.

밖으로 나가니 비가 억수같이 내리더군. 8시 되기 15분 전이었어. 7시 30분에 카페 극장에서 보기로 했는데 말이야. 나는 비바람을 뚫고 달렸지. 검정 양복만 입고 연미복은 걸치지 않은 채로.

우리는 브로크하우스 부부의 근사한 응접실로 들어갔어. 브로크하우스 가족과 바그너, 빈디시 그리고 나, 그 외에 다른 사람은 없더군. 바그너에게 나를 소개하고 존경심을 담아 몇 마디 인사말을 건넸지. 그는 내가 그의 음악을 어떻게 좋아하게 되었는지 정확히 알고 싶어 했어. 자신의 오페라 공연을 보고 어떻게 욕하고, 지휘자를 어떻게 비웃었는지 말해 달라고 하더군. "신사분들, 열정을 보여주시오. 더 진솔하게 말이오!"

바그너는 저녁 식사 전후로 「마이스터징거」의 주요 파트를 모두 연주했다네. 파트별로 훌륭하게 노래도 부르면서 말이지. 그는 정말 의욕적이고 열정적인 남자였어. 말도 굉장히 빨리하고, 하는 말마다 재치 있고, 사적인 모임을 아주 즐거운 자리로 만드는 재주가 있었지. 우리는 중간에 쇼펜하우어Schopenhauer에 관해 긴 대화를 나누었어. 그는 말로 다 표현하기 힘들 정도로 쇼펜하우어에 대한 애정을 보여주었지. 그에게 정말 많은 빚을 졌다고, 음악의 본질을 이해하는 유일한 철학자라고 말이야. 내가 그런 말을 들으며 얼마나 신났을지 자네는 이해하겠지.

당시 쇼펜하우어의 글은 대중에게 거의 알려지지도, 제대로 평가받지도 못했다. 대학들은 그를 철학자로 전혀 인정하지 않았다. 하지만 니체는 얼마 전 우연히 보게 된 《의지와 표상으로서의 세계The World as Will and Representation》를 읽고, 그에게 정신없이 빠져들었다. 어쩌면 니체의 말처럼 브로크하우스의 응접실에서 운명처럼 바그너를 만났듯, 그 책을 읽게 된 것도 우연을 가장한 운명이었을지 모른다.[4]

그 운명 같은 우연은 바그너를 만나기 한 달 전에 시작되었다. 바그너가 당시에 만든 「트리스탄과 이졸데Tristan und Isolde」와 「뉘른베르크의 마이스터징거」 서곡을 니체가 우연히 듣게 된 것이다. 니체는 두 오페라를 듣고 '온몸의 신경과 세포가 전율했다'며 직접 그 곡을 배우겠다고 덤볐다. 다음 운명 같은 우연은 오틸리에 브로크하우스가 니체의 연주 이야기를 전해 듣고 오빠인 바그너에게 전했다는 것이고, 마지막 우연은 니체에게 마음의 위안을 크게 안겨준 무명의 철학자를 바그너도 아주 좋아했다는 것이다. 니체는 라이프치히에 도착하기 3년 전, 아주 힘들고 불안한 삶을 이어갔다.

그때의 나는 무엇 하나 제대로 결정하지 못하고 무기력했다. 고통스러운 경험으로 실망감만 가득했다. 아무런 신념도, 희망도, 즐거운 기억도 없었다. 그러던 어느 날 헌책방에서 그 책을 발견했다.

낯선 책을 집어 들고 페이지를 넘겼다. 그때 어떤 악마가 내 귀에 대고 '이 책을 데려가라'고 속삭였는지도 모르겠다. 어쨌든 평소와 다르게 나는 망설임 없이 책을 사서 나왔고, 집에 도착해 소파에 앉자마자 방금 찾아낸 그 보물을 손에 들었다. 그리고 정열적이고도 우울한 그 천재에게 나를 맡겼다. … 책에서 나는 하나의 거울을 보았다. 그 거울을 통해 무서울 정도로 장엄하게 비치는 세계와 인생, 나 자신의 본성을 마주 보았다. … 여기에서 나는 아픔과 건강, 도피와 은신처, 지옥과 천국을 만났다.[5]

하지만 니체는 그날 저녁 쇼펜하우어에 관해 더 말할 시간이 없었다. 니체의 표현대로라면 바그너의 천재성이 빚어낸 말들이 빙글빙글 돌고 소용돌이치며 거대한 구름이 되어 모든 방향에서[6] 점점 돌진해왔다. 편지는 이렇게 계속된다.

저녁 식사가 끝나자 바그너는 그때 쓰고 있던 자서전 중 한 대목을 읽어주었다네. 라이프치히에서 학생 때 겪은 일화였는데, 다시 생각해도 재밌는지 그가 유쾌하게 웃더군. 그는 정말 글재주도 뛰어나고 지성이 넘쳤어. 모임이 끝나고 내가 집을 나서려고 하자 그가 다정하게 내 손을 잡으면서 피아노를 연주하고 철학에 관해 이야기할 겸 다음에 또 와 달라고 정중하게 초대했지. 자신의 여동생과 친척들과도 음악에 관해 이야기하며 가깝게 지내 달라고 부탁했고. 그 임무는 지금도 진지하게 수행하고 있다네. 내가 오늘 저녁 일을 좀 더 객관적으로 볼 수 있게 되면 더 많은 이야기를 전해주겠네. 오늘은 이만 작별을 고하며 건강하길 비네. -니체가.

니체는 브로크하우스 교수의 근사한 저택을 떠나 몰아치는 바람과 진눈깨비의 환대를 받으며 레싱스트라세 22번가 Lessingstrasse 22를 향해 발걸음을 옮겼다. 진보 신문사인 〈도이체 알게마이네 차이퉁 Deutsche Allgemeine Zeitung〉의 편집장 칼 비더만 Karl Biedermann 교수에게서 빈방 하나를 빌려 살던 곳이었다. 그는 그날 말로 표현하기 힘들 정도로 희열을 느꼈다고 표현했다. 바그너를 처음 알게 된 것은 학창시절 때였다. "모든 점을 고려할 때 그의 음악이 없었다면 젊은 시절을 견딜 수 없었을 것이다."[7]라고 말했을 정도로 바그너가 그에게 미친 영향력은 강력했다. 그의 책에 바그너는 그리스도, 소크라테스, 괴테를 포함한 다른 누구보다 자주 등장한다.[8] 그의 첫 책은 바그너에게 헌정되었고, 총 14권의 작품 중 2권의 제목에 바그너가 있다. 그의 마지막 책인 《이 사람을 보라 Ecce Homo》에는 '트리스탄'처럼 위험할 정도로 매혹적이고 기이하며 아름다운 무한함을 지닌 예술을 지금도 부질없이 찾고 있다고 적었다.[9]

니체의 어릴 적 꿈은 음악가였다. 하지만 음악보다 언어가 중시되는 학교에서 음악보다 언어에 탁월한 재주를 보여 열여덟 살 때쯤 그 꿈을 접어야 했다. 바그너를 처음 만났을 때 니체는 아직 철학자가 아니었다. 라이프치히대학교에서 고전문헌학을 전공하고 고전어와 언어학을 공부하는 학생에 불과했다.

젊은 시절에 니체는 교양 있고 진지하고 온화한 성격에 약간은 고집스러운 면이 있었다. 체격은 약간 통통한 편으로, 사진을 보면 입고 있는 옷들이 빌려 입은 것처럼 팔꿈치나 무릎 부분이 맞지 않고 재킷 단추가 약간 빡빡해 보인다. 키는 작고 얼굴은 평범한 편에 속했다. 그나마 시선을 끄는 눈매 덕분에 아주 평범한 인상은 면할 수 있었다. 눈동자는 한쪽이 약간 더 컸다. 눈동자의 색은 갈색이라는 사람도, 청회색이라는 사람도 있었다. 근시가 심했던 니체는 늘 멍한 눈빛으로 세상을 바라보았다. 하지만 뭔가에 집중할 때면 예리하고 날카롭고 어딘가 불안해 보이는 눈빛, 거짓말을 하기 힘든 눈빛으로 돌변했다.

그가 성인이 된 이후의 모습은 사진과 흉상, 초상화를 통해 우리에게 잘 알려져 있다. 수염이 숫양의 뿔 모양으로 덥수룩이 자라 있어 입과 턱을 거의 가리고 있는데, 라이프치히대학교에서 동료들과 찍은 사진들을 보면, 다들 그런 수염을 하고 있어 그 수염이 특별히 인상적이지는 않다. 어떤 사진에서는 도톰하고 멋진 그의 입술이 잘 드러난다. 이는 그와 키스를 나눠본 몇 안 되는 여성인 루 살로메Lou Salomé가 확인해준 사실이기도 하다. 턱은 둥그스름하면서도 다부져 보인다. 앞 세대가 낭만주의 사조를 드러내고자 헝클어진 머리와 헐렁한 실크 나비넥타이로 이지적인 스타일을 강조했다면, 니체는 그의 명석한 두뇌가 자리 잡은 넓은 이마를 강조하고 육감적인 입술과 다부진 턱을 숨겨 후기 낭만주의 이성론자임을 은연중에 드러냈다.

니체는 문헌학자로서의 인생이 점점 불행하게 느껴졌다. 바그너와 만나고 11일 뒤 친구에게 쓴 편지에 자신과 동료 문헌학자들을 이렇게 묘사했다. "우리 시대의 문헌학자들은 속을 부글부글 끓게 하는 족속들이라네. 두더지같이 빠르게 번식하고, 축 늘어진 볼과 아무것도 모른다는 눈빛으로 벌레 같은 것에 집착하며 즐거워하지. 하지만 정작 인생에서 정말로 중요하다고 할 수 있는 진짜 문제에는 아무 관심도 없다네."[10] 그의 이런 회의적인 시각은 그가 그토록 경멸한다고 말한 그 일에 재능이 너무 뛰어나서 스위스 바젤대학교의 최연소 교수가 되고, 고전문학 학과장 자리를 제안받은 일로 더 나빠졌다. 어쨌든 교수가 되고 학과장 자리를 제안받은 건 바그너와 동등한 위치에서 대화를 나누고 계속 친분을 나누자는 말을 들은 그날보다 한참 후의 일이다. 따라서 그날 바그너에게 그렇게 후한 대접을 받았다는 것은 니체로서는 대단히 영광스러운 일이었다.

관현악의 '대가'로 알려졌던 바그너는 이미 50대 중반에 유럽 전역에서 명성이 자자했다. 니체가 바그너를 만나기 전에 식당에서 읽은 잡지가 그랬듯 언론은 항상 그의 행보를 예의주시했다. 바그너가 영국을 방문하면 빅토리아 여왕과 앨버트 공이 열렬히 그를 환영했고, 파리에 가면 메테르니히 공주가 그를 환대하고자 따로 자리를 마련했다. 바이에른의 루트비히 국왕은 '나의 친애하는 고결한 친구'라 칭하며, 그의 음악을 기리기 위해 뮌헨을 완전히 새로 건설하는 계획을 세웠다.

루트비히 왕은 그 원대한 계획이 실행되기 전에 죽었다. 나라를 거덜 낼 정도의 건축 계획을 막으려는 사람들의 손에 살해됐을지도 모르지만, 어쨌든 당시의 건축 계획은 지금의 뮌헨에서 일부나마 엿볼 수 있다. 커다란 가로수길이 시내 중심을 가르고, 「니벨룽의 반지Der Ring des Nibelungen」에 나오는 보탄의 무지개다리가 발할라로 이어지는 모습을 연상시키듯,* 웅장한 석조 다리가 이자르강을 가로지른다. 그리고 콜로세움을 세로로 잘라 양쪽에 날개를 덧댄 듯한 모습의 거대한 오페라 하우스로 마무리된다. 바그너의 음악은 루트비히 왕에게 '가장 아름다운 최고의 음악이자 유일한 위안'이었고, 니체도 그의 음악을 종종 그렇게 묘사했다.

니체는 어릴 때부터 음악에 감수성이 뛰어났다. 가족들 말에 따르면, 어린 시절 그에게는 음악이 말보다 중요했다. 특히 니체는 말수가 적어, 아버지 카를 루트비히 니체Karl Ludwig Nietzsche[11] 목사는 서재에서 교구 업무를 처리하고 설교를 준비하는 동안 니체가 그곳에 있는 걸 허락했다. 아버지와 아들은 몇 시간, 아니 며칠씩 단조로운 일상을 평화롭게 지냈다. 하지만 두세 살배기 아이들이 자주 그러듯 어린 니체도 가끔 바닥에 드러누워 악을 쓰며 울어댔다. 그때는 무엇으로도 그를 달랠 수 없었다. 어머니도, 장난감도, 먹

---

* 「니벨룽의 반지」는 저주받은 반지가 저주에서 풀려나기까지의 여정과 반지를 둘러싼 다양한 인물들의 이야기를 담은 4부작 악곡이다. 배경은 신들의 세계, 난쟁이 니벨룽족의 세계, 인간의 세계로 구성되는데, 신들의 세계가 몰락한 후 인간의 세계가 사랑에 의해 새로 탄생되는 과정이 그려져 바그너의 구제사상救濟思想을 엿볼 수 있는 작품이다. 보탄은 신들의 세계에 사는 우두머리이며, 발할라는 신들의 궁전이다. -편집자주

을 것도 소용이 없었다. 아버지가 피아노 뚜껑을 열고 연주를 시작하기 전까지는.

카를 루트비히 니체 목사는 음악의 나라 독일에서도 뛰어난 피아노 실력을 자랑했다. 그의 연주를 들으려고 멀리서 찾아오는 사람들도 있었다. 그가 루터교 목사로 활동한 뢰켄Röcken 지역은 바흐가 죽기 전까지 27년간 교회 음악의 총책임을 맡은 곳이었다. 그는 특히 바흐 연주로 유명했는데, 즉흥 연주 실력도 뛰어났다. 아마 니체는 그런 아버지의 재주를 물려받아 피아노에 조예가 깊었던 것으로 보인다.

니체의 선조들은 대사원이 있는 나움부르크Naumburg 일대에서 도살업과 농업으로 생계를 꾸려갔던 색슨족의 후예였다. 니체의 할아버지인 프리드리히 아우구스트 니체Friedrich August Nietzsche는 목사가 되면서 신분을 높였고, 부주교의 딸인 에르트무테 크라우제Erdmuthe Krause와 결혼해 신분을 한 단계 더 높였다. 나폴레옹을 열렬히 숭배했던 에르트무테는 라이프치히 전투*가 시작되기 며칠 전인 1813년 10월 10일에 니체의 아버지를 낳았다. 나폴레옹이 패배한 전투지 바로 근처였다. 니체는 이 이야기를 아주 좋아했다. 그는 나폴레옹이 윤리 도덕에 얽매이지 않고, 선악을 판단하지 않으며, 큰 힘을 발휘한 위대한 인물이라 생각했다. 그에게 나폴레옹은

---

* 1813년 10월 16일에서 18일까지 3일 동안 라이프치히에서 벌어진 나폴레옹군과 대프랑스 동맹군의 전투. -편집자주

초인이자 괴물이었다. 니체는 자신이 태어나기 전부터 형성된 나폴레옹과의 사소한 연결고리로 인해 그 영웅에게 매료될 수밖에 없다고 생각했다. 그가 끝내 실현하지 못한 인생의 목표 중 하나는 나폴레옹의 출생지인 코르시카를 방문하는 일이었다.

아버지를 따라 자연스레 목사가 되기로 한 카를 루트비히는 당시 유명한 신학대였던 할레대학교에 들어가 신학과 라틴어, 그리스어, 프랑스어, 그리스어사, 히브리어사, 고전문헌학, 성서석의학*을 배웠다. 그는 아주 뛰어난 학생은 아니었지만, 그렇다고 특별히 부족한 점도 없었다. 누구보다 성실하게 학업에 임했고, 웅변에서 상을 받기도 했다. 스물한 살 때 대학을 졸업한 뒤로는 라이프치히 남부에서 50킬로미터가량 떨어진 알텐부르크Altenburg라는 더 큰 도시로 가서 개인 교사 일을 시작했다.

카를 루트비히는 완고하고 보수적인 편에 속했다. 그런 성격 덕분에 알텐부르크의 요제프 공작의 눈에 들어 그의 세 딸인 테레즈, 엘리자베스, 알렉산드라의 교육을 맡게 되었다. 20대의 젊은 청년이었음에도 카를 루트비히는 그들과 애정 관계에 얽히지 않고 임무를 훌륭히 완수해냈다.

7년 뒤에는 뢰켄 교구의 목사직에 지원했다. 라이프치히에서 약 25킬로미터 떨어진 뢰켄은 비옥한 평야가 펼쳐진 곳이었다. 1842년, 그는 홀로 된 어머니와 함께 목사관으로 집을 옮겼다. 목사관

---

* 성서의 해석을 주제로 하는 학문. 기독교 신학神學의 한 분야이다. -편집자주

은 작센 지방에서 가장 오래된 교회 바로 옆에 있었다. 그 교회는 12세기 초에 세워진 요새 교회로, 신성로마제국의 황제인 프리드리히 1세가 이미 있던 직사각형 모양의 길쭉한 탑을 기사단이 지키고 있던 광대한 평야의 망루로 쓰려고 두 배 더 크게 지어 올린 것이었다. 목사관의 제의실 안쪽에는 실물보다 훨씬 큰 크기로 만들어진 기사의 석상이 세워져 있었는데, 어린 시절 니체가 붉은 유리로 된 석상의 눈이 햇빛을 받아 번쩍이는 모습을 보고 깜짝깜짝 놀라곤 했다.

스물아홉의 카를 루트비히 목사는 포블레스^{Pobles} 교구를 방문했을 때, 그 지역 목사의 열일곱 살 된 딸 프란치스카 욀러^{Franziska Oehler}에게 마음을 뺏겼다. 프란치스카는 교육을 많이 받지는 못했지만 성실하고 신앙심이 깊었고, 인간 세상의 고통을 이겨내며 남편을 내조하는 삶이 자신에게 주어진 가장 영광스러운 운명이라 생각했다.

루트비히는 서른 살이 되던 1843년 10월 10일, 프란치스카와 결혼식을 올리고 어머니가 집안을 휘어잡고 있던 뢰켄 목사관으로 그녀를 데려왔다. 당시 예순넷이었던 에르트무테는 이전 세대 여성들이 하던 까만 보닛 차림 머리를 고수한 것으로도 알 수 있듯 보수적이었다. 아들을 맹목적으로 사랑했고, 집안의 경제권을 쥐고 있었으며, 가족들에게는 귀가 예민하다는 이유로 항상 목소리를 낮추라고 요구하며 집안을 엄격하게 다스렸다.

또 다른 가족으로는 허약한 체질에 다소 신경질적인, 루트비히 목사의 배다른 누이 오거스타Augusta와 로잘리Rosalie가 있었다. 오거스타는 가족 외에 다른 일에는 관심이 없었다. 새신부가 집안일을 도와주려 하면 자신의 영역이 침범당한다고 생각하여 아무것도 손대지 못하게 했다. "나한테 유일한 위안이야. 그냥 놔둬." 집안일을 거들려고 하는 프란치스카에게 오거스타는 이렇게 말했다. 로잘리는 좀 더 지적인 성향에 가까웠고 자선적인 일에 관심이 많았다. 어쨌든 둘은 신경질환을 앓고 약을 달고 살았지만 병세가 좋아진 적은 없었다. 프란치스카는 이 세 여성 사이에서 무엇 하나 제대로 할 수 없었다. 그나마 다행히 결혼하고 몇 달 뒤에 바로 니체를 임신했다.

니체는 1844년 10월 15일에 태어났다. 루트비히 목사는 프로이센의 당대 왕인 프리드리히 빌헬름 4세의 이름을 따서 '프리드리히 빌헬름 니체'로 아들의 이름을 지었다. 2년 뒤인 1846년 7월 10일에는 니체의 여동생이 태어났다. 이번에는 알텐부르크에서 가정교사로 지낼 때 가르쳤던 공작 딸들의 이름을 따서 '테레즈 엘리자베스 알렉산드라'라고 지었다. 사람들은 그냥 엘리자베스로 불렀다. 2년 뒤 2월에 태어난 또 다른 남자아이는 알텐부르크 공작의 이름을 따 요제프라고 지었다.

니체의 아버지는 신앙심이 깊고 애국심이 강했다. 하지만 신경질환에 자주 시달려 어머니와 이복누이들의 애를 태웠다. 어떨 때는 음식을 아예 거부하고 누구와도 말하지 않고 몇 시간씩 서재에 틀어박혀 있기도 했고, 가끔은 발작 증세가 나타나 설교 도중에 말을 멈추고 멍하니 허공을 바라보기도 했다. 그럴 때마다 프란치스카가 뛰어가 그를 흔들어 깨웠는데 그는 자신이 어떤 상태였는지 전혀 인식하지 못했다.

프란치스카는 남편의 건강이 걱정되어 주치의인 구타르Gutjahr 박사에게 진료를 부탁했다. 박사는 '신경과민'이라며 일을 쉬어야 한다고 했다. 하지만 증세는 점점 심해졌고 얼마 못 가 목사 일도 그만두어야 했다. 이해하기 힘든 그 발작 증세는 결국 '뇌연화증*'으로 밝혀졌다. 루트비히는 몇 달 동안 신경쇠약과 극심한 두통, 구토에 시달렸다. 시력까지 나빠져서 나중에는 반 실명 상태가 되었다. 1848년 가을, 서른다섯밖에 되지 않은 그는 결혼한 지 불과 5년 만에 병석에 누워 사실상 모든 사회 활동을 멈추고 말았다.

프란치스카는 무서운 시어머니와 예민한 두 시누이 밑에서 남편을 간호하느라 고달팠다. 목사관의 어른들은 늘 찌푸린 얼굴로 자신들끼리만 통하는 눈짓을 교환했다. 하지만 프란치스카는 이런 음울한 분위기에서도 아이들을 그럭저럭 잘 키워냈다. 니체와 엘리자베스의 자서전을 보면, 어린 시절에 대한 기억이 어둡지만은 않다. 두 남매는 넓은 놀이터와 마을 전체가 내려다보이는 커다란 교회 탑, 농장 마당, 과수원, 꽃밭을 누비며 즐겁게 놀았다. 연못가에 무성하게 자란 버드나무 사이에서 새들이 지저귀는 소리를 들

---

* 뇌에 혈액을 보내는 동맥이 막혀 혈액이 흐르지 못하거나 방해를 받아 그 앞쪽의 뇌 조직이 괴사하는 병. 뇌경색이라고도 한다. -편집자주

으며 유리처럼 투명한 연못 아래로 잽싸게 도망가는 물고기도 보았다. 목사관 뒤뜰에 묘지가 있었지만, 특별히 무서워하지는 않았다. 다만 목사관 지붕에 있는 길쭉한 모양의 창으로 만물을 꿰뚫는 하나님이 자신들을 내려다보는 것 같아 묘비 사이에서 놀지는 않았다.

카를 루트비히의 병세는 점점 더 깊어졌다. 어느 순간 언어 능력을 상실하더니 얼마 후에는 시력마저 완전히 잃었다. 1849년 7월 30일, 결국 그는 서른다섯의 젊은 나이로 숨을 거두었다.

"교구에서 아버지를 위해 석조 묘실을 마련했다. … 아, 나지막이 울려 퍼진 그 종소리는 절대 내 귓가를 떠나지 않을 것이다. 음울하게 내 몸을 감싼 그 찬송가 멜로디를 나는 절대 잊지 못할 것이다. 오르간 소리가 교회 구석구석을 따라 흐르며 깊게 울려 퍼졌다."[12] 니체는 어릴 때 기억을 떠올리며 열세 살 때 이런 글을 남겼다.

어느 날 나는 교회에서 오르간 소리가 들리는 꿈을 꾸었다. 아버지의 장례식 때 들었던 멜로디 같다는 생각을 하고 있는데, 갑자기 아버지의 무덤이 열리더니 하얀 수의를 입은 아버지가 걸어 나왔다. 아버지는 바쁜 듯 교회로 급히 들어가서 잠시 후 한 아이를 안고 나왔다. 다시 무덤 입구가 벌어졌고, 아버지가 그 안으로 걸어 들어갔다. 그러고는 입구가 다시 닫혔다. 울려 퍼지던 오르간 소리도 뚝 멈추었다. 그 순간 나는 눈을 떴다. 다음 날 아침, 동생 요제프가 발작을 일으키며 심하게 아팠다. 동생은 몇 시간 만에 죽었다. 가족은 모두 슬픔에 잠겨 어찌할 바를 몰랐다. 내 꿈은 완벽하게 현실이 되어 있었다. 동생의 작은 몸은 아버지의 품에서 영원히 잠들었다.[13]

그동안 카를 루트비히 목사의 사망 원인을 밝히려는 조사가 광범위하게 이루어져왔다. 그가 정말 정신 이상으로 죽었는지는 후세 사람들에게 상당히 중요한 문제였다. 니체도 아버지와 비슷한 증상에 시달리다가 마흔셋이 되던 1888년부터 갑자기 정신이 이상해져 계속 정신 이상자로 살았고, 12년 뒤인 1900년에 죽었기 때문이다. 이 문제를 다루는 상당량의 문헌이 지금도 계속 나오고 있다. 그중에서도 가장 오래된 책인 《병리학적 관점에서 본 니체 Über das Pathologische bei Nietzsche》는 니체가 사망한 지 2년 만인 1902년에 출간되었다. 이 책의 저자인 파울 율리우스 뫼비우스 Paul Julius Möbius[14] 박사는 1870년대 이후로 유전성 신경질환을 연구한 이 분야의 개척자로 프로이트가 심리요법의 아버지라 부를 정도였다. 중요한 사실은 그가 니체 목사의 사후 부검 보고서를 직접 살펴본 뒤, 19세기 동안 다양한 종류의 퇴행성 뇌질환에 주로 사용된 병명인 '뇌연화증'을 밝혀냈다는 점이다.

현대적 관점에서는 루트비히 목사의 사망 원인으로 일반적 퇴화, 뇌종양, 뇌 결핵종, 혹은 두부 손상에 의한 뇌출혈 등이 꼽힌다. 니체는 아버지처럼 사후 부검이 시행되지 않았기 때문에 뫼비우스나 이후의 어떤 연구자도 부자지간의 뇌를 비교 분석할 수는 없었다. 그런데 뫼비우스는 더 방대한 조사 끝에 니체의 모계 쪽에 정신 이상 증세를 보인 사례를 찾아냈다. 외삼촌 중 한 명이 자살로 생을 마감했는데, 정신병원에 갇히기보다 죽는 쪽을 택한 것으로 보였다. 부계 쪽으로는 니체의 할머니 에르트무테의 자매들이 '정신 이상자'로 기록됐다. 그중 한 명은 자살했고, 두 명은 일종의 정신병이 있어 치료가 필요했다.[15]

니체의 남동생도 짚고 넘어갈 필요가 있다. 요제프도 뇌졸중으로 죽기 전 심한 발작을 일으켰다. 단언할 수는 없지만, 니체의 가족은 신경적으로나 정신적으로 불안정한 성향이 강했던 것만은 분명하다.

카를 루트비히 니체는 서른다섯에 죽었다. 그때 아내의 나이는 스물셋, 니체와 엘리자베스는 네 살과 세 살밖에 되지 않았다. 가족들은 새로 부임해오는 목사를 위해 목사관을 비워주어야 했다. 에르트무테는 나움부르크로 돌아가기로 했다. 그곳에는 의지할 친척들이 꽤 많았고, 그곳 대교회에서 목사로 지낸 동생도 있었기 때문이다. 나움부르크로 간 그녀는 노이가세에 1층짜리 연립주택을 빌렸다. 집들은 한쪽 벽면이 옆집과 붙은 식으로 지어진, 평범하지만 그럭저럭 괜찮은 동네였다. 에르트무테는 맨 앞방을 차지했고, 로잘리와 오거스타에게는 옆방을 쓰도록 했다.

프란치스카는 미망인 보조금으로 1년에 90탈러*를 받고, 자녀

---

* 독일의 옛 화폐 단위 -역자주

한 명당 8탈러를 추가로 받았다. 알텐부르크 왕실에서 연금이 조금 더 나오기는 했지만, 그 돈을 모두 합쳐도 아이들과 따로 살기에는 부족했다. 결국 프란치스카는 아이들을 데리고 시어머니의 집으로 들어갔다. 그 집에서 제일 구석진 뒷방 두 개를 빌려 니체와 엘리자베스에게 한방을 쓰게 했다. 니체는 그때의 기억을 이렇게 적었다.

> 오랫동안 시골에서만 살던 우리가 도시에 와서 살게 되니 너무 끔찍했다. 우리는 새장에서 탈출하려는 새들처럼 음침한 거리를 피해 탁 트인 공간을 찾아다녔다. 광장에는 큰 교회와 건물, 공회당과 분수대가 있었다. 거리는 언제나 사람들로 가득했다. 내게는 너무도 익숙하지 않은 모습이었다. 나는 사람들이 서로를 잘 모른다는 사실에 깜짝 놀랐다. 그중에서도 가장 충격적인 건 포장도로가 끝도 없이 길게 이어져 있다는 것이었다.[16]

인구 1만 5천 명이 살던 도시인 나움부르크는 뢰켄 같은 작은 마을에서 온 아이들의 눈에 충분히 위협적으로 보였을 것이다. 오늘날 우리가 아는 나움부르크는 잘레강을 따라 구불구불 이어진 도로 위로 길쭉하게 솟은 탑들이 군데군데 솟아 있어 그림책이나 중세 시대 기도서에서 본 듯한 낭만적이고 아름다운 모습이다. 하지만 니체 가족이 주거지로 삼았던 시점에는 지금처럼 아름답고 낭만적인 모습이 아니라, 요새와 군사 시설로 가득해 말 그대로 방어 기지 같았다.

 니체의 가족이 나움부르크로 오기 2년 전인 1848~1849년, 유럽에서는 니체의 아버지가 혐오하던 자유론자들이 곳곳에서 반란을 일으켰다.* 반면 리하르트 바그너는 혁명의 시대가 온 것을 열렬히 환영했다. 그는 그 혁명을 계기로 예술, 사회, 종교가 완전히 새롭게 부활하기를 기대했다. 그는 1849년 5월 드레스덴 혁명 때 러시아의 혁명가인 미하일 바쿠닌^{Mikhail Bakunin} 곁에서 함께 싸우며 혁명군에 수류탄을 보급하는 자금을 댔는데, 이 일이 나중에 발각되어 독일에서 추방되었다. 니체와 처음 만났을 때 그가 스위스에 살았던 이유도 그래서였다.

 1850년대 독일은, 나폴레옹 전쟁의 결과를 수습하기 위해 유럽 여러 나라가 빈 회의에서 유럽의 지도를 다시 만들 때(1814년 9월~1815년 6월) 연합국들이 모여 만든 연방 국가로, 왕자와 공작, 주교, 선거후**가 지배하던 39개의 독립된 군주국과 자유도시로 구성되었다. 이렇게 작은 단위의 연방국으로 쪼개진 상태에서는 국가 전체를 아우르는 군대와 통일된 세금 체계, 그보다 더 중요한 경제 정책, 혹은 제대로 된 정치권력이 존재할 수 없었다. 군주들은

---

* 나폴레옹의 몰락 이후 수립된 왕정은 소수 대자본가의 이익을 위해 민중들을 억압했다. 이에 1848년 2월 파리 시민들이 봉기했고, 무능한 왕정은 하루 만에 무너졌다. 프랑스에서 2월 혁명이 성공하자, 3월에 전 유럽이 혁명의 불길에 휩싸였다. 오스트리아에서도 혁명이 일어나 빈 회의를 주도하였던 메테르니히가 쫓겨났고, 독일도 혁명 결과, 통일 헌법을 만들 의회가 만들어졌다. -편집자주
** 신성로마제국에서 1356년에 황금문서에 의하여 독일 황제의 선거권을 가졌던 일곱 사람의 제후를 말한다. -편집자주

자기들끼리 세력 다툼을 하느라 통일 국가를 이룰 때의 장점을 전혀 내다보지 못했다. 이 연방 체제는 나중에 더 복잡해져서 보헤미아의 체코인과 홀슈타인의 데인인, 티롤 지방의 이탈리아인도 포함되었다. 하노버는 1837년까지 영국 왕의 지배를 받았고, 홀슈타인은 덴마크 왕의, 룩셈부르크는 네덜란드 왕의 지배를 받았다. 1815년 독일 연방이 처음 만들어졌을 때는 오스트리아의 힘이 연합국 중 가장 우세했지만, 오스트리아의 수상인 메테르니히 Metternich의 힘이 점점 약해지고 오토 폰 비스마르크Otto von Bismarck 수상이 다스리던 프로이센이 부상하며 점차 호전적 분위기가 형성되었다.

작센주에 있는 나움부르크 지역은 프로이센 왕의 지배 아래에 있었다. 니체가 그곳을 프로이센의 요새적 특징을 지닌 도시로 기억하는 건 그때가 독일 연방 내의 세력 다툼뿐 아니라 프랑스의 위협까지 있던 시기였기 때문이다. 밤이 되면 커다란 다섯 개의 성문이 마을 전체를 봉쇄했다. 문이 닫힌 후에 마을에 다시 들어가려면 입구에 달린 종을 세게 쳐서 보초병을 부르고 적당히 뇌물을 쥐여주어야만 했다. 니체는 여동생과 함께 나움부르크의 아름다운 산과 계곡, 집회장과 성곽을 누비며 놀았다. 헨젤과 그레텔처럼 숲속에서 밤을 지새우지 않으려면, 성문 종소리에 늘 귀를 기울여야 했다. 니체는 나중에 《차라투스트라는 이렇게 말했다》에서 누구보다 그 종을 많이 보았고 그때의 종소리는 아버지들의 고통스러운 심장 소리 같았다고 말하기도 했다.[17]

넓게 뻗은 튀링겐 분지의 튀링거발트 산맥과 접해 있는 나움부르크의 산들은 고대 영웅들의 무덤과 동굴, 고인돌, 깊은 구덩이가 가득한 원시림 같은 모습 때문에 독일의 초기 신화에서부터 감당하기 버겁고 비이성적인 독일인의 무의식적 세계를 상징하는 요소로 자주 등장했다. 바그너는 신들의 죽음과 구시대의 모든 낡은 협약의 파기로 구질서가 파괴된 후, 보탄이 혼돈을 수용하기 위해 떠난 정신적 여정에 이 산을 사용했고, 니체는 이 산을 처음에는 마력적인 곳으로 그렸다가 나중에는 디오니소스적인 곳으로 표현하기도 했다.

나움부르크는 독일 연방의 어느 도시보다 고전미를 갖췄고 질서정연했다. 그곳을 따라 흐르는 잘레강에는 언제나 낭만적 보수주의를 향한 이성과 번영, 자극이 넘쳤다. 고대 부족 국가들이 한창 전쟁 중일 때도 이곳은 교역의 중심지로서 평화를 상징했고, 세월이 흘러 나중에는 중세 시대의 공예품과 길드 무역의 중심지로 발전했다. 1028년에 대성당*이 건립된 후로는 교회와 정부가 수세기, 특히 개신교가 번성하는 시기 동안 조화롭고 합리적인 방향으로 함께 성장했다. 따라서 니체가 이곳에 왔을 때의 나움부르크는 중산층이 탄탄하게 자리 잡은 살기 좋은 도시로 한창 발전한 상태였다. 대성당과 그 대성당만큼 웅장한 공회당 건축물에 나타난 경

---

* 1028년부터 지어지기 시작하였으며 오늘날 볼 수 있는 모습의 대부분은 13세기 초반부터 중반에 걸쳐 완성된 것이다. 중세 건축과 예술의 뛰어난 증거로 가치를 인정받아 2018년에 유네스코 세계문화유산으로 지정되었다. -편집자주

이로운 업적은 안락하고 회고적인 사회에서 종교와 시민정신이 조화롭게 협력해 어우러지면, 교회와 정부가 얼마나 융성할 수 있는지를 잘 보여주었다.

니체의 할머니 에르트무테가 나움부르크에서 어린 시절을 보냈을 때는 루터교의 이상인 의무, 겸손, 검소, 절제와 같은 미덕이 지배하던 시대였다. 하지만 그녀가 나중에 다시 이곳에 왔을 때는 대각성 운동이 일던 시기와 맞물리면서 이성적인 신념보다는 열정과 극단적인 혁명 같은 가치가 중요해졌다. 사람들은 스스로 다시 태어났다고 선언하며 절망적인 죄인이라고 공공연히 말하고 다녔다. 하지만 이런 새로운 바람은 니체 집안의 여성들과는 맞지 않았다. 그들은 이런 시류에 조금도 편승하지 않았다. 니체는 아버지와 할아버지를 따라 당연히 목사가 되어야 했다. 니체의 가족이 자유로운 분위기의 종교계에 속할 가능성은 없었다. 대신 그들은 궁정과 재판소의 귀부인들 사이에서 친분을 나눌 만한 사람을 찾았다. 지방 사회에서 나름 부유하고 힘 있는 특권 계층인 그들은 새로운 사상에 전혀 흔들리지 않았다.

보수 사회의 달팽이 같은 느린 변화 속에서 두 미망인 에르트무테와 프란치스카는 상류층 부인의 위치에 그런대로 안착했다. 그들은 조심스럽게 후원을 받으며 기득권층인 보수파에 조금은 도움을 주는 위치에 있었다. 니체는 고상한 척하느라 애쓰는 사람들과는 거리가 멀었다. 그도 나움부르크에서 지낼 때의 자신을 교양 없는 어린아이로 그리며 이 점을 인정했다. 하지만 그가 열 살 때

왕이 나움부르크에 방문했던 일을 묘사한 글을 보면, 어린 니체는 정치적 사고가 조숙하지 않았을지는 몰라도 문학적 재능만큼은 확실히 조숙했음을 알 수 있다.

친애하는 왕께서 나움부르크에 방문하시는 영광을 베푸셨다. 이번 행사를 위해 모두가 만반의 준비를 다했다. 어린 학생들은 흑백 깃발을 들고 백성의 아버지가 당도하기를 기다리며 오전 11시부터 시장에 모였다. 하늘이 조금씩 흐려지더니 비가 쏟아졌다. 왕께서는 오지 않으실지도 몰랐다! 12시를 알리는 종소리가 울렸다. 왕은 오지 않으셨다. 아이들은 점점 배가 고팠다. 다시 폭우가 쏟아졌다. 거리는 온통 진흙으로 변했다. 1시가 되었다. 사람들은 점점 초조해졌다. 2시쯤 되자 갑자기 종이 울리기 시작했다. 기뻐하는 사람들 머리 위로 구름이 갈라지며 하늘이 미소를 지었다. 잠시 후 마차 소리가 들렸다. 왁자지껄한 함성이 터져 나왔다. 우리는 열광적으로 모자를 흔들며 목이 터지도록 고함을 질렀다. 지붕에 달아놓은 수많은 깃발이 시원한 바람에 나부꼈고, 마을의 모든 종이 울렸다. 수많은 사람이 환호성을 지르고 미친 듯이 기뻐하며 말 그대로 마차를 교회 쪽으로 밀고 나아갔다. 교회 뒤편에는 하얀 원피스를 입고 머리에 화관을 쓴 여자아이들이 피라미드 형태로 서 있었다. 왕께서는 이곳에 이르러 마차에서 내리셨다.[18]

같은 해인 1854년, 니체는 크림 전쟁에 크게 관심을 보였다. 흑

해로 돌출된 크림반도는 전략적으로 아주 중요한 요충지여서 수세기 동안 러시아와 터키 사이에 분쟁이 끊이지 않았다. 그때는 러시아가 크림반도를 차지하고 니콜라스 1세 황제의 군대가 오스만 제국과 영국, 프랑스 연합국과 싸우던 때였다. 최초의 사진 기록이 남은 이 전쟁은 전신기의 발명으로 전방에서 벌어지는 일이 바로바로 보고되었다. 니체와 그의 친구들인 빌헬름 핀더Wilhelm Pinder와 구스타프 크루그Gustav Krug는 열성적으로 캠페인에 참여했다. 용돈을 모아 군인들을 위한 기금에 보태고 지도를 들여다보며 모형 전쟁터도 만들었다. 세바스토폴 항구를 뜻하는 작은 물웅덩이를 만들고 종이배로 된 해군도 만들었다. 폭탄이 터지는 모습을 시험해보려고 밀랍과 초석 덩어리를 동그랗게 말아 불을 붙이고 모형에 던져도 보았다. 아이들은 작은 불덩어리가 날아가 목표물에 맞고 빨갛게 불꽃이 터지는 모습을 보며 환호성을 질렀다. 그러던 어느 날 구스타프가 침울한 표정으로 모형 전쟁터 앞에 나타나 세바스토폴이 함락되었다고 말했다. 전쟁이 끝난 것이다. 화가 난 아이들은 크림반도 모형을 부수며 울분을 터트렸다. 그동안의 놀이는 끝났지만, 얼마 지나지 않아 트로이 전쟁이 그 자리를 이어받았다.

당시 독일은 그리스를 병적으로 좋아하는 분위기였다. 많은 연방국에서 고대 그리스 도시 국가를 이상적인 미래의 모습으로 그릴 정도였다. "우리는 열정적인 그리스인이 되어 창과 원반을 던지고 높이뛰기와 달리기를 연습했다." 엘리자베스는 자서전에서 이렇게 말했다. 니체는 「올림포스 신The Gods on Olympus」과 「트로이 탈환

The Taking of Troy」이라는 희곡 두 편을 쓰고 빌헬름 핀더와 구스타프 크루그, 엘리자베스에게 배역을 하나씩 맡아 달라고 부탁해 가족들 앞에서 공연을 선보이기도 했다.

니체는 다섯 살 때부터 어머니에게서 읽고 쓰기를 배웠다. 이때의 남자아이들은 6세부터 학교 교육을 받았기 때문에 니체도 1850년부터 가난한 집 아이들이 다니는 시립학교에 다녔다. 사회적 지위를 중요하게 생각했던 엘리자베스는 니체에 관해 쓴 전기에서 니체가 그 학교에 다닌 것은 할머니의 지론 때문이라고 했다. 8~10세 때 사회적 지위와 상관없이 함께 배워야 상류층 아이들이 하층 계급에 대한 마음가짐을 잘 기를 수 있다는 것이었다.[19] 하지만 어머니 입장에서 보면 이는 말도 안 되는 소리였다. 니체가 그 학교에 다닌 것은 그냥 집이 가난해서였다.

니체는 어렸을 때부터 조숙하고 생각과 말이 신중했다. 거기다 근시가 심해 눈을 찡그리는 습관까지 있어서 또래 아이들과는 잘 어울리지 못했고, '꼬마 목사'라는 별명을 얻어 자주 놀림을 받았다.

니체는 아홉 살이 되던 1854년 부활절 이후 '김나지움(독일의 중등교육기관) 및 기타 상급 학교 진학 대비 전문기관'이라는 어색하고 장황한 이름의 학교로 전학을 갔다. 좋은 상급 학교에 진학하려는 남자아이들이 시험을 대비하며 공부하는 사설 교육소였다. 이 학교로 옮긴 뒤부터는 친구들과의 관계가 조금은 편해졌다. 하지만 이 학교는 이름만 거창할 뿐 학업 성과는 기대에 미치지 못했다. 그래서 열 살이 되던 해에 빌헬름 핀더, 구스타프 크루그와 같이 기독교 학교인 돔 김나지움으로 옮겼는데, 니체는 그동안 부족했던 공부를 보충하느라 하루에 대여섯 시간밖에 자지 못했다. 이 시기에 그가 쓴 글들을 보면 자기 분석적인 다른 많은 글에서처럼 아버지의 죽음을 자주 떠올렸다. 니체는 어렸을 때든 정신 이상자로 죽기 전이든 자서전적 글을 쓸 때는 언제나 아버지의 죽음에 관한 이야기로 돌아갔다.

우리가 나움부르크로 갈 무렵, 내 성격은 본모습을 드러내기 시작했다. 나는 어렸을 때 이미 큰 아픔과 슬픔을 경험했다. 그래서 보통 아이들처럼 마음 편하게 어리광을 부린 적이 없다. 친구들은 내 진지한 태도를 두고 늘 나를 놀렸다. 초등학교에서도, 그 이후에 다닌 사설 기관과 중등학교에서도 그랬다. 어린 시절부터 나는 고독을 추구했다. 누구에게도 방해받지 않을 때가 제일 좋았다. 주로 탁 트인 자연에 있을 때가 그랬다. 자연에서 나는 정말 행복함을 느꼈다. 천둥번개는 항상 나에게 가장 강렬한 인상을 남겼다. 멀리서 천둥소리가 들려오고 번개가 번쩍이면, 하나님에 대한 두려움이 커졌다.[20]

니체는 돔 김나지움에서 공부하는 4년 동안, 독일어 작시법, 히브리어, 라틴어, 그리고 처음에 힘들어했던 그리스어를 포함해 자신이 좋아하는 과목에서 뛰어난 실력을 보였다. 하지만 수학에는 별로 흥미를 느끼지 못했다. 남는 시간에는 '죽음과 파괴'라는 소설을 쓰고, 악보와 시를 썼다. 악보는 수도 없이 많이 썼고, 시는 최소 46편을 썼다. 그의 신체적 특성과는 전혀 어울리지 않았지만 사회적 신분상 필요했던 펜싱도 배웠다.

> 등골이 서늘해질 만큼 무섭고 말이 안 될 정도로 재미없는 시와 비극 작품을 썼다. 오케스트라 악보를 쓰면서 나 자신을 괴롭혔다. 보편적 지식과 능력을 써야 한다는 생각에 사로잡혀 머리가 완전히 뒤죽박죽인 몽상가가 되는 것 같았다.[21]

이 글을 보면 열네 살 소년인 니체는 그동안의 삶을 요약하며 자신을 너무 낮게 평가하고 있다. 하지만 이어지는 뒷부분의 글을 보면, 9학년 때부터 쓰기 시작한 자신의 시를 예리하게 분석한다. 흥미롭게도 그때 작품들에 대한 그의 비평은 상징주의 사조를 예견하고 있다. 상징주의 사조는 보들레르Baudelaire로 인해 프랑스에서 막 시작되고 있었지만, 그때 그가 그것을 알았을 리는 없다.

> 좀 더 수사적이고 인상적인 어조로 나를 표현하고 싶었다. 불행하게도 우아함을 꾀하려 한 나의 이런 시도는 과장된 허식으로 전락하고 무지갯빛 단어들이 설교투의 모호한 글로 변질되었다. 또 내 모든 시는 사상이라는 중요한 요인이 부족하다. 생각이 없고 무의미한 글귀와 비유만 많은 시는 구더기가 숨어 있는 빨간 사과와 같다. … 어떤 작품을 쓰려면 생각 자체에 가장 많이 신경을 써야 한다. 부적절한 표현은 용서받을 수 있지만, 부적절한 사고는 용서받을 수 없다. 나이가 어린 사람들은 독창적인 생각이 부족해서 화려하고 멋진 표

현으로 이런 부족함을 숨기려 한다. 그런데 그런 점에서 보면 요즘 음악이 시와 닮지 않았는가? 앞으로 시는 이런 선상에서 발전할 것이다. 시인들은 아주 이상한 이미지로 자신을 표현할 것이고, 분명하지 않은 생각은 모호하고 과장되며 감미로운 표현으로 제시될 것이다. 간단히 말해 《파우스트》의 2부와 같은 작품들이 나올 것이다. 잘 나오지는 않겠지만.[22]

보편적 지식과 능력을 쓰겠다는 그의 생각은 틀림없이 파우스트 덕분에, 또한 괴테와 알렉산더 폰 훔볼트Alexander von Humboldt 같은 인물의 영향을 받아서 나왔을 것이다. 니체도 그들처럼 자연사에 관심이 많았다.

니체는 아홉 살 때 여동생 엘리자베스에게 이렇게 말했다. "황새니 뭐니 그런 말도 안 되는 소리 좀 하지 마. 인간은 포유동물이야. 살아 있는 아기를 낳는 동물이라고."[23]

니체가 본 자연사 책에는 이런 내용도 있었다. "라마는 놀라운 동물이다. 무거운 짐을 잘 운반하다가도 계속 가기가 싫어지면 주인 쪽으로 얼굴을 돌려 고약한 냄새가 나는 침을 뱉는다. 강제로 끌려가거나 부당한 대우를 받으면 음식 섭취를 아예 거부하고 땅바닥에 엎드려 있다가 죽는다." 니체는 이 책을 보고 라마의 성격이 여동생과 잘 어울린다고 생각해서 이후 편지에서나 대화 중에 동생을 '라마' 혹은 '믿음직한 라마'라 불렀다. 엘리자베스는 친근하게 느껴지는 이 별명이 좋았다. 그래서 기회가 있을 때마다 그 별명을 얻게 된 이유를 설명했다. 악취 나는 침을 뱉는다는 부분은 빼고서.

구스타프 크루그의 집에는 니체의 마음을 사로잡은 멋진 그랜드 피아노가 있었다. 어머니 프란치스카는 피아노를 사서 아들을 직접 가르칠 수 있게 혼자 연습했다. 크루그의 아버지는 작곡가 펠릭스 멘델스존Felix Mendelssohn과 절친한 사이였다. 그는 유명한 음악가가 있으면 누구라도 집으로 초대해 연주를 부탁했다. 니체는 길가에 서서 창밖으로 흘러나오는 피아노 연주를 몇 시간이고 들었다. 바그너에게는 반감을 샀던 음악이었지만, 니체는 어렸을 때부터 듣고 자란 그 시대의 낭만파 음악에 익숙했다. 그는 창문 너머로 들려오는 피아노 연주를 들으며 베토벤을 자신의 첫 음악 영웅으로 삼았다. 하지만 작곡을 하도록 영감을 불어넣은 사람은 헨델이었다. 아홉 살 때는 헨델의 「할렐루야 코러스Hallelujah Chorus」를 듣고 깊은 감명을 받아서 오라토리오를 작곡하기도 했다. "예수님이 승천하실 때 천사들이 기쁨에 겨워 부르는 노래 같았다. 꼭 이런 곡을 쓰리라 결심했다."

어머니와 여동생은 어린 니체의 손에서 나온 것은 종이 한 장도 버리는 일 없이 잘 간직했다. 덕분에 그때의 악보가 지금까지 대부분 잘 전해지고 있다. 니체는 가족들의 가슴속에 스며 있는 하나님에 대한 열렬한 사랑을 표현하기 위해 이런 곡들을 썼다. 물론 그 사랑은 아버지에 대한 음울한 기억과 분리될 수 없었다. 가족들은 아버지의 영혼이 자신들을 지켜본다고 믿었다. 니체는 한 번만이라도 자신이 아버지가 되기를, 그래서 너무 일찍 죽은 아버지의 삶이 계속될 수 있기를 바랐다. 그가 쓴 곡들은 이런 그의 바람과 떨어뜨려 생각할 수 없다.[24]

니체 집안의 모든 여성은 니체를 애지중지했다. 그들에게는 니체가 전부였다. 엘리자베스는 아주 총명한 아이였지만 여자아이들에게 교육은 학문의 문제가 아니라 교양의 문제였다. 엘리자베스는 읽기와 쓰기, 기초 수학, 생활 프랑스어, 무용, 그림을 배웠고, 특히 예절교육을 많이 받았다. 엘리자베스와 어머니는 자신들보다 우월한 성에 순종하는 삶에서 기쁨을 느꼈다. 니체는 그들이 바라는 대로 우월한 작은 신사가 되어 이에 보답했다. 니체는 학교에서는 어땠을지 몰라도 집에서는 매우 중요한 위치에 있었다. 엘리자베스가 '라마'나 '믿음직한 라마'가 아닐 때는 자신이 보호하고 지켜야 하는 '어린 여동생'이었다. 니체는 어머니나 동생과 함께 길을 걸을 때 언제나 다섯 걸음 정도 앞에서 걸었다. 진흙이나 물웅덩이 같은 위험이 없는지 살펴보았고, 개나 말이 나타나면 몸으로 막았다.

돔 김나지움에서 받은 성적표는 니체가 성실한 모범생이었음을 말해준다. 어머니는 아들이 아버지를 따라 목사가 되기를 열망했고, 그럴 만한 능력도 있다고 믿었다. 니체는 열심히 공부해서 신학 과목에서 아주 우수한 성적을 받았다. 신앙심 깊었던 열두 살의 니체는 모든 영광 속에 있는 하나님의 모습을 보며 자신의 삶을 하나님에게 바치기로 마음먹었다.

어리고 약한 아들을 아버지가 인도하듯 하나님께서는 모든 일에서 나를 안전하게 인도하셨다. 나는 그를 위해 내 인생을 바치겠다고 굳게 다짐했다. '주여, 이 계획이 실행될 수 있게 제게 힘과 용기를 주시옵고, 이 길을 가는 저를 굽어 살펴 주소서.' 나는 하나님께서 은총을 베푸시리라고 어린아이와 같은 마음으로 믿는다. 우리에게 불행한 일이 닥치지 않도록 그가 지켜주실 것이다. 우리의 삶은 그가 뜻하신 바대로 이루어질 것이다! 그가 베푸시는 모든 것은, 행복과 불행, 가난과 부유함 그 어떤 것이든 나는 기쁘게 받아들일 것이다. 죽음이 눈앞에 닥쳐도 담대하게 바라볼 것이다. 그 죽음으로 언젠가 우리는 영원한 기쁨과 축복 속에서 모두 만날 것이다. 오 주여, 당신의 얼굴이 영원히 우리를 비추게 하소서! 아멘![25]

니체는 이렇게 다소 진부한 종교적 열정에 사로잡혀 있었다. 하지만 마음속에서는 예사롭지 않은 이단적인 생각이 자라고 있었다.

기독교에서는 기본 교리로 성부, 성자, 성령을 성 삼위일체로 본다. 하지만 열두 살의 니체는 이 삼위일체의 모순을 참을 수 없었고, 결국 열심히 추론한 끝에 자신만의 다른 성 삼위일체를 생각해냈다.

나는 열두 살 때 기발한 삼위일체를 생각해냈다. 바로 성부와 성자, 성악이다. 나는 이렇게 추론했다. 하나님은 자기 자신을 생각하면서 제2의 위격位格을 창조하셨다. 하지만 그 하나님이 스스로 생각할 수 있으려면 반대로 생각할 수 있어야 했다. 따라서 악을 창조해야만 했다. 이것을 생각해낸 후로 나는 철학을 시작했다.[26]

Friedrich Wilhelm Nietzsche' life

· 2장 ·

독일의 아테네

. . .

제자가 계속 제자로만 남아 있다면 스승에 대한 보답이 아니다.

- 《이 사람을 보라》 서문 4절

니체가 열한 살이 되던 해, 할머니가 돌아가시자 그의 어머니, 프란치스카는 마침내 자신의 가정을 마음대로 꾸릴 자유를 얻었다. 1858년, 그녀는 몇 번의 이사 끝에 나움부르크의 바인가르텐 Weingarten에 작은 집을 구해 두 아이와 정착했다. 바인가르텐은 그리 특별할 것 없는 평범한 동네였다. 이제 자기 방을 갖게 된 니체는 자정까지 공부하고 새벽 5시에 일어나 다시 공부를 시작하는 습관을 익혀나갔다. 그가 나중에 주장한 중요한 덕목 중 하나인 '자기 극복'의 원리를 실천하기 시작한 셈이다. 하지만 그가 당시 가장 먼저 극복해야 한 것은 건강 문제였다. 그는 구토와 극심한 두통을 자주 겪었고, 눈이 아주 예민해 어떨 때는 일주일 내내 어두컴컴한 방에 누워서만 지냈다. 아주 약한 빛도 그에게는 해로웠다. 이렇게 몸이 아플 때는 읽고 쓰기는 말할 것도 없고 논리적 사고도 지속하기 힘들었다. 1854~1855년 부활절 사이에는 6주하고도 5일을 학교에 나가지 못했다. 하지만 몸이 조금 좋아지면, 그의 표현대로 '고매한 의지'를 발휘하여 동급생들을 앞서나갔다. 나움부르크의 돔 김나지움도 교육적으로 꽤 수준 높은 학교였지만, 그는 독일 연방에서 가장 전통 깊은 학교인 슐포르타Schulpforta에 입학하겠다는 커다란 야망을 품었다.

니체는 열 살 때 "포르타, 포르타. 나는 포르타에 들어갈 날만을 꿈꾼다."라는 글을 남기기도 했다. 포르타는 슐포르타 학생들끼리 쓰는 은어였는데, 니체는 배짱 좋게 포르타라 말하며 슐포르타에 들어가고 싶은 열망을 드러냈다. 14~20세 소년 약 2백 명을 교육

하던 슐포르타는 니체처럼 아버지가 프로이센 교회나 나라를 위해 일하다가 죽은 집의 아이들을 우선으로 선발했다. 입학 선발 과정은 동화 신데렐라에서 왕자의 사절단이 유리 구두를 들고 신데렐라를 찾아 방방곡곡을 누비는 것과 별반 다르지 않았다. 니체가 열세 살이 되던 해에 나움부르크에 온 입학 평가단은 니체의 실력을 높이 평가하여(수학 실력이 부족했음에도) 다음 가을 학기 입학을 허락했다.

엘리자베스는 늘 그렇듯 과장된 어조로 "운명은 불쌍한 라마인 나를 몹시 거칠게 대하는 것 같다. 나는 모든 음식을 거부하고 흙더미에 누워 죽어 갔다."고 표현했는데, 일류 교육을 받게 될 오빠를 시샘해서가 아니라 그와 몇 달씩 떨어져 지내야 하는 것이 슬퍼서였다. 니체 자신도 걱정스럽기는 마찬가지였다. 프란치스카의 말에 따르면, 슐포르타로 떠나는 날이 다가올수록 니체는 사람들 앞에서 괜찮은 척 허세를 부렸지만 밤마다 눈물로 베갯잇을 적셨다.

나움부르크 성문을 통과하던 화요일 아침, 불현듯 이런 생각이 들었다. … 지난밤 나를 엄습했던 공포심이 나를 가만히 에워쌌다. 내 미래에 불길한 그림자가 드리우는 것 같았다. 처음으로 나는 길고 긴 시간 집을 떠나 있을 것이다. … 가족과 떨어져 지낸다고 생각하니 벌써 마음이 외로웠다. 앞날에 대한 걱정으로 가슴이 떨렸다. … 이제부터는 나만의 생각에 빠져 있을 시간이 없을 것이다. 내가 가장 좋아하는 일을 할 수도 없을 것이다. 그런 생각을 하니 기분이 울적해졌다. … 시간이 갈수록 점점 무섭게 느껴졌다. 멀리서 희미하게 슈포르타를 보았을 때 학교라기보다는 거의 감옥처럼 느껴졌다. 그 순간 갑자기 경건한 마음이 들었다. 마음으로 조용히 기도하며 하나님께로 다가가니 평정심이 찾아왔다. 오, 주여. 저의 앞길에 축복을 내려주시고 성령의 인도하심으로 저의 몸과 마음을 지켜주소서. 당신의 천사를 보내주시어 앞으로의 전투에서 저를 승리로 이끄소서. 오, 주여! 당신께 간절히 기도하나이다! 아멘.[1]

슈포르타가 감옥처럼 보였던 건 원래 그것이 시토회의 수도원으로 지어졌기 때문이다. 슈포르타는 나움부르크에서 약 6.4킬로미터 떨어진 잘레강 줄기의 호젓한 골짜기에 위치해 있는데, 28만 제곱미터 부지에 수도원에서 흔히 볼 수 있는 연못, 맥주 양조장, 포도밭, 목초지, 경작지, 헛간, 낙농장, 마구간, 대장간과 석조 회랑, 고딕 양식의 웅장한 건축물이 있고 이들을 높은 벽이 에워싸고 있다. 니체의 어린 시절 고향인 뢰켄을 확대해놓은 것 같은데, 슈포르타가 정치적 풍파에 휘둘리지 않도록 마련된 일종의 종교적 요새였기 때문이다. 가령 16~17세기 유럽 전역을 휩쓴 종교 전쟁은 슈포르타로 보면 가장 중요한 사건이었다. 전쟁이 끝나고 로마 가톨릭교회가 사람들로부터 외면당할 때, 마틴 루터를 지지했던 작센 지방의 선거후는 슈포르타를 '프린스 스쿨'로 선포했다. 당시 프린스 스쿨은 1528년 구약성서를 독일어로 번역할 때 루터를 도왔던 슈바우처드Schwarzerd[2]가 설립한 중요한 라틴어 학교 중 하나였다. 슈바우처드는 고등 교육의 기본 과정인 라틴어와 그리스어에 히브리어를 추가해 학생들이 당시 정치적으로나 종교적으로 자주 왜곡되던 번역서가 아닌 히브리어로 직접 책을 읽을 수 있게 했다. 이는 수세기 동안 행해진 교회의 검열을 반대한 과감한 조치로서, 모든 학생이 독자적으로 문헌을 분석할 수 있는 수단을 제공했다.

니체가 발을 들일 무렵에 교육제도는 탐험가이자 지리학자, 자연과학자인 알렉산더 폰 훔볼트의 형, 빌헬름 폰 훔볼트Wilhelm von Humboldt[3]에 의해 약간 수정되었다. 실러Schiller와 괴테의 친구였던 폰 훔볼트는 바스티유 습격 직후 파리에 도착해 정치적으로 영향을 받은 상태였다. "나는 이제 프랑스와 파리에 약간 진력이 난다." 훔볼트는 스물두 살 청년이라고 하기에는 놀랍도록 성숙하게 이런 글을 쓰며 새로운 논리를 위해 필요한 진통을 목격하고 있다고 냉철한 결론을 내렸다. "인류는 하나의 극단으로 고통을 겪었다. 이제 또 다른 극단에서 구원을 찾아야 한다."

1809~1812년에 독일 교육의 재설계를 담당했던 폰 훔볼트는 그보다 앞서 프로이센의 교황청 공사로 재임했을 때, 동시대에 일어나는 사건과 관련해 본보기가 될 만한 논리를 전통적 유산과 관련된 직접 경험과 결합했다. 그는 고대 그리스를 모델로 삼은 독일 연방의 미래를 구상하며, 여러 개의 작은 나라가 하나의 체제 아래 모여 지성과 예술을 통합하되 다양성과 독창성을 지니는 모습을 이상적인 사회로 그렸다. 그의 이론은 존 스튜어트 밀John Stuart Mill의 《자유론On Liberty》에 영향을 준 《국가 행동의 한계를 결정하는 시도

에 관한 생각Ideas Towards an Attempt to Determine the Limits of State Action》에 잘 요약되어 있다. 훔볼트는 교육과 종교는 최소 국가 안에서 최대 자유가 주어져야 한다는 원칙을 기본 원리로 삼았다. 그 최소 국가 안에서는 개인이 가장 중요했기에 교육도 그만큼 중요한 위치를 차지했다. 교육의 최종 목표는 인간다운 성품을 기르는 숙달된 훈련을 통해 개인의 능력을 최대한 조화롭게 발전시켜 완전하고 일관된 한 개인이 되게 하는 것이었다.[4] 이 완전하고 일관된 개인은 독일인이 가장 이상적이라고 생각하는 두 가지 자질인 '학문'과 '교양'을 겸비해야 했다. 여기서 말하는 학문이란, 과학적 연구와 독립적 사고를 바탕으로 학생들 각자가 계속 변화하고 성장하여 끊임없이 진보하는 지식의 총합에 기여할 수 있게 하는 역동적인 과정을 말한다. 기계적 암기식 학습과는 완전히 반대였다. 한편 지식은 점점 발전하는 것이므로 지식이 쌓이면서 학생 자신의 발전이라 할 수 있는 교양도 쌓였다. 즉 교양은 학생이 지식을 습득해 정신적으로 성장하는 과정으로, 훔볼트는 그것이 더 큰 맥락에서 내적 자유와 완전함을 초래하며 학생의 원래 개성과 본성 사이에서 일어나는 조화로운 상호작용이라 설명했다.

과학의 진보로 오랜 믿음이 흔들리면서, 완전함과 사회 윤리에 관한 질문은 종교적 신념에 관한 새로운 당면 문제를 다루었다. 다윈*에 대한 학생들의 이해가 어느 단계에 있든지 간에 서구 지식의

---

* 다윈이 <종의 기원>을 발표해 진화 사상을 공표한 것은 1859년의 일이다. -편집자주

규범에 따라 생명에 부여된 신성한 구속력은 부인할 수 없었다. 그 시기 어떤 신이 숭배되는지와 관계없이 그 구속력으로부터 진리와 아름다움, 지적 명확성과 목적이 수세기에 걸쳐 일관되게 관류했다.

문명사회를 이루는 원동력은 언어였다. 언어가 없었다면, 우리는 아마 생각이라는 것을 하지 못했을 것이고, 당연히 복잡한 사고를 전달할 수도 없었을 것이다. 그런 의미에서 폰 훔볼트는 역사의 중요한 학문을 담당한 문헌학자이자 언어학자였다. 그가 개혁을 주도했던 다른 학교에서와 마찬가지로 슐포르타에서도 가장 중요한 과목은 고전어와 고전문헌학이었다. 이런 과목에서는 고지식할 정도로 꼼꼼함과 정밀함이 중시되었다. 니체의 표현에 따르면, 문헌학자들은 말이 안 될 만큼 작은 것에 집착하는 '편협하고 냉혈한 미물학 연구자'였고,[5] 그중에서도 고전문헌학자들은 그리스어, 히브리어, 라틴어의 언어학을 철저히 파고드는 교육 제도의 신과 같은 존재였다.

니체가 재학할 당시 슐포르타 학장은 슐포르타를 오전에는 아테네식, 오후에는 스파르타식으로 운영되는 공립학교라 표현했다. 슐포르타의 교육 방식은 수도원과 군대를 합쳐놓은 것 같아서 정신적으로도 육체적으로도 생활하기가 쉽지 않았다. 니체는 집에서 지낼 때 자기 방을 따로 쓰며 원하는 시간에 원하는 시간만큼 자유롭게 공부하는 것을 좋아했다. 그러나 슐포르타에서는 서른 명의 학생과 기숙사에서 함께 생활해야 했다. 일과는 새벽 4시에 시작해 밤 9시에 여러 개의 기숙사 입구가 동시에 잠기면서 끝났다. 아마 오늘날 오페라 하우스에서 공연 시작을 전후로 수십 개의 입구가 동시에 열렸다 닫히는 모습과 비슷했을 것이다. 180명의 소년은 기숙사 문이 열림과 동시에 15개의 세면대가 놓여 있는 공용 욕실로 바쁘게 발걸음을 옮겼다. 이후 일과는 이러했다.

5:25	오전 기도. 따뜻한 우유와 롤빵
6:00	수업
7:00~8:00	공부
8:00~10:00	수업
10:00~11:00	공부
11:00~12:00	수업
12:00	냅킨 챙겨서 식당으로 행진. 출석 확인
	점심 전후에 라틴어로 감사 기도. 자유 시간 40분
1:45~3:50	수업
3:50	롤빵. 버터, 베이컨, 자두잼 중 하나
4:00~5:00	상급생이 하급생에게 그리스어 구술시험이나 수학 문제 테스트
5:00~7:00	공부
7:00	식당으로 행진. 저녁 식사
7:30~8:30	정원에서 놀이시간

8:30	저녁 기도
9:00	취침
새벽 4:00	기숙사 문 개방. 일과 시작

프랑스 작가이자 평론가인 마담 드 스탈Madame de Staël이 인정했듯이 슐포르타는 유럽에서도 가장 엄격한 학교였다. "독일 사람들이 하는 공부는 정말 감탄스럽다. 하루에 15시간씩 몇 년 동안 외롭게 고군분투하며 공부하는 모습이 그들에게는 일반적인 듯하다."[6]

니체는 처음에 향수병이 심했다. "커다란 나무 사이로 바람이 몰아칠 때마다 가지가 세차게 흔들렸다. 내 마음도 그랬다."[7] 니체는 버덴시그Buddensieg 교수에게 고민을 털어놓았다. 교수는 공부에 완전히 몰두해보고 그래도 안 되면 하나님의 은총을 구하라고 조언했다.

니체는 일주일에 한 번 어머니와 여동생을 볼 수 있었다. 하지만 면회는 일요일에 학생들이 행진해서 교회에 다녀온 온 후 감질날 만큼 아주 잠깐만 허락되었다. 그 시간이 되면 니체는 전나무 숲 사이로 구불구불하게 이어진 오솔길을 따라 아임리히 마을을 향해 북쪽으로 바쁘게 발걸음을 옮겼다. 한편 프란치스카와 엘리자베스는 니체를 만나러 나움부르크에서 남쪽으로 허둥지둥 달려왔다. 니체는 아임리히에 있는 작은 식당에서 어머니, 여동생과 한 시간가량 보낸 뒤 급하게 발걸음을 돌려야 했다. 그 시각 다른 학생들은 저녁 7시 30분부터 8시 30분까지 학교 잔디밭에서 공차기 같은 가벼운 게임을 하다가 그리스어나 라틴어로 논쟁을 벌였고, 그 논쟁은 라틴어 즉흥시로 대결하는 설전으로 종종 발전했다.

슐포르타는 학생들끼리 말할 때 항상 라틴어와 그리스어를 쓰도록 했다. 니체는 거기서 나아가 아예 라틴어로 생각하려고 노력했다. 잘 안 된다는 푸념 글이 없는 것을 보면 아마 잘 해냈던 것 같다. 학생들에게 신문은 허용되지 않았다. 정치와 바깥세상에 관한 소식은 되도록 차단되었다. 주요 교육과정은 고대 그리스 로마의 문학과 역사, 철학으로 구성되었고, 괴테와 실러 같은 독일 고전이 주요 교재로 사용되었다. 니체는 이런 과목을 훌륭하게 잘 해냈지만, 성직자가 되는 데 필요했던 히브리어를 어려워했고, 특히 히브리어 문법을 힘들어했다. 영어는 결국 완벽하게 통달하지 못했다. 그래도 셰익스피어와 바이런의 작품을 좋아해 독일어 번역본으로 두 작가의 작품을 즐겨 읽었다. 특히 그는 바이런의 〈만프레드Manfred〉를 좋아했다. 라틴어 수업은 주당 11시간, 그리스어는 6시간이었다. 니체는 성적이 우수해서 학년 말에는 거의 수석을 차지했다. 하지만 수학 점수가 항상 평균을 깎아 먹었다. 원의 특징을 배우던 짧은 시기를 빼면 그는 수학에는 거의 관심이 없었다.

학생들은 가끔 시골로 소풍을 떠났다. 그럴 때는 프리드리히 루트비히 얀Friedrich Ludwig Jahn이 디자인한 운동복을 갖춰 입었다. 독일 체조의 창시자이자 과격 민족주의자였던 얀은 독일 청년들에게 군인 정신과 단결심을 함양시키고자 체조를 개발하고 건전한 조직 정신을 심어주어 신생 국가를 위한 훌륭한 토대를 다지고자 노력했다. 또 독일 청년들이 군대식 영적 탐험을 이루도록 '순결, 믿음, 번영, 자유'라는 네 가지 구호도 만들었다. 슐포르타의 소년들은 줄을 맞춰 행진하며 산에 올랐다. 행군 악대에 맞춰 노래를 부르고 구호를 외치며 교기를 흔들었고, 집으로 돌아가기 전에는 프로이센의 왕(이때 왕은 뇌졸중 발병 이후 정신이 이상해진 상태였다)과 왕자, 학교를 위해 만세 삼창을 외쳤다.

수영 수업도 조직적으로 이루어졌다.

드디어 어제 수영 행사가 열렸다. 굉장했다. 우리는 문을 통과해 일렬로 행진하며 응원곡을 연주했다. 모든 학생이 붉은 수영모를 써서 멋진 광경을 연출했다. 한참 걸어서 잘레강 앞에 도착했을 때, 우리 같은 어린 학생들은 겁을 먹었지만 상급생들이 멀리서 수영해오는 모습을 보며 응원곡을 듣자 너나 할 것 없이 강물에 뛰어들었다. 우리는 학교에서 행진해온 순서대로 물에 뛰어들어 수영을 했다. 학생들은 대체로 잘 해냈다. 나도 최선을 다했지만 쉽지는 않았다. 나는 주로 배영을 했다. 목적지에 닿았을 때, 우리를 따라 보트에 실려온 옷을 건네받았다. 우리는 서둘러 옷을 입고 슐포르타에서 올 때와 마찬가지로 행군해서 돌아갔다. 정말 굉장한 하루였다![8]

이런 시작에 비추어 보면 신기하지만, 수영은 니체에게 평생 즐거움을 선사하는 운동이 되었다. 체육에 소질이 없었던 니체는 다른 체육에서는 몸부림에 가까운 우스꽝스러운 곡예를 펼쳤다. 그의 학교 친구인 파울 도이센Paul Deussen은 우스갯소리로 니체가 유일하게 잘했던 체조 동작을 묘사하며 당시에는 그것이 대단히 중요했다고 설명했다. 평행봉 사이에 다리를 먼저 밀어 넣고 반대편으로 내려오는 동작인데, 다른 학생들의 경우 몇 분 만에, 심지어 어떤 학생은 철봉을 잡지도 않고 내려왔지만, 니체는 얼굴이 시뻘겋게 변하고 땀을 뻘뻘 흘리며 숨을 가쁘게 몰아쉬었다.[9]

운동에는 소질 없고 사람들과 잘 어울리지 못하며 너무 똑똑하기만 한 니체는 친구들 사이에서 당연히 인기가 없었다. 동급생 중 하나는 그의 사진을 오려내어 꼭두각시 인형으로 만들고, 그의 행동을 우스꽝스럽게 흉내 냈다. 하지만 독특한 그의 성격 덕분인지 몇몇 친구들에게서는 종종 도움을 받았고, 그의 곁에는 언제나 친구들의 괴롭힘을 막아주는 헌신적인 친구들이 있었다. 많지 않은 그 친구들은 니체가 알아채기 전에 꼭두각시 인형이 사라지도록 조치를 취했다.

음악을 향한 니체의 열정은 식지 않았다. 니체는 학교 합창단에 들어가 수없이 많은 행군을 경험하며 음악의 즐거움을 누렸다. 슐포르타에서 배우는 다른 모든 학문이 집단 윤리를 따르며 자아실현을 이루게 했다면, 음악만큼은 그가 자유분방한 사고를 놓치지 않게 해주었다. 교사와 학생들은 그의 일반적인 피아노 기술과 악보 읽는 능력에도 놀라워했지만, 즉석 연주 실력에는 감탄을 금하지 못했다. 니체의 아버지 또한 살아 있을 때 멀리서 사람들이 찾아와 연주를 들을 만큼 뛰어난 실력을 자랑했다. 이제 니체의 학교 친구들은 아버지로부터 물려받은 재능으로 뛰어난 연주 실력을 선보이는 그에게 찬사를 보냈다. 그가 피아노 앞에 앉아 열정적인 선율을 쉼 없이 쏟아낼 때면, 사람들은 어울리지 않는 긴 머리를 쓸어 넘기고 두꺼운 안경을 쓴, 이 키 작은 소년 곁으로 하나둘 모여들었다. 그를 못마땅하게 여기는 아이들조차 그 순간만큼은 신기한 마술사를 바라보듯 넋을 잃었다. 니체는 특히 폭풍우가 휘몰아치는 날에 강한 영감을 받았다. 그의 친구인 카를 폰 게르스도르프Carl von Gersdorff는 천둥소리가 으르렁대는 날엔 베토벤도 니체만큼 뛰어나게 즉흥 연주를 하지는 못한다고 생각했다.

니체의 신앙심은 여전히 굳건했다. 아버지를 따라 목사가 되겠다는 생각에도 변함이 없었다. 그의 견신례*는 그가 종교적 열정으로 가득 차 있던 시기에 열렸다.

1861년 사순 제4주일에 열린 견신례로 니체는 그의 곡에 솜씨를 묘사했던 파울 도이센과 새로운 유대 관계를 맺었다. 두 예비 목사는 나란히 제단 앞으로 걸어가 무릎을 꿇고 축성을 받았다. 도이센과 니체는 경건한 마음으로 그리스도를 위해 살다가 죽겠다고 함께 다짐했다.

니체는 열렬한 종교적 환희가 가라앉자 그리스나 로마 공부에 적용할 때 익숙하게 사용하던 방식으로 성경 공부를 시작했다. 당시 그는 〈운명과 역사Fate and History〉와 〈의지와 운명의 자유Freedom of

---

* 성세 성사를 받은 신자에게 성령과 그 선물을 주어 신앙을 성숙하게 하는 성사. -편집자주

Will and Fate〉라는 두 편의 긴 에세이에 자신의 생각을 표현했는데, 그 내용을 보면 자유 의지와 운명에 관해 많은 글을 썼던 미국의 사상가 랄프 왈도 에머슨Ralph Waldo Emerson에 대한 그의 관심을 읽을 수 있다. 〈의지와 운명의 자유〉에서는 다음의 문장으로 결론을 맺었다. "완벽한 자유 의지가 인간을 신으로 만든다면, 운명론적 신조는 인간을 기계처럼 행동하는 사람으로 만들 것이다." 〈운명과 역사〉에서는 같은 생각을 좀 더 자세히 설명했다. "운명을 동반하지 않는 자유 의지는, 실체가 없는 영혼이나 악은 없고 선만 존재한다는 말처럼 생각할 수 없는 문제다. … 반대되는 두 가지 개념이 있어야만 그것의 본질이 탄생한다. … 사람들이 기독교의 완결성은 언제나 의문의 여지가 있는 신의 존재와 불멸, 성경, 성령, 그 외에 다른 교리 같은 전제조건에 근거한다는 사실을 마침내 깨달을 때 혁명은 일어날 것이다. 우리는 인류 자체가 우주의 역사에서 하나의 단계나 시기일 뿐인지 알지 못한다. … 인간은 단지 돌멩이가 식물이나 동물을 거쳐 진화한 존재에 불과한가? 이 영원불멸한 시간은 끝이 없는가?"

이 글을 보면 다윈의 진화론이 연상된다. 하지만 니체의 이런 생각들은 에머슨과 고대 그리스의 철학가이자 시인이었던 엠페도클레스Empedocles나 독일의 철학가 겸 시인인 프리드리히 횔덜린Friedrich Hölderlin 같은 사상가들의 책을 읽고 오래전부터 그의 머릿속을 차지했던 것들이다.

1861년에는 〈친구에게 보내는 편지: 내가 가장 좋아하는 시인을 추천하며〉라는 제목의 에세이를 썼다. 니체가 가장 좋아했던 시인은 프리드리히 횔덜린이다. 횔덜린은 당시 시인으로 인정받기는커녕 이름도 거의 알려지지 않은 존재였지만 지금은 독일 문학에서 높은 위상을 차지하는 인물이다. 니체는 그 에세이에서 좋은 점수를 받지 못했다. 니체의 선생님은 좀 더 건전하고 명료하며 독일인다운 시인을 찾아보라고 조언했다.[10] 횔덜린은 누구보다 철저한 독일인에 가까웠지만, 독일이 세계 최고라는 독일 국수주의는 철저히 혐오했다. 그의 생각에 동의했던 열일곱의 니체는 그 에세이에서 횔덜린에 관해 이렇게 언급했다. "안타깝게도 횔덜린은 오직 확실한 사실에 근거하여 독일인이 인정하기 힘든 진실을 말한다. … 횔덜린은 예리하고 날카로운 언어로 독일인의 만행을 지적한다. 그의 이런 혐오는 바꿔 말하면 조국에 대한 위대한 사랑이다. 횔덜린이 지녔던 사랑은 고차원적인 사랑이다. 하지만 그는 학식만 높고 교양 없는 독일인은 혐오했다."[11]

교사들은 횔덜린이 정신적인 면에서나 도덕적인 면에서 건전하지 않다고 여겨 좋아하지 않았다. 횔덜린은 말년으로 갈수록 정신이 이상해졌기 때문에 학교에서 배우는 인물로 삼기에는 부적절했다. 니체의 스승들은 니체가 '학문, 교양, 루터교'에 바탕을 둔 슐포르타의 교육방침과는 완전히 반대되는 위험스러운 비관주의를 신뢰하고 이성의 권위에 도전하려는 태도를 보이는 것을 걱정스러웠다. 그들은 슐포르타의 신성한 세 가지 교육 원리를 바탕으로 니체와 같은 어린 학생들이 횔덜린이 탐구하고자 했던, 영혼을 뒤

흔들 만한 우울한 내면세계에 끌리지 않도록 보호해야 한다고 생각했다.

아, 가여운 인간들. 이 모든 것을 느끼고, 인간이 여기 존재하는 이유를 말하도록 허락하지 못하고, 완전히 무無의 상태에 놓여 있다. 우리가 헛되이 태어난다는 것, 아무것도 사랑하지 않고, 아무것도 믿지 않으며, 아무것도 아닌 것을 위해 죽을 때까지 일한다는 것을 너무 깊이 인식한다. 그것을 심각하게 생각하며 무릎을 꿇는다면 내가 어떻게 도울 수 있겠는가? 나 역시 바닥이 안 보이는 생각들에 수없이 빠져서 울부짖었다. 잔인한 영혼이여, 어찌하여 내 뿌리에 도끼를 내려놓는가? 그래도 나는 여기에 존재한다.[12]

횔덜린은 말년에 놀라운 통찰력을 보이며 예언자적 언사와 기이한 표현들을 종종 뱉어냈다. 그가 튀빙겐Tübingen에서 살았던 탑 방은 종교적 영감을 위해 올빼미로 가득한 폐허 같은 탑을 사랑했던 낭만주의 시대의 관광 명소가 되었다.

니체는 '오랜 광기의 무덤'이 거센 바다에서 끝없이 몰아치는 파도처럼 의식을 잠식해 밤마다 심해지는 광기와 싸우다 마침내 장송곡과 함께 숨을 거둔 시인이라고 횔덜린을 표현했다. 니체의 글은 새로운 진실을 깨닫는 통로로 그의 마음을 사로잡은 횔덜린의 생각에 이미 반은 빠져 있음을 암시적으로 드러낸다.

횔덜린은 확실히 슐포르타가 반기는 인물은 아니었다. 하지만 교사들의 비난과 반대에도 니체는 그에 대한 관심을 놓지 않았다.

횔덜린은 고대 그리스 철학가이자 시인인 엠페도클레스에 관한 희곡을 썼다. 니체도 그랬다. 신화에 따르면 엠페도클레스는 신이 될 것으로 확신하며 에트나산 분화구에 뛰어들어 생을 마감했다. 동굴에서 나타난 차라투스트라와 디오니소스로 변할 것이라고 믿으며 미쳐갔던 니체를 연상시키는 대목이다. 신의 탄생과 신이 되기 위한 과정으로서 광인이 되어간다는 주제는 니체와 횔덜린, 엠페도클레스의 삶과 사상을 모두 관통한다. 올림피아의 정신과 사상을 이어받는 것이 최대 목표인 독일 최고의 학교에서 열일곱의 니체는 해방을 위한 광기와 비이성적인 것의 정당성이라는 주제에 깊이 빠져 있었다.

횔덜린은 그가 쓴 희곡에서 엠페도클레스의 입을 통해 "혼자라는 것과 신이 없다는 것, 그것은 죽음이다."라고 말한다. 아마도 니체가 훗날 신의 죽음을 말하는 엄청난 비극은 바로 여기서 시작되었을 것으로 추측해볼 수 있다.

엠페도클레스의 저술은 거의 남아 있지 않다. 〈자연에 관하여On Nature〉와 〈정화The Purifications〉라는 철학적 서사시의 일부만 남아 있다. 〈자연에 관하여〉는 오비디우스Ovid의 전원시와 밀턴Milton의 〈실낙원〉을 연상시키는 아름다운 창작시다. 하지만 무엇보다 엠페도클레스는 만물의 '4원소'를 처음 주장한 인물이라는 데 더 중요한 의미가 있다.

자! 태초의 네 가지를 밝히노니

우리가 지금 보는 모든 광경은 거기에서 생겨났다.

땅과 소용돌이치는 바다, 촉촉한 공기

대기, 천공을 떠받치고 있는 티탄*

오! 하지만

그 모든 만물의 기원에 생명을 불어넣은 것은

훔쳐온 불이다.[13]

엠페도클레스는 우주 만물의 물체는 순환한다고 가정했다. 그 안에서는 완전히 새로운 창조도 소멸도 없다. 물질은 한 가지 형태로 되어 있고, 그 물질의 합은 변할 수 없으며 영원하다. '사랑'과 '증오'라는 두 가지 영원한, 그리고 영원히 반대되는 힘이 혼합되고 분리되는 것이기 때문이다. 그 반대되는 힘 사이에서 발생하는 긴장 상태는 태초의 혼돈 에너지를 만들었다. 엠페도클레스는 그것이 히에로니무스 보쉬Hieronymus Bosch**의 그림처럼 끔찍한 소용돌이 같다고 생각했다. 그 소용돌이 안에서 머리, 팔, 눈 같은 인간의 신체 부위가 하나의 형태로 결합해 공간을 따라 섬뜩하게 돌아다니며 서로를 찾았다. 이런 내용은 현대에 와서 진화론의 시초로 해석

---

* 그리스 신화에 나오는 거인족이다. 제우스로부터 평생 하늘을 떠받치라는 형벌을 받은 아틀라스가 티탄이다. -편집자주
** 기괴함의 거장으로 평가되는 네덜란드 화가로, 악몽 같은 환영을 그린 대형 패널화들이 초현실주의 화가들에게 큰 영감을 주었다. 공상적인 반인반수의 짐승들을 묘사한 그림으로도 유명하다. -편집자주

된다.

니체는 그때까지 남아 있는 엠페도클레스 작품의 단편적 속성에서 간결성을 배웠다. 또 그 단편들이 어떻게 마음을 자유롭게 이끌어 사색이라는 끝없는 여행을 시작하게 하는지도 배웠다. 이러한 배움은 병치레가 잦아질수록 그에게 점점 더 귀중한 힘이 되었다.

견신례 이후 니체가 쓴 또 다른 작품은 그가 '역겨운 삼류소설'이라고 재미나게 표현하는 〈에우포리온〉이다. 10대의 그가 성과 죄악이라는 대담한 주제로 과하게 기교를 부려 쓴 글이었다.

"그 글을 쓰고 나니 악마 같은 웃음이 터져 나왔어." 니체는 친구에게 보내는 편지에서 '편지로 공부하는 남자 (편지를 받지 못한 너의 친구) 니체'라고 서명하고 이렇게 자랑했다.[14]

에우포리온은 파우스트 전설에서 파우스트와 트로이의 헬레네 사이에서 태어난 아들이다. 니체 시대의 독일에서는 흔히 바이런이 현대판 에우포리온으로 여겨졌다. 따라서 니체는 에우포리온을 주인공으로 하는 1인칭 소설에서 파우스트식은 물론이고 바이런식 자세를 취했다.

첫 페이지만 남아 있는 그 소설은 서재에 앉아 있는 에우포리온의 독백으로 시작한다.

'황색 하늘에 진홍빛 새벽이 드리우고 불꽃이 쉭쉭 타들어 간다. 너무 지루하다. … 내 앞에는 내 검은 심장이 담길 잉크병과 내 목을 자르는 데 익숙해질지 모를 가위, 내 몸을 닦는 데 쓰일 원고와 요강이 있다. …

만약 그 고문자가 "나를 잊지 마시오"라고 적힌 내 묘비에 소변을 맞추기만 한다면 … 푸른 하늘 아래 아무 일도 하지 않는 것보다 축축한 땅에서 분해되는 것이 나는 더 좋다고 생각한다. 살찐 벌레로 버둥거리며 사는 게 걸어 다니는 물음표인 인간으로 사는 것보다 훨씬 낫다. …

우리 집 맞은편에는 수녀가 산다. 나는 그녀의 훌륭한 행동을 보며 즐거움을 느끼려고 이따금 그녀를 방문한다. 예전에 그녀는 날씬하고 연약했다. 나는 그녀의 주치의였기에 그녀에게 체중을 조금 늘려야 한다고 당부했다. 그녀는 오빠와 동거 관계다. 내가 보기에 그는 너무 뚱뚱하고 혈기가 왕성했다. 나는 그를 날씬하게 만들었다. 시체가 될 때까지.' 이 시점에서 에우포리온은 몸을 약간 뒤로 젖혀 신음을 냈다. 척추 골수에 영향을 주는 병이 있었기 때문이다.[15]

남아 있는 원고는 다행스럽게도 여기에서 끝난다.

니체의 초기 작품에서 빼놓을 수 없는 또 다른 작품도 일부가 남아 있다. 이 글은 일종의 실제 경험이나 환영을 기록한 글로 평가되기도 하고, 때로는 그의 정신병을 예고하는 글로도 분석된다. 따라서 당연히 중요한 작품으로 취급되는데, 에우포리온처럼 실험적인 기이한 글쓰기의 습작일 수도 있다.

내가 두려운 것은 내 의자 뒤에 있는 끔찍한 형상 때문이 아니라 그 목소리 때문이다. 그리고 그 형상에서 나오는 단어들 때문이 아니라 인간의 목소리에서 나올 수 없는 소름 끼치도록 흐릿한 말투 때문이다. 그렇다. 그것이 인간처럼 말하기만 해도 좋을 텐데.[16]

슐포르타에서는 니체의 만성적 질병인 극심한 두통과 귀의 종기, 위장 카타르,* 구토, 어지럼증 등을 창피스러운 방법으로 치료했다. 머리에 있는 피를 빨아먹도록 귓불에 거머리를 단단히 고정시키고 컴컴한 방에서 지내도록 한 것이다. 때로는 목에도 거머리를 붙였다. 니체는 이 방법을 좋아하지 않았다. 전혀 도움이 되지 않는다고 생각했다. 그의 병상일지를 보면 1859년에서 1864년 사이 평균적으로 일주일에 스무 번이나 치료를 받았고, 그는 "익숙해져야 한다."는 글을 남겼다.

니체는 예민한 눈을 보호하기 위해 뿌옇게 만든 안경을 쓰고 다녔다. 학교 의사가 나중에 완전히 실명할 거라고 진단했기 때문에, 익숙해지는 방법 말고는 달리 희망적인 생각을 할 만한 근거가 없었다.

니체는 자신의 신체적 한계와 암울한 진단에 자극을 받아 슐포르타에서의 모든 순간을 적극적으로 임했다. 그는 배움에 대한 욕구가 누구보다 뛰어났다. 슐포르타에서 하는 공부로도 모자라 어린 시절 친구인 구스타프 크루그, 빌헬름 핀더와 문학단을 만들었

---

* 위장 점막에서 피가 나는 일종의 염증 -역자주

다. 두 소년은 당시 슐포르타 학생으로 선발되지 못해 계속 나움부르크의 돔 김나지움에서 공부하고 있었다. 니체와 두 친구는 문학 모임의 이름을 '게르마니아Germania'라고 지었다. 아마 고대 로마의 역사가이자 정치가였던 타키투스Tacitus*를 기리고자 했던 것 같다.[17] 그들은 1860년 여름 방학에 잘레강이 내려다보이는 어느 탑에서 첫 모임을 열었다. 형제애를 다짐하며 수차례 맹세를 하고 값싼 포도주 한 병을 비워 건배를 나눈 뒤 빈 병은 잘레강으로 힘차게 던졌다. 그들은 시, 수필, 작곡, 혹은 건물 설계도라도 매달 한 편씩 작품을 남기자고 다짐했다. 돌아가며 한 사람씩 자신의 작품을 발표하면 나머지 둘이 필요한 부분을 친절하게 교정해주었다.

니체는 3년 동안 크리스마스 오라토리오, '니벨룽겐에 따른 크림힐트의 성격', '음악의 악마적 요소에 관하여' 등 거의 34편의 글을 썼다. 그는 두 친구가 글쓰기를 멈춘 후로도 혼자 오랫동안 계속 글을 썼다. 1862년 모임 기록지에는 "어떻게 하면 우리가 더 열심히 활동할 수 있을까?"라고 고민한 흔적도 있다.

니체는 다음 해에 동급생의 여동생인 아나 레텔Anna Redtel이라는 소녀에게 관심을 보였다. 아나는 니체의 학교에서 산으로 소풍을 갔을 때, 그녀의 오빠를 따라왔다가 인상적인 춤을 추어 니체의 눈길을 끌었다. 그들은 함께 춤을 추었다. 베를린에서 온 그녀는 체

---

* 주로 제정帝政을 비판한 사서史書를 저술하였다. 퇴폐한 로마와는 달리 건전한 사회를 이루었던 북방 만족蠻族을 묘사한 《게르마니아》, 언론의 자유가 보장되지 않아 공화제 시대에 비해 제정시대에 웅변술이 쇠퇴하였음을 비판한 《웅변론에 대한 대화對話》 등 3편의 글을 남겼다. ―편집자주

구도 작고 마음도 여렸다. 모든 면에서 매력적이고 친절하고 교양 있게 행동했고, 음악에도 관심이 많았다. 니체는 그 소녀 옆에 있으면 건강하고 활발해지면서 약간은 진지해지고 긴장되는 마음을 느꼈다. 아나가 피아노를 잘 쳐서 둘은 함께 피아노로 이중주곡을 치며 더 가까워졌다. 니체는 소녀에게 시와 랩소디를 써서 선물했다. 아나가 베를린으로 돌아갈 시간이 되자 니체는 직접 쓴 피아노 작곡집을 선물했다. 아나는 감사 인사를 담은 편지를 건넸다. 니체의 순수한 첫사랑은 그렇게 끝났다.

슐포르타에서의 마지막 해인 1864년에는 정규 교과 외의 활동이 적었다. 대학 입학시험인 '아비투어'를 통과하려면 독창적이고 의미 있는 졸업 작품을 쓰는 데 집중해야 했다.

슐포르타의 마지막 해에 문헌학 논문 두 편을 따로 작업했다. 하나는 동고트족의 왕 에르마나리크Ermanarich의 전설과 관련한 자료를 조사해 그 영향을 설명하는 것이었고, 다른 하나는 특정 형태의 그리스 참주인 메가라 사람에 관해 설명하는 것이었다. … 결과적으로 그 연구는 메가라의 테오그니스Theognis에 관한 글이 되었다.[18]

기원전 6세기경 그리스 남부 메가라의 시인 테오그니스는 1천 4백 행에 약간 못 미치는 문집을 남겼다. 어떤 면에서는 니체가 연구 대상으로 삼았던 엠페도클레스, 디오게네스 라에르티오스 Diogenes Laertius와 공통점이 많았다. 자유롭게 연구할 수 있는 여지가 많았기 때문이다. "많은 부분은 추측과 추론에 의지했다. 하지만 언어학적으로 철저하게, 최대한 과학적 방법으로 조사를 완성할 계획이다." 니체는 테오그니스에 관해 연구할 때 이런 글을 남겼다. 그는 자신의 말대로 언어학적으로 철저하고 과학적인 〈메가라의 테오그니스에 관하여On Theognis of Megara〉라는 성공적인 논문을 완성했다. 여름 방학이 시작되고 일주일 만이었다. 42페이지에 걸쳐 라틴어로 빽빽하게 써낸 논문은 문헌학 교사들을 놀라게 할 정도로 훌륭했다. 나머지 여름 방학 기간에는 수학 공부에 매진해야 했지만 그러지 않았다. 방학이 끝난 뒤, 수학과 교수는 격분해서 아비투어 시험을 통과시키지 않겠다고 으름장을 놓았다.

"니체는 수학에서 한 번도 성실함을 보인 적이 없습니다. 늘 원점으로 돌아갔어요. 필기시험이든 구두시험이든 보통 수준이라고도 할 수 없습니다." 수학과 교수는 이렇게 목소리를 높였다. 하지만 그의 불만은 동료 교사의 한 마디로 잠잠해졌다. "혹시 선생님은 우리 학교에서 지금까지 있었던 학생 중 가장 재능 있는 학생을 낙제시키기를 바라십니까?"[19]

"운 좋게 통과했다." 니체는 9월 4일 이렇게 외쳤다. "아, 영광스러운 자유의 날이 왔도다!" 그러고는 학교의 오랜 전통에 따라 멋진 제복을 입은 기수가 끄는 꽃마차에 앉아 창밖으로 손을 흔들며 슐포르타를 떠났다.

학교 의사의 마지막 건강 기록지는 이렇게 작성되어 있다. "니체는 건장하고 다부진 학생이다. 눈에 띄게 표정이 굳어 있고 근시가 심하며 두통으로 힘들어한다. 그의 아버지는 뇌연화증으로 죽었다. 그가 태어날 당시 부모님의 나이가 많았다. 니체가 태어날 때 아버지의 건강은 이미 좋지 않은 상태였다. 아직 심각한 증상은 없지만 이런 전력은 고려될 필요가 있다."

니체의 졸업사는 거의 아첨에 가깝다.

저는 특정 예술을 은밀하게 숭배하며 살았습니다. … 획일적인 규범으로부터 개인적인 기질과 노력을 구해냈지요. 즉 보편적인 지식과 즐거움을 위해 제 열정을 넘치도록 충족시키며 규칙에 따라 정해진 엄격한 일과와 경직된 시간표를 깨뜨리려고 노력했습니다. 제가 원한 것은 저의 변덕스럽고 불안한 기질이 균형을 잡도록 하는 것이었습니다. 어느 한쪽으로 치우치지 않고 논리적으로 냉정함을 찾을 수 있는 기술이 필요했습니다. 그리고 그 결과가 저에게 전혀 해롭게 작용하지 않아야 했죠. … 훌륭한 재단에서 정말 훌륭한 교육을 받고도, 저는 얼마나 형편없는 학생이었는지 모릅니다.[20]

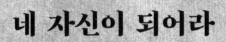

Friedrich Wilhelm Nietzsche' life

· 3장 ·

네 자신이 되어라

. . .

양심에 귀 기울일 방법은 수백 가지가 있다. … 하지만 내가 무언가를 옳다고 느끼는 건 나에 대한 깊은 성찰 없이 어릴 때부터 옳다고 규정된 것들을 맹목적으로 받아들였기 때문일 수도 있다.

-《즐거운 학문The Gay Science》 335절

니체는 1864년 한 해를 허송세월로 보냈다고 말한다. 그해 10월, 그는 본대학교에 입학했다. 관심을 느낀 분야는 고전문헌학이었다. 하지만 순종적인 아들 노릇을 하느라 신학 학부에 들어갔다. 본대학교를 선택한 건 당시 이름난 고전학자였던 프리드리히 리츨Friedrich Ritschl과 오토 얀Otto Jahn 교수 때문이었다. 니체는 신학 수업에 큰 흥미를 느끼지 못했다. 단지 어머니와 여동생이 보고 싶었다. 본과 나움부르크는 거의 5백 킬로미터나 떨어진 거리였으니 가족과 그렇게 멀리 떨어져 지내기는 처음이었다. 하지만 거리가 멀어서 가족들의 눈을 속일 수 있다는 장점도 있었다. 가족들은 여전히 니체가 목사가 될 거라 믿고 있었고, 어쨌든 니체는 그 믿음을 저버릴 수 없었다.

니체는 그때까지 우물 안 개구리로 살았다는 생각이 들었다. 세상에 대해 너무 몰랐다고 생각했던 그는 그동안의 무지를 일깨우는 방법으로 '부르셴샤프트' 가입을 선택했다. 부르셴샤프트는 학생 단체로, 나중에 독일 청년 조직인 히틀러 유겐트와 연합해 큰 오명을 남긴다. 1815년 처음 설립되었을 당시에는 독일 연방 전역의 학생들이 공유할 수 있는 자유 문화적 가치를 전달하는 것을 목표로 삼았다. 하지만 연방 정부가 정치적인 면에서 그들이 선동적 단체로 변질되지 않도록 지적 활동을 철저히 막았기 때문에 산행이나 음악, 결투, 음주 외에는 별다른 활동을 하지 못했다. 니체는 학문적 논의와 의회식 토론을 기대하며 '프랑코니아Franconia'에 가입했다. 하지만 그런 활동보다는 노래를 부르며 술잔을 기울이는 날이 더 많았다. 그의 표현대로라면 그는 방향감각을 잃고 지나치게 흥분해 있는 단체에 적응해보려고 애쓰며 혼란의 시기를 보냈다.

"저는 최대한 정중하게 고개 숙여 인사한 뒤 프랑코니아라는 모임의 새 일원으로 저를 소개했습니다." 니체는 사랑하는 어머니와 여동생에게 편지를 보냈다. 니체가 프랑코니아에 대한 편지를 하도 많이 써서 심지어 니체를 사랑해 마지않는 그 두 여성도 나중에는 그의 편지를 지겨워했을지 모른다. 프랑코니아 모임은 언제나 시가행진으로 시작했다. 단체를 상징하는 띠를 두르고 모자를 쓴 그들은 행진 내내 목청껏 노래를 불렀다. 군악대를 따라 행진하던 그들은 마지막에 술집이나 어느 소작농의 오두막집으로 향했고, 그곳 주인들이 흥이 한껏 달아오른 그들을 반기며 독한 술을 내밀면 당연하다는 듯이 받아들었다. 그래서 〈맥주 저널 Beer Journal〉의 편집장으로 있던 가스만 Gassmann 같은 뜻밖의 새 친구도 생겼다.

당시 학생들에게는 명예의 증표로서 결투로 생긴 상처가 필요했다. 니체는 그 증표를 얻으려고 독특한 방식으로 접근했다. 자신에게도 결투의 시기가 왔다고 생각했을 때, 니체는 프랑코니아와 결투 협정을 맺고 있던 단체의 한 학생과 가볍게 산책을 나갔다. 니체는 그가 좋은 상대가 될 것 같아 그에게 이렇게 제안했다. "그쪽이 마음에 듭니다. 우리, 결투하는 건 어떨까요? 일반적인 절차는 모두 생략하고요." 보통의 결투 규칙과는 거리가 멀었지만, 그 학생은 니체의 제의를 기꺼이 받아들였다. 증인으로는 파울 도이센이 참석했다. 도이센의 말에 따르면, 그들은 호구를 쓰지 않고 3분 정도 칼날을 번쩍이며 검을 부딪치다가 니체가 먼저 콧등에 검을 맞아 결투를 끝냈다. 피가 살짝 났으니 그 정도면 명예를 얻기에 충분했던 것이다. 도이센은 니체에게 붕대를 감아주었다. 그리고 마차에 태워 집으로 데려간 뒤 침대에 눕혔다. 2~3일 뒤 상처는 완전히 아물었다.[1]

그때 얻은 흉터는 너무 작아서 사진에서는 전혀 보이지 않는다. 하지만 니체는 충분히 만족스러웠다. 그와 결투를 벌였던 그 학생의 친구들이 그 이야기를 듣고 얼마나 웃어댔는지는 전혀 알지 못했지만 말이다.

프랑코니아 학생들은 쾰른의 사창가를 자주 드나들었다. 1865년 2월에 쾰른을 방문한 니체는 그곳 성당과 유명 관광지를 둘러보려고 가이드 한 명을 고용했다. 니체는 식당으로 데려가 달라고 부탁했는데, 가이드는 니체가 쑥스러워서 말을 못 꺼낸다고 짐작하고 그를 사창가로 안내했다.

정신을 차려 보니 얇은 반짝이 옷을 걸친 여섯 명의 여성이 기다렸다는 듯 나를 빤히 쳐다보았다. 너무 놀라 어안이 벙벙했다. 나는 본능적으로 피아노 앞으로 다가갔다. 거기서 제대로 된 영혼이 있는 것은 그것뿐이었으니까. 그리고 코드를 한두 개 쳤다. 피아노 소리가 들리자 팔다리에 감각이 돌아왔다. 그 순간 바로 밖으로 나왔다.[2]

·3장· 내 자신이 되어라

이 사건에 관해 우리에게 알려진 사실은 여기까지다. 하지만 이 이야기는 니체에 관한 문헌이나 전기에서 계속 다뤄져왔다. 어떤 사람들은 그가 화음 몇 개만 치고 나갔다고 생각하지 않았다. 그런 곳에 방문하는 사람들의 일반적인 목적을 달성했고, 그래서 매독에 걸려 나중에 정신병이나 다른 건강 문제가 생겼다고 주장했다. 그들이 그렇게 주장하는 이유 중 하나는 니체가 1889년에 정신병을 앓으면서 병원에서 지낼 때 "두 번 감염된 적이 있다."고 말했기 때문이다. 의사들은 그가 매독을 말한다고 생각했지만, 그의 이전 진료 기록을 볼 수 있었다면, 그가 감염되었다고 말한 것이 '임질'임을 알았을 것이다. 이는 니체가 정신병을 앓기 전, 즉 건강한 정신일 때 다른 의사에게 직접 밝힌 사실이다.

토마스 만Thomas Mann은 이 사창가 사건을 자신의 위대한 소설인 《파우스트 박사Doctor Faustus》의 중심 소재로 활용했다. 그는 니체를 모델로 삼아 파우스트 전설을 새로 구성했다. 만은 니체가 사창가에서 보냈던 밤을 니체, 아니 정확히 말하면 소설의 주인공인 파우스트가 자신이 원하는 여자를 얻기 위해 악마에게 영혼을 판 날로 그렸다. 그 여인은 자신에게 빠진 파우스트의 육체와 영혼을 갉아먹는 마녀가 된다. 이 소설의 초기 버전에서는 트로이의 헬레네가 이 역할을 맡았다. 하지만 만은 특이하게도 나중에 그녀를 안데르센의 인어공주로 바꾸었다. 인어공주는 인간과 완벽한 사랑을 하기 위해 끔찍한 고통을 겪어야 했던 캐릭터다. 꼬리 대신 인간의 다리를 얻으려고 혀를 잘라냈고, 그 다리로 계단을 오를 때마다 칼로 베이는 듯한 고통을 느꼈다. 어쩌면 이 부분은 니체보다 만에 관해 많은 것을 말해주는지도 모르겠다.

니체는 본에서 보낸 두 학기 동안 여전히 음악과 작곡에 열의를 보였다. 한번은 오펜바흐의 〈지옥의 오르페우스Orpheus in the Underworld〉로 풍자곡 전편을 써서 프랑코니아 학생들 사이에서 '글루크Gluck*'라는 별명을 얻었다. 어느 날은 로베르트 슈만Robert Schumann의 묘를 방문해 화환을 바쳤다. 그때는 피아노를 사느라 돈을 너무 많이 빌려 크리스마스에도 어머니와 여동생에게 갈 수 없었다. 니체는 돈이 항상 너무 빨리 없어진다고 생각했는데, 그 이유는 아마도 돈이 둥글게 생겨서일 거라고 말하며,[3] 자신이 만든 작곡집(이때는 거의 슈베르트풍이었다) 여덟 권을 값비싼 보라색 모로코 가죽으로 장정해 집으로 보냈다. 여동생이 그 곡을 연주하고 노래를 부를 수 있도록 '진지하게, 애절하게, 힘차게, 약간 과장되게, 아주 열정적으로'와 같이 피곤할 정도로 자세하게 주석도 달았다. 비록 몸은 그들을 떠나 있었지만, 자신을 끔찍하게 아끼는 여성들에 대한 관리만큼은 소홀하지 않았다.

니체는 사창가 사건이 있던 다음 해 부활절이 되어서야 집으로 갔다. 하지만 교회의 성찬식에는 참석하지 않겠다고 했다. 부활절은 독실한 기독교인이라면 마땅히 참석해야 하는 행사였다. 따라서 성찬식에 가지 않겠다고 한 니체의 행동은 어머니와 여동생이

---

* 독일의 유명한 작곡가 -역자주

보았을 때, 절대 가볍게 넘길 수 없는 엄청난 사건이었다. 니체가 기독교를 버린다는 말은 그들이 세상을 살아가는 단 하나의 목적을 부인하는 행위였기 때문이다. 그들은 언젠가 온 가족이 천국에 계신 사랑하는 아버지와 다시 만난다는 계획을 늘 가슴 깊이 간직하고 있었다.

니체는 아직 완전히 신앙심을 잃지는 않았지만, 기독교에 상당히 의구심을 품기 시작했다. 그는 죽은 아버지의 사진 위로 십자가에서 내려오는 그리스도 모습의 유화가 걸려 있는 서재에 앉아 다비드 슈트라우스David Strauss*가 쓴 《비평적으로 고찰한 예수의 생애 The Life of Jesus Critically Examined》를 읽었다. 그리고 다음에 읽을 과학서 27권의 목록을 작성했다.

그는 당시의 모든 세대와 마찬가지로 과학과 신앙 사이에서 불확실한 근거들과 줄다리기했다. 그에게는 무언가 해결책이 필요했다. 그동안 사람들이 신을 향해 맹목적인 믿음을 보였다면, 그 믿음이 이제는 과학자들, 즉 '생물학적 힘'이라는 말로 자연계의 놀라운 다양성을 설명하며 지금까지 미스터리에 쌓여 있던 물질의 본질을 발견했다고 주장하는 사람들에게 고스란히 옮겨가는 것 같았다.

---

* 독일의 프로테스탄트 신학자이자 철학자이다. 복음서에 나오는 예수의 이야기를 신앙에 근거한 신화라고 주장하여 교단에서 추방되었다. 만년에는 《낡은 신앙과 새로운 신앙》(1872)으로 신앙과의 결별을 표명하고는, 다윈의 진화론적·유물론적 입장을 취하면서도 헤겔주의와 유물론을 종합한 일종의 범신론汎神論의 입장을 유지하였다. -편집자주

그 시기에 나온 한 백과사전은 우주의 형성 과정을 엠페도클레스와 크게 다르지 않게 설명했다.

에테르 안에 존재하는 다양한 미립자가 갖가지 형태로 계속 쏟아져 내리며 소용돌이를 만들고 전소한다. 에테르는 모든 공간을 메우는 탄성 고체의 성질로 된 발광성 매질이며, 이 에테르를 통해 빛과 열이 파장으로 전달된다. 지구가 하루에 거의 백만 마일의 속도로 어떻게 에테르를 이동하는지는 의문이지만, 빛은 다른 방법으로는 설명할 수 없다. 하지만 구두 수선공이 사용하는 밀랍을 생각해보자. 밀랍은 형태가 너무 물러서 망치로 내려치면 금방 부서진다. 하지만 액체처럼 흐르기도 한다. 녹은 밀랍 속에 총알을 넣으면 천천히 가라앉고 코르크 마개를 넣으면 천천히 떠오른다. 이를 보면 에테르를 이동하는 지구의 움직임도 완전히 이해하기 힘든 현상 같지는 않다.[4]

우주의 탄생이 신발 수선공의 밀랍으로 설명되고 있는 것을 보면, 과학에 대한 믿음도 신에 대한 믿음만큼 비논리적인 문제가 되고 있었다. 슈트라우스의 책은 예수의 생애를 과학적으로 조사했다. 니체는 그를 신학이라는 가죽을 벗기는 문헌학계의 어린 사자라 비유했다. 기독교에 대한 믿음이 역사적 사건이나 인물에 대한 믿음을 의미한다면 그에게는 그런 믿음이 전혀 없었다.

니체는 자신을 이해 못 하는 여동생에게 편지를 썼다.

모든 참된 신앙은 절대적으로 옳아. 그런 신앙은 믿음을 가진 사람이 찾고 싶어 하는 것을 행하지. 하지만 객관적인 진리를 밝히는 데는 조금도 협조하지 않아. … 여기서 사람들의 행동은 나뉜단다. 네가 마음의 평화를 얻고 행복을 누리고 싶다면 믿음을 가져. 하지만 진리를 찾고 싶다면 네가 직접 찾아야 해.[5]

니체는 본에서 보낸 첫 두 학기 동안 얻은 것이 별로 없었다. 빚과 함께 불규칙한 생활 습관이 늘었고, 양팔에 류머티즘이 생겨 아픈 곳만 늘었다. 그는 프랑코니아에서 맥주에 취해 유물론을 논하고 아무 생각 없이 사람들과 어울려 보냈던 시간과 돈이 아까워 모든 일에 점점 냉소적인 태도를 보이고 쉽게 짜증을 냈다. 다행히 리츨 교수와 얀 교수 사이에 심각한 다툼이 벌어져 리츨 교수가 라이프치히대학교로 옮기는 바람에 니체도 그를 따라 라이프치히로 학교를 옮겼다.

라이프치히에서 시작한 새 출발은 순조로웠다. 니체는 매일 새벽 5시에 일어나 공부를 시작했다. 프랑코니아보다 의견이 잘 맞는 '고전학회'라는 모임도 찾아냈다. 학교 근처에 있던 작은 카페를 일종의 문헌학 자료 나눔터로 만들고, 학술지나 논문을 책꽂이에 비치해놓기도 했다. 당시 꽤 유명한 '문헌학회'에도 가입해 고전문헌학과 관련된 크고 작은 모호한 주제에 관해 라틴어로 논문을 발표했다. "나는 최근 에우도키아의 《바이올렛 화단Violarium》이 왜 수

080

니체의 삶

이다스Suidas*로 돌아가지 않고 수이다스의 주요 소스, 즉 헤시키우스 밀레시우스Hesychius Milesius**의 전형이 되었는지 증거를 찾아서 그 문제를 따로 자세히 조사했다네(물론 그 책은 소실되었지만)."[6]

니체는 재미없는 주제를 재미있게 살려내는 재능이 뛰어났다. 문헌학 분야에서는 보기 드문 재주였다. 그가 발표할 때는 많은 사람이 모여들었다. 학생들과 교수들 사이에서 인기도 많았다.

니체는 말로만 똑똑한 체하는 사람들과 달랐다. 동료 학생 중 하나는 그가 "나이에 걸맞지 않게 조숙하게 말해서 자신감이 넘쳐 보였다."고 기억했다.[7] 니체는 호메로스를 헤시오도스와 비교하며 논의했고, 《일리아드Iliad》와 《오디세이Odyssey》가 여러 민중 시인들이 쓴 민속시라는 일반적 의견에 이의를 제기하여 교수들의 흥미를 불러일으켰다. '뛰어나게 독창적인 한 개인의 손에서 그렇게 훌륭한 문학 작품이 탄생할 수 없다는 생각'이 말이 안 된다고 여긴 것이다. 또한 테오그니스Theognis 에 관한 연구로 리츨 교수에게서 좋은 평가를 받았고, 디오게네스 라에르티오스에 관한 에세이를 써서 상도 받았다. 이 에세이에서 그리스의 서정시인 핀다로스Pindaros의 〈델포이 송시Pythian Odes〉에 나오는 유명한 구절로 머리말을 장식했는데, '자신이 누구인지 알고, 네 자신이 되어라.'[8]로 시작하는 이 구절은 그가 평생 마음속에 간직했던 말이었다.

---

* 10세기에 발간된 비잔틴 백과사전 -역자주
** 그리스 시대 역사가 및 전기 작가 -역자주

·3장· 내 자신이 되어라

니체의 운명은 영토 확장에 대한 비스마르크의 야욕이 형성되는 시기에 이르러 변화를 맞았다. 비스마르크는 팽창주의 정책 아래 작은 전쟁을 잇달아 일으키며 독일 연방을 해체하고 프로이센을 중심으로 독일 제국을 건설하여 궁극적으로 유럽의 중심이 되겠다는 야심을 품고 있었다. 1866년 프로이센은 오스트리아 및 바이에른과 짧게 전쟁을 치르고 승리를 거뒀다. 그 후 프로이센 군대는 작센, 하노버, 헤센을 침략해 독일 연맹의 해체를 선포했다. 다음 해인 1867년까지도 전쟁이 계속 이어져 니체는 나움부르크에 주둔한 야전포병대 기마부대의 사병으로 소집되었다. 그는 승마 교습을 받긴 했지만 실제 말을 탄 경험은 많지 않았다. 니체는 에르빈 로데에게 보낸 편지에서 이렇게 말했다.

만약에 어떤 악마가 자네를 새벽 5~6시쯤에 나움부르크로 데려가서 친절하게도 내가 있는 곳 근처로 인도해준다면, 가던 발길을 멈추지 말고 자네 정신을 깨우게 할 만한 광경을 보지 않기를 바라네. 그곳에서 자네는 곧 마구간 냄새를 맡게 될 걸세. 손전등을 비추면 희미한 불빛 아래 무언가 불쑥 모습을 드러낼 테지. 여기저기서 이상한 소리가 들려올 거야. 부딪히는 소리, 벽을 긁는 소리, 말 울음소리, 빗질 소리. 멍하게 있다 보면 갑자기 마부 복장의 한 남자가 맨손으로 누군가를 거칠게 잡아당기지. … 바로 나일세. 한두 시간이 지나면 방목장 주변을 달리는 말 두 마리가 보인다네. 기수가 있는데, 그 중 한 사람은 자네 친구와 아주 비슷하게 생겼어. 그는 혈기 넘치는 사나운 말을 타고 있지. 언젠가는 잘 탈 수 있기를 바라면서 말일세. … 그 이후로는 주로 온종일 서 있어야 하네. 이때도 무척 바빠. 그리고 아주 조심해야 해. 말이 끄는 대포 옆에 서서 포탄을 꺼내거나 포강을 천으로 닦거나 위치를 잘 맞춰놓거나 하는 등의 일을 해야 하거든. 어쨌든 배워야 할 일이 아주 많아. … 나는 가끔 말의 배 밑에 숨어서 이렇게 중얼거린다네. "쇼펜하우어 선생님, 저 좀 도와주세요!"[9]

포병들은 달리는 말에 과감하게 뛰어올라 안장에 앉는 법을 배웠다. 근시가 심했던 니체는 3월의 어느 날 이 훈련을 하다가 거리를 잘못 계산하고 말로 달려드는 바람에 딱딱한 안장 앞머리에 가슴을 세게 부딪쳤다. 아픈 것을 꾹 참고 훈련을 계속했지만, 가슴 부위에 깊은 상처를 입어 그날 밤 결국 쓰러지고 말았다. 병원에서 열흘 동안 모르핀을 맞으며 버텼다. 하지만 차도가 없었다. 군의관이 수술을 집도한 지 두 달이 지나도록 상처 부위는 여전히 곪아 있을 뿐 나을 기미가 보이지 않았다. 놀랍게도 어느 날 다친 부위에서 작은 뼈가 보였다. 니체는 상처 부위를 카밀러 차와 질산은 용액으로 씻어내고 일주일에 세 번씩 목욕하라는 지시를 받았다. 이 방법도 별로 효과가 없어 수술 얘기가 다시 나왔다. 할레 지역의 유명한 폴크만Volkmann 박사는 비테킨트Wittekind 지역의 염수에서 목욕하는 방법을 권했다. 온천 마을인 그곳은 비가 자주 와서 습도가 높고 음침했다. 그래서인지 그곳에서 요양하는 다른 환자들은 전혀 활기가 없었다. 니체는 그들과 따분한 대화를 나누고 싶지 않아 식사 시간 동안 듣지도 말하지도 못하는 남자 옆에 줄곧 앉아 있었다. 다행히 치료는 효과가 있었다. 깊은 흉터를 남기고 상처가 아물자 니체는 그곳을 바로 떠났다.

그는 10월에 병가를 신청했다. 복무를 쉬다가 다음 해 봄에 복귀해서 한 달간 대포 운반 훈련을 받을 계획이었다. 하지만 그때까지 몸이 완전히 회복될지는 미지수였다. 10월 15일 스물네 번째 생일을 맞이한 그는 바로 3주 뒤에 리하르트 바그너와 영광스러운 첫 만남을 가졌고, 얼마 뒤 바젤대학교 문헌학 교수 자리를 제안받았다.

아직 학생에 불과했던 니체에게는 놀라운 제의였다. 그는 본대학교와 라이프치히대학교에서 각각 두 학기를 보냈을 뿐 학위도 없었다. 하지만 사람 보는 눈이 뛰어났던 리츨 교수는 니체의 재능을 알아보고 그를 적극 추천했다. 교수직을 제안받은 날이 1869년 2월 13일이었기 때문에 니체는 약 한 달 뒤인 3월 23일에 논문 심사도 받지 않고 라이프치히에서 박사 학위를 받았다. 그리고 4월부터 3천 프랑의 급여를 받으며 바젤대학교에서 고전문헌학 교수로서 수업을 시작했다. 그 대학의 최연소 교수로 임명된 니체는 자신이 아주 자랑스러웠다. 며칠간 고심한 끝에 그는 젊은 스타일의 패션을 버리고 나이 들어 보이는 옷을 몇 벌 구입했다.

니체는 스위스에 약간 거부감이 있었다. 스위스 사람들을 '귀족적인 속물'이라 생각했고, 바젤에 관해서는 리본 공예를 기반으로 세워진 돈 많고 보수적인 도시라 여겼다. 바젤에 하나 있는 대학은 학생들을 모두 합쳐도 120명 정도에 불과한 작은 학교였고 대부분 신학을 공부했다.

바젤대학교는 니체가 다시 군대에 불려가기를 원치 않았다. 그래서 니체에게 프로이센 시민권을 포기하고 스위스 국적을 가졌으면 좋겠다고 제안했다. 니체는 프로이센 시민권을 버렸지만, 스위스 시민권을 취득하는 데 필요한 요건을 채우지 못해 결국 평생 국적 없이 지내야 했다. 하지만 그는 교양 없는 속물 계급에 속하기보다 그편이 확실히 낫다고 생각했다.

"하나님이 되는 것보다 바젤대학교 교수가 되는 것이 더 좋습니다."[10] 니체는 자신이 가르치는 일을 정말 좋아한다는 것을 알게 되었고, 바젤대학 외에 중등학교에서도 교사직을 맡았다. 그는 그리스 문학사와 고대 그리스의 종교, 플라톤, 플라톤 이전 철학, 그리스 로마의 수사법 등을 가르치며 학생들에게 에우리피데스Euripides의 《바카스의 여신도들The Bacchae》을 공부하게 하고, 디오니소스 숭배 의식에 관해 글을 쓰도록 지도했다.

학생들은 고대 그리스 시대의 어떤 현인에게서 수업을 받는 듯한 기분을 느꼈다. 니체는 시대를 뛰어넘어 호메로스와 소포클레스, 플라톤, 고대 그리스 신화 속 신들에 관해 자신 있게 설명했다. 자신이 알고 있는 사실이 자명하다는 듯이 말했고, 학생들은 그의 이야기에 흠뻑 빠져들었다.[11]

하지만 그런 일을 해내는 동안 대가도 어김없이 따라왔다. 학생

중 한 명은 니체가 몸이 좋지 않았던 날들을 말하며 수업을 이어가려고 애쓰는 모습을 지켜보기 힘들었다고 했다. 교탁 앞에 서 있는 그는 두꺼운 안경을 쓰고도 코가 거의 닿을 듯 노트를 가까이 쳐다보았다. 중간 중간 말을 멈추고 힘겨운 듯 단어들을 하나씩 천천히 내뱉기도 했다. 학생들은 그가 수업을 제대로 끝낼 수 있을지 걱정스러운 눈으로 그를 지켜보았다.[12]

니체는 라인강을 볼 때마다 기분이 술렁거렸다. 학생들은 교실에 들어서다 넋을 잃고 강물을 바라보며 창가에 서 있는 그를 종종 발견했다. 고풍스러운 길을 따라 높게 솟은 성벽에 부딪히며 끊임없이 흐르는 강물 소리는 그가 가는 곳마다 따라다녔다. 그곳에서 그의 모습은 단연 눈에 띄었다. 보통보다 약간 작은 키에(그는 늘 괴테와 키가 같다고 주장했다) 다부진 체격의 그는 늘 신경 써서 옷을 차려입어 기품 있게 보였고, 풍성하게 기른 콧수염과 그윽하면서도 약간 슬픈 듯한 눈빛은 독특한 인상을 남겼다. 회색 모자는 나이 들어 보이기 위한 전략이었던 것 같다. 바젤에서는 늘 모자를 썼는데 바덴에 있을 때는 아주 나이 많은 상담가가 권해서 썼을 때를 빼고는 쓰지 않았다. 몸이 아주 좋지 않은 날에는 모자로 빛을 가려서 예민한 눈을 보호하기도 했다.

니체가 교수직을 시작하며 스위스 바젤에 정착하던 무렵, 바그너는 루체른호의 트리브쉔Tribschen 저택에 살고 있었다. 루체른은 바젤과 기차로 멀지 않은 거리여서 니체는 하루빨리 그의 초대에 응하고 싶었다. 쇼펜하우어에 관해 대화를 나누고 그가 연주하는

「트리스탄과 이졸데」를 듣고 싶었다.

쇼펜하우어의 철학은 그가 칸트와 플라톤의 철학을 계승하여 발전시킨《의지와 표상으로서의 세계》에 대부분 담겨 있다.

우리는 물질계에 살고 있다. 우리가 보고, 만지고, 인식하고, 경험하는 것은 '표상'이고, 그 표상의 배후에는 우리가 살고 있는 세계의 진정한 본질인 '의지'가 있다. 우리는 자신을 인식할 때는, 외부 세계를 인식할 때 사용하는 지각과 그것과는 완전히 다른 '의지'를 동시에 사용한다.

표상은 의지와 합쳐지는 완전한 상태를 추구하기 때문에 끝없이 갈망하고 영원히 새로 생성되는 상태에 있다. 표상은 때에 따라 의지와 하나가 될 수 있지만, 그런 상태는 더 큰 불만과 더 많은 갈망을 초래할 뿐이다. 아주 드물게 특별한 존재의 인간이 의지와 표상이 일치하는 완벽한 상태가 될 수도 있지만, 이런 상태는 대부분의 사람은 살아서는 얻을 수 없다. 오직 죽음을 통해서만 가능할 뿐이다.

모든 생명이 이 불가능한 상태를 갈망하므로 고통을 겪는데, 기독교적 관점에서 보면 누구나 열심히 노력하면 어느 정도 행복한 결말을 기대할 수 있다. 따라서 칸트도 경험적 세계의 불완전하고 언제나 무언가를 갈망하는 상태를 견딜 만하게 그렸다. 즉 그리스도를 통한 구원은 언제나 가능했다.

반면 쇼펜하우어는 불교와 인도 철학에 크게 영향을 받았다. 불교와 인도 철학은 인간의 고통을 운명으로 받아들여야 한다고 말하며 욕망이라는 것은 채워지고 나면 또 다른 욕망이 생겨날 뿐이라는 사실을 강조했다. 의지의 본체계*에서 마음의 동요는 아무것도 갈망하지 않음으로 해결된다.

쇼펜하우어는 염세주의 철학가로 알려졌지만, 기독교 정신을 점점 불신하던 니체 같은 젊은이들은 그가 칸트를 대신해 현실적인 대안을 제공한다고 생각했다. 칸트는 독일 관념 철학의 기반을 확립하는 데 지대한 영향을 미친 인물이다. 특히 민족적 보수주의 정치를 펼치기 위해 국가에서 채택한 기독교는 당시 독일 사회의 뼈대를 이루는 가장 중요한 요소였다. 이런 의미에서 니체와 바그너는 모두 이단아의 위치에 서게 되었지만, 그들은 전혀 개의치 않았다.

니체는 쇼펜하우어의 책을 비판적으로 읽었다. 프리드리히 알베르트 랑게Friedrich Albert Lange의 《유물론의 역사와 현대적 의미에서 본 비판History of Materialism and Critique of its Meaning in the Present》을 읽을 때는 이런 메모를 남겼다.

1. 감각의 세계는 우리 유기체의 산물이다.
2. 우리 눈에 보이는 (물리적) 기관들은 현상계의 다른 모든 부분과 마찬가지로 미지의 대상을 비추는 형상일 뿐이다.
3. 따라서 우리의 실재적 유기체는 실재적 현상계만큼 우리에게 알

---

* 현상 세계의 근본이 되는 세계를 말한다. -편집자주

려지지 않았다. 우리는 단지 우리 앞에 놓여 있는 유기체와 현상계의 산물만 계속 소유한다.

그러므로 사물의 진정한 본질은, 즉 사물 그 자체는 우리에게 알려지지 않을 뿐 아니라 그 개념은 정확히 우리의 유기체에 의해 결정되는 반정립antithesis의 최종 산물이다. 즉 우리의 경험을 벗어나서 어떤 의미가 있는지 우리는 알지 못한다.[13]

쇼펜하우어는 니체에게 위안을 주었고, 그에게 숨겨져 있던 정서적 욕구를 일깨웠다. 모든 생명은 고통받는 상태라는 명제는 만성 질병에 시달리며 시시때때로 찾아오는 통증을 견뎌야 하는 그의 상태와 잘 들어맞았다. 모든 생명은 당연히 이상적 상태를 갈망했고, 그도 '진정한 자신'이 되기를 원했다. 그것이 자신이 존재하는 이유라 생각했다. 하지만 이 지점에서 그는 '진정한 자신'의 모습이 무엇인지 혼란스러웠다. 쇼펜하우어에 따르면, 우리의 이성이 계속해서 세계를 조각조각 분리하기 때문에 우리는 하나로 일치되는 진정한 자신이 될 수 없었다. 우리의 이성 자체가 표상의 일부일 뿐이니 말이다.

특히 니체는 이 부분을 개인적으로 강하게 공감했다. "제일 진저리나는 일은 항상 다른 사람인 척 연기를 해야 한다는 것이라네. 교수인 척, 문헌학자인 척, 인간인 척 연기해야 한다는 거지."[14] 바젤대학교에서 교수 일을 시작한 후 그는 에르빈 로데에게 이런 편지를 썼다. 지혜로운 사람인 척 보이려고 나이 들게 옷을 입었고,

학부생의 신분으로 교수가 되었고, 어머니의 말이 듣기 싫었지만 착한 아들인 척 행동했고, 기독교적 신앙을 잃어가고 있음에도 목사였던 아버지의 기억 속에서 순종적이고 다정한 아들인 척 연기를 하고 있었으니 이런 생각이 든 것도 무리는 아니었을 것이다. 이렇게 매일 다른 사람의 얼굴을 연기해야 하는 것으로도 모자라 그에게는 국적마저 없었다. 그래서 이 모든 인물이 존재하는 공식적인 정체성에 대한 의구심마저 들었다. 삶이 완전히 조각나 있다고 믿었던 니체는 쇼펜하우어의 말대로 자신이 힘겹고 고통스러운 상태라 생각했다. 진정한 의지를 실현하기는커녕 그것을 전혀 이해하지도 못하고 있었다.

반면 바그너는 쇼펜하우어식 사고와는 거리가 멀어서, 적어도 자기가 믿기에는 비범한 재능을 얻었다고 생각했다. 그는 자신의 의지와 표상은 하나가 되었다고 자신만만해했다. 심지어 자신의 정부인 코지마^{Cosima}와 장난스럽게 서로를 애칭으로 부를 때 자신을 '의지', 그녀를 '표상'이라 했다.

쇼펜하우어에게 음악은 존재 자체의 본질에 관한 진실을 드러낼 수 있는 유일한 예술이었다. 그림이나 조각 같은 다른 예술은 표상을 드러내는 표상일 뿐이었다. 따라서 궁극적 실체인 의지와는 더 동떨어지게 했다. 하지만 음악은 형체가 없으므로 비표상적이라는 의미에서 지성을 우회하여 의지에 직접 접근하도록 했다.

바그너는 1854년에 쇼펜하우어를 알게 된 후로 쇼펜하우어가 말하는 '걸림음'*을 쓰는 법을 오랫동안 연구했다. 쇼펜하우어가 말하는 음악은 하나의 생명과 같아야 했다. 즉, 불협화음에서 불협화음으로 이어지다가 죽음의 순간, 음악으로 보면 곡의 마지막에 와서야 협화음으로 해결되어야 했다.

우리 귀는 불행한 영혼과 마찬가지로 곡의 마지막에 나오는 해결 화음을 끝없이 갈망한다. 인간은 불협화음에 해당한다. 따라서 음악적 불협화음은 각 개인이 존재의 고통을 표현하는 데 있어 가장 효과적인 예술적 수단이다.

그전까지 작곡가들은 교향곡이나 협주곡을 쓸 때, 정형화된 구조를 사용해서 음악적 형식과 규칙을 따르기를 고집했다. 그들의 음악을 들으면 음악사의 어느 부분에 그들이 기여했는지 알 수 있었다. 즉 음악의 언어를 안다면, 역사의 어느 부분에 그들이 위치하는지 쉽게 말할 수 있었다.

하지만 쇼펜하우어는 '시간'은 생각의 형태일 뿐이라고 주장하며, 역사라는 바로 그 부분에 의문을 제기했다. 덕분에 바그너는 누구나 쉽게 알아볼 수 있는 표현법에서 벗어날 수 있었다. 니체는 바그너가 말하는 일명 '미래의 음악'이 다른 음악과 달리 현상계의 형태에 개의치 않고 의지의 언어를 직접 표현하기 때문에 모든 예술의 정점이라 말했다. 그의 음악은 의지의 가장 밑바닥에서 시

---

* 한 화음에서 다음 화음으로 나아갈 때 한 음 또는 여러 음이 화음 밖의 음에 걸려서 남는 음. -편집자주

작해 그것을 가장 본질적으로 표현했다. 모든 음악 중에서 바그너의 음악만이 니체에게 마법을 걸었고, 시간이 갈수록 그 마법은 점점 더 강한 힘을 발휘했다. 바그너의 음악을 들을 때는 냉정함을 지킬 수 없었다. 그래서 온몸의 신경이 전율하고 모든 세포가 떨렸다. 어떤 음악도 바그너의 음악만큼 깊이 심장을 파고들어 황홀감을 지속시키지 못했다. 의지로 직접 접근하는 기분이 이럴까? 그는 바그너를 다시 만나고 싶은 마음이 간절했다.

니체는 바젤에 도착해 3주 정도 지났을 때, 학교 일이 어느 정도 안정을 찾았으니 바그너를 만나러 갈 수 있겠다고 생각했다. 자신보다 나이가 두 배나 많고 세계적으로 이름난 유명인이라는 사실은 조금도 문제되지 않았다. 하지만 그가 다시 방문해 달라고 말한 지 거의 6개월이나 지나 있었다. 1869년 5월 15일 토요일, 마침내 니체는 루체른으로 향하는 기차에 몸을 실었다. 잠시 후 목적지에 도착한 그는 루체른호를 따라 바그너의 집으로 향했다.

1627년에 세워진 바그너의 집은 견고해 보이는 모습이 인상적인 저택으로 거의 망루처럼 보였고, 지금도 그렇게 보인다. 빨간 지붕이 피라미드 모양으로 세워졌고, 그 아래로 수십 개의 창문이 균형 있게 벽면을 장식하고 있다. 또 야트막한 둔덕에 자리 잡은 저택 너머에는 호수 사이로 불쑥 솟아오른 커다란 바윗돌이 내려다보인다. 도둑들의 요새처럼 사방이 트여 있어 니체가 허둥지둥 걸어오는 모습은 저택 안 어디에서도 잘 보였겠지만, 그곳을 방문하는 다른 모든 방문객처럼 니체는 문 앞에서 당황스럽게도 신분을 확인받아야 했다. 영혼을 뒤흔들 만한 고뇌에 찬 피아노 선율이 창문 너머로 들려왔다. 「니벨룽의 반지」 중 '지크프리트'였다. 니체는 벨을 눌렀다.

하인이 문밖으로 나왔다. 니체가 명함을 건네자 하인은 그것을 받아 안으로 들어갔다. 밖에서 기다리는 사이 니체는 기분이 점점 어색해져 돌아 나오려는데, 뒤에서 하인이 쫓아왔다.

"주인님께서 라이프치히에 계실 때 만났던 니체 선생님입니까?"

"네, 그렇습니다."

하인은 문 안쪽으로 사라졌다가 다시 나타났다.

"주인님께서는 작곡 중이시라 지금은 시간을 내기 곤란하십니다. 점심때 다시 오실 수 있을까요?"

"공교롭게도 점심엔 제가 시간이 안 됩니다."

하인은 집 안으로 들어갔다 다시 나왔다.

"내일은 시간이 어떠신가요?"

다음 날은 성령 강림절 월요일이라 수업이 없었다.

다음 날 트리브쉔의 저택을 다시 찾은 니체는 주눅 들게 하는 그 절차를 또 한 번 밟았다. 이번에는 바그너가 직접 나와 그를 반겼다.

바그너는 자신이 유명해지는 것만큼이나 옷을 좋아했다. 그는 창작의 수단으로서 이미지의 가치를 잘 이해했다. 그날 그가 맞이할 손님은 고전의 전문가인 문헌학자였으므로, 르네상스 시대의 화가 스타일로 차려입었다. 무릎길이의 바지에 검정 벨벳 재킷을 걸치고 실크 스타킹에 버클 달린 구두를 신었다. 목에는 하늘색 스카프를 두르고 렘브란트가 즐겨 쓰던 베레모를 썼다. 그는 따뜻하게 니체를 맞이하며 눈부시게 화려한 방들이 이어지는 복도로 그를 안내했다. 그의 열렬한 후원자였던 루트비히 왕의 기호와도 같았던 화려한 스타일의 가구들이 방들을 가득 메우고 있었다.

많은 방문객이 그곳은 너무 핑크빛으로 되어 있고 큐피드 상도 너무 많다고 꼬집었는데, 평생 금욕적인 프로테스탄트식 집에서만 살아왔던 니체에게는 그런 화려한 모습이 신선하고 아찔하게 느껴졌다. 실내 벽은 금색과 적색 실로 수놓은 다마스크(올이 치밀한 자카드직의 천)나 코도반 가죽(말의 엉덩이 부위에서 얻는 가죽), 또는 바그너와 루트비히 왕의 새하얀 대리석 흉상을 돋보이게 하려고 세심하게 선택된 독특한 보라색 벨벳으로 덮여 있었다. 바닥에는 플라밍고 가슴 깃과 공작 깃털로 마감한 카펫이 깔려 있고, 높은 선반 위에는 루트비히 왕이 선사한 정교한 소용돌이 문양의 다홍색 보헤미안 유리병이 놓여 있었다. 벽면에는 영광스러운 기념품들이 전승 트로피처럼 당당하게 걸려 있었다. 색 바랜 월계관과 서명이 들어간 공연 안내장, 근육질의 금발머리를 한 지크프리트가 용을 무찌르는 그림, 흉갑을 두른 발키리들이 천둥 번개를 몰고 구름처럼 하늘을 갈라놓는 그림, 부룬힐데가 바위 위에서 눈을 뜨며 행복해하는 그림이 벽면을 장식했다. 장식용 골동품과 값비싼 물건들은 액자 안에 박제된 나비처럼 유리 장식장 안에 가지런히 놓여 있었다. 분홍색 얇은 실크와 광택 나는 새틴으로 창문 틈을 막아 소리가 새어나가지 않도록 했다. 방 안에는 장미, 만향옥, 수선화, 라일락, 백합 향이 짙게 풍겼다. 페르시아산 장미와 미국산 치자나무 꽃, 피렌체산 독일 붓꽃이 한데 담긴 향유香油는 어떤 마약보다 강력한 향기를 풍기며, 어떤 값비싼 물건보다 사치스러워 보였다.

바그너가 추구했던 '종합 예술'은 연극, 음악, 극적 예술을 융합해 놓은, 말 그대로 그의 모든 감각 기관을 동원하는 종합 예술 그 자체였다. 그는 이에 대해 이렇게 설명했다.

상상의 세계에서 만족스러운 결과물을 찾기 위해 예술가가 꿈꾸는 상상의 세계로 뛰어들어야 한다면, 저는 적어도 제 상상력을 키울 수 있는 수단을 찾아야 합니다. 그래서 저는 개처럼은 살 수 없습니다. 짚단에 묻혀 자면서 값싼 술을 마실 수는 없지요. 제 음악은 극도로 날카롭고 예민하며 열정적입니다. 또 보기 드물 정도로 부드럽고 우아하고 관능적이죠. 따라서 존재하지 않는 세계를 마음속에서 창작하는, 잔인할 만큼 어려운 임무를 완수하려면 어떤 식으로든 저는 돋보이는 기분을 느껴야 합니다.[15]

니체가 처음 트리브쉔의 저택에 도착했을 때, 문밖에서 들었던 지크프리트 연주곡은 바그너가 작곡할 때 쓰는 서재에서 흘러나왔다. 그 서재는 그곳의 짙은 오페라풍 분위기와는 어울리지 않게 자그마하고 약간은 단조로운 듯한 남성적 분위기를 풍겼다. 벽면 두 곳에 커다란 책장이 자리 잡고 있어서, 그가 책이나 논문, 오페라 대본 같이 글도 많이 쓰는 사람이라는, 즉 음악 못지않게 글재주도 뛰어난 사람임을 상기시켜주었다. 특수 제작된 그의 피아노에는 펜을 보관할 수 있는 서랍과 잉크가 마를 동안 방금 쓴 악보를 던져 놓을 수 있는 탁자처럼 생긴 공간이 붙어 있었다. 방문객들은 그의 악보를 미치도록 갖고 싶어 했다. 바그너는 자신이 서명한 악보를 유력가들에게 주면 그들이 얼마나 고마워하는지 잘 알았다. 피아노 위에는 커다란 왕의 초상화가 걸려 있었다. 무슨 이유에서인지 그곳에서는 루트비히 왕을 왕이라고 부르지 않았다. 대신 '고귀한 벗'이라 불렀다. 왕은 신분을 숨기고 그곳에 혼자 와서 하룻밤을 보낸 적도 있었다. 이후 그 방은 그가 다시 방문할 때를 대비해 언제나 완벽하게 정돈되었다. 마리 앙투아네트에게 랑부예*가 있었다면 루트비히에게는 트리브쉔의 바그너 저택이 있었다. 그곳은 니체에게도 거의 같은 역할을 했다. 자기 방이 따로 정해져 있었던 사람은 왕을 빼고는 그가 유일했다. 니체는 그 후로 3년 동안 트리브쉔을 스물세 번이나 방문했고, 그의 머릿속에서 그곳은 영원히 극락도**로 남았다.

바그너에게 모든 비용을 대주고 있던 루트비히 왕은 바그너가 「니벨룽의 반지」 전편을 완성하는 데에만 전념할 수 있도록, 그가 자유롭게 상상력을 펼칠 수 있는 곳이라면 현실적인 선택안 중에

---

* 루이 16세가 아내를 위해 화려하게 낙농장을 지어준 곳 -역자주
** 그리스 신화에 나오는 세계 서쪽 끝에 있는 섬. 영웅이나 착한 사람의 영혼이 사후에 사는 곳이다. -역자주

서 어디든 자유롭게 거주지를 정할 수 있게 했다. 바그너는 칸트가 말하는 '숭고'의 원리를 십분 활용하여 한 폭의 그림처럼 아름다운 풍경이 펼쳐진 장소를 선택했다. "숭고는 방대함과 무한함을 감지할 때 마음이 경험하는 극도의 긴장감에서 비롯된다. 모든 일반적인 감각을 초월하며 일종의 즐거운 공포심, 즉 두려움이 가미된 일종의 냉정함을 불러일으킨다. 선험적 범주의 개념을 통해 완성되는, 그것 자체와 맞먹는 위대함이다. … 숭고의 효과로 우리는 마음을 스스로 되돌릴 수 있다. 따라서 우리는 숭고를 자연의 사물에서가 아니라 우리의 이념 안에서 찾아야 한다."[16]

　이 원리에 따라 바그너와 니체는 모든 창문을 통해 보이는 선험적 견해로 숭고한 영감을 떠올릴 수 있었을 것이다. 저녁노을이 질 때면 서쪽 창문으로 필라투스산의 만년설이 보였다. 필라투스는 원래 전설 속 용들과 도깨비가 살았다고 전해지는 니벨하임이라는 이름으로 불렸으나, 기독교 시대에 와서 예수가 십자가에 못 박힌 후 갈릴리에서 쫓겨나 루체른으로 도망친 본디오 빌라도Pontius Pilate가 등장하면서 필라투스라는 이름으로 바뀌었다.* 본디오 빌라도는 죄책감에 싸여 2킬로미터 높이의 가파른 필라투스 산꼭대기에 올라 까마득히 내려다보이는 호수 아래로 몸을 던져 죽었다. 그 후 그의 망령이 이 조용한 호숫가를 떠돈다고 전해졌다. 이곳의 여행 가이드들은 그 호수를 죽은 호수라고 말했다. 아무리 세찬 바람

---

* 　라틴식으로 발음하면 '폰티우스 필라테'이다. -역자주

이 불어도 물결이 전혀 일렁이지 않기 때문이다. 망령의 저주가 서려 있다는 그 호수 주위로는 검은 소나무가 빼곡히 자라 있었다. 수세기 동안 나무꾼들은 빌라도의 망령을 화나게 할까 두려워 감히 이곳에서는 나무를 베지 못했다. 나쁜 일이 생기면 모두 그 망령 탓이라고 생각했다. 덕분에 이곳 소나무가 호수 주위로 빼곡하게 자랄 수 있었고, 그러다 보니 바람을 막아주어 호수의 물결도 늘 잔잔했다. 14세기 무렵 어느 용감한 신부가 숲을 헤치고 호숫가에 와서 악령을 쫓아내는 의식을 치렀다. 그래도 이곳 사람들은 경계심을 늦추지 않았다. 산을 뒤흔들 만한 폭풍우가 몰아치거나 루체른호에 갑자기 폭우가 쏟아질 때마다 빌라도의 망령 탓이라 여겼다. 그러다 1780년대에 이르러 칸트의 숭고와 '마음의 시'를 무엇보다 가치 있게 여긴 초기 낭만파의 젊은이들이 시적 은유에 사로잡혀 이 불길한 산을 오르는 모험을 감행했다. 그 후로도 빌라도의 호수는 사랑에 배신당한 많은 젊은 베르테르가 자살을 하는 최후의 장소가 되었다.

바그너는 언젠가 머리도 식힐 겸 필라투스산에 같이 오르자고 니체를 초대했다. 당시 몇몇 적극적인 농부들이 산 아래에 작은 여관을 짓고 산을 오를 때 쓰라고 조랑말을 빌려주겠다고 했다. 하지만 바그너와 니체는 그들의 호의를 거절하고는, 내내 노래를 부르고 철학적인 이야기를 나누며 가파른 바위산을 걸어서 올랐다.

트리브쉔의 저택에서 호수 쪽 창문으로 밖을 내다보면 '로버 공원'이 보였다. 잡초가 무성하게 자라 있고 자갈이 듬성듬성 박힌

이 로버 공원에서 바그너가 키우는 말 프리츠와 닭, 공작, 양 떼가 여기저기 흩어져 한가롭게 풀을 뜯어 먹었다. 바그너와 니체는 호수 저편에 보이는 눈 덮인 리기산 자락을 바라보며 호수에서 수영을 즐겼다. 약 1.8킬로미터 높이로 필라투스산보다 약간 낮은 리기산은 J. M. 윌리엄 터너^{J. M. William Turner}의 그림과 '리기산 유령'으로 알려진 신기한 조명 효과로 유명했다. 습도와 조도 조건만 맞으면, 즉, 하늘 위로 수증기가 가득해지면 거대한 유령이 실루엣처럼 나타나 무지개구름 사이에서 빛났던 것이다. 사실 이것은 유령이 아니라 물안개에 비친 사람의 모습이었다. 팔을 위로 쭉 뻗어보면 확대 거울로 보는 것처럼 자신의 움직이는 모습이 안개 속에서 거대하게 비치는 것을 알 수 있었다. 바그너는 이곳에서 하늘 위로 비치는 자신의 모습을 보며 안개가 걷혀 인형극이 끝날 때까지 춤을 추고 신나게 뛰어다녔다.[17]

호수 오른쪽 끝에는 목조 지붕을 얹어 놓은 작은 오두막이 있었다. 배를 보관하는 장소였다. 바그너는 스트레스를 풀고 싶을 때 자신의 충성스러운 하인 야콥을 시켜 배를 타고 호수로 나갔다. 배는 물 위를 유유히 헤엄치는 백조 떼를 지나 저 멀리 메아리가 울리는 지점까지 갔다. 윌리엄 텔이 그의 적수였던 게슬러에게 욕을 퍼부으며 조롱했던 곳이다. 그 욕은 산등성이를 따라 메아리를 치며 끝없이 울려 퍼졌다. 바그너는 서투른 색슨족 억양으로 욕하는 것을 재미있어 했다. 메아리가 돌아와 그에게 다시 욕을 할 때는 웃음을 참지 못하고 폭소를 터트렸다.

· 3장 · 내 자신이 되어라

바그너는 야콥과 함께 노를 저어 집으로 돌아온 후로도 기분이 풀리지 않으면 소나무에 올라가 좀 더 고함을 질렀다. 한번은 어떻게 했는지 집 벽면을 타고 올라가 난간에 서서 고함을 질렀다. 그날은 다른 사람 때문이 아니라 부끄러운 행동을 한 자신에게 화가 나서 그랬던 것인데, 그런 일은 자주 있지는 않았다.[18]

니체가 방문했을 당시 바그너는 개인적인 문제로 머리가 복잡했다. 다음 주말로 다가온 자신의 생일에 루트비히 왕이 함께 보내고 싶어 했지만, 아직 그는 왕과 연인 코지마 중 누구와 함께 보내야 할지 결정하지 못했다. 코지마는 바그너의 두 아이를 낳고 그때는 셋째 아이까지 밴 상태였다. 게다가 아주 최근에서야 본남편을 떠나 트리브쉔에서 바그너와 같이 살기 시작했다. 하지만 바그너는 여러 가지 이유로 그녀의 존재를 왕에게 밝히지 못하고 있었다. 독실한 로마 가톨릭교도였던 왕은 불륜 관계를 인정하지 않았다. 루트비히 왕은 핏기 없는 하얀 얼굴로 누구보다 바그너를 아꼈다. 두 사람은 서로에게 무릎 꿇고 헌사를 바치며 뜨거운 눈물을 흘리기는 했어도 절대 육체적 관계를 맺은 사이는 아니었다. 하지만 적어도 루트비히 쪽에서 보면 아주 로맨틱한 관계임은 분명했다.

루트비히는 질투심이 많고 소유욕이 강했다. 터무니없이 후원금을 지원하며 거의 맹목적으로 숭배하다시피 떠받드는 바그너에게 첫 번째이자 유일한 사람이 되지 못할 이유가 없다고 생각했다. 하지만 국고를 탕진하며 신하들과 국민을 불안하게 했고, 결과적으로 사람들이 바그너가 만들어내는 '미래의 음악'에 점차 의구심을 갖게 했다. 한편 신하들은 임금님에게 우스꽝스러운 새 옷을 입히며 잘생기고 순진한 어린 왕을 눈가림하고 기만했다.

바그너와 그의 정부 코지마는 이성애는 물론이고 금기시되던 동성애, 그리고 사회적 갈등까지 더해져 복잡한 애정 관계의 한복판에 있었고, 니체도 나중에 이와 비슷한 관계에 휩쓸리게 된다. 코지마는 작곡가인 프란츠 리스트Franz Liszt와 마리 다구Marie d'Agoult 백작 부인 사이에서 태어난 세 사생아 딸 중 둘째였다. 바그너의 아버지도 확실히 베일에 가린 존재였다. 따라서 아버지 같은 존재가 필요했던 바그너에게 리스트는 음악적으로나 현실적으로 그 빈자리를 채워주었다. 리스트는 1894년에 바그너가 드레스덴으로 도망갈 때 자금을 대주었고, 가짜 여권도 만들어주었다. 그 후로도 바그너가 새로운 스타일의 음악을 창조할 수 있도록 재정적으로 지원을 아끼지 않았다. 바그너에게 리스트는 음악적 아버지이자 물질적 아버지였다.

지휘로 보면 바그너가 좀 더 뛰어났지만, 피아노 연주로 보면 사실상 국제 공연 연주가라는 직업을 만들어낸 리스트가 훨씬 뛰어났다. 리스트는 파리에서 시작해 콘스탄티노플에 이르는 수많은 도시에서 피아노의 신으로 추앙받았다. 독일의 시인인 하인리히 하이네Heinrich Heine는 리스트의 음악에 열광하는 팬을 가리켜 '리스토마니아Lisztomania'라는 단어를 만들 정도였다. 여자들은 그가 나타나면 미친 듯이 열광하며 바람에 흩날리는 낙엽처럼 쓰러졌다. 그가 재떨이에 버린 담배꽁초를 가져다가 기념품으로 소중하게 간직했고, 공연장에 꾸며 놓은 화환도 몰래 가져갔다. 바그너가 왕성한 이성애자였음은 의심의 여지가 없었지만(바그너의 두 아내로서는 격분할 일이었으나 사실상 거의 모든 오페라 공연 때마다 새로운 어린 여자를 애인으로 두었다), 리스트 앞에 무릎 꿇고 그의 손에 입맞춤할 때는 까닭 없이 눈물을 흘렸다. 정서적인 면에서만 보면 바그너는 남자 대 남자로 영웅을 숭배하고 감정을 부끄러워하지 않는, 그 시대의 관습을 따랐던 남자였다.

코지마는 리스트가 가장 아끼는 딸은 아니었다. 강한 성격의 그녀는 미인은 아니었지만, 아버지를 닮아 우수에 찬 얼굴이 매력적이었다. 아버지로부터 물려받은 강한 카리스마와 큰 키, 특유의 기다란 콧날, 그리고 새하얀 피부는 그녀를 여신처럼 접근하기 어려운 존재로 보이게 했다. 특히 바그너와 니체처럼 키 작은 일부 능력 있는 남자들은 그녀에게서 거부할 수 없는 매력을 느꼈다.

코지마는 니체와 점심을 먹었던 성령 강림절 월요일인 그날까지도 한스 폰 뷜로Hans von Bülow와 결혼한 상태였다. 폰 뷜로는 리스트가 가장 기대를 건 제자 중 하나였고, 그때는 바그너의 공연단 수석 지휘자로 일하고 있었다. 또 루트비히 왕의 왕립 극장에서 지휘도 맡았다.

당시 10대였던 코지마는 폰 뷜로의 베를린 공연에서 그에게 빠져들어 그와 결혼을 약속했다. 공연 프로그램에는 바그너의 오페라 「탄호이저Tannhäuser」 중 1막 베누스베르크 곡이 포함되어 있었다. 그날 저녁에 폰 뷜로는 그녀에게 청혼했다. 두 사람 모두 바그너에게 완전히 빠져 있었고, 그의 장엄한 음악을 들으며 황홀한 기분을 느꼈다. 그래서 누가 누구에게 청혼하고 결혼을 약속한 것인지 의아해하는 사람도 있다. 게다가 폰 뷜로에 관한 많은 글이 그의 성 정체성에 대해 의문을 제기했다. 그가 코지마와 약혼했을 무렵, 그녀의 아버지 리스트에게 쓴 편지를 보면 그런 의문에 힘이 실린다.

저는 코지마에게 사랑 이상의 감정을 느낍니다. 제 현재와 미래를 설계하고 이끌어주시는 당신께 더 가까이 갈 수 있다고 생각하니 이 세상이 제게 허락한 꿈 중 하나를 실현하는 것 같습니다. 저에게 코지마는 이 세상 모든 여자보다 뛰어난 존재입니다. 당신의 이름을 물려받았기 때문만은 아닙니다. 무엇보다 당신과 너무나 닮아서입니다.[19]

결혼 후 1년 뒤 코지마는 절망에 빠졌다. 엄청난 실수를 저질렀기 때문이다. 그녀는 남편의 친한 친구였던 카를 리터Karl Ritter에게 자신을 죽여 달라고 부탁했다. 리터가 거절하자 그러면 물에 빠져 죽겠다고 그를 협박했다. 리터는 그녀가 그런 행동을 하면 자신도 따라 죽겠다고 했고 그제야 코지마는 단념했다. 그녀는 결혼 생활을 지속하는 동안에도 치명적인 병에 걸리려고 여러 번 시도했다.[20] 코지마와 폰 뷜로는 모두 바그너의 음악을 열렬히 사랑했는데, 어느 날 밤 바그너는 그녀가 이상하리만치 흥분해 있는 모습을

보며 자신을 열렬히 사랑하고 있다고 확신했다.[21]

당시 바그너는 첫 번째 부인인 미나와 결혼한 상태였다. 하지만 그녀가 얼마 후 죽는 바람에 상황은 저절로 해결되었다. 중간에 코지마는 폰 뷜로의 두 딸을 출산했고, 바그너와의 관계에서도 두 딸을 낳았다. 폰 뷜로와 거짓 결혼 생활을 유지하는 동안에 바그너의 셋째 아이까지 가졌다.

니체가 트리브쉔에 처음 방문했을 때, 코지마는 임신 8개월째였다. 순진했던 니체는 코지마의 네 딸이 트리브쉔에서 살아가는 대가족의 활기찬 분위기를 즐겼을 뿐, 그 사실을 전혀 눈치채지 못했던 것 같다. 트리브쉔의 저택에는 바그너와 코지마, 코지마의 딸들 외에도 가정교사, 보모, 하녀, 요리사, 하인, 당시 바그너의 비서였던 한스 리히터Hans Richter, 악보 필경생, 공연 준비 담당자가 함께 살았다. 또 이제는 주인과 나란히 바이로이트Bayreuth*에 묻혀 있는 바그너의 커다란 검정 뉴펀들랜드 종인 러스와 코지마의 회색 폭스테리어 '코스'도 같이 살았다(코지마는 다른 사람이 자신의 이름을 '코스'라 줄여서 부르지 못하도록 개의 이름을 '코스'로 지었다). 말, 양, 닭, 고양이, 금계에 이어 공작 한 쌍도 트리브쉔의 저택에서 한자리를 차지했다. 특히 공작들은 '보탄'과 '프리카'라는 이름으로 불렸는데, 보탄은 독일 신화에 나오는 신들의 아버지이자 「니벨룽의 반지」에서는 모든

---

* 독일 남부 바이에른주 북동부의 도시. 바그너, 리스트의 집과 묘지가 있으며, 매년 7~8월에는 바그너 음악제가 열린다. -편집자주

말썽의 주인공이고, '프리카'는 보탄의 질투심 많은 아내, 즉 어느 면에서는 코지마와 공통점이 있는 캐릭터였다.

· 4장 ·

낙소스섬

. . .

코지마 바그너 부인은 누구보다 고귀한 본성을 지닌 여성이다. 나와 관련해서 보자
면, 나는 그녀가 바그너와 한 결혼은 간통이라고 늘 생각했다.

-《이 사람을 보라》 초고

안타깝게도 니체와 바그너가 그날 점심때 어떤 대화를 나누었는지에 관한 기록은 없다. 코지마의 심드렁한 일기에 몇 줄 등장하는 내용이 전부이다. "점심때 니체 교수라는 문헌학자와 함께 식사했다. 남편이 브로크하우스의 집에 있을 때 처음 만난 사람이다. 그는 남편의 작품을 잘 알고 있고, 강의할 때 《오페라와 연극Opera and Drama》을 인용하기도 했다. 편하고 즐거운 만남이었다."[1]

바그너는 코지마보다는 손님에 대한 열의가 컸던 것 같다. 니체와 작별 인사를 나눌 때 이름이 서명된 사진을 주면서 또 와 달라고 재차 강조했다. 사흘 뒤 바그너는 코지마에게 이번 주말인 5월 22일 자신의 생일에 초대한다는 편지를 써 니체에게 보내 달라고 부탁했다. 니체는 28일에 호메로스에 관한 취임 강의를 준비해야 해서 시간이 안 된다고 답장을 보냈고, 바그너는 주말에는 언제든 들러도 좋다고 다시 답장을 보냈다.

"꼭 오게나. 미리 알려주기만 하면 된다네."

바그너는 니체를 향한 애정을 숨김없이 드러냈다. 바그너에 대한 니체의 열렬한 마음은 그리 놀랍다고 볼 수 없었지만, 니체에 대한 바그너의 마음은 그렇다고 할 수 있었다. 바그너의 천재성에는 파괴적인 힘이 있었다. 그가 관심을 보이는 사람들은 그가 속한 특권층에 들어올 기회를 얻거나 아니면 철저히 외면당했다. 중간은 없었다. 한 성직자는 자신이 바그너의 개인사에서 한 줄만 차지해도 기꺼이 만족한다며 허드렛일을 도와주는 시종이나 그의 집에 비치된 책장 같은 존재가 되어도 좋다고 말했을 정도다. 그런데 바그녀가 니체에게서 발견한 가능성은 책장보다는 컸던 것 같다. 그가 보기에 확실히 니체는 지적 영향력을 발휘할 만한 사람이었다.

바그너는 기분 좋게 '교수'라는 호칭을 자주 듣기는 했지만 진짜 교수와는 거리가 멀었다. 그는 허점이 많았다. 무엇보다 라틴어와 그리스어를 읽지 못했다. 그가 만든 위대한 '미래의 예술'인 「니벨룽의 반지」는 아이스킬로스^Aeschylos와 에우리피데스 시대의 축제 때 공연되던 고대 그리스 4부작의 재탄생이라는 평가를 받았는데, 정작 고전극을 재탄생시키고 있는 본인이 고전을 번역본으로만 읽을 수 있었으니 그가 니체의 지적 능력으로부터 얻을 이득은 많았을 것이다.

게다가 그때는 「반지」 시리즈 작업이 거의 마무리 단계에 있었다. 바그너는 자신의 작품을 더 돋보이게 하기 위해서라도 루트비히 왕이나 니체와 같이 뛰어난 젊은 세대의 시각이 필요했다. 구세대의 눈으로 보기에 「니벨룽의 반지」는 너무 파격적이었다. 그런 획기적인 작품을 무대에 올리려면 어마어마한 예산이 들었기 때문에, 후원금을 끌어 모으기 위해서는 젊은 세대의 반짝이는 아이디어가 필요했다. 「반지」 시리즈는 전편을 다 공연하려면 4일에 걸쳐 총 14시간이 소요된다. 따라서 그런 연극을 공연할 수 있는 완전히 새로운 형태의 극장이 필요했다. 고대 그리스 원형경기장과 비슷하게 설계된 오페라 하우스 정도가 될 테고, 추울 때도 공연할 수 있게 지붕도 있어야 했다. 당시 독일에는 바로크나 로코코 양식의 극장이 많았다. 하지만 음향 시설이 충분하지 않았고 공연에 필요한 1백 명에 달하는 오케스트라를 올리기에는 무대가 너무 작았다. 심지어 오늘날에도 런던 로열 오페라 하우스에서 공연되는 「니벨룽의 반지」를 보면 하프와 드럼이 무대 밖으로 삐져나온다.

니체는 그의 공개 강의가 끝나고 여유가 생기자 곧바로 바그너의 초대에 응했다. 그때도 그는 코지마가 임신한 것은 전혀 알지 못한 채였다. 6월 5일 토요일, 니체는 트리브쉔에 도착했다. 그날 코지마는 일기에 그들과 보낸 저녁 시간이 '참을 만했다'고 썼다. 코지마는 밤 11시쯤 사람들과 인사를 나누고 자기 방으로 올라갔다. 그 뒤 곧바로 진통을 느꼈다.

새벽 3시에 산파가 도착했고, 4시쯤 코지마가 고통 속에 비명을 지르며 바그너의 첫아들을 낳았다. 아기의 우렁찬 울음소리는 초조하게 응접실에서 기다리고 있던 바그너의 귀에도 들렸다. 바로 그 시각, 떠오르는 새벽 햇살이 지금껏 한 번도 본 적 없는 아름다운 색으로 리기산을 환하게 비추었다. 바그너는 기쁨의 눈물을 흘렸다. 일요일 새벽을 알리는 종소리가 루체른 호수를 따라 잔잔하게 울려 퍼졌다. 코지마는 좋은 징조라 생각했다. 바그너의 아들이자 장차 그의 대를 이을 아기가 자연의 축복을 받는 것 같았다. 지금까지 그녀는 네 명의 아이를 낳았는데 모두 딸이었다. 그래서 첫아들의 의미는 남달랐다. 다니엘라와 블란디네는 본남편인 폰 뵐로 사이에서 태어난 딸이고, 이졸데와 에바는 세상 사람들이 본남편과의 사이에서 태어난 아이들로 알았지만, 사실은 본남편과 사는 동안 바그너와의 사이에서 태어난 아이들이다.

바그너는 그날 아침 코지마의 머리맡을 지켰다. 점심 무렵, 거실에 나타난 그는 트리브쉔에 와 있던 유일한 손님인 니체에게 아들 지크프리트의 탄생 소식을 알렸다. 놀랍게도 니체는 전날 밤에 무슨 일이 있었는지 전혀 알지 못했다. 저택이 크기는 했어도 그런 일이 일어나도 알지 못할 만큼 크지는 않았다. 저택에 있는 많은 방은 계단을 따라 층층이 놓여 있었고, 산파가 밤새 집 안을 오가며 만든 소음은 계단을 타고 오르내려 모든 방에 전해지기 마련이었다. 또 코지마의 표현대로라면 아기 울음소리보다 출산의 고통에 내지른 그녀의 비명이 더 컸다. 그럼에도 니체는 보통 때와 다르다거나 이상하다는 느낌을 전혀 받지 못했다.

어쨌든 바그너는 니체가 신들이 보낸 선물 같은 존재로 보였다. 그에게는 세상에 우연 같은 것은 없었다. 이 뛰어난 젊은 교수가 지크프리트의 수호신으로 선택된 것은 운명일 수밖에 없었다. 바그너는 아들이 세상을 향해 첫걸음을 내디딜 때, 니체를 아들의 스승으로 삼아야겠다고 생각했다. 신들의 아버지인 보탄이 그의 아들 지크프리트가 교육받는 모습을 멀리서 지켜보았듯, 그는 아들이 자라는 모습을 코지마와 함께 멀리서 지켜보고 싶었다. 그는 「니벨룽의 반지」에서 영웅 전사로 나오는 바로 그 지크프리트가 세상을 구했듯 자신의 아들도 그런 인물이 되기를 꿈꾸었다.

니체는 점심을 먹자마자 눈치 있게 트리브쉔의 저택을 떠났다. 하지만 그곳 사람들은 꿋꿋하게 그에게 애정 공세를 펼쳤다. 코지마는 바로 다음 날 니체에게 고맙다는 편지를 보냈고, 바그너가 쓴 에세이 두 편을 동봉해 다음에 올 때 돌려 달라고 했다. 8일 뒤 그녀는 폰 뷜로에게 이혼을 요구하는 편지를 보냈다. 뷜로는 그녀의 아버지와 여러 차례 편지를 주고받은 끝에 결국 그녀의 요구를 받아들이기로 했다. 젊은 시절 호색한이었던 코지마의 아버지 리스트는 특이하다면 특이한 로마 가톨릭교 신부로서, 딸이 자기처럼 성적으로 자유분방한 모습을 보이는 것이 싫었다. 게다가 서른두 살 된 딸이 만나고 있는 남자가 자기보다 겨우 두 살 어린 쉰둘이었으니 이 때문에도 속이 상했을 것이다. 하지만 폰 뷜로는 사람들이 말하는 트리브쉔 신화를 인정했다. 즉 코지마는 그리스 신화에 나오는 눈부시게 아름다운 아리아드네였고 자신은 테세우스였다. 신화 속에서 결국 아리아드네를 차지하는 디오니소스는 바로 음악의 천재인 바그너였다.* 자신은 일개 지휘자이자 피아니스트일 뿐이었지만 바그너는 신으로 추앙받는 존재였고, 그의 음악은 타락한 세상에서 사람들을 구원했으니[2] 일개 인간으로서 신에게 자신의 여자를 내어주는 것은 자연의 순리였다. 물론 바그너도 그렇게 생각했다.

나중에 니체는 이 자연의 순리에 동조해 바그너를 밀어내고 자신이 신의 자리를 이어받으려 한다. 물론 뜻대로 되지는 않았다.

---

* 아리아드네Ariadne는 크레타의 왕 미노스Minos와 왕비 파시파에Pasipahae 사이에서 난 딸이다. 아리아드네는 낙소스섬에 살고 있던 괴물 미노타우로스를 죽인 아테네의 왕자 테세우스Theseus에게 첫눈에 반하고 둘은 결혼한다. 하지만 아리아드네는 테세우스에게 버림받고, 그후 디오니소스와 결혼하여 토아스, 스타필로스, 오이노피온, 페파레토스 등의 자식을 낳는다. - 편집자주

어쨌든 지크프리트가 태어나고 몇 주 동안 니체는 바젤대학교로 돌아가 하던 일을 계속해나갔다. 그러다가 트리브쉔의 미로 같은 복잡한 관계로 돌아갈 때면, 코지마를 포함해 트리브쉔 저택의 모든 사람이 그를 반갑게 맞았다.

프리드리히 엥겔스Friedrich Engels의 표현에 따르면, 바젤은 신사용 양복과 삼각모, 속물, 귀족, 감리교도들만 있는 재미없는 도시였다.[3] 화려함과 진기함으로 가득한 트리브쉔과는 확실히 비교도 되지 않았다. 니체는 취임 강연을 훌륭하게 끝내고 그 후로도 아이스킬로스와 그리스 서정시인에 관한 몇 번의 강의를 무난하게 마쳤다. 그런데 바젤에는 다른 흥미로운 점이 있었다. 바로 그의 동료 교수인 야코프 부르크하르트Jacob Burckhardt와 역사 연구에 관한 그의 강의였다.

부르크하르트와 바그너, 두 사람은 모두 니체가 그의 처녀작 《음악 정신에서 나온 비극의 탄생The Birth of Tragedy from the Spirit of Music》을 쓰기 위해 생각을 정리하는 몇 년 동안 그에게 큰 영향을 주었다. 둘 다 나이도 니체의 아버지와 비슷했다. 그가 살아 있었다면 말이다. 하지만 공통점은 거기까지였다.

부르크하르트는 벨벳 베레모로 자신의 짧은 머리카락을 가리지도 않았고 국수주의적 시각도 없었다. 바그너라는 이름은 언급조차 싫어했다. 마른 몸에 까칠한 말투로 늘 예민한 모습을 보였지만 지적인 면에서는 누구보다 뛰어났다. 화려함이나 허세, 명성 따위는 극히 싫어해서 늘 수수한 옷차림으로 다녔다. 빵집 위층에 달린

방 두 칸짜리 집에 살았던 그는 사람들이 자신을 제빵사로 부를 때 가장 기뻐했다.

그는 철저한 연구에서 나온 놀라운 아이디어들을 단순하고 직설적인 화법으로 전달했다. 그래서인지 소박한 절제미를 사랑한 바젤 사람들로부터 특히 존경을 받았다. 반면 숭고함을 사랑한 격정적인 예술가였던 바그너는 트리브쉔을 떠나 유럽을 떠돌며 왕들에 기대어 문화적 격변을 일으킬 때 사람들로부터 의심의 눈초리를 받았다. 간결하면서도 의미심장한 부르크하르트의 표현법 또한 바그너와는 극명한 차이를 보였다.

검은 양복에 검은 모자를 쓴 부르크하르트가 잉크 묻은 손으로 바젤의 거리를 걸어가면 그곳의 모든 일상이 잘 돌아가고 있다는 증거였다. 또 그가 겨드랑이에 커다란 파란색 서류 가방을 끼고 있으면 훨씬 흥미로운 일이 기다리고 있다는 뜻이었다. 그가 강의하러 가는 길이었기 때문이다. 그의 강의는 언제나 인기가 많았다. 그는 강의 노트를 보지도 않고 일상적인 언어로 거침없이 말을 내뱉었다. 즉석에서 떠오르는 말들을 내뱉는 것처럼 보였지만 잠시 말을 멈추는 부분이나 자연스럽게 이어지는 여담조차 빵집 위층인 그의 방에서 주도면밀하게 연습한 결과라는 말도 있었다.

부르크하르트와 니체는 언젠가부터 함께 시간을 보냈다. 그들은 마을에서 5킬로미터가량 떨어진 작은 술집까지 걸어가 간단하게 밥을 먹고 와인을 마셨다. 걸어가는 동안에는 고대 세계와 일명 '그들의 새로운 철학자'인 쇼펜하우어에 관해 이야기를 나누었다.

부르크하르트는 쇼펜하우어의 비관주의적 시각을 지지하며, 유럽 문화가 자본주의와 과학만능주의를 등에 업고 중앙집권적 국가 형태인 새로운 미개 상태로 전락하고 있다고 말했다. 또한 독일과 이탈리아가 통일을 이룬 뒤로 현재와 같은 획일화된 국가의 모습이 만들어져서 국가가 '신처럼 떠받들어지고 폭군처럼 군림하는 형세'라며 강하게 규탄했다. 그는 그런 사회 구조에서는 정치 선동가들이 산업화와 과학기술이 제공하는 잠재적 무기들로 무장해 '끔찍한 단순화'를 초래할 뿐이라고 생각했다.

부르크하르트는 무신론자였다. 하지만 그것이 윤리적 행동을 하는 데 문제가 된다고 생각하지는 않았다. 그는 프랑스 혁명과 미국, 대중 민주주의, 획일화, 산업주의, 군국주의, 그리고 철도에 대단히 반감을 가졌다. 마르크스와 같은 해에 태어난 그는 그가 명명한 '절대적 힘'과 '물질적 만용'을 격렬하게 반대한 반자본주의자였고,[4] 동시에 포퓰리즘에 기대지 않는 보수적 비관론자로서, 대중이 평범함을 최고라고 여기고 자신의 가치를 낮추려는 경향에서 벗어나 자기 자신을 지켜야 한다고 생각했다. 어쨌든 니체와 부르크하르트는 대중문화가 저속하고 혼란스러움을 초래한다는 생각에는 동의했다.

니체와 부르크하르트는 프랑스와 독일 사이의 전쟁이 가져올 결과를 걱정하며 불안해했다. 나폴레옹이 프랑스를 대표하는 '끔찍한 단순화'의 전형이었다면, 이제는 비스마르크가 나폴레옹을 바짝 추격하며 독일을 대표하는 '끔찍한 단순화'의 전형이 되고 있었다. 부르크하르트는 나폴레옹이 군대를 앞세워 유럽을 정복해 문화 제국주의를 이루려 했던 것처럼, 비스마르크가 독일에서 그와 똑같은 행보를 준비하고 있다고 생각했다. 헤로스트라투스가 자신의 이름을 역사에 영원히 남기겠다는 이유로 에페소스의 아르테미스 신전을 불태워 문화적 상징물을 파괴한 점을 언급하며, 모든 독재자는 범죄적 영웅 심리에 빠질 위험이 있다고 지적했다.

이데올로기적 사회 구조를 지지했던 바그너는 비스마르크를 대단히 존경하고 독일 민족주의를 신봉했다. 반면 유럽주의에 빠져 있던 부르크하르트는 한 나라에만 지나치게 힘이 쏠리는 것은 문화 전체에 위협이 된다고 생각했다. 바그너가 유대인들과 그들의 문화를 유럽 국가에 속할 수 없는 외부 집단이자 유럽 고유의 특징을 훼손하는 요인으로 보았다면, 부르크하르트는 유대인들을 유럽 국가에 새로운 기운을 불어넣는 집단으로 보았다.

니체는 한 사람을 그 시대의 일반적인 다른 사람들과 구별하기 가장 좋은 방법은 그 사람이 역사와 철학에 어떤 시각을 가졌는지를 알아보는 것이라고 했다.[5] 부르크하르트는, 역사는 대등한 관계로 되어 있어 비철학적이고, 철학은 종속적 관계로 되어 있어 비역사적이라는 흥미로운 시각을 지니고 있었다. 역사와 철학의 관계를 모순적으로 그린 그의 이런 생각은 그를 동시대의 다른 사람과 구별되게 하는 주요한 특징 중 하나였다. 또 다른 특징은 그가 국가 안에서 개인의 존재가 묻히는 것을 몹시 싫어했다는 점이다. 레오폴트 폰 랑케Leopold von Ranke 같은 다른 유명한 역사가들이 정치와 경제가 지닌 객관적 힘에 점점 더 관심을 보였다면, 부르크하르트는 문화가 지닌 힘과 개인이 역사에 미칠 수 있는 영향력을 더 강하게 믿었다. 또한 그는 역사를 문서에서 수집한 사실을 바탕으로 '객관적인' 설명을 전달하는 과정으로 보는 방식에 의문을 제기했다. 사실 그는 객관적이라는 개념 자체에 의구심을 가졌다. "한 특정 문명사회의 특징은 보는 사람에 따라 다르게 그려질 수 있다. … 이런 목적으로 이루어진 연구는 누가 그것을 활용하느냐에 따라 완전히 다른 방향으로 논의되고 활용되며 완전히 다른 결론으로 이어질 수 있다."[6]

부르크하르트와 니체에게는 헬레니즘*의 탄생이 역사상 가장 중요한 사건에 해당했다. 현시대의 목표는 알렉산더 대왕이 했듯이 고르디아스의 매듭을 칼로 잘라 그 매듭을 풀어진 채로 그냥 두는 것이 아니라 잘 묶는 데 있었다. 즉 고대 그리스 문화의 특징을 현대 문화에 잘 녹여 넣는 일이 가장 중요했다. 괴테, 실러, 빙켈만 Winckelmann 같은 이전의 학자들은 그리스를 이상적 세계로 제시해, 즉 고대 그리스 사회를 평화롭고 완전하며 완벽하게 균형을 이룬 사회로 그려 그들의 문화를 제대로만 이해한다면 똑같이 재현할 수 있다고 생각하는 신고전주의를 이뤄냈다. 반면 부르크하르트는 고전 세계와 그 고전 세계의 재현을 시도한 르네상스 시대와 관련

---

* 알렉산더 대왕의 제국 건설 이후 고대 그리스의 뒤를 이어 나타난 문명. 1863년 독일의 드로이젠이 헬레니즘이라는 말을 처음 사용했다. -편집자주

해 몇 권의 책을 발표하여 단순하게 이상화한 장밋빛 청사진에 새로운 시각을 제시했다.

타락한 로마 제국의 폭력적인 면모는 익히 알려진 사실이었지만, 부르크하르트는 고대 세계와 르네상스에 관해 선보인 자신의 책과 강연에서 극단적 야만성은 한 문명사회가 타락의 길로 서서히 빠질 때만 일어나는 일시적인 현상이 아니라, 창조라는 기본 뼈대를 이루기 위해 꼭 필요한 부분이라는 점을 지적했다. 부르크하르트는 버너드 베런슨Bernard Berenson이나 케네스 클라크Kenneth Clark와 더불어 종종 미술사의 아버지로 불린다. 하지만 르네상스 시대의 이탈리아를 지적 이상향으로만 그린 그의 동료들과 달리, 《이탈리아 르네상스의 문화The Civilisation of the Renaissance in Italy》와 같은 그의 책에 이탈리아의 작은 도시 국가 궁정에서 일어난 무시무시한 이야기나 칼리굴라나 리어왕 딸들의 악행과 견주어도 부족하지 않을 잔혹한 이야기들을 다루었다. 부르크하르트는 디오니소스적이고 냉정하고 잔인한 욕구를 부정하지 않았다. 오히려 그것이 그 반대편에 있는 명료하고, 아름답고, 질서 있고, 조화롭게 균형 잡힌 상태를 창조해야 할 절대적인 필요성을 유발한다고 보았다.

부르크하르트는 지나칠 정도로 자기 이야기를 하지 않았고, 지나칠 정도로 신중했다. 니체는 그와 오랜 시간 산책하고 이야기를 나누고도 바그너와의 관계에서 느끼는 친밀함과 따뜻함을 느낄 수 없어 안타까웠다. 바그너가 긍정적이든 부정적이든 대단히 열정적인 감정이 동반되지 않는 관계를 견디지 못했다면, 부르크하르트는 뼛속 깊이 따뜻함을 거부하는 이해하기 복잡한 남자였다. 그는 가장 높은 수준에서 도덕적 진리를 깨닫기 위해서는 정서적으로 영향을 주는 것들에 무관심하고 자유로울 필요가 있다고 믿었다.

니체는 부르크하르트와 격렬하게 논쟁을 나누는 한편, 트리브쉔에서 오는 빗발치는 초대에 응하느라 정신없는 여름을 보냈다. 트리브쉔에 가서는 바그너, 코지마와 함께 토론하고, 지혜를 나누고, 서로를 존경하며, 균형이 잘 잡힌 삼각관계를 발전시켜 나갔다.

바그너의 집에서 며칠 동안 멋진 시간을 보냈다. 내가 정원에 도착하기가 무섭게 커다란 검은 개가 우렁차게 짖으며 나를 반겼고, 계단에서부터 아이들의 웃음소리가 흘러나왔다. 시인이자 음악가인 바그너는 창가에 서서 나를 반기며 검정 벨벳 베레모를 흔들었다. … 피아노나 테이블에 앉아 있던 때를 빼고는 한 번도 그가 앉아 있던 모습은 기억나지 않는다. 그는 커다란 방을 드나들며 이리저리 의자를 옮기고 담배나 안경을 찾아서 호주머니를 뒤졌다. (그 안경이 샹들리에 장식에 걸려 있던 적도 있었지만 그의 코에 걸려 있던 적은 한 번도 없었다.) 광대의 고깔모자처럼 왼쪽 눈 위로 내려온 검정 벨벳 모자를 벗어서 손 사이에 움켜쥐었다가 조끼 주머니에 찔러 넣었다. 그리고 잠시 뒤에 다시 꺼내서 머리에 얹었다. 우리가 이야기를 나누는 동안 그는 이 동작을 내내 반복했다. … 그는 절묘한 은유와 말장난, 파격적인 묘사로 감정을 크게 분출했다. 말을 잠깐 멈추었다가 다시 이어가며 꾸준히 이야기를 쏟아냈고, 당당함과 부드러움, 격렬함과 코믹함 사이를 자유롭게 오갔다. 입이 귀에 걸릴 정도로 웃다가 눈물을 흘릴 정도로 감정적인 상태가 되었다가 예언자처럼 광분하기도 했다. 그가 즉흥적으로 만들어내는 놀라운 질주에 모든 주제가 제 갈 길을 찾았다. … 이 모든 것에 압도되어 정신이 멍해진 우리는 그를 따라 울고 웃었다. 그를 따라 같이 희열을 느끼고 그의 관점으로 보았다. 우리는 폭풍우가 휘저어 놓은 흙먼지처럼 느껴졌다. 한편으로는 분위기를 압도하는 그의 이야기로 우리는 즐거움과 두려움을 동시에 느꼈다.[7]

바그너는 다음과 같은 말로 니체에게 최고의 칭찬을 안겨주었다. "특별한 존재인 그녀(코지마)를 제외하고는 이제 자네만큼 진지하게 이야기를 나눌 수 있는 사람이 없다네."[8] 냉정한 성격의 코지마가 그들 부부에게 가장 중요한 사람 중 하나가 니체라고 한 말도 니체로서는 최고의 찬사였다.

코지마는 당시 힘든 시기를 보내고 있었다. 그녀의 본남편인 폰 빌로가 바로 이혼을 받아주지 않아 공개적으로 보면 다른 남자와 동거해 아이까지 낳은 여자였다. 그녀는 마음을 졸이며 병적으로 불안해했다. 더군다나 바그너는 아름다운 주디스 고티에Judith Gautier에게 이미 곁눈질을 보내고 있었다. 주디스 고티에는 코지마보다 일곱 살이나 어렸다. 코지마의 입장에서 아들 지크프리트는 자신의 지위를 지키는 데 없어서는 안 될 존재였다. 그래서인지 코지마는 어린 지크프리트가 조금만 칭얼거려도 지나치게 걱정하며 죽음을 생각할 정도로 불안해했다.

니체는 그해 여름 트리브셴을 여섯 번 방문했다. 위층 서재에는 니체의 방이 따로 마련되어 있었다. '생각하는 방'이라고 이름까지 붙여준 그 방을 자주 찾아가지 않으면, 바그너는 언짢은 표시를 냈다.

니체 쪽에서 보면 따로 마련된 자신의 서재에 앉아 「지크프리트」의 3악장을 작업하는 바그너의 피아노 연주를 듣는 것보다 더 영감을 불러일으킬 만한 일은 없었다. 집안 가득 향기로운 냄새를 맡으며 계단을 따라 울려 퍼지는 그의 창작 과정을 엿듣는 일은 무엇에도 비할 수 없는 특권이었다. 방 안을 서성이는 바그너의 발소리는 조용했다가도 갑자기 빨라졌고, 노래를 부르던 그의 거친 목소리는 잠시 잠잠해졌다가도 피아노 앞에서 흘러나오는 새로운 곡조와 함께 갑자기 터져 나왔다. 그리고 그가 곡조를 악보에 옮기는 동안 다시 침묵이 흘렀다. 저녁이 되어 집안이 고요함을 찾을 때면, 코지마는 아기 요람 옆에 앉아 그날 새로 나온 악보에 잉크를 덧칠했다. 코지마는 낮에 특별히 할 일이 없을 때는 니체와 함께 아이들을 데리고 숲으로 소풍을 나가 루체른 호수에 비치는 햇살을 즐겼다. 그들끼리는 그 모습을 '별의 춤'이라 불렀다.

트리브셴에서의 시간들은 니체에게 전에는 한 번도 경험해보지 못한 또 다른 일상의 즐거움도 선사했다. 고향에 있는 어머니와 여동생은 니체를 거의 신의 위치로 떠받들었지만, 바그너와 코지마는 아무렇지 않게 그에게 작은 일거리나 지극히 개인적인 쇼핑을 부탁했다. 니체는 그들이 자신에게 그런 일들을 맡겨주는 것이 뿌듯했다.

한번은 니체가 평소처럼 일요일을 트리브쉔에서 보내고 집으로 돌아오자마자 자신의 학생에게 바젤에 좋은 비단 가게가 어디 있는지 무심한 듯 물어보았다. 비단으로 만든 속옷을 사기 위해서라는 말은 나중에 털어놓았다. 니체만 알고 있는 일이었지만, 사실 바그너는 맞춤식 비단 속옷을 입었다. 이 중요한 임무 때문에 니체는 걱정이 가득했다. 가게 앞에 선 니체는 주눅이 들었다. 하지만 당당히 어깨를 펴고 가게 안으로 들어갔다. 가게 입구에는 이런 글귀가 보였다. '하나님을 믿기로 선택했다면 그를 돋보이게 해야 한다.'⁹

니체는 필라투스산에 혼자 오른 적이 있었다. 읽을거리로는 종교 교육이 문화 교육으로 대체되어야 한다고 주장하는 바그너의 에세이 〈국가와 종교에 관하여On State and Religion〉를 들고 갔다. 너무 이단적인 내용이어서 필라투스산의 망령을 깨웠는지 그날 저녁 산을 뒤흔들 정도로 천둥번개가 필라투스산 일대에 내리쳤다. 흰 뱀처럼 생긴 번개가 하늘을 날아다니고, 천둥소리로 땅이 뒤흔들렸다. 산 아래 트리브쉔 저택에서는 바그너의 하인들이 미신에 사로잡혀, 대체 니체 교수가 무슨 생각으로 산에 올라 이토록 망령을 노하게 했는지 모르겠다며 고개를 절레절레 흔들었다.

니체와 바그너는 리기산이나 필라투스산을 함께 오를 때, 고대 그리스극에서 본 음악의 발달과정에 관해 토론하는 경우가 많았다. 니체는 그 내용을 토대로 얼마 후《음악 정신에서 나온 비극의 탄생(이하 '비극의 탄생')》을 썼다. 1870년 초에 이미 그 내용을 주제로 두 차례 공개 강의를 한 적이 있었다. 그가 나중에 바그너에게 쓴 웃음을 지으며 말하기를, 교양을 쌓으려는 중년 부인들이 주로 강의를 들었는데, 내용이 너무 어려워서 거의 이해를 못 하겠다는 반응을 보였다고 했다. 사실 니체가 강연한 주제는 바그너가 거의 20년에 걸쳐 완성한 내용이었으니 그런 반응이 나오는 것도 무리는 아니었다. 「니벨룽의 반지」 4부작은 딱 그만큼의 기간이 걸려 탄생한 작품이었다.

「니벨룽의 반지」는 바그너가 혁명적인 생각들로 가득했던 불같은 젊은 시절인 30대에 처음 쓰기 시작해 61세가 되어서야 완성한 작품이다. 오페라가 완성되던 무렵 그는 세계적으로 추앙받는 인물이자 왕의 친구였다. 하지만 「니벨룽의 반지」를 이루는 사상은 책이 쓰이던 초기의 혁명 정신에서 벗어나지 않았다. 바그너는 혁명의 해로 알려진 1848년, 유럽 곳곳의 시민들이 거리로 뛰쳐나와 선거 개혁과 사회정의, 독재 권력의 종말을 요구하며 유럽 대륙을 휩쓴 불길에 가담했다. 드레스덴 봉기 때에는 직접 바리케이드를 치며 적극적으로 혁명 운동에 뛰어들었다. 하지만 순식간에 반란이 진압되면서 봉기에 가담했던 그에게 체포 영장이 발부되었다. 소문에 따르면 그는 여자 옷을 입고 얼굴을 변장한 채 스위스로 도망갔다고 한다. 그리고 바로 그곳에서 「니벨룽의 반지」를 쓰기 시작했다. 당시 바그너는 쇼펜하우어의 작품을 아직 접하지 못한 상태였고, 청년 독일 운동에 불을 지핀 루트비히 포이어바흐Ludwig Feuerbach의 철학을 지지하고 있었다. 청년 독일 운동은 독일의 통일과 검열제 폐지, 헌법 통치, 여성 해방, 특히 어느 정도 여성의 성해방을 요구한 운동으로, 포이어바흐는《기독교의 본질The Essence of Christianity》에서 인간을 만물의 척도라고 명시하고, 신이 인간을 창조했다는 생각은 지배계급이 대중을 복종하게 하려고 꾸민 거짓이라 주장했다.

오늘날 사람들은 바그너를 정치적 진보주의자로 생각하지 않는다. 또한 「니벨룽의 반지」가 교회와 왕실의 손에 억압당하던 예술을 해방하고 사람들에게 돌려주기 위해 쓰였다고 생각하지도 않는다. 하지만 「니벨룽의 반지」는 정확히 그 목적에서 쓰인 작품이다. 바그너는 정치적 망명을 시작할 무렵 그 창작 이유를 충분히 담아 세 편의 에세이를 썼고, 그 후 몇 년간 이어진 음악의 침체기를 목격하며 '미래 예술'에 관한 그의 생각을 정리했다. 처음 두 편의 에세이인 〈예술과 혁명Art and Revolution〉과 〈미래의 예술작품The Artwork of the Future〉은 그가 혁명 활동으로 독일에서 추방된 직후인 1849년에 썼다.

바그너가 음악계에 입문할 당시에는 리스트 같은 피아노 명장이 아니라면(바그너는 "내 피아노 실력은 쥐가 피리 부는 수준이다."라고 말할 정도였으므로 확실히 그랬다), 성공할 수 있는 유일한 길은 먼저 작은 왕정에서 지휘자가 되고, 나중에 독일 연방의 지휘자가 되는 것이었다. 그리하여 바그너는 계몽 전제군주로 일컬어지는 프리드리히 아우구스투스 2세의 작센 궁정에 들어가 지휘자가 되었다. 하지만 궁정에 속해 있다는 말은 야심 넘치는 젊은 지휘자의 편에서 보면 필연적으로 음악적 정체기를 의미했다. 독일 왕실의 음악 취향은 진취적인 면이 별로 없었고, 때로는 왕의 치통 때문에 공연이 갑자기 짧아지기도 하는 등 왕의 기분에 좌지우지되는 경우가 많았다.

바그너는 궁정 지휘자로 있는 동안 참을 수 없는 분노를 느꼈다. 사람들은 공연이 펼쳐지는 동안 쉴 새 없이 포크와 나이프를 부딪치기만 할 뿐 연주에는 별 관심이 없었다. 그들은 근사하게 차려진 테이블 너머로 잡담을 나누고 이성의 환심을 사기 위해 시시덕거리며 이리저리 자리를 옮겨 다녔다.

'음악의 위대함을 인정받고 옛 명성을 되찾아야 한다!' 바그너는 이렇게 생각했다. 고대 그리스 로마에서 그랬듯 극장이 공동체 생활의 중심이 되어야 했다. 위대한 철학자 플라톤 역시 '리듬과 화음이 영혼 깊숙이 자리를 찾아 그곳에 안착하는 법'에 관해 글을 쓰지 않았던가? 바그너는 음악이 적어도 포크와 나이프를 휘두르며 찾는 가십거리용 안주보다는 높은 수준의 입지를 되찾아야 한다고 생각했다.

바그너는 자신의 음악으로 사람들의 영혼을 울리겠다고 다짐했다. 하나님의 존재를 꼭 언급할 필요는 없었다. 이미 그의 마음속에 하나님의 존재에 대해 의구심이 들고 있었다. 앞으로의 오페라는 더 큰 문화적 의미를 지니고 공공 생활에서 중요한 위치를 차지해야 했다. 고대 아테네의 극장은 특별한 축제 기간에만 열렸다. 그 기간에 사람들은 종교적 축전과 예술을 동시에 즐겼다. 각종 연극도 이 기간에 공연되었다. 사람들은 기대에 부풀어 공연이 시작되기만을 기다렸다. 아이스킬로스와 소포클레스Sophocles는 그런 공연들을 보며 심오한 뜻이 담긴 시를 썼고, 사람들은 그 시를 읽으며 그들의 감상에 공감했다.

「니벨룽의 반지」 전편은 상상에서 탄생한 그리스풍 악극 형식을 취했다. 「오레스테이아Oresteia」*와 비슷한 비극 시리즈였지만, 나폴레옹 이후의 범독일주의 정신을 보여줄 의도로, 독일 신화와 전설을 토대로 만들었고, 실제로 정확히 그 목적을 달성했다. 바그너는 자신이 만들 새로운 형식의 오페라를 통해 독일 문화에서 이질적인 요소들, 그중에서도 특히 프랑스, 유대인과 관련된 요소들을 몰아내는 모습을 상상했다. 프랑스인들은 숭고함보다는 우아함을 추구하는 민족이라 프랑스적인 것은 기본적으로 경박했다. 그래서 독일에서는 전혀 환영받지 못했다. 게다가 독일인들은 나폴레옹이 안겨준 수치심을 잊지 못했다. 바그너에게는 개인적으로 수치스러운 사건도 있었다. 그의 오페라 「탄호이저」가 1861년에 파리에서 공연될 당시, 파리 시민들이 극도로 적대적인 반응을 보였던 것이다. 그는 평생 프랑스와 관련된 것이라면 치를 떨었다.

---

* 고대 그리스의 비극시인 아이스킬로스의 비극으로, 「아가멤논Agamemnon」, 「공양하는 여인들 Choephoroi」 「자비의 여신들Eumenides」의 3부로 되어 있다. –편집자주

유대인과 관련된 것들도 모조리 없애버려야 했다. 반유대주의는 바그너의 민족주의 의제와 분리될 수 없었다. 가령 그의 에세이 〈음악 속 유대교Judaism in Music〉는 지금 읽기에는 너무 끔찍한 내용이다. 바그너는 독일 음악의 정통성에 관해 연구하는 동안, 19세기 예술과 문명이 자본주의 때문에 그 가치를 잃고 타락했다고 믿었다. 유럽 전역에서 활동하는 유대인 은행가와 상인이 자본주의의 전형이었다. 유대인이 다른 분야와 직종에 종사하는 것이 법률로 금지되었기 때문에 금융 분야로 몰릴 수밖에 없었다는 사실은 편리하게 무시했다. 프랑스를 끔찍하게 싫어했던 이유처럼 반유대주의 감정도 개인적 이유로 더욱 불타올랐는데, 자신보다 훨씬 성공한 마이어베어Meyerbeer와 멘델스존 같은 작곡자들이 모두 유대인이었다.

「니벨룽의 반지」 전편은 4부작 오페라로 구성된다. 극 중 이야기는 반지처럼 고리를 이루며 계속 연결되고, 행동에 따른 결과의 필연성이 그려진다. 줄거리는 니벨룽겐족이 등장하는 독일 신화를 바탕으로 하는데, 이야기 속에 나오는 고대 노르웨이 신들은 유대교나 그리스도교의 신들과는 달리, 그리스 신들처럼 변덕스럽고 교활하고 호색적이며 부정직하고 매우 인간적이다. 그들의 이야기는 바그너와 관련된 이야기처럼 드라마를 보는 것 같은 다양한 재미가 있다.

기원전 1200년경 시작된 저자 미상의 중세 서사시 〈니벨룽겐의 노래〉는 독일인들이 민족적 정체성을 찾으려고 노력하는 과정에서 강력하게 상징적인 역할을 했다. 특히 독일인의 독특한 민족 정신을 드러내는 텍스트로 여겨졌다. 따라서 「니벨룽의 반지」에는 민족주의적인 이데올로기가 스며 있었다. 거의 150년간 전해온 이 작품을 보기 위해 정식 이브닝드레스를 갖춰 입고 바이로이트로 향하는 순례는 이제 변하지 않는 신성한 자본주의적 의식, 때로는 정치적 의식이 되었다. 하지만 우리는 바그너가 그의 상상력을 상당히 다른 방향으로 사용했다는 점에서 그의 공로를 인정해야 한다. 그는 「니벨룽의 반지」가 막강한 힘을 발휘하는 거대한 괴수가 아니라 미래의 예술을 위해 영감을 발휘하는 출발점이 되기를 바랐다. 고대 그리스의 축제 때 상연되던 연극처럼 평범한 독일 국민을 위해 독일 축제의 자리에서 그것이 상영되기를 바랐다. 그리하여 바그너는 「니벨룽의 반지」가 형태가 계속 변하는 일회적 작품이 되기를 바랐다. "세 번째 공연이 끝나면 극장은 무너뜨리고 악보는 불태울 것이다. 공연을 즐긴 사람들에게는 이렇게 말할 것이다. '이제 가서 직접 해보시오.'"[10] 이는 수십 년 넘게 그의 삶과 생각, 그의 존재를 먹어치운 무언가를 향한 숭고한 감정에 가까웠다.

니체와 바그너는 트리브쉔의 주변 산들을 오르며 음악 축제에 관한 이야기를 나누었다. 그들은 「니벨룽의 반지」를 상영하는 그 축제가 고대 아테네에서 디오니소스를 기리며 4일간 열린 안테스테리아 축제가 부활하는 것 같은 모습일 거라 상상했다. 산 아래에는 햇빛을 받아 반짝이는 루체른호가 밝게 빛났다. 코지마와 함께 나온 아이들은 백조들 사이를 신나게 헤엄쳤다. 파리에서 트리브쉔으로 순례 여행을 왔던 중요한 방문객 중 한 사람의 말에 따르면, 풍성한 흰 드레스를 입은 코지마는 우아한 한 마리 백조 그 자체였다.

1861년 파리에서 공연된 「탄호이저」는 악명 높은 실패작이 되었지만, 한편으로 프랑스의 전위 예술가들에게 큰 영향을 미쳤다. 상징파와 퇴폐파 예술가들은 보들레르가 쓴 비평서인 《바그너와 파리의 탄호이저Wagner and Tannhäuser in Paris》에 크게 주목했다.[11] 그들은 성적인 것과 영적인 것을 상반되면서도 상호의존적인 것으로 그린 오페라의 자유로운 이야기 구조를 눈여겨보았고, 특히 음악과 문학을 넘나들며 종합예술을 탄생시킨 바그너의 경이로운 공감각적 기법에 감탄했다.

당시 트리브쉔에 파리에서 바그너를 열렬히 숭배하는 세 사람이 찾아왔다. 퇴폐파 시인이자 극작가 겸 소설가로 문학지 〈르뷔 팡테지스트La revue fantaisiste〉를 창간한 카튈 망데스Catulle Mendès와 그의 아내 주디스 고티에, 그리고 낭만주의를 버리고 신고전주의를 부활시킨 고답파 운동의 창시자인 빌리에 드 릴아당Villiers de l'Isle-Adam 이 바로 그들이다(고답파는 그보다 훨씬 성공했던 상징주의의 그늘에 가려 오래 빛을 보지는 못했다).

자그마한 체구의 빌리에 드 릴아당은 다리를 아름답게 만들기 위해 입었던 두꺼운 '햄릿' 타이츠 차림으로 트리브쉔에 도착했다. 카튈 망데스는 당시 가장 잘생긴 남자라는 별명으로 종종 불리던 때였기 때문에 인상적인 느낌을 주기 위한 특별한 의상은 필요 없었다. 그의 외모는 금발 머리를 한 예수와 비교될 정도였지만, 성격이 잔인하고 괴팍하며 폭력적이어서 프랑스의 작가 모파상은 그에게 '오줌 속 백합'이라는 별명을 지어주었다.[12]

당시 20대였던 주디스 고티에는 시인이자 비평가인 테오필 고티에Théophile Gautier의 딸이다. 그녀는 고답파답게 코르셋과 크리놀린을 벗어 던졌고, 자신의 풍만한 몸을 구속하지 않는 고풍스러운 스타일의 편안한 드레스를 입었다. 트리브쉔에 가자고 제안한 사람도 바로 그녀였다. 그녀의 남편인 카튈 망데스는 알코올 문제로 가장으로서 신뢰를 점점 잃고 있었다. 그사이 주디스는 저널리스트이자 성공한 연애 소설 작가가 되었다. 그녀는 자신이 한 번도 가보지 못한 신비스러운 동양을 배경으로 아주 자극적인 연애 소설을 썼다. 당시 트리브쉔을 방문한 이유도 바그너에 관한 흥미진진한 이야기를 쓰기 위해서였다.

주디스는 본능의 여신이자 디오니소스적 관능미를 대표했다. 프로방스의 시인인 테오도르 오바넬Théodore Aubanel은 주디스를 묘사하며 "큰 키에 창백한 피부, 그윽한 눈빛의 그녀는 동양 여성의 풍만함과 자연스러움이 넘쳐흐른다. 호랑이 가죽 위에 누워서 긴 담뱃대를 물고 있는 그녀의 모습은 누구라도 꼭 보아야 한다."고 했다. 오바넬은 그녀의 시는 '잔인하게 모호'하지만, 그녀의 용모는 '훌륭'하며 특히 오묘한 동양적 특징은 완벽하게 매력적이라고 생각했다. 그녀는 특히 자신보다 훨씬 나이 많은 남자들과 사랑에 잘 빠져서 바그너보다 열한 살이나 많은 빅토르 위고의 정부였던 적도 있었다. 주디스는 긴 속눈썹을 나른한 듯 내리깔고 심오한 표정으로 트리브쉔 저택을 감싸는 짙은 향기를 천천히 내뱉으며 바그너가 좋아하는 부드럽고 매끈한 드레스를 어루만지는 자신의 모습이 얼마나 매력적인지 잘 알았다.

카튈 망데스는 트리브쉔 저택을 방문했을 때 받았던 인상을 회고록에 이렇게 남겼다. "아침이 되면 바그너에 관한 전설을 남긴 묘한 복장의 그(바그너)를 만날 수 있었다. 그는 길게 내려오는 가운을 걸치고 진주색 꽃으로 장식한 금색 새틴 슬리퍼를 신었다. (바그너는 색상이 선명해 불꽃처럼 화려해 보이거나 멋지게 주름이 잡힌 옷들을 좋아했다). 응접실과 서재에는 벨벳과 실크가 곳곳에 놓여 있었다. 용도를 알 수 없는 옷감들이 가구 주변에 수북이 쌓여 있거나 길게 늘어져 있었는데, 단지 그가 그 모습이 따뜻하게 느껴진다며 좋아했기 때문이다".[13]

주디스가 파리로 돌아가자 바그너는 '풍만한 매력의 여인에게'라고 시작하는 편지를 그녀에게 보냈다. 가끔은 부드러운 옷감이나 두 사람 다 좋아했던 짙은 향수 같은 쇼핑 목록을 넣어 보내기도 했다. 주디스는 그것들을 사서 코지마가 알아내지 못하도록 여러 주소로 보냈다. 바그너와 그의 음악이 거는 마법은 주디스에게는 거의 종교와 같았다. 코지마에게도 그랬듯 은총 가득한 최고의 황홀경을 선사했다. 코지마와 주디스, 두 사람은 모두 눈물을 흘리며 '그가 만들어내는 소리는 내 삶의 태양이다!'와 같은 과장된 찬사로 그에 대한 존경심을 표현했다. 하지만 그 점만 빼면 두 여자는 모든 면에서 너무나 달랐다. 언제나 몸에 꼭 맞게 코르셋을 조여 입던 코지마는 해리 케슬러Harry Kessler의 표현을 빌리자면, '앙상하게 마른 몸으로 강한 의지를 지닌 … 조각가 도나텔로의 작품 세례 요한'의 이미지를 닮은 여자였다. 또 그녀의 치과의사는 코지마가 '자기 앞에 놓인 장애물은 가볍게 무시했고 대단히 결단력이 뛰어났다'고 표현했다.[14] 디오니소스적인 자유로움이 넘쳐흘렀던 주디스와 달리 코지마는 바그너에게 아폴론처럼 철저하게 이지적인 여성이었고, 종종 설교도 늘어놓았다. 그해 여름 코지마의 일기에는, 셰익스피어의 연극을 소리 내어 읽고 베토벤과 하이든의 피아노 이중주를 연습하는 혹독한 일과가 나열되어 있다. 그녀는 뛰어난 피아니스트이자 엄격한 비평가여서 바그너는 그녀로부터 질책을 들을 때면 아이처럼 무서워했고, 그녀가 잠자리를 거부하면 괴로워하며 힘들어했다.

바그너와 주디스는 연인 관계로 발전하지 않았지만, 코지마의 직감은 예상을 빗겨 가지 않았다. 한편 니체와 코지마는 지적이고 순수하며 그야말로 적절한 관계를 잘 유지했다. 그 관계는 시간이 갈수록 점점 더 친밀하고 강해졌다. 하지만 유감스럽게도 코지마가 니체와 주고받은 서신을 모두 불태워 니체에 관한 그녀의 기록은 일기밖에 남아 있지 않다. 그 일기는 사적으로 쓴 게 아니라 아이들과 후세에 전할 목적으로 쓴 공적인 글이었다. 주디스 고티에가 트리브쉔에 와 있던 기간에 니체에 관한 기록은 예의 바르고,

교양 있고, 사람들을 즐겁게 했다는 정도의 이야기가 전부다. 주디스 고티에와 그녀의 일행은 '망데스 사람들'로 언급했다.

파리로 돌아간 주디스는 바그너에 관해 〈헬로Hello〉 잡지의 명성에 걸맞은 기사를 썼고, 코지마는 주디스가 사생활을 침범하고 그들의 일상을 아무렇지 않게 낱낱이 공개한 무례함에 몸서리를 치며 몹시 불쾌해했다.

바그너는 작곡을 쉬는 날이면 개들을 데리고 산을 오르거나 루체른에서 인기 있는 골동품 가게에 들렀다. 바그너가 집을 비운 동안이 니체가 그의 피아노를 칠 기회였다. 니체는 트리브쉔 저택의 화려한 분위기 속에서도 주눅 들지 않고 피아노를 잘 쳤다. 바그너의 연주가 화려한 기교로 가득했다면 니체의 연주는 담백했다. 니체는 피아노를 칠 때면 최면에 걸린 듯 연주에 몰입했다. 그 모습을 지켜보는 코지마는 정신이 아득해질 정도로 흥분했다. 피아노의 대가를 아버지로 두었으니 결국 피는 속일 수 없었던 모양이다.

니체가 피아노 앞에 앉아 열광적인 연주를 오래 할수록 코지마는 자신의 마음 깊이 존재하는 악마가 풀려나는 듯한 느낌을 받아 가끔 두려움에 휩싸였다. 코지마는 니체의 음악이 신의 영역에 속하는 황홀감에 근접하게 해준다고 생각했다. 그 느낌을 떠올리면 갑자기 자신의 일상이 견딜 수 없었다. 바그너가 외출하고 없을 때면 니체는 마치 마법을 일으키기 위한 전주곡을 연주하듯 열광적인 연주를 선보여 악마의 세계를 불러내곤 했다.[15]

1869년, 니체는 그해 크리스마스를 트리브쉔에서 함께 보내자는 초대를 받았다. 초대받은 사람은 그가 유일했다. 니체는 그동안 한 번도 본 적 없는 아주 색다른 크리스마스를 경험했다.

바그너와 코지마는 크리스마스 행사를 몇 주 동안 정성껏 준비했다. 코지마는 열렬한 로마 가톨릭 신자였고, 바그너는 확고한 무신론자였다. 하지만 그들은 아이들에게 좋은 경험을 선물하기 위해 크리스마스 때만큼은 마음을 맞추었다. 크리스마스이브가 되면 그들은 성 니콜라스를 기념하는 독일식 크리스마스 전통을 따랐다. 성 니콜라스는 크리스마스 전날에 하인 루프레히트와 같이 나타나 나쁜 아이에게는 벌을 주고 착한 아이에게는 선물을 주었다.

니체는 코지마를 도와 크리스마스 행사가 열리는 무대를 꾸몄다. 크리스마스트리도 같이 장식했다. 모든 준비가 끝나자, 보모가 아이들에게 달려가 밖에서 엄청나게 큰 소리가 났다고 말했다. 그러면 하인 루프레히트로 변장한 바그너가 나타나 아이들이 깜짝 놀라도록 목청껏 고함을 쳤다. 아이들은 코지마가 12월 내내 금박을 입힌 견과류 선물을 받고 놀란 마음을 안정시켰다. 잠시 후 아기 예수가 등장해 바그너가 사라지는 모습을 보지 못하게 아이들의 시선을 돌려놓았다. 갑자기 집안이 조용해지면서 신비스러운 긴장감이 감돌았다. 아기 예수는 회랑으로 이어지는 어두컴컴한 계단으로 아이들을 향해 손짓했다. 가족 모두 조용히 행렬을 따라갔다. 마침내 촛불로 밝혀진 아름다운 트리 앞에 도착한 그들은 기뻐하며 선물을 주고받았다. 행사의 마지막은 코지마가 아이들과 함께하는 기도로 끝났다.

니체와 코지마는 그해 크리스마스 이후 한 주 동안 좋은 시간을 보낸 것으로 보인다. 코지마의 일기는 12월 26일 이후로 기록이 없다가 1월 3일이 되어서야 다시 시작된다. 그녀는 일주일간 일기를 쓰지 못했다며 니체가 어제 떠나기 전까지 대부분 그와 함께 시간을 보냈다고 기록했다.

1870년 7월 18일, 마침내 코지마는 폰 뷜로와의 결혼 생활을 공식적으로 끝냈다. 니체는 8월 25일 루체른의 개신교 교회에서 열린 바그너와 코지마의 결혼식에 초대를 받았지만, 참석하지는 못했다. 니체와 부르크하르트가 우려했듯 그 무렵 프랑스와 프로이센 사이에 전쟁이 터졌기 때문이다.

1870년 7월 19일, 프랑스의 나폴레옹 3세는 비스마르크의 통치 아래에 있던 프로이센에 전쟁을 선포했다. 그때 니체는 발목을 다쳐 여동생 엘리자베스의 병간호를 받으며 침대에 누워 지냈다. 니체는 여동생을 어머니가 있는 나움부르크로 돌려보내야 했지만, 전쟁 선포 직후의 혼란스러운 상황에서 그것은 안전하지도, 물리적으로 가능하지도 않았다.

당시 엘리자베스의 일기에는 이렇게 적혀 있다.

7월 19일 전쟁이 선포되었다. 바젤은 그날 이후 극심한 혼란에 빠졌다. 집으로 돌아가려는 독일인과 프랑스인 여행객들이 길거리로 쏟아져 나왔다. 꼬박 일주일간 바젤의 여관이라는 여관은 모두 차서 여행객들은 하룻밤을 보낼 곳도 찾기 힘들었다. 기차역은 밤마다 사람들로 넘쳐났고, 그곳의 답답함을 견디기 힘든 사람들은 천막을 빌려 밤을 지새웠다.[16]

니체는 엘리자베스를 데리고 트리브쉔에 잠시 들렀다가 악센스테인산으로 이동한 후, 그 지역의 큰 호텔에서 며칠을 묵었다. 여기서 그는 자신의 미래를 생각하며 그리스 비극 정신과 관련해 쇼펜하우어의 철학을 살펴본 〈디오니소스적 세계관The Dionysian Worldview〉이라는 에세이를 썼다. 그리고 바젤의 교육이사회 회장에게 보낼 편지의 초안을 작성했다.

현재 독일의 상황을 본다면, 조국에 대한 의무를 이행하게 허락해달라는 저의 요청이 놀랍지는 않으실 겁니다. 바젤대학교 교육이사회에 여름 학기 남은 기간에 휴가를 요청하는 바입니다. … 저는 이제 몸이 많이 좋아져서 군인으로서든 야전 병원 보조로서든 고국의 동지들을 아무 문제없이 도울 수 있게 되었습니다. … 독일의 비통한 눈물 앞에서 독일인 한 사람 한 사람이 각자의 의무를 다해야 한다고 생각합니다. 하지만 바젤대학교에서 인정해주지 않는다면, 어쩔 수 없이 학교에서 해야 할 제 의무를 다하겠습니다. … 스위스가 비슷한 상황에 놓였을 때 자신의 위치를 지키고자 하는 스위스인을 꼭 보고 싶습니다.

니체는 마지막 초안을 쓸 때 마지막 문장은 지워버렸다.[17]

8월 9일, 니체는 전쟁에 나갈 계획이라고 코지마에게 편지를 보냈다. 코지마는 같은 날 답장을 보냈다. 벌써 지원하기에는 너무 이른 것 같다, 군대 입장에서는 풋내기 군인 한 명이 오는 것보다 담배 1백 갑을 보내주는 것이 더 도움이 될 것 같다는 내용이었다. 니체와 바그너는 그녀의 이런 씩씩한 모습에서 신비스러운 매력을 느꼈고, 그녀 앞에서는 아무런 힘을 쓰지 못했다.

바젤대학교 이사회는 니체가 사실상 스위스 시민이므로 예전에 소속되어 있던 부대가 아니라 비전투원인 위생병으로 참여하는 것을 조건으로 니체의 요청을 받아들였다.

니체는 병원에서 위생병 훈련을 받기 위해 8월 12일에 에를랑겐이라는 도시로 출발했다. 그런데 니체는 2주간 예정된 훈련 과정이 채 끝나기도 전에 몰려드는 환자들을 상대해야 했다. 어른 아이 할 것 없이 이미 죽었거나 죽어가는 환자들이 병원으로 물밀듯 밀려들었기 때문이었다.

코지마와 바그너의 결혼식이 있고 난 사흘 뒤인 8월 29일, 니체는 워스 전쟁터로 향하는 부대와 11시간 동안 행군했다. 워스 전쟁터는 독일군이 큰 승리를 거두기는 했으나 엄청난 대가를 치러야 했던 곳이다. 프랑스군의 시체 8천 구 사이로 독일군의 시체가 거의 1만 구나 쌓여 있었다.

니체는 어머니에게 끔찍한 전쟁의 참상을 편지로 전했다.

가엾은 유골이 사방에 끝도 없이 흩어져 있고 거리는 시체로 인해 악취가 가득합니다. 오늘 저희는 남부군을 따라 하게나우로 가고 내일은 낸시로 갈 겁니다. 앞으로 몇 주간은 어머니의 편지를 받아보지 못할 것 같습니다. 저희는 계속 이동할 것이고, 우편물이 오려면 시간이 훨씬 오래 걸릴 테니까요. 여기서는 전쟁 상황이 어떻게 진행되고 있는지 아무 얘기도 듣지 못합니다. 신문도 발행되지 않고 있어요. 적군은 새로운 국면에 익숙해지고 있는 것 같습니다. 하지만 그들이 저지른 행위로 죽음을 면치는 못할 겁니다.

저희가 지나가는 모든 마을에 병원이 있습니다. 곧 다시 소식을 전할 테니 제 걱정은 마십시오.[18]

9월 2일, 니체는 아르쉬르모젤에서 카를스루에로 향하는 군용 열차 안에서 부상자들을 보살폈다. 여정은 2박 3일간 계속되었다. 그는 바그너에게 9월 11일자로 보낸 편지에서 그때의 상황을 설명했다.

친애하고 존경하는 바그너 선생님께,

이 혼란스러운 상황에서 선생님 댁내는 이제 완전히 안정을 찾고 제자리를 잡으셨군요. 저는 비록 몸은 멀리 떨어져 있었지만 두 분의 결혼을 마음 깊이 축복했습니다. 코지마 부인께서 제게 보낸 편지를 보면서, 생각했던 것보다 빨리 큰 두 행사를(결혼식과 지크프리트의 세례식) 마침내 축하할 수 있게 되어 저는 아주 기뻤습니다.

저를 선생님으로부터 이렇게 멀리 떼어놓고 그토록 간절히 기다려온 성스러운 행사도 지켜보지 못하게 한 지금의 상황을 알고 계실 테지요. 위생병 일은 잠정적으로 이제 끝났습니다. 불행히도 제가 병을 얻었기 때문입니다. 저는 제 사명과 의무를 다하려고 메츠 지역까지 갔습니다(니체는 거기서 포위 공격을 받았다). 아르쉬르모젤에서 우리는 부상자들을 돌보았고 그들을 데리고 독일로 돌아왔습니다. … 돌아오는 열차 안 상황은 끔찍했습니다. 상태가 좋지 않은 환자가 여섯 명이 있었어요. 저는 그들에게 붕대를 감아주고 열심히 간호했습니다. 오는 길 내내 저 혼자서요. … 제가 보기에 그중 두 명은 괴저였습니다. … 카를스루에 병원에 도착했을 때, 제게 심각한 증상이 나타나 여행을 지속할 수 없었습니다. 저는 간신히 에를랑겐에 도착해 제 상태를 병원 사람들에게 보였지요. 그때부터 지금까지 이렇게 누워서 지내고 있습니다. 의사 한 분이 처음에는 이질이라고 했다가 나중에는 디프테리아라고 하더군요. … 세상에 도움이 되어보려고 했지만 4주라는 짧은 기간 만에 이렇게 다시 제자리로 돌아오고 말았습니다. 얼마나 참담한 심정인지 모르겠습니다!

에를랑겐에서 보낸 첫 일주일간, 니체의 병세는 거의 목숨이 위험할 정도로 심각했다. 그때 처방받은 약인 질산은과 아편, 탄닌산 관장제는 당시에는 일반적인 치료제였지만, 환자의 장기에 평생 영향을 줄 만큼 치명적이었다. 일주일 뒤 한차례 고비를 넘긴 니체는 어머니와 엘리자베스가 살고 있는 나움부르크로 돌아갔다.

극심한 고통과 계속되는 구토를 견뎌야 했던 그는 그때부터 약물을 자가 처방하는 나쁜 습관이 생겼다. 그 약들은 일시적으로만 증상을 가라앉혔을 뿐 시간이 갈수록 그의 체질을 더 나쁘게 만들었다. 니체가 군용 열차에서 부상자를 돌보다가 디프테리아와 이질뿐 아니라 매독에 걸렸다는 주장도 있었다. 하지만 그가 정말 매독에 걸렸는지도 아직 확실하지 않기 때문에 그 말이 사실인지는 정확히 입증되지 않는다.

니체는 몸이 회복되는 동안 다음 학기 강의와 세미나를 준비하고 친구들에게 편지를 쓰며 바쁘게 지냈다. 전쟁터에서의 소름 끼치는 기억이 밤낮으로 그를 괴롭혔겠지만, 편지에서 그런 얘기는 언급하지 않았다. 그는 장기 손상과 황달, 불면증, 구토, 치질, 구강 출혈에 시달리느라 몸도 괴로웠고, 전쟁의 기억이 심어준 공포로 정신적으로도 힘들었다. 바그너와 코지마가 거의 아침마다 전날 꾼 꿈에 관해 이야기를 나누고 코지마가 그것을 어김없이 일기에 남긴 반면, 니체는 꿈에 관한 기록은 남기지 않았다. 전반적으로는 군국주의와 속물근성에, 구체적으로는 비스마르크가 통치하던 프로이센에 극심한 혐오감을 표현하는 정도에 그쳤다.

전쟁으로 인한 이 피투성이 흙에서 우리에게는 어떤 신념(문화)의 적들이 자라고 있는가! 나는 최악의 상황을 대비하면서도 여기저기 무더기로 자리 잡은 고통과 공포 속에서 어둠 속에서만 자라는 지식의 꽃이 활짝 피어날 것임을 확신한다.[19]

'파괴적이고 반문화적인 프로이센'에 그 책임이 있었다. 비스마르크는 고대 그리스의 창조 정신을 되살리기는커녕 프로이센을 로마로 되돌려 놓았다. 속물적이고 잔인하고 물질 만능주의에 사로잡혀 대량 살상과 끝없는 만행을 주동했다.

니체는 프로이센인들이 프랑스인들을 아예 굶겨 죽일 목적으로 그가 아프기 시작했던 9월부터 다음 해 1월까지 파리 공성전을 벌이는 모습을 보며 그들의 잔인함과 무자비한 만행에 치를 떨었다.

전쟁의 야만성에 대한 니체의 공포심은 프로이센인에게만 국한되지 않았다. 프랑스에서는 새 정부가 들어서기가 무섭게 그 정부에 저항하며 파리 코뮌*이 세워졌고, 자국민들끼리 죽고 죽이는 끔찍한 만행이 벌어졌다. 피비린내 나는 무자비한 학살로 성직자와 포로뿐 아니라 무고한 시민들까지 목이 잘려나갔다. 사람뿐만이 아니었다. 학살은 문화적으로도 일어났다. 역사적인 건축물이 파괴되고, 유적들도 파헤쳐졌다. 복수가 복수를 부르며 광란에 휩싸인 사람들은 튈르리 궁전을 포함해 파리의 박물관과 궁전 들을 미친 듯이 약탈하고 불태웠다. 바젤 신문에는 루브르박물관이 파괴되었다는 기사가 실렸다. 부르크하르트와 니체는 파리에서 이렇게 끔찍한 문화적 학살이 자행되고 있다는 소식에 놀라 서로를 급히 찾았다. 두 사람은 만나자마자 비통함에 할 말을 잃고 서로를 가만히 부둥켜안았다.

---

* 1871년 파리 시민과 노동자들의 봉기에 의해서 수립된 자치정부. -편집자주

니체는 게르스도르프에게 이렇게 편지를 보냈다.

파리에서 일어난 참사 소식을 듣고 며칠간 아무것도 하지 못하고 두려움과 의구심에 휩싸여 있었다네. 그렇게 빛나는 예술 작품들, 심지어 한 시대의 모든 작품이 하루아침에 사라질 수 있다고 생각하니 그 모든 학문적, 과학적, 철학적 업적과 예술 작품이 다 부질없다는 생각이 들더군. 나는 그동안 예술의 철학적 가치에 내 신념을 걸었어. 예술이 그저 불쌍한 인간을 위해 존재해선 안 된다고, 더 높은 의미의 어떤 사명을 이루어야 한다고 말이야. 하지만 아무리 고통스럽게 느껴져도 그 잔학무도한 인간들을 향해 돌을 던질 수는 없었다네. 그들은 그저 일반적인 죄를 지닌 사람들일 뿐이니까. 오히려 나에게 생각할 거리를 주는 건 그들이라네.[20]

크리스마스가 다가올 무렵, 니체는 이번에도 트리브쉔으로 초대를 받았다. 그를 초대한 바그너의 눈에 니체는 이제 철학자이자 전사 같은 영웅의 모습을 하고 있다. 하지만 니체의 전쟁 경험은 바그너와 니체 사이에 깊은 골을 남겼다. 니체는 확실한 유럽인이 된 반면, 바그너와 코지마는 복수의 감정으로 맹목적인 애국심에 불타올랐다. 심지어 바그너는 프랑스어로 적힌 편지는 읽지도 않았다.

크리스마스 아침 매혹적인 선율이 트리브쉔 저택의 짙은 방향제를 뚫고 집안 가득 울려 퍼졌다. 그날 아침 바그너는 지휘자 한스 리히터와 오케스트라 연주자 15명을 몰래 집으로 데려와 2층으로 올라가는 계단에 대열을 맞춰 앉게 하고는 코지마를 위해 깜짝 연주회를 열었다. 일명 그 '계단 음악'은 나중에 코지마의 딸로부터 「지크프리트의 목가Siegfried Idyll」라는 제목을 얻게 된다.

"저는 이제 죽어도 여한이 없어요."

연주를 들은 코지마가 감탄하며 바그너에게 이렇게 외쳤다.

"나를 위해 사는 것보다 차라리 그편이 더 쉬울 것이오."[21]

바그너는 이렇게 답했다.

이 대화는 트리브쉔 저택에서 자주 볼 수 있는 격정적인 모습이었다. 가끔은 너무 소모적이고 거침없어서 흐느낌과 눈물로 끝나는 경우도 많았다. 크리스마스에 공연된 이 특별한 연주곡은 코지마에게 아주 강렬한 감정을 불러일으켰다. 그녀는 일기에 「지크프리트의 목가」를 듣고 꿈꾸는 듯한 기분을 느꼈다고 적었다. 너무나 행복해서 감정의 모든 경계가 허물어지고 자신의 존재를 느끼지 못할 만큼 무아지경이 되어 천국에 있는 듯한 기분을 느꼈다고 했다. 마치 쇼펜하우어가 말하는 최상의 목표처럼, 의지와 표상의 경계가 무너지는 상태를 경험하는 것 같았다.

코지마는 생일 선물로 니체에게서 《비극의 탄생》 초안인 '비극적 개념의 탄생The Birth of the Tragic Concept' 원고를 받고 무척 기뻐했다. 바그너는 저녁이 되면 책에 나오는 구절을 소리 내어 읽고 아주 훌륭하고 가치 있는 책이라고 코지마와 함께 목소리를 높였다.

바그너와 코지마는 전쟁 후유증으로 고통받는 사람들에 대한 배려 차원에서 그해 크리스마스에는 선물을 주고받지 않겠다고 했다. 하지만 그런 이야기를 미리 통보받지 못했던 니체는 코지마에게 줄 에세이와 아이들을 위한 작은 선물을 한 아름 안고 트리브쉔에 도착했다. 바그너에게는 뒤러의 동판화인 '기사, 죽음 그리고 악마'의 복제판을 선물했다. 1513년에 만들어진 이 동판화는 독일에서 민족주의를 고취하는 이미지로 사용되어왔고, 역경을 이겨내는 독일인의 신념과 용기를 상징했다. 바그너는 기쁜 마음으로 선물을 받았다. 바그너에게 독일 기사는 두 가지 특별한 의미가 있었다. 하나는 「니벨룽의 반지」에서 세계를 구원하는 영웅 지크프리트를 의미했고, 다른 하나는 자기 자신을 의미했다. '미래의 음악'을 지휘하는 그는 실리주의와 다문화주의로 흐릿해진 독일의 문화 정신을 되살릴 기사이자, 언젠가는 지크프리트처럼 외래문화라는 나쁜 용을 물리칠 임무를 맡은 기사였다. 따라서 그 동판화는 니체의 탁월한 선택이었다.

　니체는 8일간 트리브쉔 저택에 머물렀다. 이번에도 다른 손님은 없었다. 어느 날 저녁에는 니체가 디오니소스적 태도에 관한 그의 에세이를 소리 내어 읽고 바그너 부부와 의견을 나누었고, 어느 날은 바그너가 「마이스터징거」의 대본을 읽었다. 한번은 한스 리히터가 니체와 코지마 두 사람만을 위해 「트리스탄」의 일부를 연주했다. 코지마는 한스 덕분에 최고로 멋진 경험을 했다고 그날 일을 기록했다. 니체와 코지마는 에른스트 호프만^{Ernst Hoffmann}과 에드거 앨런 포^{Edgar Allan Poe} 중 누구의 작품이 더 훌륭한지 토론하고, 두 작품이 모두 실세계를 공포의 대상으로 그렸다는 점에서 특별한 의미가 있다는 데에 의견을 같이했다. 하루는 너무 추워서 가족들이 모두 니체의 '생각하는 방'으로 몰려들었다. 그 방이 트리브쉔 저택에서 가장 따뜻했기 때문이다. 니체는 가족이 한자리에 모여 행복해하는 모습을 보며 자신에게는 익숙하지 않은 가족 간의 따뜻함을 느꼈다. 아이들과 바그너 부부는 니체가 하는 일에 방해되지 않도록 작은 목소리로 말하고 책을 읽었다.

니체는 1871년 새해 첫날, 바그너 부부를 떠나 바젤로 돌아갔다. 그사이 니체는 문헌학보다 철학 분야로 관심이 크게 기울어 있었다. 더는 미룰 수 없다고 판단한 그는 그해 1월에 대학이사회 회장에게 긴 편지를 또 한 번 보냈다.[22] 마침 공석이던 철학과 학과장 자리로 옮기고 싶다는 내용이었다. 자신의 친구인 에르빈 로데가 자기 자리를 맡으면 어떻겠냐는 제안도 덧붙였다. 로데는 본대학교와 라이프치히대학교에 있을 때, 리츨 교수 밑에서 니체와 함께 공부한 친구였다. 하지만 로데는 킬대학교에서 외부 강사로 근무한 경력밖에 없었고, 니체는 철학과와 관련된 경력이 없었다. 따라서 학교 이사회는 니체의 제안에 무척 당황했다.

니체는 문헌학을 다시 가르쳐야 한다는 생각 때문인지 일종의 기면증까지 얻어서 1월 한 달 내내 몸이 좋지 않았다. 의사들은 날씨가 따뜻한 곳에서 절대 안정을 취해야 한다고 했다. 이번에도 여동생 엘리자베스가 와서 그의 곁을 지켰다. 동생 덕분에 건강을 조금 회복한 니체는 엘리자베스와 함께 이탈리아 쪽 알프스로 요양을 떠났다.

엘리자베스는 그 여행과 관련해 이런 글을 남겼다.

첫째 날은 플뤼엘렌Flüelen까지만 겨우 도착했다. 눈이 너무 많이 오는 바람에 2주 내내 길이 막혀 있어서 다음 날 아침이 되어서야 역마차가 다시 움직이기 시작했다. 우리는 호텔에서 우연히 마치니를 만났다. 마치니는 브라운이라는 가명을 쓰면서 한 청년과 함께 여행하고 있었다.

가리발디Garibaldi와 함께 일한 주세페 마치니Giuseppe Mazzini는 이탈리아에서 사형 선고를 받고, 망명 생활을 하면서도 고국에서 통일 공화국을 이루려고 온 힘을 기울였다. 당시 국제적으로 활동했던 많은 공화주의자와 무정부주의자처럼 마치니도 런던에서 망명 생활을 하며 다른 정치 망명가들과 이탈리아 봉기를 꾀했다. 다른 급진파 정치 혁명가인 제인 칼라일Jane Carlyle은 뱃멀미를 이유로 동참 의사를 곧바로 철회했지만 반대하는 사람은 없었다. 그들은 당시 막 발명된 기구를 타고 영국에서 출발한다는 계획을 세웠다. 마치니는 그런 조직적 군사 작전이 이탈리아 부르봉 왕가의 압제 정치를 혼란에 빠뜨릴 거라 생각했다.[23]

엘리자베스의 글은 이렇게 이어졌다.

자신이 그토록 사랑하는 조국에 자신의 이름이 아닌, 타인의 이름으로 몰래 들어갈 수밖에 없는 그를 보니 여러 가지 생각이 들었다. 자그마한 2인용 썰매에 앉아 생고트하르트St Gotthard 고개를 넘는 내내 날씨가 너무도 화창해서 눈 덮인 아름다운 설경은 물론이고 그곳에서 풍기는 음울한 느낌마저 아름답게 느껴졌다. 모든 역을 지날 때마다 우리와 마주쳤던 마치니와의 지적인 만남, 오빠와 나를 깜짝 놀라게 한 썰매 사고(생고트하르트에서 트레몰라로 내려오는 구불구불한 길에서 마부와 말을 실은 썰매 한 대가 바로 우리 눈앞에서 마치 하늘을 날 듯 거의 60미터 아래로 추락했다. 눈 덕분에 다행히 다친 사람은 없었다), 그 모든 경험이 더해져 이번 여행은 우리에게 잊지 못할 특별한 기억을 선물했다. 마치니는 그와 동행하는 그 젊은 청년에게 특유의 외국 억양으로 괴테의 명언을 여러 번 인용했다.

'타협하지 말고 온전히 자신의 모습으로 아름답고 당당하게 살아라.'

그때부터 그 말은 오빠와 내가 가장 좋아하는 인생의 좌우명이 되었다. 마치니가 마지막에 건넨 말은 아주 감동적이었다. 어디로 갈 예정인지 물어서 나는 이렇게 말했다.

"루가노로 가요. 사람들 말로는 거의 천국 같은 곳이래요."

그는 미소를 지으며 약간 한숨을 내뱉었다가 이렇게 말했다.

"청춘에게는 모든 곳이 천국이죠."[24]

2월 12일, 루가노에 도착한 니체와 엘리자베스는 당시로 보면 부르주아식 그랜드호텔에 묵으며 꿈에서나 볼 것 같은 아름다운 전경에 빠져들었다. 엘리자베스는 눈에 띄는 것은 사소한 것 하나도 남김없이 기록했다. 그중에서도 가장 인상 깊었던 것은 육군 원수의 동생, 폰 몰트케von Moltke 백작을 만났던 일이다. 호텔에는 가벼운 오락거리와 연극·연주회 관람, 가까운 명소인 브레산 등반 같은 즐길 거리가 있었다. 교수이자 스물일곱의 미혼남인 니체는 사람들에게 인기가 많아 특별대우를 받았다. 니체는 사람들을 따라 브레산에 갔을 때 일행들을 뒤로하고 가장 높은 곳까지 올라갔다. 그리고 주머니에서 《파우스트》를 꺼내 읽었다. 그동안 사람들은 아름다운 봄 경치를 둘러보며 세상에 흘러넘친 풍요로움에 점점 빠져들었다. 한참 만에 니체는 책을 내려놓았다. 그러고는 감미로운 목소리로 방금 읽은 내용과 주변 것들에 관해 말하기 시작했다. 북부 지방 특유의 쓸데없는 편협함과 옹졸함을 버리고 더 큰 용기를 가지되 더 가벼워진 날개로 더 숭고한 감정과 더 높은 목표에 걸맞은 사람으로 성장한다면, 가진 모든 에너지를 쏟아 태양을 만나기 위해 가장 높은 곳까지 오를 수 있다고 말이다.[25]

안타깝게도 폰 몰트케는 호수로 여행을 갔다가 감기에 걸렸다. "그가 아파서 우리 일행은 모두 당황했다." 엘리자베스는 이렇게 기록했지만, 그녀에게 별다른 영향을 주지는 않았다. "루가노에서 보낸 3주간 구름 한 점 없이 맑았다. 제비꽃 향기와 따뜻한 햇볕, 맑은 공기, 봄 냄새로 정말 행복했다! 재밌는 농담을 주고받으며 얼마나 웃었던지 지금도 기억이 생생하다. 우리는 자유분방한 사람들과 축제도 즐겼다. 사순절 넷째 날에 우리는 이탈리아 귀족의 초대를 받고 폰테 트레사^{Ponte Tresa}로 갔다. 호텔 두 파크^{Hôtel du Parc26}에서 같이 온 우리 독일 사람들은 이탈리아 사람들과 함께 그곳 장터에서 정말 신나게 춤을 추었다. 동그랗게 원을 그리며 즐겁게 춤을 추던 기억이 지금도 생생하게 떠오른다. 정말 신나는 꿈을 꾼 것 같다."

엘리자베스가 시골 축제에서 즐겁게 춤춘 기억을 떠올리며 일기를 쓰는 동안, 니체는 그리스 비극의 기원과 목적, 그리고 그것이 현재와 미래의 문화에 미치는 영향에 관해 비문헌학적 관점에서 오랫동안 생각하고 도달한 결론을 정리하며 그의 첫 번째 저서인 《비극의 탄생》을 쓰고 있었다.

초대를 받고 폰테 트레사^{Ponte Tresa}로 갔다.

Friedrich Wilhelm Nietzsche' life

· 5장 ·

비극의 탄생

. . .

우리가 더 고차원적인 문화라고 부르는 거의 모든 것은 잔인함에 영적인 의미를 부
여하고 그것을 더 잔인하게 만드는 데 바탕을 둔다. 잔인함은 비극의 고통스러운
관능적 성질을 구성한다.

-《선악의 저편》'우리의 덕' 229절

니체는 첫 책 《비극의 탄생》을 시대에 대한 우려에서 쓰게 되었다. 따라서 그 책은 시대 제한적이고 한정적일 거라 여겨졌지만, 훨씬 큰 영향을 미쳤다. 이 책은 한 청년의 시각으로 그 시대의 문화적 퇴보를 냉정하게 비판함과 동시에 한편으로는 리하르트 바그너의 시각으로 새로운 통일 독일의 문화적 부흥을 이루려는 목적에서 쓰였다. 또한 이성과 본능, 삶과 예술, 문화적 세계와 그 문화적 세계에 대한 인간의 반응 사이에서 만들어지는 이루기 힘든 거래에 관한 획기적인 견해를 담고 있다.

이 책의 그 유명한 서문은 요약하면 이렇다. 새로운 생명이 탄생하기 위해 남녀라는 두 성이 필요하듯, 예술과 문화가 시간의 흐름 속에서 계속 발전하기 위해서는 아폴론적인 것과 디오니소스적인 것이라는 두 가지 상반된 성질이 필요하다. 그 두 상반된 성질은 일시적으로만 조화를 이룰 뿐 남녀처럼 끊임없이 대립한다.

니체는 아폴론적인 것을 조형 미술, 특히 조각으로 간주했다. 물론 그림과 건축도 포함되고 꿈도 포함된다. 이때는 프로이트의 《꿈의 해석》이 나오기 전이라, 꿈은 잠재의식의 표출과는 관련이 없었고, 예언력이나 정신적 깨우침, 신의 계시와 같은 고대적 의미를 지녔다. 아폴론적인 것의 특징은 눈으로 확인할 수 있고 설명할 수 있는 것으로 요약할 수 있다. 쇼펜하우어식으로 보면 '표상'에 해당된다. 아폴론적 세계는 도덕적이고 이성적인 사람들로 구성된다. 그들은 '개별화의 원리'를 전형적으로 보여준다. 그들의 몸짓과 시선은 모든 강렬한 쾌감과 지혜, '외형'의 아름다움에 관

해 말한다.[1]

디오니소스적인 것에 속하는 예술은 음악과 비극이다. 두 번 태어난 제우스의 아들인 디오니소스는 고대 그리스에서 인간이자 동물로 그려진다. 그는 실존주의적 경계를 초월하는 아주 특별한 경험인 황홀경의 세계를 상징한다. 포도주의 신이자 광기의 신, 술과 약물의 신, 광기와 황홀경의 신, 극적 허구의 신, 가면의 신, 의인화와 망상의 신이다. 다시 말해 그를 추종하는 사람들이 그의 예술로 인해 변화할 때, 그들의 정체성이나 평범함을 무너뜨리는 신이다.

음악과 비극은 개인의 영혼을 지우고 충동성을 깨울 수 있다. 그렇게 감정이 고조되고 개인의 자아가 점점 줄어들면 완전한 몰아의 상태가 된다. 한편 개인의 영혼은 극도의 행복이나 공포심을 초월하는 상태로 신비스럽게 변화한다. 그리스 비극에서 디오니소스의 이름 중 하나는 '생육을 먹는 자'이다. 음악적 정신을 통해서만 우리는 자기를 완전히 잊는 무아지경의 황홀경을 이해할 수 있다. 오늘날 록 음악을 즐기는 사람들, 혹은 「트리스탄」에 관한 느낌을 설명하는 니체는 보편적 의지의 심장에 귀를 기울이며 엄청난 급류처럼 삶에 대한 거친 욕망을 느끼는 것으로 간주할 수 있다. 니체는 그 시대 사람들이 친숙하게 여길 만한 예로, 미친 듯이 노래하고 춤추며 중세 독일을 정처 없이 배회한, 일명 무도병으로 성 요한제나 성 파이트제를 휩쓸고 다닌 광분한 군중을 제시했다(바그너도 「뉘른베르크의 마이스터징거」에서 그들에 관해 어렴풋이 언급했다). 니체는 그들에게서 고대 그리스의 바쿠스 합창단의 모습을 보았다. 도취, 음악, 노래, 춤은 개별화의 원리를 잃게 하는 행위였다. 삶의 고통에 대한 디오니소스적 반응은 바로 이런 것들에 있었다.

그리스인들의 비관주의는 어디서 시작하는가? 그들이 비극적 신화와 두려움, 악, 잔인함, 생육을 먹는 자, 난잡함, 불가사의하고 파괴적인 힘에 이끌리는 이유는 무엇인가? 니체는 그리스 비극의 천재성은 그리스적 의지라는 기적을 통해 아폴론적인 것과 디오니소스적인 것을 결합한 데 있다고 말한다. 소크라테스 이전의 그리스 극작가는 아폴론적인 꿈의 예술가인 동시에 디오니소스적인 황홀경의 예술가였고, 이는 합창을 통해 실현되었다.

합창은 비극의 기원을 상징하고 디오니소스적 상태를 대표한다. 합창의 도입 부분은 자연주의를 부정한다. 니체는 자기 시대의 문화에 대해 이렇게 경고한다. "자연적인 것과 실재적인 것을 숭배하는 지금의 문화로 우리는 모든 이상주의의 정반대편에 도달했고, 밀랍 인형의 진열장에 내려앉게 되었다."[2]

니체는 그리스 비극이 몰락한 이유는 소크라테스의 다음 격언만 이해하면 된다고 말한다. '미덕이 지식이고, 모든 죄는 무지에서 비롯되며, 행복한 사람은 덕이 있는 사람이다.'

기본적으로 낙관적이며 합리적인 이 공식이 비극의 종말을 초래했다. 소크라테스 이후에 나온 극에서는 도덕적으로 고결한 영웅이 반드시 변증법적 논리를 따라야 했다. 즉 미덕과 지식, 믿음과 도덕 사이에는 필연적이고 가시적인 연결고리가 있어야 했다.

니체는 소크라테스가 아이스킬로스의 초월적 정의를 '시적 정의'*라는 평이하고 뻔한 원리로 축소시켰다고 보았다.

'학문의 전수자'인 소크라테스는 광기에서 나오는 아름다운 광채로 빛난 적이 없었다. "소크라테스는 대부분의 문명 세계에 상상하기 힘들 정도로 보편적인 지식욕을 부추기고 능력이 뛰어난 모든 사람에게 본연의 과제로서 학문을 제시했다. 그는 학문을 높은 대양으로 이끌고 갔으며, 그 후 그 대양에서 완전히 물러나는 법이 없었다. … 처음으로 지식욕이 이토록 보편적인 것이 되면서, 사상이라는 공동의 그물은 지구 전체에 펼쳐져 태양계 전체의 법칙까지도 아우르게 되었다."[3]

또한 니체는 사람들이 지식에서 얻는 즐거움으로 실존의 영원한 상처를 치유할 수 있다는 소크라테스적 망상에 사로잡혔다고 지적하며 이렇게 말했다. "소크라테스식 통찰력이라는 강렬한 즐거움을 한 번이라도 경험해본 적이 있고, 그 인식이 현상계 전체를 아우르려고 점점 확대되는 것을 느껴본 사람이라면, 삶에서 더 날카로운 자극은 영원히 느끼지 못할 것이다."[4]

하지만 소크라테스식 통찰력이라는 건 세계가 현상의 모사模寫 이상을 보여준다는 사실을 무시하는 것에 지나지 않는다. 우리에게는 디오니소스적인 것, 즉 의지라는 것도 존재한다. 따라서 '이 소크라테스 문화의 말기에 있는 인간은 … 영원히 굶주린 상태'로

---

* 시나 소설 속에 나타나는 권선징악 혹은 인과응보의 사상 -역자주

남았고, 합리성으로 내몰린 알렉산드리아적 인간은 기본적으로 '그의 시력을 책 먼지와 인쇄 오류에 희생당해야 하는 도서관 직원이자 교정자'[5]가 되었다.

우리가 학문과 과학적 증거로 도피했던 이유는 어쩌면 비관주의로부터 탈출하려는 시도이자 진실에 맞서는 마지막 방편으로서 일종의 두려움 때문이 아니었는지, 따라서 도덕적으로 표현하자면 비겁함과 허위가 아닌지 니체는 묻는다.

'학문의 문제'는 반드시 직면해야 할 문제였다. 니체가 관찰한 바로, 학문은 그리스에서 소크라테스가 나타난 이후부터 문제가 되기 시작했고, 다윈 이후의 유럽에서도 여전히 문제가 되고 있었다. 학문은 자연을 설명할 수 있는 것이라고 믿고 지식을 모든 것의 만병통치약으로 믿어 모든 신화를 말살했다. 결과적으로 우리는 존재에 대하여 노쇠하고 비생산적인 사랑에 빠졌다.

니체는 문화가 더 약화했던 시기는 없었다고 지적하며, 이론적 문화의 자궁에서 잠자고 있는 재앙이 근대의 인간을 점점 위협하기 시작할 때, 문화의 유일한 구원자가 나타나 그리스의 마魔의 산으로 통하는 마법의 문을 부수고 열 것이라고 말한다.[6]

마의 산으로 가는 열쇠는 누가 쥐고 있을까? 마법의 문을 부술 만큼 강한 힘을 가진 자가 누구였을까? 물론 쇼펜하우어와 바그너였다. 한마디로 오페라는 언어와 음악이 합쳐진 형태로, 디오니소스적인 것과 아폴론적인 것이 재결합하는 새로운 비극적 예술의 형태를 제시했다. 바그너가 제시하는 미래의 음악은 비극적 신화

(여기서 말하는 신화는 그리스적 신화보다는 독일적 신화이다)와 불협화음의 필연적 부활을 토대로 했다. 그가 보여주는 불협화음은 곧 인간 영혼의 불협화음을 반영했다. 즉 의지와 표상, 아폴론적인 것과 디오니소스적인 것 사이에서 나타나는 긴장의 존재를 인정했다.

니체는 이렇게 묻고 있다. 「트리스탄과 이졸데」의 제3막을, 이 '형이상학적 목자의 춤'을 들으면서 영혼의 모든 날개를 경련하듯 떼어내며 숨을 거두지 않을 수 있는가? 그의 음악을 들으며 어떻게 산산이 부서지지 않을 수 있는가?[7] 만약 있다면 그것은 디오니소스적이고, 신화적으로 말하자면 완전히 독일적인 경험이어야 했다.

독일 정신은 지금까지 접근할 수 없었던 어떤 심연에서, 잠에 빠진 기사처럼 디오니소스적인 힘을 지닌 채 안식을 취하며 꿈을 꾸고 있었다. 그리하여 이 심연으로부터 디오니소스적인 것이 우리의 귀까지 솟구쳐 올랐다.

니체는 사실상 「트리스탄과 이졸데」에서 디오니소스적인 것이 아폴론적인 것에 바쳐진다고 설명했다. 비극의 최고 목표는 디오니소스가 아폴론의 언어를 말하고 아폴론이 마침내 디오니소스의 언어를 말하는 순간이다. 비극의 최고 목표와 모든 예술의 최고 목표는 그렇게 얻을 수 있었다.

《비극의 탄생》은 「트리스탄과 이졸데」의 대본을 많은 부분 인용하며 현대인이 고대 그리스인을 만나 함께 비극을 보고 신에게 제물을 바친다는 상상으로 마무리된다. 이 책에는 삶에 대한 문제라기보다 문화에 관한 니체의 초기 생각이 담겼는데, 니체가 이후 그의 사상을 발전시켜 나가면서 다시 돌아가게 되는 철학적 사상의 일부도 엿볼 수 있다. 아폴론적인 것과 디오니소스적인 것으로 표현된 인간 본성의 이중성에 대한 개념과 학문이 제공하는 확실성이라는 환상을 직면해야 한다는 요구는 그가 활발한 활동을 펼치는 나머지 시간 내내 그의 머리를 떠나지 않았다.

니체는 '비극의 탄생' 초고를 끝낸 뒤, 루가노의 녹아내리는 눈을 뒤로하고 트리브쉔으로 향했다. 4월 3일, 아침 식사 시간에 맞춰 트리브쉔의 저택에 도착한 니체를 보고 코지마는 깜짝 놀랐다. 그녀는 몹시 지쳐 보이는 니체에게 닷새만 더 머물다 가라고 설득했다. 니체는 '비극의 탄생' 원고를 코지마와 바그너 앞에서 읽었다. 당시에는 '그리스 비극의 기원과 목적'이라는 제목이 달려 있었다. 두 사람은 책 내용을 보고 기쁨을 감추지 않았다. 지난 몇 년간 그들이 주고받은 생각을 정리해놓은 것이었으니 말이다. 게다가 바그너의 음악을 통한 문화 부흥이라니, 어떻게 매력적이지 않을 수 있었겠는가?

갑자기 트리브쉔 저택의 모든 것이 아폴론적인 것과 디오니소스적인 것으로 나누어졌다. 코지마는 이제 '아폴론적 영혼'이라는 새 애칭으로 불렸다. 바그너는 폰 뷜로와 코지마 사이의 삼각관계에서 이미 디오니소스 역을 맡고 있었지만, 니체는 그의 역할에 새로운 해석을 덧붙였다. 바그너는 마침 베를린 과학아카데미에 보낼 계획으로 쓰고 있던 '오페라의 운명에 관하여'에도 '아폴론'과 '디오니소스'라는 표현을 넣었다. 그 일이 끝나고 나면 비스마르크와 따로 만날 약속도 잡혀 있었다. 이대로라면 독일 제국을 위한 문화가 제 방향을 잘 찾아갈 것 같았다.

니체는 으쓱해지는 기분이 들었다. 하지만 한편으로는 자신의 시각이 바그너보다는 부르크하르트와 유럽적 시각에 더 가깝다고 느껴졌다. 그는 프로이센이 파리를 포위 공격했을 때 파리 시민들이 고통받는 모습을 보고 바그너가 기뻐했다는 사실이 실망스러웠다. 바그너는 파리인들을 '전 세계의 첩'이라 부르며 그들이 그동안 아무 생각 없이 경박하게 우아함만 좇다가 문화의 격을 떨어뜨린 데 대한 죗값을 치르는 거라며 아이처럼 신나 했다.

코지마의 일기를 보면 바그너는 비스마르크에게 파리를 날려버려 달라고 부탁할 정도였다.[8] 하지만 니체는 생각이 달랐다. 무고한 파리 시민에게 연민을 느꼈고 그들에게 그런 고통을 안겨준 조국이 끔찍하게 싫었다.

트리브쉔 저택에서 흘러나오는 목소리들은 아주 끔찍할 정도는 아니어도 니체의 귀에는 불안하게 들렸다. 아이들은 바그너가 새 황제에게 헌정하며 작곡한 「황제행진곡」을 불렀다. 바그너 자신은 파리를 무너뜨린 프로이센 군대를 찬양하는 시를 지어 읽었다. 프로이센이 파리에서 행한 행위를 니체는 문화적 말살을 일으킨 야만적인 행태로 보았지만, 바그너는 문화적 부활로 보았다. 바그너의 관점은 그림 그릴 능력이 안 되면 가질 자격도 없다는 식이었다. 이런 관점은 그가 보인 추악한 민족주의로 의미가 퇴색하기는 했지만, 단지 문화적 체계를 보존하기 위한 역사적이고 아폴론적인 니체의 시각에 비해 확실히 디오니소스적이고 독창적이며 창조적이라 할 수 있었다.

니체는 트리브쉔에 있는 동안 바그너의 제안으로 《비극의 탄생》에 변화를 주었다. 하지만 어떤 부분이 어떻게 바뀌었는지는 정확히 알려진 바가 없다. 그는 '초록 뱀으로 아이들을 재미있게 해준 뒤'[9] 바젤로 돌아가 책 내용을 좀 더 손보았다. 제목을 바꾸고 바그너에게 바치는 긴 헌사도 추가했다.

그런데 바젤에서 좋지 않은 소식이 그를 기다렸다. 공석이었던 철학과 학과장 자리가 다른 적임자에게 맡겨진 것이다. 니체는 제멋대로 의견을 제안했던 자신이 얼마나 순진하고 어리석었는지 깨달았다.

니체는 에르빈 로데에게 편지를 보냈다. "정말 바보 같은 짓을 저질렀지 뭔가! 계획대로 될 거라고 믿었다니! 아파서였다는 건 변명도 안 되겠지. 물론 며칠간 열 때문에 잠을 설친 상태에서 나왔던 생각인 건 맞지만. 어쨌든 내 신경증과 구토를 잠재울 방법이 될 거라고 믿었는데."[10]

니체는 삶에 대한 흥미로운 문제들을 직접 대면하는 일 없이 오랜 과거에 쓰이던 언어들의 자질구레한 문법을 연구하며 문헌학자로 당분간 남아 있어야 했다. 하지만 문헌학 교수로서 해야 할 일들 때문에 더 큰 임무를 수행하는 데 엄청나게 방해를 받았다.

따라서 철학자로 인정받기 위해서는 이번 책에 기대를 거는 수밖에 없었다. 어쩌면 그때는 전공을 바꿀 수 있을지도 몰랐다.

그사이 바젤대학교는 고맙게도 니체의 불안증과 다른 건강 문제 때문에 학교 일을 줄여주었다. 엘리자베스는 오빠를 돌보려고 아예 바젤로 거처를 옮겼다. 어머니 집에서 노처녀로 올바르게 처신하느라 갑갑한 삶을 살던 그녀로서는 나움부르크를 떠나는 게 아쉽지 않았다.

4월 말, 니체는《비극의 탄생》앞부분을 라이프치히에 있는 한 출판사에 보냈다. 하지만 철학자로서 인정을 받기는커녕 아무 소식 없이 몇 달이 그냥 흘러갔다. 니체는 바그너와 코지마가 가까이 없다는 사실 때문에 더 불안하고 초조했다. 「니벨룽의 반지」를 올릴 극장을 세우느라 적절한 장소를 찾고 있던 그들은 극락섬을 버리고 독일 곳곳을 떠돌고 있었다. 따라서 트리브쉔으로 달려가 바그너 부부의 도움을 받을 수 있는 상황이 아니었다. 그들이 가까운 거리에 있었다 해도 바그너 자신도 불안한 상태였기 때문에 니체를 도와줄 처지는 아니었다. 바그너의 간절한 만류에도 루트비히 왕은 「니벨룽의 반지」의 1부인 「라인의 황금」을 처참하게 만들어서 무대에 올리고 말았다. 하루라도 빨리 보고 싶다는 이유로 아직 다듬어지지 않은 공연을 무대에 올린 것이다. 무대는 바그너가 예상한 최악의 시나리오대로 흘러갔다. 그 끔찍한 결과물로 왕과 바그너의 관계가 끊어질 위기에 놓였고, 바그너는 왕이 「니벨룽의 반지」 프로젝트에 자금을 댈지도 확신할 수 없었다. 오페라 하우스를 짓기에 안성맞춤인 바이로이트라는 곳을 찾았지만, 엄청난 자금이 필요했기 때문에 바그너는 더 불안할 수밖에 없었다.

바이에른 북부의 중형급 도시인 바이로이트에는 관객들을 코앞까지 싣고 올 수 있는 철도가 있었다. 주변 환경은 놀라울 정도로 신화 속 독일의 모습 그대로였다. 거대하게 펼쳐진 평야 위로 농작물이 풍부하게 자라고, 가축들은 들판에서 한가롭게 풀을 뜯었다. 바이로이트는 그 넓은 평야 중에서 가장 높은 지대에 있었다. 어느 멋진 공원은 바로크식 궁전으로 아폴론적인 지성미를 자랑하고 있었고, 일대 평야를 내려다보는 적당한 크기의 초원은 새로운 오페라 하우스를 지어 디오니소스적 존재가 되는 영광을 누리게 해달라고 아우성치는 듯했다.

바그너와 코지마는 부푼 가슴을 안고 성령 강림절에 트리브쉔의 저택으로 돌아왔다. 그들은 기쁜 소식을 전하려고 니체를 불러들였다. 성령 강림절은 특히 이들 세 사람에게 남다른 의미가 있었다. 지크프리트가 1869년 성령 강림절 주간에 태어났기 때문이다. 그들은 그 순간을 영원히 잊지 못했다. 지크프리트의 탄생으로 그들의 특수한 관계에 상징적인 의미가 완성되었으니 말이다.

하지만 그 특별한 의미는 2년 만에 조금씩 빛을 잃기 시작했다. 오페라 하우스 프로젝트가 성공하면(물론 니체도 그 일을 바라고는 있었지만), 바그너와 코지마는 트리브쉔을 영영 떠나야 했다. 극락도에서 그들과 함께하는 날도 끝이었던 것이다. 그들이 함께 바라보았던 '별의 춤'은 기억에서만 존재할 운명이었던 것일까? 니체의 불안감은 출판사가 《비극의 탄생》의 출판을 쉬이 결정하지 못하는 모습에 더 심해졌다. 6월이 되자 더는 견딜 수 없었던 그는 출판사에 원고를 돌려 달라고 했다. 그러고는 바그너에게 따로 말하지 않고 바그너의 출판업자인 에른스트 빌헬름 프리취Ernst Wilhelm Fritzsch에게 원고를 보냈다.

9월 초, 코지마는 니체에게 편지를 썼다. 하츠펠트 트라헨베르크Hatzfeldt-Trachenberg 공주의 아들이 이탈리아와 그리스, 아시아, 미국 일대로 긴 여행을 떠나는데 수행인을 추천해 달라고 부탁하는 편지였다. 니체는 자신이 그 일을 맡고 싶었다. 그럴 만한 이유도 많았다. 우선 그해 여름 내내 자신을 괴롭힌 불안감을 해소할 좋은 기회로 보였다. 건강에도 도움이 될 것 같았다. 의사들이 따뜻한 날씨가 도움이 될 거라고 늘 조언하지 않았던가. 게다가 문헌학 학과장 자리에서 빠져나올 좋은 핑계가 될 수도 있었다. 로마라든지 고전에 등장하는 나라들을 마침내 직접 보게 된다는 의미였으니 말이다. 그는 너무 흥분한 나머지 아직 정해지지도 않은 일을 동료 교수에게 발설해버렸다. 한편으로는 코지마도 그것을 원하는 것 같다고 생각했다. 그렇지 않고서야 왜 자신에게 그 이야기를 했겠는가? 하지만 이는 니체의 완전한 오해였다. 코지마는 자신이 그럴 위치에 있지 않을 때 무언가를 돌려서 전달하는 사람이 아니었다. 코지마는 니체가 교수라는 막중한 자리를 내어놓고 왕족의 관광 안내 같은 하찮은 일을 떠맡겠다고 한 말을 듣고 아연실색했다. 그녀가 이 말을 전하자 니체는 자신이 너무 바보 같은 짓을 한 것 같아 부끄러워 고개를 들 수 없었다. 다행히 바젤대학교는 코지마와 생각이 달랐다. 니체가 학교에 계속 남겠다고 하자 기존에 받던 월급에 5백 프랑을 더해 3천 5백 프랑으로 월급을 올려주었다.

10월에는 그의 스물일곱 번째 생일이 돌아왔다. 니체는 생일이 지나고 한 달 뒤 슐포르타의 오랜 친구였던 카를 폰 게르스도르프에게 하늘을 날 듯한 기분으로 편지를 보냈다. 출판사에서 크리스마스에 맞춰 책을 내기로 약속했기 때문이었다. 한껏 흥분한 니체는 이렇게 말했다.

기뻐해주게나. 책 표지는 바그너 선생님의 책《오페라의 목적The Object of Opera》을 따라 만들기로 했다네! 멋진 삽화가 들어갈 영광스러운 자리가 있을 거라는 말이지. 자네 예술가 친구에게 이 이야기를 좀 전해주게나. 내 안부도 전해주고. 바그너 선생님의 책을 꺼내서 표지를 좀 봐주게. 이런 식으로 문구를 넣으면 좋겠는데, 어느 정도 크기로 들어가면 좋을까?

음악 정신에서 나온 비극의 탄생
-저자 프리드리히 니체 박사, 고전문헌학 교수
라이프치히 프리취 출판

책은 아주 잘 팔릴 것 같네. 삽화를 그린 사람도 그만한 명성을 얻을 테니 미리 마음의 준비를 해도 좋을 거야.

다른 소식도 있다네. 방학 때 우리가 만나면 신기하게도 내가 피아노 2중주용 긴 노래를 순식간에 작곡했던 걸 기억하는가? 아름다운 가을햇살이 내리쬐는 듯한 따뜻함이 묻어나는 곡이었지. 이번 크리스마스에 바그너 부인에게 그 곡을 선물할 걸세. … 어린 시절 기억과 관련되어 있어 제목은 '행진곡과 농민 댄스, 한밤에 울리는 종과 함께하는 새해 전날의 메아리'로 지었지. 제목이 좀 재밌지. … 6년 동안 악보를 쓴 적은 없지만 이번 가을에 다시 자극을 받았다네. 제대로 연주하면 20분 정도 걸리는 곡일세.[11]

하지만 니체의 행복한 기분은 오래가지 않았다. 우선 삽화 덕분에 명성을 얻을 수도 있었던 목공예가가 그 일을 제대로 해내지 못해 니체는 다른 화가를 찾아야 했다. 그리고 출판업자 프리취가 바그너의 《오페라의 목적》보다 책 크기를 작게 만들어서 140페이지 분량인 니체의 책은 기대했던 것보다 볼품없었고, 그래서 별로 중요하지 않은 책으로 보였다. 게다가 바그너는 자신에게 물어보지 않고 출판업자를 찾아간 니체에게 화를 냈다. 바그너의 눈에는 그 두 사람이 자기 몰래 무언가를 공모한 것처럼 보였다.

니체는 트리브쉔에서 크리스마스를 보내자는 바그너의 초대를 조심스레 거절했다. 교육 기관의 미래에 관한 새 강의를 준비한다는 이유를 댔지만, 트리브쉔의 '생각하는 방'에서도 그 일은 얼마든지 할 수 있었다. 사실은 에르빈 로데에게만 살짝 털어놓았듯 자신이 보낸 그 악보에 바그너가 어떤 평가를 했을지가 더 궁금했다.

"내가 만든 곡에 그가 어떤 말을 했을지 기대되는군."[12]

니체는 자신이 작곡에 어느 정도 재능이 있다고 생각했다. 그래서 바그너의 찬사를 기다리며 약간은 마음이 부풀어 있었다. 한편 그 시각 트리브쉔 저택에서는 마침내 한스 리히터와 코지마가 피아노 앞에 앉아 니체가 보내준 악보에 맞춰 피아노 2중주를 연주했다. 바그너는 곡이 연주되는 20분 동안 잠시도 가만히 있지 못했다. 이 시기 니체의 작곡 형태는 바흐와 슈베르트, 리스트, 바그너를 잡다하게 섞어놓은 것 같았다. 너무 다양한 형태가 섞여 있고, 감정이 지나치게 풍부하고, 절정으로 가기까지 걸리는 시간은 너무 짧았다. 그가 좀 더 오래 살아서 나중에 무성영화에 깔리는 배경음악을 작곡했다면 성공했을지도 모르겠다는 생각이 들었다. 하지만 바그너와 코지마는 자기들끼리 있을 때만 큰 소리로 웃었을 뿐, 자신들의 솔직한 생각은 비밀로 했다. 코지마는 니체에게 작은 선물과 함께 고맙다는 인사를 적은 '아름다운 편지'를 보냈지만 그 곡에 대해서는 아무 말도 하지 않았다.

바젤에서 크리스마스를 홀로 보내고 있던 니체는 어느 페인트공의 도움을 받아 어머니가 보내준 커다란 나무 상자를 열었다. 프란치스카는 이제 금전적으로 꽤 여유가 생긴 상태였다. 니체의 고모들이 남겨준 유산 덕분에 나움부르크에 집을 한 채 살 수 있었고, 남은 방에 세를 놓아 어느 정도 수입을 얻었다.

프란치스카는 이번 크리스마스를 앞두고 선교 정신을 발휘하여 신앙심이 약해진 아들에게 커다란 성모상 유화를 보냈다. 긴 크리스마스 휴가를 혼자 보내고 있던 니체는 시간 여유가 많았던지 어머니에게 긴 감사 편지를 보냈다. 편지에서 그는 어머니가 좋아할 만한 방식으로 어떻게 집안을 정리했는지 구구절절이 설명했다.

그림은 소파 위에 걸어두겠습니다. 피아노 위에는 홀바인이 그린 에라스무스를 걸어두고, 난로 옆 책상에는 아버지와 쇼펜하우어의 초상화를 올려둘게요. 아무튼 고맙습니다, 어머니. 그림을 보니 저도 모르게 이탈리아로 마음이 향하는 것 같아요. 어머니께서 저 그림을 제게 보내신 이유도 그 때문이시죠? 제가 이 아폴론적 결과물에 줄 수 있는 한 가지 대답은 저의 디오니소스적 결과물, 즉 제가 만든 새해 전날 노래와 새해에 출판될 제 책의 아폴론과 디오니소스의 이중 효과를 통해서입니다.

이후로도 편지에는 감사 인사가 계속된다. 네모 빗과 솔빗을 보내주어 고맙고, 옷솔은 너무 부드럽다는 점만 빼고 딱 좋고, 양말과 크리스마스 포장지에 든 맛있는 생강 과자를 그렇게 많이 보내주어 고맙다는 내용이었다.[13] 니체는 어린 시절 친구인 구스타프 크루그에게도 유쾌한 어조로 편지를 썼다. 새해에 나올 《비극의 탄생》을 기대하라며 자신의 '역겨운 삼류소설'인 '에우포리온'을 보냈던 열일곱 살 때와 똑같은 경고의 말을 전했다. "아 참! 저질스럽고 모욕적인 책이네. 그러니 방에 두고 몰래 읽게나."[14]

그 당시 크리스마스를 전후로 오간 그의 편지들은 불확실함에 휩싸여 있는 그에게 동정심을 느끼지 않고는 읽기가 힘들다. 아무도 솔직하지 않았다. 그를 포함해 모두가 가식적으로 말하고 행동했다. 모두가 가면을 쓰고 있었고 보여주고 싶은 모습만 보여주었다. '네 자신이 되어라!' 니체는 학창 시절 마음에 새긴 핀다로스의 조언을 잠시 잊고 있었다.

마침내 출판사에서 책이 나왔다. 1872년 1월 2일, 니체는 바그너에게 책과 함께 편지를 보냈다. 편지에는 '운명의 힘' 때문에 늦어졌다, 운명의 힘으로도 매듭은 영원히 묶을 수 없었다는 내용을 담았다.

책을 보신다면 선생님께서 제게 주신 모든 것에 저는 단지 감사함을 표현하고자 한 것뿐이라는 걸 알게 되실 겁니다. 선생님께서 전하신 것을 제가 잘 이해했는지 의심스럽기만 합니다.
제게 보내주신 사랑에 깊이 감사드리며,
지금도, 과거에도, 앞으로도 영원히 당신의 충실한 프리드리히 니체 드림

니체가 쓴 편지 중 가장 꾸밈없고 솔직하게 진심을 담아 쓴 편지였다. 다행히 바그너도 책을 받고 답례로 바로 답장을 보냈다.

친애하는 친구여!

자네의 책보다 더 멋진 책은 읽지 못했다네. 모든 것이 최고였어! … 코지마에게도 그렇게 말했다네. 그녀 다음으로 내 마음에 가장 가까이 자리 잡은 사람은 바로 자네라고. 그리고 한참 떨어져서 렌바흐가 있다네. 내 초상화를 정말 실물처럼 잘 그린 사람이지! 안녕, 친구여! 어서 빨리 우리에게 와주게. 그래서 함께 디오니소스적 즐거움을 누리세!

코지마도 아낌없는 칭찬을 편지로 전했다. 모든 면에서 심오하고 시적이고 아름다웠다, 그동안 내면에 품고 있던 질문에 대한 모든 답이 있었다는 내용이었다. 그녀의 말은 진심이었다. 일기에도 그녀는 니체의 책이 훌륭했다, 바그너와 자신이 서로 가지려 하느라 책을 거의 반으로 나눌 뻔했다고 적었다.

니체는 리스트에게도 책을 보냈다. 리스트 역시 이렇게 예술을 잘 정의한 책은 보지 못했다며 호의적인 반응을 보였다. 귀족이나 남작, 남작부인에게서도 찬사가 쏟아졌다. 그들은 세상의 시선에 구애받지 않고 자신들이 바그너와 루트비히 왕과 같은 편에 있다는 것을 보여주기 위해 상투적인 찬사를 담아 편지를 보냈다. 하지만 철학자나 문헌학자에게서는 아무 말이 없었다. 언론에서도 아무런 평가가 나오지 않았다. 니체는 초조하게 그들의 반응을 기다렸다. 니체는 그들의 침묵이 숨 막힐 듯 답답하고 불편해 마치 죄를 지은 듯한 기분마저 들었다.

그에게는 다른 지적 임무도 있었다. 그해 크리스마스를 트리브쉔에서 보내지 못했던 이유이기도 했는데, 당시 교육을 주제로 하는 강의를 맡아 원고를 준비해야 했다. 바젤 학회에는 공개 강연이라는 멋진 전통이 있어 모든 참석자를 대상으로 매년 겨울 30~40개의 무료 강의가 열렸다. 1월 16일에 열린 니체의 첫 강의에는 약 3백 명의 청중이 몰렸다. 참석자들은 그의 강의를 열렬히 지지하며 그의 말에 귀를 기울였다. 다음 강의에는 더 많은 사람이 몰렸다.

'교육 기관의 미래에 관하여'라는 주제로 여러 차례에 걸쳐 열린 그 강연은 새로 수립된 독일에서 교육이라는 중대한 분야가 나아가야 할 방향을 모색하는 자리였다. 니체는 그 강의에서 《비극의 탄생》에서 다뤘던 많은 내용을 언급했다. 독창성 없는 현대 문화를 비판하고 과거 '게르만 민족정신'을 되살려야 한다고 제안했다.

니체는 마르크스주의가 고대 그리스의 귀족적 급진주의에 반한다고 주장하며, 학생과 스승 간에 이뤄지는 플라톤식 대화법으로 강의를 구성하여 현재의 정치적 관점을 그들의 입을 통해 대변하게 함으로써 청중이 내용을 더 유의미하게 느끼도록 했다.

플라톤식 대화에 등장하는 학생 측은 교육을 최대한 확장해야 한다고 주장했다. 그물을 최대한 넓게 펼쳐야 하고, 효용성이 교육의 목적과 목표가 되어야 한다고 주장하며 금전적 이득에 대한 가능성을 최대한 높이는 것이 모두를 행복하게 하는 길이라고 했다.

스승인 철학자는 교육이 그 자체의 목적과 최고의 윤리적 목표를 유지하기 위한 목적을 찾아야 한다고 주장했다. 교육이 확장되면 효과가 약해진다는 이유였다. 국가의 고민은 어떻게 하면 지성과 소유본능을 결합해 교육의 속도를 높이고 돈 버는 기계로 전락한 인간을 최대한 빨리 배출할 수 있는가였다. 결국 인간에게는 이익이라는 관심사와 양립할 수 있는 만큼의 문화만 허용되었다.

니체는 철학자의 입을 빌려 그동안 할 수 없었던 말들을 내뱉었다. 국가는 아주 뛰어난 개인을 원하지 않는다, 커다란 기계에 들어가는 하나의 부속품을 원할 뿐이다, 비판 의식 없이 묵묵히 국가의 요구를 따를 수 있을 정도로만 교육받은 사람을 원하며, 따라서 평범한 재능을 가진 사람들만 영원히 남게 되는 암담한 결과를 낳는다는 내용이었다. 또 부르크하르트와 주로 산책할 때 거론하던 주제로, 문화의 장에 발을 들여놓은 언론에 대한 불만도 토로했다. 심지어 가장 훌륭한 학자라도 언론을 이용해야 하는 현실에 분노를 표출하며, "의사소통이라는 이 끈적대는 성질은 모든 형태의 삶과 모든 계층과 모든 예술과 모든 과학 사이의 틈을 메워버린다." 라고 말했다.[15]

니체의 공개 강의는 6회에 걸쳐 진행될 계획이었지만, 5회차를 끝냈을 무렵 그의 건강이 갑자기 나빠졌다. 마지막 강의에서는 그동안의 내용을 바탕으로 교육 개혁을 위한 구체적인 방안들을 내놓아야 했으나 결국 결론을 맺지 못하고 강의가 끝나버렸다. 다섯 번의 강의는 모두 반응도 좋았고 참석자도 많았다. 덕분에 니체는 그라이프스발트대학교에서도 고전문헌학 학과장 자리를 제안받았다. 하지만 문헌학에서 또 다른 자리를 맡고 싶지는 않았다. 그가 원한 것은 철학과로 옮기는 것뿐이었다.

바젤대학교의 학생들은 니체가 그라이프스발트대학교에 가지 않겠다고 한 것을, 바젤대학교에 대한 충성도가 높기 때문이라 오해했다. 그래서 그를 찾아가 고마움의 표시로 횃불 행렬을 열겠다고 했다. 니체는 괜찮다며 학생들의 제안을 사양했고, 며칠 뒤 바젤대학교는 그의 '뛰어난 공로'를 인정하여 월급을 4천 프랑으로 올려주었다.

니체의 첫 공개 강의가 끝난 지 8일째 되는 날, 바그너가 몹시 괴로워하며 니체를 찾아왔다. 그는 니체가 책에 대한 비평가들의 침묵을 어떻게 받아들이고 있는지 궁금했다.[16] 하지만 사실 그에겐 더 심각한 문제가 있었다. 자신의 인생이 달린 문제였다. 바그너는 또 한 번 꿈이 좌절되는 것 같았다. 바이로이트 시의회 쪽에서 오페라 하우스를 지을 장소를 제안했는데, 알고 보니 그 땅은 시의회 소유가 아니었고, 정작 땅 주인은 땅을 팔지 않겠다고 하고 있었다. 다음 상황은 더 심각했다. 루트비히 왕의 비서관이 오페라 하우스 건설에 들어갈 비용을 계산했는데, 30만 탈러가 아니라 그보다 훨씬 많은 90만 탈러였던 것이다. 바그너는 돈 계산에 관해서는 노래보다 더 소질이 없었다. 돈은 바그너 후원회를 통해 모았다. 후원회는 바그너를 열렬히 지지하는 팬들이 있는 곳이라면 어디든지 만들어졌다. 독일을 포함한 해외에도 후원회가 있었고, 심지어 이집트에도 있었다. 특히 이집트 총독은 이집트 내 후원회를 유럽과 통합한다는 것에 기분 나빠하며 따로 기부금을 전했다(이집트 수에즈 운하 개통 때 많은 사람 가운데 헨릭 입센을 초대하기도 했다). 바그너

협회 여러 지부의 기금을 관리하는 임무는 바이마르 출신의 로엔 남작과 데사우 출신의 콘 남작이 맡았다. 하지만 모인 돈은 대략 1만 2천 탈러에서 2만 8천 탈러가 전부였다. 어쨌든 그들 말에 따르면 그랬다. 바그너는 자신이 '궁정 유대인'이라 불렀던 콘 남작이 유대인이었기 때문에 나쁜 의도로 사업을 방해하고 있다고 굳게 믿었다.

바그너는 절망에 빠졌다. 오페라 하우스 프로젝트 전체를 포기해야 할지도 모른다는 생각에 밤잠을 이루지 못했고, 제대로 먹지도 못했다. 심지어 루트비히 왕이 죽거나 미칠지도 모른다는 망상에 시달렸다. 그래서 돈줄이 완전히 말라버리고, 「니벨룽의 반지」 프로젝트는 물론 독일의 문화 부흥이라는 계획도 영영 땅속에 묻힐지 모른다고 생각했다. 바그너는 자포자기의 심정으로 기금 모음 여행을 떠나기로 계획하고 니체를 찾아갔던 것이었다.

바그너가 괴로워하는 모습을 본 니체는 모든 것을 포기하고 모국인 독일로 돌아가 모금 강연을 열겠다고 그 자리에서 충동적으로 제안했다. 하지만 바그너의 생각은 달랐다. 니체가 정말로 해야 할 일은 바젤에 남아 공개 강연을 잘 마무리하고 명성을 확실히 다지는 일이었다. 니체의 중요한 계획은 비스마르크가 하는 교육 정책에 변화를 이끌어내는 것이었다. 니체는 강연을 성공적으로 끝내면 책을 낼 계획이었다. 비스마르크에게 보낼 제안서도 남몰래 준비했다. 교육 분야에서 수상의 부족한 점을 지적하며 문화 부흥의 모델이 되는 개혁안을 제안하고, 독일인을 위한 진정한 교육 기관을 세우지 못해 독일 정신을 되살릴 중요한 기회를 놓친 것이 얼마나 불명예스러운 일이었는지 보여주고자 했다.[17] 하지만 결국 책도 내지 못했고 제안서도 보내지 못했다. 애초부터 잘못된 계획이었기 때문이다. 비스마르크는 자기 생각에 반대하는 사람에게 절대 호의적인 사람이 아니었다.

바그너는 코지마를 남겨둔 채 베를린으로 떠났다. 혼자 남은 코지마는 니체의 책과 라이프치히에서 바그너가 보내준 캐비아로 우울한 기분을 달랬다.[18] 만약 니체가 돈키호테식 충동에 따라 대학 일을 내던지고 바그너를 위해 독일을 떠돌았다면, 몇 달도 가지 않아 쓸데없는 짓을 했다고 생각했을지 모른다. 바그너는 혼자서도 큰 성공을 거두었다. 프랑스와의 전쟁을 승리로 이끈 후, 독일은 국수주의 분위기가 한창 무르익은 상태였기 때문에 독일인들에게 바그너라는 사람과 그의 계획은 대단히 매력적으로 보였다. 베를린과 바이마르에서는 그를 향한 박수갈채가 쏟아졌다. 바이로이트에서는 심지어 더 좋은 부지를 제공받았다. 그것도 모자라 오페라 하우스 바로 옆에 넓은 땅을 추가로 받아 바그너와 코지마는 멋진 빌라를 지을 수 있었다.

3월 말이 되자 얼었던 눈이 조금씩 녹아내렸다. 모금 여행을 성공리에 끝내고 트리브쉔으로 돌아와 있던 바그너는 부활절 휴일을 함께 보내자며 니체를 초대했다. 이번에도 다른 손님은 없었다. 니체는 성목요일(부활제 전 목요일)에 도착했다. 그날은 호주머니에 든 1백 프랑 때문에 마음이 무거웠다. 배반자 유다의 은화 30냥을 떠올리게 하는 부활절에 대한 일종의 배신행위였기 때문이다. 돈은 한스 폰 뷜로에게서 전해 받은 것이었다. 감정을 묘하게 자극하기로 선수급이었던 폰 뷜로는 코지마와 코지마를 사랑한 사람들을 어떻게 하면 교묘하게 괴롭힐지 끊임없이 연구했는데, 그런 그가 부활절 직전에 바젤대학교에 있던 니체를 찾아왔다. 그는 니체를 만나 먼저 《비극의 탄생》을 입이 마르도록 칭찬한 뒤 트리브쉔에서 코지마와 같이 살고 있는 자신의 딸 다니엘라에게 부활절 선물로 돈을 전해 달라고 부탁했다.

부활절 주말 날씨는 이별을 눈앞에 두고 말할 수 없이 아쉬운 마음에 젖어 있던 그들의 감정만큼 변덕스럽고 불안했다. 극락도에서 그들이 함께 보내는 마지막 날이 다가오고 있었다. 트리브쉔을 떠난다는 것이 신들의 황혼, 즉 보탄이 말한 끝이라는 의미는 아니었을지라도, 거의 신의 경지에서 서로의 독창성을 자극했던 마법과도 같은 시간이 끝났다는 것은 확실했다. 트리브쉔에서 한 아이가 태어났고, 네 편의 위대한 걸작 「지크프리트」, 「신들의 황혼」, 「지크프리트의 목가」 그리고 《비극의 탄생》이 탄생하지 않았던가? 세 사람은 그들만의 낭만적인 전원생활이 끝나고 있다는 것을 알았다.

바그너는 니체를 데리고 그들의 마지막이 될 산책을 나섰다. 두 사람은 아름다운 트리브쉔 풍경을 바라보며 말없이 걸었다. 저녁에는 니체가 다섯 번째 강연의 원고를 읽었다. 다음 날에는 바그너가 작곡하는 동안 니체와 코지마가 산책을 나왔다. 코지마는 그렇게 산책하러 나갈 때 주로 레이스가 풍성하게 달린 분홍색 캐시미어 드레스를 입고 분홍 장미꽃이 달린 커다란 토스카나 모자를 써서 하얀 얼굴을 가렸다. 그녀 뒤로는 까만 뉴펀들랜드인 러스가 보조를 맞추어 걸었다. 육중하고 위풍당당한 모습이 꼭 파우스트 전설 속에 나오는 퍼밀리어*를 떠올리게 했다. 그들은 은빛 호숫가를 거닐며 인생의 비극과 그리스, 독일, 앞으로의 계획과 열망에 관해 이야기했다. 오후가 되자 거대한 날개가 바람을 일으킨 듯 갑작스러운 폭풍우를 알리는 차가운 바람이 집 안까지 쫓아왔다. 두 사람은 아이들과 함께 벽난로 앞에 앉아 이야기책을 읽었다.

부활절 일요일 아침, 니체는 코지마를 도와 달걀을 정원에 숨겼다. 하얀 부활절 원피스를 입은 아이들은 총총거리며 물가를 뛰어다니는 어린 백조들 같았다. 아이들은 숨겨놓은 달걀을 찾아 에메랄드빛 갈대밭을 헤치며 다녔고, 달걀을 하나씩 찾을 때마다 기쁨의 비명을 질러댔다. 찾은 달걀들은 조심스럽게 품에 안아 코지마에게 가져왔다.

오후에는 니체와 코지마가 피아노 2중주를 연주했다. 잠시 후 하늘에 무지개가 떠올랐다. 세계 어디에서나 희망과 열망을 상징하는 무지개는 그들 두 사람에게 더 특별한 의미가 있었다. 바그너가 「니벨룽의 반지」에서 인간 세계와 신들의 왕국을 연결하는 다

---

* 동물 모습의 정령 -역자주

리로 무지개를 사용했기 때문이다. 그 무지개다리를 지나야만 한 세계에서 완전히 다른 세계로 옮겨갈 수 있었다.

점심시간에 세 사람은 신과 인간이 관련되는 또 다른 주제로, 당시에 유행하던 강령술에 관해 이야기를 나누었다. 코지마는 개인적으로 초자연적인 존재를 믿었다. 그녀는 밤마다 침대에 누워 일기를 쓸 때 벽에서 들려오는 삐걱거리는 소리가 영적 세계에서 보내는 신호라 여겼다. 그녀가 한때 알았던 사람, 혹은 한때 사랑했던 죽은 개가 보내는 메시지라고 생각했다. 하지만 바그너에게 바보처럼 보일까 봐 바그너 앞에서는 믿지 않는 척 행동했다. 바그너는 나무가 수축하고 팽창하면서 보내는 신호에는 관심이 없었다. 하지만 신들이 더 중요한 수단으로 그의 관심을 끌려고 할 때는 달랐다. 가령 무지개나 천둥 같은 현상이 나타날 때, 검은 띠구름을 벗어나려는 달이 떠오를 때, 트리브쉔 하늘 위로 오색찬란한 커튼을 드리우며 북극광이 펼쳐질 때가 그랬다. 점심을 먹는 동안 바그너는 영적 현상이 실제로 존재한다는 주장에 반박 논리를 펼쳤다. 코지마도 그런 것들은 완전히 가짜라고 힘주어 말했다. 하지만 저녁에 그들은 테이블 터닝*을 한번 시도해 보았다. 물론 성공하지는 못했다.

월요일 아침, 니체는 학교 일로 돌아갔다. 니체가 떠나자 바그

---

* 일종의 강령술로 몇 사람이 테이블에 손을 얹으면 신령의 힘으로 테이블이 저절로 움직이는 현상. - 역자주

너와 코지마는 어딘가 몸이 아픈 것처럼 느껴지고 기분이 가라앉았다. 늘 열정이 넘치는 바그너조차 속이 메스껍게 느껴지고 우울한 감정에 휩싸였다. 앞으로 해야 할 엄청난 일들을 생각하니 지금처럼 잘 해낼 수 있을지 걱정과 두려움이 밀려들었다. 코지마는 그날 일찍 잠자리에 들었다.

니체는 바그너에게 마지막 작별 인사를 전하려고 트리브쉔을 찾아갔다. 하지만 날짜를 잘못 알았는지, 아니면 그것이 운명이었는지 바그너는 3일 전 이미 바이로이트로 떠난 뒤였다. 코지마는 짐을 싸고 집을 정리하느라 정신이 없었다. 이제 그 집은 삶에 관한 그의 생각을 완전히 바꾸어 놓았던 처음의 모습이 아니었다. 트리브쉔 저택의 많은 방은 한때 마법에 걸린 것 같은 매력이 있었으나 이제는 그 모습을 찾아볼 수 없었다. 최면을 거는 듯한 묘한 향기를 풍기던 방에서는 풋풋한 나무 냄새, 호수 냄새만 났다. 그들만의 은밀한 공간을 채웠던 짙은 붉은빛은 어디에도 보이지 않았다. 창문에 걸어둔 장미색 레이스 덕분에 집안 전체가 약간 흐릿하게 보였던 트리브쉔 저택의 많은 공간은 그 은은한 신비감을 잃어 그저 너무 환하고 너무 투박했다. 트리브쉔 저택의 수많은 창문은 금박으로 된 아기 천사의 통통한 손과 우아한 분홍색 실크 리본에 잘록하게 묶인 커튼들이 드리워져 상상의 나래를 펼치는 즐거움을 주었지만, 그때는 그냥 평범한 직사각형 모양의 유리창이었을 뿐이다. 바그너의 예언자적 상상력 덕분에 무대장치 같았던 실내 공간은 아무런 신비감 없는 단순한 정육면체로 변해 있었다. 보라색 벨벳과 압인 찍힌 가죽으로 화려하게 장식되어 있던 벽에는 한때 그 자리를 차지했던 그리스도상의 자국만 보기 싫은 쥐색으로 남아 있었고, U자 형태의 희미한 자국은 월계관이 있었던 자리였음을 표시했다. 또 흉갑을 두른 발키리 그림, 위풍당당한 젊은 시절 루트비히 왕의 초상화, 지크프리트가 용을 무찌르는 그림, 디오니소스를 그린 제넬리의 그림은 온데간데없고 그 그림이 걸려 있었다는 자국만 남았다. 그 그림들은 모두 니체가 《비극의 탄생》을 쓰려고 생각을 정리하는 동안 자주 바라보았던 것들이었다.

니체는 북받치는 감정을 주체할 수 없었다. 사창가에 있는 자신을 발견하고 두려움과 괴로움에 압도되었던 그날처럼 니체는 피아노 앞으로 달려갔다. 그리고 즉흥 연주에 빠져들었다. 그동안 코지마는 집안을 오가며 우울한 표정으로 트리브쉔의 보물을 싸는 하인들을 감독했다. 니체는 그 즉흥 연주로 코지마와 코지마의 남편에 대한 깊은 애정을 쏟아냈다. 그들이 3년 동안 함께 만들고 나누었던 추억, 함께 기뻐했던 순간들, 앞으로 영원히 계속될 그리움을 생각하며 주체할 수 없는 감정들을 쏟아냈다.

니체는 상실감에 괴로웠다. 좋았던 기억들이 추억 속으로 하나둘 사라지는 것을 무엇으로도 막을 수 없었다. "마치 폐허가 된 미래를 걷는 것 같았다." 그는 이렇게 말했다. 코지마는 영원할 것 같던 시간들이 이제 과거가 되었다고 했다. 하인들 역시 눈물을 참지 못했고, 개들은 길 잃은 영혼처럼 사람들 주변을 서성이며 아무것도 먹지 못했다. 코지마는 편지와 책, 원고, 특히 바그너의 악보같이 하인들 손에 맡기기에는 너무 소중한 물건들을 직접 정리하기 시작했다. 니체는 그제야 피아노 앞을 떠나 그녀를 도왔다.

눈물이 앞을 가리는구나. 아! 너무 절망적이네! 트리브쉔 사람들과 3년을 함께했고, 그 3년 동안 나는 스물세 번을 찾아갔지. 그중 의미 없었던 날은 하루도 없었다네. 그들이 없었다면 지금의 내가 어떤 모습이었을지![19]

니체가 당시 폰 게르스도르프에게 쓴 편지에 이렇게 쓰여 있다. 그리고《이 사람을 보라》에는 이렇게 적었다.

다른 어떤 이들과도 이만큼 중요한 관계를 맺은 적은 없다. 트리브쉔에 관한 기억은 무엇과도 바꾸지 않을 것이다. 신뢰를 나누고 즐거웠던 날들, 절묘한 우연과 뜻깊은 순간들이 가득했던 날들. … 나는 다른 사람들이 바그너에 관해 무엇을 경험했는지 알지 못한다. 내가 아는 것은 단 하나, 우리의 하늘에는 구름 한 점 드리운 적이 없다.

이후로 그는 트리브쉔에 관해 말할 때 언제나 목멘 목소리였다고 전해진다.

바젤로 돌아온 니체는 대상포진에 걸려 여섯 번째이자 마지막 강의의 원고를 쓸 수 없었다. 프리취가 출판해야 할 새 책도 없었고,《비극의 탄생》을 둘러싼 침묵은 계속 이어졌다.

니체는 리츨 교수에게 편지를 보냈다. 고전문헌학자인 리츨 교수는 본대학교에서 라이프치히대학교로 옮길 때 따라갈 정도로 니체가 존경하던 교수였다. 그때는 그의 초상화가 니체 방 난로 옆 책상 위에 걸려 있었다.

"제가 최근에 낸 책에 관해 아직 아무 말씀도 없으셔서 제가 충격을 받았다고 말씀드려도 저를 질책하지 않으시겠지요?"[20] 상황을 제대로 파악하지 못하고 시작된 편지는 이런 소년 같은 말투로 계속 이어졌다.

리츨이 아무 말도 없었던 것은 좋은 말을 할 수가 없어서였다. 리츨은 니체의 편지를 받고 그가 과대망상에 빠졌다고 생각했다. 《비극의 탄생》은 아무리 보아도 교묘하게 헛소리만 늘어놓은 책이었다. 그는 《비극의 탄생》의 페이지마다 '과대망상!' '오만함!' '제멋대로임!' 같은 단어들을 잔뜩 표시했다. 하지만 답장에는 '텍스트가 딜레탕트보다는 덜 학문적이면 좋겠다.' '삶의 개인화는 퇴보적이라고 생각하지 않는다.' '자의식을 몰아 상태로 녹여내면 어떻겠냐' 등등의 표현으로 교묘하게 적어, 니체는 전혀 기분 나빠하지 않았다.

니체가 중요하게 여긴 또 한 사람은 야코프 부르크하르트였다. 그의 답장도 리츨과 마찬가지로 교묘하고 이해하기 어려웠다. 어쨌든 니체는 부르크하르트도 자신의 책에 완전히 빠졌다고 생각했다. 하지만 사실 부르크하르트는 그 책의 논리와 과격한 태도, 오만한 말투를 불쾌하게 여겼고, 특히 소크라테스 후기 학자들을 분별력 없이 그저 사실을 수집하는 사람에 불과하다고 한 주장에 모욕감을 느꼈다.

그 후로도 침묵은 계속 이어졌다. "사람들이 입을 다물고 있는 것도 이제 열 달째군. 그들이 내 책보다 자신들이 더 뛰어나다고 생각하기 때문이지. 물론 그것은 말할 가치도 없는 얘기지만."[21]

바그너 부부는 한 달가량 트리브쉔에 더 머물다가 바이로이트의 오페라 하우스에 초석을 놓는 행사에 초대를 받고 트리브쉔을 완전히 떠났다. 그때부터는 모든 일이 일사천리로 진행되었다. 코지마는 트리브쉔을 금세 잊었다. 오히려 바이로이트에서 더없이 행복한 나날을 보냈다. "이전 우리의 삶은 이곳에서 살기 위한 준비 과정이었던 것 같다." 일기에는 이렇게 적었다. 바그너는 코지마의 발 앞에 무릎을 꿇고 바이로이트의 후작 부인이라는 새 칭호를 바쳐 그녀의 기분을 최고로 만들어주었다.

코지마는 항상 속물에 가까웠다. 코지마와 바그너는 바이로이트에 머물 때, 뷔르템베르크의 알렉산더 공작이 소유한 '호텔 판타지Hotel Fantaisie'에 살았다. 알렉산더 공작의 멋진 '판타지 성'도 바로 그 옆에 있었다. 그녀의 일기는 이중, 삼중의 작위를 가진 공작과 공작부인, 왕자와 공주들의 이름이 페이지마다 가득해 귀족 인명부를 보는 것 같다. 모든 사람이 그녀의 환심을 사려고 애썼다. 백작과 백작부인 같은 하급 귀족들은 그녀의 관심을 얻으려고 수단과 방법을 가리지 않았다. 크로코우 백작은 아프리카에서 자신이 직접 총을 쏘아 잡은 표범을 바그너에게 선물했고, 바센하임 백작 부인은 어린 지크프리트를 위해 직접 수를 놓은 옷을 선물했다. 그럴 때마다 코지마는 후작부인답게 우아한 자태로 모든 선물을 받아주었다.[22]

초석 놓는 행사는 바그너의 59번째 생일인 5월 22일에 열렸다. 거의 1천 명에 달하는 음악가와 가수와 손님이 바이로이트라는 작은 마을로 내려왔다. 바이로이트에서는 처음 있는 일이었다. 호텔과 여관은 남는 방이 없었고, 식당에서는 먹을거리가 금세 동이 났다. 일반 마차가 부족해 소방서와 스포츠클럽에서 쓰는 마차와 수레까지 총동원되어 손님들을 실어 날랐다. 오후부터 하늘에 잿빛 구름이 깔리더니 비가 쏟아졌다. 순식간에 길이 진흙탕으로 변해 말도 사람도 허우적거렸다. 그나마 루트비히 왕이 오지 않은 것이 다행이었다.

왕은 날이 갈수록 공식적인 행사에 모습을 드러내지 않았다. 그의 하루는 보통 저녁 7시에 하는 아침 식사로 시작됐다. 그가 밥을 먹는 자그마한 방에는 촛불이 60개쯤 켜져 있었다. 식사가 끝나면 백조 모양으로 만들어진 썰매를 타고 달빛 가득한 정원으로 미끄러지듯 나아갔다. 그곳에서 바그너의 음악을 들으며 저녁 시간 대부분을 보냈다. 연주가들은 무대 뒤편 가림막에 앉아 있어서 보이지 않았다. 그때까지도 왕은 독단적으로 「라인의 황금」을 초연한 일로 바그너와 사이가 좋지 않았지만, 공식적인 인가 메시지를 바이로이트로 보냈다. 바그너는 왕이 보낸 인가증을 넣은 고급 장식함을 의례를 갖추어 초석 옆에 내려두었다. 악단은 그 옆에서 「충성행진곡」을 연주했다. 몇 년 전 바그너가 왕을 위해 썼던 곡이었다.

「니벨룽의 반지」에서 보탄이 불을 불러오고 모든 중요한 결과를 일으킬 때 땅을 세 번 크게 내려치듯, 바그너도 초석을 망치로 세 번 내리쳤다. 니체의 말에 따르면, 바그너는 그날 축복의 말을 전한 뒤, 눈물 젖은 얼굴을 사람들이 보지 못하게 다른 쪽으로 고개를 돌렸다. 그 후 니체는 영광스럽게도 바그너의 마차를 함께 타고 마을로 돌아왔다.

니체는 그때까지도 크리스마스 때 보낸 피아노 2중주곡을 코지마와 바그너가 어떻게 생각하는지 답을 듣지 못해 마음이 초조했다. 그래서 이번에는 폰 뷜로에게 악보를 보내보기로 했다.

폰 뷜로는 바젤에 있던 니체를 찾아와 1백 프랑을 다니엘라에게 전해 달라고 부탁하기 전에 《비극의 탄생》을 읽고 너무 감명을 받아 항상 그 책을 들고 다니며 만나는 사람마다 읽어보라고 추천한다고 하지 않았던가? 심지어 그는 다음 책을 쓰게 되면 니체에게 헌정하고 싶다는 말도 했다. 젊은 교수에게 그만큼 듣기 좋은 칭찬이 어디 있을까? 그래서 니체는 이제 오케스트라용으로 편집되어 '만프레드 명상곡'이라고 불리는 바로 그 곡을 그에게 보냈을 때 어느 정도 칭찬을 기대했다.

니체는 폰 뷜로가 최소한 아마추어들이 조언을 구할 때 전문가들이 해주는 통상적인 말로라도 자신의 음악을 인정해줄 거라 생각했다. 하지만 지휘자인 폰 뷜로는 다른 사람이 잘되는 게 싫었는지, 니체의 음악에 가차 없이 독설을 퍼부었다. 니체에게 보낸 답장에서도 그 곡을 보고 평가를 내리기가 당혹스러웠다고 당당하게 밝혔다.

터무니없이 무절제하고, 볼썽사나우며, 고무적이지 않은 데다, 종이 위에 악보라고 그려 놓은 것을 보며 아주 오랜만에 가장 음악적이지 않다는 느낌을 받았습니다. … 그냥 말도 안 되는 장난인 건가? 끔찍하게 재미없는? 이런 생각이 몇 번이나 들었는지 모릅니다. 혹시 '미래의 음악'을 패러디하려고 하신 겁니까? 음역 연결에 관한 모든 규칙을 계속 무시한 것은 의도하신 겁니까? … 아폴론적 요소는 눈곱만큼도 찾을 수 없었고, 디오니소스적 요소는, 솔직히 말씀드려 술 마신 다음 날 숙취로 힘들 때보다 덜 느껴졌습니다.[23]

바그너와 코지마는 폰 빌로가 필요 이상 니체에게 잔인했다고 생각했다. 하지만 진실을 향한 그들의 믿음에 문제가 될지 모를 몇 줄의 글로 사랑하는 친구를 위로하고 싶은 마음은 들지 않았다. 리스트는 딸 코지마에게서 폰 빌로의 편지 얘기를 전해 듣고 안타까운 얼굴로 고개를 저으며 지나치게 절망적인 평가였다고 말했다. 하지만 마찬가지로 굳이 니체의 충격을 덜어줄 필요는 느끼지 못했다.

니체는 충격에서 헤어나기까지 3개월이 걸렸다. 한참 만에 펜을 든 니체는 폰 빌로에게 답장을 보냈다.

다행입니다. 잘 말씀해주셨어요. 제가 불편하게 해드린 점 잘 알고 있습니다. 제게 주신 그 말씀은 저에게 정말 큰 도움이 되었습니다. 아시다시피 저는 음악을 독학으로 배웠습니다. 그래서 음악에 필요한 규칙도 조금씩 잊게 되었습니다. 정식으로 음악가의 비평을 받아본 적도 없었죠. 제가 가장 최근에 만든 작곡의 특징에 관해 이렇게 간단한 방법으로 깨달음을 얻어 정말 기쁩니다.

니체는 바그너를 기리고 싶은 마음에 정서적으로 '위험하고 약간 이상한 상태'가 되었다며 자신의 오만함을 너그러이 양해해 달라고 했고, 「트리스탄과 이졸데」에 너무 심취해 자신의 시간을 헛되이 보내는 행동에 쓴소리를 멈추지 말아 달라고 부탁했다. "사실 그 모든 말씀이 저에게는 아주 유익했습니다. … 그렇다면 음악적 치료를 받아보겠습니다. 선생님께서 내시는 책으로 선생님의 지도를 받아 베토벤 소나타를 공부한다면 아마도 제가 살아남을 수 있겠지요."[24]

마침내 나온 《비극의 탄생》에 관한 첫 기사는 분위기가 좀 밝았다. 에르빈 로데는 〈북독일 국민일보Norddeutsche Allgemeine Zeitung〉에 실린 긍정적인 기사를 니체에게 겨우 찾아줄 수 있었다. 하지만 딱히 논평이라고 부를 수도 없는 글이었다. 기사는 소크라테스식 사고라는 잔혹한 일관성을 통해 성자들과 신비주의자들의 죽음에 관한 니체의 주장, 즉 사회주의적 야만인들에 의해 서서히 진행되는 문화 파괴에 관한 그의 우려와 바그너가 독일 신들의 신전을 재창조한 행위가 독일이라는 나라의 문화적 부흥을 위해 확고한 기초를 다졌다는 모토를 단순하게 되풀이한 정도였다.

그래도 니체는 하늘을 날 듯 기뻤다. "오, 내 친구, 도대체 이게 무슨 일인가!" 니체는 기사가 실린 신문을 50부나 주문했다. 하지만 기쁨도 잠시, 울리히 폰 빌라모비츠 묄렌도르프Ulrich von Wilamowitz-Möllendorff라는 한 고전학 동료 교수가 바그너식 '미래의 음악'을 비꼬아 '미래의 문헌학!'이라는 제목으로 《비극의 탄생》을 강력하게 비난하는 32쪽짜리 소논문을 발표했다. 빌라모비츠는 아리스토파네스의 표현을 빌려 《비극의 탄생》은 '남색을 위한 별미'라는 강력한 문구로 시작해 문헌학의 나쁜 사례이자 바그너의 음악을 망친 작품이라고 강하게 비난했다. 그는 '형이상학적 이론가와 사상의 주창자'로서 의견을 제시한 니체의 접근법보다는 문헌학이라는 '과학적' 수단을 통해 과거를 엄격하게 해석하는 방법을 제안했다. 그리고 당시의 일반적인 견해, 즉 그리스인들은 '아무것도 의심하지 않고 천진난만하게 아름다운 빛을 즐긴 영원한 아이들'이라는 생각을 지지했고, 그리스인들에게 비극이 필요했다는 니체의 생각은 말도 안 되는 '헛소리'이자 엄청난 불명예이며, 니체는 세르비아인이나 핀란드인보다 호메로스를 잘 알지 못한다고 주장했다. 또 아폴론과 디오니소스를 예술적 동맹 관계로 본 개념은 네로와 피타고라스를 부부관계로 보는 것만큼 말도 안 되는 소리라며, 디오니소스 숭배는 비장함에서 비롯되는 것이 아니라 새로 수확한 포도로 만든 신선한 와인을 즐겁게 마시며 노는 가운데에 생겨난다고 했다. 그는 이런 식으로 고대 그리스의 음악에 관해서도 논했지만, 그 분야는 니체만큼이나 근거가 불확실했다. 두 사람 모두 고대 그리스 음악이 어떠했는지는 알 수 없었다. 어쨌든 요약하면 빌라모비츠는 니체가 전반적으로 무지하고, 사실을 잘못 알고 있고, 진실을 추구하려는 마음이 부족하다며 문헌학 교수직에서 물러나야 한다고 주장했다.

코지마는 이런 논쟁이 대중에게는 적합하지 않다고 생각했지만, 바그너는 6월 23일자 같은 신문에 공개 질의서를 게재해 니체를 옹호하고 나섰다. 뻔할 뻔했던 바그너의 글은 빌라모비츠가 쓴 논평이 '위스콘신 주식시장의 한 장짜리 신문' 같다고 표현함으로써 약간의 재미를 더했다. 확실히 그 부분은 바그너의 독서 습관을 엿보게 해주는 흥미로운 대목이었다.

니체는 폰 빌로와 빌라모비츠, 두 사람에게서 치명타를 입은 듯했다. 두 사람의 혹평만으로도 자신이 작곡가로서, 고전학자로서, 문헌학자로서 전망이 없다는 것을 충분히 알 수 있었다. 하지만 문헌학에서 오랫동안 탈출하기를 꿈꿔왔던 터라 문헌학자로 전망이 없다는 것은 그리 나쁜 소식은 아니었다. 《비극의 탄생》에 관해서는 다양한 해석이 있지만, 문헌학자로서는 그의 마지막을 알리는 책이라고도 볼 수 있다.

《비극의 탄생》은 이제 니체의 베스트셀러 중 하나가 되었다. 하지만 1872년 처음 출판되었을 당시에는 초판으로 인쇄된 800부 중 625부만, 그것도 6년에 걸쳐 팔렸다.[25] 결국 그것은 니체의 명

성에도 타격을 입혔다. 다음 학기 니체의 수업을 등록한 학생은
두 명뿐이었고, 심지어 두 사람 모두 문헌학을 전공하는 학생이
아니었다.

포이즌 코티지

...

내 병은 내 모든 습관을 완전히 바꿀 권리를 주었다. 내 병은 내가 망각하기를 허용했고, 요구했다. … 내 눈은 책벌레와 관련된 모든 습관에 작별을 고하게 했다. 쉽게 말해 문헌학과 작별 인사를 고했다. 나는 '책'에서 벗어났다. … 그것은 나에게 내린 최고의 축복이었다! 제일 밑바닥에 있던 나 자신, 끊임없이 다른 자아의 목소리를 듣느라 침묵을 강요당했던(독서를 말한다!) 나 자신이 수줍어하며 의심에 가득 찬 눈으로 서서히 깨어났다. 그리고 마침내 다시 말하기 시작했다.

- 《이 사람을 보라》 '인간적인 너무나 인간적인' 4절

1872년 가을, 바그너는 트리브쉔에 있을 때처럼 크리스마스와 코지마의 생일을 앞두고 니체를 바이로이트로 초대했다. 하지만 니체는 응하지 않았다. 다음 학기 강의에 문헌학과 학생이 한 명도 등록하지 않았다는 사실이 부끄러워 차마 그들을 대면할 수 없었다. 대신 집에서 휴가를 보내려고 나움부르크로 향했다. 어머니와 여동생은 《비극의 탄생》을 실패작으로 보지도 않았고, 제대로 된 악보를 못 쓴다고, 혹은 공개 강의를 끝내지 못했다고, 혹은 새 학기 강의에 학생을 두 명밖에 모으지 못했다고 그를 무능력한 사람으로 보지 않았다.

니체는 코지마를 위한 크리스마스 겸 생일 선물을 준비하느라 오랫동안 힘든 작업을 했다. 오랫동안 준비했음에도 선물은 크리스마스와 그녀의 생일이 한참 지나서야 도착했다. 선물을 받은 코지마는 악보가 아닌 것에 우선 안도의 한숨을 쉬었다. 선물은 '집필되지 않은 책의 서문 다섯 개'라는 미덥지 않은 제목의 원고였다. 우화 형식의 첫 번째 서문은 '진리의 페이소스에 관하여'라는 제목으로, 진리를 발견한 영리한 동물들이 어느 별에서 살아가는 이야기였다. 별이 죽으면 동물들도 따라 죽었는데, 모두 진리를 저주하며 죽었다. 인간도 만약 진리라는 것을 발견한다면 그것이 가짜라는 사실을 나중에 깨닫게 되는 것처럼, 동물들도 그전까지 알았던 모든 지식이 가짜라는 사실을 알아서였다.

두 번째 서문에서는 독일 교육의 미래에 관해 이야기했다. 세 번째 서문은 그리스와 그 그리스가 노예제를 바탕으로 세워진 국가라는 사실이 초래하는 문제를 비판적으로 살펴보는 글이었다. 니체는 이렇게 묻고 있다. 우리의 문명사회인 19세기 철기 시대도 노예제를 바탕으로 세워지지 않았는가? 노예 계층을 필수적 존재로 보는 끔찍한 사실은 프로메테우스처럼 문화를 전파하는 사람들의 간을 영원히 갉아 먹는 독수리가 아닐까?

네 번째 서문은 현대 문화에서 살펴본 쇼펜하우어를, 다섯 번째 서문은 전쟁에 관한 호메로스의 기록을 다루었다. 니체는 1월 내내 코지마의 평가를, 심지어 인정을 기다렸다.

니체는 코지마의 침묵으로 상처를 받았을지 모른다. 하지만 크리스마스를 같이 보내지 않음으로써 자신이 바그너에게 얼마나 큰 실망감과 상처를 주었는지는 상상도 하지 못했다. 바그너는 바이로이트로 간 후 두 번, 6월과 10월에 니체를 사실상 양자로 삼는다는 애정 어린 편지를 보냈다. 당시 바그너는 60세에 접어드는 나이였으므로 지크프리트가 아들처럼 느껴지기보다 손자 같은 느낌에 가까웠을 것이고, 부자지간의 관계로는 니체가 더 적합하게 느껴졌을 것이다.

바그너와 코지마는 니체가 없는 그해 크리스마스를 끔찍하게 보냈다. 재정상태가 다시 한 번 위기를 맞았기 때문이다. 짓다가 만 오페라 하우스는 금방이라도 무너질 것 같았다. 그들은 루트비히 왕에게서 버림받은 것 같았다. 왕은 이제 어디에서도 모습을 보기가 어려웠다. 이미 너무나도 화려한 궁전을 더 화려하게 꾸미느라 여념이 없었고, 나랏일은 아끼는 내관을 통해서만 장관들에게 전달했다. 바그너는 그 내관이 자신과 왕의 소통을 막고 있다고 생각했다. 가뜩이나 루트비히 왕이 멀어지고 있다는 생각으로 고립감을 느끼던 바그너는 크리스마스를 함께 보내지 않겠다고 한 니체로 인해 더욱 상처를 받았다. 그런 모습이 자신에 대한 배신이자 불충으로 보였다.

바그너는 크리스마스 내내 니체에게 보여줄 계획을 짰다. 바이로이트의 운명을 되살릴 프로젝트의 하나로서 우선 잡지나 작은 신문 같은 일종의 정기간행물을 발행해 니체에게 편집장이나 기고를 맡길 계획이었다. 니체는 원하는 만큼 기사를 쓰면 되니까 분명히 그도 좋아할 것 같았다. 물론 목적은 오페라 하우스 건설 계획을 홍보하고 기금을 모으기 위해서였다. 하지만 니체는 아직 쓰지도 않은 책에 들어갈 의미 없는 서문 다섯 개만 보내왔다. 그 어느 것도 자신과 자신의 문제와는 관련이 없었다. "그 글들은 우리의 기분을 풀어주지 못했다." 이렇게 시작된 코지마의 냉철한 일기는 불안과 걱정으로 마음이 괴롭고 건강까지 나빠졌다며 음울한 휴일을 보낸 기록으로 이어졌다. 심지어 결혼한 이후 처음으로 더러워진 개를 집 안에 들일지를 두고 바그너와 다투기까지 했다. 바그너는 밤마다 악몽에 시달렸다. 하지만 잠에서 깨어나면 니체를 생각하며 마음을 달랬다. 반면 니체는 제자로서 자신의 역할만 생각했다. 바그너가 자신을 그렇게 필요로 하는지도 몰랐고, 그들에게 가지 않은 행위를 배신으로 생각하는 줄은 더더욱 몰랐다. 결국 코지마는 2월 12일에 니체에게 편지를 보냈다. 니체는 그녀가 의절 운운하는 글을 보고 짐작조차 못 했던 일이라 놀라지 않을 수 없었다.

니체는 그들의 기분을 풀어주기 위해 5월에 있을 바그너의 60세 생일 선물로 책을 쓰기 시작했다. 그 책을 선물하면 그들도 기분이 풀릴 것이라고 확신했다. 하지만 부활절을 앞두고 그보다 먼저 호출이 왔다. 이번에는 재빨리 그들의 말에 순종하며 바이로이트로 향했다. 한 손에는 '그리스 비극 시대의 철학'을 들고, 이제 킬대학교의 교수가 된 에르빈 로데도 데려갔다.

두 교수 손님을 맞이한다고 들떴던 코지마는 기분이 금세 가라앉았다. 로데는 니체에게 믿음직하고 훌륭한 친구였지만, 일명 분위기 메이커는 아니었다. 따라서 그의 존재가 바이로이트의 우울한 분위기를 밝게 하는 데는 아무 도움이 되지 않았다. 게다가 니체가 저녁때마다 자신의 작품을 읽어주겠다고 우겨대는 바람에 중간 중간 심도 깊은 토론을 하느라 분위기는 더욱 무겁게 가라앉았다. 바그너는 그 시간이 너무 따분했다. 심지어 니체가 폭풍우에 영감을 받아 최근에 작곡한 곡을 연주해 보이겠다고 했을 때는 짜증이 치밀었다. "우리는 우리 친구의 작곡 취미로 약간 짜증이 났다. 바그너는 곡이 바뀌는 부분마다 길게 부연 설명을 해주었다."[1] 라고 코지마는 우울한 그날의 분위기를 일기에 기록했다. 한편 니체 역시 바이로이트의 홍보 대사가 되어 달라는 바그너의 제안이 전혀 반갑지 않았다. 니체가 언론 문화를 비판하며 쓴 글들을 본다면 그의 제안은 오히려 모욕에 가까웠다.

확실히 트리브쉔 시절이 니체의 인생에서는 가장 행복한 시기였다. 바젤대학교와 바그너의 서재를 오가며 장래가 촉망되는 교수로 안정된 삶을 누리던 그 시기는, 그전에도 혹은 그 후로도 니체가 한 번도 누려보지 못한 건강한 삶이 허락된 시기였다. 하지만 로데와 함께 바이로이트에서 보낸 부활절 휴가는 과거의 영광스러웠던 날들을 한순간도 느낄 수 없었다. 지난 시절이 부질없는 환영처럼 느껴져 마냥 공허하고 씁쓸하기만 했다.

니체는 바젤로 돌아온 뒤로 건강이 완전히 나빠졌다. 처음에는 그를 괴롭혔던 두통과 안통이 의자에 앉아 강의 노트를 읽거나 쓰던 저녁 일과만 힘들게 할 정도였지만, 시간이 갈수록 고통의 강도는 점점 커졌다. 한 달이 지나자 글을 읽거나 쓰는 일은 아예 시도조차 할 수 없는 지경에 이르렀다. 의사들은 눈을 쉬게 해야 한다고만 말했다.

빛은 니체에게 가장 큰 골칫거리였다. 니체는 거의 온종일 어두컴컴한 방에서 생활했다. 항상 단단하게 커튼을 쳐두었다. 어쩌다가 한 번씩 외출할 때는 두꺼운 초록 안경으로 눈을 보호하고, 챙이 긴 초록 모자로 얼굴을 완전히 가렸다. 바젤대학교의 동료 교수들은 플라톤의 그림자처럼 니체의 어두컴컴한 동굴 앞을 지나쳤다. 그들은 이 문제 많은 교수를 못 본 척 무시했고, 니체 역시 그 편이 오히려 편했다.

니체는 그들에게 난처한 존재였다. 니체에 대한 평판이 너무 좋지 않아 대학의 평판도 나빠졌기 때문이다. 본대학교의 어느 문헌학 교수는 학생들에게 니체는 문화의 적이자 교활한 사기꾼이고, 《비극의 탄생》은 말도 안 되는 헛소리일 뿐인 쓸모없는 책이라고 말했다.[2]

니체는 슈첸그라벤Schützengraben 45번지에 방을 빌려 살았다. 그 집에는 프란츠 오버베크Franz Overbeck와 하인리히 로문트Heinrich Romundt도 같이 살았다.[3] 프란츠 오버베크는 바젤대학교 신학과에 새로 부임한 교수로 그의 첫 저서인 《오늘날 신학의 기독교적 자질에 관하여On the Christian Quality of Theology Today》를 쓰고 있었고, 하인리히 로문트는 칸트의 《순수이성비판》에 관해 박사 논문을 쓰고 있었다. 젊고 야심만만한 세 교수는 학교를 오가는 길에 종종 '포이즌 코티지Poison Cottage'라는 술집에 들렀다. 술집 이름은 그곳이 비소로 오염된 폐광 근처에 지어졌다고 해서 그렇게 지어진 것인데, 세 사람은 자신들이 사는 집도 같은 이름으로 불렀다. 하지만 사회 개혁에 관한 계획은 니체의 건강이 나아질 때까지 미뤄두어야 했다.

니체는 동생을 불러들여 자신의 병간호와 자질구레한 집안일을 맡겼다. 슐포르타 시절 내내 니체를 옆에서 도와주었던 오랜 친구 카를 폰 게르스도르프도 비서 역할을 자청하며 나타났다. 폰 게르스도르프는 시칠리아에서 오는 동안 말라리아에 걸렸지만 시력에는 아무 문제가 없었다. 따라서 니체가 강의를 준비하는 동안 옆에서 자료를 읽어주면 니체는 필요한 부분을 머릿속으로 기억했다. 폰 게르스도르프는 그 과정을 지켜보며 니체의 나쁜 시력이 내적으로 그를 훨씬 더 집중할 수 있게 만든다고 생각했다. 자료를 선택하고 그것을 전달하는 과정이 꾸준히 반복될수록, 니체의 말하기 실력은 더 명확하고 유창해졌으며 집중력도 높아졌다.[4]

내 병은 내 모든 습관을 완전히 바꿀 권리를 주었다. 내 병은 내가 망각하기를 허용했고, 요구했다. … 내 눈은 책벌레와 관련된 모든 습관에 작별을 고하게 했다. 쉽게 말해 문헌학과 작별 인사를 고했다. 나는 '책'에서 벗어났다. … 그것은 나에게 내린 최고의 축복이었다! 제일 밑바닥에 있던 나 자신, 끊임없이 다른 자아의 목소리를 듣느라 침묵을 강요당했던(독서를 말한다!) 나 자신이 수줍어하며 의심에 가득 찬 눈으로 서서히 깨어났다. 그리고 마침내 다시 말하기 시작했다.[5]

그들의 협력 시스템은 효과적이었다. 하지만 니체의 병세가 심해지는 것을 막지는 못했다. 담당 안과 의사였던 쉬스 교수는 눈 근육을 이완할 목적으로 아트로핀이라는 안약을 처방했다. 벨라돈나라는 독초로 만든 약이었는데, 문제는 이 안약을 넣으면 동공이 두 배로 커져 아예 초점을 맞출 수 없었다. 니체에게는 세상이 온통 흐릿한 형체로만 보였다. 이제 니체는 폰 게르스도르프에게 더욱 의지할 수밖에 없었다. 폰 게르스도르프는 그런 니체를 보며 움푹 꺼진 눈에서 나오는 매서운 눈빛 때문에 인상이 더 무서워졌다고 말했다.

니체는 엘리자베스와 폰 게르스도르프가 옆에서 집안일을 처리하고 비서 역할을 해주다 보니 연구에만 빠져 지낼 때 느끼는 끔찍한 외로움에 시달리지 않고도 지적 자유를 마음껏 누릴 수 있었다. 바그너의 생일 선물로 준비하던 책은 없던 이야기가 되었다. 초점을 잃은 대신 시야가 더 넓어졌기 때문이다. 니체는 목록을 적기 시작했다. 우선 《반시대적 고찰Untimely Meditations》이라는 책을 쓰기로 했다. 그 책을 통해 일반적인 현대 사회, 특히 독일 문화의 본질에 관해 생각을 정리할 계획이었다. '반시대적'이라는 의미의 독일어 'unzeitgemässe'는 니체에게 원래 더 포괄적인 의미를 지녔다. 그것은 과거나 미래를 벗어나 시간 너머에 서는 것을 의미했다. 즉, 현대의 관습을 벗어나고 역사라는 띄움닻도 벗어난 영역의 단어로, 자신의 능력에 단단하게 뿌리를 내리고 덧없는 모든 것들 너머로 시선을 항상 고정하여 진실을 추구한다는 의미였다. 니체는 '반시대적'인 것들에 관한 목록을 써내려갔고, 전체 목록을 다 다룰 때까지 1년에 두 권씩 책을 내기로 했다. 목록은 중간에 새로운 내용이 추가되기도 하고, 있던 내용이 빠지기도 했는데, 계속 남아 있던 핵심 주제는 다음과 같다.

다비드 슈트라우스

역사

독서와 작문

지원병으로 보낸 1년

바그너

중등학교와 대학교

기독교적 성향

절대 교사

철학자

인간과 문화

고전문헌학

언론 노예

《반시대적 고찰》에서 다룰 첫 번째 이야기는 〈다비드 슈트라우스, 고백자이자 저술가〉였다. 다비드 슈트라우스는 신학자 겸 칸트학파 철학자로, 이미 40년 전에 2부로 구성된 《예수의 생애The Life of Jesus》를 써서 엄청난 성공을 거둔 인물이었다. 그 책은 역사적 인물로서 예수 그리스도에 관해 '과학적' 조사를 토대로 쓰여 당시 엄청난 물의를 일으켰다. 나중에는 영국 소설가 조지 엘리엇George Eliot이 영어로도 번역했지만(니체는 그녀가 성적인 면에서는 독특하고, 지적인 면에서는 엉성하다고 하여 그녀를 전형적인 영국인으로 즐겨 묘사했다), 섀프츠베리Shaftesbury 백작은 지옥의 문턱에서 빠져나온 가장 해로운 책이라고 크게 비난했다. 니체는 슐포르타 시절에 슈트라우스의 책을 처음 읽었을 때, 예수 그리스도가 역사적 인물인지에는 관심이 없다고 엘리자베스에게 편지를 쓴 적이 있다. 하지만 이제는 학생들을 가르치는 교사로서 그 주제가 완전히 다른 문제로 보였고, 연구 가치도 충분히 있어 보였다.

당시 거의 일흔의 나이였던 슈트라우스는 속편으로 《낡은 신앙과 새로운 신앙The Old and the New Faith》을 써서 또 한 번 인기를 끌고 있었다. 믿음과 합리성이라는 단어에는 정의상 공존할 수 없는 근본적 모순이 있음에도, 이 책은 현대 사회에서 '합리주의적' 기독교인이라는 새로운 부류가 존재할 수 있다는 선구자적인 아이디어를 거의 미친 듯이 명랑한 분위기로 피력해 당시 시대적 분위기와 잘 맞았다. 니체는 근본적인 인식의 틀, 즉 신에 대한 믿음을 깨뜨리면 모든 것을 완전히 다른 시각에서 볼 수 있다고 생각했다. 믿음에 혁명을 일으키려면 도덕 체계에도 혁명을 일으켜야 했다. 니체가 보기에 슈트라우스는 '속물 독일인을 위한 간편한 신탁'을 교묘히 빠져나간 것 같았다.[6]

니체는 〈다비드 슈트라우스, 고백자이자 저술가〉 원고를 출판업자에게 보내고, 로문트, 폰 게르스도르프와 함께 쿠르로 여름휴가를 떠났다. 스위스 산자락에 있는 작은 휴양지인 쿠르는 건강 회복을 목적으로 호수 수영과 목욕 치료를 위해 찾는 사람이 많았다. 셋은 매일 네다섯 시간씩 주변 산을 거닐었다. 물론 니체는 그때마다 초록색 안경과 챙 모자를 썼다. 깨끗하고 신선한 공기가 정신을 맑게 해주었다. 호텔 아래로는 작은 카우마제 호수가 아름답게 빛났다. 폰 게르스도르프는 "우리는 옷을 입었다 벗었다 하며 커다란 개구리가 끊임없이 울어대는 호수 속으로 뛰어들었다."고 기록했다. 수영이 끝나면 세 사람은 부드러운 이끼와 낙엽송 위로 팔다리를 쭉 뻗고 누웠다. 로문트와 폰 게르스도르프는 번갈아 가며 니체를 위해 플루타르크와 괴테, 바그너의 책을 읽어주었다.

로데와 폰 게르스도르프는 니체를 대신해 《반시대적 고찰》의 교정쇄를 꼼꼼하게 읽었는데, 8월 초에 받은 초판은 니체가 슈트라우스의 책에서 지적했던 것만큼 철자 오류와 오타가 많아 아주 당혹스러웠다.

우여곡절 끝에 도착한 책을 받은 세 사람은 제대로 된 축하 의식을 하기 위해 와인 한 병을 들고 호숫가로 갔다. 커다란 바위 하나를 골라 옆면에 'U.B.I.F.N. 8/8 1873'이라고 새겼다. '반시대적 고찰, 프리드리히 니체'의 약자와 날짜를 합쳐놓은 것이었다. 세 사람은 옷을 훌훌 벗어 던지고 물속에 뛰어들어 호수에 있는 작은 섬까지 헤엄쳐 갔다. 거기서 또 다른 바위를 찾아 세 사람의 이름 앞 글자를 새겼다. 다시 물 밖으로 헤엄쳐 나온 그들은 처음 새겼던 돌에 술을 부으며 이렇게 선언했다. "이로써 우리는 반슈트라우스인임을 자축한다. 이제 적들이 진격하도록 내버려두자. 악마에게 가버리도록!"[7]

슈트라우스는 다음 해 2월에 죽었다. 니체는 그날 일을 일기에 기록했다. 그는 자신의 비난이 동료 작가의 죽음을 앞당겼다고 생각해 양심의 가책을 느꼈다. 하지만 친구들은 니체를 안심시키려고 슈트라우스는 그런 책이 있는지도 몰랐으며, 그 책은 슈트라우스의 죽음과 아무 상관이 없다고 했다. 하지만 사실이 아니었다. 슈트라우스는 그 책의 존재를 알았다. 그리고 당혹스러워하기도 했다. 하지만 마음이 상할 정도는 아니었다. 세상의 관심이 베스트셀러가 된 자신의 책에 훨씬 더 많이 쏠려 있었기 때문에, 프리드리히 니체라는 어느 무명작가의 말은 그다지 신경 쓰이지 않았다.

니체는 가을 학기 준비로 바젤로 돌아갈 때까지도 건강에 차도가 없었다. 글은 여전히 읽지도 쓰지도 못했다. 10월 중순이 되자 바그너는 니체에게 편지를 보내 독일 국민의 관심을 요구하는 글을 써 달라고 부탁했다. 그는 돈이 절실했다. 니체는 자신이 직접 그 임무를 해내기가 어렵다고 판단해 에르빈 로데에게 '나폴레옹식'으로 대신 글을 써 달라고 부탁하는 편지를 보냈다. 니체는 로데에게 짓궂기도 하고 빈정대는 식으로 편지를 써서 바그너를 약간 우습게 만들었다. 바그너가 바이로이트의 계획을 방해하려는 공산주의자들에 자신이 희생되고 있다고 생각했고, 그들 음모의 시작이 프리취의 출판사를 장악하는 것이라 믿고 있다는 것이었다. 자신과 니체의 책이 나오지 못하게 막으려고 말이다.

"자네의 남자다운 강심장은 자네의 갈비뼈 안에서 잘 뛰고 있는가?" 니체는 로데에게 보낸 편지에서 이렇게 말했다. "그런 일이 있고 나니 나는 이제 이 편지에 나의 이름을 쓸 용기가 없네. … 우리 이제 익명을 쓰고 가짜 수염을 붙이세나."[8]

니체는 로데가 글의 대필을 거절하는 바람에 직접 펜을 들어야 했다. 10월 31일까지는 시간이 많이 남았으니 준비할 시간은 충분하다고 판단했다. 그날은 독일의 루터교도들에게 축제의 날인 종교개혁 기념일로, 1517년에 마틴 루터가 95개 논제를 교회 문 앞에 붙인 날이었다. 따라서 바그너에게는 아주 중요한 날이라고 할 수 있었다. 독일 전역은 물론 외국에 있는 모든 바그너 협회 사람들의 관심을 끌 만한 무언가를 보여주어야 했다.

바그너는 니체의 호소문을 보고 흡족해했다. 하지만 협회 사람들은 니체의 글이 너무 위협적이고 서툴고 공격적이라고 판단해 자신들이 직접 부드러운 어조로 글을 작성했다. 결국 니체의 글은 빛을 보지 못했다.

니체는 바그너의 따뜻한 반응에 용기를 얻어 직접 모험을 감행하기로 했다. 혼자 하는 여행은 아직 불안했지만, 종교개혁 기념일을 바그너와 함께 보내기 위해 온통 초록색으로 무장한 채 조심스럽게 기차에 올라탔다.

모든 것이 옛 모습 그대로였다. 니체는 바그너 부부와 유쾌하게 저녁 식사를 하는 동안 프리취 출판사를 위협하는 공산주의자들에 관한 실제 이야기로 그들의 귀를 즐겁게 했다.

로잘리 닐슨이라는 돈 많고 정신이 이상한 한 미망인이 《비극의 탄생》을 읽고 니체에게 푹 빠져서 바젤에 있던 니체 앞에 어느 날 불쑥 나타났던 일이 있었다. 마치니의 추종자인 한편 무서울 정도로 추악한 외모를 가진 그녀는 자신을 디오니소스 숭배집단의 종이라고 소개했다. 깜짝 놀란 니체는 막무가내인 그녀를 내보내려 했다. 결국 라이프치히로 돌아가기는 했지만 그녀는 프리취 출판사를 아예 사들일 계획을 세웠다. 아마도 그 출판사의 소유권을 가져서 자신이 영웅으로 생각한 작가의 책을 완전히 통제하려 했던 것 같다. 그것만으로도 놀라운 사실인데 더 놀라운 일이 나중에 밝혔졌다. 알고 보니 그녀는 '제1 인터내셔널'*과 아주 긴밀한 관계였는데, 그쪽에서도 니체가 정치적으로 자신들과 같은 편에 있다고 주장하고 있었던 것이다.

바그너는 이 이야기를 듣고 오랫동안 배꼽을 잡고 웃었다. 며칠이 지나서도 그 생각을 하면 입가에 웃음을 머금은 채 못 믿겠다는 듯 고개를 절레절레 흔들었다.

바젤로 돌아간 니체는《반시대적 고찰》의 2부로〈삶에 대한 역사의 공과〉를 쓰기 시작했다. 다음 해인 1874년에 나온 그 책에서 그는 삶과 문화에 대한 역사와 역사 기록과의 관계를 다루며, 과거에 대한 독일인의 강박관념이 현재를 무력화시킨다고 지적했다.

책에서는 역사를 이해하는 세 가지 방식을 제시했다. 첫째, 과거를 소중하게 보존하는 골동품적 방식, 둘째, 과거를 적극적으로 모방하는 기념비적 방식, 셋째, 현재를 과거에서 해방하는 비평적 방식이다. 초역사적 시각을 가지려면 이 세 가지가 균형을 이루어야 한다. 즉 영구적으로 유효한 과거의 사례를 지향하는 한편, 현재의 이익에 맞지 않는 과거는 적극적으로 잊어야 한다는 것이다.

니체는 오랫동안 과학 관련 최신 서적에 빠져 지냈다.《반시대적 고찰》의 1부를 쓰는 내내 혜성의 특징, 화학과 물리학의 역사와 발전, 운동과 에너지 관련 이론, 우주의 생성 같은 책들을 틈틈이

---

* 1864년 마르크스의 지도 아래 런던에서 결성된 세계 최초의 국제적인 노동자 조직. -편집자주

읽었다.[9] 니체는 과학과 종교라는 커다란 의문에 관해 끊임없이 질문하고 그 둘을 융화시키고자 노력한 동시대의 신학자들을, 그들이 공언한 바로 그 믿음을 훼손했다는 이유로 맹비난했다. 그것은 그 시대의 가장 위대한 과제이자 그가 결코 내려놓지 못한 과제 중하나였다.

니체는 과학의 영향을 설명하기 위해 '개념의 지진'이라는 새로운 단어도 만들었다.

학문이 초래한 개념의 지진이 인간에게서 나머지 모든 것과 안도감, 지속적이고 영원한 믿음을 뺏어갈 때 삶 자체가 무너지고, 약해지고 겁을 먹는다. 삶이 지식과 학문을 지배하는 것인가? 아니면 지식이 삶을 지배하는 것인가?[10]

확실히 인간은 과학적 진리가 태양처럼 빛을 비추는 천국에 올랐다. 아니 올랐다고 믿고 있었다. 하지만 과학이라는 천국은 종교에서 말하는 천국만큼 불가피한 거짓이었다. 만고불변의 진리는 종교에도 존재하지 않았고, 과학에도 마찬가지였다. 새로운 과학적 발견이 이루어질 때마다 이전까지 만고불변의 진리였던 진리는, 진리가 아니었던 것으로 드러났다. 거미줄이 필요에 따라 늘어나기도 줄어들기도 하듯, 비틀어지고 완전히 갈라지기도 하듯, 진리도 그때그때 새로운 형태로 늘어나고 줄어들고 갈라졌다.

책은 젊은이들을 위한 조언으로 끝났다. 니체로 보면 당연한 이야기겠지만, 그는 역사의 병폐를 막기 위해 여기저기 흐트러진 실체들을 정리하는 방법으로 그리스 사람들에게서 교훈을 찾아야 한다고 조언했다. 그들도 '네 자신이 되어라'라는 델포이 신탁의 조언을 따라 혼란스러운 상황을 정리하는 법을 익혔기 때문이다.

니체는 초판으로 나온 책들을 그가 중요하게 생각한 사람들에게 보냈다. 야코프 부르크하르트는 늘 그랬듯 의미 있는 평가를 교묘하게 돌려 부드럽게 전달했다. "불쌍한 그의 머리는 역사적 과학에서 가장 기초가 되는 토대와 목적, 바람을 깊게 생각해본 적이 없다."

에르빈 로데는 가장 건설적인 반응을 들려주었다. 전체적인 생각은 훌륭하나 자기만의 문체를 찾아야 한다, 지나치게 단호한 태도를 줄일 필요가 있다, 자신의 주장을 구성하되 각각의 아이디어를 개별적으로 던져 놓고 독자들이 연결고리를 찾도록 하기보다 내용을 좀 더 발전시키고 역사적 사례로 증거를 제시하면 좋겠다는 등의 내용이었다.

바그너는 코지마에게 책을 전해주며 니체가 아직은 아주 미숙한 점이 많다고 언급했다. "유연성이 부족하오. 역사적 실례는 전혀 들지 않고, 반복되는 부분이 많더군. 실제적 결론이 없소. … 읽어보라고 권할 만한 사람이 없구려. 아무도 이해하지 못할 것이오."[11] 바그너는 책에 대한 느낌을 니체에게 써서 보내는 것을 코지마에게 맡겼다. 코지마는 특유의 성격대로 절충하는 태도 없이 느낀 점을 적어 보냈다. 책이 일부 독자들에게만 관심을 끌 것 같다고 하면서 문체에 관한 비판을 적어 니체의 기분을 상하게 했다.

니체는 우울해졌다. 《반시대적 고찰》의 1부는 정확히 '반시대적'이지 않다는 이유로 비평가들의 주목을 받지 못했다. 즉 슈트라우스는 상당히 시대 유행적인 주제였다. 반면 '삶에 대한 역사의 공과'는 시대적이지 않은, 따라서 대중적 매력이 없는 주제였다. 큰 매출을 기대하기 어려웠고, 실제로도 그랬다. 출판사는 시리즈를 계속 내고 싶다는 니체의 생각에 난처한 기색을 보였다.

1874년 2월에는 어머니 프란치스카 여사의 마흔여덟 번째 생일이었다. 다른 해와 달리 그때는 건강과 안녕을 기원하는 습관적 인사마저 밝지 않았다. 니체는 어머니가 훌륭하게 생각하는 그 아들처럼 너무 일찍 아프시면 안 된다는 말을 전했다. 그리고 폰 게르스도르프에게 자신의 삶을 파리 목숨에 비교하며 이런 편지를 보냈다.

"목표는 이루기에 항상 너무 멀리에 있는 것 같네. 누군가 목표를 이룬다 해도 너무 오랫동안 애를 쓴 나머지 에너지가 모두 소진되는 경우가 많지. 마침내 자유를 얻으면 저녁때의 하루살이처럼 완전히 기진맥진할 테고 말이야."[12]

바그너는 이제 니체가 마음을 다잡아야 할 때라고 판단했다. 그래서 여자를 만나 결혼을 하든지, 아니면 오페라를 쓰라고 조언했다. 두 번째 선택은 니체가 너무 겁을 내서 아마 공연을 올리지도 못했을 것으로 생각했다. 하지만 어떤가? 부자 아내를 만나면 문제가 되지 않을 일이었다.[13] 바그너는 니체가 진짜 세상으로 발을 내디뎌야 한다고 생각했다. 왕자 놀음은 이제 끝내야 했다. 자신의 말이면 뭐든지 들어주는 유능한 친구들과 필요할 때면 언제든 부를 수 있는 가정부이자 돌보미 역할을 마다하지 않는 여동생, 이렇게 그를 둘러싼 작은 세상에서 빠져나와 삶에 균형을 찾아야 했다. 가장 안타까운 일은 폰 게르스도르프가 남자라는 사실이었다. 그렇지 않았다면 니체의 배우자로 완벽했을 텐데. 바그너와 코지마는 니체가 동성 친구들과 너무 깊은 관계를 맺고 있는 것이 문제가 될 수도 있다는 결론에 이르렀다. 하지만 니체와 그 친구들은 그런 부분에서는 생각이 자유로웠다. 문제라고 생각하지도 않았고, 왜 문제가 되는지도 이해하지 못했다.

"…아아. 왜 자네 주변에는 게르스도르프 군밖에 없는 건가? 돈 많은 여자를 만나서 결혼하게나! 그래서 실컷 여행도 다니고 하고 싶은 일을 하며 살면 좋지 않겠나. … 오페라도 쓰고. … 대체 어떤 악마가 자네를 교육자로만 만들었는지!"[14]

바그너는 최대한 강하게 표현했다. 자신의 삶을 죽기 직전의 파리에 비유한 사람에게 한 말 치고는 너무 강했다. 니체는 바그너가 기대한 것만큼 강하지 못했다. 니체는 그해 여름 바이로이트로 가지 못하겠다고 전했다. 한적한 스위스 산자락 밑에서 신선한 공기를 맡으며《반시대적 고찰》의 다음 편을 써야겠다고 생각했다.

바그너는 그 생각에 찬성하지 않았다. 그해 여름은 바이로이트에 오는 일이 더 중요하다고 열심히 설명했다. 바그너의 숭고한 시각에 맞춘 「니벨룽의 반지」를 무대에서 보지 못할 수 있다는 두려움을 느낀 루트비히 왕이 마침내 10만 탈러에 달하는 융자금을 바이로이트에 내어주었기 때문에 니체가 바이로이트에서 해야 할 일이 많았다.

오페라 하우스를 보탄의 발할라 성처럼 만드느라 열심히 벽을 쌓아 올리고 있었다. 그해 여름에는 가수와 연주자를 뽑고, 무대장치를 만들고, 각종 기계 장비들을 개발하는 데 온 노력을 기울여야 했다. 발키리들이 날아다니고, 라인강의 요정들이 헤엄치는 모습을 연출하고, 용이 오페라 하우스를 불태우지 않고 불을 내뿜게 할 방법을 어떻게든 찾아야 했다.

바그너는 어떻게 그렇게 무심할 수 있었을까? 몸도 좋지 않은 니체가 여름 내내 그 많은 일을 감당할 수 있다고 생각했을까? 그의 몸 상태로 어떻게 그 많은 일을 견딜 수 있었겠는가? 게다가 결혼 이야기는 어머니에게서 듣는 것만으로도 충분해 니체가 가장 듣고 싶지 않은 주제였다.

Friedrich Wilhelm Nietzsche' life

· 7장 ·

개념의 지진

...

전혀 다른 두 영혼이 어떻게 한 남자 안에 살 수 있는지 참으로 놀랍습니다. 한편으로 보면 우수하게 교육받은 철두철미한 연구자이자… 다른 한편으로 보면 놀랍도록 열광적이고, 지나칠 정도로 재기 넘치며, 예술과 신비, 종교에서 바그너와 쇼펜하우어를 동시에 추구하는 머리부터 발끝까지 이해하기 힘들 정도로 대단한 열정가입니다.

- 1873년 2월 프리드리히 리츨 교수가 니체에 관해 언급하며
바젤대학교 이사회 회장, 빌헬름 피셔 빌핑거에게 한 말

니체는 사람들이 거의 찾지 않는 책 몇 권과 문헌학의 천재였다는 빛바랜 명성만 남긴 채 서른을 맞이했다. 예수 그리스도가 서른에 세상을 뒤흔들 만한 3년의 복음 사역을 시작했던 것에 비한다면 인상적인 모습은 아니었다. 니체의 아버지는 서른다섯에 죽음을 맞았다. 니체는 자신도 같은 나이에 죽을지 모른다는 생각이 늘 마음 한편에 있었다. 하지만 이제는 그렇게 오래 살 수 있을지도 자신이 없었다. 죽음을 알리는 사자가 바로 문 앞에 서 있는 것 같았다. 몸 상태는 계속 나빠졌다. 한고비를 넘기면 다시 위기의 순간이 찾아왔다. 그럴 때마다 미친 듯이 발작을 일으키고 피를 토했다. 몇 번이나 죽음이 눈앞에 닥쳤고, 정말로 죽기를 바랐던 순간도 여러 번 있었다.

당시의 의학은 종교와 마찬가지로 미신과 과학 사이를 위태롭게 오갔다. 의사들은 니체의 병을 위 팽창과 혈관 충혈을 동반한 만성 위카타르(위염)라 진단하며, 몸의 일정 부분에 피가 비정상적으로 몰려 머리로 혈액이 충분히 공급되지 않는다고 말했다. 니체는 거머리나 청가뢰를 이용한 치료나 부항 요법 외에도 카를스바드 소금 치료, 전기 요법, 물 치료, 퀴닌 복용, '홀렌슈타인제' 같은 새로 개발된 약 등 당시 유행하던 수상쩍은 치료법으로 치료를 받았다. 하지만 그 어느 것도 효과는 없었다.

니체는 그의 말대로라면 좋다는 온천을 다 찾아다니며 전 세계 위황병(철 결핍 빈혈증)과 신경질환 환자들을 만났다. 의학과 생리학 서적은 닥치는 대로 읽었다. 하지만 그가 시도한 일명 기적의 치료법은 다 효과가 없었다. 효과가 없으리라는 것은 니체 자신도 잘 알았다. 하지만 그 부분에서만큼은 그의 엄격한 비판 정신이 유일하게 힘을 발휘하지 못했다. 지푸라기라도 잡는 심정으로 좋다는 치료법이 있으면 일단 시도해보고 싶었다. 한편으로는 이런 생각도 들었다. "우리 같은 사람들은 절대 육체적으로만 고통받지 않습니다. 정신적인 문제와도 깊게 연결되어 있어요. 약과 음식만으로 과연 내 병이 나을지 모르겠군요."[1] 한 친구에게 보낸 편지에서 니체는 이렇게 말했다.

아마도 그의 건강에 가장 악영향을 끼친 주범은 당시 최고의 소화기계통 전문가였던 조제프 비엘Josef Wiel 박사였을 것이다. 니체는 1875년 여름, 슈타이나바트Steinabad에 있는 그의 병원에서 진료를 받았다. 조제프 박사가 일반적으로 시행하던 관장제나 거머리를 이용한 이해하기 힘든 치료였다. 그중에서도 가장 이해하기 힘든 것은 어느 병에나 효과적이라고 그가 주장한 '기적의 식단'으로, 고기만 일주일에 네 번씩 먹는 것이었다. 비엘은 니체가 혼자서도 그 식단을 잘 따를 수 있도록 직접 요리 수업도 선보였다.

니체는 바젤로 돌아가 학교 일을 시작할 때마다 엘리자베스를 불러들였다. 엘리자베스가 떠나고 나면 프란치스카 여사는 두 남매가 자식 된 도리를 다하지 않는다고 잔소리를 해댔다. 니체는 어머니나 여동생이 자신을 구속한다고 느낄 때마다 특정한 느낌을 받았고, 그 느낌에 '멀미의 사슬'이라는 이름을 붙였다.

프란치스카는 엘리자베스가 나움부르크를 벗어나 니체를 돌보고 그의 친구들과 어울리는 걸 못마땅했다. 하지만 아들의 건강이 좋지 않으니 어쩔 도리가 없었다. 엘리자베스는 1870년에 4개월, 1871년에 6개월, 1872년과 1873년에 각각 몇 달씩, 그리고 1874년 여름을 니체 곁에서 보냈다. 결국 1875년 8월에는 슈팔렌토르빅 Spalentorweg 48번지에 방을 구해 니체와 함께 살았다. 로문트, 오버 베크와 자주 어울리던 포이즌 코티지 근처였다.

니체에 관한 책에는 '두 남매 사이가 너무 가까웠다.' '지나칠 정도로 서로를 아꼈다.' 같은 문장들이 종종 등장한다. 그러한 문장들은 선정적인 거짓 문헌들이 사라지지 않는 데 영향을 주고 있다.

지난 2000년에는 니체의 자서전이라고 알려진 《여동생과 나My Sister and I》가 재출판되었다. 초판이 나온 지 50년 만이었고, 니체가 죽은 지는 정확히 100년 만이었다. '여자로만 가득했던 집에서 자란 소년'. 책의 광고는 이렇게 시작한다.

니체와 여동생, 50년간 숨겨져 왔던 두 사람 사이의 수상한 관계가 마침내 그 위대한 철학자 자신의 고백으로 드러났다. 뛰어난 철학자, 무섭도록 야심만만한 그의 여동생, 그들은 어렸을 때부터 육체적으로 사랑을 나눴고, 그 사랑은 어른이 되어서도 계속돼 그들의 삶에서 다른 이성이 배제됐다. 독자들은 몇 페이지만 읽어도 깨닫게 될 것이다. 숨 막힐 듯 긴장감을 선사하는 이 책이 왜 그토록 오랫동안 금서가 될 수밖에 없었는지를. 19세기가 낳은 가장 위대한 철학자는 무서우리만치 솔직하면서도 담담하게 고백한다. 어쩌다가 동생과 그런 위험한 관계에 빠졌는지. 왜 결혼도 하지 않고 혼자 살 수밖에 없었는지. 동생의 남편을 어떻게 자살로 이르게 했는지. 《여동생과 나》는 니체가 예나의 정신병원에 갇혀 있을 때 쓴 책이다. 이 책은 확실히 가족에 대한 그의 계산된 복수였다. 《여동생과 나》를 쓰기 전에 쓴, 담담한 내용의 자서전인 《이 사람을 보라》를 가족들이 출판하지 않기로 결정했던 것이 이유였다. 《이 사람을 보라》는 그가 죽고 난 후 10년이 지나서야 빛을 볼 수 있었다. 《여동생과 나》는 50년을 기다려 책 속 주인공이 모두 죽고 나서야 세상에 공개되었다.

이 책은 처음부터 말도 안 되는 이야기로 시작한다. '어린 동생 요제프가 죽던 밤, 엘리자베스가 내 침대로 기어들어 작고 통통한 손가락을 내밀었다.' 그때는 엘리자베스가 두 살일 때이고, 니체는 네 살일 때이므로 논리적으로 말이 되지 않는다. 하지만 가십성 이야기는 이성적인 판단을 쉽게 마비시킨다. 독일의 위대한 철학자인 월터 카우프만Walter Kaufmann은 각종 증거를 제시하며 그 책을 위작으로 규정했다. 그 책의 저자였던 새뮤얼 로스Samuel Roth[2]는 감옥을 제집처럼 드나들던 사기꾼으로 밝혀졌다. 그가 낸 익명 혹은 가명의 출판물로는 《채털리 부인의 남편들》(1931), 《프랭크 해리스의 사생활》(1931), 《뷰머랩: 숫총각 이야기》(1947), 《나는 히틀러의 의사였다》(1951), 그리고 메릴린 먼로의 정신과 의사 친구가 썼다는 《어린 메릴린 먼로에 관한 성폭행 이야기》(1962) 등이 있다.

로스는 현대 작가들이 쓴 책에서 그들의 허락도 없이 성적으로 노골적인 구절만 골라내서 묶은 비평집도 썼다. 당연히 그 책에 이름이 거론된 작가들은 노발대발했고, 그중 167명이 항의서를 제출했다. 거기에 포함되는 인물로는 로버트 브리지스Robert Bridges, 알버트 아인슈타인Albert Einstein, T. S. 엘리엇T. S. Eliot, 해브록 엘리스Havelock Ellis, 앙드레 지드André Gide, 크누트 함순Knut Hamsun, 어니스트 헤밍웨이Ernest Hemingway, 휴고 폰 호프만슈탈Hugo von Hofmannsthal, 제임스 조이스James Joyce, D. H. 로렌스D. H. Lawrence, 토마스 만, 앙드레 모루아André Maurois, 숀 오케이시Sean O'Casey, 루이지 피란델로Luigi Pirandello, 버트런드 러셀Bertrand Russell, 아서 시먼스Arthur Symons, 폴 발레리Paul Valéry, 윌리엄 버틀러 예이츠William Butler Yeats 등이 있다.[3]

《여동생과 나》는 지금도 여전히 출판되고 있다. 표지에 적힌 작가 이름은 실제 저자의 이름이 아닌 '프리드리히 니체'로 되어 있다. 지금도 이 책이 잘 판매되고 있는 것을 보면 완전한 진실을 밝혀내기 위해 철저한 조사가 더 필요해 보인다.

엘리자베스는 눈치가 빠르고 똑똑한 아이였다. 그녀의 어머니는 항상 그녀가 오빠처럼 너무 똑똑해서 문제라고 지적했다. 엘리자베스에게는 여자로 태어났다는 것, 자라온 환경, 그리고 그녀의 어머니가 가장 비극적인 현실이었다. 엘리자베스가 남자였다면 상황이 아주 달랐겠지만, 독일에서는 19세기 말까지 여자아이들을 위한 김나지움이 없었다. 니체가 슐포르타에서 진실과 자아를 찾아 철저히 사상의 세계를 배회하는 동안, 엘리자베스는 어린 숙녀들을 위한 교육 기관인 '프로일라인 파라스키'에서 정확히 정반대의 것들을 주입받느라 바쁜 시간을 보냈다. 소녀들을 위한 교육 기관이 해야 할 일은 단 하나, 타고난 개성을 죽이고 인위적인 정체성을 심어주는 것이었다. 결혼하기에 완벽한 요조숙녀로 탈바꿈시켜서 미래의 남편이 자신의 삶을 어떤 식으로 지배하든 그것을 받아들일 수 있는 백지상태로 만드는 것이었다. 그 시대 사전에 '여성'은 이렇게 정의되어 있다.

여성은 남성을 보완한다. 남녀의 결합은 남성에게 신성을 부여하는 가장 완벽한 방법이다. 남편은 커다란 나무요, 아내는 그 나무를 감싸는 덩굴이다. 나무가 활력과 기상을 펼치며 하늘로 뻗기 위해 힘쓴다면, 그 나무를 감싼 덩굴은 부드럽게 나무를 감싸고 아름다운 향기를 풍기고 내면의 빛을 뿜으며 어느 방향으로든 쉽게 굽어져야 한다.[4]

똑똑한 아가씨라면 남편을 낚아채기 위해 자기 생각이 없는 척, 멍청한 척 행동해야 했다. 여자아이가 너무 똑똑한 것은 좋지 않았다. 엘리자베스는 평생 가식적인 태도로 살았다. 사실 그런 관습이 그녀와 잘 맞았다. 그녀의 똑똑한 오빠는 그녀에게 수많은 독학의 기회를 제공했지만, 그녀는 그 기회를 전혀 이용하지 않았다. 너무 불편했고, 불안했다. 심지어 70대가 되어서도 그녀는 '마음만은 17세 소녀처럼 여기저기에 열광하는 왈가닥 아가씨'로 묘사된다. 니체가 보기에도 엘리자베스는 지적 요구에 저항하려는 의지가 확고했다. 귀족들에게 아첨하는 일 말고 다른 일에는 관심 없는 속물이었고, '정확히 그녀의 오빠가 평생 싸워왔던 대상'이 되고자 노력했다.[5]

니체의 할머니 에르트무테는 니체의 어머니 프란치스카에게 어른으로 해야 할 역할이나 책임을 주지 않았다. 다른 어떤 역할도 주지 않고 오로지 독실한 신앙심만 따르게 했고, 자유 의지에 관해서는 자신을 어린아이처럼 무기력하게 여기도록 만들었다. 나쁜 일이든 좋은 일이든, 그들에게 일어나는 모든 일은 저 높은 곳에 계신 하나님의 의지였다. 하나님 다음 자리는 당연히 남자였다. 니체 곁에 있던 세 여성은 유달리 의지가 강하고 고집이 셌지만, 모두 백지처럼 순수한 도덕관념을 지니고 교회와 가부장적 사회 안에서 '착한 어린 양'으로 살았다.

니체는 어린 여동생 라마가 이해력이 빠르다는 것을 알았고, 또 그렇게 대우했다. 그런 점에서 그는 그 시대의 남자들과 달랐다. 니체는 평생 지적인 여성들을 높이 평가하고 그들과 가까운 관계를 유지했다. 그는 총명한 여성들과만 사랑에 빠졌다. 코지마부터가 그랬다. 무식하고 편협한 여성은 싫어했다.

니체는 엘리자베스를 자기만의 생각이 있는 사람으로 대우했고 그녀에게 독립적인 사고를 권하려 애썼다. 글을 명료하게 쓰는 산문 작가가 되어보라고도 했다. "글을 더 잘 쓰는 법을 배우면 좋을 텐데! 무언가를 설명할 때 '아', '오' 같은 단어들은 좀 빼야 해."[6] 니체는 동생을 위해 독서 목록을 작성해주고 사고의 폭을 넓혀보라고 하며, 소득은 없었지만 다른 언어를 배워보라고도 했다. 그리고 청강생으로 대학 수업을 들어보라고도 했다. 당시에는 여학생이 강의실에 들어가는 방법은 그 길밖에 없었다.

프란치스카는 니체의 이런 생각에 전혀 동의하지 않았다. 엘리자베스가 잘 길든 장식품이 되려면, 독립적 사고나 활동은 멀리해야 했다. 나움부르크의 어머니 곁에서 얌전하게 집을 지키면서 다과회에 참석하고, 주일학교에서 아이들을 가르치고, 가난한 집 아이들을 위한 학교에서 바느질을 가르쳐야 했다.

엘리자베스는 제대로 된 교육 기회가 있었다 해도 아마 그것을 활용하지 않았을지 모른다. 그녀는 평생 자기만의 여성성을 즐겼다. 무기력하고 무지하게 사는 삶에 만족했고, 이를 자신의 행동과 믿음에 대해 궁극적인 책임을 피할 수 있는 핑계로 삼았다. 니체는 엘리자베스가 아직 학생일 때 슐포르타에서 편지를 보낸 적이 있다. 종교에 대한 회의감을 털어놓으며 직접 알아보고 자기만의 생각을 가지기를 요구했지만 엘리자베스는 그 문제를 대면하려 하지 않았다. "난 라마 같은 본성을 버릴 수 없어. 오빠 말이 너무 혼란스러워. 나는 엉터리 같은 생각밖에 떠오르지 않으니까 그냥 생각 안 할래."[7] 그녀는 자신이 할 수 있는 것보다 많은 것을 요구받을 때 항상 이런 식의 말을 반복했다. 그리고 자신이 생각하는 여성적인 삶, 즉 따분하고 무의미한 일상에 젖어 한가하게 취미생활이나 즐기는 아가씨로 살고 싶어 했다. 엘리자베스는 소위 '신여성'이라는 페미니스트로 오해받고 싶지 않았다. 오히려 그런 여자들은 '남자들의 권리, 투표권 같은 정치적 권리를 얻으려고 싸우는 여자들'이라며 멸시했다.[8]

니체와 엘리자베스가 1875년부터 함께 살았던 슈팔렌토르빅의 집에 대해서는 루트비히 폰 셰플러Ludwig von Scheffler라는 학생이 잘 설명해주었다. 폰 셰플러는 야코프 부르크하르트 밑에서 공부하기 위해 바젤에 왔지만 얼마 안 가 니체의 수업으로 옮겨 들었고, 이내 니체 교수의 독특한 수업 방식과 정신세계로 혼란을 겪었다. 그가 본 두 교수는 말 그대로 모든 면에서 극과 극이었다.

빵집 위층에 자리한 부르크하르트 교수의 집은 그의 낡은 소파를 제외하고는 마룻바닥이 온통 책으로 덮여 있었다. 그의 집을 방문한 손님은 내내 서 있고 싶지 않다면 위태롭게 쌓여 있는 책더미를 깔고 앉는 수밖에 없었다. 반면 니체 교수의 집은 레이스 커버를 우아하게 덧씌운 폭신한 소파가 거실 한쪽을 차지했다. 곧 부서질 것같이 가느다란 다리가 달린 테이블 위로는 장식품과 꽃병이 놓여 있고, 알록달록한 커튼을 드리운 창가에는 장밋빛 햇살이 비쳤다. 하얀 실내 벽에는 빛바랜 수채화가 드문드문 걸려 있었다. 폰 셰플러는 니체 교수의 집에 들어설 때마다 여자 친구의 집에 간 듯한 기분 좋은 느낌을 받았다.[9]

강의실에서도 두 교수의 스타일은 완전히 달랐다. 부르크하르트는 강의 도중 불길처럼 타오르는 생각들을 속사포로 쏟아내며 곧잘 격한 감정에 휩싸였다. 학생들은 그를 '유쾌한 금욕주의자'라 불렀다. 외적인 면은 전혀 신경 쓰지 않았다. 머리는 밋밋하게 바짝 깎았고, 유행과 상관없는 사람이라는 듯 낡은 양복만 무심하게 걸쳐 입었다. 반면 니체는 강의실에 들어설 때 항상 조용하게 들어왔다. 너무 조용해서 들어오는지도 모를 정도였다. 말투도 행동도 늘 침착했다. 머리와 콧수염을 언제나 가지런히 정돈했고, 옷도 말끔하게 입었다. 확실히 옷차림은 신경을 쓴 것 같았다. 주로 회색 계열 바지에 짧은 재킷을 입고 밝은색 넥타이를 맸다.

외적인 모습은 놔두고라도 폰 셰플러의 마음을 사로잡은 쪽은 니체였다. 플라톤에 관한 니체 교수의 새로운 해석을 듣고부터 '밝고 유쾌한 모습의 동화 같은 그리스'는 믿지 않게 되었다. 폰 셰플러는 니체 교수의 해석이 더 마음에 와 닿았다.

당시 독일은 고대 그리스에 관한 것이라면 무엇이든 열렬히 환호하는 분위기였다. 그런 상황에서 니체가 고대 그리스 문화의 야만성을 비판했으니, 많은 학생이 어리둥절해할 수밖에 없었다. 결과적으로 폰 셰플러의 마음은 사로잡았을지 모르지만, 다른 많은 학생은 니체의 수업을 떠났다. 1874년 여름에 개설된 아이스킬로스의 《공양하는 여인들The Libation Bearers》에 관한 강의에는 네 명만 등록했는데, 그들조차 크게 눈에 띄는 학생은 아니었다. 니체는 그들을 '절름발이 대학생'이라 불렀다. 그중 한 명은 그리스어를 배운 지 1년밖에 안 되는 가구상이었다.

사포Sappho에 관한 세미나는 신청자가 적다는 이유로 취소되었다. 수사학 수업 역시 같은 이유로 폐강되었다. 결과적으로 니체는 《반시대적 고찰》의 3부인 〈교육자로서의 쇼펜하우어〉를 쓸 시간이 많아졌다. 〈교육자로서의 쇼펜하우어〉는 니체가 1874년에 쓴 논문으로 8절로 이루어져 있다. 제목만 보면 오해의 소지가 있는데, 사실 쇼펜하우어의 철학은 거의 다루지 않는다. 진실한 삶에 따르는 고통을 자발적으로 떠안은 그의 도덕적인 모습에 더 관심을 둔다.

요약하면 이런 내용이다. 교육자는 학생들이 자신의 개성을 깨닫도록 도와야 한다. 인생에서 가장 중요한 문제는 누군가의 삶을 모방하지 않는 것이다. 그렇지만 학생들이 영혼의 변화를 추구하고자 할 때, 고려할 수 있는 인간상에는 세 가지 유형이 있다. 첫째, 루소적 인간이다. 가장 불같은 인간형인 그는 뱀의 모습으로 에트나산에 사는 거대한 괴수 티폰처럼 프랑스 혁명 같은 혁명적 결과를 대중적으로 가장 확실하게 이끌어낸다. 둘째, 괴테적 인간이다. 그는 소수만을 위한 본보기로, 호화로운 생활 가운데에 사색하지만, 대중에게는 인정받지 못한다. 셋째, 쇼펜하우어적 인간으로, 자신이 하는 모든 행동에 형이상학적 의미를 부여하는 가장 진실한 인간형이다.[10]

니체는 쇼펜하우어를 명료한 산문체로 자신의 목소리를 전달하는 위대한 문장가라고도 평가했다. 진리를 우아하게 전달하는 능력 면에서는 몽테뉴만이 쇼펜하우어를 앞선다고 보았다. 니체는 아마도 그 말을 마음 깊게 새겼던지, 쇼펜하우어에 관한 그 논문에서 그의 산문체가 가장 뚜렷한 변화를 보였다. 이전까지 그의 글들은 딱딱한 설교식 문체와 연속되는 논거에 나타난 불명확함, 그리고 오만한 태도 때문에 바그너와 코지마, 로데에게서 비난을 받았다. 하지만 이번 논문에서는 쇼펜하우어식 우아함과 몽테뉴식 친절함을 동시에 갖추었다.

진실을 추구하는 사람들을 향했던 예전 그의 충고는 모호하고 애매해야만 진실함과 진정성이 전달되는 아폴로 신전의 신탁처럼 별로 도움 되지 않는 말과 금언으로 끝났다. 하지만 이제 그는 그리스적 태도를 버리고 실제적인 조언을 위해 자신만의 생각과 경험을 과감하게 끌어냈다.

젊은 영혼이여, 다음과 같은 질문으로 자신의 삶을 돌아보자. 지금까지 무엇을 진정으로 사랑하였는가? 무엇이 네 영혼을 하늘 위로 높이 끌어당겼는가? 무엇이 그 영혼을 지배함과 동시에 축복했는가? 숭배할 수 있는 대상들을 세워두라. 아마도 그것들이 자연스럽게 순서대로 하나의 법칙, 진정한 자신을 위한 가장 핵심적인 법칙을 제공해줄 것이다.[11]

〈교육자로서의 쇼펜하우어〉의 문장은 언어유희가 더해져 더 가볍기도 하고, 명쾌한 격언을 사용해 유쾌하면서도 보는 이의 눈길을 사로잡는다. 그중 몇 가지만 소개하면 다음과 같다.

우리는 존재에 대해 대담하고 위험한 태도를 취해야 한다. 어떤 일이 일어나든 우리는 그것을 잃을 수밖에 없기 때문이다.[12]

모든 인간 행위의 목표는 생각을 딴 데로 돌리게 하여 삶을 의식하지 않게 하는 것이다.[13]

예술가와 예술애호가의 관계는 육중한 대포와 한 무리 참새의 관계와 같다.[14]

국가는 보통 말하는 그런 진실에는 아무 도움이 안 되고, 국가에 유용한 진실에만 도움이 된다.[15]

국가는 사람들이 교회를 우상숭배 하듯 우상숭배 해주기를 바란다.[16]

종교의 바다는 늪과 웅덩이를 남기고 썰물처럼 빠져나간다. 국가들은 서로 갈기갈기 찢어지기를 갈망하며 가장 적대적인 방식으로 서로에게서 멀어진다. 과학은 아무 구속도 당하지 않고 가장 맹목적인 자유방임주의 정신으로 추구되고, 모든 확고한 믿음을 산산조각 내어 사라지게 만든다. 지식계급과 국가들은 지극히 비열한 돈의 경제에 휩쓸리고 있다.[17]

마지막 문장은 니체가 쇼펜하우어에 관해 글을 쓰는 동안, 바이로이트의 홍보 기계였던 거대한 수레가 굴러가는 모습을 보고 바그녀에 관한 기록을 남긴 노트에도 있다.

책을 쓰던 니체는 중간에 잠시 쿠르에서 휴가를 보내기로 했다. 그곳에서 아는 사람 몇 명을 우연히 만났는데, 그중에는 베르타 로아Berta Rohr라는 바젤 출신의 아름다운 아가씨도 있었다. 니체는 엘리자베스에게 편지를 써서 그녀에게 청혼하기로 '거의 마음을 먹었다'고 말했다. 그 계획이 바그너를 기쁘게 하려는 의도였는지는 확실하지 않지만, 어쨌든 당시는 그가 결혼 문제를 심각하게 고려할 때였다. 어릴 적 친구였던 빌헬름 핀더와 구스타프 크루그가 얼마 전 약혼해서 자신만 혼자 남은 상태였기 때문에 그도 결혼의 장단점을 저울질하고 있었다. 아직은 결혼이 일에 방해가 될 거라는 생각이 컸지만, 그렇다고 그 생각을 완전히 확신하지는 못했다.

니체는 그해 여름, 와달라는 바그너의 끈질긴 요구에 결국 8월 5일 바이로이트로 갔다. 하지만 도착했을 때 몸 상태가 너무 나빠져 호텔에 누워 한동안 일어나지 못했다. 바그너도 과로 때문에 몸이 좋지 않았다. 하지만 니체가 있던 호텔까지 직접 찾아와 그를 오페라 하우스 옆에 새로 지어 올린 반프리트 저택으로 데려갔다. 니체는 그곳에서 잠시 안정을 취하며 건강을 회복했다.

바그너는 오페라 하우스 프로젝트를 준비하느라 힘들었던 상황을 생각하며 그 저택을 '분노의 집'이라는 뜻으로 '아르거스하임Ärgersheim'이라 지었다. 하지만 후손들에게 그 이름을 물려줄 생각을 하니 자신이 너무 속 좁은 사람처럼 보일 것 같았다. 그러던 어느 날 달빛이 은은하게 비치는 발코니에 서서 코지마의 허리에 손을 두르고 그녀와 앞으로 영원히 함께하기로 한, 그리고 그들의 애완견을 함께 묻기로 한 정원의 큰 아치형 무덤을(주인보다 먼저 죽은 러스가 가장 먼저 그곳에 묻혔다) 내려다보다 갑자기 새로운 이름을 떠올리게 됐다. 그는 '환영에서 구한 평화'는 뜻으로 '반프리트Wahnfried'라고 이름을 새로 지었다.

반프리트의 커다란 정문 양쪽에는 '이곳의 이름을 정하노라.' '나의 어리석은 바람이 여기서 평화를 찾았다.'라는 글귀가 새겨져 있다. 하지만 바그너가 말하는 착각 속에서 얻은 평화와 자유는 니체가 그곳에서 발견한 것들과는 거리가 멀었다.

반프리트는 건축양식과 특징 면에서만 보면, 낭만적인 호젓함과 친밀감을 갖춘 트리브쉔과 극명한 차이를 보였다. 바그너 자신이 곧 보탄이었으니 발할라처럼 신에게 어울릴 만한 규모로 짓는 것이 당연했다. 정방형 모양이 인상적인 이 저택은 집이라기보다는 거의 공공건물 같았다. 석조 건물로 웅장하게 지어 올린 건물 정면에는 다른 장식이 거의 없었다. 그래서인지 반원 모양의 발코니가 가장 눈길을 끌었다. 이 발코니는 오페라 초연이나 바그너 자신의 생일 같은 중요한 행사, 혹은 오페라 선곡을 연주하며 지나가는 악단에 손을 흔들어 주려고 사람들 앞에 모습을 보일 때 사용됐다.

"수많은 이에게 기쁨을 주는 사람에게 일말의 기쁨이 허락되어야 한다." 위협적인 건축물로 왕실의 위엄을 드러내듯 바그너는 이렇게 자신만의 궁전을 지어 올렸다.

반프리트를 찾은 손님은 중앙에 놓인 정문으로 입장했다. 정문에는 스테인드글라스로 만든 가짜 문장紋章과 다섯 살 지크프리트가 함께 그려진 미래의 예술이라는 우화적 그림이 나란히 걸려 있었다. 입구의 넓은 홀은 위로는 저택 층층을 지나 천장의 채광창까지 뚫려 있었다. 오렌지빛이 감도는 강렬한 붉은색 실내 벽이 반프리트 저택의 수호신 역할을 하는 대리석 흉상과 조각상에 생동감을 더해주었다. 조각상에는 지크프리트, 탄호이저, 트리스탄, 로엔그린, 리스트, 루트비히 왕 등 신화적 인물과 실제 인물이 골고루 섞여 있었다. 특히 바그너와 코지마의 흉상은 다른 모든 흉상을 내려다볼 만큼 높은 받침대 위에 올려져 있었다.

반프리트 저택의 홀은 오디션이나 리허설을 해도 될 만큼 넓었다. 니체는 그 홀에 놓인 벡스타인 피아노를 곧바로 알아보았다. 루트비히 왕이 바그너를 위해 특별히 제작해서 만든 것인데, 트리브쉔에 있을 때는 그 집에서 가장 중요한 곳인 서재를 꽉 채울 정도로 크게 느껴졌지만, 반프리트로 옮겨 놓고 보니 그다지 크다는 느낌을 받을 수 없었다. 미국에서 받은 커다란 오르간까지 나란히 놓여 있어 더 그랬다. 홀에서 좀 더 걸어가면 홀보다 더 큰 방이 나왔다. 응접실 겸 서재로 쓰인 그 방의 실내 장식은 뮌헨 출신의 조각가 로렌츠 게돈Lorenz Gedon이 맡았다. 루트비히 왕이 특히 아꼈던 그는 신 중세풍과 신 바로크풍을 웅장한 스케일로 녹여내는 기술이 뛰어났다. 서재 벽면은 조각이 가득한 책장들이 3분의 2를 차지했고, 격자 천장 아래로는 큼지막한 샹들리에가 우아하게 반짝였다. 천장의 가장자리에는 도시별 문장 장식이 화려하게 채색되었고, 책장 위에서 천장까지 이어지는 꽃무늬 벽지가 발린 벽면에는 가족 초상화와 다른 유명인들의 초상화가 정신없이 걸려 있었다. 출입문 맞은편 방의 한쪽 끝은 반원 모양의 홀로 이어졌다. 그 홀의 윗부분이 바로 반프리트 저택의 자랑인 발코니였다. 바닥에서 천장까지 이어지는 긴 창문에는 몇 겹으로 된 새틴과 벨벳 커튼이 드리워져 있었고, 바로 앞에 그랜드 피아노가 한 대 놓여 있었다. 미국의 피아노 제작사인 스타인웨이 앤 선스에서 선물해준 피아노였다. 바그너는 저녁마다 이 피아노 앞에 앉아 가족들에게 연주를 들려주었다. 이 자리에서 창밖으로 보이는 전망은 트리브쉔과는 아주 달랐다. 트리브쉔에서는 리기산과 필라투스산이라는 멋진 자연의 절경이 보였지만, 이곳에서는 초록색 정원만 보였다. 그리고 그 초록 정원 끝으로는 인간이 만든 절경, 즉 그를 기다리고 있는 무덤이 보였다.

니체가 반프리트로 온 첫날 밤, 바그너는 자신의 집을 방문한 손님을 즐겁게 해주려고 「신들의 황혼」에 나오는 「라인강의 요정들」을 연주했다. 니체는 반프리트의 위압적인 모습에 반감을 느껴서였는지는 모르지만, 브람스의 「승리의 노래」를 바그너 앞에서 연주했다. 바젤에 있을 때 그의 연주회에 가서 듣고 감명받았던 곡이었다. 바그너 편에서 보면 니체는 눈치가 없었다. 10년 전 바그너는 「탄호이저」의 악보를 돌려주는 문제로 브람스와 언쟁을 벌인

적이 있었다. 시작은 작은 말다툼이었으나 시간이 갈수록 둘의 관계는 걷잡을 수 없이 나빠졌다. 바그너는 호화로운 반프리트 저택에 앉아 니체의 연주를 듣고는 크게 소리 내어 웃었다. 그리고 브람스는 종합예술에 대한 이해가 전혀 없다고 지적했다. "음악에 '정의'라는 말을 갖다 붙이다니, 말도 안 되는 헛소리지!"

바그너는 붉은색으로 장정한 브람스의 악보가 눈에 거슬렸다. 그날 이후 며칠 동안 피아노 옆을 지나칠 때마다 그 붉은 악보가 자신을 노려보는 것 같았다. 그래서 보이지 않게 다른 물건으로 덮어두었다. 하지만 그 자리로 돌아올 때마다 악보는 보란 듯 다시 드러나 있었다. 니체의 짓이었다. 결국 토요일 아침 바그너는 피아노 앞에 앉아 그 곡을 연주했다. 하지만 연주를 하면 할수록 기분은 더 나빠졌다. "헨델, 멘델스존, 슈만을 가죽으로 묶어만 놓은 형편없는 곡이군!" 코지마도 아내답게 바그너 편을 들었고, 일기에 니체에 관한 안 좋은 소문을 들었는데 학생들이 서너 명밖에 등록하지 않아 사실상 학교에서 파면당한 것과 다름없다며 고소해하는 듯한 글을 적었다.[18]

바그너는 니체가 음악적으로 자신을 배신한 것 같아 기분이 나빴다. 기분이 좋지 않기로는 니체도 마찬가지였다. 바그너의 속물근성이 점점 보기 싫었다(하지만 그의 그런 모습은 새로운 것도 아니었다). 음악의 '대가'인 그가 한때 함께 욕했던 돈의 힘 앞에 완전히 굴복한 것 같았다. 바이로이트는 그들이 함께 꿈꿔왔던 이상적인 세계, 즉 모두가 평등하고 자유롭게 문화적 부흥을 이루는 곳과는 거리가 멀어 보였다.

두 사람은 예전 같지 않게 서먹해진 관계가 슬펐다. 바이로이트에 머무르고 있던 니체는 이제 바그너에게 둘도 없는 벗이 아니라 단지 오페라 하우스 프로젝트를 실현하기 위해 분주하게 오가는 수많은 외부인 중 하나가 되었다. 첫 공연이 바로 다음 해에 열릴 예정이었으니 그전까지 오페라 하우스를 완공하려면 시간이 촉박했다. 오케스트라를 최종 조율하고, 극 전개를 마무리 짓고, 연기가 가능한 가수를 뽑아 연습도 마쳐야 했다. 결국은 이 모든 일이 계획보다 1년 늦춰져 1876년 여름에서야 초연을 올렸다.

니체가 와 있던 동안, 발키리와 라인강의 요정, 신과 인간 역할을 할 수많은 예비 가수들이 바그너의 오페라를 흥얼거리고, 노래하고, 연기하고, 요들을 하느라 하루도 조용할 날이 없었다. 후원자들과 주요 인사들의 비위를 맞추고 이들을 연신 접대를 하느라 분주했다. 오페라 하우스 설계는 몇 번이나 수정됐는지 몰랐다. 그 주 주말에 니체와 바그너 사이의 분위기는 너무 냉랭해졌고, 그동안 뒷전으로 밀려나 있던 니체는 바그너에게 일부러 모욕적인 말까지 했다. 독일어로는 그를 즐겁게 할 수 없으니 라틴어로 말해야겠다고 퉁명스럽게 말한 것이다. 니체는 주말에 반프리트를 떠났다. 그 후로 신경이 더 예민해져 밤잠을 잘 이루지 못했다. 니체는 그날 이후 일기에 이렇게 적었다. "독재자는 자기 자신과 가장 신뢰하는 친구 외에는 누구의 개성도 인정하지 않는다. 바그너에게는 위대함이 독이다."[19]

바젤로 돌아온 니체에게 특별히 즐거운 소식은 없었다. 서른 번째 생일은 별다른 축하 행사 없이 조용히 지나갔다. 때마침 〈교육자로서의 쇼펜하우어〉 초판 30부가 도착해 생일 선물로서는 가장 훌륭했다. 바그너에게 한 부를 보내자 즉시 전보로 기분 좋은 답이 돌아왔다. "깊이 있고 훌륭함. 칸트식 표현 중 가장 대담하고 새로움. 완전히 홀린 사람들만 진정으로 이해할 수 있음."[20] 한스 폰 빌로의 반응도 좋았다. 그의 열렬한 반응 덕분에 두 사람 사이의 어색했던 관계도 어느 정도 회복된 것 같았다. 폰 빌로는 책이 아주 훌륭했고 어떤 부분은 비스마르크가 의회에서 연설할 때 써도 좋겠다고 했다.

니체는 곧 기분이 좋아졌다. 나움부르크에서 보낸 크리스마스 휴가에서도 그랬다. 집에 갈 때는 교재를 싸지 않고 악보만 챙겨 갔다. 그곳에서 자신의 음악적 재능을 다시 확인하며 더없이 행복한 하루하루를 보냈다. 예전에 썼던 곡들을 수정하고 다시 편곡해 어머니와 여동생 앞에서 들려주었고, 그때마다 그들은 어김없이 열렬한 반응을 보였다. 짧지만 행복했던 이 시기에는 어머니나 다른 누구의 잔소리도 그의 유쾌한 기분을 망치지 않았다. 심지어 몸 상태도 좋았다. 하지만 마음을 우울하게 하는 한 가지 소식은 있었다. 바젤대학교 이사회 회장인 빌헬름 피셔 빌핑거Wilhelm Vischer-Bilfinger가 그해에 세상을 떠난 것이다. 니체를 처음에 바젤대학교 교수로 추천했던 사람이 바로 그였다. 그는 그때 이후로 니체의 멘토이자 보호자 역할을 했다. 처음에는 건강상의 이유였지만 니체가 오랫동안 학교 일을 쉬었다는 것은 그사이 그가 학교에 기여한 역할이 미미했다는 것을 의미했다. 논란만 일으킨 몇 권의 책은 학교의 명성에 전혀 도움이 되지 않았다. 그래도 니체는 기죽지 않았다. 아마도 그래서 〈교육자로서의 쇼펜하우어〉에서도 '천재는 자유가 주어져야만 천재성을 발휘할 수 있고, 철학가는 어느 곳에도 매이지 않아야만 진정으로 사유할 수 있다.'라고 말한 건지도 모른다. 바젤대학교에서 벗어나면 자신도 그런 자유를 얻을 수 있을 것 같았다.

그러던 어느 날 코지마가 예의를 갖춰서 애교 있게 니체에게 편지를 보내왔다. 그녀는 바그너와 함께 다시 기금 여행을 떠나야 했다. 이번 목적지는 빈이었다. 그들은 집을 비운 사이 자신들의 보물 같은 아이들을 믿고 맡길 만한 사람으로 엘리자베스만 한 이가 없다고 생각했다. 그래서 니체에게 '엘리자베스에게 우리가 없는 동안 반프리트에서 지내면서 우리 딸들과 지크프리트를 보살펴 달라고 부탁하면 그녀가 친절하게 받아줄까요?' '동생에게 한번 물어봐달라고 부탁드리면 실례가 될까요?' 같은 내용의 편지를 쓴 것이었다. 프란치스카는 시간을 너무 많이 뺏는 무리한 요구라고 말렸지만, 엘리자베스는 개의치 않았다. 그녀에게는 신분을 상승할 좋은 기회였다. 엘리자베스는 자신에게 맡겨진 임무를 잘 해낸 덕분에 결국 바그너 부부의 가족 내에 적당한 자리를 잡을 수 있었다. 하인보다는 높고 친구보다는 낮은, 필요에 따라 쓰이는 일종의 시녀 같은 존재로서 말이다.

1874~1875년 겨울은 유난히 춥고 눈이 많이 내렸다. 니체는 12월에서 2월까지 몸이 매우 좋지 않았다. 다행히 학교 일이 많지 않아 《반시대적 고찰》의 다음 편을 계획하는 데 무리는 없었다. 다음 주제는 '예술'로 정했다. 바그너를 옆에서 직접 보고 느낀 점을 토대로 쓸 계획이었다. 하지만 그보다 먼저 '마음의 지진'을 일으킨 사건이 두 번이나 찾아왔다. 그해 내내 그는 그 일로 건강을 거의 회복하지 못했다.

그에게 '마음의 지진'을 안긴 첫 번째 인물은 하인리히 로문트였다. 니체의 가까운 친구이자 포이즌 코티지에서 비서 역할을 너무 잘해주어 니체가 거의 자기 머리의 일부로 여기던 친구 말이다. 그 로문트가 로마 가톨릭교회의 신부가 되겠다는 계획을 발표했다. 니체는 그의 말에 깊은 상처를 받았다. 로문트는 대체 제정신인가? 치료를 받아야 하는 게 아닐까? 냉수 목욕이라도 하면 생각이 바뀌지 않을까? 많고 많은 교회를 놔두고 왜 하필 로마 가톨릭교회인가? 기독교 교파 중 가장 부조리한 곳이 로마 가톨릭교회였다. 미신적 잔재가 가득하고, 면죄부 팔시고 해골까지 팔아대는 곳이었다. 니체는 그들이 이미 5년 전에 교황을 무류한 존재로 승격시켜 부조리함의 도를 넘었다고 생각했다. 로마 가톨릭교회는 광대 모자의 방울처럼 제멋대로였다. 니체는 둘도 없는 친구가 함께 진리를 고민하고 탐구하던 지난 5년의 우정을 이런 식으로 돌려준다고 생각해 몹시 괴로워했다.

로문트가 바젤에 남아 있던 몇 주 동안 주변 사람들은 모두 힘든 시간을 보냈다. 로문트는 눈물을 글썽이며 말을 잇지 못했다. 니체는 그런 로문트를 이해할 수 없다며 화를 냈다. 로문트가 신학교로 떠나는 날, 니체와 오버베크는 역까지 그를 바래다주었다. 로문트는 가는 길 내내 자기를 이해해달라고 눈물을 흘렸다. 기차역에서 차장이 문을 닫자 로문트는 창문을 열려고 낑낑대는 모습을 보였다. 플랫폼에 서 있는 니체와 오버베크에게 무언가를 말하고 싶은 것 같았다. 결국 창문은 열리지 않았다. 로문트는 계속해서 뭐라고 소리쳤지만 니체와 오버베크에게는 전혀 들리지 않았다. 그동안 기차는 서서히 멀어져갔다. 니체는 집에 돌아오자마자 심하게 앓았다. 구토를 동반한 두통이 서른 시간 이어졌다.

니체에게 두 번째 '마음의 지진'을 일으킨 이는 포이즌 코티지의 또 다른 친구인 프란츠 오버베크였다. 그가 결혼 발표를 한 것이다. 로문트는 미신 같은 신앙을 찾아 떠났고, 프란츠는 사랑을 찾겠다며 니체를 떠나고 있었다. 이제 누구를 믿고 의지해야 할까? 니체는 자신에게 남은 사람은 이제 어머니와 여동생밖에 없는 것 같았다. 니체는 마음이 점점 약해졌다. 그리고 어쩌면 사랑이 답이 될지도, 그 사랑이 외로움에서 자신을 구제해줄지도 모른다고 생각하게 됐다. 니체는 오버베크의 결단에 영향을 받아 작은 모험을 시작했다.

1876년 4월, 니체는 제네바에 사는 디오다티Diodati라는 어느 백작부인이 《비극의 탄생》을 프랑스어로 번역했다는 소식을 들었다. 그녀를 만나보고 싶다는 생각에 기차에 몸을 실었다. 도착하고 보니 그녀는 정신병원에 갇혀 있었다. 그렇다고 소득이 없지는 않았다. 제네바 오케스트라의 지휘자이자 바그너의 열렬한 추종자였던 휴고 폰 젱어Hugo von Senge와 친분을 쌓을 수 있었기 때문이다. 젱어는 니체에게 피아노 수업을 해주었다. 그런데 젱어의 제자 중에 마음씨 곱고 예쁘기로 소문난 리보니아 출신의 스물세 살 아가씨가 있었다. 이름은 마틸데 트람페다하Mathilde Trampedach였다.

니체가 제네바에 머무를 수 있는 시간은 며칠밖에 되지 않았다. 니체는 그곳에 머무는 동안 한때 바이런이 살았던 '빌라 디도다티Villa Diodati'에 꼭 가보고 싶었다. 마틸데가 같이 가겠다고 나섰다. 니체는 제네바의 호숫가를 따라 마차를 타고 가며 억압에서 벗어나 자유를 추구한 바이런식 시풍에 관해 이야기했다. 이야기를 듣던 마틸데는 불쑥 "남자들은 외적 제약을 덜어내느라 너무 많은 시간과 노력을 들이는 것 같다. 그들을 정말로 제한하는 것은 내적 제약이 아닌가? 그래서 남자들은 이상하다."는 말을 꺼냈다.

그 말이 니체의 심장에 불을 지폈다. 제네바로 돌아온 그는 그녀를 피아노 앞으로 데려가 불꽃과도 같은 즉흥 연주를 들려주었고, 연주를 마친 뒤 정중히 고개를 숙여 인사를 건네며 뚫어지듯 그녀를 쳐다보았다. 그러고는 위층으로 올라가 그녀에게 청혼 편지를 썼다.

지금부터 제가 하려는 말에 너무 겁먹지 않게 최대한 마음의 준비를 해두세요. 저의 아내가 되어주시겠습니까? 그대를 사랑합니다. 이미 그대는 내 사람인 것 같아요. 다른 사람에게는 저의 이 갑작스러운 고백을 말하지 말아 주세요! 그들은 아무것도 모르니까요. 용서해야 할 일이 없도록 말입니다. 그대도 내 마음과 같은지 알고 싶군요. 전 그대가 처음부터 낯설지 않았어요. 한순간도! 우리가 한 몸이 된다면 홀로일 때보다 더 자유롭고 더 행복하지 않을까요? 그래서 서로가 더 높이 날 수 있지 않을까요? 마음을 다해 더 자유롭고 더 행복해지려는 사람과 삶을 함께하지 않으시겠습니까?[21]

니체는 마틸데가 그녀의 피아노 선생님인 휴고 폰 젱어를, 그녀보다 훨씬 나이 많은 그를 남몰래 사랑하고 있다는 사실을 알 리 없었다. 사실 마틸데는 그의 세 번째 아내가 되고 싶은 마음에 제네바까지 그를 따라왔던 것이었다. 결국 그 바람은 현실로 이루어졌다.

마지막 제자와 첫 제자

. . .

두 사람은 동시에 우정을 끊고 싶어 했다. 한 사람은 자신을 너무 모른다고 생각해
서였고, 다른 한 사람은 자신을 너무 잘 안다고 생각해서였다. 하지만 두 사람 모두
사실을 잘못 알고 있었다! 그들은 누구도 서로를 잘 알지 못했다.

- 《여명》 제4부 287절

니체가 1875~1876년에 해야 할 가장 급한 일은《반시대적 고찰》을 완성하는 일이었다. 출판사는 9개월마다 책을 내길 원했다. 문헌학을 주제로 '우리 문헌학자들'이라는 책을 써보려고도 했지만 별 진전이 없었다. 하기야 역사적 환원주의식 접근법에 관해 그가 무슨 말을 더 하겠는가? 그 방법으로는 예술적 영감을 일으킬 진정한 뿌리를 찾을 수 없었다. 니체는 결국 예술로 주제를 돌렸다.

《반시대적 고찰》의 다음 주제는 그동안 니체의 관심을 끌어온 대상인 천재와 그 천재가 한 시대의 문화에 미친 영향이었다. 바그너와 오랫동안 친분을 유지한 덕분에 돋보기로 들여다보듯 자세히 그를 볼 수 있는 사람은 니체뿐이었다. 〈바이로이트의 리하르트 바그너〉라는 제목으로 세상에 나온 그 논문은《반시대적 고찰》의 다음 편이자 바이로이트 축제의 개막을 축하하는 기념 논문이라는 두 가지 목적을 충족해야 했다.

〈바이로이트의 리하르트 바그너〉는 50페이지 분량의 짧은 논문이지만 완성되기까지 거의 1년의 시간이 걸렸다. 글을 쓸 때 그가 평소 느끼는 어려움 때문이 아니라 자신의 마음을 제대로 이해하기까지 오랜 시간이 걸렸기 때문이었다. 니체는 논문을 쓰는 동안 바그너의 천재성을 찬양하는 과정에서 바그너에게서 벗어나야 할 이유를 철저히 깨달았다. 바그너는 많은 사람에게 사랑받는 위대한 음악가였으나 그가 얼마나 위험한 영향을 주는 인물인지 부인할 여지가 없었다. 니체는 자신이 성장하기 위해 먼저 바그너를 넘어서야 한다고 생각했고, 그 생각으로 심한 내적 갈등을 겪었다.

니체는 바그너의 음악이 자신의 감각에 미치는 숭고한 힘을 오랫동안 찬양해왔지만, 결과적으로 그로 인해 자신의 자유 의지를 빼앗겼다는 사실을 깨달았다. 그러자 한때는 인생 최고의 구원이라 여겼던 난해하고 광적인 그의 음악이 적대적으로 느껴졌다. 바그너는 극히 위험한 인물로 보였고, 지금까지 그에게 가졌던 애착심은 세상으로부터 도망가려 했던 허무주의적 태도로 느껴졌다. 이제 바그너는 낭만주의를 흉내 내는 연기자이자 위선적인 독재자, 교묘하게 감각을 조작하는 사기꾼 같은 존재로 느껴졌다. 바그너의 음악은 자신의 심리를 불안하게 하고 건강까지 해쳤다. 니체에게 이제 바그너라는 사람은 작곡가가 아니라 병적인 존재였다.

하지만 이런 생각을 논문에 쓸 수는 없었다. 그렇게 되면 그때까지 출판된 하나뿐인 자신의 책, 《비극의 탄생》이 완전히 근거 없는 책이 되어버리기 때문이었다. 따라서 〈바이로이트의 리하르트 바그너〉는 니체가 나중에 인정했듯 바그너의 천재성에 관해 분석하는 한편, 자신의 천재성에 관한 분석과 그 천재성을 어디에 사용할지에 관한 이야기로 내용이 일부 변경되었다.

이전 논문인 〈교육자로서의 쇼펜하우어〉에서 니체는 루소적인 천재성을 에트나 화산에 사는 괴수 티폰만큼이나 원초적인 것으로 규정했다.[1] 바그너는 그런 생명력의 진수였고, 니체 자신도 그런 존재가 되고자 갈망했다. 끝없이 반항하고, 자신과 자신이 속한 세계의 안전함에 관해서는 무관심하며, 자신의 사고로 거대한 개념의 지진을 일으키는 문화 혁명가가 되고 싶었다. 바그너 같은(혹은 자신 같은) 통찰력 있는 천재들이 불가피한 파괴를 가함과 동시에 부패와 평범함에서 인류를 구하는 필수적인 역할을 한다는 생각은 신선하고 흥미로웠다.

〈바이로이트의 리하르트 바그너〉에서는 《비극의 탄생》에서 사용한 주제를 재사용했다. 니체는 바그너의 이름을 빌려 디오니소스적 세계관에 관해 다시 한 번 생각을 펼쳤다. 세계가 그동안 법률, 국가, 문화에 관해 합리주의 이론을 집요하게 강요함으로써 디오니소스 숭배의 종말을 가져왔고, 그 결과 속물 지식층이 우쭐대며 군림하는 시대가 되었다. 모든 적극적인 문화 정신은 경제와 권력이라는 양분할 수 없는 건물의 경계벽을 떠받치는 데 사용되고 있으며, 이 상황은 사실상 상당 부분 언론(신문)의 힘으로 만들어진 것으로, 니체는 그것이 자신의 영혼을 갉아먹고 신문 독자의 자만심을 떠받드는 속 빈 버팀목이라고 비난했다. 반면 바그너의 음악과 같은(그리고 니체 자신이 만들어내는) 진정한 문화는 인습 타파라는 필연적인 역할과 동시에 무의식적으로 마음을 정화하고 확장하며 고상하게 해주는 역할을 했다. 논문의 마지막 부분에는 '그의 눈길은 햇살과 같은 빛줄기를 던지며 습기를 빨아들이고, 안개를 모으며, 뇌운을 펼친다.' '그는 자연을 놀라게 하였고, 자연의 벌거벗은 모습을 보았다. 그래서 이제 자연은 반대되는 것으로 달아나 자신의 부끄러움을 감추려 한다.'[2] 등등 바그너에 대한 극단적 찬양이 반복된다. 하지만 약간 비꼬는 듯한 말들도 군데군데 남겼는데, 바그너를 괴테에 비교하며 그의 놀라운 자신감에 대해 이렇게 말했다. "괴테는 이렇게 말했다. '나는 늘 모든 것을 가졌다고 생각했다. 나에게 왕관을 씌웠다면 당연한 결과라고 생각했을 것이다.' 바그너는 그런 괴테보다 자신감이 더 '과했을' 것이다."[3] 마지막 문장에서는 바그너에 대해 명쾌한 정의를 내렸다. "바그너는 자신의 바람과는 달리 사실은 미래를 내다보는 인물이 아니라 과거를 해석해서 아름답게 변모시키는 사람이다."[4]

미래를 내다보는 역할은 니체 자신의 몫으로 남겨두었다.

〈바이로이트의 리하르트 바그너〉는 잘 쓴 글로 평가받지 못했다. 많은 부분 적개심과 경박함이 드러났고, 예전에 보였던 딱딱한 문체로 돌아간 데다 지나치게 분석적이었다. 〈교육자로서의 쇼펜하우어〉에서 보여준 따뜻함과 위트는 없었다. 그 논문을 쓰는 내내, 그는 머리와 눈, 위의 통증을 느꼈다. 매일 몇 시간씩은 뱃멀미 비슷한 증상이 나타나 2주마다 평균 36시간은 완전히 컴컴한 방에서 누워 지냈다. 그럴 때는 가만히 누워 생각만 하기도 힘들었다. 더군다나 그는 그사이 자신의 글을 받아 써주던 두 친구를 잃은 상태였다. 폰 게르스도르프는 집으로 돌아갔고, 로문트는 신학교로 떠났다. 다행히 비서 역할을 맡아준 또 다른 인물이 나타나 4월부터 글 쓰는 작업을 도왔다. 하인리히 쾨젤리츠Heinrich Köselitz라는 작센 출신의 열정 넘치는 작곡가였는데, 무엇보다 손 글씨가 훌륭했다.

쾨젤리츠는 라이프치히에서 대위법과 작곡을 배울 때 우연히 《비극의 탄생》을 읽게 되었다. 함께 책을 읽은 동료 학생인 파울 하인리히 비더만Paul Heinrich Widemann과 그는 《비극의 탄생》을 읽고 큰 감명을 받았다. 그들은 책을 완전히 이해하지는 못했지만 지금까지 한 번도 들어본 적 없는 색다른 해석이 마음에 와 닿았다. "니체가 (소크라테스의 표현대로) 실리적 합리주의로 마침내 아폴론적 힘과 디오니소스적 힘을 파괴했을 때, 왜 우리 문화의 지식과 이성의 지배하에서는 위대한 예술이 싹트고 꽃을 피우기가 불가능한지 의구심이 들었습니다. … 《비극의 탄생》은 우리의 알렉산더 문화의 의지가 약해지고 본능이 파괴되는 결과에 대항하려는, 한 예술인이자 영웅적 인물의 강력한 저항입니다."[5]

그들의 열정은 〈교육자로서의 쇼펜하우어〉를 읽고 더욱 깊어졌다. "현대인들이 '문화'를 일반적인 편안함의 극대화라는 벤담Bentham*의 이상, 다시 말해 토머스 모어Thomas More** 이후로 슈트라우스와 모든 사회주의자의 이상을 의미하는 것으로 이해하는 반면, 혜성같이 등장한 니체는 문화의 목적과 절정은 천재를 배출하는 것이라며 문화의 의미를 다시 정리했다."[6]

니체를 '위대한 재평가자'라고 불렀던 쾨젤리츠는 그의 제자가 되고 싶어 바젤로 떠났다.

니체가 어떻게 생겼는지 알지 못했던 그는 지역 명소와 인물 사

---

* 1789년 《도덕과 입법의 원리 입문》을 통해 '최대 다수의 최대 행복'으로 대표되는 공리주의의 원리를 체계적으로 펼쳤다. 그는 철학을 살아 있는 인간 문제 속으로 가져왔던 철학자로 평가된다. -편집자주

** 1514년 이상적 국가상을 그린 《유토피아》를 썼다. 빈곤도 호사로움도 없으며, 사유 재산도 없는 이상적 국가를 가톨릭적 인도주의 입장에서 묘사한 이 책은 르네상스 시대를 반영한 유토피아 소설의 백미로 꼽힌다. -편집자주

진을 살 수 있는 서점 몇 곳을 방문했다. 하지만 실망스럽게도 자신의 영웅인 니체의 초상화는 교수용 사진 진열대에서 찾을 수 없었다. 니체 교수의 사진을 묻자 "니체 교수요? 그런 분이 계셨나요?"라는 대답만 돌아왔다. 서점 주인이 그런 반응을 보였던 것은 대학에서 니체에 대한 평판이 좋지 않았기 때문만은 아닐 것이다. 니체는 외눈박이 키클롭스에게 처형당하는 모습이 된다는 이유로 사진 찍기를 몹시 싫어했다. "그런 참사를 피해 보려고 매번 노력하지만 어쩔 수 없군요. 사진만 찍으면 저는 해적, 테너 가수, 아니면 루마니아 귀족의 모습으로 남게 되네요."[7]

뼛속까지 바그너 숭배자였던 쾨젤리츠는 니체를 만났을 때, 아직 완성되지 않은 〈바이로이트의 리하르트 바그너〉의 원고를 빌려 읽었다. 그 뒤 특유의 적극성을 발휘해 자신이 도울 테니 책을 끝내보라고 니체를 설득했다. 쾨젤리츠는 4월 말에서 6월 말까지 마지막 세 장을 받아 적고, 98페이지로 된 전체 내용을 깨끗한 글씨로 다시 썼다. 출판업자에게서 교정쇄가 왔을 때도 꼼꼼히 검사했다. 7월 말, 마침내 합본 두 권이 완성되자 니체는 가장 먼저 바그너와 코지마에게 발송했다. 바이로이트는 축제 개막일인 8월 13일을 코앞에 두고 마지막 예행연습이 한창이었다.

바그너는 막바지 준비로 정신이 없어서 책 읽을 시간을 내기가 어려웠지만, 훌륭한 선물을 받았다고 크게 기뻐하며 즉시 전보를 보냈다. "친구여! 놀라운 책이네! 그런데 나에 관해서 그 많은 것을 어떻게 알아냈는가? 어서 와서 리허설을 함께하며 「니벨룽의 반지」가 미칠 영향에 미리 익숙해지게나."[8] 루트비히 왕도 바그너에게서 나머지 한 부를 전해 받고 니체의 글에 마음을 뺏겼다고 소감을 전했다.

니체는 바그너가 빨리 와달라는 요청에 답할 시간도 없이, 에르빈 로데에게서 약혼을 발표하는 편지를 받았다. 이제 니체의 친한 친구 중 세 사람이 우정 대신 사랑을 선택해 유부남이 되었다.

니체는 자기감정에 솔직하지 못했다. 로데에게 따뜻한 축하 편지를 보내며 친구들과 비교해 자신에게는 문제가 있는 것 같다, 결혼은 평범한 사람들끼리 만나 타협하고 절충해야 하지만 자신은 그럴 준비가 되지 않은 것 같다고 말했다. 로데의 편지를 받은 다음 날 밤, 니체는 '방랑자'[9]라는 제목으로 감상적인 시를 한 편 썼다. 시에 등장한 그는 어두운 밤 산길을 걸으며 산새들이 아름답게 지저귀는 소리를 듣는다. 새는 바그너의 시 〈지크프리트〉에 나오는 새처럼 말도 할 수 있어서 니체를 위해서가 아니라 자기 짝을 위해 노래한다고 말한다.

7월 22일, 니체는 바이로이트로 가는 힘든 여정을 떠났다. 바이로이트에는 이틀 뒤에 도착했으나 반프리트에는 다음 날 소식을 알렸다. 코지마의 일기에는 그때 니체가 왔다는 이야기가 거의 언급되지 않는다. 마지막 리허설 기간은 어느 극장이나 정신없이 바쁠 때라 스트레스가 많은 시기지만, 오페라 하우스 건설 공사의 물주들이 리허설 관람권을 판다는 끔찍한 결정을 내린 탓에 반프리트 사람들은 스트레스가 더 심했다. 잘못 만들어진 공개 스트립쇼처럼 모든 결점과 치부가 대중에게 노출되었다. 하지만 하루에도 거의 2천 마르크에 달하는 비용이 소요되고 있어서 일부라도 그 돈을 환수하려면 어쩔 수 없었다.

"너무 속상하다." 코지마는 일기에 이렇게 썼다. 바그너는 무대 위에서 설계자, 안무가와 크게 언쟁을 벌였다. 몇몇 가수가 중간에 두 손 들고 나가버려 새 가수를 찾아야 했다. 지크프리트 역을 맡은 웅거 선생은 변명이었는지 몰라도 목이 쉬었다며 이상한 목소리를 냈다. 발키리들은 영 흉하고 어색해 보였고, 악역 하겐을 맡은 배우는 대사를 외우지도 못했다. 용은 불을 내뿜고 꼬리를 흔들고 눈알을 굴릴 수 있게 만들어야 했는데, 그렇게 만들 수 있는 곳은 영국밖에 없었다. 겨우 완성된 용을 세 부분으로 나눠 배에 실어 보냈는데, 두 부분만 바이로이트로에 도착했고, 한 부분은 레바논의 수도인 베이루트로 갔다. 연기 장치는 연기를 충분히 만들지 못했고, 한번은 무대 배경이 무너져서 다음 장면을 연출하려고 무대 뒤에서 느긋하게 대기하고 있던 일꾼들이 관객들에게 노출되었다. 가수들은 커튼콜을 받고 싶다고 했지만 바그너는 허락하지 않았다. 자신의 이익 때문이었지만 일반 대중을 위한다는 명목을 과시하며, 바그너가 리허설에 무료로 소방대를 입장시키는 바람에 관리위원회 회원 중 한 명이 사퇴하는 일도 벌어졌다. 마지막 총연습은 보는 사람에게 고문과 같았다. 바그너는 배경을 디자인할 때 역사 분야의 화가를 고용했는데, 역사적으로 너무 정확하고 세심하게 만들어 상상력이 발휘될 여지를 남겨두지 않았다. 코지마는 특히 의상이 마음에 들지 않아서 "아메리칸 인디언 추장이 떠올랐다. 민족 지학적으로 보았을 때 모순되고 모든 지역적 표시는 특색이 없다. 너무 실망스럽다."라고 말했다.[10] 바그너는 몹시 실망한 나머지 지크프리트의 뿔피리를 머리에 얹고 우레와 같이 고함을 치며 의상 디자이너를 욕했다.

코지마는 주디스 고티에가 오는 바람에 걱정이 더 늘었다. 주디스는 파리에서 최신 유행하는 세일러복을 입고 바이로이트 거리를 걸어 다녀 사람들의 시선을 한 몸에 받았다. 주디스를 향한 바그너의 마음은 트리브쉔에서 시작된 후 계속 불타올랐다. 하지만 코지마 앞에서는 티를 내지 않으려고 조심했다. 주디스가 몸을 허락했는지는 확실하지 않지만 그것은 전혀 문제되지 않았다. 바그너는 그녀에게 거처를 정해주고 수시로 그곳을 들락거렸다. 그들의 관계는 누가 보아도 에로틱한 분위기를 풍겼고 그런 소문도 무성했다. 사람들은 그녀가 바그너의 애인이라고 수군거렸다. 코지마는 너무 자존심이 상했다. 그녀는 지금까지 물불을 가리지 않고 바그너에게 헌신했는데, 이제 그에게 또 다른 사랑이, 또 다른 뮤즈가 생긴 것이었다. 코지마는 바그너의 마음에서 이미 지워진 존재 같았다. 일기에는 '투명인간' 같다거나 '죽은 사람'처럼 느껴진다는 말들을 적었다. 코지마는 축제 기간 내내 허리를 꼿꼿하게 세워 큰 키를 더욱 돋보이게 했고, 니벨룽겐의 여왕 자리에 어울리도록 머리를 중세풍으로 땋아 내리고, 새하얀 비단 드레스를 입어 바이로이트의 여왕이자 안주인의 자리를 놓치지 않으려 애를 썼다.

바이로이트 축제가 고티에 스캔들로 떠들썩한 한편, 바그너의 정부였던 코지마를 향해 한때 손가락질하던 사람들은 이제 앞 다투어 그녀의 관심을 얻으려고 아등바등했다. 코지마가 있어야 할 자리는 바로 바이로이트였고, 그녀 곁에 있는 남자는 다름 아닌 바그너였다. 반프리트 대문 앞은 그곳을 찾는 사교계 사람들로 언제나 북적거렸다. 코지마는 그 문을 지키는 안주인으로서 휘황찬란한 중세풍 드레스를 입고, 한 손에는 커다란 부채를 들고(그해 바이로이트에 폭염이 이어져 사람들이 오페라 하우스에서 졸도하는 일도 심심치 않게 벌어졌다), 도도하고도 위풍당당하게 전 세계 방문객을 맞았다. 그것은 한때 그녀를 욕했던 사회에 대한, 그리고 주디스 고티에에 대한 그녀의 멋진 복수였다.

니체가 반프리트에 도착하던 날에도 방문객은 5백 명이 넘었다. 그중 교수라는 직업은 신분 서열로 보면 아주 낮은 편에 속했다. 갑자기 졸부가 된 사람들이 에티켓을 따지듯 반프리트에서도 엄격하게 예의범절을 따졌다. 코지마는 군주 네 명 외에도 왕자와 공주, 대공과 대공비, 공작, 백작, 백작부인 등 수많은 귀족을 맞았다. 그들에게 결례를 범하지 않으려면, 서열을 잘 따져 순서대로 손님을 맞아야 했다. 평민들은 대기실에서 기다리며 교회에서처럼 작은 목소리로 말을 주고받았다.

루트비히 왕은 사람들 모르게 축제에 참석하고 싶었다. 왕은 한밤중에 바이로이트에 도착해서 바그너와 비밀리에 만나 마차를 타고 에르미타주 저택으로 갔다. 사람들의 '눈에 띄지 않고' 머무르기로 한 장소였다. 두 남자는 달빛이 환하게 비치는 정원 사이로 화려한 장식 건물과 분수대, 동굴을 지나며 하늘을 스치듯 지나가는 구름과 은은한 달빛 아래에서 서로의 마음을 나누었다. 바그너에게는 축제 기간 전체를 통틀어 손에 꼽을 만큼 영적으로 충만한 순간이었다. 그동안 쏟아 부은 모든 노력과 수고를 보상받는 것 같았고, 일생의 작품을 만드는 데 영감과 목적이 되어준 사람과 다시 가까워진 것 같았다.

하지만 군주와의 관계는 말 그대로 깨지기 쉬웠다. 루트비히 왕은 바이로이트에 머무는 동안, 대중의 환영 인사를 받고 싶지 않다고 했다. 하지만 그의 말을 그대로 따랐더니 길길이 화를 냈다. 그래도 왕에게는 박수갈채보다 극장이 더 중요했다. 왕은 7월 28일 「라인의 황금」 최종 리허설에 참석했다. 자신에게 쏟아진 박수갈채는 없었지만, 음악만큼은 말을 잇지 못할 정도로 최고였다. 에르미타주로 돌아온 왕은 정원에 조명을 설치해 불을 밝히고 덤불 뒤에 악단을 세워 바그너의 곡을 연주하게 했다. 조명으로 환해진 분수는 악단의 연주에 맞춰 잔잔한 진동을 일으켰다.

니체가 예견했듯, 바이로이트의 첫 번째 축제는 새로운 아이스킬로스적 정신으로 유럽 문화를 침체기에서 구할 비극 정신의 부활과는 거리가 멀었다. 물리적 차원의 이벤트를 넘어서서 독일 문화의 상징이자 미래를 내다보고 현대를 대표하는 본보기로 만들려고 했으나 니체가 〈바이로이트의 리하르트 바그너〉에서 설명하고 있듯, 축제는 그저 소심하게 구체제를 답습하며 속물 지식층에 굴복하고 그들을 기쁘게 해주는 역할에 그쳤다.

니체는 '별 볼일 없이 시간을 축내는 유럽인'들이 쓸데없이 열리는 사교계 연중행사에 바이로이트 축제를 하나 더 추가했다고 비난했다. 게다가 니체는 반유대주의자들이 「니벨룽의 반지」에서 지하세계에 사는 기형적 모습의 난쟁이와 금발 머리를 한 보탄의 자손 간의 투쟁을 보며 인종적 투쟁의 희열을 찾는 모습에 심한 거부감을 느꼈다. 그들은 지크프리트가 마지막에 승리를 거두는 모습을 보며 크게 기뻐했다. 1923년 처음 그곳을 방문한 히틀러 역시 「니벨룽의 반지」를 보고 기뻐하며 《나의 투쟁Mein Kampf》을 쓰기 시작했다.

브라질의 황제 돔 페드루 2세는 최종 리허설 다음 날 저녁에 반프리트에 도착했다. 그가 도착한 덕분에 무대장치와 의상으로 가라앉았던 분위기는 꽤 밝아졌다. 뷔르템베르크의 왕은 군주들 간의 서열로 보면 낮은 쪽에 속했지만 참석했다는 사실만으로도 충분히 자리를 빛냈다. 독일 제국의 빌헬름 황제는 감사하게도 오페라의 1, 2부 공연에 참석해서 공연을 관람하고 박수를 보내며 옆에 앉은 보좌관에게 "무섭군! 무서워!"라고 말했다. 애석하게도 3, 4부 공연은 보지 못하고 떠났다.

바그너는 니체에게 트리브셴에서처럼 반프리트에서도 방을 따로 내어주겠다고 말한 적이 있었지만 그럴 가능성은 전혀 없었다. 니체는 시내 한복판에 있는 가장 싼 여관에 묵었다. 천장이 낮은 데다 한여름 열기로 방은 찜통처럼 더웠다.

당시 바이로이트는 약 2만 명이 거주하는 소도시였다. 새로 지은 오페라 하우스는 수용 인원이 1,925명이었고, 「반지」시리즈 전편 중 총 세 편이 공연될 예정이었으므로 축제 기간에 발할라로 입장할 행운을 거머쥔 인원은 총 5,775명이라는 의미였다. 그들이 아내와 자녀, 하인들까지 데려왔으니 실제로 바이로이트를 찾은 방문객은 그보다 훨씬 많았다. 게다가 수많은 연기자와 가수, 음악가, 무대 기술자, 목수, 재봉사, 세탁부, 상인은 물론이고 각양각색의 하인들도 있었다. 또한 언제나 그렇듯 그런 큰 행사에는 그 기회를 이용해 한몫 챙기려는 사람들도 파리 떼처럼 몰려들었다. 매춘부, 협잡꾼, 소매치기, 부랑아들뿐 아니라 그 광경을 구경하려고 몰려든 상당수의 소작농까지 서로 밀고 당기며 푹푹 찌는 바이로이트 거리를 가득 메웠다. 바이로이트는 그야말로 참기 힘들 정도로 혼란스러워졌다. 심지어 니체는 자신이 머무는 숙소에서도 마음 편히 쉴 수 없었다. 후덥지근한 열기에 이상한 냄새까지 나서 뜨거운 냄비 안에 들어앉은 것처럼 역겹고 불쾌했다.

차이콥스키*의 경우에는 다른 많은 방문객과 마찬가지로 음식이 가장 큰 문제였다.

여관에서 준비한 정식 메뉴는 충분하게 제공되지 않아서 배고픈

---

* 차이콥스키 역시 초기에는 바그너의 영향을 꽤 많이 받았다. 이 때문에 스승인 루빈시테인 형제들로부터 질타를 받기도 했다. -편집자주

손님들을 만족시키지 못했다. 빵 한 조각, 맥주 한잔을 얻으려면 힘겹게 투쟁하거나, 교활하게 꾀를 쓰거나, 강인한 인내심을 발휘해야 했다. 일반 식당에서도 원하는 음식이 나오려면 한없이 기다려야 했다. 식사 시간은 완전히 난장판이었다. 모두가 악을 쓰고 고함을 질러댔고, 웨이터들은 정당한 요구를 하는 사람에게도 전혀 관심을 주지 않았다. 운이 아주 좋아야지만 아무 요리라도 맛볼 수 있었다. … 사실 축제 기간 내내 사람들의 주된 관심은 음식이었고, 예술은 다음 문제였다. 사람들은 바그너의 음악보다 고기, 구운 감자, 오믈렛에 대해 더 열심히 이야기했다.[11]

니체에게는 극장의 관객석이 너무 밝았다. 그래서 무대 옆에 딸린 작은 벽장 같은 방에서 무대를 관람했다. 단점이 있다면 숨 막힐 듯 더웠다는 것이다. 니체가 도착하던 날에 마지막 오페라인 「신들의 황혼」 리허설이 한창이었는데, 그 모습은 마치 세상에 종말이라도 온 것 같았다. 발할라의 마지막 가을과 신들의 파멸을 그리는 100인의 오케스트라는 음악 역사상 전례가 없을 정도로 엄청나게 시끄러운 소리를 만들어냈다. 니체는 그 광경을 보고 "전혀 마음에 들지 않았다. 얼른 자리를 떠나고 싶었다."고 했다.

반프리트에서 열린 축하 연회는 더 마음에 들지 않았다. 한번 참석했다가 '불쌍하고, 말 없는 사람'으로 낙인이 찍힌 뒤로 더는 참석하지 않았다.

니체는 특이하게도 인생에서 최악의 상황에 놓일 때마다 그를 돌봐주는 구세주를 만났다. 이번에는 말비다 폰 마이젠부크Malwida von Meysenbug라는 인물이 그 역할을 맡았다. 부유한 중년 여성인 그녀는 바그너보다 세 살 어렸지만 그와 같은 혁명세대[12]였다. 그녀는 자신이 쓴 자서전인 《이상주의자의 회고록Memoirs of an Idealist》[13]으로 바이로이트에서는 유명인사로 통했다.

말비다는 바그너를 대단히 존경했다. 로마에 있는 그녀의 집에는 바그너의 대리석 흉상도 놓여 있었다. 프로이센에서 귀족의 딸로 태어난 그녀는 어느 무도회에 갔다가 입장을 거부당한 뒤, 상류 사회의 일원에서 그 사회를 무너뜨리는 집단의 일원이 되었다. 그녀도 바그너처럼 1848~1849년에 벌어진 혁명 이후 독일에서 추방되었다. 그녀가 사랑에 빠졌던 많은 혁명가 중 첫 번째 남자가 쓴 밀서를 전달했다는 이유에서였다. 그녀는 이후 런던으로 가서 추방당한 러시아 무정부주의자들 사이에 정착해서 살았다. 그러다 아내를 잃고 홀로 두 딸을 키우는 알렉산드르 게르첸Alexander Herzen[14]을 만나 사실은 그의 아내가 되기를 바랐지만, 아이들의 가정교사로 살았다.

말비다는 혁명가들 사이에서 평판이 꽤 좋았다. 그래서 가리발디가 영국을 급진화하고 '자유를 얻기 위해 싸우는 곳이라면 어디든 정박할 수 있도록 (배로 된) 이동식 공화국'[15]을 만들기 위해 런던에 있던 동안, 템스강에 정박해 있던 그의 배로 초대를 받아 아침식사를 함께했다. 나룻배를 타고 그의 배에 도착한 말비다는 아름다운 융단을 덮어둔 안락의자로 안내받았다.

가리발디는 독특한 복장을 하고 배 위에서 우리를 맞았다. 짧은 회색 튜닉을 입고 금발 머리에 금실로 자수를 놓은 빨간 모자를 쓰고 있었다. 넓은 허리띠에는 무기를 차고 있었다. 짙은 갈색 눈과 구릿빛 피부의 다른 선원들도 그와 같이 독특한 복장으로 갑판 위에 모여 있었다. … 우리는 굴을 먹었다. 그리고 즐겁고 유쾌한 대화를 이어 갔다. … 모든 선원이 그를 우상으로 떠받드는 것 같았다. 그에게서는 낭만적인 매력이 풍겼다.[16]

이제 60대가 된 말비다는 하얗게 센 머리를 값비싼 레이스로 곱게 묶고 후덕한 외모에 인상 좋은 얼굴만 남았을 뿐 혁명가로서의 젊은 혈기는 찾아볼 수 없었다. 그래도 파리 코뮌이 들어서는 모습을 보고는 여전히 기뻐했으니, 야코프 부르크하르트와 만났더라면 아마 폭죽이라도 터뜨리며 서로 기뻐했을 것이다. 그녀는 인문주의자가 아니라 세상에 존재하는 선을 향한 불특정한 힘, 실험실에서는 찾을 수 없는 그런 힘을 믿는 신비주의자였다. 그런 힘은 인간의 정신에 무한한 가능성을 부여하고, 평범한 사람도 거의 신과 같은 존재가 되게 하여 선을 행하게 한다고 믿었다.

말비다는 투지에 불타오르던 혁명가 시절의 순수하고 솔직한 태도를 여전히 지니고 살았다. 사람들에게서 언제나 찬사를 받았던 그녀의 푸른 눈동자는 그때도 그녀가 보고 싶은 것만 보았다. 그녀는 자신의 이상주의와 양립할 수 없는 인간의 행동적 측면은 보지 않으려 했다. 그녀가 회고록에 썼던 혁명가들과의 모든 관계는 플라토닉 러브에 머물렀다. 어느 정도 입김 있는 정부情夫가 되고 싶은 마음도 간절했겠지만, 언제나 집안일을 도와주는 역할에 그쳤다. 그녀는 자신이 생각하는 것보다 순종적인 여성이었으며, 레닌주의식 표현을 사용하면 돈 많고 '유용한 바보'였다. 이제 그녀는 젊은 '자유주의 선봉자'를 돕는 일을 자신의 사명으로 생각했고, 그 다음 대상을 니체로 삼았다.

두 사람은 1872년 5월 바이로이트 오페라 하우스의 초석을 놓는 행사에서 처음 만난 후, 계속 서신을 주고받았다. 말비다는 니체의 글을 좋아했고, 니체는 게르첸의 딸이 말비다의 혁명가적 시각으로 도저히 받아들이기 힘든 남자와 결혼했을 때 그녀에게 위로의 말을 건넸다.

말비다는 니체가 묵고 있는 지옥 같은 숙소가 그를 병들게 한다고 생각했다. 그래서 그를 집으로 초대해 정원의 그늘에서 쉬게 하며 매일같이 피난처를 제공해주었다. 각종 편의와 먹을거리도 조건 없이 베풀었다. 니체는 그녀의 정원 너머로 흐르던 작은 강에 뛰어들어 오랫동안 수영을 즐겼다. 그런 식사와 휴식 덕분이었는지 니체는 심지어 오페라 하우스에서 공연되는 바그너의 음악도 다시금 좋아졌다. 바이로이트에서 벌어지는 다른 모든 소동은 견디기 힘들었지만, 그의 음악에는 굴복할 수밖에 없었다.

니체는 8월 3~4일쯤, 아무에게도 말하지 않고 바이로이트를 떠났다. 말비다에게도 알리지 않았다. 그리고 바이에른산 근교의 작은 마을인 클링엔브룬Klingenbrunn으로 향하는 기차를 탔다. 그곳에서 잠시밖에 머물지 못했지만 그래도 좋았다. 니체는 8월 13일인 축제 시작일에 맞춰 바이로이트로 돌아와 여동생 엘리자베스와 친구 로데, 폰 게르스도르프를 만나기로 한 약속을 지켰다. 그들 모두 상당한 비용을 지불하고 바이로이트까지 온다는 것을 알았기 때문이다.

바그너는 오페라의 이야기 장치로 마법을 일으키는 사랑의 묘약을 자주 사용했다. 그런데 이제 니체를 포함한 세 남자도 그 묘약을 마신 듯해 보였다.

카를 폰 게르스도르프는 이탈리아 출신의 젊은 백작부인인 네리나 피노키에티Nerina Finochietti와 '미친 듯이, 죽을 듯이, 바이런식으로' 사랑에 빠졌다. 그는 급하게 그녀에게 청혼한 뒤 이후 몇 달 동안 탐욕스러운 그녀의 가족들에게서 벗어나느라 애를 먹었다.

최근에 약혼한 에르빈 로데는 만나는 여성마다 눈치 없이 추파를 던져 약혼녀를 상당히 당혹스럽게 만들었다.

니체 자신은 루이제 오트Louise Ott라는 아름다운 금발 머리의 여인을 만나 그 자리에서 마음을 빼앗겼다. 니체의 이전 여자들처럼, 그녀도 음악성이 뛰어나 피아노를 잘 치고 노래 실력이 뛰어났다. 그녀는 니체를 만나고 많은 이야기를 했으나 남편이 있다는 사실은 미처 말하지 못했다. 니체가 그 사실을 알았을 때는 이미 충격을 피하기 어려웠다. 은행가인 루이제의 남편은 바그너에 대한 열정이 없었다. 그래서 루이제는 남편을 파리의 집에 남겨두고 어린 아들인 마르셀만 데리고 바이로이트 축제에 와 있던 참이었다. 당시 니체는 물론이고 루이제 역시 니체에게 사랑의 감정을 느꼈던 것으로 보인다.

"그대가 바이로이트를 떠나자 주변이 온통 칠흑같이 캄캄해졌소. 마치 누군가가 태양을 없애버리기라도 한 것처럼 말이오. 이제야 이렇게 정신을 차렸으니 안심하고 이 편지를 받아주시오. 우리를 만나게 해준 영혼의 순수함을 계속 지키고 싶소."[17] 니체가 먼저 이렇게 편지를 보냈고, 사흘 뒤 루이제에게서 답장이 왔다.

"우리에게 이렇게 진실하고 건강한 우정이 싹터서 양심의 가책을 느끼지 않고 서로를 진심으로 생각할 수 있어 정말 다행입니다. … 그러나 당신의 눈빛은 잊을 수 없군요. 저를 바라보던 당신의 그윽한 눈빛은 아직 저에게 머물러 있어요. … 우리의 편지는 다른 사람들에게는 말하지 않기로 해요. 우리에게 일어난 일은 우리끼리만 간직했으면 좋겠어요. 우리만 누릴 수 있는 소중한 특권이니까요."[18]

니체는 1년이 지난 뒤에도 열렬한 마음을 담아 그녀에게 편지를 보냈다. 그녀의 존재가 너무 생생하게 느껴져 그녀의 눈빛을 본 것 같다고 말했다. 루이제는 아이를 가진 상태였지만 거의 바로 답장을 보냈다.

"저도 마찬가지예요. 당신과 함께한 짧은 순간을 저도 떠올리고 있었거든요. … 그 기억을 떠올리면 저는 부자가 된답니다. 당신은 제게 마음을 주었으니까요."[19]

· 9장 ·

자유로운 영혼과
자유롭지 못한 영혼

...

학문으로 얻는 기쁨이 점점 줄어들고, 형이상학, 종교, 예술로 얻는 위로를 의심함으로써 즐거움이 점점 사라진다면, 인류가 인류의 거의 모든 인간성에 빚을 진 기쁨의 가장 강력한 원천이 메마르게 될 것이다. 이런 이유로 고급문화는 인간에게 이중의 두뇌를, 즉 두 개의 뇌실을 제공해야 한다. 하나는 학문을, 다른 하나는 비학문을 인식하기 위함이다. 두 뇌는 나란히 놓여 있지만, 혼란을 일으키지 않고 분리되고 차단될 수 있어야 한다. 이는 건강을 위한 요구 사항이다.

─《인간적인 너무나 인간적인》 '고급문화와 저급문화의 특징' 251절

바젤대학교는 1876년 가을부터 니체에게 유급 휴가를 인정했다. 그동안 해오던 마지막 수업도 면제해주었다. 니체로서는 이제 완전한 자유의 몸이 된 것이었다. 그때 말비다 폰 마이젠부크가 그해 겨울을 소렌토에서 같이 보내자고 하여 기꺼이 초대에 응했다.

출판사는 《반시대적 고찰》의 다음 편을 계속 요구했다. 니체는 잘 진행되고 있다고 말했다. 하지만 사실이 아니었다. 머릿속에 계획만 맴돌고 있어서 임시로 '쟁기날'이라는 제목만 지어둔 상태였다. 쟁기의 날카로운 칼날이 새싹을 죽이는 잡초의 뿌리를 잘라내고 땅을 고르듯, 니체는 그 책으로 자신의 독창적인 생각을 죽이는 잡초들을 베어버리고 싶었다. 즉 지금까지 그가 우상으로 여겼던 바그너와 쇼펜하우어를 지워버리고 싶었다.

소렌토까지 가는 길은 기차를 여러 번 갈아타야 하는 힘든 여정이었기 때문에 니체 혼자 가기에는 무리였다. 그래서 두 사람을 여행 동반자로 정했다. 한 사람은 알베르트 브레너Albert Brenner라는 스무 살의 문헌학과 학생으로, 그는 결핵과 우울증을 앓았으며 시를 잘 썼다. 그의 부모님은 그가 따뜻한 곳에서 지내는 것이 치료에 도움이 될 거라고 믿고 있었다. 다른 한 사람은 말비다가 바이로이트에서 만난 파울 레Paul Rée라는 스물여섯의 철학자였다. 레는 그가 쓴 첫 번째 책인 《심리학적 고찰Psychological Observations》로 어느 정도 사람들의 주목을 받은 상태였고, 다음 책도 곧 나올 예정이었다. 말비다는 그녀가 계획한 소렌토의 철학적 문학 모임에 파울 레가 훌륭한 일원이 될 것 같았다. 그녀는 늘 이상주의자들을 위한 일종의 공동체를 만들고 싶어 했다. 그해 겨울이 그녀에게는 그동안의 생각을 실천에 옮길 좋은 기회였다. 말비다는 처음으로 소설도 써 볼 계획을 세웠다. 실제로 그해 겨울 그녀는 《페드라Phädra》라는 소설을 썼는데, 3부로 구성된 대하소설로, 복잡한 가족 관계를 풀어 내며 개인의 자유 탐색을 그렸다.

1876년 10월 19일, 니체와 브레너는 기차에 몸을 실었다. 두 사람은 최신 공학 기술의 놀라운 업적인 몽세니 터널*을 지나 토리노로 여정을 계속했다.

그들은 일등석 열차에서 클로딘 폰 브레번Claudine von Brevern과 이자벨라 폰 더 파흘렌Isabella von der Pahlen이라는 세련되고 지적인 여성들을 만났다. 니체는 여행 내내 이자벨라와 진지하게 대화를 나누며 특유의 낭만적인 감정에 휩싸였다. 그들은 헤어지기 전에 주소를 교환했는데, 알고 보니 공교롭게도 같은 호텔을 이용했다. 다음 날 아침, 두 여성은 다른 기차를 타기 위해 떠났다. 니체는 그들을 배웅하려고 따라나섰지만, 역으로 가던 도중 갑자기 극심한 두통을 느껴서 레의 부축을 받고 호텔로 돌아와야 했다.

니체는 피사에 도착해서 그 유명한 피사의 사탑을 보았고, 제노바에서는 인생에서 처음으로 바다를 구경했다. 그런 도시들을 둘러보는 동안 콜럼버스, 마치니, 파가니니 같은 인물들이 차례차례 머릿속에 떠올랐다. 이탈리아는 탐험가와 개척자, 혁명가들의 도

---

* 대알프스를 관통하는 최초의 터널로 1870년에 완공되었다. -편집자주

시였다. 신세계 발견을 희망하며 미지의 바다로 항해를 떠날 만큼 용감한 이들의 도시였다. 니체는 제노바 주변의 언덕을 거닐며 콜럼버스가 신대륙을 발견하고 지구의 가능성을 단번에 두 배로 늘렸을 때 어떤 기분을 느꼈을지 마음으로 그려보았다.

제노바에서 나폴리까지는 증기선을 타고 갔다. 니체에게는 고대 세계로 처음 발을 들여놓는 순간이었다. 하지만 그 엄숙한 순간을 기념할 여유가 없었다. 그의 여행 가방을 두고 밀치고 싸우는 거리의 아이들을 뚫고 지나느라 다른 생각은 할 틈이 없었다. 그가 평생 마음속으로 그려왔던 곳에서 품위라고는 찾아볼 수 없는 모습을 보니 니체는 참기가 어려웠다. 포실리포부터는 말비다가 마차를 보내주어 나폴리만을 따라 멀리 보이는 베수비오산과 짙은 보랏빛 바다 사이로 어렴풋이 드러나는 이스키아섬을 향해 편하게 이동할 수 있었다. 그 덕분에 가라앉은 기분이 어느 정도 회복되었다.

"베수비오산 위로 먹구름이 장관을 이루며 몰려들었다. 번개가 몇 번 내려치더니 불그스름한 구름 사이로 무지개가 떠올랐다. 도시 전체가 순금으로 만들어진 듯 반짝거렸다." 말비다는 이렇게 표현했다. "신사분들이 기쁨에 도취된 듯한 모습을 보니 정말 기뻤어요. 니체가 그렇게 활기찬 모습을 보인 것은 처음이었지요. 그는 아주 즐거운 기분이 되어 크게 소리 내어 웃었답니다."[1]

그들은 나폴리에서 이틀을 보낸 뒤 소렌토로 향하는 여정을 이어갔다. 남부 지방의 건축물들은 기대했던 것과 아주 달랐다. 황토색 벽들은 군데군데 무너져 내렸고, 여기저기 벽토가 벗겨져 있었다. 빛바랜 고대 그리스 로마의 흔적들이 뒤죽박죽 섞여 엄숙함이라고는 찾아볼 수 없었다. 그곳 건축물들은 니체가 지금까지 보아 온 스위스나 독일의 건축물의 모습, 즉 세대와 세대를 거치는 동안에도 단정하고 정돈된 시민 덕목을 재현하며 엄격하게 계획된 모습과는 달리 너무 불안정해 보였다.

말비다는 소렌토에서 약간 떨어진 곳에 벽토 건물로 된 '빌라 루비나치'라는 별장을 빌려두었다. 빌라 주변에는 포도밭과 올리브 나무숲이 펼쳐져 있었다. 세 남자는 계단식 밭이 보이는 1층을 쓰고, 말비다는 트리나라는 하녀와 함께 응접실이 있는 2층을 썼다. 자유로운 영혼들이 모여 영감을 주고받기에 적당한 크기였다.

니체는 10월 28일 집으로 보낸 편지에 그가 생각하기에 중요하거나 심각한 정보는 의도적으로 빼버렸다. 어린 남자아이의 편지처럼 천진난만하게만 써서 프란치스카와 엘리자베스는 정작 중요한 정보가 없다고 틀림없이 답답해했을 것이다. "드디어 소렌토에 도착했단다! 스위스의 베Bex에서 여기까지 8일이 걸렸구나. 제노바에서는 몸이 안 좋았어. 거기서부터는 3일간 배를 탔지. 그래도 멀쩡해. 뱃멀미도 안 했으니까."[2] 등등의 말이 이어졌다. 하지만 일기에서는 태도가 달랐다. 지중해 사회를 보지도 못하고 죽었을지 모른다며 몸서리를 쳤다.

파에스툼에 도착해서는 이런 글을 남겼다.

모든 것이 완벽할 때, 우리는 그렇게 된 과정을 궁금해하지 않는데 익숙하다. 마치 마술처럼 갑자기 땅에서 솟아났다는 듯 존재하는 사실을 즐길 뿐이다. … 우리는 지금도 여전히 (가령, 파에스툼의 그리스 신전처럼) 어느 날 아침, 신이 장난삼아 거대한 저울추로 집을 지었다고 '거의' 생각한다. 또 어떨 때는 바위가 갑자기 마법에 걸려 한 영혼이 그 바위를 통해 말하려 한다고 생각한다. 예술가는 자신의 작품이 즉흥적으로 생겨났다는 믿음, 즉 기적처럼 갑자기 탄생했다는 믿음을 불러일으킬 때, 완전한 효과를 낸다고 믿는다. 그래서 그런 환상을 지지하는 예술가는 관중이나 청중이 완전함과 완벽함은 순간적으로 만들어진다고 믿도록 속이기 위해 예술을 창조하는 시작 단계에 열광적인 초조함, 맹목적인 무질서함, 비현실적인 망상 같은 요소를 끌어들인다.[3]

세 사람은 곧 자유로운 일상에 빠져들었다. 아침은 각자 자유롭게 하고 싶은 일을 하며 시간을 보냈다. 니체는 날씨가 좋을 때면, 바다에서 수영하고 주변을 산책하거나 책을 읽었다. 점심시간에는 모두 한자리에 모였다. 오후에는 세 사람이 오렌지 과수원 주변으로 같이 산책을 나가거나 당나귀를 타고 더 먼 곳을 둘러보았다. 그럴 때는 특히 브레너가 분위기를 밝게 해주었는데, 다리가 길어서 거의 땅에 닿을 듯한 자세로 당나귀를 타고 가는 모습이 보기만 해도 우스꽝스러웠다. 저녁이 되면 다 같이 모여 식사를 끝낸 뒤 2층 응접실로 올라가서 미리 준비한 연구 주제에 맞춰 활기찬 토론

을 벌였다. 레와 브레너는 시력이 좋지 않은 말비다와 니체에게 번
갈아 책을 읽어주었다.

그들은 고대 그리스 문화에 관한 부르크하르트의 강의에서 시
작해 헤로도토스, 투키디데스, 플라톤의 《법률Laws》에 이어 아프리
칸 스피르Afrikan Spir의 《생각과 현실Thought and Reality》로 주제를 넓혀갔
다. 아프리칸 스피르는 러시아계 우크라이나인 철학자로 세바스토
폴 포위전이 일어났던 1854~1855년에 톨스토이와 같은 부대에서
복무했다. 스피르의 철학 체계는 기본적으로 절대적 확실성을 요
구한다. 중요한 것은 진실이 아니라 확실성이다. 절대적으로 참
인 명제는 'A=A'라는 동일률뿐이다. 생성生成의 영역에서는 진실
로 자기동일성을 지닌 것은 아무것도 없다. 우리는 궁극적 실체
를 상정해야 한다. 비록 그것에 관해 어떤 말도 할 수 없더라도,
자기동일성이 되는 것만 제외하고 절대다수와 변화를 배제해야
한다. 스피르는 이런 논리가 플라톤과 파르메니데스가 직관적으
로 이해한 것에 대해 논리적 실증을 제공한다고 주장했다. 이 시
기에 스피르가 니체에게 강력한 영향력을 발휘한 점은 특이하다.
스피르는 형이상학을 연구한 쇼펜하우어처럼 이신론자였다. 다
른 한편으로 니체는 몽테뉴, 라 로슈푸코, 보브나르그, 라 브뤼예
르, 스탕달, 볼테르 같은 합리주의적 프랑스 윤리학자들에 큰 관
심을 보였다.

레는 자칭 진화 윤리학자였다. 독서 프로그램에 프랑스 합리주
의자들을 포함한 것도 틀림없이 레였을 것이다. 니체는 쇼펜하우

어를 한창 찬양하던 시대에는 볼테르를 아주 싫어했지만,* 상황이 극적으로 변해 그의 사상이 쇼펜하우어의 자리를 대신했고, 다음 책을 볼테르에게 헌정하기까지 했다. 그리고 자신의 새로운 생각을 리얼리즘 대신 '레'의 이름을 넣어 '레알리즘Réealism'이라고 재미있게 표현했다.

파울 레는 니체보다 다섯 살 어렸다. 부유한 유대인 사업가를 아버지로 둔 그는 생계를 걱정할 필요가 없었기 때문에 대학에 남아 거의 공부만 했다. 여러 대학을 다니며 법학과 심리학, 생리학을 다양하게 공부했고, 전년도에는 철학에서 박사학위도 취득했다. 키가 바그너와 니체만큼 작았고, 적당히 준수한 외모에 갈색 곱슬머리였던 그는 성격이 소심한 편이라 엘리자베스와 루 살로메 같이 강인한 성격의 여성들에 이용당하기 십상이었다. 설명하기 힘든 경중 만성 질병이 오랫동안 그를 괴롭히기도 했지만, 추진력과 자신감 부족이 더 큰 문제였다.

레도 니체처럼 프로이센 프랑스 전쟁에 뛰어들었다가 부상을 입었다. 하지만 이 사실이 프랑스 문화를 즐기는 데 문제가 되지는 않았다. 범세계적 시야를 지녔던 그는 훌륭한 독일 시민보다는 훌륭한 유럽인 되고자 한 니체의 야심에 매력을 느꼈다. 레와 니체는

---

* 볼테르는 사람들의 가슴을 저항심으로 가득 차게 했다. 그는 새로운 문화 코드로 자리 잡던 이성적·합리적 사고, 자유와 민주적인 제도들을 대표하는 시대정신이었다. 후대에 빅토르 위고는 '이탈리아에 르네상스가 있었고, 독일에 종교개혁이 있었다면, 프랑스에는 볼테르가 있었다'라는 말을 남기기도 했다. -편집자주

1876년 10월부터 1882년까지 약 6년간 우정을 이어갔고, 책을 쓸 때 문체와 사고 면에서 서로 영향을 주고받았다. 또한 인류의 지식을 다윈의 진화론을 중심으로 재편하기 위해 노력하며 고대 그리스를 현시대의 철학적 사고의 출발점으로 삼았다.

레는 1875년 그의 박사 논문에서 다섯 가지 기본 원리를 제시했다.

1. 인간의 행동은 자유 의지에 따라 결정되지 않는다.
2. 양심은 초월적 기원을 가지지 않는다.
3. 비도덕적 수단은 좋은 목적에 쓰일 때 칭찬받을 만한 경우가 많다.
4. 인간사에는 발전이 없다.
5. 칸트의 정언 명령*은 실천적 도덕 교리와 맞지 않는다.[4]

이 원리는 레가 자연선택이라는 다윈주의 이론을 일반적 이론의 틀로 받아들이고 형이상학적 추론을 과학적 자연주의로 대체하는 과정에서 지질학자가 지구 형성 과정을 다루듯이 도덕적 느낌과 개념을 다루기 위한 의도적인 선포였다.

자유 의지에 대한 믿음이 없었으므로 도덕적 책임에 대한 믿음도 있을 수 없었다. 누군가는 다르게 행동할 수 있다고 가정하기

---

* 행위의 결과에 상관없이 행위 자체가 선善이라면 무조건 따라야 하는 도덕적 명령을 말한다. -편집자주

때문에 잘못된 행동이나 도덕적 죄라는 생각 자체가 성립되지 않았다.

결국, 레의 독자적인, 심지어 냉소적이기까지 한 관점은 교화하거나 정당화하거나 희망을 주거나 초월할 의지나 가능성을 거부했다. 형이상학적 관점을 경멸한 그의 시각은 쇼펜하우어보다 더 비관적이었지만, 니체에게 쇼펜하우어와 바그너의 형이상학적 낭만주의에서 멀어져 실증적이고 과학적인 관점을 갖게 했다. 니체의 이런 새로운 경향은 역사적 발전이나 유사 이전의 역사적 발전을 재구성함으로써 도덕적 감정을 설명하려는 레에게서(레는 이를 소위 '진화론적 윤리설'이라 했다) 분명 크게 영향을 받았다.

레는 도덕관념을 이렇게 설명했다. "아이들이 그날의 경험, 부모의 모습, 습관을 통해 생각을 발전시키듯, 인류는 오랜 시간 동안 세대와 세대를 거쳐 전해진 도덕적 본성을 발전시켰다." 도덕성의 습득에 대한 그의 생각은 《인간의 유래The Descent of Man》에 나온 다윈의 진화론적 윤리설에 크게 영향을 받았다. 니체는 레 같은 사람을 통해 간접적으로 다윈의 책을 접했을 가능성이 크다.[5] 니체는 확실히 영어 읽기 능력은 부족했다. 하지만 다윈이 쓴 〈한 유아에 관한 전기적 요약Biographical Sketch of an Infant〉[6]이라는 논문은 분명히 알고 있었던 것 같다. 이는 어린 시절에 표현되는 도덕관념에 관한 짧은 논문으로, 다윈은 글에서 주방에서 나오는 두 살배기 아들과 마주친 경험을 설명한다. 아들 윌리엄은 '약간 어색하고 이상한 표정'으로 눈을 반짝였다. 설탕을 몰래 훔쳐 먹은 것이다. 그런데 다

· 9장 · 자유로운 영혼과 자유롭지 못한 영혼

원은 아이가 불편한 감정을 느낀 것은 벌이 두려워서가 아니라 욕구를 만족시키지 못했기 때문이라고 생각했다. 아이는 어떤 형태로든 벌을 받아본 적이 없었기 때문이다. 레는 그 글 덕분에 박사 논문에서 말한 '양심은 초월적 기원을 가지지 않는다'라는 두 번째 원리를 증명한 셈이었다. 니체는 나중에 일명 도덕의 계보를 분석하며 이 문제에 관해 책 한 권을 썼다.

레는 라 로슈푸코La Rochefoucauld의 《잠언집Maxims》을 항상 지니고 다녔다. 자신도 잠언을 만들기를 좋아해 '교육은 우리의 인격이 아닌 행동을 바꾼다.' '종교는 자연에 대한 두려움에서 비롯되고, 도덕은 인간에 대한 두려움에서 비롯된다.'와 같은 훌륭한 말들을 남겼다.[7]

레의 박사 논문에는 '이 논문에는 구멍이 있다. 하지만 구멍은 구멍 커버보다 낫다.'라는 놀랍고 대담한 문장이 적혀 있다. 사실 그가 좋아하는 잠언이나 경구는 생각을 전달하는 수단으로서 구멍이 많았다. 이런 식의 표현은 자신을 진화 윤리학자라고 칭하는 사람이 쓰기에는 매우 비과학적이었다. A에서 B로 투명하게 전달되는 것이 과학적 증거의 속성인 반면, 경구는 니체가 말했듯 추측을 사용하기 좋은 디딤돌이기 때문이다. "적절하게 만들어진 경구는 단순히 읽기만 해서는 '해독'되지 않습니다. 오히려 그럴 때는 그것을 설명해야 합니다."[8]

니체는 레의 우아한 프랑스풍의 잠언식 문체에 자극을 받았다. 특히 읽고 쓸 수 있는 시간이 점점 더 짧아지고 있던 만큼, 간결성에 큰 매력을 느꼈다. "이 신경통은 너무 철저히 과학적으로 작용해 말 그대로 제가 얼마나 견딜 수 있는지 시간을 재보게 하는군요. 잴 때마다 30시간씩 지속됩니다."[9] 항상 대필자를 찾을 수도 없는 처지에, 잘 만든 잠언은 종이로 옮겨 적는 데 많은 시간이 걸리지 않아 좋았다.

그가 노트에 맨 처음 적은 잠언은 포춘 쿠키에 적혀 있을 법한 문구와 비슷하다. '모성은 모든 종류의 사랑에 존재하지만, 부성은 그렇지 않다.' '무언가의 전체 모습을 보려면 두 개의 눈이 필요하다. 하나는 사랑의 눈이고 다른 하나는 미움의 눈이다.'[10]

니체는 시간이 갈수록 독일어 때문에 좌절감을 느꼈다. 프랑스어와 비교하면 독일어는 거대한 바다 괴물 같아서 복잡한 구조 때문에 간결성과는 전혀 어울리지 않았다. 독일어로 잠언을 쓰려고 할 때마다 언어 구조상 프랑스어나 영어만큼 예리하고 재치 있게 만들 수 없었다. 조동사 때문에 의미를 해치고 요점이 흐려져 간결성을 추구하기 힘들었던 것이다. 그래도 니체는 계속 잠언을 쓰면서 즐거움을 느꼈다. 결국 그가 쓰고 있던 《인간적인 너무나 인간적인Human, All Too Human》은 1,400개가량의 잠언과 잠언체 단락으로 이루어졌다.

바그너 부부도 소렌토에서 겨울을 나고 있었다. 그들은 빌라 루비나치 근처에 있는 비토리아 호텔에 묵었다. 바그너는 바이로이트 축제 이후 니체에게 9월에 마지막으로 연락을 취했다. 느닷없이 편지를 보낸 그는 바젤에서 비단 속옷을 사서 보내 달라고 부탁했다. 니체는 그 편지를 받았을 때 몸 상태가 너무 나빠 펜을 들 힘조차 없었다. 그래도 다른 사람에게 부탁해 속옷을 사 오게 하고, 애정 어린 긴 편지도 보냈다. 물론 그 편지도 다른 사람이 대신 받아서 준 것이었다. 편지에는 그런 일로 도움을 줄 수 있어 진심으로 기쁘다고 했다. 작은 일이지만 트리브쉔에서 행복했던 추억이 떠오른다고 말이다.[11]

니체 일행은 소렌토에 도착하자마자 비토리아 호텔에 묵고 있는 바그너 부부를 방문했다. 바그너는 몹시 우울한 기분으로 괴로워하고 있었다. 오랜 기간 축제를 준비하느라 지친 것도 문제였지만, 더 심각한, 아니 훨씬 더 심각한 문제는 축제가 너무 미흡했기 때문이었다. 그는 분노에 휩싸여 있었다. 제대로 된 것이 아무것도 없었다. 내년 축제에는 그 모든 예술적 결점을 바로잡아야 했다. 첫 축제로 14만 마르크나 빚을 졌는데 내년에도 축제가 열릴 수 있을까? 바그너는 독일 제국에 빚을 떠맡길 묘안을 제안하며 루트비히 왕에게 편지를 보냈다. 하지만 왕은 곤란한 문제는 회피하는 평소 모습대로 그의 편지에 아무 답도 하지 않았다.

바그너 부부와 니체 일행이 소렌토에서 우연히 같이 머물렀던 기간은 2주였다. 그때 니체와 바그너 부부 사이에 어떤 일이 있었는지는 말비다를 통해서 대부분 알 수 있다. 하지만 올리브나무숲에 분 바람이나 관광 다녀온 곳, 저녁 모임, 유성, 바닷가 파도에 관한 이야기 정도일 뿐 그들 사이에 어떤 의미 있는 대화가 오갔는지는 알 수 없다. 코지마는 일기에 니체를 만난 첫날만 간단하게 언급했다. 건강이 무척 안 좋아 보여 걱정된다는 내용이었다.[12] 레에 대해서는 굳이 격식을 갖춰서 표현하지 않았다. "차갑고 꼼꼼한 성격이 우리와 맞지 않는다. 우리는 자세히 살펴보고 이렇게 결론을 내렸다. 그는 이스라엘 자손임이 틀림없다."[13] 니체에 대한 언급은 더 없는데, 아마도 그때 니체의 몸이 너무 좋지 않아 모습을 보이지 않았을 가능성이 크다. 특히 10월은 상태가 매우 좋지 않았다. 니체는 '심각한 발작'을 한 번 겪은 뒤, 나폴리로 가서 안과 교수인 오토 폰 슈흔에게 상담을 받았다. 교수는 니체가 결혼하면 전체적으로 지금보다 훨씬 좋아질 거라는 처방을 내렸다. 아마도 성관계를 완곡하게 표현한 말이었을 것이다. 레의 말을 살펴보면 니체는 그의 조언을 받아들여 나폴리에 있는 동안에 아니면 소렌토로 돌아가 창녀와 동침했던 것으로 보인다. 말비다는 교수의 조언을 순진하게도 있는 그대로 받아들여 중매 역할을 떠맡겠다고 부산을 떨었다. 니체는 이때 말비다와 세운 계획을 엘리자베스에게 보낸 편지에 자세히 설명하고 있다.

폰 마이젠부크 부인이 말한 계획은 마음속으로만 생각해야 하고 그런 의미에서 너도 우리의 계획을 따라주어야 한다. 계획은 이러해. 우리는 결국 바젤대학교 일을 계속할 수 없다는 결론에 도달했어. 잘해보았자 다른 중요한 모든 계획을 포기해야 할 테고, 건강을 완전히 희생해야 할 테니까.

· 9장 · 자유로운 영혼과 자유롭지 못한 영혼

말비다 마이젠부크는 니체가 부유한 집 여자와 결혼해야 한다고 결론을 내렸다.

"착해야 하죠. 하지만 돈이 많아야 해요." 폰 마이젠부크 부인이 '하지만'이라고 말할 때 우리는 웃음을 터트렸단다. … 그러면 나는 그 아내와 함께 앞으로 몇 년간은 로마에 살 거야. 내 건강 문제와 사회생활, 공부 등의 이유로 보면 로마가 좋을 거 같구나. 이번 여름에 스위스에 가서 계획을 실행에 옮겨야겠어. 그래서 가을에 바젤에 돌아갈 때는 유부남으로 갈 수 있게 말이야. 스위스에는 여러 '사람'을 초대할 계획이야. 그중에 베를린의 엘리제 폰 뷜로 양과 하노버의 엘스베트 브란데스 양이 있을 거야. 지적인 면에서만 본다면 지금도 나는 나탈리 헤르첸 양이 가장 적합한 것 같아. 너는 제네바에 사는 쾨커트 양을 이상적인 여성으로 잘 표현해주었더구나! 칭찬한다! 하지만 잘 모르겠어. 금전적인 부분이 어떤지.[14]

니체는 아내가 될 여성에게 (돈 다음으로) 가장 중요한 자질로 나이가 들어도 지적 대화를 나눌 수 있는 능력을 꼽았다. 그 점에서는 나탈리 헤르첸Natalie Herzen이 확실히 뛰어난 후보였다. 러시아계 유대인인 나탈리는 부인을 잃고 홀로 아이들을 키우던 알렉산더 헤르첸의 딸로, 말비다는 그녀와 그녀의 여동생을 수양딸로 생각하며 키우고 교육했다. 지적인 면으로 보자면 아주 훌륭한 여성이었지만 부유한 집안이 아니었으므로 더 거론할 필요가 없었다. 니

니체의 삶

체가 심각하게 결혼을 고민하는 모습은 상상하기 어렵다. 소렌토로 오는 길에 기차에서 만났던 이자벨라 폰 더 파흘렌이 로마에서 다시 만나고 싶다고 편지를 보내왔다. 하지만 니체는 그때 다시 갑자기 몸 상태가 나빠져 바로 답장을 쓸 수가 없었다. 그래도 출판업자에게 부탁해 그녀에게 《반시대적 고찰》 한 권을 인사말과 함께 보내 달라고 부탁할 정신은 있었다.

니체는 특히 기차에서 사랑에 빠지기 쉬웠던 것 같다. 다음 기차 여행에서도 밀라노 극단에서 온 어느 발레리나 아가씨에게 마음을 뺏겼다.

아, 내가 이탈리아어로 한 말을 들었으면 좋았을 텐데요! 내가 파샤*였다면, 그래서 그녀를 스위스로 데려가 내 일이 잘 안 될 때마다 나를 위해 춤추게 할 수 있다면 얼마나 좋았을까요. 지금도 가끔 나 자신에게 화가 나요. 그녀를 위해 적어도 며칠만이라도 밀라노에 머물렀어야 했는데 말입니다.[15]

하지만 그는 곧 이렇게 인정했다. "결혼은 하면 좋겠지만, 할 수 있을 것 같지 않구나. 나는 그 사실을 '아주' 분명하게 알고 있단다."[16]

---

* 오스만 제국의 고관, 고급 군인을 부르던 말 -역자주

·9장· 자유로운 영혼과 자유롭지 못한 영혼

바그너 부부는 11월 7일 소렌토를 떠나기 전인 11월 2일 위령의 날에 니체 일행과 함께 산책하고 저녁 시간을 보냈다. 엘리자베스는 오빠에 관해 쓴 전기에서 그날 니체와 바그너가 크게 언쟁을 벌이고 이후로 다시는 만나지 않았다고 했다(하지만 그녀는 소렌토에 가본 적도 없었다). 코지마 쪽에서는 그런 이야기가 없다. 그녀도 그들과 그날 같이 있었지만 일기에는 별 이야기가 없었다. 이 시점에서 엘리자베스가 이야기를 꾸며내는 능력이 뛰어났다는 점을 먼저 밝혀두고자 한다. 어쨌든 그녀가 쓴 니체의 전기는 니체를 연구하는 학자라면 누구나 읽어보는 책이고, 수십 년간 니체의 생애를 연구한 그들의 업적에 그녀의 거짓 정보는 어떤 식으로도 영향을 줄 것이었다. 집안사람 중 매독에 걸린 사람이 있을 가능성을 숨기기 위해 아버지의 죽음에 관해 거짓 기록을 남겼듯, 바그너와 언쟁을 벌였다는 그 이야기는 두 사람이 관계를 단절한 진짜 이유를 숨기려고 그녀가 조작한 것이었다. 사실 두 사람의 관계가 틀어지게 된 일은 이보다 훨씬 후에 일어났다. 그리고 그 일은 그녀가 필사적으로 숨기고 싶었던 니체에 관한 성적 추문과 관련되어 있다.

엘리자베스의 글은 이렇게 시작했다.

(소렌토에서) 함께 보낸 마지막 날 밤, 바그너와 오빠는 바다, 섬, 만이 절경을 이룬 모습을 만끽하며 해안가를 따라 걷고 언덕을 오르내리며 산책을 끝냈다.

그런데 바그너가 이별의 분위기가 느껴진다고 말하더니 갑자기

「파르지팔Parsifal」(그가 구상하던 다음 오페라로, 성배 기사단이라는 기독교적 내용을 주제로 삼았다)에 관해 말하기 시작했다. 이 작품에 대해 자세히 설명하기는 그때가 처음이었다. 그는 이 작품은 예술로서가 아니라 종교적으로, 기독교인의 경험으로 만든 것이라고 아주 상세히 설명했다.… 바그너는 회개, 속죄, 기독교 교리에 관한 경향 등 여러 기독교적 감정과 경험에 관해 니체에게 비밀을 털어놓듯 말하기 시작했다. … 오빠는(니체는) 바그너의 갑작스레 변한 태도가 독일의 지배 세력과 타협하려는 시도로밖에 보이지 않았다. 바그너는 삶의 유일한 목적인 물질적 성공이 현실과 점점 멀어지고 있음을 알았다. 바그너 혼자 계속 말하는 동안, 태양의 마지막 흔적이 바다 위로 사라지고 조금씩 어둠이 찾아왔다. 오빠의 마음에도 어둠이 밀려왔다. … 오빠는 환멸감을 느꼈다! 말비다는 그날 오빠가 저녁 내내 심하게 우울해하다가 일찍 잠자리에 들었다고 기억했다. 바그너와는 다시 볼 일이 없을 것 같은 예감이 들었다.[17]

이 이야기는 처음부터 끝까지 완전히 조작된 것이지만, 1981년, 그러니까 바그너 학자인 마르틴 그레고르 델린Martin Gregor-Dellin이 진실을 밝히기 전까지는 사실로 여겨졌다.

바그너는 니체가 소렌토에 왔을 때, 그의 건강 상태가 걱정되어 의사 친구인 오토 아이저Otto Eiser에게 편지를 보냈고, 아이저는 니체가 제대로 된 검진을 받아야 한다고 조언했다. 니체는 이탈리아에서 돌아온 뒤 프랑크푸르트로 가 아이저와 오토 크뤼거라는 안과의사에게 검사를 받았다. 검사는 나흘에 걸쳐 진행되었는데, 그렇게 철저한 검사를 받은 것은 그때가 처음이었다. 그들은 '눈바닥'이라는 안구 안쪽에 매독이 원인일 수 있는 이상 증상을 발견했다. 양쪽 망막도 심하게 손상되어 있어 그로 인해 극심한 두통이 유발됐다. 사실 두통은 '위장 카타르'가 원인이 아니라 주요 장기기관이 너무 예민해서였다. 그들은 과도한 정신적 활동이 원인이라 했다. 니체는 일을 줄이고, 규칙적인 휴식 시간을 가지고, 퀴닌을 복용하고, 파란색 안경을 써야 했다. 다행히 뇌종양은 발견되지 않았다.

당시 사람들은 자위행위가 니체가 겪는 증상 같은 심각한 안구 질환을 일으킬 수 있다고 믿었다. 그 사실을 걱정한 바그너는 아이저 박사에게 자신의 우려를 표명하며 경솔한 편지 한 통을 보냈다.

니체 군의 상태를 오랫동안 보아오면서 지적 능력이 뛰어난 청년들 중에 그와 같거나 비슷한 증상이 있는 사람들이 생각났습니다. 비슷한 증상으로 몸이 좋지 않은 그들을 보며 그 이유가 모두 자위 때문이라고 확신했습니다. 니체를 옆에서 가까이 지켜본 후로 그의 예민한 성격과 특유의 습관을 알고 나니 저의 우려가 점점 확신으로 변했지요.[18]

바그너는 나폴리의 의사가 니체에게 결혼, 즉 규칙적인 성생활이 필요하다고 조언한 점도 자신의 주장을 뒷받침한다고 했다. 바그녀의 편지에 아이저 박사는 이렇게 답장을 보내왔다.

　니체 씨의 성적 건강 상태를 검진했을 때, 그는 절대 매독에 걸린 적이 없다고 말했습니다. 성적으로 강하게 흥분하는 경험이 있는지 혹은 비정상적인 방법으로 그런 만족감을 얻는지 제가 질문했을 때는 그렇지 않다고 답했습니다. 하지만 두 번째 질문은 제가 간단하게만 짚고 넘어갔기 때문에 니체 씨의 답변에 너무 무게를 둘 수는 없습니다. 그보다는 그가 학생 때 임질에 걸린 적이 있다는 말과 의사의 조언으로 이탈리아에서 몇 번 성관계를 맺었다는 말이 더 유의미해 보입니다. 그런 말들은 논란의 여지가 없는 분명한 사실로, 적어도 환자가 정상적인 방식으로 성욕을 만족할 수 있는 능력이 부족하지 않음을 보여줍니다. 같은 또래 청년들에게서도 상상할 수 있는 일이지만 일반적인 모습은 아닙니다. … 하지만 제 의견이 100퍼센트 확실하다고 장담할 수는 없으며, 오랜 기간 가까이에서 그를 주도면밀하게 관찰해온 바그너 선생님께서 반박할 여지가 충분하다 생각됩니다. 그래서 저는 선생님의 가정을 받아들일 수밖에 없습니다. 저 역시 그 문제에 관한 한 니체 씨의 태도와 행동을 보면 많은 면에서 그편이 훨씬 신뢰가 갈 뿐입니다.

　이어서 아이저는 자위로 심신이 약해진 신경성 발작 환자가 치료되는 사례가 있다고 말했다. 하지만 눈까지 심각한 손상을 입은 후에는 치료가 힘들다고 했다. 니체의 시력은 회복할 수 있는 단계를 지난 상태였다. 아이저 박사는 매독과 만성 신장염은 모두 원인에서 제외했다. 니체가 겪는 두통에 관해서는 이렇게 말했다.

신경 중추에 나타나는 병리학적 과민 반응은 확실히 성적인 부분이 직접적인 원인이 될 수 있습니다. 따라서 자위 문제를 해결할 방법을 찾는 것이 치료에 있어서 가장 중요한 문제가 될 것입니다. 하지만 자위행위는 워낙 고치기 힘든 나쁜 습관이라 저로서도 어떤 치료법을 써야 성공할지 의문입니다.

아이저 박사는 니체가 슈흔 박사에게 받은 조언대로 결혼하는 것이 눈 문제는 놔두고라도 니체의 일반적인 상태에 약간의 도움을 줄 수 있다고 했다.[19]

그렇게 오랫동안 서로를 아끼고 존중한 두 남자가 결정적인 불화를 일으키게 된 원인은 엘리자베스의 말대로 「파르지팔」에서 보여준 바그너의 지나친 종교심 때문이 아니었다. 나쁜 의도는 아니었지만, 바그너가 주고받은, 즉 니체에게 치명타를 안겨준 그 편지들에 관해 니체가 알게 되었기 때문이다.

· 10장 ·

인간적인 너무나 인간적인

. . .

최선을 다해 작품 속에 자신을 녹여 놓은 사상가, 그리고 그와 비슷한 예술가는 시간이 흐를수록 자신의 육체와 정신이 서서히 망가지는 모습을 지켜보며 거의 악의에 찬 기쁨을 즐긴다. 마치 금고 앞에 서 있는 도둑을 한쪽 구석에서 지켜볼 때의 심정과 같다. 보물은 딴 데 있고 금고 안에는 아무것도 없다는 사실을 알고 있는 채로.

-《인간적인 너무나 인간적인》 '예술가와 저술가의 영혼에서' 209절

말비다 폰 마이젠부크 선생님께,

바다에서 여행하는 동안 인간이 겪는 고통은 끔찍하지만, 사실 우습기도 합니다. 몸 상태가 좋을 때는 제 두통도 가끔 그렇게 느껴집니다. 간단히 말해서 오늘 저는 다시 평온한 상태입니다. 하지만 배에서는 바다로 뛰어들고 싶은 생각밖에 없었습니다. 다만 바다가 너무 깊을지도, 그래서 바로 구해지지 못할 수도 있고, 혹 저를 건져낸다면 엄청난 양의 금덩어리를 주어야 신세를 갚을 수 있을지 모른다는 생각에 그러지 못했습니다. … 저는 제일 두꺼운 안경을 쓰고 있었고 만나는 모든 사람이 의심스러웠습니다. 세관용 배에 겨우 도착했는데, 알고 보니 제가 중요한 일을 잊고 있었습니다. 기차를 타려면 먼저 가방을 등록했어야 했더군요. 그리고 나티오날레 호텔로 가기 위해 다시 여행을 시작했습니다. 마부석에 앉은 두 날강도가 끔찍한 식당 앞에 마차를 세우고 내리라고 제 등을 떠밀었습니다. 제 가방은 계속 낯선 사람들의 손에 있었어요. 항상 누군가 제 앞에서 가방을 낚아채 갔지요. … 도착했을 때는 아주 끔찍했답니다. 불량배 무리가 돈을 요구했거든요. … 저는 쏟아지는 폭우 속에 스위스 국경을 넘었습니다. 번개가 한번 내리치더니 천둥소리가 크게 울렸죠. 저는 좋은 징조라고 생각했습니다.

니체의 예감은 맞지 않았다. 스위스로 돌아온 그는 자조적 유머 감각을 발휘할 일이 거의 없었다. 이탈리아의 따뜻한 날씨는 결국 그의 건강에 별 효과가 없었다. 빌리 루비나치에서 보낸 시간은 기분 좋은 경험이자 지적 자극은 되었지만, 책을 쓰는 결과물로 이어지지는 않았다.《반시대적 고찰》은 독일 문화의 부활로도, 판매 결과로도 목적을 달성하지 못했다. 그나마 가장 많이 팔린 책이〈바이로이트의 리하르트 바그너〉였는데, 바이로이트 개막 축제에 어쩔 수 없이 와 있던 수천 명의 관객을 대상으로 총 90부의 판매 실적을 거둔 정도였다. 니체는 출판업자인 슈마이츠너^{Schmeitzner}에게 《반시대적 고찰》시리즈를 끝내야 하지 않겠느냐고 물었다.[1] 슈마이츠너는 동의하지 않았지만, 니체는 이미《반시대적 고찰》을 처음 쓸 때 계획했던 요란한 목록은 접어 두고 바이로이트에서 잠시 벗어나 클링엔브룬에 있을 때 구상했던 새 책에 집중했다. 처음 정한 제목인 '쟁기날'과 '자유 영혼'은《인간적인 너무나 인간적인》으로 진화했고, '자유로운 영혼을 위한 책'이라는 부제가 달렸다. 니체는 그 책이 위기의 기념비라고 설명했다. 주제는 인간의 조건이고, 그것을 전달하는 방법은 사유였다. 책에서 사용된 표현법은 너무 강하거나 설교적이거나 과장되거나 모호하지 않았고, 개인적이며 명료하고 명쾌했다. 아마도 니체는 그 책을 개인적으로 가장 마음에 들어 했을 것이다.

니체는 무너진 전통적 사고방식의 빈자리를 메우기 위해 세상이 계몽운동과 낭만주의라는 불완전함으로 가득 차 있다고 생각했다. 망령과 은둔자의 그림자 놀음에서 벗어나 깨끗한 새 출발을 해야 했다. 니체 자신은 고대 그리스 문화의 영광에 대한 향수에서, 쇼펜하우어와 바그너에게서, 세상을 의지와 표상으로 나누던 방식에서 벗어나야 했다. 그 책은 그가 문헌학자와 문화해설자에서 한 사람의 논객으로 성장했음을 보여주는 증거였다. 그 책은 철학자를 위해 쓴 책이 아니었다. 오랜 편견과 가정, 그리고 생각의 진정한 자유를 제한하기 위해, 아주 오랫동안 사용된 모든 다른 허구적 사실에서 벗어나 문화·사회·정치·예술·종교·철학·도덕·과학과 관련된 질문을 기꺼이 탐구하려는 사람들을 위한 책이었다. 니체는 현상계the phenomenal world를 볼테르적 시각으로 탐구하며, 실재계noumenal world는 접근하기 힘들 뿐 아니라 인간에게 일상적 의미가 있지 않다는 사실을 인정했다. 그는 자유로운 계몽운동의 계승자가 되고 싶었다. 니체는 볼테르에게 그 책을 헌정함으로써 자신의 의도를 분명히 했다. 바그너에 대한 도전을 확실하게 하는 행위였다.

책은 10개의 소제목으로 되어 있다.

최초의 것과 최후의 것에 관하여

도덕적 감각의 역사에 관하여

종교적 삶

예술가와 저술가의 영혼에서

고급문화와 저급문화의 특징

사회 속 인간

여성과 아이

국가에 대한 일견

혼자인 사람

친구들 사이에서. 에필로그

각 장은 번호가 매겨진 잠언과 잠언체 단락으로 이루어졌다. 먼저 '최초의 것과 최후의 것에 관하여'는 철학자들의 기본 사고에 선천적 결함이 있다는 강한 지적으로 시작된다. 즉, 철학자들이 인간의 본성을 영원한 진리로 본다는 점을 꼬집었다. 철학자들은 인간이 온갖 혼란 속에서도 변하지 않는 존재이며 사물의 확실한 척도로 존재해왔다고 주장하지만, 이는 기본적으로 매우 한정된 시간 동안 관찰한 인간의 모습을 토대로 이루어진 진술에 지나지 않는다는 것이다.[2] 인간은 아주 오랜 시간에 걸쳐 진화해왔다. 세상에는 영원한 사실도, 절대적 진리도 없다. 인간의 발달에 관한 모든 본질적인 것은 4천 년보다 훨씬 오래전인 태고의 시대에 나타났다. 지금 우리에게 익숙한 그 4천 년 동안 인간은 크게 변한 것이 없었다. 그런데 철학자는 현대인의 모습에서 '본능적인 것들'을 보고 그것들을 인간의 본성에서 변하지 않는 사실이라 믿으며, 전반적으로 세계를 이해하는 핵심 고리로 여겼다.[3] 하지만 인간 중심 사상이나 신을 인간과 비슷하게 바라보는 신인 동형설로는 세계를 올바로 이해할 수 없다.

종교적, 도덕적, 미적 감수성은 사물의 표면일 뿐인데도, 인간은 세상의 중심에 닿았다고 믿고 싶어 한다. 그것들이 인간을 아주 행복하게 혹은 불행하게 만드는, 인간의 삶에 의미를 주는 것들이

기 때문이다. 그래서 인간은 하늘의 별들이 인간의 운명을 중심으로 돌아간다고 믿으며 점성술의 망상 속에서 자신을 속인다.[4]

형이상학과 문화의 기원은 꿈에 있다. 태고의 인간은 꿈속에서 제2의 현실 세계를 알 수 있다고 생각했다. 모든 형이상학의 기원이 여기에 있다. 꿈이 없었다면 인간은 세계를 나눌 이유를 발견하지 못했을 것이다. 육체와 영혼을 분리하는 것은 꿈에 관한 오랜 믿음과 관련된다. 영적 존재의 출현도 마찬가지다. 영혼, 그리고 아마도 신에 대한 모든 믿음의 기원도 여기에 있었을 것이다.[5]

형이상학적 가정은 자기기만의 열렬한 오류이다. 그러나 니체는 누구도 반박할 수 없는 형이상학적 세계가 존재할 수 있음을 기꺼이 인정한다. 하지만 형이상학적 세계의 존재가 증명된다 해도 그런 지식은 가장 쓸모없는 지식이 될 것이다. 조난 위기에 처해 있는 선원에게 물의 화학적 구성이 쓸모없듯이 말이다. 아니 그보다 더 쓸모없는 것이다.[6]

논리와 수학을 나누는 것은 비수학자의 복수처럼 보인다. 논리는 현실 세계의 무엇과도 일치하지 않는 가정을 토대로 하기 때문이다.[7] 수학도 마찬가지다. 자연에는 정확한 직선도, 완전한 원도, 절대적 시작도 존재하지 않는다는 것을 처음부터 알았더라면 수학은 틀림없이 시작되지 않았을 것이다.[8] 슐포르타에서 최악의 수학 성적을 받았던 니체는 수의 법칙이, 실제로는 동일한 것이 아무것도 없지만, 그런 것들이 존재한다는 최초의 일반 오류에 근거해서 성립되었다고 말한다. 다수성의 인정은 항상 반복해서 나타나는 무언가가 있음을 가정한다. 하지만 이는 잘못된 사실이다. 존재하지 않는 본질과 단일성을 날조한 것이다. 우리의 머리에서 나오지 않은 또 다른 세계에서는 수의 법칙을 전혀 적용할 수 없다. 오로지 인간의 세계에서만 유효하다.[9]

'도덕적 감각의 역사에 관하여'라는 장 역시 경고의 말로 시작된다. 심리학적 관찰은 자유사상의 기초가 되어야 한다. 인류는 칼이나 핀셋과 더불어 심리학적 수술대에 놓인 그 자체의 잔인한 광경을 피할 수 없다.[10] 니체는 라 로슈푸코가 한 말을 언급하며 이 경고에 힘을 보탰다. "세상 사람들이 미덕이라 부르는 것은 벌 받지 않고 우리가 원하는 것을 얻기 위해 적당히 이름 붙인, 우리의 열정이 만들어낸 환영에 지나지 않는다."[11] 상위 동물인 인간은 거짓말을 듣고 싶어 한다. 사회적 본능은 공동의 즐거움과 위험에 대한 공통적인 혐오감에서 생겨났다. 도덕률은 상위 동물이 질서를 유지하게 하려는 공식적인 거짓말이다.

'국가에 대한 일견'에서는 다음과 같이 설명한다. 통치 질서에 의한 정치는 자유를 위태롭게 한다. 독재에 가깝다. 하지만 대중은 지진에 관해 유감스럽지만 불가피한 일이라 여기며 익숙해져야 한다. 니체는 볼테르의 말을 인용하여 "대중이 사고에 관여할 때, 모든 것을 잃는다."라고 했다.[12]

사회주의의 의도는 흠잡을 데가 없지만, 과거의 전체 문화는 폭력과 노예제도, 속임수, 오류 위에 세워졌다. 이 과거 전체 문화의 산물이자 상속인인 우리는 자신을 부인할 수 없고 그중에 어느 한 부분과도 떨어질 수 없다. 필요한 것은 강제적인 재분배가 아니라 점진적인 생각의 변화다. 즉 정의감은 모두에게서 더 많아져야 하고 폭력에 대한 본능은 약해져야 한다.[13]

니체는 종교에 관해서도 자신 있게 말했다. 학문, 정치, 수학에 관해 말할 때보다 훨씬 더 확고부동한 자세였다. 이때는 성경을 적극적으로 이용했다. 니체는 성경의 특정 구문을 인용해서 그 문장을 완전히 뒤엎기를 좋아했다. 가령 누가복음 18장 14절에는 "무릇 자기를 높이는 자는 낮아지고 자기를 낮추는 자는 높아지리라." 라고 되어 있는데, 니체는 이 문장을 이렇게 뒤엎었다. "수정한 누가복음 18장 14절. 자신을 낮추는 자는 높아지기를 원하는 것이다."[14]

종교라고 하는 '더 고차원적 사기'에 대한 믿음은, 그리고 이상에 대한 믿음을 포함하는 그것은 과학에 대한 맹목적인 믿음으로 대체되는 위험에 처해 있다. 과학은 확실성을 보장해 종교의 지위로 승격했다. 영혼의 자유를 얻고자 하는 인간은 종교와 과학, 이상을 분석적이고 비판적으로 해석해야 한다. 이런 종류의 자유로운 영혼은 아직 존재하지 않지만 언젠가는 존재할 것이다. 니체는 그들이 천천히 자신을 향해 다가오는 모습이 미래라는 안개 속에서 환영처럼 떠오른다고 묘사했다. 지구상의 방랑자들은 자신을 여행자로 알고, 존재하지 않는 마지막 목적지를 향해 여행한다. 하지만 이는 그들의 삶을 망치는 것이 아니다. 오히려 그들은 불확실성과 인생무상에서 즐거움을 얻으며 해방을 누린다. 즉 그들은 사고의 진화가 가져올 모든 새로운 새벽의 미스터리를 환영한다.

니체는 《인간적인 너무나 인간적인》을 위기의 기념비라 칭했다. 바그너와 사상적 균열에 대한 위기였고, 지난 10년간 무의미했던 교직 생활에 대한 위기였다. 그는 과거를 돌이켜보며 자신이 너무 어린 나이에 자기에게 맞지도 않는 일에 내몰렸다는 생각으로 화가 났다. 문헌학은 바그너의 마약 같은 음악을 통해 겨우 만족할 수 있었던 공허함과 배고픔만 안겨주었다. 하지만 그의 음악만으로는 현실을 만족시킬 수 없었다. 《인간적인 너무나 인간적인》은 자유로운 영혼을 찾아 떠나는 니체의, 즉 이상이나 신의 부재에도 불구하고, 또한 음악적 숭고함에 대한 예민한 감수성에도 불구하고, 실존에 대한 갈망을 채울 수 있는 남자의 철학적 여행의 시작을 의미했다.

《인간적인 너무나 인간적인》은 잠언적 문체로 번호를 매겨 쓴 니체의 첫 번째 책이다. 건강 때문에 어쩔 수 없이 쓰게 된 짧고 강렬한 방식의 문체 덕분에 단점이 장점으로 승화되었다. 니체는 이런 방식의 글쓰기를 통해 한층 더 심도 있는 질문을 자극할 수 있음을 깨달았다. 이 책으로 그는 독창적인 문장가이자 진정한 사상가로서의 탄생을 알렸다.

니체는 1878년 1월 중순에 《인간적인 너무나 인간적인》의 1부를 완성해 슈마이츠너에게 보냈다(2부는 나중에 나왔다). 세부 지시사항도 따로 만들어 보냈다. 책은 볼테르의 사망 100주년 기념일에 맞춰 5월 30일까지 나와야 했고, 그전까지는 어떤 식으로든 사람들에게 알리지 말아 달라고 했다. 자신을 지지하거나 반대하는 사람들이 책에 대한 편견을 갖지 않도록 저자 이름은 '베른하르트 크론Bernhard Cron'이라는 가명을 쓰고 싶다고 했다. 니체는 홍보 자료에 쓸 가짜 전기도 작성했다.

베른하르트 크론은 발트해 연안에 있는 러시아 출신 독일인으로 최근 몇 년간 계속 여러 지역을 여행하며 지냈다. 이탈리아에서는 문헌학과 골동품 연구에 주력했으며, 파울 레 박사와 친분을 맺고 그를 통해 출판업자인 슈마이츠너를 알게 되었다. 베른하르트 크론은 앞으로 몇 년간 주소가 변경될 수 있으므로 편지는 슈마이츠너 앞으로 보내면 된다. 슈마이츠너는 개인적으로 크론을 만난 적은 없다.[15]

슈마이츠너는 니체의 생각에 반대했다. 베른하르트 크론이라는 사람이 쓴 잠언서는 사람들의 관심을 끌 수 없었다. 하지만 《비극의 탄생》을 쓴 작가가 180도 달라진 모습은 중대한 사건이 될 터였다. 그는 포용적인 자세로 니체에게 이렇게 편지를 보냈다. "대중 앞에서 말할 수 있는 사람은 생각이 변했을 때, 달라진 생각도 대중 앞에서 말할 수 있어야 합니다."[16] 슈마이츠너는 책 광고를 내지 말라는 니체의 요구를 무시하고 안내책 1천 부를 주문해 1부당 10마르크의 값을 매겼다. 니체의 안내책 중에 가장 비싸게 책정된 것으로 《인간적인 너무나 인간적인》에 대한 높은 기대감을 의미했다.

책 표지에는 니체의 이름이 쓰였다. 한때 자랑스럽게 여겼던 교수 타이틀은 니체가 자진해서 삭제했다. 4월 말 니체는 기증본 28권을 발송했다. 파울 레는 훌륭한 인사말을 보내왔다. "제 친구는 모두 제 책이 선생님에 의해 쓰였다는 것에, 혹은 선생님에게 영향을 받았다는 것에 동의합니다. 새 책을 내신 것을 축하드립니다! … 레알리즘 만세!"

야코프 부르크하르트도 좋은 반응을 보이며 세계에 더 많은 독립심을 가져올 최고의 책이라고 칭했다. 하지만 열광적인 반응을 보여준 사람은 레와 부르크하르트가 전부였다. 증정본을 받은 다른 사람들은 니체를 따라 바그너와 쇼펜하우어에 깊이 빠져 있던 사람들이라 배신감을 느끼거나 당황해하거나 불쾌하다는 반응을 보였다. 로데는 "한 사람이 자신의 영혼을 없애고 갑자기 다른 사람의 영혼을 대신할 수 있을까? 니체가 갑자기 레가 될 수 있을까?"라고 질문했다. 《비극의 탄생》에 당당하게 호평을 보냈던, 얼마 되지 않는 충실한 지지자들도 같은 의문을 가졌다. 니체는 그들이 그런 의구심을 표현할 때 "나는 추종자를 원치 않는다."고 단호하게 말했다.[17]

어떤 이는 익명으로 '볼테르의 영혼이 프리드리히 니체에게 경의를 표하며'라는 메모와 함께 파리에서 볼테르의 흉상을 보냈다.[18] 아마도 바이로이트 축제 기간에 니체가 사랑에 빠졌던 루이제 오트였던 것으로 보인다. 니체는 그녀가 파리에 있는 은행가 남편에게 돌아간 후로도 여전히 그녀를 그리워하며 그녀와 편지를 주고

받았다. 아니면 장난을 좋아한 바그너가 파리에서 보내도록 주선했는지도 모른다.

반프리트에는 4월 25일에 책이 도착했다. 바그너는 볼테르에게 바친다는 헌정사를 보고 흠칫 놀랐다. 잠깐 훑어본 뒤 책을 읽지 않는 편이 더 낫겠다고 생각했다. 하지만 코지마는 달랐다. 열심히 책을 읽었고, '분노와 실망감'을 감추지 못했다. 볼테르에게 영향을 받았다는 점보다 더 심각한 문제는 유럽을 점령하려는 유대인의 음모가 책 곳곳에 숨겨져 있다는 것이었다. 그녀는 소렌토에서 레를 보자마자 그가 유대인이라는 사실을 눈치채지 않았던가. "마침내 야곱의 자손이 레 박사의 모습으로 나타났다. 세련되고 자신만만한 모습으로 니체에게 압도당했지만, 사실은 니체보다 한 수위에 있다. 고대 유다 왕국과 독일의 관계처럼."[19] 그러고는 니체의 편지를 불태우는 극단적인 모습을 보였다.

바그너는 자신이 창간한 신문 겸 홍보지인 〈바이로이트 특보Bayreuther Blätter〉에 책에 대한 공식적인 견해를 밝혔다. 그는 니체가 편집장 자리를 거절했을 때 한스 폰 볼초겐Hans von Wolzogen에게 대신 그 자리를 맡겼다. 폰 볼초겐은 반유대주의자로 썩 훌륭하지 못한 식자였지만, 반프리트 근처에 화려한 별장을 짓고 바그너의 집을 들락거리며 그의 환심을 샀다. 니체는 신문을 싫어해 그 자리를 거절하기는 했어도 폰 볼초겐이 부러웠다. 그 자리가 가진 힘이 막강했기 때문이다.

바그너는 글에서 표면상으로는 독일 예술과 대중의 관계를 전

· 10장 · 인간적인 너무나 인간적인

체적으로 조망한다고 했지만, 사실은 자신과 쇼펜하우어를 옹호하고 형이상학적 개념과 무엇보다 음악 천재에 관한 생각을 광고했다. 바그너는 그런 면에서 자신이 유럽을 대표하는 최고의 예술가라고 생각했다. 특히 그는 화학과 이해할 수 없는 반응식을 강조하며 과학적 지식이 부상하는 모습을 참지 못했고, 이를 지식에 의구심을 품는 현상이 퍼진 탓이라고 생각했다. 형이상학을 부정한 결과는 무엇보다 인간이라는, 천재라는 바로 그 개념에 의문을 품는 결과로 이어졌다. 바그너로서는 천재들이 현실 세계의 신비로운 본질에 접근하는 특권을 부정한다는 것은 말도 안 되는 소리였다. 과학적 사고로는 결코 천재들이 하듯 직관적으로 인간 영혼에 접근할 수 없었다.[20]

니체는 바그너가 아이저 박사와 그 끔찍한 편지를 주고받았다는 사실을 아직 몰랐던 때라 공개적으로 생각을 밝히지는 않았다. 그저 그의 기사가 기분 나쁘고 보복적이며 논쟁적이었다는 기록만 개인적으로 남겼다. 니체는 자신이 이상 세계에서 잘못 보내진 짐처럼 느껴졌다. 그해 내내 몸이 좋지 않았는데, 잠시 상태가 좋아질 때마다 바그너에 대한 반감이 드러나는 글들을 적어놓았다. 그 글들은 나중에 '여러 가지 생각과 잠언', '방랑자와 그의 그림자'라는 장들에 들어가 《인간적인 너무나 인간적인》의 2부를 구성했다. 니체에게는 힘들고 괴로운 작업이었다.

몇 줄만 빼고 모든 내용은 산책 중에 나왔다네. 그럴 때는 작은 노트에 연필로 짧게 요점을 적어두었어. 몸이 허락하지 않아 정서로 쓰지는 못했다네. 그래서 안타깝게도 꽤 중요한 부분인데 20개가량 되는 일련의 긴 글들을 빼야 했지. 끔찍한 글씨로 적힌 메모 사이에서 그 글들은 결국 찾을 수가 없었거든. … 중간에 일부 내용은 내 기억에서 완전히 사라졌어. 그래서 소위 말하는 '뇌 기운'의 기록을 훔쳐야 하네. 고통받고 있는 뇌에서 훔쳐내야 한다네.[21]

니체는 유급 휴가가 끝나자 다시 교편을 잡아보려고 바젤대학교로 돌아갔다. 실용적인 일을 하고 있다는 생각이 들어야 삶을 이어갈 수 있을 것 같았다.

바젤에는 루돌프 마시니Rudolf Massini라는 새로운 의사가 있었다. 아이저 박사와 니체의 상태에 대해 의견을 나눈 그는 마비성 치매일 가능성도 배제할 수 없다고 말했다. 니체에게 아예 시력을 잃게 될 수도 있다고 경고하며 앞으로 몇 년간 읽기와 쓰기를 아예 금지시켰다. 니체로서는 사형 선고나 다름없었다.

그때까지는 쾨젤리츠와 엘리자베스 덕분에 비교적 수월하게 학생들을 가르칠 수 있었다. 쾨젤리츠가 읽고 쓰는 일을 도와주었고, 엘리자베스는 집안일을 도와주었다. 하지만 쾨젤리츠는 작곡가로서 꿈을 이루기 위해 베니스로 떠나야 했고, 엘리자베스도 더는 니체 곁에 오지 않았다.

그녀는 《인간적인 너무나 인간적인》의 노골적인 반기독교적 사상에 심한 모욕감을 느꼈다. 그 책은 가족의 수치였다. 게다가 이제 니체는 교수라는 직업까지 버리려 했다. 그 말은 곧 무직 상태로 가난한 삶을 산다는 의미였다. 다시 말해 그녀의 오빠는 어머니와 그녀 자신이 니체의 사회적 지위에서 얻고자 하는 반사 이익에 찬물을 끼얹고 있었다. 결과적으로 그런 모습은 억압적이고 가부장적인, 무엇보다 보수적인 나움부르크 사회에서 자신의 결혼에 전혀 도움이 되지 않을 게 뻔했다.

니체는 이제 주변 사람을 정리할 필요가 있었다. 가장 정점에서 빛나고 있던 바그너와 코지마를 대신할 무언가가 필요했다. 엘리자베스는 니체의 소개로 코지마와 친분을 맺은 후로 그들 부부에게 여러모로 소소한 도움을 제공했다. 두 여성 모두 몹시 속물적이고 신앙심이 독실하다는 공통점이 있었고, 《인간적인 너무나 인간적인》을 읽고 불쾌해하며 마음의 상처를 입었다. 코지마는 엘리자베스에게 니체의 책은 지적 수준도 낮고 도덕적으로는 통탄할 지경이라고 솔직하게 편지를 썼다. 문체는 가식적이고도 엉성하다고 했다. 코지마는 니체의 책 전체가 피상적이고 말장난 같은 궤변만 나열되어 있다고 생각했다. 그 책은 자신들에 대한 배반이 분명했다. 니체가 자신들을 떠나, 튼튼한 요새로 무장한 적군의 진영으로, 즉 유대인들에게로 간 것이었다.

엘리자베스는 코지마의 생각을 전적으로 지지했다. 당시 그녀는 바이로이트에서 만난 베른하르트 푀르스터Bernhard Förster라는 유력한 정치 운동가와 서신을 교환하는 사이였다. 그가 지지하는 국수주의와 반유대주의가 니체가 지지하는 유럽주의나 레알리즘보다 훨씬 마음에 들었다. 엘리자베스는 자유로운 영혼이 되고 싶은 마음이 없었다. 오히려 자신을 사회와 관습에 묶어두는 모든 족쇄를 소중하게 생각했다. 바젤에 있던 니체의 주변인 중에는 드문드문 총각들도 있었지만, 결론적으로 소득이 없었다. 이제 그녀는 나움부르크로 돌아가 결혼 상대를 찾는 데 집중해야 했다.

니체는 이제 집안일을 도와주는 엘리자베스가 곁에 없기 때문에 시내에 있을 이유가 없었다. 그래서 가구를 팔고 동물원 근처 마을 외곽으로 집을 옮겼다. 바흐레텐스트라세 11번지에서 학교까지는 먼 거리였지만, 묵묵하게 그 길을 오가며 학교에서 맡은 바 임무를 충실히 이행했다. 완전히 혼자가 된 그는 통증과 피로로 몹시 힘든 상태였다. 하지만 정해진 예산 안에서 계획적으로 지출하고 알차게 생활하려고 지출 기록을 꼼꼼하게 남기며, 슐포르타에 있을 때처럼 빡빡하게 일과를 짜서 생활했다.

1879년 5월 2일, 니체는 결국 건강상의 이유로 교수직을 사임했다. 학교 일과 글 쓰는 일 때문에 건강이 나빠졌다는 의사들의 말에 희망을 걸기로 했다. 바그너의 음악에도 책임이 있다고 생각했다. "저를 괴롭히는 생각과 글쓰기는 저를 늘 병들게 했습니다. 순수하게 학문에만 빠져 있을 때는 건강했지요. 하지만 음악이 끼어들면서 신경이 완전히 망가졌고, 형이상학 때문에 저와는 전혀 관련 없는 수천 가지 일을 걱정하게 되었어요."[22] 니체는 그 두 가지 짐을 벗고 나면 건강을 되찾을 수 있을 것만 같았다.

6월 30일, 바젤대학교는 그의 사표를 수리하고 연금으로 6년간

3천 스위스프랑씩 지급하기로 했다. 니체는 스위스에서 계속 거주하지 않았기 때문에 스위스 시민권을 얻지 못했다. 하지만 오히려 무국적 상태가 좋았다. 이제야말로 단순히 수용적인 자세에서 벗어나 보편적인 윤리를 이해하고 삶에 대한 새로운 판단을 토대로 선악의 기준을 새로 정할 수 있게 되었으니 말이다. 어쩌면 마침내 진정한 의미의 자유로운 영혼이 된 것 같았다.

니체는 어린 시절의 영웅인 휠덜린의 삶을 모방하고 싶은 마음에, 나움부르크 성벽 옆에 있는 낡은 탑을 찾아냈다. 그곳에서 정원사로 일하면서 소박하게 살고 싶었다. 하지만 정원사로 일하려면 튼튼한 허리와 무엇보다 아주 좋은 시력이 필요했다. 그 사실을 깨닫기까지는 6주가 채 걸리지 않았다. 그때부터 그의 방랑 생활이 시작되었다.

· 11장 ·

방랑자와 그의 그림자

. . .

알프스에서 저는 난공불락의 상태가 됩니다. 특히 혼자일 때, 저 자신 외에 다른 적
이 없을 때는 말이지요.

- 1877년 9월 3일, 말비다 폰 마이젠부크에게 쓴 편지에서

니체는 책과 그림 몇 점을 제외하고 가지고 있던 모든 물품을 처분했다. 돈 관리는 그가 신뢰하는 친구인 프란츠 오버베크에게 맡겼고, 메모장과 공책은 엘리자베스에게 맡겼다(이것은 니체의 중대한 실수였다). 트렁크 두 개 분량의 책과는 도저히 헤어질 수 없어 그냥 남겨두었다. 그는 신선한 공기와 우유로 건강을 회복하는 치료법을 시도해보려고 다보스, 그린델발트, 인터라켄, 로젠라우이, 샹페르, 생모리츠 같은 알프스의 휴양지를 떠돌 때, 그 책들과 내내 함께했다. 니체는 프로메테우스처럼 알프스의 산길을 걸어 다녔다. 하루에 8~10시간씩 걷는 날도 많았다. 그럴 때는 미스터리 같은 우주의 목적을 헤아리고 인간이 완전히 이해하지 못하는 거대한 분야를 사색하며 명쾌한 답을 찾으려고 노력했다. 그는 오를 수 있는 가장 높은 지점까지 터벅터벅 걸었다. 하지만 항상 정상에 미치지는 못했다. 햇살에 빛나는 만년설 때문에 눈이 칼로 도려내듯 아팠기 때문이다.

당신은 이 책에서 '지하에서 작업하는 사람'을 만나게 될 것이다. 그는 흙을 파내고 땅을 갈아엎고 굴을 뚫는다. 당신이 땅속 깊은 곳에서 일어나는 일을 볼 수 있다고 가정한다면, 그가 천천히 조심스럽게, 그러면서도 거침없이 계속 일하는 모습을 보게 될 것이다. 그는 오랫동안 빛과 온기를 빼앗기고도 한 마디 불평도 하지 않는다. 심지어 어둠 속에서 하는 그런 일이, 만족스럽다고 할 것이다. 어떤 신념이 그를 인도하는 것 같지 않은가? 어떤 위로가 그의 노고를 보상하는 것 같지 않은가? 어쩌면 그는 오랜 시간 이어지는 이 어둠을 원하는 것인지도, 이해되지 않고 모습이 드러나지 않고 정체가 밝혀지지 않기를 원하는 것인지도 모른다. 나중에 거기에서 무엇을 얻게 될 것이지를, 자신의 아침, 자신의 구원, 자신의 '여명'을 얻게 되리라는 것을 알기 때문일까? … 그는, 트로포니오스(아폴로의 아들이자 신탁의 신으로서 땅에 빨려 들어가 지하세계에 산다) 같은 이 지하의 인간은 다시 '인간이 되자마자' 자진해서 말할 것이다. 그 사람처럼 혼자 생활하는 두더지로 오랫동안 지내왔다면, 침묵을 지키는 것은 완전히 잊게 되는 어떤 상태이다.[1]

이 글은 니체의 《여명Daybreak》에 나오는 서문의 한 구절이다. 한편으로는 두더지 같다고 했던 문헌학자의 삶을 뒤로하고, 오랜 세월 방랑하며 위대한 예언자로 거듭나기 위해 어두침침한 눈으로 유럽의 산과 호수를 떠돌던 자신의 모습을 그린 초상화이기도 하다.

두더지처럼 땅굴을 판다고 묘사된 니체는 나무가 지붕처럼 우거져 햇빛을 가려주는 산속에 살았다. 중요한 점은 그 나무들이 끈질기게 그를 괴롭히는 구름 속 전류를 가려주었다는 것이다. 1752년, 벤저민 프랭클린이 실험을 통해 구름 속 전기를 끌어낸 후로, 사람이 전도체가 될 수 있다고 상상하는 것은 완전히 터무니없는 이야기는 아니었다. 물론 공기 중에서 전기를 흡수한다는 말은 오늘날로 보면, 조현병 같은 정신질환 환자들의 망상적 증상으로 여겨지지만 말이다.

니체는 특이하게 번개와 폭풍우에 민감했다. 주변 사람들은 니체가 슐포르타 시절부터 그런 날에 가장 영감을 많이 받고 독창성을 발휘하여 즉흥 연주를 선보였다고 말한다. 디오니소스에 점점 더 동류의식을 느끼고 있던 니체는, 디오니소스의 아버지인 제우스가 천둥 번개의 모습으로 나타난다는 사실을 떠올리며, 그래서 아마도 자신이 지구상의 누구보다 구름 속 전기의 힘에 더 민감하다고 믿었다. 그는 파리에서 열린 전기 전시회에 직접 전시물로 나갈까도 고민했는데, 마지막에 가서는 전기가 바그너의 음악보다 자신의 건강에 해롭다는 결론을 내렸다.

"나는 폭발할 수 있는 그런 기계 중 하나라네." 그는 이런 편지도 썼다. "내 고통의 80퍼센트는 구름 속에 있는 전기적 패턴과 바람의 영향, 이런 것들 때문이라고 확신하지."[2] 그 영향이 이제 사흘씩 이어지는 극심한 통증과 구토라는 결과로 나타났다. 몸이 반은 마비되는 것 같았고, 뱃멀미 같은 느낌과 더불어 말하는 데도 어려움을 느꼈다. 그러는 와중에도 산소가 부족한 높은 산속에서는 때때로 한 번도 경험하지 못한 극도의 행복감에 압도되는 느낌을 받았다. 니체는 자신이 너무 가냘프고 힘없는 존재로 느껴졌다. 어느 날은 어떤 우월한 존재가 새 연필을 시험해본다며 종이에 아무렇게나 낙서하듯 자신을 자연 속에 이리저리 끌고 다니는 것 같았다. 그는 만물을 꿰뚫는 하늘로부터 자신을 숨길 수 있는 숲의 크기로 산을 평가했다.

게르만인 연합으로 로마군을 크게 물리쳤다는 토이부르크 숲은 나무가 우거져 무척 어두웠는데 그 점이 가장 만족스러웠다. 니체는 어두컴컴한 숲속을 헤치고 다니며 주머니에 들어갈 만한 작은 공책에 '저주받은 전보식 문체'로 글을 채웠다. 떠오른 중요한 생각들을 두통이 잠시 멈춘 사이 기록해두려면 그 방법밖에는 없었다. 출판업자는 니체에게 독자를 더 잃고 싶지 않으면, 전보식 문체를 산문체로 바꾸어야 한다고 경고한 상태였다.

그런 조언에도 불구하고 니체는 《인간적인 너무나 인간적인》의 2부로서 몇 백 개의 잠언으로 이루어진 '여러 가지 생각과 잠언', '방랑자와 그의 그림자'를 슈마이츠너에게 보냈다. 575개의 잠언으로 이루어진 또 다른 책도 집필해서 보냈다. 《여명》이라는 제목의 그 책에는 '도덕적 편견에 관한 생각'이라는 부제를 달았다. 이 책에는 개를 쓰다듬는 것에 관한 도덕률에서 바그너, 자유 의지, 개인의 자유, 종교, 국가와 같은 그의 일반적인 관심사들에 대한 생각이 두루 포함됐다.

《여명》에는 물질주의에 관해서도 많은 이야기를 담았다. 이 책은 그가 당대의 과학적 추론에 관심을 보이던 시기에 쓰였다. 그가 17세기 유대계 철학자인 스피노자를 발견하고 기뻐한 시기도 이때였다. "나의 고독은 이제 두 사람을 위한 고독이라네! 정말 놀랍고 기뻐! 나의 선구자가 있었다니!" 그는 오버베크에게 쓴 편지에서 이렇게 말하며 자신에게서도 스피노자처럼 자유 의지, 목적의식, 악, 도덕적 세계의 질서, 이타주의를 부인하는 모습이 보인다고 했다. 물론 두 사람 간의 차이는 엄청났는데, 그 차이는 시대적, 문화적, 지식 영역 간의 차이로 인한 것이었다.[3] 니체는 로베르트 마이어Robert Mayer의 《열역학Mechanics of Heat》, 보스코비치의 비물질적 원자 이론,* 그리고 유물론을 주장한 의학자인 루트비히 뷔히너Ludwig Büchner**의 《힘과 물질Force and Matter》을 읽었다. 특히 뷔히너는 인기 저서가 된 《힘과 물질》에서 "현대의 연구와 발견은 정신적으로든 육체적으로든 인간이 가지고 있고 갖추고 있는 모든 것으로 보건대, 다른 모든 유기체와 마찬가지로 인간도 자연의 산물임을 더는 의심하게 하지 않는다."라고 주장했다. 프리드리히 알베르트 랑게F. A. Lange는 《유물론의 역사History of Materialism》에서 인간은 일반적인 생리 기능이 특수하게 나타난 경우에 지나지 않고, 인간의 사고는 삶의 물리적 과정에서 특수한 연쇄반응에 지나지 않는다고 주장했다. 니체는 자신의 삶을 돌아보며 《이 사람을 보라》를 쓰던 해, 즉 온전한 상태와 온전하지 않은 상태를 오가며 그 책을 쓰던 1888년에 생리학, 의학, 자연과학에 깊이 빠져 있었다고 말했다. 이 분야에 관한 탐구, 즉 인간은 단지 형체가 있는 유기체일 뿐, 인간의 정신적, 도덕적, 종교적 믿음과 가치는 생리학과 의학으로 설명될 수 있다는 생각은 그보다 7년 전인 1881년 《여명》을 쓸 때 시

---

* 역본설力本說, 역동설力動說이라고도 번역된다. 기본적으로는 데카르트의 기계론에 반대하여, 물질을 포함한 모든 자연현상을 힘으로 환원하여 생각하려는 발상이다. 라이프니츠G.W. Leibniz의 단자론單子論, monadology이 그 선구라고 간주되지만, 기본적으로는 뉴턴 역학의 영향을 받은 보스코비치에서 비롯됐다. 그는 원자의 실체성을 부정하고, 그것을 일종의 역학적인 장場으로 간주했다. -편집자주
** 그는 일체의 이원론과 정신적인 것의 독립성을 부정하며, 모든 현상은 결국 물질에 유래한다고 주장했다. 유물론의 가장 대중적인 대표자로 꼽힌다. -편집자주

작되었다. 당시 일반인들 사이에서는 무엇을 먹느냐에 따라 자신의 진화적 발달을 통제할 수 있고, 따라서 자신의 미래를 통제할 수 있다는 생각이 퍼지고 있었다. 그 생각을 가장 훌륭하게 요약해서 보여준 사람은 철학자이자 인류학자인 포이어바흐^{Feuerbach}였다. 《여명》이 나오기 불과 몇 년 전인 1872년에 사망한 그는 이런 말을 남겼다. "사람들을 더 나아지게 하고 싶다면 죄악에 대한 열띤 연설 대신 더 좋은 음식을 제공하라. 사람은 그가 먹는 것으로 이루어진다."[4]

하지만 이와는 정반대로 《여명》에서는 윤리와 도덕의 역사에서 광기의 의미에 대해 이야기한다. "무서운 압박 속에서 수천 년간 이어온 관습을 깰 유일한 방법은 끔찍한 수행자에 의해서다. 거의 모든 곳에서 새로운 사상의 토대를 마련한 것은 광기였다. 광기는 숭고한 관습과 미신의 마력을 깨뜨렸다. 왜 광기여야 하는지 당신은 이해하는가?" 광기는 완전한 자유를 의미했고, 신성의 힘을 가진 확성기를 의미했다. 광기가 부여되지 않았다면, 있는 척이라도 해야 했다.

어떤 도덕적 멍에라도 떨쳐내고 새로운 법칙을 세우려는 모든 우월한 인간은 실제로 미치지 않았다면, 정말로 미치거나, 혹은 미친 척하는 방법 말고는 다른 대안이 없다. … 정말로 미치지 않았고, 미친 것처럼 보일 용기가 없을 때 우리는 어떻게 미칠 수 있을까? … 아, 신이시여, 제게 광기를 주소서! 광기는 내가 마침내 믿는 유일한 것일지도 모른다! 나에게 망상과 발작과 갑작스러운 빛과 어둠을 주소서. 어떤 인간도 느껴본 적 없는 냉기와 열기로, 귀를 먹게 할 정도의 소음과 먹이를 찾아 어슬렁거리는 존재로 나를 두려움에 떨게 하소서. 짐승처럼 울부짖고 낑낑거리며 기어가게 하소서. 그리하여 마침내 내가 나를 믿을 수 있도록! 나는 법칙을 없앴다는 생각에 사로잡혀 있다. 그 법칙은 시체가 살아 있는 사람을 괴롭히듯 나를 괴롭힌다. 그러므로 내가 그 법칙보다 높지 않다면 나는 모든 인간 중에서 가장 악한 사람이다.[5]

《여명》의 마지막은 모든 사람에게 도전을 부추기는 강력한 요구로 끝난다.

우리는 영혼의 조종사다.… 이 강력한 열망, 어떤 즐거움보다 우리에게 더 가치 있는 이 열망은 우리를 어디로 이끄는가? 바로 이곳으로, 인류의 모든 태양이 기우는 그곳으로 이끌었다. 우리 역시 언젠가는 인도에 닿기를 바라며 서쪽으로 배를 몰았다고 말할 수 있을까? 하지만 아득히 머나먼 곳에서 난파당하는 것이 우리의 운명이었다고 말할 수 있을까? 혹은, 형제여. 혹은? ―

'혹은? ―'으로 책을 끝낼 만큼 대담한 작가는 지금도 찾아보기 힘들다.

그의 병은 인도를 정복하려는 알렉산더 대왕의 원정이자 아득히 머나먼 곳에서 자신을 난파하는 수단과 같았다. 그는 고통스러운 발작을 겪을 때마다 고통에 휘둘리지 않는지 능력을 시험당했고, 그 발작에서 벗어날 때마다 새로운 발견의 대가로 고통의 가치를 확인하며 다시 태어났다. 그리고 죽음의 문턱에서 건강을 조금 회복할 때마다 뛰어난 독창적 영감을 발휘했다. 다만 그는 눈이 멀고 정신이 이상해져 뇌연화증으로 죽은 아버지의 나이에, 언젠가 자신도 그렇게 죽게 되리라고 아주 오래전부터 그렇게 생각해온 나이에 점점 가까워지고 있었다.

니체는 1879년 한 해를 돌아보며 118일간은 극심한 고통으로 아무것도 할 수 없었다고 기록했다. 그렇게 죽음에 직면하면서 그가 얻은 것은 무엇인가? 중요하지 않은 글 몇 편과 실패로 끝난 교수 생활, 책 두 권이 전부였다. 그중 한 권인 《비극의 탄생》은 이미 마음이 떠난 바그너를 기쁘게 한 것 말고는 문화적 개혁 면에서 아무 역할도 못 했다. 《인간적인 너무나 인간적인》은 밀랍이 녹는 대가를 치르더라도 하늘 높이 날아오르려 했던 이카로스의 열망을 품었으나, 세 명의 팬만 확보했을 뿐 별다른 비평을 얻지 못했다. 판매 부수도 100부가량이 전부였다. 게다가 출판업자는 니체가 물리적으로 유일하게 가능했던 방법으로는 책을 더 쓰지 말라고 경고하고 있었다.

그는 실제 삶에서도 가능한 한 완벽하게 정신적 고립을 이루기로 마음먹었다. 친구도, 동반자도, 심지어 대필자도 필요 없었다.

그 무엇도 개인적 경험의 강도를 희석해서는 안 된다고 생각했다. 광기가 지식에 중요한 역할을 한다면 그에 따르는 위험도 감수해야 했다.

니체는 끔찍하게 싫어하는 크리스마스를 앞두고 성벽 옆에 있는 낡은 탑에서 고독을 즐길 계획으로 나움부르크로 돌아갔다. 하지만 그러기에는 몸이 너무 좋지 않았다. 어머니와 여동생은 그를 바인가르텐에 있던 어린 시절 그의 방에 누워 있게 했다. 침대에 묶여 있는 니체의 자유로운 영혼 주변에는 성가시도록 사소한 옛 질서가 과거 모습 그대로 남아 있었다. 교회 예배, 상록수, 케이크도 예전 모습 그대로였고, 일부러 이성적인 판단을 피하며 특별한 감정 없이 멋지게 옷만 차려입은 의례적인 방문도 예전과 똑같이 이어졌다. 그것은 감미로운 아폴론적 이성에 의해 변형된 디오니소스적 만취 상태로서 마음을 새롭게 해주는 축제라고 할 수 없었다. 하지만 니체는 우리가 믿도록, 혹은 실제로 어떤 도덕적 혹은 윤리적 입장을 취하도록 배워온 프로테스탄트들의 거짓 역사를 비난할 처지가 안 되었다.[6] 12월 24일 갑자기 쓰러져서 3일 뒤에는 의식을 완전히 잃었기 때문이다. 그리스어 공부를 계속하라는 어머니의 잔소리는 그의 회복에 도움이 되지 않았다. 니체는 친구들에게 어머니와 여동생의 목소리가 신경을 거슬리게 한다고 털어놓았다. 그들과 함께 있을 때면 언제나 몸이 좋지 않았다. 하지만 그는 언쟁과 다툼을 피했다. 어머니와 여동생을 어떻게 대해야 할지는 알았지만 그렇게 하고 싶지 않았다.

1880년 2월 10일, 니체는 어머니와 여동생 곁을 달아나도 될 만큼 건강을 회복하자 기차에 올라 가르다호가 있는 리바로 향했다. 쾨젤리츠도 그곳에서 만나자고 불러들였다. 쾨젤리츠는 자신이 공책에 써놓은 알아보기 힘든 글씨들을 깔끔하게 옮겨 적을 수 있을 테고, 그러면 슈마이츠너가 읽을 수 있을 것이고, 책으로 만들 수 있을 거라 여겼다.

니체는 작곡가로서 회의감에 빠진 쾨젤리츠에게 독특한 형태로 지배력을 발휘했다. '페터 가스트'라는 예명을 지어준 것도 그러했다. 쾨젤리츠는 곧장 그 이름을 받아들여 이후로는 쭉 그 이름을 사용했다. 이름의 유래는 정확하지 않지만 장난스럽고 진지하고 상징적인 의미가 골고루 섞여 있었다. '페터'는 그리스도가 '내 교회를 지을 반석(돌)'이라고 부른 그의 첫째 제자인 '성 베드로 St. Peter'[7]에서 따온 것이고, '가스트'는 '손님guest'를 의미했다. 따라서 두 단어를 합치면 '돌의 손님Stone Guest'이라는 뜻이 된다. 모차르트의 오페라 「돈 조반니」에 나오는 운명적인 역할의 기사단장의 이름이 이와 같다. 기사단장, 혹은 돌 손님의 역할은 그리스 신화에 나오는 복수의 여신 네메시스와 같다. 니체는 돈 조반니를 자신과 동일시하기를 좋아했다. 다만 그가 동일시한 돈 조반니는 유혹에 강한 모습으로가 아니라 '지식'에 강한 모습으로서다. 돈 조반니는 금지된 세계를 탐험하고자 '가장 높고 가장 멀리 떨어진 지식의 별'을 쫓을 만큼 무모하지만, 신의 계시를 얻기 위해 불멸의 영혼을 희생하고 영원한 지옥 불에 떨어지는 것도 두려워하지 않는다. 극

중에서 돈 조반니가 결국 정도를 넘었을 때 그를 지옥으로 내몰고 영원한 고통을 치르도록 한 것은 '돌의 손님'이다. 니체는 쾨젤리츠에게 페터 가스트라는 이름을 지어줄 때, 첫 번째 제자와 복수라는 두 가지 역할을 부여했다. 하지만 보수도 받지 않고 몇 년 동안 비서 겸 대필자로 니체의 뒤를 쫓아다닌 유순한 사람에게 후자의 역할을 기대하기는 적절해 보이지 않는다.

　페터 가스트는 니체가 책을 낼 때마다 어김없이 열광적인 반응을 보였다. 니체 역시 한때 작곡가를 꿈꾸었던 사람으로서 그의 작곡을 열렬히 지원했다. 니체는 가스트의 재능을 친구들에게 칭찬하고, 그의 희가극인 「비밀 결혼」을 후원해달라고 친구들을 부추겼다. 그의 음악은 바그너의 치명적이고 몽환적인 형이상학적 음악과는 완전히 달랐다. 두 사람은 3월이 되자 리바를 떠나 베네치아로 향했다. 가스트는 그곳에 살 집을 마련했다. 니체는 가스트의 오페라 작업에 속도를 내준다는 이유로 가스트 옆에 머물고 있었지만, 그의 일을 더 정신없게 만들기만 했다. 가스트가 '사마리아인의 임무'라고 표현한 그 일들에는 니체에게 하루 두 번씩 책을 읽어주고 글을 받아 써주는 일 외에도 사소한 신체 문제나 사고에서 그를 구해주는 일까지 포함되었다.

　베네치아는 돈이 많은 도시였다. 니체는 고급저택에 딸린 큰 방을 빌려 살았다. 호화로운 대리석 계단을 따라 그의 휑한 방으로 올라가면 창문 너머로 그의 세대와 다음 몇 세대에 걸쳐 엄청나게 중요한 의미를 지니는 상징적인 전망이 내려다보였다.

"'죽음의 섬'이 내려다보이는 방을 잡았다네."[8] 니체는 오버베크에게 이렇게 편지를 보냈다.

그 죽음의 전망에는 분명 젊은 세대에게 전통적 환상의 붕괴를 보상해주는 무언가가 존재했다. 니체가 베네치아에 머물던 그해에 스위스의 상징주의 화가인 아르놀트 뵈클린Arnold Böcklin은 '죽음의 섬'을 그렸다.[9] 레닌, 스트린드베리, 프로이트, 히틀러가 그 그림을 집에 걸어두었고, 나보코프Nabokov*가 지적했듯이 1880~1930년대 베를린의 모든 지식인이 그 그림을 일종의 문화적 훈장으로 여기며 자신들의 집에 걸어두었다. 바그너는 순간적인 분위기를 포착하는 뵈클린의 그림에 반해 그에게 바이로이트에서 상영될 새 오페라 작품인 「파르지팔」의 무대 배경을 부탁했다. 뵈클린이 정중히 사양했기에 그 일은 파울 폰 쥬코브스키Paul von Joukowsky에게 돌아갔다.

베네치아에 니체가 머물던 집 창문으로는 시체를 싣고 묘지 섬으로 향하는 장례용 배가 잔잔하게 빛나는 바다를 가로지르는 모습이 내려다보였다. 섬을 에워싼 담 너머로는 사이프러스 나무가 마치 손가락으로 하늘을 가리키듯, 혹은 무덤 너머의 신비로움을 가리키듯 높게 뻗어 있었다. 니체는 나중에 그 전망을 보고 영감을 받아 〈무덤의 노래The Tomb Song〉라는 시를 짓는다. 그가 지은 가장 아름다운 시 중 하나인 〈무덤의 노래〉는 니체 자신의 젊음과 사랑

---

* 러시아 출신의 미국 소설가·시인·평론가·곤충학자. 소설 《롤리타》의 저자로도 유명하다. -역자주

이라는 부드럽고도 낯선 경이로움, 희망을 노래하는 새들의 죽음에 관해 이야기한다.

베네치아는 날씨가 점점 더워지면서 모기가 극성을 부렸다. 니체는 망설임 없이 그곳을 떠났다. 덕분에 페터 가스트는 한결 가벼운 마음으로 본업으로 돌아갔다.

그의 방랑 생활은 2년간 이어졌다. 새로운 곳에 도착할 때마다 마침내 아르카디아Arcadia*를 발견했다는 희망이 싹텄다. 경치 좋은 곳에서 아름다운 전망을 감상할 때마다 영웅적으로나 목가적으로나 옛 그리스 영웅의 삶을 경험하는 것만큼 더 아름답고 자연스러운 것은 없다는 듯 경이로움으로 가득 차 떨리는 마음으로 지구의 아름다움을 찬양했다. "아르카디아에도 나는 있다. … 그렇게 해서 모든 인간은 각자 실제로 살아왔고, 각자가 이 세상에서 계속 존재하고, 세상이 각자 자신들 안에 존재한다고 지속해서 느껴왔다."[10]

하지만 새로운 아르카디아를 찾았다고 생각할 때마다 결국에는 참을 수 없는 단점을 발견했다. 너무 높거나 너무 낮거나 혹은 너무 덥거나 춥거나 눅눅했다. 아니면 뇌운과 만물을 꿰뚫는 하늘 아래라는 위치가 문제였다. 방랑자에게는 떠날 이유가 언제나 충분했다.

여름에는 시원한 알프스를 거처로 삼았다. 그러다 날씨가 추워

---

* 고대 그리스의 목가적 이상향 -역자주

지고 산에 내린 첫눈으로 눈이 너무 부서오면, 기차를 타고 따뜻한 프랑스나 이탈리아 휴양지로 떠났다. 기차 여행은 언제나 끔찍했다. 기차에서는 항상 짐이나 안경을 잃어버렸고, 방향 감각도 잃었다.

1881년 7월의 어느 날, 니체는 스위스의 실스마리아Sils-Maria에서 자신만의 아르카디아를 발견했다. 실스마리아는 생모리츠 주변 어퍼 엥가딘Upper Engadine의 황홀한 전경을 이루는 여러 아기자기한 마을 중 하나였다. 실스마리아는 그의 영혼을 사로잡았다. 그는 베네치아에서 한 번도 경험해보지 못한 새로운 기분을 느꼈다. "태평양이 내려다보이는 멕시코 고원에 가야겠네. 그곳에 가서 이와 비슷한 곳, 예를 들면 오악사카 같은 곳을 찾아야겠어. 물론 그곳의 초목은 열대 지방의 모습이겠지."[11] 니체는 페터 가스트에게 이렇게 논리적이지 못한 편지를 보냈다. 같은 편지에서 덴마크 사람이 새 타자기를 발명했다는 소식을 들었다며 이제 비서 일은 그만두어도 될 것 같다는 이야기도 전했다. 타자기를 발명한 사람에게는 궁금한 점을 물어보는 편지를 보냈다.

그 무렵 스위스에 관광객이 몰려들기 시작했다. 실스마리아에는 작은 호텔이 여러 곳 있는데, 성수기가 되면 요금이 너무 비싸졌고 사람들도 너무 북적거렸다. 그래서 니체는 마을 시장인 잔 듀리쉬Gian Durisch가 소유한 수도원 같은 2층 방을 빌려서 지냈다. 아래층에서는 식료품을 팔았고, 뒷마당에서는 돼지와 닭을 길렀다. 방세로는 하루에 1프랑을 냈다.[12] 니체가 침실 겸 서재로 쓰는 방 창문 옆에는 키 큰 소나무 한 그루가 햇빛을 적당히 가려주었다. 니체의 눈에는 이것이 최대의 호의였다.

니체는 실스마리아를 열렬히 좋아하지는 못했다. 아픈 날이 많아서였다. 7월과 9월에는 거의 벼랑 끝에 가까워진 것 같은 기분을 느꼈다. "절망적이네. 고통이 내 삶과 의지를 집어삼키고 있어. … 다섯 번이나 죽음의 의사를 불렀다네."[13] 니체는 오버베크에게 이렇게 편지를 썼다. 하지만 고통의 깊이가 깊을수록 생각도 깊어져 "그전까지 한 번도 경험해보지 못한 생각들이 떠오른다."고도 했다. 자신을 폭발할지 모르는 기계라고 말한 그는 정말로 8월 초에 디오니소스와 아폴론적 이분법을 떠올린 이후 처음으로 폭발적인 생각들을 떠올렸다. 실바플라나 호숫가에서는 그가 나중에 '차라투스트라 바위'라고 부른 피라미드 모양의 거대한 바위를 바라보며 처음으로 '영원 회귀 사상'을 생각해냈다.

만약 어느 날 낮, 혹은 밤에 당신이 가장 깊은 고독을 느끼고 있을 때, 악마가 조용히 다가와 이런 말을 전한다면 어떨까. "네가 지금 살고 있고, 살아왔던 이 삶을 너는 다시 살아야 할 것이다. 끝없이 반복해서. 새로운 것은 전혀 없고, 모든 고통과 모든 즐거움, 모든 생각과 한숨, 네 삶에서 말할 수 없이 크고 작은 모든 것이 반드시 네게 다시 돌아올 것이다. 똑같은 차례, 똑같은 순서로. … 존재의 영원한 모래시계가 계속 뒤집히고, 모래 알갱이 너도 같이 뒤집힐 것이다!"[14]

등골이 오싹해질 정도로 무서운 생각이었다. 그는 '해발 6천 피트 높이, 인간사에서 훌쩍 떨어져 있는' 자신에게 찾아온 이 생각이 너무 중요하다고 생각해 종이 한 귀퉁이에 적어두었다.

아마도 그가 그동안 읽었던 많은 과학 서적에서 영향을 받았을 것이다. 그에 관해 그는 이런 기록을 남겼다.

힘의 세계는 쇠퇴를 겪지 않는다. 그렇지 않았다면 무한의 시간 속에서 점점 약해져 완전히 소멸되었을 것이다. 힘의 세계는 어떤 중단도 없다. 그렇지 않았다면 언젠가는 중단에 도달했을 것이고, 존재의 시계가 멈추었을 것이다. 이 세계는 어떤 상태에 도달할 수 있든지 간에 그것에 도달했을 것이고, 한 번이 아니라 수없이 도달했을 것이다. 이 순간을 붙들어라. 왜냐하면, 이 순간은 이미 몇 번이고 존재했고, 지금처럼 배분된 모든 힘을 다해 지금의 모습 그대로 다시 돌아올 것이기 때문이다. 그래서 그 순간은 태어난 순간과 아이였던 순간과 함께 있기 때문이다. 그대여! 그대의 모든 삶은 모래시계처럼 계속 뒤집힐 것이고, 그사이에 있는 어마어마한 1분의 시간이 계속 끝날 것이다. 세상이 이렇게 순환하는 과정에서 그대를 만들어낸 모든 조건이 만들어질 때까지. 그러면 그대는 모든 고통과 모든 즐거움, 모든 동지와 적과 모든 희망과 모든 실수, 모든 풀잎, 모든 햇살, 그리고 만물의 모든 접점을 찾아낼 것이다. 그대가 아주 작은 알갱이로 존재하는 이 고리는 끝없이 빛난다. 그리고 인간 존재의 모든 고리에는 항상 가장 강력한 생각, 즉 모든 것이 영원히 반복된다는 생각이 떠오르는 하나의 시간이 존재한다. 처음에는 한 사람에게, 다음에는 여러 사람에게, 그리고 모두에게. 각각의 시간은 인류를 위한 정오의 시간이다.[15]

그가 인간의 삶을 인간 존재의 고리로 표현한 것은 우연이 아니었을 것이다. 바그너가 「니벨룽의 반지」에서 단순히 오페라만 만든 것이 아니라 돌고 도는 모래시계처럼 주도면밀하게 순환적 구조로 이야기를 구성했으니 말이다.

또한 니체는 실스마리아에서 쓴 기록에 처음으로 차라투스트라라는 이름을 언급했다. 하지만 이름을 써두기만 했을 뿐, 생각이 무르익기까지는 몇 년이 더 걸렸다.

1881년 10월 무렵이 되자 실스마리아는 조금씩 추워졌다. 이제 니체는 '미치광이처럼 모든 에너지를 끌어 모아' 제노바로 갔다. 그곳에서 우여곡절 끝에 다락방 하나를 구해 짐을 풀었다(니체가 적당한 그늘과 평화를 찾은 그 다락방은 빌레타 디 네그로 공원 맞은편인 살리타 델레 바티스타인 8번지에 있었다). "집에 들어서면 계단을 164칸 올라야 한단다. 그 집도 저택들이 있는 가파른 거리에서 한참 위쪽에 있지. 너무 가파른 데다 계단을 많이 올라야 해서 거리가 아주 조용하지. 바닥에 깔린 돌멩이 사이로 풀들도 자라 있고. 지금은 건강이 아주 좋지 않구나."[16] 엘리자베스에게 보낸 편지에서 이렇게 말했다. 그는 최대한 돈을 아꼈다. 가끔은 주인아주머니가 요리를 해주기도 했지만, 며칠씩 말린 과일만 먹는 날도 많았다. 난방에 돈을 쓸 여유가 없어 따뜻한 곳을 찾아 카페에 앉아 있곤 했다. 해가 있을 때는 바다 근처 한적한 절벽 위로 올라가 양산을 펼치고 도마뱀처럼 미동도 없이 그 아래에 누워 있었다. 그 방법이 두통에는 가장 효과가 좋았다.

일반적으로 니체는 자신이 사람들에게 어떤 인상을 남기는지는 관심이 없었다. 방랑자로 지낸 몇 년 동안 사람들은 그의 모습을 조용하고, 소극적이고, 낮은 목소리로 부드럽게 말하고, 초라하지만 깔끔하게 옷을 입고, 모든 사람에게, 특히 여성들에게 매너가 좋은 사람으로 기억했다. 약간 섬뜩하게 멍한 표정이 인상적인 느낌을 남기기도 했다. 덥수룩한 수염에 가려 입은 항상 보이지 않았고, 파란색이나 초록색 안경으로 눈빛은 언제나 그늘져 있었다. 게다가 초록 모자의 긴 챙 때문에 얼굴은 그보다 더 짙게 그늘져 있었다. 하지만 그런 상태에도 그는 그림자 같은 존재가, 그냥 지나칠 수 있는 존재가 아니었다. 오히려 그의 존재는 그가 움직일 때마다 풍기는 범접하기 힘든 분위기 때문에 더더욱 눈에 띄었다. 그와 관련하여 《여명》에서 그는 이렇게 말했다. "아주 조심스럽고 합리적인 사람은 만약 콧수염을 덥수룩하게 기른다면 그 그늘 안에 앉아 안정감을 느낄 수 있다. 그런 사람은 대개 덥수룩한 콧수염의 부속물로만 보일 것이다. 즉, 군인 같은 사람으로 보일 것이다. 쉽게 화내고, 때로는 폭력적인 사람으로 말이다. 그러므로 그런 식으로 대우를 받게 될 것이다."[17]

1882년 2월, 파울 레가 타자기를 들고 제노바에 왔다. 말링 한센 Malling-Hansen이 발명한 '라이팅 볼Writing Ball'이라는 이 타자기는 고슴도치를 떠올리게 하는 반구 모양의 기계장치였다. 고슴도치의 가시털 끝부분에는 알파벳이 한 자씩 적혀 있었는데, 그 알파벳을 누르면 종이에 그 알파벳이 인쇄되었다. 이 타자기가 파리에 처음 전시되었을 때 사람들에게 꽤 주목을 받았다. 니체는 눈을 쓰지 않고 손만으로 글을 쓸 수 있을지도 모른다고 생각해 기대감이 높았다. 처음에는 적응이 쉽지 않았다. "이 기계는 어린 강아지처럼 예민해 자주 말썽을 일으킨다." 운송 도중 파손되는 바람에 제대로 작동하지 않은 문제도 있었지만, 이 문제를 고치고 나서도 니체로서는 종이 위에서 움직이는 펜촉을 보는 것만큼이나 타자기의 키보드를 바라보기가 쉽지 않았다. 다행히 당분간은 파울 레가 옆에서 도왔다.

두 사람은 사라 베르나르Sarah Bernhardt가 연기하는 「동백꽃 여인La Dame aux camélias」을 보러 극장에 갔다. 하지만 훌륭한 배우로 알려졌던 그녀는 그 타자기만큼이나 제대로 보여준 것이 없었다. 1막 끝에서는 갑자기 쓰러지기도 했다. 관객들은 한 시간 동안 그녀가 돌아오기를 기다렸다. 니체는 어쨌든 그녀의 우아한 모습과 위엄 있는 태도를 보며 코지마에 관한 소중한 추억을 떠올렸다.

3월이 되자 레는 말비다를 만나기 위해 로마로 갔다. 그녀는 소렌토에서 이어오던 '자유정신 학회'를 로마로 옮긴 상태였고, 이제 그 모임은 '로마 클럽'으로 불렸다. 어느 날 밤 레는 그녀의 집 앞에 불쑥 나타났다. 몬테카를로에서 도박에 끼어들었다가 가진 돈을 다 날리고 빈털터리가 된 상태였다. 알고 보니 인정 많은 어느 종업원이 그가 그 지경이 되도록 돈을 빌려준 것이었다. 말비다는 허둥지둥 달려 나가 기다리고 있던 택시에 요금을 지불했다. 그 사이 그는 로마 클럽 모임으로 모여 있던 사람들과 인사를 나누었다. 레는 독특한 분위기를 풍기는 한 아가씨에게 곧 마음을 빼앗겼다. 루 살로메Lou Salomé[18]라는 이름의 그녀는 세련된 몸가짐과 세계적인 시야를 지닌 스물한 살의 러시아계 여성으로 매력적이며 독창적인 데다 지적 능력도 뛰어났다. 루는 어머니와 함께 여행 중이었다. 표면상의 이유는 건강 때문이었지만, 사실은 러시아에서 교육 기회를 누리기가 힘들어서였다. 그녀는 나폴레옹 전쟁에서 크게 활약한 아버지가 죽자, 지적 야망을 채우기 위해 상트페테르부르크를 떠나 어머니와 함께 취리히로 갔다. 취리히대학교에서 수업을 듣던 그녀는 점점 더 의욕에 불타올라 더 남쪽 지방으로 내려가기로 했다. 소개장 덕분에 말비다의 로마 클럽에 들어가게 되었고, 이지적인 팜 파탈로서 매력을 발산하며 이후에는 라이너 마리아 릴케Rainer Maria Rilke와 지그문트 프로이트Sigmund Freud 같은 유명 지식인들의 애간장을 태웠다.

니체는 로마 클럽에서 레와 말비다에게 거의 신급 대우를 받았다. 자연스럽게 루도 그를 만나보고 싶어 했다. 하지만 니체는 계속 제노바에 있을 때여서 루는 니체의 친구인 레와 급속히 가까워졌다. 말비다의 문학 모임이 늦은 시간에 끝나면, 레는 그녀를 집까지 바래다주었다. 두 사람은 매일 밤 자정을 넘겨 한두 시간씩 콜로세움 주변을 산책했다. 루의 어머니는 그 사실을 알고 당연히 큰 충격을 받았다. 심지어 진보주의적 페미니스트였던 말비다도 반대 의사를 보였다. "그래서 나는 이런 문제에서 개인의 자유를 간섭함으로써 이상주의가 얼마나 방해받을 수 있는지 알았다."[19] 자서전에서 루는 이렇게 말했다. 그녀는 사이렌이나 키르케같이 치명적인 매력을 발산했다. 본인도 인정했듯이 그녀는 자기가 생각하는 대로 살겠다고 일찌감치 마음먹은 상태였다. 그녀는 진실을 말하는 것은 '강요된 날카로움'이라며 그것이 중요한 목표를 방해하게 두어서는 안 된다고 생각했다. "나는 심하게 응석받이로 자랐다. 그래서 하고 싶은 것은 무엇이든 할 수 있다고 생각했다. 거울에 비치는 내 모습이 없었다면 나는 아무 데도 의지하지 못했을 것이다." 회고록에서 이렇게 말한 그녀는 자신의 성격을 정확하게 꿰뚫고 있었지만 다른 진실에 관해서는 놀랍도록 무심했다.

레는 니체에게 편지를 보내 소녀 같은, 심지어 어린아이 같은 성격을 지닌 활기차고 영리한 러시아 아가씨인 루를 빨리 만나보라고 재촉했다.[20]

니체는 레의 편지를 말비다의 중매 계획이라 여겼다. 그래서 농담으로 지난 2년간은 참아왔지만 이제는 아니라고 대꾸했다. 그런데 니체는 루가 자기만큼이나 결혼을 싫어하는 사람이라는 사실은 몰랐다. 그녀는 평생토록 한 남자와 사는 것에 만족하지 못했다. 하지만 그녀는 5년 뒤 한 남자가 칼로 자신의 가슴을 찌르며 결혼해주지 않으면 죽겠다고 협박해대는 통에 그와 결혼하게 된다.

그들은 서로에게 헌신하며 45년간 결혼 생활을 유지했다. 그러나 부부관계는 한 번도 없었다. 루는 그 남자의 아내로서 만족스럽게 살면서도 자신을 열렬히 사랑한 다른 남자들을 동시에 사랑했다. 그중 첫 번째 남자가 레였다.

니체는 제노바에서 처음으로 오페라 「카르멘」을 관람했고, 얼마 지나지 않아 또 한 번 관람했다. 죽기 전까지 그는 「카르멘」을 총 스무 번 보았다. 「트리스탄과 이졸데」에 보였던 집착이 「카르멘」으로 옮겨간 것이었다. 비제가 작곡하고 프로스페르 메리메의 중편 소설을 각색해 만든 「카르멘」에는 숭고함이나 특별함을 추구하려는 가식이 없었다. 바그너의 작품과 달리 정신에 관한 모험을 추구하지 않았기 때문에 유물론적 오페라라고 할 수 있었다. 「카르멘」은 초대형 오케스트라가 필요하지 않고, 곡도 따라 하기 쉽고 길이도 길지 않다. 형이상학적인 것은 고려하지 않고, 신이나 전설적 인물, 심지어 왕이나 여왕도 등장하지 않는다. 「카르멘」은 하층 계급의 욕망에 관한 자극적인 이야기다. 남자 주인공인 돈 호세는 엄격하고 바른 삶을 사는 평범한 하사관으로, 디오니소스적인 카르멘과 반대되는 인물로 그려진다. 담배 공장에서 일하는 여주인공 카르멘은 열정적이고 성적으로 자유분방한 인물이다. 그녀는 뭇 남성을 유혹했다가 원치 않으면 버리는 요부로 그려진다(루 살로메처럼). 돈 호세는 욕망에 사로잡혀 이해도 통제도 되지 않는 카르멘에 대한 질투와 소유욕 때문에 결국 디오니소스적 광란 상태에서 그녀를 죽이고 만다.

루는 자신이 니체를 만나러 제노바까지 직접 가겠다고 말했음에도 그가 기다리지 않겠다고 말해 기분이 나빴다. 니체는 제노바를 떠나 메시나로 가기로 정한 상태였다. 니체의 건강을 생각한다면 그 결정은 이해하기 어려웠다. 제노바가 너무 더워서라고 했지만, 3월에 메시나는 제노바보다 더 더웠다. 니체는 최근 몇 년 여름 동안 산에서 지내보니 고도가 높은 지역은 구름 속 전류와 가까워 몸 상태가 더 나빠진다고 결론 내렸다. 그래서 하늘과 가장 멀리 떨어질 수 있게 바다 근처에서 여름을 지내보기로 한 것이었다. 「카르멘Carmen」 때문에 남부 지역에 대한 로망도 생겨난 터였다.

남부 유럽에서 마음에 드는 모든 것의 저속한 부분은 … 나를 벗어나지 못한다. 하지만 그것은 나를 불쾌하게 하지 않는다. 폼페이를 걷다가 마주치는 저속함 정도에 불과하다(아마도 그는 성적인 예술을 언급했던 것 같다). 기본적으로 고서를 읽을 때도 그렇다. 왜 그럴까? 수치심이 없기 때문일까? 그리고 같은 종류의 음악이나 소설에서 고귀하고 사랑스럽고 열정적인 것들만큼이나 모든 저속한 것이 자신 있게 행동하기 때문일까? '동물'도 인간처럼 자신만의 권리가 있다. 자유롭게 돌아다니게 하라. 그대도 마찬가지다. 나의 사랑하는 동지여, 결국 그 모든 것에도 불구하고 그대도 동물이다![21]

메시나가 끌렸던 또 다른 이유는 바그너였다. 바그너는 코지마와 함께 겨울을 그곳에서 보내고 있었다. 니체는 바그너와 3년간 교류가 없었다. 하지만 종종 그와 코지마에 관한 꿈을 꾸었다. 꿈에서 그들은 다정하고 밝고 너그러웠다. 니체는 다시 그들이 보고 싶었다.

니체는 〈메시나에서의 전원시 The Idylls of Messina〉라는 시 여덟 편을 썼다. 주로 배나 염소, 소녀에 관해 가볍게 쓴 시였다. 니체는 들뜬 마음으로 메시나행 배에 올라탔다. 배에서는 멀미를 너무 심하게 해 시칠리아에 닿았을 때는 거의 몸을 가눌 수도 없었고, 바그너와 코지마도 이미 떠나고 없었다. 바그너가 가슴 부위에 발작 증세가 와서 급히 집으로 돌아간 것이었다. 그 시기 카르타고 해안에서는 영혼을 우울하게 만들고 모든 건물 표면과 틈새에 미세한 모래 입자를 뿌려대는 것으로 유명한 무더운 바람이 불어오기 시작했다. 니체에게 시칠리아로 오는 힘든 여행을 보상해준 유일한 시간은 스트롬볼리 화산의 전경뿐이었다. 그 산의 유령에 관한 전설은 나중에 차라투스트라 이야기에 들어갔다.

레는 루 살로메의 이지적인 모습을 찬양하며 니체에게 계속 카드와 편지를 보냈다. 말비다역시 1882년 3월에 니체에게 보낸 편지에서 거의 명령조로 그를 불러들였다. "정말 놀라운 아가씨예요. (레가 그녀에 관해 이미 편지를 보냈겠죠?) 내가 보기에 그녀는 철학적 사고 면에서 거의 당신과 같은 결론에 이른 것 같아요. 특히 현실적 이상주의에 관해서 그래요. 형이상학적 문제에 관해 설명할 때 모든 형이상학적 가정과 걱정을 없애버리더군요. 레도 같은 생각이지만 나는 이 범상치 않은 아가씨를 당신과 함께 보았으면 좋겠어요."[22]

    니체는 다시 한 번 배를 타고 끔찍한 뱃멀미를 겪으며 시칠리아에서 돌아왔다. 그리고 몸이 조금 회복되었을 때 로마행 기차에 올라탔다.

• 12장 •

철학과 에로스

. . .

여인들은, 혹은 아주 아름다운 여인들은 이것을 알고 있다. 조금 더 뚱뚱하고, 조금
더 마른 것. 아! 이 작은 것 속에 얼마나 많은 운명이 놓여 있는가!

- 《차라투스트라는 이렇게 말했다》 제3부 '중력의 영혼에 관하여' 2절

루는 니체를 만나기도 전에 레와 함께 세 사람이 같이 살 계획을 세웠다. 그녀는 '영성과 정신적 예리함으로 거의 터질 듯이 채워진' 자유로운 영혼들이 모여 철학을 논하는, 이른바 성 삼위일체의 모습을 상상했고, 이런 생각은 니체가 로마로 오는 동안 그녀의 마음속에서 점차 굳어졌다. 루는 밤마다 레와 콜로세움 주변을 거닐며 니체에 관한 끝없는 칭찬을 들었고, 그에 대한 환상은 한없이 커져갔다.

"고백하건대 나는 단순한 꿈에서 시작해 모든 사회적 관습을 정면에서 위배한 내 계획의 실현 가능성에 처음 설득되었다. 꿈에서 나는 책과 꽃으로 가득한 멋진 서재를 보았다. 서재 옆으로 침실 두 개가 있었다. 우리는 즐겁고 진지한 관계 속에서 함께 공부하며 두 침실을 자유롭게 오갔다."[1] 그녀는 회고록에서 이렇게 말했다. 세 사람이 침실 두 개를 어떻게 사용할지는 정하지 못했다.

루는 파격적인 자신의 계획을 말비다에게 숨기지 않았다. 말비다는 부끄러운 생각이라며 걱정했다. 언제나 딸을 감당하지 못해 무기력해했던 루의 어머니는 오빠들을 불러들여 딸의 남사스러운 계획을 막겠다고 했다. 모두가 그녀의 계획을 반대했다. 심지어 그녀를 진심으로 사랑한 레조차 그녀의 계획을 처음 들었을 때 당혹감을 감추지 못했다. 레는 그녀를 만난 지 3주도 지나지 않아 그녀에게 청혼했다. 성관계는 하지 않겠다는 일반적이지 않은 조건도 내걸었다. 레는 성관계를 혐오했다. 루도 그랬다. 그녀는 10대 후반 상트페테르부르크에서의 일로 트라우마를 갖게 됐다. 그녀가 깊이 신뢰했던 정신적 스승이 어느 날 그녀를 덮친 것이다. 루보다 훨씬 나이 많은 네덜란드 목사였던 그는 결혼해서 루 또래의 딸들도 있었다. 루가 사람들의 평판을 중요하게 생각하는 여성이었다면, 성관계 없는 결혼이라는 레의 제안을 꽤 마음에 들어 했을 것이다. 그랬다면 확실히 사람들의 존경을 받았을 것이다. 하지만 루는 평판 따위에는 관심이 없었다. 오히려 사람들을 놀라게 하는 일에 관심이 많았다.

1882년 4월 20일, 니체는 화물선을 타고 메시나를 떠나 23~24일쯤 로마에 도착했다. 그는 말비다의 호화로운 별장에 머물며 며칠간 애정 공세를 듬뿍 받았다. 덕분에 배에서 쌓인 피로가 충분히 풀린 그는 이제 루를 만나보기로 했다. 둘 다 무신론자였는데, 특이하게도 성 베드로 대성당에서 보는 것이 좋겠다고 의견을 모았다.

니체는 로마가 처음이었기 때문에 여행안내서만 보고 콜로세움 근처에 있는 말비다의 별장에서 의문의 아가씨를 만나기로 한 성 베드로 성당까지 가는 길을 찾기가 쉽지 않았다. 그는 테세우스가 아리아드네의 실을 따라 미노타우로스의 미로를 빠져나오듯, 베르니니 회랑의 거대한 토스카나식 기둥들의 그림자를 따라갔다. 한참 뒤에야 은은한 향냄새를 풍기는 교회당을 찾아 안으로 들어섰다. 하지만 실내가 너무 어두워 그의 시력으로는 그녀를 얼른 알아보기가 힘들었다. 루는 나중에 주디스 고티에처럼 화려한 비단과 주름 장식, 모피를 즐기며 화려하고 풍만한 매력을 풍기는 여성으로 변모한다. 하지만 이때는 아직 철학을 공부하는 학생으로 수녀 같은 순수한 매력을 풍길 때였다. 그녀가 입은 옷들은 한결같이 목에서 발끝까지 온몸을 감싸는 검정 원피스였고, 꽉 끼는 코르셋을 입어서 모래시계 같은 허리의 실루엣만 보였다. 그녀는 광대뼈가 두드러져 보이는 전형적인 러시아 미인으로 짙은 금발 머리를 깔끔하게 뒤로 묶고 다녔다. 특히 푸른 눈동자 덕분에 그녀가 무언가를 바라볼 때면 지적이고 열정적인 인상을 풍긴다는 묘사가 많았다. 그녀는 자신이 아름답다는 사실을 잘 알았다. 그것이 지닌 힘을 이용할 줄도 알았다.

루 살로메는 니체의 첫인상으로 눈빛이 강렬했다고 말한다. 그녀는 그의 눈빛에 매력을 느꼈다. 그의 눈은 바깥세상보다는 내면을 향하는 것 같았다. 반은 장님이나 다름없었지만, 위축된 모습도, 세상을 감시하는 듯한 모습도 없었다. 근시인 사람들에게서 자주 볼 수 있는, 사물을 지나치게 빤히 들여다보는 습관도 없었다. "무엇보다 그의 눈은 그를 자신의 보물, 즉 은밀한 비밀을 지키는 수호자처럼 보이게 했다."[2]

아마도 이 말은 루가 나중에 내린 결론이었음이 틀림없다. 니체는 성 베드로 성당에 갔을 때 분명 착색된 안경을 썼을 것이다. 그런 안경을 끼지 않고는 아무것도 볼 수 없었다. 어두운 교회 안에서 두꺼운 렌즈를 끼고 있는 사람의 눈빛이 그렇게 잘 보였을 리 없다.

"내면 깊은 곳으로 향했어요." 루는 그의 눈빛을 그렇게 설명했다. 그 말은 자신의 눈빛을 묘사하는 말이기도 했다. 사람들은 종종 그녀가 모든 일에 무심하다는 듯 지평선 너머를 우두커니 바라보곤 했다고 말했다. 사람들은 종종 어디로 향해 있는지 알 수 없는 그녀의 아득한 눈빛을 두고, 강제로 눈앞의 물리적 세계를 바라보게 하고 싶어진다고 표현했다. 무모할 정도로 저돌적이고 열정적인 그녀의 성격과 이와 모순되는 아득한 눈빛은 뭇 남성들의 고백을 얻어내는 특별한 재능이자 매력이었다. 그녀는 말하는 사람이 마치 거울 앞에서 말하고 있는 듯한 기분에 빠지게 했고 자기 생각을 되돌아보게 했다. 특히 말이 많지 않은 그녀의 수동적인 면은 사람들을 더 안달하게 했다. 지그문트 프로이트가 딸 안나의 정신분석을 허락하게 만든 사람도 바로 그녀였다.

니체는 미리 준비한 듯한 인사말로 그녀를 맞이했다.

"우리는 어느 별에서 떨어져 오늘 이 자리에서 만나게 된 걸까요?"[3]

"취리히죠."

하지만 그녀의 대답은 무미건조했다. 니체는 그녀의 러시아 억양이 약간 거슬리게 느껴졌다. 루 역시 니체에 대한 첫인상은 실망스러웠다. 그녀는 회오리바람을 일으킬 만한, 그가 가진 생각만큼이나 독특하고 특별한 사람을 만날 것이라고 기대했다. 적어도 풍채는 좋을 것이라 상상했다. 하지만 그녀 앞에 서 있는 남자는 실소가 나올 만큼 너무도 평범했다. 특별함이라고는 찾아볼 수 없었다. 아담한 키에 밋밋한 갈색 머리를 꼼꼼하게 빗질하고 말쑥하게 차려입은 그의 모습은 일부러 사람들 눈에 띄지 않으려고 작정한 것 같았다. 행동도 차분하고 목소리는 거의 들리지 않을 정도로 작았다. 웃을 때도 소리 없이 웃었다. 전체적인 인상은 조심스럽고 신중해 보였다. 말할 때는 상체를 약간 앞으로 구부려서 하고 싶은 말을 거의 밀어내려는 듯 보였다. 한편으로는 생각이 반은 다른 곳에 있는 것처럼 행동해 약간은 불쾌감도 주었다.

그가 정말로 레가 말했듯 자신의 신념 중 하나라도 버리지 않은 날은 헛되이 보낸 날이라고 큰소리치던 남자란 말인가? 쓸쓸함을 풍기는 그의 과묵한 태도는 그녀로서도 상대하기 어려웠다. 그녀는 세상과 거리를 둔 듯한 그의 모습에서 그의 숨겨진 본모습을 찾고 싶었다. 어쩐지 그의 '부자연스러운 고상한 태도'에 속는 듯한 기분이 들었다.

그 부자연스럽고 고상한 태도는 그의 인사말처럼 그가 잘 연습해둔 것일지도 모른다. 그 태도가 두 사람을 운명이라는 더 높은 곳으로 올려놓았고, 《반시대적 고찰》의 2부에 등장하는 한 구절처럼 그들의 만남을 영원 회귀라는 수레바퀴 위에 올려놓았다.

천체의 별자리가 아주 사소한 사건까지 반복될 때, 지구에서도 똑같은 일이 반복되어야 한다. 별들이 특정한 위치에 놓일 때 언제나 금욕주의자가 쾌락주의자와 결탁하여 카이사르를 죽일 것이고, 다른 위치에 놓일 때는 콜럼버스가 아메리카를 발견하는 일이 되풀이될 것이다.[4]

루와 니체가 성 베드로 성당에서 대화를 나누는 동안, 레는 그 근처 어두컴컴한 고해실 안에 앉아 있었다. 글을 쓰기 위해서라는 이유를 둘러댔지만, 사실은 두 사람의 대화를 엿듣고 싶었을 것이다. 루는 세 사람이 같이 사는 문제를 니체와 곧장 의논하기 시작해 어디서 살지, 어떻게 살지 등을 이야기했다. 하지만 그녀는 나중에 성 삼위일체에 관한 그녀의 꿈 이야기를 부인하며 그 계획을 철회한다. 니체가 레를 빼고 자신과 둘이서만 지적 동반자 관계로 살자고 말해 그녀의 계획을 흐려놓았기 때문이다. 어쨌든 로마에서 그들이 처음 친분을 다지던 일주일 동안, 세 사람이 함께 살 계획을 세운 것은 분명한 사실이다. 니체는 적극적으로 계획에 들어갔다. 그는 다시 학생이 되고 싶었다. 프랑스 소르본대학에서 강의를 들으며 영원 회귀에 관한 생각을 과학적으로 검증해보고 싶었다. 루와 레는 이반 투르게네프^{Ivan Turgenev}를 만나게 될지도 모른다는 생각에 파리로 가는 계획을 적극 반겼다.

니체는 성 베드로 성당에서 루 살로메를 만나느라 너무 무리하는 바람에 한동안 말비다의 침실에서만 지내야 했다. 이제 레와 루가 그곳으로 그를 만나러 갔다. 니체는 그들에게 자신이 쓰고 있던 《즐거운 학문^{The Gay Science}》을 낭독해주기를 좋아했다. 그는 다가올 모험을 앞두고 억누를 수 없는 기쁨을 책에 쏟아내고 있었다. 서문에서 그는 그 책이 오랜 결핍과 무기력함 끝에 찾아온 즐거움의 표현이며, 다시 열린 바다에 대한 갑작스러운 기대감과 내일에 대해 피어나는 믿음을 분출한 것이라고 말한다. 《즐거운 학문》은 단순히 카르멘의 육체적인 면에 이끌려 카르멘이라는 여성에 존재하는 영원한 여성성을 묘사하고, 만나는 사람마다 반하는 루 살로메라는 아름답고 지적인 여성이 로마에서 자신을 기다린다는 생각에 조바심을 느끼며 제노바에서 쓰기 시작한 책이었다. 이제 그는 그녀를 만났고, 함께 파리로 떠난다는 기대감에 들떠 있었다.

루는 니체에게 완전히 빠져 있다고 말하면서도 사실 그의 책은 한 권도 읽지 않았다. 하지만 문제 될 것은 없었다. 그녀의 강렬한 인상과 뛰어난 지적 능력, 진지한 면모 덕분에 니체는 그녀에게 충분히 깊은 인상을 받았다.

니체는 그럴 만했다고 인정되기는 하지만 여성 혐오주의자로 유명하다. 그는 어머니와 엘리자베스 때문에 멀미의 사슬에 빠질 때마다 여성에 대해 좋지 않은 글을 많이 남겼다. 하지만 이 기간 여성에게 보인 연민과 그들의 심리에 대한 통찰력은 당시로 보면 주목할 만하다. 특히 《즐거운 학문》에 등장하는 여성에 관한 아포리즘은 긍정적이고 매우 호의적이다. 무엇보다 중요한 점은 상류층 여성들이 자라온 환경의 모순점을 지적했다는 것이다. 그들은 성 문제에 가능한 한 무지한 환경에서 길러지고, 성적인 것들은 유해하고 수치스러운 일이라는 말을 들으며 자란다. 그리고는 어느 날 갑자기 날벼락처럼 결혼이라는 환경에 내던져져 지배를 받는다. 그들이 가장 사랑하고, 가장 존경한 남자에 의해 섹스의 공포와 의무감에 시달리는 것이다. 신과 짐승이 예상치 못하게 다가오는데 그들이 어떻게 대처할 수 있겠는가? 니체는 통찰력을 발휘하여 이렇게 결론을 내렸다. "거기서 여성은 평등하지 않은 심리적 매듭을 묶었다."[5]

이 글은 루 살로메와 그녀가 존경하던 스승의 관계, 그리고 어느 날 갑자기 신에서 짐승으로 변한 그의 성폭행이 남긴 트라우마를 설명한 것인지도 모른다.

루는 성 베드로 대성당에서 니체를 만난 뒤로 그에게 점점 매력을 느꼈다. 니체는 이상하게 가면을 쓴 사람 같았다. 그는 세상에 적응하려고 사람들의 눈을 속이고 있는 것이 분명했다. 니체는 자연에서 온, 혹은 높은 곳에서 내려온 어떤 신적인 존재, 인간 사이에 머무르기 위해 인간의 옷을 입은 존재처럼 보였다. 신은 가면을 써야 했다. 신에게서 나오는 강렬한 빛에 인간이 눈이 부셔 죽지 않으려면 말이다. 그러고 보니 자신은 한 번도 가면을 쓴 적이 없었다는, 이해받기 위해 가면이 필요했던 적이 없었다는 생각이 떠올랐다. 그녀는 그의 가면이 다른 사람에 대한 친절과 동정심에서 나온 위로라고 해석하고 그가 쓴 잠언을 인용해 이렇게 말했다. "사람들과의 관계에서 철저하게 코미디언이 되고자 하는 사람은 먼저 겉모습을 그렇게 꾸며야 한다."[6]

'나는 나를 위해 글을 써왔다.' '자신이 누구인지 알고 네 자신이 되어라.' 니체는 자신이 살면서 지키고자 한 이런 원칙들을 말해주며 그녀에게도 그렇게 살아보라고 조언했다. 이후로 그녀는 이 두 가지 말을 평생의 신조로 삼았다.

루는 많은 논문과 책에서 니체의 심리 상태를 독특하게 분석한 글들을 소개했다.[7] 그녀는 니체의 창조력의 근원으로 그의 병에 큰 의미를 두었다. 그에게 병이 있는 한 현란한 기술도, 천재성을 증명할 외적인 증거도 필요하지 않았다. 그는 병 때문에 한 번의 생을 사는 동안 수없이 많은 삶을 살 수 있었다. 루는 그의 삶이 어떤 주기로 돌아가는지 주목했다. 병에 걸릴 때마다 삶의 한 시기가 끝나고 다른 시기가 시작됐다. 모든 병은 하데스*로 깊이 떨어지는 죽음을 의미했다. 그리고 그 병에서 회복될 때마다 새로 태어났다. 이런 패턴 덕분에 그는 활기를 되찾았다. 니체의 표현에 따르면, 그것은 신세계를 맛보는 경험과 같았다. 그가 잠시 건강을 회복하는 동안 세상은 언제나 다시 환하게 빛났다. 따라서 그가 회복한다는 것은 그에게 있어 새로운 부활을 의미할 뿐 아니라, 완전히 새로운 세계의 탄생, 새로운 답을 요구하는 새로운 문제들의 탄생을 의미했다. 신이 매년 땅속으로 파고들어 새로운 열매를 맺게 하는 계절의 순환과 같았다. 그가 이런 고통스럽고 힘든 과정을 겪어야만 새로운 통찰력이 주어졌다. 이 엄청난 변화가 일어나는 큰 주기 안에는 매일이라는 작은 단위의 주기도 있었다. 그의 정신적 패턴은 해안가를 따라 끝없이 부서지는 파도처럼, 휴식이라고는 없는 영속적인 움직임의 무서운 힘에 사로잡혀 영원히 전진하고 영원히 멀어졌다. "그는 생각을 통해 병을 앓았고 생각을 통해 회복했

---

* 그리스 신화에 나오는 명부冥府의 왕이 지배하는 죽음의 세계. 스틱스라는 강물로 현세와 격리되어 있고, 카론이라는 사공이 죽은 자를 그곳으로 건네다 주는데 입구에는 케르베로스라는 사나운 개가 지키고 있다. -편집자주

다." 루는 니체가 걸리는 병의 원인이 니체 자신임을 의심하지 않았다.[8]

니체는 처음부터 세 사람의 동거를 진지하게 받아들였다. 그들의 관계는 '성스럽지 못한 삼위일체'라고 장난스럽게 이름도 붙였다. 그러나 한편으로는 사회적 관습을 생각해 그녀에 대한 나쁜 소문이 돌지 않도록 그녀에게 청혼해야겠다고 생각했다. "저는 사람들의 뒷이야기에서 당신을 보호해야 하므로 당신에게 결혼을 제의할 의무가 있다고 생각합니다." 니체는 청혼한다는 말을 전해달라고 레에게 부탁했다.

레는 그의 부탁을 받고 마음이 복잡했다. 레는 이미 루에게 청혼한 상태였고, 이제 그녀를 더 깊이 사랑하고 있었다. 니체의 청혼을 전해 들은 루는 두 남자가 서로 자신과 결혼하겠다고 다투다 자신의 계획을 망칠까 두려웠다. 그 계획은 성적 에너지에서 힘을 얻을 것이고, 얻어야 하는 것이 분명했지만, 절대 육체적인 관계로 변질돼서는 안 되었다. 그녀는 레에게 대신 청혼을 거절해 달라고 말했다. 그리고 단지 신념 때문에 청혼을 받아들이지 못하는 것으로 설명해 달라고 부탁했다. 다른 현실적인 이유도 덧붙였다. 자신이 결혼하면 유일한 수입원인 러시아 귀족 연금을 받지 못하게 된다고 말이다.

로마는 점점 습도가 높아져 지내기가 불편했다. 니체는 로마에서 너무 오래 병석에 누워 있었다. 몸을 회복하려면 시원하고 신선한 공기가 필요했다. 그는 이탈리아의 북부 알프스로 레와 함께 떠나기로 했다. 루는 그들과 함께 떠나고 싶다고 말하며 필요한 일들을 준비해 달라고 레에게 부탁했다.

"분부대로 하겠나이다." 레가 답했다. "내일 아침 11시쯤 니체 선생님이 루 양의 어머니를 찾아갈 겁니다. 저도 인사드릴 겸 같이 가겠습니다. 니체 선생님이 내일 몸이 어떨지 모르겠지만, 떠나기 전 어머니께 인사를 드리고 싶어 하십니다."

루의 어머니는 딸을 조심하라고 니체에게 경고의 말을 전했다. 통제하기 어렵고, 위험하며, 꿈에 부풀어 사는 제멋대로인 아이라고 말이다. 하지만 계획은 차질 없이 진행되었다. 루와 그녀의 어머니는 5월 3일 로마를 떠났고, 레와 니체는 다음 날 떠났다. 그들은 5월 5일, 오르타에서 다시 만났다. 다음 날 니체와 루는 어머니와 레만 남겨두고 숙소를 몰래 빠져나와 필라투스산처럼 신화와 상징으로 가득한 몬테 사크로Monte Sacro에 올랐다.

니체는 나중에 루와 함께 그 언덕에 오르던 순간이 자신의 인생에서 가장 아름다운 경험이었다고 말했다.

몬테 사크로는 오르타호 너머로 나지막이 솟아 있는 언덕이다. 오르타호는 그 지역의 훨씬 크고 유명한 마조레호와 루가노호에 비하면 자그마한 호수이다. 하지만 아름답기는 두 호수에 못지않고, 종교적 의미로 보면 타의 추종을 불허한다. 이곳은 중세 시대 이탈리아 최초의 마녀 화형식이 치러진 장소다. 그 지역 전설에 따르면 빌라도의 망령처럼 끔찍한 죽음을 경험한 이곳에도 마녀의 유령이 끊임없이 출몰했다고 한다. 로마 가톨릭교회는 종교개혁과 트리엔트 공의회*를 계기로 몬테 사크로를 유럽의 성지 중 하나로 정했다. 이런 새로운 성지들은 순례자들의 성지를 봉쇄한 십자군 전쟁 이후 기존 성지의 역할을 대신했다.

1580년 몬테 사크로가 '새 예루살렘'으로 선포된 이후, 이곳을 오르는 사람들은 기존의 성지를 순례한 것과 같은 대우를 받았다. 로마 교황청은 성 베드로 성당 위로 미켈란젤로의 돔을 올리는 등 이곳에 변화를 꾀하려고 온갖 열의를 보였다. 그리 특별할 것 없던 작은 산은 바로크 양식 풍경화가의 머리에서 나올 법한 분위기로 탈바꿈했다. 산 둘레를 따라 구불구불 이어진 길을 천천히 오르면, 빼곡하게 심어진 성수聖樹 덕분에 초록 잎사귀들 사이로 산 아래에 펼쳐진 호수나 멀리 눈 덮인 알프스의 절묘한 광경이 눈앞에 펼쳐졌다. 몬테 사크로를 오르는 것은 십자가의 길**이나 묵주 기도의 야외 버전 같았다. 나선형 길을 따라 언덕을 오르다 보면 굽이굽이 나타나는 무성한 나뭇잎 사이로 다음 기도 대상이 모습을 드러냈다. 순례길 사이에는 스물한 개의 아름다운 석조 예배당이 중간 중간 세워져 있었다. 각 예배당은 물고기, 가리비 껍데기, 해와 달, 백합과 장미, 별 같은 종교적 표식과 상징물로 장식되었다. 예

---

* 1545년부터 1563년까지 18년 동안 이탈리아 북부의 트리엔트(지금의 트렌토)에서 개최된 종교회의. 종교개혁에 맞서 가톨릭의 교리와 체계를 재정비하여 가톨릭교회가 종교개혁 이후의 혼란을 극복하고 내부 개혁을 추진하는 기초를 놓았다. -편집자주
** 예수가 십자가를 메고 죽을 때까지 중요한 장면 14개를 묵상하며 드리는 기도 -역자주

배당 내부 전체는 프레스코 벽화로 장식됐고, 그리스도와 성자들의 삶을 보여주는 실물 크기의 테라코타 조각상도 사이사이 놓여 있었다.

몬테 사크로는 새로운 순례지로 탄생한 뒤 루와 니체가 그곳을 오르기 전까지 300년간 서서히 아름다움을 잃고 사람들에게서 버려져, 무성하게 우거졌던 푸른 숲은 작은 잡목들로 변해 있었다. 흙으로 돌아가고 있는 고목들은 루와 니체가 안타까워하지 않는 기독교 신앙의 쇠퇴와 보조를 맞추는 듯했다.

두 사람은 몬테 사크로를 오르는 동안, 하나님과 씨름했던 어린 시절에 관해 대화를 나누었다. 루는 니체도 자신처럼 원래는 신앙심이 깊은 사람이었다는 생각이 들었다. 그녀 역시 원래는 신앙심이 깊었지만 이미 오래전 믿음을 잃은 상태였다. 두 사람은 채워지지 않는 종교적 욕구에 관해 말했다. 그러다 보니 레와는 의견이 맞지 않는 부분에서 의견이 일치했다(그들은 레의 영혼 없는 물질주의적 모습에서 거의 불쾌감마저 느꼈다). 니체는 루에게 철학에 관한 지식과 신념을 하나씩 물어보며 일종의 철학 입문 시험을 치렀다. 그는 그녀의 답변 수준이 높고 마음에 들어서 누구에게도 말한 적 없는 자신의 철학을 들려주었다. 무엇을 말했는지는 어디에도 언급하지 않지만, 아마도 당시 많은 부분 그의 머리를 차지하고 있던 영원회귀 사상이었을 것이다. 아니면 차라투스트라를 언급했을지도 모른다. 혹은 다음 책으로 준비하고 있던 《즐거운 학문》에서 언급한, 신의 죽음에 관해 이야기했을 수도 있다.

니체는 나중에 루에게 이렇게 편지를 썼다. "오르타에 있을 때, 나는 당신을 내 철학의 최종 결론으로 한 걸음 한 걸음 인도할 계획을 세웠소. 당신은 이 일에 적합하다고 생각한 첫 번째 사람이오."9

그녀와 함께 몬테 사크로를 오른 그날 이후, 그는 오랫동안 찾고 있던 제자를 찾았다는 확신이 들었다. 그녀는 굳건한 여사제가, 자기의 생각을 후세에 전할 수 있는 제자가 될 것 같았다.

루는 온 세상이 니체를 새로운 종교의 예언자로 보게 될 것이고, 그 종교는 영웅들을 제자로 삼을 것이라 예언했다.

두 사람은 서로 생각이 얼마나 비슷했고, 사물에 대해 얼마나 비슷하게 느끼고, 어떻게 단어들이 그들 사이를 오갔는지 설명했다. 그들은 음식을 취하듯 서로의 입에서 단어들을 취했다. 두 사람이 하나의 생각을 마무리 짓고 하나의 문장을 완성할 때마다 서로의 지식이 한데 어우러졌다.

니체는 산에서 내려왔을 때, 그녀에게 나지막한 목소리로 이렇게 말했다. "고마워요. 내 인생에서 가장 아름다운 꿈을 꾸게 해주어서."

루의 어머니는 두 사람이 산에서 내려오는 모습을 보고 노발대발했다. 산 위에서 사랑을 나누기라도 한 것처럼 표정이 밝고, 어딘가 모르게 두 사람의 모습이 달라 보였기 때문이다. 레는 질투심으로 어쩔 줄 몰랐다. 그래서 루를 붙잡고 무슨 일이 있었는지 꼬치꼬치 캐물었다. 루는 모호한 대답으로 그의 질문 공세를 피했다.

"그의 미소에서 답을 찾아보세요."

두 사람은 그 일이 있고 난 후 오래도록 많은 일을 겪는 동안에도 몬테 사크로에서 그들이 나눈 지적, 영적 교감이 얼마나 중요한 의미를 지녔는지 한 번도 부인하지 않았다. 물론 자세히 설명한 적도 없었다.

루는 먼 훗날 나이가 훨씬 더 들어서 몬테 사크로에서 니체와 키스를 했느냐는 질문을 종종 받았다. 그럴 때면 꿈을 꾸는 듯한 아득한 눈빛으로 이렇게 말했다. "우리가 키스를 했느냐고요? 글쎄요. 이제는 기억이 안 나는군요." 하지만 니체에게는 누구도 용기 있게 묻지 못했다.

니체는 오르타에서 곧장 바젤로 가서 오랜 친구인 프란츠 오버베크를 만났다. 오버베크의 눈에는 니체가 햇볕에 타서 약간 까무잡잡해진 얼굴이 되어 활기차고 건강해 보였고 무엇보다 기분이 좋아 보였다. 니체는 오버베크의 집에서 닷새간 머물렀다. 그동안 두 번이나 치과에 가서 긴 시간 치료를 받았지만, 신경성 발작은 보이지 않았다. 프란츠의 아내 아이다의 말에 따르면, 그가 유일하게 힘들어했던 건 그가 낸 책들이 반응이 없다는 것, 그래서 자신이 유명해지지 않았다는 것, 그뿐이었다. 그는 책을 낼 때마다 사람들에게서 열렬한 공감을 얻고, 떠오르는 샛별로 대중의 환호를 받고, 자신을 따르는 추종자와 제자를 얻고 싶었다. 그런데 니체는 이제 곧 그렇게 될 것 같은 확신이 들었다. 루에게서 또 다른 자아를 발견했기 때문이다. 니체는 오버베크에게 쌍둥이 남매를 찾은 것 같다고 말했다. 그리고 이제는 혼자 있는 시간을 줄이고 좀 더 세상으로 나가겠다고, 세상과 사람들과 더 어울리겠다고 말했다.

니체는 오버베크의 집에 머무는 동안 밝은 미래를 이야기하던 중 갑자기 피아노 앞으로 달려가 알 수 없는 곡들을 연주하기도 했다. 저녁에는 평소의 모습답지 않게 늦게까지 깨어 있어 오버베크 부부를 놀라게 했다. 오버베크는 그가 정말로 행복해하는 모습이 기뻤다. 그들은 니체에게 한결같은 친구였다. 니체는 돈과 관련된 문제는 모두 그에게 맡겼고, 그의 부인 아이다는 니체에게 필요한 자잘한 일들을 최대한 알아서 처리해주었다. 니체는 생각날 때마다 그들에게 고마움을 표현했다.

니체는 오버베크의 집에 도착한 5월 8일에 레에게 급히 편지를 보냈다. "앞날은 아무도 모르지만 어둡지는 않은 것 같네. 루 양과 다시 꼭 이야기를 나누고 싶은데, 뢰벤가르텐이 어떨까? 무한한 감사를 표하며, 니체가."

루체른에 있는 뢰벤가르텐에는 죽어가는 사자의 모습을 암벽에 양각해서 만든 멋진 기념비가 있었다. 프랑스 혁명 때 튈르리 궁전을 지키려고 싸웠던 스위스 용병의 용맹함과 충성심을 기념하기 위해 만든 것이었다. '충성심과 용맹함을 기리며'라고 새겨진 문구는 니체와 루의 만남을 의미하는 것 같았다.

5월 13일 니체가 루체른역에 도착했을 때, 루와 레는 플랫폼까지 그를 마중 나왔다. 니체는 이번에도 루만 데리고 뢰벤가르텐에 갔다. 루의 말에 따르면 그는 거기서 다시 그녀에게 청혼했다. 루는 미안하지만 그럴 수 없다고 했다. 그가 나중에 미쳐서 정신병원에서 지낼 때 그림 한 점을 그렸는데, 이를 통해 그날에 관해 한 가지를 알 수 있다. 그림에는 사자 기념비의 모습이 있고 그 아래에 두 사람이 껴안고 있다.

니체와 루는 레를 만나 함께 사진관으로 갔다. 그리고 그 유명한 사진을 찍었다. 옳고 그름은 논외로 하고 어쨌든 《차라투스트라는 이렇게 말했다》에서 늙은 여인의 입을 통해 니체가 했던 말과도 관련되는 사진이다. "여인에게 간다고? 그렇다면 채찍을 잊지 말라!" 가볍게 찍은 듯한 그 사진은 아마도 루의 아이디어였던 것으로 보인다. 아니면 니체였을 수도 있다. 레는 확실히 아니었을 것이다. 사진 찍는 것을 몹시 싫어했던 레는 그 사진에서도 말쑥하게 정장을 차려입고 니체 옆에 어색하게 서 있다. 두 남자는 농가에서 쓰는 나무 수레 손잡이를 사이에 두고 한 쌍의 말처럼 포즈를 취하고 있다. 루는 수레에 구부정하게 앉아 두 남자를 향해 채찍을 휘두르며 약간은 장난스럽게, 그렇지만 단호한 표정을 하고 있다. 채찍은 라일락꽃으로 장식되어 있다. 니체는 기분이 약간 좋아 보인다. 그 상황이 재미있다는 듯 장난스러운 자세를 취하면서도 점잖은 표정이다.

사진관에서 트리브쉔까지는 가까운 거리였다. 이번에도 니체는 레를 따돌리고 루에게 극락도 주변을 안내하며 그곳과 관련된 신비한 이야기들을 들려주었다. 바그너에 관해 말할 때는 깊은 감회에 젖는 듯했다고, 루는 말한다.

니체는 자신의 운명과 밀접하게 연결되었다고 믿어 의심치 않는 이 멋진 아가씨의 마음을 어떻게든 움직여보려고 바젤에 있는 오버베크의 집으로 그녀와 그녀의 어머니를 초대했다. 아마도 오버베크 부부가 자신이 얼마나 진중하고 진실한 사람인지 말해줄 것으로 생각했던 것 같다. 하지만 루는 니체의 그런 계획에는 그다지 관심이 없었다. 어디서나 볼 수 있는 신학자와 그의 아내를 만나는 일보다는 바젤에서 가장 유명한 학자인 야코프 부르크하르트를 만난다는 생각에 훨씬 더 관심이 갔다. 아이다는 잠시나마 다녀간 루의 모습에서 니체와는 다른 느낌을 받았다. 니체는 그녀에게서 또 다른 자아를 발견한 것 같다고 희망차게 말했지만, 아이다의 눈에 루는 '니체에게 녹아들고 싶은' 생각이 별로 없어 보였다.

니체는 루에게 자신의 책 《인간적인 너무나 인간적인》을 보내주었고, 루가 쓴 〈슬픔에게〉라는 시를 베네치아에 있던 페터 가스트에게 보내 곡을 붙여 달라고 부탁했다.

이 시는 내게 너무 큰 힘을 발휘해서 읽을 때마다 눈물이 난다네. 마치 아주 어릴 때부터 기다리고 기다렸던 목소리를 듣는 것 같아. 이 시를 쓴 사람은 루라는 나의 친구일세. 자네는 처음 듣는 이름일 거야. 러시아 장군의 딸이고 스무 살이네. 독수리처럼 예리하고, 사자처럼 대담하면서도 소녀다운 면모가 있지. 그 모습이 오래가지는 않겠지만. … 그녀는 내가 생각하는 방식과 내 견해에 정말 놀랍도록 잘 준비되어 있어. 나의 친구여, 부디 우리 사이를 연인 관계로 생각하지 말아 주시게. 우리는 친구 사이일 뿐이고, 나는 그녀를 지킬 것이네. 이 자신감은 신성불가침일세.[10]

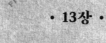

철학자의 제자

파리는 여전히 주목을 받는군. 하지만 나는 이 소음이 조금 두렵다네.
그리고 파리의 하늘이 정말 평화로운지 알고 싶네.

- 1882년 10월, 프란츠 오버베크에게 보낸 편지

루와 그녀의 어머니가 오버베크 부부의 집에 머무는 동안, 니체는 루체른에서 곧장 나움부르크로 가서 출판업자에게 보낼 《즐거운 학문》을 준비했다. 니체는 파산한 무역상 하나를 고용해 엘리자베스가 불러주는 원고를 받아쓰게 했다. 니체가 처음으로 신의 죽음을 말한 그 원고에는 이런 내용이 담겼다.

밝은 아침에 등불을 들고 시장 주변을 뛰어다니며 쉴 새 없이 이렇게 외치는 미치광이에 관해 들어본 적이 있는가? "나는 신을 찾는다! 신을 찾는다!" 거기 있는 사람 대부분 신을 믿지 않으므로 그저 그 남자 주변에 둘러서서 그를 비웃었다. 저 사람은 길을 잃은 것인가? 누군가 물었다. 어린아이처럼 길을 헤매는 것인가? 또 다른 사람이 물었다. 아니면 숨고 있는가? 우리를 두려워하는가? 바다로 멀리 여행을 갔던 것인가? 다른 나라에서 온 것인가? … 미치광이는 군중 속으로 뛰어들어 그들을 노려보며 이렇게 외쳤다. "신은 어디에 있소?" 그러고는 이렇게 말했다. "내가 말해주지! 우리가 그를 죽였어. 당신들과 내가! 우리는 모두 그를 죽인 살인자들이야. 하지만 어떻게? 어떻게 우리가 바닷물을 모두 마셔버릴 수 있었나? 누가 지평선 전체를 닦아낼 스펀지를 우리에게 주었나? 우리가 지구를 해로부터 풀어줄 때 우리는 무엇을 하고 있었지? 지구는 이제 어디로 가는가? 우리는 이제 어디로 가는가? 모든 항성으로부터 멀어져서? 우리는 계속 추락하고 있지 않은가? … 아직도 위가 있고 아래가 있는가? 아무것도 없는 무한대로 이어지는 허공에서 길을 헤매고 있지 않은

가? 허공이 우리에게 숨을 내뱉고 있지 않은가? 점점 더 추워지지 않는가? … 신을 묻고 있는 무덤꾼의 소음이 아직 들리지 않는가? 신이 부패하고 있는 냄새가 아직도 나지 않는가? 신도 부패한다! 신은 죽었다! 계속 죽은 채로 있다! 우리가 신을 죽였다. 모든 살인자 중에 최고 살인자인 우리가 우리 자신을 어떻게 위로한다는 말인가! 이 세상에서 가장 거룩하고 가장 강인한 존재가 우리의 칼에 맞아 피를 흘리며 죽어갔다. 누가 우리에게서 이 피를 닦아주겠는가? … 이 행위가 우리에게 그다지 중요하지 않은가? 그럴 만했음을 보이려면 우리가 신이 되어야 하지 않겠는가? 이보다 더 위대한 행위는 없었다. 그리하여 누구라도 우리 이후에 태어난 사람은 이 일로 인해 지금보다 더 높은 역사에 속하게 될 것이다!"

군중이 당황하여 그를 바라보자 미치광이는 이렇게 말한다. "이 행위는 여전히 그들에게(후기 이신론자)는 가장 멀리 떨어진 별들보다 더 멀리 떨어져 있다. 그러나 그들 스스로 그렇게 했다!" 그는 새 빛을 주는 등불을 땅바닥에 내동댕이친다. 군중을 시장에 남겨둔 그는 가는 길에 보이는 교회들로 무턱대고 들어간다. 그러고는 각 교회에서 불경스럽게 패러디한 말들을 사용하여 신의 영혼을 위한 진혼곡을 연주하기 시작한다. 사람들은 이제 신을 믿지 않았음에도 그의 행동에 불쾌감을 느끼며 그를 쫓아낸다.

"신의 무덤과 묘가 아니라면 이제 대체 교회는 무엇이냐?" 그는 그들에게 이렇게 묻는다.[1]

니체는 나중에 자신의 철학에서 확장되어 나오는 또 다른 개념을 이 책에서 맛보기로 보여준다. 즉 신의 죽음 이후 그의 조각상이 수세기 동안 동굴에 세워져 있을 것이고, 그 조각상이 크고 무서운 그림자를 동굴 벽에 드리울 것이라고 말한다. 그렇다. 신은 죽었다. 하지만 니체는 인간의 방식을 고려해볼 때, 신이 전해준 도덕의 그림자가 수천 년 동안 남아 있을 것이라고 예언한다. 그리고 신뿐 아니라 그 그림자도 물리치는 것이 영혼의 아르고호 용사[*]의 엄중한 임무라고 말한다.[2]

이 이야기는 레 같은 19세기 이성주의자들에게는 막중한 부담이었다. 신을 죽인 그들은 이제 신학 없이 기독교에서 말하는 윤리적 덕목들을 지킬 수 없다는 사실을 깨닫지 못하는 것 같았다. 이성적 유물론자는 도덕의 힘에 관해 결과적으로 나타나는 변화도 다루어야 했다. 여기에는 인류에게 엄청나게 비극적인 결과가 일어날 가능성이 도사리고 있었다. 니체는 그 단락 마지막 부분에서 '비극의 시작'을 알렸다.

1882년 여름, 바이로이트에서는 주디스 고티에가 코지마의 뮤즈 자리를 꿰찬 「파르지팔」의 초연을 앞두고 있었다. 니체는 바이로이트 후원회의 창립 멤버여서 표를 살 수 있었다. 루는 바이로이

---

* 아르고호는 테살리아의 페리아스 왕의 조카, 이아손이 용에게서 보물(금빛 양의 모피)를 가져오기 위해 아테나의 도움을 받아서 만든 50개의 노가 달린 커다란 목선木船이다. 이아손은 이 일을 함께할 50명의 영웅을 모았는데, 헤라클레스, 오르페우스, 테세우스, 카스토르, 폴리데우케스 등이 포함된다. -편집자주

트 축제에 가고 싶어 했다. 당시 문화의 중심지였던 바이로이트에 7~8월 내내 유럽 각국에서 유명인사가 모여들었다.

기독교에 관한 전설에는 그리스도가 최후의 만찬에서 사용한 성배에 관한 이야기가 전해지는데,「파르지팔」은 이 성배에 관한 전설을 재구성한 이야기다. 암포르타스 왕은 그럴 만한 자격이 없었지만, 성배의 덮개를 여는 신성한 임무를 맡았다. 하지만 그는 쿤드리의 유혹에 넘어가 옆구리에 창을 맞고 크게 상처를 입는다 (원래 초고에서는 암포르타스가 성기에 상처를 입지만 기독교 정서에 맞게 나중에 수정되었다). 피는 멈추지 않고 계속 흘러나왔다. 성배 기사단 중에서 피를 멎게 할 만한 사람이 누구였을까? 바로 파르지팔이었다! 파르지팔은 기독교적 연민을 통해 현명해지는 성스러운 바보 역할을 맡은 주인공이다. 니체는 연민이나 바보가 등장한다는 이유로 이 오페라의 이야기를 마음에 들어 하지 않았다.

이쯤에서 다시 5년 전 이야기로 돌아가보자. 니체는 당시 소렌토의 빌라 루비나치에서 말비다와 함께 지내고 있었다. 바그너는 그 근처에서 휴가를 보내고 있었다. 바그너는 이 시기에 니체의 건강 문제를 걱정하며 니체의 의사에게 편지를 보냈다. 니체가 자위를 너무 많이 해서 몸이 좋지 않은 것 같다고 말이다. 엘리자베스는 두 사람이 소렌토에서 마지막으로 함께 산책하는 동안 사이가 틀어졌다는 이야기를 꾸며냈다. 물론 몇 가지 문제를 두고 견해 차이를 보이기는 했지만 사이가 틀어질 정도는 아니었다. 1877년에서 1878년으로 넘어가는 시기에, 니체는 바그너에게 새로 완성한

《인간적인 너무나 인간적인》을 보냈고, 바그너는「파르지팔」대본을 니체에게 보냈다. 두 작품은 거의 동시에 상대에게 보내졌다. 니체는 나중에 이 일을 공중에서 부딪히는 칼날에 비유했다.

그는 여러 가지 이유로「파르지팔」의 내용을 마음에 들어 하지 않았다. '바그너보다는 리스트 작품에 가깝다.' '종교개혁 정신에 어긋난다.' '너무 기독교적이다.' '너무 시대 제한적이다.' '사람에 관한 이야기는 없고 유혈만 낭자하다.' '표현이 외국어를 번역해 놓은 것 같다.' 등의 문제를 지적했다.[3]

바그너도 《인간적인 너무나 인간적인》을 싫어했다. 바그너는 점점 더 신앙심이 짙어진 반면, 니체는 특히 쇼펜하우어 같은 '철학자의 모습을 한 성직자'에게서 점점 벗어났다. 바그너는 죽기 전까지도 쇼펜하우어를 열렬히 지지했다. 그 부분에서는 타협의 여지가 없었다.

니체는「파르지팔」이 초연되기 전 몇 주 동안 악보를 살펴보았다. 곡은 아주 훌륭해 보였다. 역시 바이로이트 마법사의 실력은 나무랄 데 없었다. 니체는 바이로이트로 가서 오페라 연주를 듣고 싶었지만, 바그너의 개인적인 초대 없이 그냥 가기는 자존심이 상했다. 초석 놓는 행사에 참석했을 때처럼 바그너의 마차로 오페라 하우스까지 갈 수 있게 초대를 받고 싶었다. 하지만 아무리 기다려도 초대장은 오지 않았다.

루는 바이로이트 축제에 가려고 준비하는 동안 어머니를 상트페테르부르크로 돌려보내는 데 간신히 성공했다. 그녀는 틀림없이 안도의 한숨을 내쉬었을 것이다. 루의 어머니는 떠나기 전 레의 어머니에게 다루기 힘든 자신의 딸을 잘 보호해달라고 부탁했다. 레의 어머니는 호화로운 가족 저택이 있는 스티베Stibbe로 루를 데려갔다. 물론 레도 따라갔다. 레는 그녀를 자기 곁에만 두고 싶었다. 그래서 니체에게는 빈방이 없다고 잘라 말했다. 그렇게 큰 집을 두고도 말이다.

그 무렵 레와 루는 서로를 애칭으로 부르는 사이가 되었다. 루는 레에게 '작은 달팽이'로, 레는 루에게 '작은 집'으로 불렸다. 두 사람은 스티베의 '둥지'에 머무는 동안 그날그날 일어난 일들을 기록한, '둥지 일기'라는 일종의 교환 일기도 썼다. 레의 어머니는 루를 수양딸로 삼겠다고 했다. 이 사실을 알았다면 누군가는 이를 악물었을 것이다.

니체는 자신이 가지 않는 바이로이트 축제에 루와 레를 단둘이 보낼 수는 없었다. 그래서 루와 엘리자베스에게 표를 주기로 했다. 두 사람이 함께 지내다 보면 친자매처럼 친해질 수 있을 것 같았다. 그는 이 계획을 생각하며 두 사람에게 축제가 끝난 뒤 도른부르크Dornburg 근처에 있는 타우텐부르크Tautenburg라는 아름다운 마을에서 휴가를 같이 보내자고 했다. 물론 레는 초대 대상에서 빠졌다.

니체가 자신의 소망이 이루어지기를 바라고 있던 그 시각, 루는 스티베에 있는 레의 저택에서 니체의 마음을 홀리게 할 만한 편지를 쓰고 있었다. 그녀는 니체와 레를 '과거와 미래를 예언하는 두 남자'라고 추켜세우며, '레가 신들의 결정을 발견한다면, 니체는 신들의 황혼을 파괴한다.'고 표현했다. 니체가 보내준 책은 무엇보다 침대에서 자신을 즐겁게 해준다는 도발적인 표현도 서슴지 않았다. 루에게 보내는 니체의 편지는 점점 엄숙함을 잃어갔다. 니체는 이제 혼자 있을 때 가끔 그녀의 이름을 크게 외친다고 했다. 그녀의 이름이 자신의 귀에 들릴 때의 즐거움을 느끼고 싶다고 말이다.

루가 타우텐부르크에 가겠다는 답장을 보내오자 니체는 뛸 듯이 기뻐했다.

1882년 7월 2일, 타우텐부르크에서

이제 제 머리 위의 하늘이 밝아졌습니다! 어제 낮에는 마치 생일인 것 같은 기분이 들더군요. 당신은 제 초대를 받아주어 제게 줄 수 있는 가장 훌륭한 선물을 주었고, 동생은 체리를 보냈고, 토이프너는 '즐거운 학문'의 첫 교정쇄 세 부를 보내주었죠. 무엇보다 그 책 맨 마지막 부분을 방금 끝냈습니다. 1876년부터 1882년까지 저와 6년을 보낸, 저의 자유사상을 담은 책을 말입니다. … 오, 나의 친애하는 벗이여, 나는 그 책을 생각할 때마다 정말 기쁘고 감격스러워요. 어떻게 지금까지 그 책을 쓸 수 있었는지 모르겠습니다. 저 자신이 가엾기도, 뿌듯하기도 하군요. 그 일이 제게는 정말 영광인지라 건강마저 되찾았어요. … 모두 제가 예전보다 젊어 보인다고 하더군요. 지금까지는 하늘이 제가 어리석은 행동을 하지 않도록 지켜주었습니다. 하지만 이제부터는! 당신이 뭐라고 하든 당신의 말을 따르겠어요. 부디 아무 걱정 말고 그렇게 해주세요.

361

- 온전히 당신의 사람인 니체로부터

건강이 좋아졌다는 소식은 사실보다는 바람에 가까웠다. 젊어 보인다고 한 것도 철학적, 성적 삼각관계에서 레보다 우위를 차지했다는 기쁨에 겨워 서른일곱의 아저씨가 스물하나인 아가씨에게 보여주는 일종의 허세였다.

엘리자베스와 루는 라이프치히에서 만났다. 두 사람은 각자 서로에게 좋은 인상을 심어주려고 노력했다. 바이로이트에 도착했을 때쯤에는 서로를 친숙한 이름으로 부르는 사이가 되었다. 엘리자베스는 루와 더 친밀한 사이가 되도록 숙소를 같은 곳에 마련했다.

반프리트 저택에서는 매일 밤 하객 200~300명이 참석하는 축하 연회가 열렸다. 엘리자베스는 자신이 코지마와 아주 가까운 사이라고 믿고 싶었다. 하지만 집안일을 몇 번 도와준 것만으로는 그렇게 상류층 사람들이 모인 자리에서 코지마의 관심을 얻기가 힘들다는 사실만 뼈저리게 느꼈다. 사실 그곳에 모인 사람 중 누구도 나이 먹어가는 니체의 여동생에게는 관심이 없었다.

"아직 아는 사람은 많이 못 만났어요." 엘리자베스는 어머니에게 쓴 편지에서 뚱하게 말했다. "하지만 저녁 시간은 아주 즐거웠어요. 정말 돈이 많이 들긴 했지만요. 농담이었지만 내일은 전부가 채식 테이블에서 먹자고 했다니까요."[4]

그에 반해 루 살로메는 사람들의 열렬한 관심을 받았다. 젊고 아름다운 귀족 출신의 부유한 그녀는 쾌활한 성격과 자신감 넘치고 자유분방한 모습으로 자신의 매력을 발산했다. 심지어 말비다가 주최하는 '자유정신'이라는 학구적인 모임의 회원이기까지 했다. 루는 이 자유정신이 그저 입에 발린 소리가 아니라 실제로 그렇게 살고 있음을 숨김없이 드러냈다. 바이로이트에 모인 사람들은 그녀가 올겨울에 레, 니체와 함께 철학 공부를 하며 셋이서만 지낼 거라고 스스럼없이 말하자 놀라움을 감추지 못했다. 그녀는 레와 니체에게 채찍을 휘두르는 사진도 보여주었다. 그녀 이야기는 축제에 모인 사람들에게 가십거리가 되기에 충분했다. 충격적인 이야기는 거기서 그치지 않았다. 어떻게 알려졌는지는 모르지만, 바그너가 니체의 건강 문제로 니체의 담당 의사와 5년간 주고받은 편지 내용으로 분위기가 술렁거렸다. 니체가 자위에 빠져 있대! 사람들은 이렇게 수군거렸다. 그 소문이 돌게 된 것은 아마도 한스 폰 볼초겐 때문이었을 것이다. 바그너는 평상시에 바쁘다 보니 사람들에게 이런저런 일을 맡겼는데, 그 과정에서 아이저 박사와 주고받은 편지가 〈바이로이트 특보〉에서 편집장으로 일하던 한스 폰 볼초겐에게 일부 전해졌던 것 같다.[5] 열렬한 바그너주의자이자 반유대주의자였던 폰 볼초겐은 원래부터 니체를 시기하며 그를 탐탁지 않게 여겼다. 그는 니체가 음악의 대가인 바그너를 배신하고, 쇼펜하우어를 저버리고, 바이로이트에 등을 돌린 것도 모자라 이제는 부도덕한 어느 아가씨, 성 정체성이 의심스러운 '유대인'과 붙어 다닌다고 생각했다. 니체 편에서 보자면, 폰 볼초겐은 지적으로 지극히 평범한 보통 사람에 불과했다.

엘리자베스는 루와 자매 같은 관계를 더 발전시킬 수가 없었다. 그녀가 사람들에게 그 우스꽝스러운 사진을 보여주며 오빠뿐 아니라 자신의 체면까지 구기고 있었기 때문이다. 루는 교활한 여우였다. 보이는 남자마다 꼬리를 치고 다녔다. 엘리자베스는 루가 인기가 많은 것이 '가짜 가슴' 때문이라고 생각했다.

엘리자베스는 얼마 전까지만 해도 가깝게 지내던 사람들이 갑자기 자신을 차갑게 대하는 모습에 어리둥절했다. 사람들은 그녀 오빠에 관한 소문으로 역겹다는 듯, 혹은 창피하다는 듯 그녀를 피했다. 한편 반프리트를 자유롭게 드나들던 루는 바그너가 니체의 이름이 거론되자 자기 앞에서는 니체의 이름을 꺼내지도 말라고 하며 갑자기 흥분해서 방을 나가버렸다고 했다. 그가 이렇게 예민한 반응을 보인 것은 일종의 죄책감 때문이었을 것이다.

중요한 인물을 본능적으로 즉각 알아보았던 루는 파울 폰 유코프스키Paul von Joukowsky라는 사람에게 추파를 던지기 시작했다. 「파르지팔」의 세트를 디자인한 그는 유쾌한 성격의 서른일곱 살 된 동성애자 화가였으며, 루처럼 반은 독일인이고, 반은 러시아인이었다. 두 사람은 여러모로 공통점이 많았다. 강령술에 관심이 많다는 것도 그중 하나였다. 특히 루는 자기가 살아온 인생이 자기를 쫓아다니며 이상한 메시지를 보내온 유령들에 의해 정해졌다고 굳게 믿었다.

폰 유코프스키가 반프리트 저택에서 신임을 얻게 된 것은 한 해 전 바그너의 아이들을 위해 그린 보잘것없는 그림 몇 점 덕분이었다. 바그너의 아이들을 성가족Holy Family*으로 꾸며주었던 것이다. 지크프리트는 예수 역을, 두 딸은 성모 마리아와 천사 역을, 그리고 폰 유코프스키 자신은 요셉 역을 맡았다. 이후 뵈클린이 바그너의 무대 장식 제안을 거절하자 폰 유코프스키가 대신 임무를 맡게 되었다. 그는 비단, 공단, 꽃, 분홍 조명 같은 것들을 충분히 사용해 바그너의 취향을 훨씬 더 잘 만족시켰다. 실제로 그 무대 배경은 반응이 너무 좋아 2백여 회의 재공연이 이루어지는 동안 줄곧 바이로이트 극장에서 사용되다 1934년이 되어서야 허물어졌다. 폰 유코프스키는 니체에 관한 그 편지들을 알고 있었다. 그가 말했는지, 아니면 다른 경로로 알았는지는 알 수 없지만, 당시 상황을 본다면 루가 그 이야기를 듣지 못했을 리 없다.

루가 손쉽게 유혹할 수 있었던 또 다른 남자는 하인리히 폰 슈타인Heinrich von Stein이라는 젊은이였다. 니체 대신 어린 지크프리트의 가정교사 자리를 꿰찼던 사람이다. 그 자리에 걸맞게 열렬한 쇼펜하우어주의자였던 그는 처음에 철학 문제에서 루와 의견이 달랐다. 하지만 오히려 그 점 때문에 그녀와 더 가까워져 나중에는 자신이 머물던 할레 지방으로 그녀를 초대했다.

바이로이트에서 함께 한 일주일은 루에게 더없이 멋진 시간이었다. 하지만 엘리자베스에게는 끔찍할 정도로 기분 나쁜 경험이었다. 엘리자베스는 그녀가 유일하게 쓴 소설에서 그 모든 분노와

---

* 아기 예수, 마리아, 요셉, 예수로 이루어진 거룩한 가족을 말함 -역자주

좌절감, 루에 대한 질투심을 쏟아냈다.[6] 소설 속 인물들은 누가 누군지 금세 드러난다. 루는 '폰 람슈타인'이라는 폴란드인 아가씨로 등장하는데, 말도 안 될 만큼 가는 허리와 풍만한 가슴을 지닌 여성으로 묘사된다. 물론 그 가슴은 패딩을 잔뜩 집어넣어 만든 가짜 가슴이다. 눈빛은 날카롭고 부슬부슬한 곱슬머리에 안색은 늘 누렇게 떠 있다. 무엇이든 먹어치울 것 같은 말미잘 같은 입과 툭 튀어나온 입술은 영원히 다물어지지 않을 듯 벌어져 있다. 하지만 이 모든 특징에도 남자들에게는 위험할 정도로 매력을 어필했다. 그녀는 그 추한 외모로 지식인인 척 남자 주인공인 게오르크를 유혹한다. 게오르크는 니체를 말한다. 게오르크는 성품은 훌륭하나 그만큼 순진한 사람으로 그려진다. 폰 람슈타인이 떠들어대는 사랑, 철학, 자유사상에 관한 말들을 곧이곧대로 믿는다. 사기꾼 같은 그녀가 이미 다른 남자에게도 접근해 똑같은 말을 반복했다는 것은 전혀 알지 못한다. 학교에서 문법을 가르치는 선생으로 나오는 남자는 레를 의미했다. 다행히 게오르크는 적절한 시기에 판단을 잘 내려서 노라라는 여자와 함께 편안한 일상을 되찾는다. 희고 고운 피부를 가진 훌륭한 색슨족 아가씨이자 착하고 유쾌한 성격으로 그려지는 노라는 작가 자신을 의미했다.

이 소설은 훌륭한 문학 작품이라고 할 수는 없지만 그 이야기를 만들어낸 분노가 완전히 부적절했다고 할 수는 없다. 엘리자베스는 루가 바이로이트에 있는 동안 그곳에서 일어나고 있는 일들을 레에게 계속 알려주었다. 레는 니체와 폰 유코프스키에 대한 질투심으로 미쳐버릴 것 같았다. 그는 엘리자베스에게 루를 원하는 남자라면 니체든 그 누구든, 그를 속이고 기만해도 조금도 양심의 가책이 느껴지지 않는다고 말했다. "내가 얼마나 말도 안 될 만큼 질투심이 많은 사람인지 알게 될 겁니다."[7]

니체는 루가 음악에 대한 감수성이 아주 높지는 않다고 생각했다. 하지만 자신의 열정을 그녀와 나누고 싶어 「파르지팔」의 두 번째 공연도 관람하고 오기를 권했다. 루는 그의 계획이 마음에 들었다. 하지만 두 번째 공연이 시작되기도 전에 엘리자베스는 루의 뻔뻔한 행동을 더 참을 수가 없었다. 결정타는 루가 폰 유코프스키에게 그녀의 발 앞에 무릎을 꿇고 그녀가 입고 있던 드레스 자락의 매무새를 고쳐 달라고 한 것이었다. 엘리자베스는 그 모습에 충격을 받아 즉시 니체에게 전보를 보낸 뒤 타우텐부르크로 떠났다. 니체는 동생을 맞으러 역으로 달려 나갔다. 루에 관한 소식을 듣고 싶어서였지만 끝없이 이어지는 동생의 불평만 들어야 했다.

폰 유코프스키와 하인리히 폰 슈타인은 루가 타우텐부르크로 돌아가는 걸 반대하며 바이로이트에서 더 지내라고 끈질기게 설득했다. 말비다도 그러라고 했다. 루는 바이로이트에서 일어났던 일로 그들의 동거 계획에 문제가 생길 것 같은 예감이 들었다. 그녀는 바이로이트에 남기로 하고 니체에게는 감기에 걸려 누워 있다고 말했다. 니체는 어서 빨리 회복되기를 바란다고 답장을 보냈다. 루는 니체가 답장에서 엘리자베스 이야기나 다른 불쾌한 기분을 표현하지 않아 아프다고 꾀병 부리는 말을 그만두고 바이로이트에서 지내는 동안 엘리자베스가 신경을 많이 써주어 정말 고마웠다는 인사를 전했다. 어쨌든 자신의 철학 공부는 포기하고 싶지 않았다.

엘리자베스로서는 다른 방법이 없었다. 지금 루와의 관계가 깨지면 그녀가 틀림없이 자신들의 치부를 낱낱이 벗겨버릴 것 같았기 때문이다.

아무것도 모르고 두 사람 사이에 끼어 있던 니체는 루에게 돌아오라고 애원했다. "어서 돌아와요. 당신을 고통스럽게 했다고 생각하니 내가 너무 고통스럽군요. 함께 있으면 더 잘 견딜 수 있을 거요."[8]

8월 6~7일쯤 루가 도착했을 때, 그녀를 마중 나온 사람은 엘리자베스였다. 그런데 하필 루는 바이로이트에서부터 베른하르트 푀르스터와 같은 객실을 이용했다. 그는 엘리자베스가 남편감으로 점찍어두고 열심히 관계를 다지고 있던 남자였다. 엘리자베스는 루가 자신의 오빠도 모자라 이제 애인까지 뺏으려 한다고 생각해 질투심이 폭발했다. 급기야 두 사람 사이에 엄청난 다툼이 벌어졌다. 대체 어떻게 만나는 남자마다 꼬리를 치고 다닐 수 있느냐, 니체의 이름에 어떻게 이렇게 먹칠을 할 수 있느냐, 엘리자베스는 이렇게 고함쳤다. 루는 '미친 듯이 웃어대며' 이렇게 받아쳤다.

"우리의 공부 계획을 누가 먼저 더럽혔죠? 다른 방법으로는 나를 얻지 못하는 남자에게 누가 먼저 정신적 관계를 제안했을까요? 내연 관계는 누구의 머리에서 나왔을까요? 당신의 그 고귀하고 순수하신 오빠였죠! 남자들은 원하는 게 한 가지밖에 없어요. 그것이 정신적 관계는 아니죠!"

엘리자베스는 다시 맞받아쳤다. 러시아인들 사이에서는 흔한지 모르지만 순수한 마음을 가진 자신의 오빠 같은 사람과 그런 관계를 맺는다는 것은 말도 안 되는 일이라고 말이다. 그리고 오빠에게 하는 그런 음란한 말들을 당장 멈추라고 요구했다. 루는 레에게 말할 때는 훨씬 더 음란하게 말한다고 하며, 자신과 결혼할 수 없다면 '무모한 결혼'이라도 자신과 함께 사는 편이 더 낫겠다고 말한 사람은 니체였다고 했다. "당신의 오빠에게 내가 다른 꿍꿍이가 있었다고 생각한다면 오산이에요. 나는 같은 방에서 그와 밤새 같이 있어도 조금도 흥분하지 않고 잘 수 있으니까요." 엘리자베스는 그 말을 듣고는 경악을 금치 못했고 먹은 것을 토해내고 말았다.[9]

니체는 두 여자가 타우텐부르크 목사관에서 지내도록 숙소를 마련했다. 자신은 매너 있게 근처 농가에 방을 빌렸다. 싸움이 있고 난 다음 날 아침, 세 사람은 한자리에 모였다. 그제야 엘리자베스에게 모든 말을 전해 들은 니체는 그녀의 말이 사실인지 루에게 직접 물었다. 루는 모든 이야기를 부인했다. 엘리자베스의 말은 완전히 억지라고 했다. 엘리자베스의 말에 따르면, 루는 그때 떠나라는 말을 들었지만 아프다며 자기 방으로 가버렸다.

엘리자베스는 자신이 더 나은 사람임을 증명해 보이려고 숲속을 거닐면서 '날쌔고 귀여운 다람쥐'들을 보며 평정심을 되찾았다. 한편 니체는 삐걱대는 목사관 목재 계단을 분주하게 오르내렸다.

루는 니체가 분노하는 이유는 언제나 자신을 따라다니며 괴롭혔던 그 유령 때문이라 생각했다. 니체는 루가 방문을 열어주지 않자 노트에 글을 써서 문틈으로 밀어 넣었다. 한참 후에야 그는 그녀의 방에 들어가서 그녀를 위로하고 손등에 키스해도 좋다는 허락을 받았다.

이후 3주 동안 엘리자베스는 숲에서 다람쥐들을 지켜보고 심술을 부렸다가 감탄하기를 반복했다. 그리고 여러 사람에게 편지를 써서 자신이 그동안 희생한 보람도 없이 오빠에게 무시당하고 루에게 자신의 자리를 빼앗겼다는 불만을 쏟아냈다. 그동안 니체와 루는 햇빛이 많이 들지 않는 한적한 타우텐부르크 숲에서 긴 산책을 즐겼다. 니체는 챙이 넓은 모자를 쓰고 양산을 들어 이중으로 햇빛을 차단했다. 루는 모자를 쓰고 빨간 스카프를 머리에 감았다. 농가에 있는 니체의 방으로 돌아왔을 때 루는 자신이 쓰고 있던 스카프를 전등갓에 감아 니체의 눈에 무리가 가지 않도록 불빛을 줄여주었다. 두 사람은 자정이 넘도록 대화를 나누었다. 그날 니체의 집주인은 연신 툴툴거렸다. 새벽에 우유를 짜려면 일찍 일어나야 하는데 루를 목사관까지 데려다주는 일도 자신이 해야 해서 늦게까지 자지 못했기 때문이다.

두 사람은 한번 시작하면 10시간씩 대화를 이어갔다. 니체는 자신의 또 다른 자아를 찾았다는, 잃어버린 쌍둥이 남매를 찾았다는 확신이 더욱 강하게 들었다. 유일하게 다른 점은 문체였다. 루의 글은 어린 여학생이 숨 가쁘게 달려가듯 지나치게 신선한 느낌이

들었다. 그리고 자신의 산문체는 정확도와 간결성을 동시에 갖추었으면서도 가끔은 아주 놀랄 만큼 활기가 넘친다고 생각했다. 니체는 독일어로만 보면 당연히 자신이 3대 문장가 중 하나라고 믿었다. 나머지 두 사람은 마틴 루터와 괴테였다.

그는 루를 위해 글을 쓸 때 필요한 지침을 만들어주었다.

문체는 활기차야 한다.

글을 쓰기 전에 자신이 무엇을 말하고 싶은지 정확히 알아야 한다.

글을 읽는 대상에 문체를 맞추어야 한다.

긴 문장은 허식이다. 호흡이 긴 사람만이 긴 문장을 쓸 자격이 있다.

독자에게서 반대 의견을 빼앗는 것은 좋은 태도, 영리한 태도가 아니다. 지혜의 궁극적인 본질을 독자 스스로 찾게 하는 것이 좋은 태도이자 영리한 방법이다.[10]

루는 그 3주 동안 타우텐부르크에서 니체와 나눈 대화는 본질적으로 신에 관한 것이었다고 말한다. 그녀는 그가 신을 믿지 않아 더 종교적인 사람이 되었다고 생각했다. 무신론자로서 받아들여야 하는 고통이 그를 철학으로 이끌었다는 것이다. 그의 뛰어난 지력은 신념을 상실했다는 생각, 신의 죽음을 받아들여야 하는 감정에서 비롯됐다. 그의 머리는 잃어버린 믿음을 대체할 수단을 찾아야 한다는 생각으로 가득했다.

니체는 다윈 이론에 관해서도 이야기했다. 그는 지금까지 인간의 위대함을 신에서 찾았지만 이제 그 길은 막혔다고 말했다. "왜 냐하면 그 길 입구에는 다른 여러 무서운 동물 중에서도 원숭이가 가로막고 서서 '이쪽으로 더는 다가오지 마시오!'라고 말하듯 이를 드러내고 있기 때문입니다." 그래서 인류는 자신들의 위대함을 증 명하기 위해 끊임없이 반대방향으로 나아갔다.[11] 인간은 동물성의 탈피를 근거로 인간의 위대함을 평가했다. 즉 인간을 동물로 보지 않을 근거를 찾는 것이 목표였다. 적어도 인간은 대화와 사고가 가 능한, 동물보다는 우월한 존재여야 했다.[12]

인간의 우월적 지성은 인간의 행복을 파괴할 수도 있었다. 심지 어 인류는 지식으로 멸망할 수도 있었다. 하지만 지식의 쇠퇴보다 인류의 멸망을 더 좋아할 사람이 어디 있겠는가?[13]

니체는 인간 중심적 사고의 오류를 파헤치고 거기서 벗어나고 싶다고 루에게 말했다. 자연 현상은 근시안적 관점으로 보아서는 안 되며, 인간의 좁은 시야로 판단해서는 더더욱 안 된다고 했다. 그래서 니체는 몇 년간, 아마도 10년 정도 빈이나 파리에서 자연과 학을 공부해보기로 했다. 이제부터 철학에 관련된 문제는 실증적 관찰과 실험을 바탕으로 결론을 내겠다고 다짐했다.

그들은 영원 회귀에 관해서도 이야기를 나누었다. 니체는 사물 에서 필요한 것들을 아름답게 보는 법을 배우고 싶다고 말했다. "그리하여 나는 사물을 아름답게 만드는 사람 중 하나가 될 것이 다. 운명을 사랑하라. 그것이 이제부터 내 사랑이 되게 하라! 나는 추함과 싸우고 싶지 않다. 나는 비난하고 싶지 않다. 비난하는 사람을 비난하고 싶지도 않다. 눈길을 돌리는 것이 나에게 유일한 부정의 표현이 될 것이다! 무엇보다 언젠가는 모든 일에 긍정적인 사람이 되고 싶다!"[14]

니체는 천진난만한 어린아이처럼 이렇게 주장했다. 자신의 운명을 사랑하고 그것을 있는 그대로 받아들이고 수용하려면 영원회귀론을 사랑하고 수용해야 한다고. 이는 미신적인, 점성술 같은 수동적 사고를 수용하라거나 동양의 숙명론에 기대라는 말이 아니다. 오히려 인간은 자기 자신을 알게 되고 자기 자신이 되려면, 운명을 받아들여야 한다. 만약 어떤 사람에게 어떤 성향이 있다면, 그만이 할 수 있는 경험을 할 것이고, 이는 반복될 것이다. 만약 삶이 과거에서 미래로 이어지는 긴 선이고, 인간이 이 선의 어느 한 지점에 있다면, 그가 거기 있는 것은 자신의 책임이다. 따라서 이성이 있는 인간은 언제까지 반복될지 모를 시간의 수레바퀴 속에서 행복할 수 있도록 이 순간을 받아들여야만 한다.

인간은 발이 빨라야 한다. 인간은 춤을 추어야 한다. 삶은 간단하지 않다. 만약 어느 날 누군가 과감히 영혼의 본질에 상응하는 건물을 짓는다면, 미로를 모델로 삼아야 할 것이다. 춤추는 별을 잉태하려면 먼저 내면에 혼란이 있어야 한다. 모순과 마음의 변화, 산만해지고 싶은 충동, 그것이 필수다. 고정된 생각은 죽은 생각이고 꾸며낸 마음은 죽은 마음이며 벌레만도 못한 것이다. 그러니 발로 짓밟아 완전히 없애버려야 한다.

니체와 3주간 지내면서 루가 관찰한 모습들은 비록 12년 뒤에 기록되었지만, 사료로서 충분한 가치가 있다. 니체 밑에서 3주간 그의 철학을 수련받은 사람은 그녀가 유일했으니 말이다.

루는 3주가 지나자 니체에게서 받는 수업의 강렬함을 더는 견디기 힘들었다. 8월 26일, 그녀는 니체의 배웅을 받으며 역으로 향했다. 그녀는 떠날 때 니체에게 〈삶에 대한 기도Prayer to Life〉라는 시를 선물했다. 니체는 두 사람이 함께 후대에 이르는 작은 길이 되기를 희망하며 그 시에 곡을 붙였다.

니체는 바이로이트의 첫 축제 기간 중 사랑에 빠졌던 루이제 오트에게 연락해 세 사람이 파리에서 지낼 만한 집을 알아봐달라고 부탁했다. 그는 루이제가 피아노 앞에서 나이팅게일 같은 목소리로 〈삶에 대한 기도〉를 부르고, 세 사람이 그녀의 노래에 귀 기울이는 모습을 기분 좋게 상상했다.

루는 타우텐부르크를 빠져나오자마자 레가 있는 스티베로 향했다. 그녀는 그동안에도 '둥지 일기'에 들어갈 내용을 레에게 그때그때 알려주고 있었다. 루는 니체의 마음을 들여다본 결과, 그는 기독교적인 신비주의를 디오니소스주의라는 이름으로 바꿔 부르며 본질적으로 육체적 욕망을 가면으로 가리고 있다고 생각했다. "기독교적 신비주의가 최고의 황홀경에서 원형 그대로의 종교적 관능성에 이르듯, 사랑의 가장 이상적인 형태는 관능성으로 돌아간다." 그녀는 어쩌면 이것이 인간 본성 중에 있는 동물적 본성이 정신적 본성에 가하는 일종의 복수가 아닌지 궁금했다. 그래서 니체에게서 점점 마음이 멀어지고, 성적 위협을 가하지 않는 레에게 마음이 가는 게 아닐까 생각했다.

니체는 루가 떠난 뒤, 일요일에 어머니를 보러 고향 나움부르크로 가는 기차를 탔다. 엘리자베스는 같이 가지 않겠다고 했다. 너무 울어서 눈이 퉁퉁 부었다고, 어머니가 그 모습을 보면 충격을 받을 거라 했다.

니체는 어머니 프란치스카를 만나자 곧 헌신적인 아들의 모습을 연기했다. 모든 것이 평화로웠다. 엘리자베스의 편지가 도착하기 전까지는 말이다. 편지를 받고 노발대발한 프란치스카는 아들에게 거짓말쟁이, 겁쟁이라며 고함치며 "너는 아버지의 이름을 먹칠하고, 아버지의 무덤에 수치를 안겨주었다."고 했다. 어머니의 저주가 담긴 그 말은 그에게 절대적인 공포심을 안겨주었다. 니체는 오랜 시간이 지나고도 그 말들을 절대 잊지 못했다.

그는 라이프치히로 달아나며 자신이 아직도 그 '멀미의 사슬'에 시달린다는 사실을 쓸쓸하게 떠올렸다. 자기 자신이 되는 길을 방해하고 가로막는 감정적 애착이 남아서였다.

"우선 인간은 자신의 사슬로부터 해방되어야 하는 어려움이 있어요. 궁극적으로는 그 해방에서도 해방되어야 해요! 우리는 각자 방식은 달라도 멀미의 사슬이라는 고통을 겪어야 합니다. 그 사슬을 끊은 후에도 말이죠."[15]

라이프치히에서 루와 레를 맞이하게 된 니체는 셋이 다 함께 강령술 모임에 참석할 수 있도록 자리를 마련했다. 루와 레는 그런 것에 관심이 많았다. 그는 쇼가 끝나면 강령술의 오류를 인상 깊게 반박해 그들을 놀라게 해줄 계획이었는데, 영매가 너무 허술해 잘 연습해둔 논리로 공격할 만한 대상이 없었다.

세 사람은 이후 몇 주 동안 크게 특별할 것 없는 시간을 보냈다. 몇 번 콘서트장에 간 것만 빼면 주로 아포리즘을 쓰면서 시간을 보냈다. 니체는 모호하면서도 과장된 루의 산문체를 계속 수정하고 다듬어주었다. 그녀는 자신의 글쓰기 스타일을 그때까지도 계속 유지했고, 이후로도 버리지 않았다. 이제 니체는 대담하게 '메르헨'이라는 애칭으로 그녀를 불렀다. 의미로 보면 '동화'라는 뜻도 있고 '거짓말쟁이'라는 뜻도 있었다.

세 사람은 각자를 묘사하는 아포리즘을 썼다. 루를 설명하는 글은 이렇다. '여자는 사랑 때문에 죽지 않는다. 하지만 사랑의 결핍으로 서서히 죽어간다.' 레와 니체에게 해당하는 말은 각각 다음과 같다. '가장 힘든 고통은 자기 혐오감이다.' '니체의 약점은 지나치게 예민하다는 것이다.' 자신들인 성 삼위일체를 가리켜서는 '친구 두 사람은 세 번째 친구로 가장 쉽게 헤어진다.'라고 적었다.[16]

쇼펜하우어는 생성生成이라는 거친 물결 위로 일종의 다리를 이루는 천재들의 공화국에 관해 말한 적이 있었다.* 하지만 거기 모인 세 사람은 누구도 그 다리를 건너려 하지 않았다. 아무도 정직하게 행동하지 않았고, 아무도 솔직하게 말하지 않았다. 각자가 더

---

* 생성生成은 이전에 없었던 어떤 사물이나 성질의 새로운 출현을 뜻하는 말로, 쇼펜하우어는 생성, 존재, 인식, 행위라는 네 가지 차원에서 각각의 충족이유율을 제시했다. '천재들의 공화국'은 '학자들의 공화국'에 대립하는 개념으로 쇼펜하우어가 사용한 표현이다. -역자주

깊은 가식에 빠져 있는 동안, 각자의 '생성'은 다른 두 사람의 바위에 부딪혀 허물어지고 있었다. 그들이 만든 성 삼위일체는 어느 누구도 자유로운 정신으로 행동하지 않는, 진실하지 못한 삼각관계로 변해갔다.

니체는 그해 초 오버베크에게 세상으로 좀 더 나가 사람들과 어울리겠다고 선언한 적이 있었다. 결국, 그 행위는 이른바 자유로운 영혼으로 구성된, 심지어 세 명밖에 안 되는 작은 단위의 인간관계에서도 감정과 분노, 의무라는 새로운 사슬로 서로를 구속하게 된다는 결과를 보여주었다. 어떤 애착도 새로운 멀미의 사슬을 불러왔다.

11월 5일, 루와 레는 돌연 모습을 감추었다. 니체는 무슨 일이 일어나고 있는지 이해하지 못했다. 왜 그런 일이 일어났는지도 몰랐다. 그는 자신에게 닥친 운명을 받아들이지 못하고 우편함 주위만 맴돌았다. 하지만 편지는 오지 않았다. 열흘 뒤 니체는 무거운 발걸음을 뒤로하고 바젤로 향했다. 프란츠 오버베크의 마흔다섯 번째 생일을 축하하러 가야 했기 때문이다. 니체는 오버베크 부부의 집에 도착해서도 온통 편지 생각뿐이었다. 편지가 오지 않았나요? 아이다에게 끊임없이 물었다. 아이다가 혹시 어디에 잘못 놔두지 않았을까? 잃어버린 건 아닐까? 혹시 그녀가 감추고 있는 건 아닐까? 결국 니체는 떠날 때 이렇게 말해서 아이다를 몹시 걱정스럽게 했다. "저는 이제 정말 철저하게 고독 속에 지낼 겁니다."

몇 주 후 어이없게도 레는 니체가 자신들을 떠나버렸다고 원망하는 내용으로 니체에게 엽서를 보내왔다. 언제나 너그럽고 인자했던 니체는 루를 용서한다는 메시지를 담아 답장을 보냈다. '더 높은 영혼'은 항상 과오와 불명예를 넘어서서 행동한다고 말이다. 그는 그녀의 행동으로 자신이 달성하려는 삶의 과업을 완전히 의심하게 되었음에도 '하늘을 맑게 하는' 그녀의 과업을 계속 이어가기를 바란다고 했다.

니체는 그해 11월부터 다음 해 2월까지 그녀에게 편지를 쓰느라 엄청난 시간을 보냈다. 그중 일부는 그녀에게 보냈고, 일부는 보내지 않았다. 편지에서 그는 그녀를 사랑했다가 미워했다가 자신을 비하했다가 그녀를 모욕하고 책망했다가 다시 용서했다. 그녀는 '쾌락과 욕망에 사로잡힌 고양이'같이 이기적인 여자였다. 루는 복수심에 불타는 여학생 같은 답장을 썼다. 그녀는 영혼의 흔적만 남은 끔찍한 괴물 같았다. 그녀의 에너지와 의지, 독창성만 보자면 위대한 일을 해낼 만했지만, 도덕성으로 보자면 감옥이나 정신병원에서 삶을 끝내야 했다.

니체는 루와 레를 다시 보지 못했다. 그들은 니체가 생각했듯 파리로 간 게 아니었다. 니체를 피해 라이프치히에서 며칠간 숨어 지내다가 베를린으로 갔다. 거기서 그들은 성 삼위일체를 위해 그동안 루가 머릿속으로 그렸던 곳과 정확히 닮은 집을 구했다. 그녀는 말비다를 흉내 내며 문학 공부용 응접실을 꾸몄다. 하지만 문학적 특징은 없었고 성적 긴장감만 가득했다. 레는 계속 도박 중독과 싸우며 자정 넘은 시간 거리에서 젊은이들과 아슬아슬한 만남을 피해갔다. 그 집에서 루는 '마님'으로 불렸고, 레는 '들러리'로 통했다.

루는 베를린에 갈 때 《인간적인 너무나 인간적인》의 증정본을 가져갔다. 그 책에는 니체가 쓴 시가 적혀 있었다.

콜럼버스가 말하였다. 사랑하는 이여, 절대

다른 제노바 사람을 믿지 마시오!

바닷물 너머로 그는 끝없이 바라본다.

저 멀리 깊고 푸른 바다 너머로!

그가 사랑하는 것들이 멀리서 그를 유혹한다.

무한한 공간과 시간을 지나

우리의 머리 위로 별이 별 옆에서 빛난다.

우리를 둘러싸고 영원을 소리친다.[17]

· 14장 ·

아버지인 바그너가 죽고,
아들인 차라투스트라가 태어났다

. . .

만약 신이 존재한다면 대체 무엇을 창조할 것인가?

-《이 사람을 보라》'차라투스트라는 이렇게 말했다' 9절

1882년 11월, 니체는 바젤을 떠나 콜럼버스의 고향 제노바로 향했다. 콜럼버스는 완전히 새로운 세계를 발견하려고 아무도 가보지 않은 바다로 모험을 떠났다. 콜럼버스의 놀라운 점 중 하나는 자신이 새로운 땅을 찾아내리라고는 전혀 예상하지 못했다는 것이다. 니체도 그랬다. 자신보다 앞선 알렉산더와 디오니소스처럼 인도로 항해한다고 거창하게 말했을 때, 자신이 무엇을 찾아낼지 전혀 예상하지 못했다. 그의 심각한 뱃멀미 수준으로 볼 때, 그는 인간의 내면, 즉 미지의 세계로 여행을 떠난다는 비유적인 의미의 항해를 말하고 있었다.

1882년에서 1883년으로 넘어가는 겨우내, 그의 건강 상태는 매우 좋지 않았다. 그가 엄청난 양의 아편을 복용하고 있었던 것은 참기 힘든 불면증을 물리치고 그의 말대로 루와 관련하여 죽음에 맞먹는 고통을 무뎌지게 하려면 어쩔 수 없는 선택이었다. 그는 12월 중순에 루와 레에게 동시에 편지를 썼다. 관심을 끌려는 듯 엄청나게 많은 아편을 복용하고 있다고 말했다. "어느 날 내가 열정이나 다른 이유 때문에 삶을 끝내야 한다고 해도 그다지 슬퍼할 일은 없을 겁니다."[1] 아편 복용과 자살을 언급한 편지는 오버베크와 페터 가스트에게도 보냈다. 편지에는 '권총 한 자루는 이제 상대적으로 내게 즐거운 생각을 떠올리게 해주는 물건이다.'[2] 등의 표현이 이어졌다. 니체의 오랜 친구들은 그가 자살할 위험이 있다는 것을 오래전부터 알았다. 어떤 노력도 그 결과에 영향을 줄 수 없고, 또 주지 않으리라는 것도 알았다.

·14장· 아버지인 바그너가 죽고, 아들인 차라투스트라가 태어났다

제노바에 도착한 그는 마음에 드는 하숙집을 찾았지만, 빈방이 없어서 해변을 따라 좀 더 내려가 라팔로에서 자그마한 하숙집을 구해야 했다. 사실 상상력을 발휘하는 데 장소는 중요하지 않았다. 영혼의 아르고호 용사는 아메리카로 향하는 콜럼버스가 될 수도, 라팔로에서 인도로 떠나는 디오니소스나 알렉산더가 될 수도 있었다. 그의 상상 속에서는 라팔로가 제노바도, 고대 그리스도 될 수 있었다.

"제멋대로 자란 나무들과 언덕이 가득한 그리스 군도의 어느 섬이 있다고 상상해보게. 어느 날 어떤 이유로 본토 가까이 떠밀려 갔다가 돌아 나오지 못한 섬이 있다고 말이야. 왼쪽으로는 등대까지 제노바만이 이어져 있다네. 그곳에는 확실히 그리스적인 무엇이 있어. … 해적들의 이야기 같은, 예상하기 힘들고, 모험적인 무언가가 있단 말이지. … 그렇게 오랫동안 완전히 로빈슨 크루소처럼 고립되고 사람들의 기억에서 사라진 채로 살아본 적은 없었다네."[3] 하숙집은 깨끗했지만 음식은 너무 형편없었다. 고기 한 조각도 제대로 나오지 않았다.

라팔로에서 지낸 지 두 달이 되어갈 때, 어머니가 크리스마스를 앞두고 편지를 보내왔다. 니체는 나움부르크의 가치를 담은 그 편지 때문에 드디어 용기를 낼 수 있었다. 그는 앞으로 편지를 받으면 열어보지 않고 돌려보내겠다고 말했다. 이제는 멀미의 사슬을 끊어야 했다. 엘리자베스도 포함해서 말이다. 니체는 가족들에게 자신의 새 주소를 알리지 말아 달라고 친구들에게 당부했다. "이제 더는 그들을 참을 수가 없어. 진작 헤어졌으면 좋았을걸!"

그해 크리스마스는 혼자 보냈다. 탄생과 부활이라는 상징적 의미 덕분인지 니체는 오랜만에 활기를 찾았다. 오버베크에게는 처음으로 밝은 분위기의 편지를 썼다. "이제 자신감이 더 떨어질 수 없을 정도라네." 그는 이렇게 고백했다. "이 쓰레기 같은 감정을 금으로 바꾸는 연금술 비법을 알아내지 못한다면, 나는 길을 잃고 말겠지. '모든 경험이 유용하고, 모든 날이 거룩하고, 모든 사람이 신성하다.' 이제야말로 내가 한 이 말을 내가 스스로 증명해 보일 가장 멋진 기회가 왔어!"[4]

그 연금술 비법은 무한한 바다에 맞서 난파할 준비가 되어 있는 고독한 아르고호 용사만이 획득할 수 있었다. "고독은 일곱 층의 껍질로 되어 있다. 그래서 아무것도 뚫고 들어올 수 없다."[5] 《차라투스트라는 이렇게 말했다Thus Spoke Zarathustra》는 이렇게 탄생했다. 현대의 도덕 세계를 관통하는 열광적이고 시적이며 예언적이자 영적 오디세이라 할 수 있는 이 책은 걸리버의 여행이나 신드바드나 오디세우스의 모험과 달리 우화 형식으로 당대의 문제를 고민한다. 고대 페르시아의 예언가로 나오는 차라투스트라는 신의 개념이 죽음을 맞았을 때, 산에서 내려온다. 그는 인류가 신의 죽음을 받아들일 수 있다면, 정직과 일관성, 초자연적 현상의 믿음을 그려놓은 동굴의 벽을 깨끗이 닦아낼 용기가 있는 한, 자연 신교의 세상에서도 도덕이 존재할 수 있을 것이라는 말을 전한다.

페르시아인 예언가 차라투스트라는 그 책에서 처음 등장한 것

이 아니다. 니체의 이전 책인 《즐거운 학문》은 '비극이 시작된다'[6]
라는 제목의 긴 잠언체 단락으로 끝나는데, 거기서 뜬금없이 차라
투스트라라는 인물이 소개된다. "차라투스트라는 서른 살이 되었
을 때 고향과 우르미 호수를 떠나 산으로 들어갔다." 《즐거운 학
문》의 마지막 절은 이렇게 시작한다. "우르미 호수는 대체 어디를
말하는 것인가? 산은 어느 산을 말하는 것인가? 차라투스트라는
대체 어디서 나오는 인물인가?"

다음 문장은 이렇게 이어진다.

거기서 그는 10년 동안 지루한 줄 모르고 자신의 정신과 고독을
즐겼다. 그러다가 드디어 심경의 변화가 찾아왔다. 어느 날 아침 그
는 붉은 새벽을 바라보며 일어나 태양 앞에 서서 태양을 향해 이렇게
말했다.

"그대 위대한 천체여! 그대가 비추는 것들이 없었다면 그대의 행
복은 어떠했겠는가! 그대는 10년 동안 내가 있는 동굴로 떠올랐다.
내가 없었다면, 내 독수리와 내 뱀이 없었다면, 그대는 그대의 빛에
지치고, 이 길에 지쳤을 것이다. 하지만 우리는 매일 아침 그대를 기
다리며 그대의 지루함을 줄여주고 그대를 축복했다. 보라, 나는 꿀을
너무 많이 모은 벌처럼 내 지혜에 지쳤다. 그러므로 나는 나를 향해
뻗어줄 손이 필요하다. 나는 이 지혜를 나누고 싶다. 지혜로운 자들
이 다시 그들의 어리석음을 즐기고 가난한 자들이 다시 그들의 부유
함을 즐길 때까지. 그러기 위해 나는 깊은 곳으로 들어가야만 한다.

저녁마다 그대가 바다 너머로 사라져 다시 지하 세상을 밝혀주듯이. 그대, 넘치는 천체여! 내가 내려가려는 인간들이 말하듯, 나는 그대처럼 침몰해야 한다."

여기서 말하는 '침몰'은 《즐거운 학문》을 쓸 당시 니체 자신의 '침몰'을 의미하는 것으로 보인다. 당시 그는 외로움이라는 고지에서 즐겁게 내려왔다. 넘치는 그의 생각을 루와 나누려고 하던 바로 그때, 그녀를 통해 그의 '꿈', 그의 지혜를 나눌 계획이었다. 이 글을 쓸 때는 그녀를 보며 첫 제자를 찾았다고 여전히 믿고 있었다.

"그러므로 시기하지 않고 이 모든 커다란 행복을 바라볼 수 있는 고요한 눈이여, 나를 축복해다오! 넘쳐흐르고 싶어 하는 이 잔을 축복해다오! 이 잔에서 금빛으로 흘러나와 그대의 축복을 어디라도 옮길 수 있게. 보라, 이 잔은 다시 빈 잔이 되고자 하고, 차라투스트라는 다시 인간이 되고자 한다."

그리하여 차라투스트라의 침몰이 시작되었다.

1882년에 출판된 《즐거운 학문》은 여기서 끝났다.

지금 우리가 알고 있는 마지막 버전은 1887년에 나온 개정판으로, 새로 쓴 서문과 5절에 쓴 39개의 아포리즘, 여러 편의 시가 추가된 것이다. 하지만 1883년에 쓴 《차라투스트라는 이렇게 말했다》의 첫 부분은 《즐거운 학문》의 1882년 버전이 끝나는 지점을

· 14장 · 아버지인 바그너가 죽고, 아들인 차라투스트라가 태어났다

정확히 이어받는다. 이 두 권의 책을 쓰는 동안, 그는 루를 잃었고, 그녀에게서 발견한 제자의 모습을 잃었다. 따라서 그녀에게 맡기려고 했던 그의 철학적 유산은 부득이하게 차라투스트라에게 맡겨졌다. 니체는 종종 책 밖에서 차라투스트라를 자기의 아들로 언급했다.

니체는 왜 차라투스트라를 선택했을까? 조로아스터라고도 불리는 차라투스트라는 기원전 12~6세기에 페르시아에서 살았던 예언자로 추정되는 인물이다. 차라투스트라가 쓴 경전인 젠드 아베스타Zend-Avesta[7]에는 고대 페르시아인들이 숭배한 신들이 악마였다고 쓰여 있다. 유대교나 기독교, 이슬람교에 등장하는 전지전능한 신들은 언제나 선하기만 했으므로 그들은 악이라는 문제에 대해 결코 답할 수 없었고, 차라투스트라가 등장해 이에 대한 해결의 열쇠를 제시했다. 조로아스터교에서는 빛과 선의 신을 아후라 마즈다Ahura Mazda(오르마즈드Ormuzd라고도 한다)라고 부른다. 아후라 마즈다는 어둠과 악의 신, 앙라 마이뉴Angra Mainyu(혹은 아흐리만Ahriman)와 그의 데바daeva들과 끝없이 충돌한다. 마지막에 가서는 아후라 마즈다가 승리하지만, 그전까지의 상황은 통제 불능이다. 따라서 조로아스터교는 그 책에서 말하는 위대한 세 종교와 달리 많은 사람이 불필요하다고 여기는 악을 책임짐으로써 전지전능하고 선하기만 한 신의 모순에서 벗어났다.[8]

차라투스트라가 30세에서 40세에 이르는 10년 동안 산에서 혼자 지내는 모습은 니체가 바젤을 떠나 10년간 독립적으로 사색하며 보냈던 시간을 의미하는지도 모른다. 그 시기 그가 주로 시간을 보낸 곳도 높은 산이었다. 차라투스트라는 마흔에 '사람들 사이에 있고자' 산에서 내려왔다. 니체도 그와 같은 나이였다. 프로메테우스가 문화와 문명을 변화시킬 불을 가져오고, 성령이 성령 강림절에 불의 혀를 가져왔듯, 차라투스트라도 불을 가지고 내려왔다. 불은 선택된 자들(깨우친 자들)에게 누구나 이해할 수 있는 '방언'을 내린다. 그것은 지혜의 말, 계시의 말과 같다. 차라투스트라의 불에는 신의 죽음 이후 삶의 의미를 무의미하게 만들 수 있는 특별한 힘이 있었다. 19세기의 물질주의 맥락 안에서 위기에 이르고 있던 도덕적 삶의 가치 절하와 절망, 니힐리즘이 처음으로 다뤄진 것도 차라투스트라(니체)의 입을 통해서였다.

차라투스트라는 이렇게 말한다. 모든 신이 죽었다. 이제 우리는 위버멘쉬*를 원한다. 그대들에게 위버멘쉬를 가르치겠다. "인간은 극복되어야 할 어떤 존재다."[9]

인간은 무엇인가? 식물과 유령 사이에 있는 혼합체이다. 위버멘쉬는 무엇인가? 위버멘쉬는 지구에 충실하게 남아 있는 지구의 의미다. 그는 지구를 벗어난 영역의 희망을 제안하는 사람을 믿지 않는다. 그들은 삶을 멸시하는 자이고, 자기 자신을 독살하는 자이다.

---

* 독일어 원어인 위버멘쉬Übermensch가 영어로는 '슈퍼맨superman'으로 표현되기 때문에 한글로는 초인超人으로 종종 번역된다. 하지만 의미상 미묘한 차이가 있어서 최근에는 독일어 원어인 위버멘쉬를 그대로 사용하는 경우가 많다. 이 책에서는 'superman'과 'Übermensch'를 혼용해서 사용하지만, 원래 한 가지 용어를 지칭하는 것이므로 한글 번역으로는 위버멘쉬로 통일했다. -역자주

위버멘쉬는 잔인하고 임의적이고 처참해 보이는 것은 그것이 무엇이든 영원한 이성의 거미가 죄인을 벌하려고 보내는 벌이 아님을 안다. 세상에는 영원한 이성의 거미도, 영원한 이성의 거미줄도 없다. 오히려 삶은 신성한 우연을 위해 춤추는 무도회장이다.[10] 의미라는 것은 그 무도회장에서 일어나는 신성한 우연에서 보이는 긍정의 반응을 통해 찾아야 한다.

차라투스트라는 인간은 목적이 아니라 다리라고 설파한다. 그 점이 인간의 영광이다. 인간은 짐승과 위버멘쉬 사이에 있는 심연을 가로지르는 밧줄이다.

이 말을 듣고 차라투스트라의 첫 번째 제자가 군중 사이에서 나와 줄을 타고 심연을 가로지르려 한다. 한 광대가 펄쩍 뛰어올라 줄타기하는 사람을 넘어뜨린다. 밧줄에 올라탔던 사람은 땅바닥에 떨어져 죽는다. 차라투스트라는 첫 번째 제자, 그 줄타기한 사람의 시체를 가져가 묻는다. 모인 사람들은 그를 조롱한다. 그렇지만 그는 바그너의 무지개다리로 이어진 신들의 고향 발할라가 아닌, 위버멘쉬의 상태가 되는 무지개다리를 보여주기로 한다.

차라투스트라는 이를 위해 사람들에게 18개의 지복至福을 제시한다(그리스도는 8개를 제시했다). 거기에 나오는 말들은 계명이 아니고 이해하기 힘든 상징적인 표현이다. 첫 번째는 이렇게 쓰여 있다. "나는 사랑한다. 침몰하는 것 말고는 달리 사는 법을 모르는 사람들을. 왜냐하면 그들은 다른 쪽으로 건너가는 사람들이기 때문이다." 마지막은 이렇다. "나는 사랑한다. 인류를 덮고 있는 검은 구름에서 떨어지는 무거운 빗방울 같은 모든 사람을. 그들은 번개를 예고하고, 그 예고로서 멸망한다."[11]

태양이 정오를 알릴 때 차라투스트라는 동물들과 함께 있음을 즐긴다. '태양 아래 가장 자랑스러운 동물'인 독수리는 뱀으로 목이 휘감겨 있다. 뱀은 '태양 아래 가장 현명한 동물'이다. 니체는 종종 독수리를 자기 자신을 상징하는 수단으로 삼았고, 뱀은 루를 상징하는 수단으로 삼았다(뱀이 여성형 명사라 그는 루와 뱀의 영리함을 말할 때 똑같이 여성형 굴절을 사용한다). 루와 뱀은 니체에게 점점 더 의미가 중요해졌다. 그 둘은 여러 가지 의미를 상징했다. 가령 카산드라는 미래를 예견하는 능력을 선물 받았지만, 그녀가 트로이의 몰락을 예언했을 때(어떤 주의나 문명의 몰락을 상징하는 것일 수 있다) 아폴로가 뱀으로 그녀를 저주하는 바람에 아무도 그녀의 말을 믿지 않았다. 니체의 말도 그랬다.

이야기식 서문이 끝나고 나면, 1장부터는 개인의 미덕에 관한 내용에서 죄를 규정하는 것, 훌륭한 죽음에 이르는 법 등 22가지 경구체의 담화가 이어진다. 전체 목록은 다음과 같다.

세 가지 변화에 관하여

도덕 강의에 관하여

배후 세계를 믿는 사람에 관하여

육체를 경멸하는 자들에 관하여

즐거움과 열정에 관하여

약한 범죄자에 관하여

읽기와 쓰기에 관하여

산의 나무들에 관하여

죽음의 설교자들에 관하여

전쟁과 병사에 관하여

새로운 우상에 관하여

시장의 파리 떼에 관하여

순결에 관하여

벗에 관하여

1,001개의 목표에 관하여

이웃 사랑에 관하여

창조자의 길에 관하여

늙은 여자와 젊은 여자에 관하여

독사에 물린 상처에 관하여

자녀와 결혼에 관하여

자유로운 죽음에 관하여

베푸는 미덕에 관하여

니체는 각 장에서 해당 주제에 관한 자신의 생각을 고어 형태의 성경식 문체로 자신의 분신인 차라투스트라를 통해 전달했다. 여성에 관한 이야기는 최근 그가 겪은 일 때문인지 《즐거운 학문》에서와 매우 다르게 다뤘다.

그는 '욕정에 가득 찬 여자의 꿈에 빠지기보다 살인자의 손에 빠지는 편이 낫지 않은가?'라고 물었고, '여인에게 간다고? 그렇다면 채찍을 잊지 말라!'라는 그 유명한 말도 바로 이 책에서 남겼다.[12]

'자유로운 죽음에 관하여'는 당시로 보자면 가장 획기적인 내용이었을 것이다. 기독교에서는 자신의 삶을 스스로 끊는 것을 용서받지 못할 죄로 여겼다. 자살한 사람은 신성하지 않은 땅인 교회묘지 밖에 묻혔다. 이는 그들의 영혼이 천국에 영원히 들어갈 수 없음을 의미했다. 하지만 니체는 극심한 고통을 겪거나, 삶의 의미가 사라졌거나, 혹은 단순히 자신의 시간이 다하였다고 생각하는 사람들에게 자발적 안락사를 선택할 수 있게 해야 한다고 제안한다. 죄를 짓는다는 느낌 없이, 혹은 영원히 지옥에서 지내야 한다는 두려움 없이 자발적으로 삶을 끝낼 수 있어야 했다.

각 장에서 종교와 관계없이 독립적이고 독창적이며 자기 훈련이 잘 된 위버멘쉬라는 이상향을 위해 훌륭하고 진실하게 사는 법을 제시했고, 마지막은 '차라투스트라는 이렇게 말했다'라는 문장으로 끝맺었다. 1부의 마지막은 낙천적이고 열광적인 분위기를 특유한 모호한 문장으로 전달하며 끝낸다.

그때는 위대한 정오다. 인간이 동물과 위버멘쉬 사이의 길 중간 지점에 서서 그 길이 최고의 희망이 되기를 축복하는 때이다. 그 길이 바로 새로운 아침으로 향하는 길이기 때문이다.

이때 침몰하는 자는 자신이 건너는 자이므로 자신을 축복할 것이다. 그의 지식의 태양이 그를 위해 정오에 떠 있을 것이다.

"모든 신은 죽었다. 이제 우리는 위버멘쉬가 살기를 바란다. - 이것이 위대한 정오에 우리의 마지막 의지가 되기를!"

차라투스트라는 이렇게 말했다.

이 책의 분량은 100쪽 남짓이다. 내용은 시적이고 반복적이며 최면을 거는 듯한 문장이 짧으면서도 역동적으로 이어진다. 니체는 무아지경의 상태로 영감과 계시를 받아 열흘 만에 이 책을 썼다고 말한다. 하지만 실제로는 아마 그보다 길게, 약 한 달 가까이 걸렸을 것으로 보인다.

1883년 2월 14일, 니체는 슈마이츠너에게 원고를 보냈다. 겉면에는 '다섯 번째 복음서'라 썼다. 라팔로에 머물던 그는 우편물을 보내기 위해 제노바까지 갔다. 제노바가 상징적인 의미에서 더 적합한 장소였기 때문에 아마도 새 출발의 의미를 만끽하려고 했던 것 같다. 아니면 제노바에서 보내는 편이 더 빨랐기 때문일 수도 있다. 그는 제노바에 있는 동안 바그너가 전날 죽었다는 기사를 접했다. 그는 두 사건이 초자연적 의미에서 관련되어 있다는 예시로 받아들이고는, 또 한 번 공중에서 부딪힌 칼날로 비유했다. 그리고 진실을 약간 왜곡해 리하르트 바그너가 베네치아에서 죽은 그 신성한 시각에 책의 마지막 부분이 완성되었다고 말했다.

바그너의 영혼은 아르고호 용사들의 영혼과 함께하려고 바다를 떠돌고 있었다. 한때는 바그너도 예지자로서 일곱 층의 껍질로 된 고독에 쌓여 있었다. 이제 그가 죽었으므로 초기의 순수하고 완전했던 모습을 되찾을 수 있었다. 따라서 니체는 《차라투스트라는 이렇게 말했다》를 새로운 「니벨룽의 반지」에 비유하는 특권을 누렸다. 아버지인 바그너가 죽고, 아들인 차라투스트라가 태어난 것이었다.

니체는 바그너가 죽고 1주일 뒤에 프란츠 오버베크에게 편지를 써서 바그너가 자신에 관해 담당 의사와 불쾌한 내용의 편지를 교환한 사실을 이미 알고 있다고 밝혔다. 언제나 신중하고 관대했던 그의 성격이 이 대목에서도 드러난다. "바그너는 확실히 내가 아는 가장 완전한 사람이었다네. 바로 그 점 때문에 나는 지난 6년간 많은 것을 포기해야 했지. 하지만 그와 나 사이에 아주 치명적인 사건이 벌어지고 말았어. 그가 더 오래 살았다면 끔찍한 일이 벌어졌을지도 모르네."[13] 4월 21일에 페터 가스트에게 쓴 편지에서는 좀 더 대놓고 말했다. "바그너는 악의적인 생각이 많은 사람이었어. 나의 독특한 사고가 비정상적인 행위를 무절제하게 한 결과라는 자기의 생각을 말하려고 (심지어 나의 주치의와) 편지를 주고받은 일에 대해 어떻게 생각하는가? 내가 남색에 빠진 사람이라는 의도로 말일세." 몇 달 뒤인 7월에는 아이다 오버베크에게도 한 해 전에 '자신에게 치욕을 안겨준 최악의 배신행위'를 알게 되었다고 언급했다.

루와 레에 이어 바그너까지, 그것은 정말로 최악의 배신이자 치욕이었다.

· 14장 · 아버지인 바그너가 죽고, 아들인 차라투스트라가 태어났다

니체의 출판업자는 '차라투스트라'라는 책을 받았을 때, 이를 다섯 번째 복음서라는 생각이 들 정도로 반기는 기색은 없었다. 사실 책을 낼 기미도 보이지 않았다. 니체가 물어보자 인쇄업자가 일을 미룬다고 애매하게 돌려 말했다. 니체는 반유대주의 논문을 출판하느라 돈을 낭비하지 않았다면 인쇄업자에게 줄 돈이 있지 않았겠냐며 비꼬듯 답장을 보냈다. 그래도 니체가 원하는 답변은 돌아오지 않았다.

실망한 니체는 맥이 빠졌다. 완전히 고립된 느낌이었다. 게다가 당시 그는 가장 싼 식당만 찾아다녔기 때문에 영양실조에 걸렸을 가능성이 컸다. 약물은 확실히 과다 복용하고 있었다. 그가 먹는 약들은 모두 독성이 강해 위험했다. 그는 직접 처방전을 써서 '니체 박사'라고 서명하는 일도 많았다. 이탈리아의 약사들은 그가 요구하는 것은 무엇이든 내주었다.

그는 자신이 너무도 혐오스러웠다.

죽은 아버지의 이름을 더럽혔다고 한 어머니의 말을 한순간도 잊을 수 없었네. 내 인생 전체가 눈앞에서 무너져 내렸지. 내가 의도한 이 섬뜩한 은둔 생활은 6년마다 반복되었어. 사실 이 생활 말고는 원하는 게 아무것도 없었지만. 다른 모든 것, 모든 인간관계는 내 가면과 관련되어 있었지. 나는 이 완벽한 은둔 생활의 영원한 희생자일 수밖에 없네. 언제나 잔인한 우연에 노출되었지. 아니 정확히 말하면 우연을 잔인하게 만드는 사람이 바로 나일세. … 지금은 몸이 완전히 망가진 것 같네. 내 주위는 다시 온통 캄캄한 밤이야. 마치 번개가 번쩍인 것 같은 기분이 드는군. … 어떤 일이 일어나지 않는 한 몸과 마음이 산산조각이 날 것 같네. 그게 무슨 일일지는 전혀 모르겠지만.[14]

그는 살아야 하는 이유를 알지 못했다. 하지만 라오콘*의 요구대로 뱀들을 물리치기 위해 그가 시작한 일을 끝내야 할 것 같은 생각이 들었다. 하지만 살아야 한다면 사람들과는 더 얽히고 싶지 않았다. 심지어 작은 하숙집이나 시골 오두막 생활도 사람이 너무 많게 느껴졌다. "내면의 목소리를 듣기 위해 내가 필요로 하는 조용함과 고독, 외로움에는 한계가 없다네. 일종의 완벽한 개집을 지을 만한 돈이 있었으면 좋겠어. 방 두 칸짜리 나무집 정도면 족하다네. 실스 호수로 이어지는 어느 반도, 예전에 로마 요새가 있었던 곳에 말이야."[15]

그는 밤만 되면 오한과 고열에 시달렸고 만성피로가 쌓여 식욕이 없었다. '오랜 두통'은 아침 7시에 시작해 밤 11시까지 이어졌다. 라팔로에서는 방을 데울 만한 난방기를 찾지 못해 다시 제노바로 거처를 옮겼다. 그는 막연하게 누군가가 자신을 유럽에서 데리고 나가주기를 바랐다. 그는 몸과 마음의 고질병을 날씨와 지형 탓으로 돌렸다. 늘 그렇듯 자신을 '자연에서 일어나는 소란의 희생자'

---

* 그리스 신화에 나오는 트로이의 왕자이며 아폴론 신전의 사제司祭. 트로이 전쟁에서 그리스군이 남긴 목마木馬가 간계였다는 것을 알아내어 신의 노여움을 산다. 결국 두 아들과 함께 큰 뱀에게 물려 죽는다. -편집자주

· 14장 · 아버지인 바그너가 죽고, 아들인 차라투스트라가 태어났다

라 여겼고, 이번에는 구름 속 전기가 아닌 에트나 화산을 탓했다. 금방이라도 터질 듯 으르렁거리는 에트나 화산의 기류가 자신의 변덕스러운 병세에 영향을 준다고 생각했다.[16] 이렇게 생각하면 마음이 편해지는 면이 있었다. 자신을 비참하게 만든 사람들을 탓하지 않을 수 있었기 때문이다.

몸도 마음도 약해진 상태에 있던 니체는 엘리자베스가 내민 서툰 화해의 손길을 붙잡았다. 엘리자베스는 최근 있었던 일들을 오빠에게 듣기 좋은 말들로 아첨하며 니체의 발목을 잡았다. 오빠는 러시아 꽃뱀과 '사기꾼 레'에게 당한 아무 죄 없는 희생자일 뿐이라고 말이다. 니체는 엘리자베스에게 이렇게 말했다. "나는 지금 다소 혼란스러워진 인간관계를 바로잡을 준비가 되어 있어. 너부터 시작해서 말이지. 약한 남자가 손대는 모든 것이 그렇듯, 타자기는 이제 작동이 안 돼. 기계가 됐든, 문제가 됐든, 루가 됐든, 뭐든 말이야."[17]

그때도 《차라투스트라》의 출판 문제로 슈마이츠너의 답을 기다리고 있던 니체는 엘리자베스가 개입해 줄 것을 부탁했고, 엘리자베스는 보기 좋게 성공해냈다. 아마도 슈마이츠너는 그녀가 반유대주의자로서 동지가 될 것을 알았던 것 같다. 그 대신 엘리자베스는 루를 부도덕한 인물로 몰아 독일에서 추방하고 러시아로 쫓아내기 위해 관련 기관에 편지를 쓰는 데 동참해달라고 니체를 설득했다. 하지만 이 일은 루를 작가로 변모시켜주는 예상치 못한 결과를 불러왔다. 루는 자신이 부도덕한 인물로 낙인찍히면 러시아에서 나오는 연금이 끊길 수 있다는 것을 알았다. 연금은 그녀의 유일한 수입원이었기 때문에 그때부터 돈을 벌기 위해 글을 쓰기 시작한 것이다. 그녀는 자전적 이야기를 담아 《신을 위해 싸우며》라는 실화 소설을 썼다. 소설에서 니체는 금욕 생활과 매춘부에 관심이 많은 수도사 역을 맡았고, 루 자신은 '낮은 본능에 매인 거리낌 없는' 고급 매춘부로, 그리고 레는 그녀를 보호해주는 '백작'으로 나왔다. 이야기는 그녀가 독약을 먹고 자살하는 것으로 끝난다. 소설은 전반적으로 선정적인 분위기고, 등장인물들이 일종의 종교적, 비종교적인 의미를 세상에서 찾으려는 철학적 투쟁이 중간중간 담겨 있다. 몇 년 뒤 니체는 그 책을 읽고, 타우텐부르크에서 그녀와 나누었던 대화가 많은 부분 들어 있다고 말했다.[18] 심지어 여주인공은 자신이 루에게 지어준 특별한 애칭인 메르헨으로 불렸다.

엘리자베스는 루를 추방하려는 계획을 성공시키지 못했다. 하지만 그에 굴하지 않고 이번에는 '유대인 레'에게서 오빠를 떼어놓는 일을 계획했다. 니체는 레알리즘으로 오랫동안 도움을 받았다. 레로부터 아포리즘을 쓰는 법도 배웠지만, 유물론적 관점에서는 벗어났다. 이제 레는 루의 동료로서 사는 삶에 만족할 뿐, 이상도, 목표도, 책임감도, 본능도 없는 사람처럼 보였다.

엘리자베스는 두 사람을 갈라놓을 계획으로 니체에게 이렇게 말했다. 세 사람의 동거 계획은 '무모한 결혼'이라는 니체의 탐욕스럽고 저질스러운 목적 때문에 나왔다고 루에게 말한 사람이 바로 레였다고 말이다. 동생의 말을 믿은 니체는 레가 자신과의 우정을 배신하고, 자신의 철학을 비웃음거리로 만들고, 루가 자신에게 등을 돌리게 만들었다고 생각하여 괴로워했다. 그는 자기 연민에 빠졌다. 레에 대한 나쁜 생각들이 꼬리에 꼬리를 물고 이어져 레와 루에게 편지를 보냈다. 레에게는 비열하고, 음흉하며, 저속한 거짓말쟁이라고 했고, 루에게는 자신의 생각을 전달한 대변자이나 아주 끔찍한 대변자라고 비난했다. 백해무익하고 더러운 재앙이자 가짜 가슴을 단, 냄새나는 여자 원숭이라고도 했다(가짜 가슴 부분은 엘리자베스에게서 영향을 받아 나온 말이었을 것이다). 레의 형인 게오르크는 명예훼손죄로 고소하겠다고 니체를 위협하며 권총 결투를 신청했다. 다행히 결투는 받아들여지지 않았다.

"그때까지는 누구를 미워해본 적이 없었어." 니체는 엘리자베스에게 이렇게 편지를 보냈다. "바그너조차 그랬지. 그가 루보다 훨씬 많은 배신감을 안겨주었는데도 말이야. 이제야 정말로 굴욕감이 느껴지는구나."[19]

· 15장 ·

무덤이 있어야 부활도 있다

. . .

《차라투스트라》 2부에서는 거의 광대 놀이하는 곡예사처럼 신나게 놀았다네. 오직
나만이 이해할 수 있는 엄청난 양의 개인적 경험과 고통을 녹여 놓았지. 그래서 내
게는 피를 흘리는 것처럼 보이는 페이지도 있다네.

- 1883년 8월 말, 실스마리아에서 페터 가스트에게 보낸 편지

말비다는 자유로운 사고의 주창자였지만, 그래도 루의 행동은 참을 수 없었다. 그녀는 예전 제자들이 아닌, 니체의 편을 들어주며 건강 회복을 명분으로 니체를 로마로 초대했다. 니체는 책들을 가방에 담았다. 그는 이제 104킬로그램이나 나가는 가방에 '내반족'*이라는 별명을 붙였다. 로마에는 1883년 5월 4일에 도착했고, 그동안 오빠와 가까운 관계를 유지하기 위해 노력하고 있던 엘리자베스를 만났다.

엘리자베스와 말비다는 한 번도 서로를 경쟁상대로 여긴 적이 없었다. 니체는 한 달 내내 두 사람의 극진한 보살핌 덕분에 그동안 불면증 때문에 먹었던 포수클로랄(최면·진정제)을 끊을 수 있었다. 말비다는 니체가 로마 일대 평원인 캄파냐의 봄철 전경을 돌아보며 몸과 마음을 재충전할 수 있도록 비용을 댔다. 니체는 캄파냐를 돌아보며 야생화와 오래된 농가, 드문드문 보이는 유적지를 감상했다. 마차를 타고 로마로 돌아와 박물관을 둘러보았을 때는 많은 예술품 중에서 브루투스와 에피쿠로스의 남성미 넘치는 흉상과 황금시대의 향수를 불러일으키는 클로드 로랭Claude Lorrain[1]의 풍경화 세 점을 보며 큰 감명을 받았다. 캔버스에는 캄파냐를 직접 여행하고 받은 예술가의 영감이 고스란히 옮겨져 있었다.

니체는 로마교회를 중심으로 돌아가는 도시에 머무는 동안에도 정신적 자양분을 찾고자 신이 죽었다고 선언한 모순적 태도를 버

---

* 선천적으로 안으로 굽어 있는 기형 발 -역자주

리지 않았다. 자신은 반기독교인이라고 말해 두 여성의 마음을 자주 상하게 했다. 사람들이 성 베드로 대성당 계단을 무릎으로 올라가는 광경을 보고는 섬뜩함을 느껴 차라투스트라의 다음 편을 쓸 때 종교의 어리석음을 상징하는 사례로 사용했다.[2]

6월이 되자 로마에 숨 막힐 듯한 더위가 찾아왔다. 니체는 고대 로마인들처럼 이스키아섬에서 여름을 보낼까 고민했다. 하지만 엘리자베스와 밀라노까지 갔다가 그곳에서 엘리자베스와는 헤어지고 자신만 실스마리아로 향했다. 이스키아로 가지 않은 것은 천만다행한 일이었다. 한 달도 되지 않아 이스키아섬에 큰 지진이 나서 2천 명이 넘는 사람들이 목숨을 잃었다.

니체는 사방이 탁 트인 야외에 있을 때 생각들이 가장 잘 떠올랐다. 장소는 그에게 아주 중요한 문제였다. 그가 특히 좋아하는 알프스의 산자락에 있는 마을에 도착했을 때는 이런 말로 기쁨을 남겼다. "여기에는 나의 뮤즈들이 살고 있지. … 내게 생명이자 고향 같은 곳, 아니 그 이상을 의미하는 곳이야."[3] 그는 자신에게 있어서 영감이 떠오르는 과정은 장소에서 받는 느낌과 밀접한 관계가 있음을 이렇게 설명했다.

19세기 말에 사는 사람 중 강한 시대의 시인들이 영감이라고 부르던 것의 명확한 개념을 아는 자가 있는가? 없다면 내가 설명해보겠다. 그대가 아주 조금이라도 미신을 믿는 자라면, 자신은 그저 압도적인 힘의 화신이나 대변자, 매개체일 뿐이라는 생각을 거의 부정하지 못할 것이다. 계시라는 개념, 즉 설명할 수 없는 확신과 어떤 미묘함 감정으로 갑자기 무언가가 보이고 들리는 것, 갑자기 어딘가로 내던져져 마음 깊이 크게 흔들림이 전해지는 것과 같은 의미로 설명되는 계시는 이미 일어난 사실일 뿐이다. 그것은 그냥 들리는 것이지 일부러 찾는 것이 아니다. 그냥 받아들이는 것이지 누가 거기에 있는지 물어본 것이 아니다. 생각은 마치 불이 번쩍 켜지듯 순식간에 필연적으로 찾아든다. 형태에 대해 주저함 없이 말이다. 나는 한 번도 선택의 여지가 없었다. 엄청난 긴장감이 주는 즐거움은 때로는 갑자기 눈물을 터지게 했고, 때로는 무의식적으로 걸음을 늦추게도, 빠르게도 했다. 자신의 밖에 있는 완벽한 상태가 되게 한다. … 이 모든 것은 자기도 모르게 최고의 수준에 이르지만, 제한 없는 자유와 활기, 힘, 신성의 감정이 폭풍처럼 나타난다. … 이것이 내가 경험한 영감이다. '내 경험도 그러하다.-'라고 말하는 사람을 찾으려면 수천 년을 거슬러 올라가야 할 것임을 나는 의심하지 않는다.[4]

《차라투스트라는 이렇게 말했다(이하 '차라투스트라')》의 2부에 담긴 생각들은 1883년 6월 28일부터 7월 8일까지 10일에 걸쳐 그에게 찾아왔다. "모든 부분이 고된 행군 중 갑자기 떠올랐습니다. 모든 생각이 나에게서 호출을 받은 듯 절대적으로 확실하게 말이죠."[5]

1부처럼 2부도 그가 4~6시간 걸으며 떠오른 생각들을 다른 사람의 도움 없이 노트에 옮겨서 정리할 수 있는 소단위의 절로 이루어졌다. 그에게 영감을 준 풍경은 실바플라나와 실스의 작은 호수 둘레를 따라 이어졌다. 강렬한 터키색 호수는 햇빛을 받아 수면에 서부터 만년설 덮인 가파른 산자락에 이르기까지 환하게 반짝였다. 그곳은 완전히 독립된 세계였다. 니체는 그곳에서 차라투스트라의 이야기를, 고향 우르미 호수를 떠나 산속에서 고독하게 지내며, 자신의 설교를 산 정상 혹은 산봉우리라고 부른 그 차라투스트라의 이야기를 계속 써 내려갔다.

《차라투스트라》의 2부에서는 질투와 복수심을 물리치고 '그러했다'를 '그러기를 원했다'로 바꾸는 '긍정론자'로서의 니체의 이상향이 거의 드러나지 않는다. 2부에는 루와 레를 빗댄 암시적 표현이 가득하다. 자신을 죽인 적들을 비난하며 격분에 찬 표현이 갑작스레 여기저기에 등장한다. 이야기 구조상 그런 표현들은 의미가 전혀 통하지 않는다.

'타란툴라에 관하여'라는 장에서는 루와 레가 삼위일체의 상징을 보여주는 타란툴라로 드러난다. '신처럼 확실하고 아름다운' 타란툴라는 그를 물어서 그의 영혼을 빼앗고 복수를 위해 그의 영혼을 어지럽힌다.[6]

이야기는 갑자기 세 편의 시로 이어진다. 첫 번째로 등장하는 〈밤의 노래〉는 그가 로마에 있을 때 쓴 시로, 마차에서 캄파냐의 목가적인 풍경을 감상하며 영웅들의 시대와 멀어진 안타까움과 과거에 대한 동경, 사랑에 대한 그리움을 노래한 것이다.

두 번째 시 〈춤의 노래〉에서는 차라투스트라가 초원에서 춤추는 어린 소녀들을 바라본다. 차라투스트라는 소녀들과 춤추는 큐피드를 깨운다. 삶은 루가 니체에게 자주 하던 말들로 그에게 이렇게 말한다. 그녀는 단지 한 사람의 여자일 뿐 고결한 인간이 아니라고. 여자는 원래 마음이 잘 변하고, 거칠고, 변화무쌍하다고. 여자는 그 말을 듣고 크게 기뻐한다. 하지만 남자는 여자에게서 심오함과 정절과 신비스러움을 원한다. 여자에게 이러한 미덕을 부여하고 그들이 마음에 품어온 것들을 열렬히 갈구한다.

차라투스트라는 자신의 가장 큰 비밀을 털어놓았으나 그녀가 그것을 무시하자 그녀를 책망한다. "그러므로 문제는 우리 세 사람 사이에 있다. … 그녀는 변덕스럽고 고집이 세다. 나는 종종 그녀가 입술을 깨물고 머리를 이상한 방향으로 빗는 모습을 본다. 아마도 그녀는 사악하고 거짓되며 모든 면에서 여성인 자일 것이다. 하지만 그녀가 자신에 대해 나쁘게 말할 때, 바로 그때 가장 많은 것을 유혹한다."

세 번째이자 마지막 시인 〈무덤의 시〉는 그가 베네치아에서 지낼 때 바라보았던 죽음의 섬에 대한 묘사로 시작된다. 무덤에는 그의 젊음과 '부드러운 사랑의 경이로움', '내 희망의 새들'이 나란히 묻혔다.

그는 자신의 영원한 미래를 가로막고 밤을 훔친 적들을 저주하며 잠을 이루지 못하는 괴로움 때문에 자신을 책망한다.

니체는 《차라투스트라》의 2부를 끝냈을 때 내용이 너무 자전적임을 깨닫고 깜짝 놀랐다. 책에서 자신의 피가 흘러내린다고 적잖이 당황했지만, 다른 사람은 보지 못할 거라고 확신했다.[7] 다음 책에서는 (자신의 철학뿐 아니라) '모든 철학이 자전적'이라는 생각을 밀고 나가기로 했다.

루는 니체를 만나고 싶었지만 용기가 없었다. 니체가 실스마리아에서 지낸다는 사실을 알게 된 그녀는 레와 함께 그 근처에 있는 셀레리나라는 작은 마을에 거처를 정했다. 두 사람은 비교적 최근에 알게 된 새로운 인물인 페르디난트 퇴니에스^{Ferdinand Tönnies}라는 젊은이와 함께 여행하고 있었다. 퇴니에스는 성 삼위일체의 세 번째 인물로 영입되었다. 나중에는 독일 사회학의 창시자가 되는데, 그때는 그 모든 책과 영광이 있기 전인지라 그저 루, 레와 함께 지낸다는 특권에 흥분을 감추지 못하는 풋내기였다.

니체는 퇴니에스를 만난 적이 없었다. 따라서 루와 레는 화해의 손길을 내미는 방편으로 퇴니에스를 실스마리아로 보냈다. 하지만 니체가 늘 하던 대로 햇빛과 구름 속 전류를 피하려고 두꺼운 보호막에 쌓여 있고, 그것도 모자라 '자기 주위로 둥글게 그려 놓은 푸른 고독과 신성한 경계'에 쌓여 있어 퇴니에스는 감히 접근할 수 없었다. 그래서 그해 여름은 관계를 회복하지 못하고 지나갔다.

루에 대한 니체의 증오심은 시간이 흐르면서 점차 사그라들었다. 니체는 이미 그녀에게 문을 열어주었고 밧줄을 보여주었다. 그녀는 그 밧줄 위로 오를 만큼은 용기를 냈다. 비록 마지막까지 도전을 마주할 용기는 내지 못했지만, 니체의 뜻을 가장 잘 이해했고, 니체가 아는 가장 영리한 사람으로 남았다. 니체는 영원 회귀라는 자신의 사상에 충실하려면, 즉 과거를 돌아보고 후회를 남기지 않으려면, 루가 보여준 용기에 손을 내밀고, 그 관계를 계속 소중히 가꿔나가야 했다.

니체는 운명을 있는 그대로 받아들이는 자신의 이상대로 살려면, 엘리자베스와 루 사이의 전쟁에서 자신의 역할 또한 인식해야 했다. 그는 그동안 엘리자베스가 자신을 어떻게 조종했는지 깨닫게 되어, 루에게 느꼈던 분노와 증오가 이제 엘리자베스에 대한 혐오심으로 옮겨간 참이었다. 엘리자베스는 악의적인 거짓말과 모함으로 자신을 루와 레에 대한 수치스러운 복수 작전에 끌어들였다. 자신을 부추겨서 어리석은 편지들을 쓰게 만들었고, 믿을 수밖에 없도록 거짓말을 꾸며댔다. 하지만 그보다 더 나쁜 것은 결국 자신에게 진실하지 못한 사람이 되게 했다는 사실이었다. 그는 다시 한 번 멀미의 사슬에, 감정과 분노에, 정직하지 못한 잘못된 충성에 굴복했다는 사실을 참을 수 없었다.

그는 모든 시기와 질투, 복수의 감정을 비난하고 있는 그대로를 원하는 사람이 되겠다고 다짐하던 바로 그 시기에, 지속해서 분노의 감정이 들게 한 엘리자베스에게 분노했다. "동생의 분노, 그 오징어 먹물 같은 질투심이 나의 머리를 사악하고 어두운 감정으로 흐려놓았다네. 그중에 동생의 진짜 증오심이 있었지. 자기 극복이라는 내 최선의 행위를 장장 1년 동안 기만한. … 나는 복수에 대한 모든 계획을 단념해야겠다고 마음 깊이 생각한 바로 그때, 끝없이 복수를 갈구하는 희생자가 되고 말았다네. 이 갈등이 나를 점점 더 광기로 내몰고 있어. 가장 무서운 방식으로 이 감정을 느끼고 있지. … 동생과 화해했던 일이 가장 치명적인 조치였던 것 같아. 이제야 알겠군. 그래서 동생은 살로메 양에게 자신이 복수할 자격이 있다고 믿었던 거야. 맙소사!"[8]

엘리자베스는 승리의 기쁨에 빠져 니체에게 의기양양하게 편지를 보냈다. 그리고 이 '유쾌하고 즐거운 전쟁'을 얼마나 즐기고 있는지 알렸다. 니체는 그 모습에 지쳐 자신은 누구의 적도, 심지어 엘리자베스의 적도 될 수 없음을 깨달았다.

니체는 이미 어머니와는 물론 동생과도 모든 연락을 끊은 적이 있었다. 만약 또 동생과 연락을 끊는다면, 또 하나의 부정적인 행동, 부정적인 말이 될 뿐이었다. 그래서 그는 빨래를 부탁하거나 소시지 심부름 같은 작은 일만 부탁하면서 중립적인 방식으로 관계를 유지하기로 했다. 그렇게 하면 자신은 긍정론자로 남을 수 있었다. 관계에 대한 환상도 유지하고 자신의 말도 지킬 수 있었다.

하지만 이 편리한 타협안에 곧 문제가 생겼다. 9월에 어머니가 편지 한 통을 보내왔다. 빨리 집으로 오라는 호출 명령이 담겨 있었다. 엘리자베스, 그 고집불통 라마가 반유대주의 정치 운동가인 베른하르트 푀르스터와 운명을 함께하기 위해 파라과이로 가겠다고 하고 있었기 때문이었다.

프란치스카는 살림꾼 딸을 잃고 싶지 않았다. 니체는 엘리자베스가 자신이 끔찍하게 싫어하는 도덕적, 정치적 관점을 지닌 요란한 선동가와 미래를 함께하려 한다고 생각하니 어이가 없었다. 게다가 엘리자베스가 지난 1년간 자신을 속여왔다는 새로운 사실도 드러났다. 로마에서, 그리고 그 후로도 자신과 화해했다고 여겼던 그 시간 내내, 자신이 싫어할 것을 뻔히 알면서도 별 볼일 없는 그 인종차별주의자와 편지를 주고받았다는 사실을 숨겨왔던 것이다. "나는 '독일적인 것'에 대해 그 사람과 같은 열정이 없습니다. '영광스러운' 민족을 순수하게 유지하고 싶다는 마음은 더더욱 없고요. 모든 것이 정반대예요."[9]

베른하르트 푀르스터는 니체보다 한 살 많았다. 잘생긴 얼굴에 강직한 이미지의 그는 군인 정신이 몸에 밴 철두철미한 애국자였다. 특히 눈에 띄는 부분은 덥수룩한 턱수염이었다. 유난히 숱이 많은 갈색 머리는 M자형 이마 위로 가지런히 빗어 넘겼다. 눈썹은 길게 자라 있고, 말쑥하게 기른 콧수염은 완벽하게 수평을 유지했다. 유대인에 비유되는 것을 좋아하지 않았지만, 구약성서에 나오는 예언자처럼 턱수염을 길게 길렀다. 눈빛은 어딘가 모르게 불안해 보였고, 눈동자는 거의 얼음처럼 투명했다. 이상주의자의 눈이 언제나 지평선 너머를 향하듯, 그는 산행과 채식주의, 체력단련, 금주, 생체 해부를 열렬히 전도했다. 지성보다는 신념이 앞섰던 그는 니체와 바그너처럼 독일 재건이라는 원대한 꿈을 꾸었는데, 니체와 바그너가 문화적인 면에서 그것에 접근했다면 푀르스터는 인종적인 면에서 접근했다. 유대인은 독일 국민의 몸에 붙어사는 기생충 같은 존재였고, 따라서 독일인은 순수한 혈통을 되찾아야 한다고 생각했다.

푀르스터와 엘리자베스는 각자의 어머니를 통해 꽤 오랫동안 알고 지낸 사이였다. 두 어머니 모두 나움부르크에 사는 미망인으로 교회에서 중요한 역할을 맡고 있었다. 엘리자베스는 그와 친분을 쌓을 이유가 없었다. 바젤에서 니체 곁에 머물다 고향으로 다시 돌아오기 전까지는 그랬다. 오빠에게 미래를 의지할 수도 없고, 오빠의 가까운 지인 중에 결혼을 기대할 만한 사람도 없다는 사실을 깨닫기 전까지는 말이다. 엘리자베스는 평생 나이 든 어머니를 돌보며 살아야 할지도 모른다고 생각하니 눈앞이 캄캄했다. 나이 많은 노처녀는 아무리 덕이 있어도 나움부르크에서는 권력도, 사회적 지위도 얻지 못했다. 엘리자베스는 하루빨리 남편을 찾아야 했다.

그녀는 1876년 바이로이트 축제에서 푀르스터를 만났다. 나움부르크로 돌아온 후로는 그를 현혹하기 위해 온갖 수고를 아끼지 않았다. 편지는 그녀가 먼저 보냈다. 그의 이상을 열렬히 지지한다는 내용이었다. "제가 아는 모든 지식은 당신의 위대한 정신을 서투르게 모방했을 뿐이에요. … 저의 재능은 현실적인 데 있어요. 그래서 당신의 모든 계획과 훌륭한 생각들이 저를 흥분시킨답니다. 실행될 수 있을 테니까요."[10]

그 시기 엘리자베스가 푀르스터와 나눈 편지를 살펴보면 재밌는 부분이 많다. 엘리자베스는 일단 서신 교환을 시작하자 푀르스터와 그의 정치적 견해를 극진하게 떠받들며, 명랑하고, 용감하고, 물불 가리지 않는 성격을 곧바로 드러냈다. 반면 푀르스터는 계속

예의 있게 형식적으로만 그녀를 대했다. 자기에게 무슨 일이 일어나고 있는지는 전혀 눈치채지 못했다. 엘리자베스는 결국 그의 관심을 끌기 위해 반유대주의 운동에 쓰라고 돈을 보냈고, 재산이 얼마나 많은지 떠벌리기까지 했다. 엘리자베스가 그렇게까지 나오는데도 푀르스터는 그녀가 아내가 되겠다고 먼저 제안하며, 그의 꿈을 이룰 정도로 많은 지참금을 제시하고 있다는 사실을 이해하기까지 오랜 시간이 걸렸다.

1880년 5월, 푀르스터는 비스마르크에게 보낼 반유대주의 청원서에 사람들의 서명을 받아달라고 엘리자베스에게 부탁했다. 그녀는 열성을 다해 서명을 받으러 다녔다. 청원서에는 '독일을 파괴하는' 유대인에게서 투표권을 빼앗고, 법률과 의료 분야에 종사하는 유대인을 몰아내는 것은 물론, 앞으로 유대인 이민자를 받지 말 것이며, 귀화하지 않은 유대인은 인종 정화와 부활, 인류 문화의 보존이라는 명목으로 모두 추방해 달라는 요청이 담겼다. 총 26만 7천 명이 서명을 한 이 청원서는 여봐란듯이 말과 마차로 베를린 거리를 지나 비스마르크에게로 전해졌다. 하지만 청원은 받아들여지지 않았다. 분개하고 낙담한 푀르스터는 1년 뒤 베를린 전차에서 반유대주의 연설을 늘어놓다 주먹다짐이 일어나 김나지움에서 교사직을 잃고 말았다. 그 후로 독일 국민당을 공동 창립했다. 독일 국민당은 폭력적 방식으로 국수주의를 선동하고 진화론을 악용하는 인종차별주의 단체였다. 그들은 독일 땅이 아브라함의 자손과 부를 숭배하는 사람들로 오염되었다고 믿었다. 국민당은 새로운 독일, 즉 다른 인종으로 오염된 적 없는 깨끗한 땅에서 순수 아리아인 혈통으로 이루어진 제국을 건설하겠다는 계획을 세웠다. 푀르스터는 남아메리카 대륙을 2년간 돌아다니며 그 계획을 실현할 이상적인 장소를 찾아다녔다.

엘리자베스는 그와 정기적으로 편지를 주고받았다. 그가 5천 마르크면 파라과이에서 멋진 땅을 살 수 있을 것 같다고 말하자, 엘리자베스는 그 돈을 주겠다고 했다. 그를 모욕하려는 뜻은 없다며 이해를 구하는 말도 얌전하게 덧붙였다. 파라과이에서 힘들게 생활하는 그의 모습을 안타까워하며 하인을 고용할 수 있게 8백 마르크도 보내겠다고 했다. "중세 시대 사람들은 최고의 이상을 존중한다는 표시로 재산의 10분의 1을 교회에 바쳤대요. 왜 당신께서는 제 제의를 받지 않으려고 하시나요?" 이어서 그녀는 자신에게 2만 8천 마르크의 재산이 있다는 사실도 알렸다. 혹시 그가 자신의 의도를 알아채지 못할까 봐 자신이 아주 현실적이고 살림 잘하는 여자, 용감한 개척자에게 절실히 필요한 배우자감이라는 말도 덧붙였다. 엘리자베스의 판단은 옳았다. 그녀가 제안한 돈은 그의 모험을 전부 감당할 만큼 충분하지는 않았지만, 그 누구도 그에게 그렇게 많은 돈을 제안한 적은 없었다.

푀르스터는 독일로 돌아왔다. 그리고 식민지 개척자로 떠날 사람들을 모집하기 시작했다. 기사를 쓰고 전국을 돌며 연설을 했다. 다른 훌륭한 선동가들처럼 그의 연설 대본에도 적절한 시점에 '박수!' 혹은 '큰 박수 부탁드립니다!' 같은 표현이 들어갔다.

바그너는 1880년 푀르스터의 청원 운동에는 참여하지 않았다. 그도 반유대주의자였지만, 푀르스터는 성가시고, 교양 없고, 지적이지 않다고 생각하여 업신여겼다. 하지만 바이로이트에는 그와 생각이 다른 사람도 있었다. 바로 니체의 오랜 적, 〈바이로이트 특보〉의 편집장인 한스 폰 볼초겐이었다. 그는 푀르스터가 말도 안 되는 기사를 낼 수 있도록 기꺼이 발판을 마련해주었다(그들은 자신들이 집권하게 되면 기존의 여학교는 모두 폐쇄하겠다고 주장했다). 〈바이로이트 특보〉에 기사가 실리면 독일 전역을 오가는 바이로이트 후원자협회 사람들에게 접근할 수 있었다. 그래서 푀르스터는 이제 그 협회 사람들을 대상으로 박수를 촉구하며 연설을 할 수 있었다.

나움부르크에서 보낸 1883년 9월 한 달은 니체에게 즐겁지 않은 시간이었다. 어머니는 니체와 연합하여 엘리자베스가 푀르스터와 결혼하지 못하도록 설득하는 한편, 엘리자베스와도 연합하여 니체에게 불경한 철학을 그만두고 대학으로 돌아가 존경받는 교수 생활을 시작하라고 설득했다. 과연 그는 '좋지 않은' 사람들과 어울리는 것을 그만둘 수 있을까?

프란치스카와 엘리자베스는 니체를 집요하게 괴롭혔고, 니체는 고집불통 라마가 끔찍한 푀르스터와 결혼하겠다는 결정에 아무런 영향을 주지 못했다. 게다가 한 달 내내 엘리자베스의 참을 수 없는 인종차별주의적 발언과 편협한 독선을 견뎌야 했다. 니체는 이제 떠날 때가 되었다고 생각했다.

10월 5일, 그는 바젤로 떠났다. 바젤에는 그가 항상 믿는 든든한 오버베크가 있어 엘리자베스와 돈 문제에 관해 조언을 구할 수 있었다.

어느 정도 몸을 회복한 그는 겨울을 보내기 위해 바다와 가까운 곳으로 갔다. 그때까지도 신대륙을 발견한 콜럼버스에 빠져 있었지만, 제노바에는 다음 곳을 거치기 위한 장소로 형식적으로만 머물렀다. 도시에서는 자신이 너무 유명해 독창성에 필요한 '푸른 고독'을 즐길 수 없다는 이유를 댔다(물론 그것은 명백하게 사실이 아니었다).

그는 니스에 거처를 정하고, 생테티엔의 좁은 골목에 있는 제네바라는 평범한 하숙집에 작은 방을 구했다. 그는 바람이 세차게 분다는 이유로 니스 뒤편의 언덕들을 좋아했다. 그는 바람이 지구의 중력을 상쇄한다는 이유로 찬양의 대상으로 삼았다. 가끔은 기차나 전철을 타고 해안가를 따라 생장카프페라Saint-Jean-Cap-Ferrat에서 빌프랑슈Villefranche까지 갔다. 거기서 울퉁불퉁한 바위 언덕을 오르면 반짝이는 수평선 너머로 검푸른 코르시카의 윤곽을 볼 수 있었다. 혹은 볼 수 있다고 상상했다. 그는 자신의 맥박이 나폴레옹의 맥박과 같은 속도로 일반 사람들보다는 느리게 1분에 정확히 60회를 뛴다는 사실에 큰 의미를 부여했다. 이 상쾌한 풍경 속에서, 영혼의 아르고호 용사로서 콜럼버스의 자리를 대신한 나폴레옹과 함께 회오리바람 같은 영감이 다시 그를 찾아왔다. 이번에도 그 영감은 거의 10일에 걸쳐 차라투스트라 3부를 그에게 전해주었다.

차라투스트라는 축복의 섬에서 나와 배를 타고 바다를 항해한다. 그리고 1부에서 처음 찾아갔던 마을에 도착한다. 하지만 그곳은 처음 갔을 때보다 수용적이지도 유익하지도 않다. 그는 다시 동굴로 돌아가 영원 회귀 사상을 확대한다. 삶을 긍정하고 현재 삶에서 기쁨을 찾아 니힐리즘을 극복한다. 니체는 차라투스트라의 마지막 책이 될 것이라 생각한 이 책을 신약성서의 마지막 권인 요한 계시록을 불경스럽게 패러디하며 끝맺는다. '일곱 개의 봉인'이라고 제목을 붙였는데, 회귀의 결혼반지 안에서 영원과의 결혼을 축하하는 일곱 개의 절로 이루어졌다. 각 절은 열광적이고 신비로운 분위기의 시로 구성되었으며, 모두 같은 말로 끝맺는다.

나는 아직도 내 자식을 낳고 싶은 여인을 찾지 못했다. 내가 사랑하는 이 여자를 제외하고는. 오, 영원이여! 내가 그대를 사랑하기 때문이다.

"오, 영원이여! 내가 그대를 사랑하기 때문이다."

니체는 1월 18일에 《차라투스트》의 3부를 끝냈다. 그가 책을 끝내기 2주 전, 율리우스 파네트Julius Paneth라는 빈 출신의 젊은 유대인 동물학자가 그를 찾아왔다. 파네트는 니체의 책을 읽고 그에게 경의를 표하고 싶은 마음에 찾아왔다고 말했다. 그는 니체가 예언자나 현인, 연설가 같은 모습일 거라 기대했다. 하지만 니체가 아주 온화하고 친근한 사람이어서 루처럼 속으로 깜짝 놀랐다. 니체에게 예언자 같은 모습은 없었다. 6시간가량 대화를 나누는 동안,

니체는 자연스럽고, 말수가 적었으며, 악의가 없었고, 남의 눈을 의식하지 않았다. 진지하고 위엄 있는 태도였지만, 유머 감각도 있고, 유머에 반응할 줄도 알았다. 그들의 이야기는 날씨와 하숙집에 관한 지극히 평범한 대화로 시작해 니체의 사상과 책에 관한 주제로 넘어갔다. 니체는 시종일관 침착하고 친절했다. 자신에게 항상 사명이 있는 것 같다며, 눈을 감으면 이미지가 보이는 능력이 있다고도 말했다. 그 이미지들은 아주 생생하게 보이지만 늘 변화했다. 영감을 주기도 하지만, 몸을 아프게 하는 것과 같이 육체적인 불편함도 주어 지긋지긋하고, 무섭고, 때로는 불쾌하게도 느껴진다고 했다.[11]

니체는 《차라투스트라》의 3부를 끝내고 두어 달 만에 또 한 명의 새로운 사람을 알게 되었다. 레사 폰 시른호퍼Resa von Schirnhofer[12]라는 이름의 그녀는 율리우스 파네트와 똑같이 니체가 잘난 체하지 않는 겸손한 사람이었다고 증언한다. 부유한 집안의 스물아홉 살 페미니스트였던 그녀는 여학생의 입학을 허가한 최초의 대학 중 하나인 취리히대학교에서 첫 학기를 막 끝내고, 니스로 여행을 와 있던 참이었다. 나중에 셸링과 스피노자의 철학 체계를 비교하며 박사 논문을 쓸 계획이었다. 그녀가 니스로 온 것은 말비다의 아이디어였다. 말비다는 그때까지도 니체에게 신붓감을 찾아주겠다는 계획을 포기하지 않고 있었다.

레사는 말비다가 니체를 소개해주었을 때 마음이 복잡했다. 그녀는 《비극의 탄생》을 감탄하며 읽었지만, 니체, 레, 루가 함께 찍은 그 수치스러운 사진을 본 적이 있었다. 그녀는 1882년 바이로이트 축제 때 그 사진을 본 많은 사람 중 하나였다. 레사는 그 사진 때문에 니체를 만나는 자리가 불편하게 느껴졌다. 하지만 니체의 '교수다운 진지한 외모'와 진실한 태도를 보는 순간 불편함은 말끔히 사라졌다. 그녀는 1884년 4월 3일부터 13일까지 리비에라에서 머무는 열흘 동안 대부분 니체와 함께 시간을 보냈다.

그 당시 니체는 《차라투스트라》의 3부를 완성하여 인쇄업자에게 보내놓은 상태였다. 따라서 그는 그 책과 자신에 관한 이야기에만 관심이 있었을 것이라 예상할 수 있다. 하지만 그보다는 그녀의 독서 계획에 더 관심을 보였다. 그녀에게 여러 프랑스 작가를 추천해주었는데, 공쿠르Goncourt 형제*를 포함해 역사 분야에서는 생시몽Saint Simon,** 프랑스 혁명 분야에서는 히폴리트 텐Hippolyte-Adolphe Taine,*** 그리고 《적과 흑》을 쓴 스탕달의 책들을 읽어보라고 추천했다. 그는 스탕달이 '아주 확고하게' 40년 뒤 자신이 유명해질 거라 발표했다는 사실을 말해주며, 자신에게도 그와 같은 일이 일어날 것으로 확신한다고 말했다.

---

* "역사가는 과거를 이야기하고, 소설가는 현재를 이야기한다."라고 주장하면서, 정밀한 관찰기록에 입각한 소설을 잇달아 썼다. 이들 작품은 급격히 발전한 물질문명으로 다소 변질된 인물이 주로 그려졌고, 심리분석보다는 병리학이 적용되어 자연주의의 선구로 인정받는다. -편집자주
** 프랑스의 유물론에 찬성하고 이신론理神論이나 관념론(특히 독일의 고전 철학)에는 반대하면서 자연의 연구를 중시하였다. 또 사회의 발전에도 일정한 법칙이 지배한다고 주장하였지만, 역사의 추진력이 과학지식과 도덕과 종교에 있다는 역사에 대한 관념론적 입장에서 벗어나지는 못했다. -편집자주
*** 실증주의적 방법을 통해 과학적으로 문학을 연구하였다. 인종·환경·시대의 3요소를 확립하고, 《영국문학사》(4권, 1864)를 썼다. J.E.르낭과 함께 19세기 후반 대표적 사상가로 평가된다. -편집자주

철학자와 학생 사이의 정신적 거리감이 클지는 모르지만, 레사는 니체가 누구보다 친절하고 꾸밈없고 재미있고 아주 인간적인 사람임을 알 수 있었다. 그는 섬세하고 부드럽고 공손한 남자였다. 만나는 모든 사람에게 예의 바르게 대했지만, 여성에게는 나이가 많든 적든 더더욱 그랬다. 덕분에 그는 제네바 하숙집에서 인기 있는 손님으로 통했다. 사람들은 그를 '사랑스러운 반 맹인 교수님'이라 부르며 그에게 도움이 될 만한 친절을 베풀었다. 레사는 금세 니체가 아주 편하게 느껴져서 하고 싶은 말은 무엇이든 이야기했다. 니체는 그녀가 가끔 재밌는 꿈을 꾼다고 말하자 머리맡에 종이와 연필을 두고 자라고, 자신도 그렇게 한다며 진지하게 조언했다. 그는 밤에 떠오르는 생각과 꿈을 중요하게 생각했다. "밤에는 평범하지 않은 생각들이 찾아와요. 그런 생각은 깼을 때 바로 기록해야 해요. 아침이 되면 대개 생각이 나지 않거든요. 밤의 어둠과 함께 훨훨 날아가 버리니까요."[13]

두 사람은 애정 어린 관계를 유지했지만, 그 이상의 관계로는 발전하지 않았다. 니체의 열정은 루에게 그랬던 것처럼 불붙지 않았다. 레사와 니체는 동등한 위치에서 논쟁하지 않았다. 둘 사이에 교감은 있었지만 비슷한 지성이 없었다. 그녀는 니체가 학교에서 어린 학생들을 가르치며 즐거웠던 선생님의 모습을 끌어냈다. 니체는 그녀를 너무 부담스럽게 하지 않으려고 진지하면서도 신중하게 말했다. 객관성에 관해 이야기할 때는 편견에서 자유로워지는 것은 불가능하다고 경고했다. 항상 그것을 기억하라고, 사람은 새로운 편견에 빠지기 위해서만 기존의 편견을 버린다고 말했다.

니체는 《차라투스트라》의 3부가 나오자 '정신은 사람을 새로운 것들에 옮긴다.'라고 써서 그녀에게 선물로 주었다. 하루는 그녀를 데리고 보롱 언덕으로 산책을 나섰다. 《차라투스트라》의 3부를 쓸 때 산책하며 영감을 얻은 장소 중 하나였다. 이때도 그는 신비주의자나 설교자의 모습은 아니었다. 그들이 지나가는 길에 향기로운 냄새를 풍기는 백리향 위로 나비들이 날아다녔다. 아름다운 풍경 아래로 펼쳐진 '천사의 만'은 흰색 배들 덕분에 초록빛이 더 아름답게 반짝였다. 니체는 그녀와 배를 타고 코르시카로 가는 것에 관해 이야기했다.

정상에 거의 다 왔을 때쯤, 프랑스인 보초병들이 길을 막고 그들을 돌려보냈다. 출입 금지 구역에 잘못 들어선 것이었다. 그곳은 지난 300년 동안 프랑스와 이탈리아 사이의 영토 분쟁을 감시해온 몽 알방 요새였다. 니체는 그 토이 솔져*들을 본 것을 아주 즐거워했다. 니체의 기분은 갑자기 불어온 세찬 바람으로 한층 더 고조되었다. 그 바람 덕분에 구름과 구름 속 전류가 사라지고, 맑고 푸른 하늘이 모습을 드러냈다. 니체는 그녀를 작은 카페로 데려가서 베르무트주(포도주에 향료를 넣어 만든 술)를 맛보게 했다. 그녀가 코를 찡그리며 베르무트주를 맛보는 동안, 그는 빈틈없이 감시되고 있는

---

* 전투에 참여하지 않는 군인 -역자주

산에 관한 것부터 그들이 경험한 모험에 관해 대구를 이루는 문장으로 기발한 해설을 들려주었다.

니체는 니스의 투우 경기를 함께 관람하자며 그녀를 초대했다. 그녀가 망설이는 모습을 보이자 그는 이곳의 투우 시합은 법의 관리를 받아 말을 경기에 참여시키거나 소를 죽이지 못한다고 안심시켰다. 경기장에 차례차례 출전한 여섯 마리 황소는 투우사만큼이나 경기 규칙을 잘 아는 듯했다. 두 사람은 각본대로 싸우는 것 같은 전투 장면이 어이가 없어 웃음을 터트렸다. 그때 작은 오케스트라단에서 「카르멘」을 연주하기 시작했다. 니체는 갑자기 전기가 통하는 듯한 기분을 느꼈다. 터져 나온 웃음은 순식간에 황홀경으로 변했다. 레사는 그의 조언에 따라 강렬한 리듬에 집중해서 음악을 들으며, 그 곡이 왜 그렇게 그에게 큰 힘을 발휘하는지 이해할 수 있었다. 그녀 역시 감정이 동요해서 동물을 사랑하는 사람임에도 영웅적인 죽음에 대한 디오니소스적 찬미를 느낄 수 있도록, 적당한 잔인함과 거친 모습이 있는 진짜 투우 경기를 보고 싶은 욕구가 생겼다고 했다.

니체는 그녀에게 〈무덤의 노래〉를 낭독해주고 〈춤의 노래The Dance Song〉를 읽어달라고 부탁했다. 큐피드와 소녀가 초원에서 춤추는 동안 차라투스트라가 노래하는 내용이 담긴 시였다. 그녀는 그 시를 읽으며 '우울함이라는 실로 짜인 투명한 거미줄이 죽음을 갈구하는 캄캄한 심연 위로 떨리듯 맴도는 모습'을 보았다고 했다.

그 후로 그는 한동안 침묵하며 슬퍼했다.

두 사람은 열흘 동안 함께 시간을 보냈다. 레사가 떠나고 일주일 뒤, 니체는 베네치아로 여행을 갔다. 이곳에서 하인리히 쾨젤리츠, 즉 페터 가스트는 니체의 잘못된 격려에 자극을 받아 오페라 작곡을 위해 그가 가진 작은 음악적 재능을 계속 혹독하게 채찍질하고 있었다. 니체는 그가 쓴 악보를 보고 폰 뷜로가 한때 음악에 대한 자신의 노력을 비난한 것과 거의 비슷할 정도로 혹독하게 비난했다. 페터 가스트는 니체의 견해를 겸허하게 받아들였다. 심지어 니체의 제안대로 오페라의 제목과 언어까지 바꿔 이탈리아어로 된 '비밀 결혼'은 독일어로 된 '베네치아의 사자'로 탈바꿈했다. 불쌍한 가스트에게 니체가 이렇게 불필요한 일들을 지시한 것은 아마도 《차라투스트라》의 1~3부가 나온 뒤 자기 스스로 자신감이 떨어졌기 때문이었는지도 모른다.

출판업자는 세 권 모두에 냉담한 반응을 보였다. 심지어 첫 1, 2부를 높이 평가했던 야코프 부르크하르트도 3부에 관한 의견을 물었을 때는 적잖이 당황해 극작을 시도하려는 것인지 의아하다며 대답을 얼버무렸다.

그해 여름 니체의 건강은 급격히 나빠졌다. 그는 눈 때문에 몹시 고통스러워했고, 며칠씩 이어지는 구토로 괴로워했다. 의사들은 그의 눈에 대한, 혹은 망가진 위장에 대한, 혹은 불면증 치료에 대한 별다른 해법을 주지 못했다. 니체는 다시 자가 투약을 시작했다. 불면증과 불안감을 줄여준다는 강력한 최면제인 포수클로랄에 과하게 의존했다. 그런데 이 약물은 잘못 복용하면 메스꺼움과 구토, 환각, 정신 착란, 경련, 호흡 및 심장 이상 등의 증상이 나타난다. 니체가 그 약을 먹는 이유가 바로 그런 증상들을 가라앉히기 위해서였는데 말이다.

니체는 자포자기하는 심정으로 그가 늘 좋아했던 실스마리아로 갔다. 그곳에서 그는 잔 뒤리쉬의 집에 비용을 따로 들여 자신의 방을 꾸몄다. 갑자기 마음에 들기 시작한 차분한 색감의 녹색, 갈색, 파란색 바탕의 꽃무늬 벽지를 발랐다.[14] 방은 누구나 상상할 수 있을 만큼 작고 단순했다. 낮은 천장에 작은 창문이 하나 있었고, 작은 침대와 창문 앞으로 투박한 탁자 하나가 놓여 있었다. 당시 사람들이 장화를 벗을 때 쓰는 도구도 있었다. 104킬로그램의 책이 든 '내반족' 가방은 겨우 욱여넣었다.

8월 중순, 레사가 실스마리아로 그를 찾아왔다. 여름 학기가 끝나서 대학 동기와 같이 취리히에서 고향인 오스트리아로 돌아가던 도중에 들른 것이었다. 레사는 니체의 모습을 보고 충격을 받았다. 보이는 모습이나 말하는 모습이 니스에 있을 때와 너무도 달랐기 때문이다.

니체는 그녀가 와 있던 동안 대부분 몸이 좋지 않았다. 하지만 그녀를 데리고 차라투스트라 바위까지 걸어갈 정도가 되는 순간은 있었다. 잔 뒤리쉬의 집에서 차라투스트라 바위까지는 약 45분 거리였다. 차분하고 객관적인 모습의 니체는 이제 없었다. 그는 많은 생각과 이미지를 열정적인 방식으로 다급하게 쏟아냈다. 레사는 비록 그의 이야기가 예전과는 달라져 놀라웠지만, 여전히 과장하는 법도, 잘난 체하는 법도 없었다고 조심스레 강조했다. 그는 마치 자신의 통제 밖에 있는 바닷물의 흐름을 이해하기 힘들다는 듯 순수한 모습으로 끝없이 놀라워하며, 그것이 자신의 존재를 아주 불안한 상태에 놓이게 한다고 말했다.

두 사람이 차라투스트라 바위를 지나 집으로 돌아오는 길에 젖소 한 무리가 언덕 위에서 그들에게로 돌진해왔다. 레사는 그 모습을 보고 깜짝 놀라 달아났다. 니체는 자신의 영원한 동반자인 양산을 소를 향해 앞뒤로 흔들었다. 다행히 소들은 겁을 내며 다른 곳으로 가버렸다. 니체가 살며시 웃자 레사는 자신의 행동이 부끄럽게 느껴졌다. 레사는 다섯 살 때 황소 한 마리가 자신과 어머니에게로 돌진해 겨우 피한 경험이 있었다고 말했다. 니체는 그 말을 듣고는 표정이 진지해졌다. 그리고 어린 시절에 경험하는 정신적 충격이 종종 전 생애에 걸쳐 영향을 준다는 '파도 효과wave-effect'에 관해 길게 설명했다.

레사는 다음 날 니체를 보지 못했다. 니체는 다시 침대에 누워 일어나지 못하고 있었다. 하루 반나절이 지나자 레사는 그가 괜찮은지 알아보려고 잔 뒤리쉬의 집을 찾아갔다. 그녀는 안내를 받고 들어간 천장이 낮은 작은 식당에서 그를 기다렸다.

잠시 후 문이 열리더니 니체가 모습을 보였다. 창백한 얼굴의 그는 몹시 지쳐 보였고, 거의 제정신이 아닌 것 같았다. 니체는 문기둥에 기대서서 자신의 상태가 얼마나 견디기 힘든지 설명했다. 잠시도 편안한 순간이 없고, 눈을 감으면 끊임없이 형태가 바뀌는 무시무시한 정글만 보인다고 했다. 기이한 꽃들이 진절머리가 나게 무성하게 자라고, 무서운 속도로 자기들끼리 얽히고설켜서 자랐다가 다시 썩어들어 갔다. 보들레르의 시를 읽은 적이 있던 레사는 그가 아편이나 마약을 복용하고 있는 게 아닌지 의심스러웠다.

니체는 여전히 문에 기대선 채 힘없는 목소리로 불안한 듯 다급하게 물었다. "어때요? 정신병 초기 증상 같지 않나요? 내 아버지도 뇌 질환으로 죽었어요."

그녀는 너무 혼란스럽고 무서워 바로 대답하지 못했다. 니체는 걷잡을 수 없는 불안감에 휩싸여 다급하게 같은 질문을 반복했다. 겁에 질린 그녀는 아무 말도 하지 못했다.

· 16장 ·

그가 나를 덮쳤다!

. . .

어쨌든 《차라투스트라》의 이야기는 수십 년간 내 안에 쌓여온 힘이 폭발한 것이라
네. 그런 폭발을 일으키는 자는 자신을 쉽게 날려버릴 수 있지. 나도 그러고 싶은
적이 많았다네.

- 1884년 2월 8일, 프란츠 오버베크에게 보낸 편지

니체는 《차라투스트라》에 대한 믿음이 대단했다. 비록 판매도 형편없고, 그에게 가장 덜 비판적인 오버베크와 페터 가스트조차 출판업자의 조언을 따라야 한다고 말했지만 말이다. 모두가 차라투스트라의 이야기는 충분히 썼고, 아포리즘은 그만 쓰는 것이 좋겠다고 말했다. 그런 책을 찾는 사람이 없었다. 하지만 차라투스트라는 그를 그냥 내버려두지 않았다. 니체는 계속해서 원고를 썼다. 크리스마스와 새해만 되면 차라투스트라에 관한 영감이 그를 찾아오는 것이 하나의 패턴이 된 듯했다. 그는 《차라투스트라》의 3부가 나온 지 정확히 1년 뒤인 1884년 12월과 1885년 4월 사이에 《차라투스트라》의 4부를 완성했다.

니체는 슈마이츠너가 《차라투스트라》의 4부를 출판하지 않겠다고 하자 크게 충격을 받았다. 두 사람 간의 정치적, 이념적 차이는 《차라투스트라》의 이전 작들이 나오고 출판되는 동안 더 벌어지고 있었다. 저자와 출판업자 사이에 쌓인 불신으로 다음 책은 점점 더 나오기 어려워지는 상황이었다.

니체는 찬송가 50만 부가 인쇄되느라 《차라투스트라》의 1부가 인쇄 대기 중이라는 말을 들었을 때 약간 즐겁다는 반응을 보였다. 이는 슈마이츠너가 〈반유대주의 신문The Anti-Semitic Times〉을 발행하고 그것이 그의 정치적 견해를 반영한다는 사실을 깨달은 것과는 다른 문제였다.

《차라투스트라》의 3부는 슈마이츠너가 니체를 위해 11번째로 출판한 책이었다. 그중 어느 책도 돈이 된 건 없었다. 슈마이츠너는 책을 낼 때마다 1천 부씩 인쇄했다. 《차라투스트라》는 권마다 100부도 팔리지 않았다. 당연히 책을 계속 내겠다고 하는 것이 더 이상한 일이었다.

니체는 바젤대학교를 사임한 순간부터 돈 문제에 관해서는 거의 알지 못했고, 알려고 하지도 않았다. 그의 고집스러운 순박함은 출판 문제를 더 혼란스럽게 했다. 그의 주 수입은 바젤대학교에서 받는 연금으로, 1년에 3천 스위스프랑(2천 4백 마르크)이었다. 1879년에 그는 열의에 넘쳐 급여와 연금을 저축해서 모은 돈을 출판업자에게 위탁했다. 당시로는 약 1천 6백 마르크에 달하는 돈이었다. 그에게는 할머니와 고모, 아버지의 의붓형제에게서 물려받은 유산도 약간 있었다. 그 돈은 어머니가 장기 투자로 신중하게 관리해오고 있었다. 프란츠 오버베크도 스위스에서 그의 돈을 일부 보관했다. 니체는 가끔 돈을 과하게 지출했을 때, 오버베크에게 스위스프랑을 요구하거나 슈마이츠너에게 마르크화를 부탁했다. 어떨 때는 슈마이츠너에게 돈을 보내라고 오버베크에게 지시하기도 했다. 어머니에게는 정말로 어쩔 수 없는 경우에만 돈을 부탁했다. 돈과 함께 어머니의 기나긴 설교와 엄중한 경고가 따라왔기 때문이다.

니체는 《차라투스트라》의 3부가 인쇄되고 있을 때, 500스위스프랑이 급하게 필요했다. 대부분 중고책방에 갚아야 할 돈이었다. 슈마이츠너는 그동안 니체에게 지급해야 할 인세 문제를 훌륭하게 처리해주었다. 그래서 니체는 별걱정 없이 슈마이츠너에게 돈을 부탁했고, 슈마이츠너는 1884년 4월 1일까지 돈을 보내주겠다고 답했다. 하지만 약속한 날짜가 지나도 돈은 들어오지 않았다. 니체는 불안해졌다. 그때쯤 슈마이츠너에게는 5천 마르크나 5천 6백 마르크 정도가 맡겨져 있었다. 미래를 생각하면 니체에게는 큰 액수였다. 대학 연금은 6년 동안만 나오기 때문에 1885년 6월이면 끝날 터였다. 니체는 연금이 끊기고 나면 어떻게 살아야 할지 막막했다. 그때 슈마이츠너에게서 이런 편지가 왔다. "이런 말을 해서 유감스럽지만, 돈이 없는 사람과 돈은 있지만 앞으로 몇 년간 출판 사업을 유지해야 할 사람 간에는 큰 차이가 있습니다. 그러니까 제 말은, 이 자산을 현금화할 수 없다는 뜻입니다."[1]

슈마이츠너는 돈이 급하게 필요하다면 남아 있는 책 재고를 2만 마르크에 싸게 팔면 어떻겠냐고 제안했다. 니체로서는 청천벽력 같은 이야기였다. 자신의 책이 헐값에 팔리는 모습을 좋아할 저자는 없었다.

그러나 막상 팔려고 해도 9,723권의 떨이 책을 살 사람은 없었다. 슈마이츠너는 1885년 새해가 지나도 돈을 주겠다는 약속을 지키지 않았다. 니체는 일을 대행해줄 '영리한 변호사' 한 사람을 고용했다. 어머니와 먼 친척인 베른하르트 덱셀Bernhard Daechsel이라는 자였다. 그는 상황을 그다지 낙관적으로 보지 않았다. 슈마이츠너는 6월까지 돈을 보내겠다고 약속하고, 또 지키지 않았다. 8월이 되자 니체는 갑자기 엉뚱한 아이디어를 떠올렸다. 책을 경매에 부쳐 자신이 원하는 책만 입찰하고 그 책들을 새로운 형태로 재출판한다는 것이었다. 그는 《인간적인 너무나 인간적인》과 그 책의 증보판에 들어간 '여러 가지 생각과 잠언', '방랑자와 그의 그림자' 그리고 《차라투스트라》의 1~3부만 그러길 원했다.

8월 말, 니체는 변호사에게 슈마이츠너의 출판사 전체를 강제 경매에 넘기라고 지시했다. 슈마이츠너는 10월까지 니체에게 5천 6백 마르크를 갚기 전에는 자신의 출판사에 출입할 수 없었다. 이 말은 곧 슈마이츠너가 자신의 출판사도, 니체의 책 재고도 직접 처분할 필요가 없다는 뜻이었다. 결과적으로 슈마이츠너에게는 좋은 일이 되었다. 하지만 니체에게는 아니었다. 그는 자신의 책들이 '반유대주의 소굴'에 영원히 매장되었다고 생각했다.[2]

우여곡절 끝에 중고책방에 돈을 갚은 니체는 페터 가스트를 찾아가 「베네치아의 사자」의 서곡을 개인적으로 감상하며, 음악 후원자의 역할을 즐겼다. 아버지의 대리석 묘비를 새로 장만해 어머니도 기쁘게 해드렸다. "1813년 10월 11일에 태어나 1849년 7월 30일에 사망한 뢰켄의 목사, 카를 루트비히 니체, 여기 하나님의 품에 잠들다. 1848년 2월 27일 태어나 1850년 1월 4일 사망한 그의 어린 아들 루트비히 요제프도 그를 따라 영원히 잠들다. 자애는 절대 시들지 않는다. 고린도전서 13장 8절." 기독교 관습을 크게 벗어나지 않는 이 문구는 니체가 정한 것으로 알려진다.

니체는 카를 폰 게르스도르프에게 편지를 써서 《차라투스트라》의 4부를 20부 정도만 인쇄할 수 있게 돈을 지원해달라고 했다.[3] 폰 게르스도르프는 답장도 하지 않았다. 다행히 바젤대학교가 연금 지급을 1년 더 연장해주기로 해서 본인이 직접 비용을 대고 책을 냈다.

《차라투스트라》의 4부는 자신의 머리에 붙어 피를 빨아먹는 거머리에서부터 신에 이르기까지 평생 그를 혼란에 빠뜨린 것들에 대해 복수를 꿈꾸는 이야기로 해석된다.

차라투스트라는 짐승들과 함께 동굴에 산다. 짐승들은 그에게 산꼭대기로 오르라고 말한다. 여기서 그는 문화를 선도해온 '더 높은 사람들'과 대화를 나눈다. 더 높은 사람에는 왕, 교황, 쇼펜하우어, 다윈, 바그너 그리고 자기 자신도 포함된다.

차라투스트라는 지혜를 발견할 자신의 동굴로 그들을 차례차례 보낸다. 차라투스트라가 동굴에 도착했을 때, 그는 그들이 당나귀를 숭배하고 있는 모습을 발견한다. 신이 존재하지 않을 때 인간은 무엇이든 숭배했다. 차라투스트라는 그들에게 최후의 만찬을 제공하고, 더 높은 사람, 즉 위버멘쉬에 관해 설교한다. 또 자신의 힘을 넘어서 의지를 행사하지 말고, 자신이 저지른 나쁜 일을 바로잡기 위해 그를 신뢰하지 말라고 경고한다. 그는 그들에게서 번개를 거두기를 거부한다. 그는 분노에 찬 심판의 날을 행사하고 모두에게서 승리한다.

음악으로 가장 달콤하게 본능과 선의와 선한 양심의 파괴와 위험을 알리는 마법사인 바그너는 하프를 낚아채고 노래로 차라투스트라의 제자를 자기편으로 끌어들이려 한다. 방랑자의 그림자는 그에게서 다시 하프를 낚아채어 과장된 이미지가 넘치는 그 특이하고 긴 노래에 대항한다. 이어 불안감에 가득 찬 소녀 고양이들과 금발 갈기가 달린 사자 괴물과 다른 이상한 잡종들, 그리고 환영들이 등장한다. 문학적으로 보면 사무엘 테일러 콜리지^{Samuel Taylor} Coleridge*가 아편 때문에 자신의 바로크풍 특징을 가장 많이 드러낸 것과 조금도 다르지 않다. 이런 구절 때문에 니체가 수면제를 얼마나 과도하게 복용했는지, 요한계시록을 풍자하고 싶은 욕구가 얼마나 강했는지가 끊임없이 논의된다. 일부에서는 그가 과거 쾰른 사창가에서의 경험을 말하는 것이라는 주장도 있다.

시의 화자는 야자수 아래에 있는 최초의 유럽인이라고 밝힌다. 그는 사막의 딸들 앞에서 도덕적인 사자처럼 울부짖는다. 동양적인 것에 반응하는 서양인의 일반적인 복잡함을 드러내면서, 바람에 엉덩이를 흔드는 야자수를 감탄하며 자신을 잃는다. 그는 같은 모습을 하기를 갈망하며 다리 하나를 잃는다. 한쪽 다리로 걸으면서도 겁내지 않고 포도주잔처럼 부풀어 오른 콧구멍으로 맑은 공기를 마시며 포효한다. 마침내 차라투스트라는 '어두운 산에 떠오르는 아침의 태양처럼' 강렬하게 불타오르며 동굴을 떠난다. 이렇게 하여 그가 말하는 '생동감 넘치는 뱃사람의 멋진 모험 이야기'가 끝난다.

니체는 《차라투스트라》가 자신에게 가장 중요한 작품이라 생각

---

* 그는 아편을 피우고 그 환상 속에서 작품을 쓴 것으로 유명하다. 영어로 쓰여진 최초의 초현실주의 시라고 일컬어지는 <쿠빌라이 칸Kubla Khan>, 미완성의 서사시 <크리스타벨Christabel> 등의 대표작은, 환상적·상징적인 설정 속에서 인간의 심연深淵을 탐구한 걸작으로 꼽힌다. -편집자주

했다. 이 책은 이해하기 힘들고 복잡한 특징에도 불구하고, 혹은 그 특징 때문에 당대에는 전혀 인정받지 못했지만 지금은 가장 인기 있는 작품으로 거론된다. 그는 《차라투스트라》에서 자신의 철학에 담긴 핵심 주제를 발전시켰다. 영원 회귀와 자기 극복에 대해 말하고, 우리 자신에 대해 독립적으로 생각하는 걸 방해받는다면 격렬하게 타올라 위버멘쉬가 되라고 말한다.

그런데 그는 자유로운 사고를 방해하는 걸 가장 혐오하는 그답게, 위버멘쉬가 되는 길을 직접 보여주지 않고, 위버멘쉬가 무엇인지도 말해주지 않는다. 이 점이 니체에게 느껴지는 가장 답답하고 괴로운 특징 중 하나다. 위버멘쉬는 니체가 미래를 위해 마음속에 그린 강력한 인물이고, 유럽의 타락과 교회의 지배 아래 탄생한 도덕적, 문화적 소인배에 대한 해독제이다. 그는 신의 죽음에도 불구하고 회의론과 허무주의에 굴복하지 않는 인물이며, 종교에서 벗어난 자유로 자신의 삶을 더 강하게 만드는 인물이다. 종교적 믿음에서 벗어났듯 그 믿음을 과학으로 옮겨가기도 거부한다. 위버멘쉬는 안정된 세상을 느끼기 위해 믿음을 필요로 하지 않는다.

어떻게 이 상태에 도달하는가? 니체는 그 답을 말해주지 않는다. 그가 최대한 설명했다고 하는 부분도 기분 나쁠 정도로 포괄적이고 추상적이다. 《이 사람을 보라》에 나오는 위버멘쉬는 나무에서 잘려 나와 단단하면서도 부드럽고 향기로운 인물로 묘사된다. 그는 위험을 바로잡는 법을 알고, 불행을 장점으로 이용하는 법을 알며, 잊는 법을 안다. 모든 것이 자신에게 최선이 될 만큼 강하고,

자신을 죽이지 못하는 것은 무엇이든 자신을 더 강하게 만든다.[4] 《인간적인 너무나 인간적인》에 나오는 위버멘쉬는 존재하지 않는 목적지로 여행하는 자로 나온다. 하지만 그것이 그의 삶을 망치지 않는다. 오히려 그는 인생의 불확실성과 무상함에서 즐거움을 느끼며 자유를 얻는다. 그는 생각의 진화를 가져오는 새로운 새벽을 언제나 환영한다. 이상, 혹은 신의 부재에도 불구하고 실존에 대한 그의 고뇌는 해결될 수 있다고 그려진다.[5]

니체는 늘 그렇듯 법칙을 정하지 않고 더 높은 것에 관해 우리에게 영감을 준다. 자기 자신을 영혼의 아르고호 용사, '불확실함'의 철학자로 묘사하기를 좋아한 그는, 인간의 문제에는 해결이 필요한 문제가 없다고 말하지만, 위버멘쉬에 대해 포괄적으로 설명하여 각자 자신만의 해법을 찾도록 용기를 불어넣는다.

니체는 자비 284마르크 40페니히*를 들여 40여 권의 책을 직접 출판했다. 1885년 5월에 마침내 책이 나오자 니체는 다른 사람이 책을 비평하거나 광고하지 못하도록 숨겨놓고 혼자만 가지고 있었다. 자기 귀에는 '광고'와 '대중'이, '사창굴'과 '매춘부'처럼 들린다는 이유를 댔다.[6] 일곱 사람에게만 증정본을 보냈다. 폰 게르스도르프, 오버베크, 페터 가스트에게 한 권씩 보냈고, 처음에 바젤대학교로 가스트와 함께 찾아와 준 파울 비더만에게도 보냈다. 파울

---

* 100분의 1마르크 -역자주

란스키^{Paul Lansky}라는 비교적 최근에 나타난 새로운 추종자에게도 한 권을 보냈다. 란스키는 니체에 관한 책을 한 권 쓰겠다고 제안하고 있었다. 하지만 니체는 그가 구두 수선공처럼 보이는 데다 한숨짓는 버릇이 있어 불편해했다. 부르크하르트에게는 보내지 않았다. 또 한 권은 엘리자베스에게, 그리고 마지막 한 권은 특이하게도 베른하르트 피르스터에게 보냈다.

니체는 나움부르크와 최대한 거리를 유지했다. 엘리자베스의 서른아홉 번째 생일이 다가오고 있었다. 그녀는 피르스터에게 1885년 3월까지 독일로 돌아가 5월 22일, 즉 바그너의 탄생일에 맞춰 결혼식을 올리자고 제안했다. 바이로이트에는 그 소식이 전해지지 않았다. 그곳에서 코지마는 축제에 관련된 모든 일을 직접 처리했다. 그녀는 늘 바그너보다 반유대주의를 더 노골적으로 드러내 왔었다. 이제 홀몸이 된 그녀는 바그너 협회의 인맥을 이용해 독일 전역에 인종 차별의 목소리를 퍼뜨렸다.

니체는 엘리자베스의 결혼 준비 소식을 덤덤하게 받아들였다. 그는 결혼식에 참석하지 않겠다는 뜻을 분명히 밝혔고, 동생의 남편을 만나고 싶은 생각도 없었다. 엘리자베스는 결혼 선물로 뒤러의 동판화인 '기사, 죽음 그리고 악마'를 받고 싶다고 했다. 니체는 그 동판화를 아주 좋아했다. 트리브쉔 시절에는 바그너에게 복제판을 선물하기도 했다. 두 사람은 동판화 속 기사가 독일 문화를 구하는 자신들을 상징한다고 생각했다. 니체가 가지고 있던 그 동판화는 그가 바젤을 떠날 때 팔지 않고 남겨둔 몇 안 되는 재산 중

하나였다. 방랑하며 떠돌던 몇 년 동안에는 오버베크에게 맡겨 놓았다. 책으로 가득한 내반족 가방에 넣어 다니기에는 너무 약하기도 했고 너무 소중했기 때문이다. 니체는 오버베크에게 그 동판화를 엘리자베스에게 보내 달라고 부탁했다. 동판화는 결혼식에 맞춰 나움부르크에 도착했다. 니체는 동생 내외가 고맙다는 이야기를 너무 많이 해서 결혼 선물로 너무 과한 게 아니었나 생각하며, 젊은 부부의 미래가 그 그림에서 묘사된 것보다 더 밝기를 바란다는 축복의 말을 전했다.

니체는 집으로 보내는 편지는 요령껏 비판적이지 않게 썼다. 하지만 동생 라마를 놀리는 내용은 어쩔 수 없었다. 푀르스터는 엘리자베스를 애칭으로 '엘리Eli'라 불렀는데, 두 사람은 그 단어가 히브리어로 '나의 하나님'이라는 뜻인지를 알고 있을까? 니체는 푀르스터 같은 극단적인 채식주의자가 식민지를 건설할 수 있을지도 의아했다. 식민지 건설은 영국인이 가장 뛰어났는데, 그 이유가 그들의 침착성과 소고기 요리 때문인 것 같았다. 니체는 금주와 채식 식단이 과민 반응과 우울증을 유발한다고 생각했다. 그런 모험적인 일에 필요한 태도와는 반대의 성질이 아니던가? 니체는 당시에 거의 고기, 달걀노른자, 쌀, 루바브, 차, 코냑, 럼주 위주로만 먹었다. 그는 그 식단이 최소의 재료로 최대의 영양분을 얻는 가장 효과적인 방법이라며 주위에 이를 추천했다.

그 짓궂은 놀림만 제외하면, 학창 시절 때 믿음의 문제에 관해 동생에게 쓴 편지 이후로 가장 심각한 편지였다. 그는 그 편지가

'일종의 내 인생 이야기'라며, 자신의 삶은 거짓된 사회에 맞추려는 힘겨운 시도의 연속인 것 같다고 말했다.

"거의 내 모든 인간관계는 고립감에 대한 공격에서 비롯됐다. … 내 마음은 그런 나약했던 순간에 대한 천 개의 수치스러운 기억을 안고 있구나. 그런 상태에서 나는 더 이상 고독을 견딜 수 없었다. … 사람들과 비교하면 나에게는 아주 많이 동떨어지고 낯선 무언가가 있다. 그래서 내 말들은 다른 사람들이 하는 같은 말과 다른 색을 지니지. … 지금까지 내가 한 모든 말엔 중요한 의미가 담겨 있단다. 나에게 실재하는 것들은 맹렬한 질주로만 시작하니까. … 이런 것들은 나에게 휴식이 되어주고, 무엇보다 피난처가 된단다. 앉아서 잠시 쉴 수 있는.

그러니 사랑하는 라마야, 나를 미쳤다고 생각하지 말아다오. 무엇보다 너의 결혼식에 가지 않는 나를 용서해라. 이렇게 '병든' 철학자는 신부를 인도하기에 좋은 사람이 아니지! 사랑으로 가득한 천 개의 행운을 빌며. 니체."[7]

니체는 여동생의 결혼식 당일에 베네치아의 리도섬에서 바젤에서 온 어느 가족과 해수욕을 즐겼다. 그의 사려 깊은 편지와 결혼과 관련하여 드러나는 그의 침착한 태도는, 그가 부적절하게 여동생을 좋아했다는 오랜 주장이 말도 안 된다는 데 쐐기를 박는다.

특히 '나를 미쳤다고 생각하지 말아다오.'라는 말은 의미심장하다. 그는 실스마리아에서 레사 앞에 나타났을 때, 아버지의 정신병이 유전되는 것이 아닌지를 걱정하며 두려움에 떠는 모습을 보였다. 레사와 대화하던 중에는 다윈의 외사촌이자 우생학의 창시자인 프랜시스 골턴Francis Galton의 《인간의 능력과 그 계발에 관한 탐구Inquiries into Human Faculty and Its Development》를 언급하기도 했다.

니체는 어린 시절을 보낸 1850년대부터 유전병이 나타날 가능성을 어렴풋이 이해했다. 그것은 자신에게도 '타락한 피' 혹은 '나쁜 피'가 유전될 수 있다는 생각으로 이어졌다. 그는 아버지를 포함해 다양한 종류의 정신병 이력이 있는 친척들을 보며 당시의 유사 과학적 사고 아래 정신병이 도덕적 타락과도 관련된다는 생각을 떨쳐내기 힘들었다. 그 사고는 일생에 걸쳐 서서히 굳어지다가 1892년 막스 노르다우Max Nordau의 《타락Degeneration》이 출간되면서 절정에 달했다. 사람들에게 엄청난 영향력을 행사한, 한편으로 끔찍하게 인종 차별적이었던 그 책은 인간이 혈통으로 결정되는 운명을 피할 수 없다고 설파함으로써 확실성에 대한 인류의 갈망에 영합했다. 니체는 《차라투스트라》에서 이 문제를 다루면서 우리는 죽은 견해와 죽은 신념이라는 망령뿐 아니라 부모에게서 물려받아 우리의 피에 흐르는 것들과도 맞서야 한다고 했다. 그래야만 자신의 잠재력을 충분히 발휘하고 자기 자신이 될 수 있다고 했다.

그는 레사와의 대화에서도 유전이 피할 수 없는 운명을 의미하지 않는다고 강조했다. 타문화에 대한 공감과 '타인'에 대한 이해도 삶의 결과에 영향을 줄 수 있었다. 레사는 그가 외적인 면에서도, 내적인 면에서도 일반적인 독일인과 달라 인상적인 느낌을 받았다고 했다. 그의 두상이 빈 미술관에서 본 얀 마테이코^{Jan Matejko}의 초상화를 떠올리게 한다고도 했다. 폴란드 화가인 얀 마테이코는 자기 민족의 역사에 등장하는 영웅들을 그린 초상화로 유명했다.

니체는 그녀의 생각을 적극적으로 받아들였다. 그때 이후로 그는 마음 놓고 자신은 사실 독일인이 아니라 폴란드인이라고 말하고 다녔다. 니츠키^{Nietzky}라는 성을 가진 폴란드 귀족의 후손이라고 말이다. 한때 문헌학자였던 사람으로서 그는 그 이름의 어원이 폴란드어로 '니힐리스트'를 의미한다며 지나치게 기뻐했다.

그 사실은 그에게 훌륭한 가면이 돼주었다. 문화적인 성향뿐 아니라 혈통적으로도 한순간에 훌륭한 유럽인으로 탈바꿈할 수 있었기 때문이다. 결과적으로 그는 동생과 결혼한 남자가 독일 전역에서 떠들고 다니는 독일 민족주의, 그리고 나움부르크의 가치와 거리를 둘 수 있었다.

결혼식을 끝낸 신랑과 신부는 곧바로 파라과이로 떠나지 않았다. 프란치스카는 푀르스터가 알텐부르크의 세 공주(니체의 아버지가 과거에 잠시 이들을 가르쳤다) 중 한 명의 손자들을 가르치기를 원했다. 당시 프란치스카는 러시아의 콘스탄틴 대공비가 된 알렉산드라 공주에게 모든 희망을 걸고 있었다. 그리스의 여왕인 그녀의 딸에게 아들이 일곱이나 있어 당연히 가정교사가 필요해 보였다. 푀르스터가 언어적 어려움이 있을 수 있고, 유대인의 세력이 커지는 문제를 지적했지만, 프란치스카는 그가 이 일을 꼭 맡기를 원했다.

엘리자베스는 더 현실적인 아이디어를 내놓았다. 그녀는 사랑하는 남편이 당장 파라과이로 떠나는 것보다 독일에서 자금을 모으고 식민 개척자를 모집하는 편이 훨씬 이득일 것 같았다. 그녀의 생각은 확실히 옳았다. 푀르스터는 결혼식이 끝나고 파라과이로 떠나기 전 아홉 달 동안 독일 전역을 오가며, 식민지 개척자 1세대가 되기에는 자신들을 너무 고귀하게 여기는 바그너 협회 사람들뿐 아니라 반대로 그런 일에 앞장서기를 황송해하는 농사꾼, 목수, 기술자 등 낮은 신분 사람들 앞에서도 열심히 연설했다.

푀르스터는 스무 가구 모집을 목표로 잡았다. 각 가구는 1천~1만 마르크를 내야 했다. 목표액인 10만 마르크가 모이면 토지를 '확보'해 가구마다 할당된 지분을 나눠줄 계획이었다. 땅은 원하는 대로 경작할 수 있고, 유산으로 물려줄 수도 있었지만, 절대 사고 팔 수는 없었다. 당연히 지원자는 찾기 어려웠다. 당시 기술자들은 돈이 덜 들고, 조건도 덜 까다로운 미국으로 쉽게 갈 수 있었다. 푀르스터는 그 사실을 두고, 독일인이 양키가 될 때마다 인류가 손해를 본다고 개탄했다.

푀르스터가 전국을 돌며 열변을 토하고 다니는 동안, 엘리자베스는 열심히 나움부르크에 있는 어머니의 집을 남편 사업의 본거지로 만들었다. 마침내 그녀가 자신의 뛰어난 재주와 능력에 걸맞은 일을 찾은 것이다. 파라과이에 투자하는 기막힌 기회에 관한 문의들로 나움부르크의 집에 편지가 쇄도했다. 그녀는 남편이 쓴 《파라과이를 특별히 고려한 라플라타 상위 지역의 독일 식민지:

1883년~1885년까지 철저한 연구 조사와 실무 작업, 여행 결과를 토대로》의 출판 작업도 도왔다. 이 책은 파라과이에 대한 이미지를 너무 과장되게 포장해 그곳이 마치 데메테르(대지의 여신)의 정원같이 경작할 필요도 없는 비옥한 땅으로 보이게 했다. 아주 오래전 외지인들이 침범해 그들의 조국을 오염시켜 아버지의 땅인 독일을 의붓아버지의 땅으로 만들기 전의 모습, 쉽게 말해 물리적으로나 정신적으로 완벽한 땅의 모습으로 파라과이를 그렸다. 원형 그대로의 독일은 파라과이 땅에서 다시 일어설 수 있었고, 또 그래야 했다. 외지인의 피와 사상으로 오염되지 않고, 순수한 인종으로 된 100인의 식민 개척자가 독일의 가치와 독일의 미덕을 후세에 전해줄 기회를 얻을 터였다.

엘리자베스는 남편의 출판 작업을 돕는 동안, 아내로서 할 수 있는 보조자의 선을 넘었다. 남편의 산문체가 단조롭다고 여겨 새로 손을 보고 서문도 다시 썼던 것이다. 푀르스터는 그녀의 행동을 마음에 들어 하지 않았다. 게다가 그녀가 니체에게 편집 자문을 요청해 더욱 그랬다. 한편 푀르스터는 표제 그림으로 우락부락해 보이는 자기 사진을 선택했다. 사진 속의 그는 '어떤 장애물에도 굴하지 말고 자기 뜻을 견지하라!'라는 선동적인 문구의 훈장을 가슴에 달고 있었다. 니체는 어처구니없는 사진이라고 했다. 푀르스터는 길길이 화를 냈다. 사람들을 지구 반대편까지 이끌 수 있는 남자다운 면모를 보여주려면 그 사진이 꼭 필요했다. 한동안 편지로 언쟁이 오갔다. 엘리자베스는 자신의 생각을 무시한다고 화를 냈고, 푀르스터는 자기를 배신하고 오빠 편을 든다며 엘리자베스를 비난했다. 그들의 첫 다툼이었다. 결국 완성된 책에는 사진과 문구가 모두 실렸다.

엘리자베스는 파라과이로 떠나기 전에, 남편과 오빠가 한번 만나야 한다는 생각이 들었다. 니체는 자신의 마흔한 번째 생일인 1885년 10월 15일을 택했다. 어머니와 동생이 그날 자신을 보면 기뻐할 것 같았다. 니체가 나움부르크에서 이틀을 보내는 동안, 두 남자는 처음이자 마지막으로 만났다. 둘은 악수로 인사를 나눈 뒤, 서로의 건강을 위해 건배하고 앞길에 행운을 빌었다. 니체는 푀르스터가 생각했던 것만큼 인상이 나쁘지 않아 안도했다. 실제로 보니 나쁜 사람 같지는 않았다. 라마 편에서 생각해보면 푀르스터가 확실히 체력은 좋아 보여서 안심이 들었다.

니체는 푀르스터와 만나고 이틀 뒤 프란츠 오버베크에게 편지를 보내 나움부르크에 있는 내내 몸이 좋지 않았다고 말했다. 내부에서 시작해서 외부에 영향을 준 것인지, 외부에서 시작해서 내부로 영향을 준 것인지는 잘 모르겠다고 했다. 그는 그 끔찍한 생일 축하가 나움부르크로 가는 마지막 방문을 기념하는 것이었기를 희망한다고 말했지만, 그 편지를 쓰고 있는 순간에도 그것이 불가능하다는 것을 알았다. 라마가 떠나고 나면 프란치스카의 신경이 자신에게만 쏠려 멀미의 사슬은 더 무거워질 것이 분명했다. 푀르스터와의 만남에 관해서는 〈런던 타임스〉에 실린 설명이 정곡을 찔렀다고 말했다. "다른 많은 독일 사람처럼 하나의 생각을 지닌 남자다. 그 생각은 독일인을 위한 독일이지 유대인을 위한 독일은 아니다."[8] 니체는 푀르스터와 만나며 그가 편집광적으로 반유대주의에 집착한다는 사실을 한 번 더 확인했지만, 이미 알고 있는 사실이라 그 점에 관해서 그와 맞서고 싶지 않았다. 차라리 다른 유용한 점을 파악하는 편이 낫겠다고 생각해 그의 사고력을 파악해보기로 했고, 결론적으로 그는 존경받을 만한 인물은 되지 못한다고 판단했다. 알려진 대로 생각이 편협할 뿐 아니라 행동이 경솔하고 시야가 좁았다. 푀르스터 편에서 보자면 니체는 너무 한심스러웠다. 생각만 많은 전형적인 교수 스타일에 몸이 너무 허약해 자신이 만들려는 식민지에 필요한 사람과는 전혀 거리가 멀었다. 어쨌든 파라과이로 같이 가자는 엘리자베스의 초대를 니체가 거절해 다행이라고 생각했다.

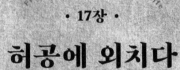

허공에 외치다

. . .

내가 이해하고 따랐던 철학은 자진해서 높고 추운 산에서 살아가는 삶이다. 존재하
는 모든 낯설고 의심스러운 것, 도덕으로 지금까지 배제된 모든 것을 탐색하는 것
이다.

《이 사람을 보라》서문 2절

니체는 그 후 2년간 값싼 하숙집과 호텔만 찾아다니며 유럽에서 가장 아름다운 풍경을 전전했고, 점점 더 자기 안으로 빠져들었다. 사람들을 대할 때는 늘 공손했지만, 말이 없었다. 잔뜩 굽은 어깨에 행색은 더 초라해져서 다른 손님들은 간단한 안부 인사만 건네고는 그를 지나쳤다. 그는 밥을 먹을 때도 늘 묽은 홍차와 달걀, 고기 위주의 빈약한 식단만 고수했다. 가끔은 우유와 과일만 먹었다. 그는 그런 금욕주의적 생활로 자신의 몸이 위장에 가하는 공격을 피할 수 있기를 바랐다. 하지만 끝없이 계속되는 구토, 위경련, 관자놀이의 극심한 통증, 일주일씩 이어지는 설사는 무엇으로도 막지 못했다. 하숙집 침대에 누워 신음할 때면 모르는 사람들의 친절에만 의존했다.

그는 그런 끔찍한 상태에도 불구하고, 여름 내내 노트 한 권을 옆구리에 끼고 알프스의 산들을 몇 시간씩 거닐었다. 겨울에는 기차를 타고 프랑스와 이탈리아의 둥그런 해안가를 따라 휴양지를 찾아다녔다. 그에게는 눈을 불편하게 하지 않을 정도로만 몸을 따뜻하게 해줄 마른 공기와 햇빛이 필요했다. 피렌체에서는 '섬세하고 마른 공기와 마키아벨리' 덕분에 잠시 기쁨을 느꼈다. 하지만 곧 자갈길 위에서 울려대는 마차 소리에 불편함을 느꼈다.

니스에서는 한동안 괜찮았다. 그러다가 1887년 2월 23일 잉크병이 갑자기 생명을 얻기라도 한 듯 춤추는 벼룩처럼 책상 위를 뛰어다니기 시작했다. 집 전체가 덜컹거리며 흔들렸다. 근처 집들이 하나둘 무너졌고, 옷도 갖춰 입지 못한 사람들이 거리로 쏟아져 나왔다. 니체는 도시 전체가 그렇게 공포에 휩싸인 모습을 본 적이 없었다. 유일하게 한 노부인만이 그런 상황에서도 무덤덤하게 자리를 지켰다. 독실한 교인인 그녀는 주께서 자신을 해칠 리 없다고 굳게 믿고 있었다. 니체가 《차라투스트라》의 3~4부를 쓴 제네바의 하숙집도 지진으로 무너져 내렸다. 니체는 자신의 가까운 과거마저 무너뜨린 삶의 무상함에 마음이 심란했다.[1]

그는 자신이 가진 세속적 재산의 목록을 써 내려갔다. 셔츠와 바지 몇 벌, 코트 두 벌, 실내화와 구두, 면도용품, 필기구, 내반족 가방, 그리고 한 번도 써보지 못한 엘리자베스가 보내준 냄비 하나가 있었다. 그동안 15권의 책을 냈고, 마지막 책은 100부가 팔렸다. 생계는 기독교계 대학에서 나오는 연금에 의존했다. 그마저도 잇달아 낸 반종교적 분위기의 책 때문에 언제 끊겨도 할 말이 없었다.

니체는 이제 자신의 판단으로 8분의 7 정도의 맹인에 해당했다. 밝은 빛은 항상 찌르는 듯한 통증을 일으켰다. 시야는 늘 흐릿했고, 그가 바라보는 곳에는 반점들이 춤을 추며 돌아다녔다. 그런 이유로 그는 사람들이 일반적으로 현실로 받아들이는 것들의 본질을 매일 고민했다.

외견상으로만 보면, 1886년에서 1887년 사이 니체의 삶은 조용하고 무탈했다. 하지만 바로 그 시기에 그는 인정받지 못하는 예언자로서 온 힘을 다해 분노하며 그의 원숙한 철학이 묻어나는 책을 통해 도덕적, 지적 전통의 근간을 시험하고 그것에 망치를 들었다.

그의 철학에서 긍정적인 부분은 이제 끝이 났다. 《차라투스트라》가 긍정론자라는 삶의 방향으로 손가락을 가리켰을 때, 종교를 믿지 않게 된 남자는 세상의 모순과 공포, 의혹을 스스로 떠안았다. 차라투스트라는 그것을 분명히 드러냈지만, 차라투스트라의 외침은 사람들에게 들리지 않았다. 니체는 다음 책들에서 '명확함'을 최대한의 과제로 삼았다. 이번에는 성경을 패러디하거나 영웅의 서사적인 전설로 자신의 사상을 포장하고 싶지 않았다. 《차라투스트라》의 4부처럼 숨겨놓을 생각도 없었다. 하지만 출판업자 중에서는 그의 책을 내겠다고 하는 사람이 없었다. 그래서 자비로 600부를 인쇄할 계획을 세웠다. 300부만 팔면 본전은 건질 수 있었으니 그 정도는 가능해 보였다.

그는 《선악의 저편Beyond Good and Evil》에 '미래 철학의 서곡'이라는 부제를 달았다. 《차라투스트라》와 달리 거의 200쪽에 달하는 두꺼운 책이었다. 니체는 또 다음 책을 계획했다. 《차라투스트라》의 생각을 명확히 전달하기 위해 《선악의 저편》을 썼다면, 다음 책은 《선악의 저편》을 명확히 전달하기 위해 썼다. 이렇게 해서 쓴 책인 《도덕의 계보On the Genealogy of Morality》에는 '내 마지막 책에 대한 설명과 보충'이라는 부제를 달았다.

'불확실성'의 철학자이자 동굴 속 미노타우로스의 역할을 떠안은 그는 종교 자체를 믿지 않았다. 하지만 유대교와 기독교의 도덕적 규약에 매달려 게으르고, 온순하고, 도덕적으로 무관심한 사회에 반기를 들었다. 이는 위선으로 가득한 거짓된 삶이자 4분의 3만 기독교적인 삶이었다!

니체는 신이 죽고 난 100년 후에도 자신의 그림자가 동굴 벽에 드리워질 것이라고 예언했다. 동굴 속 미노타우로스는 벽을 깨끗이 닦기 위해 아마도 위험한 곳을 탐험할 것이고, 선이나 악 같은 것들이 실제로 존재한다면, 그에 관한 생각을 다시 정의할 것이라고 했다. 그런 탐험에는 문명 자체에 대한 비판, 현대성의 기반, 현대 과학, 현대 예술, 현대 정치에 대한 비판이 필요했다. 결과적으로 그가 현대성의 퇴보라고 묘사하는 것을 '부정'하는 말이 될 것이고, 그 부정의 말은 진실에 관한 탐구로서만 유효할 수 있었다.[2]

《선악의 저편》의 서문은 '진리가 여자라고 가정한다면?'이라는 흥미로운 질문으로 시작한다. '모든 철학자가 어느 정도 독단론자라면, 그들이 여성을 제대로 이해하지 못했다고 의심할 만한 충분한 이유가 되지 않을까?'

우리는 무엇을 진리로 받아들여야 할까? 유럽적 사고라는 높은 체계를 받아들여야 한다. 하지만 그것은 혼재된 통속적 미신에 관한 이론과 아주 제한적이고, 너무나 인간적인 경험의 일반화에 근거해 태곳적부터 있었던 독단주의자들의 토대 위에 놓여 있었다.

인간은 그런 거짓 없이는 살 수 없었다. 철학, 점성학, 종교 같은 순전히 날조된 허구적 체계로 현실을 측정하지 않고는 삶을 견딜 수 없었다. 이 세 가지 괴물은 오랜 세월 동안 지구를 돌아다녔고, 우리는 그것의 이미지 안에서 미신적 믿음이라는 구조를 형성했다. 인간은 원래 자유로운 존재였지만, 조로아스터교의 관측소와 그리스 로마의 사원, 이집트의 무덤과 피라미드, 기독교 대성당을 미친 듯이 지어 올리며 자신을 믿음 안에 가두었다. 인간은 두려움과 경외심을 느낄 건물을 세우기로 했다. 그 근저에는 죽음 이후에는 아무것도 없을 것이라는 공포가 존재했다. 그래서 사람들은 자신을 목사와 점성가, 철학자의 노예로 만들었다. 그들이 인간의 심리에 미친 영향은 대단히 고통스럽고 위험했다.

인간은 덧없는 관습으로서가 아니라 절대적이고 영원한 의미로서의 선악 개념에 의문을 제기해야 했다. 그 출발점은 세상에 절대적 진리가 존재한다는 허황된 생각을 심어준 플라톤이었다.

지난 2천 년 역사에서 가장 오랫동안 이어진 오류는 플라톤이 만든 순수 정신이라는 개념이었다. 플라톤은 이 개념으로 갖가지 감각의 소용돌이, 그의 표현대로 감각의 오합지졸 위로 단조롭고 차가운 회색빛 개념의 그물을 던졌다.[3]

진리의 본질을, 정말로 플라톤의 그 유명한 동굴에서 찾을 수 있을까? 사슬에 묶인 사람들은 고개를 돌릴 수도 없었고, 동굴 벽에서 본 것들은 그들 뒤에서 비추는 불빛에 비친 실제 사물의 그림자에 불과했다. 그 그림자에 현혹된 사람들은 그림자놀이를 현실 혹은 '진실'로 받아들였다. 플라톤은 현상과 실재 사이의 차이라는 개념을 우리에게 떠안겼다. 그의 형상론은 모든 사물에 이상적인 형상이 존재한다고 가정한다. 붉은색의 형상에서 정의의 형상에 이르기까지, 궁극적이거나 궁극적으로 알 수 없는 모든 대상과 성질을 위한 기준이 존재했다. 쇼펜하우어는 플라톤의 형상론을 자신의 '의지와 표상 이론'에서 사용했는데, 니체는 이를《인간적인 너무나 인간적인》에서 볼테르가 말하는 이성의 횃불을 움켜쥐고 어두컴컴한 동굴 벽에 밝은 빛을 드리운, 순전히 날조된 세계에 관한 이론이라고 말했다.[4]

철학자는 자신의 편견을 옹호하는 교활한 변론자이자 자신이 '진실'이라고 명명한 자기 생각을 대변하는 약삭빠른 대변인에 불과했다.[5] 그들은 영혼을 파는 만병통치 장사꾼이었다. 그들의 교리는 인간의 본성을 스스로 옥죄게 하는 명령이나 마찬가지였다. 철학은 항상 자신의 이미지에 따라 세상을 창조했다. 그러지 않고는 세상을 창조할 수 없었기 때문이다. 철학은 보편화에 대한 찬양이었고, 강요일 뿐이었다. 철학은 모든 존재를 자신의 이미지를 따라 존재하게 만들려고 애썼다. 철학은 힘, '세상 창조'와 제1 원인에 대한 폭군 같은 힘이자 가장 정신적인 힘에의 의지였다.[6]

과학도 다를 바 없었다. 지식을 현미경으로 들여다보는 과학자들의 결론도 철학자들보다 나은 진리를 제공하지 않았다. 과학과 종교는 다른 의미였지만, 어째서인지 과학이 종교의 자리를 대체하며 현대 세계는 과학 이론을 도덕적 신조로 오인했다.

이제 아마도 5~6명의 학자는 물리학 역시 단지 세상에 대한 해석이자 배열일 뿐(그렇게 말해도 괜찮다면 우리의 생각에 따라!) 설명이 아님을 깨닫기 시작했을 것이다. 하지만 물리학이 감각에 믿음을 두는 한, 오랫동안 여전히 해석으로 통하고, 해석 이상으로 통할 것이며, 다시 말해 설명으로 통할 것이다. 물리학은 협력자로서 눈과 손가락

이 있고, 시각적 증거와 촉각적 증거가 있다. 이로 인해 한 시대를 기본적으로 서민적인 취향으로 매혹하고, 설득하고, 확신시켰다. 하지만 무엇이 설명되었는가?

보고 느낄 수 있는 것밖에는 없다.[7]

'진화론자와 반목적론자'가 말하는 세상에 대한 해석은, 니체를 플라톤의 이상주의에 대한 노골적인 비난에서 한 걸음 물러서서 생각하게 했다. 그들은 미래의 기계 노동자가 다리 건설자 같은 강건하고 근면한 종족에게 호소하기 위해, '가능한 최대의 어리석음'과 '가능한 최소의 물리력'을 부과하는 과학자들과 달리 적어도 우리에게 '일종의 즐거움'을 제시했다.[8]

인간은 자연의 법칙을 열광적으로 환호하지만, 정말로 원하는 것은 그 이론을 뒤집는 것이다. "삶, 그것은 자연과는 다른 특별한 무언가가 되기를 원하는 것이 아닌가? 삶은 평가하고, 선택하고, 불공평하고, 제한하고, 다른 것이 되기를 원하는 것이 아닌가?"[9]

모든 방면에 의심의 싹을 심었던 니체는 위험한 철학자는 진실에 관한 생각만큼 거짓에 관한 생각에서도 흥미로움을 찾는다고 말한다. 그는 이렇게 묻는다. 왜 다양한 관점에서 진실을 조사하지 않는가? 가령, 왜 개구리의 관점에서는 조사하지 않는가?[10] 그가 이미 말한 대로 진리는 여자의 본성만큼이나 신비롭다는 점을 고려하여 영원히 여성은 진리를 다룰 수 없다는 점으로 돌아간다. "여성에게 진리가 무슨 소용인가! 여성에게는 처음부터 진리보다 낯설고 불편하고, 적대적인 것은 없다. 그들의 가장 큰 기술은 거 짓말이고, 최고의 관심사는 겉모습과 아름다움이다."[11]

모든 진리는 개인적인 해석일 뿐이다. 우리는 우리가 속한 사회 내에 존재하는 기억과 정신 상태에 불과하다. 앞 단락의 마지막 문 장은 확실히 이를 증명한다. 니체가 말년에 보여준 철학은 여성 혐 오적인 특징이 강했다. 루는 자유정신을 가진 사람으로서 결혼은 절대 하지 않겠다며 니체의 청혼을 거절해놓고, 당시 프레드 안드 레아스Fred Andreas와 결혼한다고 발표해 또 한 번 니체를 충격에 빠 뜨렸다. 니체는 그녀의 편지에 답장을 쓰지 않았다. 말비다에게 쓴 편지에서 "이 안드레아스라는 사람이 누군지는 아무도 모른다."라 고 경멸하듯 말한 것만 빼면 그녀에 관한 생각과 감정은 혼자만 간 직했다.[12]

니체는《선악의 저편》에서 진리의 본질을 탐구한 뒤 계속해서 자아의 본질을 탐구한다. 이를 위해 서구 사상의 근간을 뒤흔든 데 카르트의 명언, "나는 생각한다. 고로 존재한다."라는 문장을 해체 하여 그 말의 의미를 살폈다.

사람들은 '나'가 조건이고 '생각한다'는 술부이자 조건이 붙은 상 태라고 말한다. 생각하는 것이 하나의 행위이고, 주체는 그 행위의 원인으로 생각된다. 하지만 그 반대가 참이라면? '생각하다'가 조 건이고, '나'는 조건이 붙은 상태라면 어떨까? 그렇다면 '나'는 생각 자체를 통해 만들어지는 합성물이 될 것이다.[13] 생각하는 '나'가 존 재한다는 것은 확신할 수 없고, 생각하는 무언가가 있다는 것과 생

니체의 삶

각은 하나의 행위이자 원인으로 여겨지는 어떤 실체의 일부에서 이루어지는 활동이라는 것도 알 수 없다. '생각'으로 불리는 것은 이미 내가 생각하는 것이 무엇인지를 안다는 것을 알 수 없다. 혹시 '나'는 단순히 생각만으로 만들어진 합성물이 아닐 수도 있지 않을까?

가령, "나는 생각한다. 그리고 이것이 적어도 참이고, 진실이며, 확실하다는 것을 알고 있다."와 같은 방식으로 답하려는 사람처럼, 이런 형이상학적 질문에 과감하게 일종의 직관적 인식에 호소하여 답하려는 사람은 현대 철학자에게서 한 번의 미소와 두 번의 의문부호를 찾게 될 것이다. 철학자는 아마 그에게 다음과 같이 이해시키려 할 것이다. "선생님, 당신이 틀리지 않다는 것은 있을 수 없습니다. 대체 왜 진리만 고집하십니까?"[14]

우리가 꿈에서 경험하는 것은 우리가 '실제로' 경험하는 것만큼이나 우리 영혼의 일부가 된다. 다시 말해 교리보다는 심리학이 세계를 이해하는 열쇠다.[15]

자아의 본질에 의문을 제기하고 객관적 진리를 불가능한 허구라고 선언한 그는, 객관적 진리가 허구라고 주장하는 것은 그 자체가 허구임이 틀림없는 객관적 진리를 진술하는 것이라고 말장난처럼 지적한다.

이 말은 우리에게 진실이 무엇인지를 비추는 끝없이 이어진 거울을 들여다보게 한다. 우리는 각자가 문제를 해결해야 한다. 체계를 구축하는 모든 사람을 불신한 니체는 우리를 위한 체계 구축도 꾸준히 거부한다. 그는 관념의 세계에서 자신을 반박하고 자신에게서 독립된, 자유로운 정신이라는 위치로 우리를 몰아넣기를 원한다.

확고하게 독립하려면 어떤 일에도 집착해서는 안 된다. 초연함에 대해서도 집착하면 안 된다. 쉽게 독립할 수 있는 사람은 별로 없다. 독립은 줄을 타고 건너는, 무모할 정도로 용기를 내는 사람들만이 누릴 수 있는 특권이다.

자유정신에 대한 고찰을 마친 그는 방향을 돌려 이번에는 종교에 관한 이야기로 독자의 시선을 끈다. 그는 지난 2천 년간 사회가 개인에게 종교적 교리를 강요하여 꾸준히 지속된 이성의 자해를 목격해왔다고 호전적인 자세로 주장한다. 니체는 자아실현과 자기희생 사이에서 끊임없이 갈등해온 개인적 경험을 통해, 인간은 종교로 인해 자신의 참된 모습을 희생하는 일을 가장 먼저 겪는다고 판단했다.

우리는 어떻게 우리를 말 잘 듣는 소로 만든 유대교와 기독교적 가치관을 기꺼이 받아들였을까? 왜 우리는 '노예 도덕slave morality'을 받아들이게 되었을까? 니체는 역사적으로 유대인과 기독교인이 처음에는 바빌론, 다음으로는 로마 제국의 노예였다는 사실을 토대로, 노예 도덕이란 용어를 만들어냈다. 노예들은 자신의 의지를 세상에 드러내지 못해 무력함을 느꼈고, 힘을 갈망하며 주인에 대한 분노와 증오심에 사로잡혔다. 그들은 그들이 할 수 있는 유일한 복수를 다짐했다. 그리고 그들이 처한 비참하고 고통스러운 현재

상태를 미화하는 종교로 그들이 가진 불만을 승화시켜 가치의 전도를 꾀했다.[16]

권력을 탐하고 갈망하는 것은 악으로 묘사되고, '부', '힘', '권력' 같은 단어는 악과 동의어가 되었다. 기독교는 종교로 이루어진 삶에 대한 의지를 부정했다. 또한 삶과 인간의 본성을 적대시했다. 즉, 인간의 본성이라는 실체를 부정함으로써 세상을 오염시키고, 모든 것을 도덕적 의무와 현실 사이의 갈등으로 변질시켜놓았다. 노예제도에서 탄생한 도덕률은 억압받는 사람들의 허무주의에 지속적인 의미를 부여해 노예의 지위를 영속시켰다.

니체는 프랑스어 '르상티망ressentiment'이라는 단어로 노예 도덕의 근간을 설명했다. 르상티망은 단순히 분노나 질투심의 의미를 넘어서 더 풍부한 의미를 지닌다. 그 단어에는 타인은 물론 자신에게도 고통을 주는 심리적 불안감의 의미가 담겨 있다. 그리고 복수로서 분노를 제거할 수 없는 힘없는 사람들의 처지를 포용한다. 그리하여 르상티망이라는 단어는 노예가 자신의 나약함을 장점이라 믿게 만들고, 기존의 도덕률인 힘과 우월성 대신 희생정신과 억압받는 자들을 도덕적으로 우월하게 미화함으로써 로마와 그들의 고귀하고 어리석은 관용에 복수하게 한다.

성 아우구스티누스의 말처럼 분노를 마음에 품는 것은 스스로 독약을 먹고 상대가 죽기를 바라는 것과 같다.

이렇게 기괴한 가치의 전환은 어떻게 일어났을까? 어떻게 금욕주의가 긍정적인 삶의 가치를 누를 수 있었을까?

　니체는 《선악의 저편》에서 이 질문을 제기하고 부분적이나마 답을 제시했으나 완전히 마무리하지는 못했다. 그는 동시대의 후기 다원주의자들이 무엇에 심취해 있는지 증명이라도 하듯 1887년 6월부터 《도덕의 계보: 하나의 논박서 On the Genealogy of Morality, A Polemic》라는 제목으로 책을 쓰기 시작했다. 다른 책들을 썼을 때와 마찬가지로 이 책도 거의 4주 만에 완성했다. 세 편의 긴 논문으로 구성된 이 책에서 그는 유대교와 기독교가 나오기 훨씬 이전, 인간이 바다를 떠나 두 발로 걷던 시대까지 거슬러 올라가 도덕률의 계보를 파헤친다.

　니체는 선사 시대 어느 시점부터 공동체 사람들에게 좋지 않은 특정한 관습이 생겼다고 추측한다. 그래서 처벌이 생겼다. 이때가 바로 도덕이 만들어진 순간으로, 처음 우리의 본능이 징벌적 사회에 의해 고삐가 채워졌고, 시간이 흐르면서 이 외적 처벌은 내적 성찰로, 그리고 양심으로 이어졌다.

　따라서 양심은, 유대교와 기독교의 금욕적 전통이 십계명의 말씀으로 우리의 가장 자연스러운 본능을 죄의식 아래에 매장할 때, 우리의 영혼에 가해지는 희생이자 사회 구조가 부과한 대가이다. 분출되지 못하는 본능은 내재화되는 법이다. 우리는 양심의 가책에 짓눌려 원죄라는 전설과 사제들이 강요하는 금욕주의로 더욱 불행해지고 자기혐오에 빠져 그런 자신에게 등을 돌린다. 실존적 신경증이라는 개념은 좀 더 나중에 나오는데, 이는 의심할 여지 없이 니체가 현대인의 모습을 묘사할 때 사용한 개념이다. "외부의 적이나 장애물이 없음에도 자신을 괴롭히고 박해하며 잠시도 가만두지 못하는, 자신을 가둔 감옥의 창살에 스스로 상처를 입히는 동물이다."[17] 그렇다면 어떻게 우리는 금욕주의적 사제들이 만든 감옥, 죄의식과 자기혐오감이라는 창살에서 벗어날 수 있을까? 노예 도덕에 대한 해결책은 '위버멘쉬'의 도덕, 즉 자유롭고 긍정적이며 독립적인 위버멘쉬의 정신이다. 상위의 인간인 위버멘쉬가 지닌 도덕적 자질은 그의 생명력, 즉 힘에의 의지에서 나온다. 비록 니체는 진화론을 도덕적 자유를 얻기 위한 수단으로 묘사하는 정도에 그쳤지만, 그가 말하는 '힘에의 의지'는 다윈의 적자생존에 많은 빚을 지고 있는 것이 사실이다. 하지만 그는 거기에 그치지 않고 훨씬 더 나아갔다. '힘에의 의지'는 인간의 잠재력을 상징하는 동시에 자기 극복의 중요성을 밝히고 있다.

유기적 생명체는 그 어떤 부분도 정지되어 있지 않다. 우리는 유아기 때부터 계속 힘을 추구한다. 모든 유기적 생명체는 창조와 쇠퇴가 끊임없이 반복되는 역동적이고 혼란스러운 상태에서 존재한다. 압도하기도 압도당하기도 한다. 나무뿌리가 암반을 깨뜨리는 것이 힘에의 의지다. 얼음이 팽창해서 절벽을 가르고 해안의 모습을 바꾸어 놓는 것이 바로 힘에의 의지다. 힘에의 의지는 궁궐 지붕의 기와에 낀 미세한 이끼 포자에도 있다. 급팽창한 이끼 포자는 하인들이 놀라 양동이를 들고 뛰어다니게 만들기도 하고, 심지어 지붕이 내려앉게 하거나, 혹은 집 전체가 무너지는 결과를 낳기도 한다. 힘에의 의지는 절대 멈추지 않는다. 그것은 개인과 개인, 집단과 집단, 국가와 국가 사이에 존재하는 변화무쌍한 힘이다.

니체는 힘에의 의지가 하나의 감정, 명령의 감정이라 말한다. 의지의 자유라 불리는 것은 기본적으로 명령에 순종해야 하는 것에 대한 우월감이다. 하지만 이는 우리의 외부에 있을 필요는 없다. 니체는 자기 통제에 대해서도 말한다. "의지를 발휘하는 사람은 명령하는 자로서 즐거움을 취하고, 그 임무를 수행하는 성공적인 도구로부터 얻는 즐거움과 유용한 '하위의 의지' 혹은 '하위의 영혼'으로부터 얻는 즐거움도 덧붙인다. 결국 우리 육체는 많은 영혼의 집합체일 뿐이다."[18]

자기 자신을 통제한 사람은 '아마도'라는 다양한 시각이 초래하는 불확실성을 견딜 수 있다. 확실성을 버릴 용기가 있다면, '결과'나 '결론'에 관한 생각은 그 어떤 것도 쓸모가 없다. 따라서 '상위의 인간', '위버멘쉬', '자유정신', '미래의 철학자', '불확실성의 철학자', '영혼의 아르고호 용사' 등 우리가 무엇이라 부르든 그는 즐거운 인간이다. 우리의 삶은 법칙들의 목록이 아니다. '만약에?'라는 음악에 맞춰서 출 수 있는 춤이다. 자신에 대한 인식, 세계에 대한 인식은 우리가 궁극적으로 이해하지 못하는 관념에 의존할 수밖에 없다. 허공을 응시하는 사람은 그 허공도 자신을 바라보고 있다는 것을 알게 된다. 그것은 결코 편한 위치가 아니다. 하지만 '만약에?'라는 원칙에 따라 살 용기가 없다면 화를 입게 된다. 그 사람은 '마지막 인간' 중 하나가 될 것이며, 이제 쓸모없어져 버린 확실성에 매달려 안락함이라는 종교를 즐기는 4분의 3 정도의 기독교인이 될 수밖에 없기 때문이다.

아마도 진리는 없다는 것이 진리일 것이다.

《도덕의 계보》에서는 '금발의 야수'라는 표현이 등장한다. 이것은 니체가 쓴 다른 어떤 표현보다 니체에게 많은 오명을 안겨주었다. 정치적 목적에서 그가 특정 인종을 언급하기 위해, 즉 1935년 히틀러의 '독일인의 혈통과 독일인의 명예를 위한 법령'에서 말하는 아리아인 위버멘쉬를 예시하기 위해 만든 표현이라 해석되어 왔는데, 사실 이는 완전히 잘못된 해석이다. 니체가 쓴 책에는 금발의 야수가 다섯 번 언급되고, '금발의 야수'가 등장하는 구절은 세 개가 나온다. 하지만 그중 어느 것도 지배자의 민족이라는 개념은커녕 특정 인종과도 전혀 관련이 없다.

니체는 금발의 야수가 등장하는 첫 구절에서 좋음과 나쁨, 악함의 개념이 문명 초기에 어떻게 생겨났는지 알아본다. 그리고 국가의 형태가 선사 시대에 어떻게 처음 생겨났는지 묘사한다. 그는 자신이 말하는 시대가 어느 시대인지 혹은 어느 곳인지 밝히지 않는다. 하지만 명령을 내리고 국가를 처음 세운 금발의 야수가 모든 인종의 공통 조상인 것은 분명하다.

우리는 모든 고귀한 종족 가운데서 맹수, 즉 탐욕스럽게 전리품과 승리를 찾아 헤매는 당당한 금발의 야수를 반드시 보게 된다. 이 숨겨진 중심은 풀려날 필요가 있다. 때때로 그 야수는 다시 야생으로 돌아가야 한다. 다시 말해 로마, 아라비아, 독일, 일본인 귀족, 호메로스의 영웅, 스칸디나비아의 해적, 이들은 이 요건에서 보면 모두 같다. 가는 곳마다 '야만인'이라는 개념의 흔적을 남긴 이들은 바로 그 고귀한 종족이다. 심지어 그들이 가진 최고의 문화에서도 그들이 이를 인식하고 실제로 자랑스러워한다는 사실이 드러난다.[19]

여기에 아라비아인과 그리스인, 일본인이 포함된 것을 보면 니체가 정확하게 특정 인종을 묘사했다기보다는 '금발'과 '야수'를 합쳐 새로운 단어를 만드는 것에 더 관심이 많았다고 주장할 수 있다. 이 구절은 다음과 같이 계속된다.

억누를 수 없는 공포의 여파 속에서, 유럽은 금발의 게르만 야수의 분노를 몇 세기 동안 보아왔다. … 모든 고귀한 종족 가운데에 있는 금발의 야수에 대한 우리의 공포를 유지하고 경계하는 것이 정당화될 수 있을지도 모른다. 하지만 두려워하지 않고 경탄할 수 있다면, 백 번이고 두려워하는 것이 낫지 않겠는가? 하지만 그렇게 함으로써 영구히 실패한 자, 왜소한 자, 쇠약해진 자, 중독된 자의 역겨운 광경을 간직하게 된다. … 오늘날 유럽에서는 병들고 지친 사람들이 악취를 풍기기 시작한다.[20]

금발의 야수에 관한 두 번째 언급은 《도덕의 계보》 제2 논문에 등장한다. 이번에도 그는 지구상에 나타난 초기 단계의 국가에 관해 추측한다. "나는 '국가'라는 단어를 사용했지만, 이 단어가 무엇을 지칭하는지는 분명하다. 바로 금발의 맹수 무리, 정복자 종족, 지배자 종족을 말한다. 그들은 무장한 조직력으로 전시 태세를 갖추어 수적으로는 훨씬 우세할지 모르지만, 여전히 짜임새 없고 여기저기 떠돌고 있는 사람들에게 악랄하게 무서운 발톱을 들이댔다. '국가'는 이와 같은 방식으로 지구상에 나타났다."[21]

이 정복자와 지배자, 약탈자 무리는 도덕관념이나 책임감이 없었다. 피지배자들에 대한 죄의식, 책임감, 배려 같은 말들은 계약 준수라는 개념만큼이나 그들에게 아무런 의미가 없었다.

아마도 니체는 무의식 속에서 바그너의 「반지」 시리즈에 나오는 신화적 세계와 그 세계에 등장하는 신과 영웅의 도덕성과 심리에 영향을 받아 금발의 야수가 지배하는 초기 세상의 모습을 그렸을 것이다. 「반지」 시리즈에 나오는 신과 영웅은 정확히 니체가 말하는 금발의 야수처럼 원시 시대의 숲을 돌아다니며, 법과 계약을 무시하고, 침범과 약탈을 일삼았다. 그들에게는 도덕적 경계도 없었고, 사회적 양심이나 개인적 양심도 없었다. 하지만 바그너는 네 편의 오페라를 통해, 그가 만들어낸 금발의 야수 같은 무소불위의 동물들이 원초적 이기심이라는 테두리 안에서도 행동이 결과를 낳고, 결과는 법률을, 법률은 형벌을 낳는다는 사실에서 벗어날 수 없음을 발견한다는 것을 증명했다. 물론 바그너나 그의 오페라에 등장하는 신과 영웅들이 규칙을 따를 정도로 진보하거나 크게 양심이 발달하지는 않았지만 말이다.

'금발의 야수'에 관한 세 번째이자 마지막 구절은 니체의 마지막 책《우상의 황혼Twilight of the Idols》에 나온다. 그는 '인류를 개선하는 것'이라는 과격한 제목의 장에서 존재하지 않는 현실을 설파하는 성직자들과 철학자들을 향해 다시 한 번 분노를 표출한다. 그들이 말하는 도덕률은 반자연적이고, 그들이 주장하는 교리는 금발의 야수 같은 원초적인 인간을 말 잘 듣는 동물로 길들이기 위한 도구일 뿐이다. 인간의 문명은 각자 엄청난 대가를 치르고 얻은 것이다.

어떤 짐승을 길들이며 '개선'한다고 하는 말은 어이없는 농담처럼 들린다. 동물원에서 어떤 일이 일어나는지 아는 사람이라면, 거기서 야수들이 정말 '개선'되는지 의심을 품을 것이다. 야수들은 그곳에서 약하고 위험하지 않게 만들어진다. 고통과 상처와 배고픔, 공포에 짓눌려 병드는 야수가 된다. 사제로 인해 '개선'되어 길들여진 인간도 마찬가지다. 중세 초기에는 교회가 사실상 동물원이었다. 가장 훌륭한 표본인 '금발의 야수'는 사방에서 사냥을 당했다. 가령 고귀한 게르만인 같은 사람들은 '개선'을 당했다. 그런데 유혹에 넘어가 수도원에 들어간 '개선된' 게르만인은 나중에 어떤 모습이 되었는가? 인간의 캐리커처처럼, 잘못 태어난 아이처럼 보였다. 우리에 갇힌 '죄인'이 되었고, 온갖 끔찍한 사상 안에 갇히고 말았다. … 그는 병들고 비참한 모습으로 자신에게 악의를 가득 품은 채 삶에 대한 욕구를 증오하고, 여전히 강하고 행복한 모든 것을 의심하며, 그곳에 누워 있었다. 쉽게 말해 '기독교 신자'가 되었다. … 교회는 교회가 사람들을 망쳐놓았고, 그들을 약하게 만들었다는 사실을 알았다. 하지만 교회는 여전히 사람들을 '개선했다'고 주장한다.[22]

금발의 야수는 니체의 책에 이런 식으로 언급되고 있다. 그 어느 표현도 금발의 야수가 힘에의 의지로 불타오르는, 인류를 군화 아래 짓밟는 독일의 지배자 종족을 의미한다는 주장과는 거리가 멀다. 하지만 인종차별주의와 전체주의를 조장할 수 있는 불쾌한 요소들도 분명 포함되어 있다. 사고의 연쇄적 힘은 언제든 나쁜 방향으로 발전할 수 있으므로, 이런 요소를 그저 무시할 수만은 없다.

문학평론가이자 〈더 번드Der Bund〉의 편집장이었던 요제프 빅토르 비트만Joseph Victor Widmann[23]도 당시에 이 점을 포착하여 '니체의 위험한 책'이라는 제목으로 《선악의 저편》에 관해 선견지명 있는 비평을 내놓았다.

고트하르트 터널 건설에 필요한 다이너마이트 더미는 죽음의 위험을 알리는 검은 깃발로 표시되었다. 그런 점에서 우리는 철학자 니체가 쓴 새로운 책을 위험한 책이라 말한다. 하지만 작가와 작품에 대한 비난은 아니다. 검은 깃발 또한 다이너마이트를 비난하기 위한 것이 아니듯이 말이다. 그 책의 위험성을 알린다고 하여, 강의실의 까마귀와 목사의 까마귀에게도 그 외로운 사상가의 목소리를 전한다고는 생각할 수 없다. 물질의 종류처럼 지적인 폭발은 아주 유용한 목적을 제공할 수 있다. 즉 범죄와 관련된 목적으로만 사용될 필요는 없다. 유일하게 한 사람만이 그런 폭발물이 놓여 있는 곳에서 "여기 다이너마이트가 있다!"라고 분명하게 말한다. 니체는 최초로 출구를 찾았지만, 그 길이 몹시 무서워 우리는 겁을 먹을 수밖에 없다.[24]

니체는 마침내 강력하면서도 위험한 철학자로 주목을 받게 되어 감격스러웠다. 그는 일주일 만에 그 비평을 모두 베껴 말비다에게 보냈다. 그의 눈 상태를 고려한다면 쉽지 않은 일이었을 것이다. 하지만 니체는 오랜 기다림 끝에 나온 그 비평 덕분에 《선악의 저편》이 고작 114부밖에 팔리지 않았다는 괴로운 현실을 약간은 잊을 수 있었다.

Friedrich Wilhelm Nietzsche' life

· 18장 ·

라마랜드

...

제 여동생은 복수심에 불타는 한심한 반유대주의자입니다!

- 1884년, 말비다 폰 마이젠부르크에게 보낸 편지

1886년 2월, 엘리자베스와 베른하르트 푀르스터, 그리고 순수 혈통의 반유대주의 애국자 무리는 함부르크를 떠나 우루과이를 거쳐 파라과이로 향했다. 그때까지도 니체는 매제를 딱 한 번 만나 악수만 나눴다. 부두로 배웅도 나가지 않았다. 엘리자베스는 떠나기 전에 자신과 남편 이름의 첫 글자를 반지에 새겨 니체에게 주며 식민지 사업에 투자를 권유했다. 그러면 토지 한 구역은 그의 이름을 따서 짓겠다고 했다. 이에 니체는 그보다는 '라마랜드'로 짓는 것이 좋겠다고 건성으로 답했다.[1]

니체가 보기에 파라과이의 누에바 게르마니아^{Nueva Germania}(새 독일이라는 의미)는 과거 노예 정신의 현대적 발현에 불과했다. 아무것도 할 수 없는 사람들이 질투와 복수심에 불타오르는 그들의 '르상티망'을 조국주의, 초애국정신, 반유대주의라는 이름으로 철저히 숨기고 있는 것으로밖에 보이지 않았다. 따라서 니체가 자신의 마지막 책을 엘리자베스에게 보낸 것은 이해하기 힘든 행동이다.

1887년 10월 15일, 니체는 돌아오는 마흔세 번째 생일을 앞두고 또 한 번 베네치아를 방문했다. 그리고 언제나 헌신적인 페터 가스트와 함께 음악에 대한 열정을 나누며 한 달간 휴식 시간을 가졌다. 니체는 이제 시력이 더 나빠져 글씨체가 거의 상형문자 같았다. 유일하게 가스트만이 그의 글씨를 해독해 출판업자에게 넘겨줄 수 있었다. 니체는 바그너가 젊은 영국인 소프라노와 사랑에 빠져 코지마와 다툰 이후 죽게 된 도시에서 머무르는 동안, 《비극의 탄생》을 쓸 때인 트리브쉔의 목가적인 풍경을 떠올리고, 디오니소스와 아리아드네에 관해 메모를 남기며, 사티로스극*을 끼적였다.

언제나 현재 일어나는 문제에 관심이 많았던 그는 심리학에 관해 메모를 남기고 삶에 대한 욕망을 확인시켜주는 목록도 만들었는데, 성욕이 가장 앞섰고, 다음으로 흥분, 음식, 봄날이 따라왔다. 그는 목적이 사라지고(천국에 가는 것 같은) 최고의 가치가 평가절하될 때, 허무주의가 일상이 된다는 기록도 남겼다.[2] 지배자의 도덕에 관한 불안감도 제기했다. "위대함은 끔찍함에 속한다. 아무도 그것에 속지 않도록 하라."[3]

생일에는 유일하게 어머니에게서 편지로 축하 인사를 받았다. 니체는 어머니를 기쁘게 할 소식이 있다며, 자신이 남미에 있는 라마에게 편지를 막 쓰던 참에 어머니의 편지가 자신에게 도착했다고 답장을 보냈다. 엘리자베스는 식민지 건설이 잘되고 있다며 편지를 보냈는데, 니체는 그들의 이상을 지지할 순 없었지만 일이 잘되고 있다는 소식에는 기뻐했다.[4]

푀르스터가 식민지 개척자 모집 운동으로 모은 인원은 14가구가 전부였다. 대부분 바그너, 엘리자베스와 같이 작센 지방 사람들이었는데, 조국의 혈통과 땅에 대한 향수가 너무 강해 니체가 말한 노예의 도덕과 르상티망의 모든 것을 전형적으로 보여주었다. 성난 민족주의자로 이루어진 이 소그룹은 소작농, 기능공, 소상인으

---

* 고대 그리스에서 행하여지던 4부작 연극의 네 번째 극. 비극적인 3부작에 이어 합창단이 숲의 반수신 半獸神 사티로스로 분장하고 춤을 추면서 디오니소스 찬가를 부르던 희극이다. -편집자주

로 구성되었다. 그들은 산업, 경제, 사회, 정치 등 모든 면에서 무자비하게 이루어지는 발전으로 과거보다 더 낮은 대우를 받으며 사회로부터 소외감을 느끼고 있었다. 그들 중 예술가나 지식인은 없었다.

최소한의 뱃삯으로 가는 한 달여간의 남미행 항해는 험난하고 불결했다. 파라과이강에서는 무심한 원주민 선원이 거칠게 배를 몰아 배에 탄 사람들을 공포로 몰아넣었다. 시골에서 자란 평범한 독일인 개척자들은 그곳의 말도, 하늘의 별자리도 이해할 수 없었다. 길가에 보이는 나뭇잎과 풀잎 하나도 낯설지 않은 것이 없었다. 무성한 초목 사이로는 이상한 생명체들이 휙휙 날아다녀 정신을 어지럽혔고, 이유를 알 수 없는 열병이 번져 환각 증세도 겪었다. 피부는 햇볕에 타 물집이 생겼고, 벌레에 물려 여기저기 살갗이 부풀어 올랐다. 심지어 여자아이 하나가 죽어 강둑에 대충 묻어 주고 떠나야 했다.

그들은 천신만고 끝에 파라과이의 수도, 아순시온에 도착했다. 독일인에게 '수도'라는 단어는 석조 건물이 질서정연하게 들어선 도시를 의미했지만, 그곳은 진흙투성이 거리에 엉성하게 만든 집들과 불친절하고 기회주의적인 사람들만 가득했다. 얼마 되지 않는 석조 건물은 오랜 전쟁으로 여기저기 구멍이 뚫려 있었다. 대통령 관저와 세관은 말 그대로 유령이 나올 듯한 모습이었다. 무도회장 바닥을 뚫고 나온 나무가 크게 자라 있고, 촉수 달린 덩굴 잎이 회반죽 장식을 먹어치웠다.

1886년의 파라과이는 브라질, 아르헨티나, 우루과이를 상대로 한 3국 동맹 전쟁에서 패한 뒤 말 그대로 만신창이 상태였다. 알려진 바에 따르면 파라과이 인구는 전쟁을 전후로 133만 7,439명에서 22만 1,079명으로 급감했다.[5]

이 전쟁의 영웅 베르나르디노 카바예로Bernardino Caballero는 엘리자베스가 도착하기 전 6년 동안 정권을 장악했다. 당시 파라과이는 거의 500만 파운드에 달하는 국제 부채를 떠안은 상태여서[6] 인구 회복은 물론, 자금 조달 차원에서도 식민 개척자들의 이민이 중요했다.

1886년 3월 15일, 서른아홉의 엘리자베스는 교회에서 소풍을 나온 사람처럼 나움부르크의 미를 상징하는 모습으로 배에서 내렸다. 그녀는 찜질방 같은 열기 속에서 발목까지 내려오는 검은 드레스를 입고 높게 틀어 올린 머리 위로 보닛을 쓰고 있었다. 코에는 안경을 걸쳤다(그녀는 니체처럼 눈에 통증은 없었지만 사시는 늘 니체보다 심했다). 그녀 뒤로 일꾼들이 좁은 판자를 따라 피아노를 내리느라 진땀을 흘렸다. 정복의 영웅은 중요한 행사 때나 입는 검정 예복 차림으로 아내 뒤에서 나타났다. 옷깃은 풀을 먹여 잔뜩 세웠고, 가슴에는 번쩍이는 각종 장식을 달고 있었다. 푀르스터의 전체적인 모습은 니체가 비웃은 책 표지 사진과 비슷했다. 당당한 모습의 부부와 피아노 뒤로 얼마 안 되는 문화의 전사들이 기진맥진한 모습으로 터덜터덜 배에서 내렸다. 배에서 오랜 시간 생활해서 장이 탈이 나는 바람에 모두 얼굴이 허옇게 뜨고 피골이 상접해 있었다.

누에바 게르마니아가 어디 있는지 아는 사람은 아무도 없었다. 푀르스터 부부는 자신들의 이상을 실현하기 위해 사람들을 이끌고 고향을 떠나 머나먼 이국땅, 미지의 장소에 도착해 있었다.

두 사람은 살면서 사업 거래라고는 해본 적이 없었다. 그러다 우연히 치릴리오 솔랄린데Cirilio Solalinde라는 사람을 만났다. 솔랄린데는 아순시온에서 북쪽으로 약 241킬로미터 떨어진 곳에 600제곱킬로미터에 달하는 초원 일대를 소유하고 있다고 했다. 울창한 숲과 농사짓기 좋은 기름진 땅으로, 파라과이강에서 배를 타고 조금만 가면 쉽게 찾을 수 있다고 했다. 그는 그 땅을 17만 5천 마르크에 팔겠다고 제안했다. 하지만 푀르스터의 예산을 훨씬 초과한 액수였다. 솔랄린데는 다른 방법을 제안했다. 자신이 그보다 훨씬 싼 값인 8만 마르크에 그 땅을 정부에 팔고, 정부가 계약금 2만 마르크만 받고 푀르스터에게 식민지 개척 권리를 주면 어떻겠냐는 것이었다. 푀르스터가 1889년 8월 말까지 140가구를 데려와 그곳에 정착하면 땅에 대한 소유권을 얻을 수 있지만, 실패하면 땅은 몰수될 것이라고 했다. 이 조건은 사람들에게 공개되지 않았다. 엘리자베스와 푀르스터는 자신들이 땅의 소유권자라거나 지배자라고 말한 적이 없었고, 누에바 게르마니아에 대해서도 언급한 적이 없었다.

엘리자베스는 이주민들이 그녀가 살기에 적당한 집을 짓기까지 아순시온에서 2년을 기다렸다. 1888년 3월 5일, 마침내 집이 완성되었다.

"우리는 새로운 조국에 도착해 왕처럼 입장했답니다." 엘리자베스는 어머니에게 쓴 긴 편지에서 자랑스럽게 말했다. 그리고 고대 노르웨이의 여신처럼 여섯 마리 황소가 이끄는 마차를 타고 등장했다는 설명을 이어갔다. 그녀가 당당하게 입장하는 동안, 식민 개척자들은 축제를 기념하는 복장으로 흙벽돌로 지어 올린 오두막 앞에 모여 '기쁨의 함성'을 터트렸다. 사람들은 그녀의 모습을 보는 것만으로도 애국심과 종교적 열정으로 흥분했다. 그녀에게 꽃과 시가를 선물하고 축복을 빌어달라며 그녀 앞에 아기를 들어 올렸다. 그때 어디선가 갑자기 여덟 명의 멋진 기수가 애국주의의 상징인 검정, 빨강, 하양 리본으로 장식한 푀르스터의 말을 이끌고 나타났다. 푀르스터는 날렵한 몸짓으로 말에 올라탔다. 위풍당당한 부부 뒤로 긴 행렬이 만들어졌다. 엘리자베스는 황소가 이끄는 마차에, 푀르스터는 애국심을 불러일으키는 모습으로 호화롭게 장식한 군마 위에 앉아 있었다. 그들 뒤로 기수들이 말을 타고 따라왔고, 그 뒤로는 '사람들의 행렬'이 길게 이어졌다. 엘리자베스는 이 영광된 자리에 그들의 행진을 기념하는 축포가 없어 안타까웠다고 했다. 그나마 한동안 울려 퍼진 예포로 대리만족을 느꼈다. 그녀가 오른 마차는 붉은 왕좌가 놓여 있고, 야자수잎으로 화려하게 장식되어 있었다. 꿈에도 그리던 '화려하고 멋진 마차'가 현실이 되었다. 마치 폰 유코프스키가 디자인한 바이로이트의 무대 장식 같았다.

행렬은 푀르스터뢰데Försterröde로 나아갔다. 푀르스터뢰데는 '푀르스터의 개척지'라는 의미로, 나중에 수도로 계획된 곳이었다. 식민 개척자들의 우두머리인 에이크 선생이 엄숙한 표정으로 연설문을 읽었다. 연설이 끝나자 사람들은 개선문을 세워둔 마을 광장으로 이동했다. 예쁘게 꾸민 소녀들이 엘리자베스에게 꽃을 선물했다. 엘리자베스는 감사 연설을 했다. 연설이 끝나자 사람들은 "식민지의 어머니 만세!"라고 외쳤다. 그녀는 사람들이 푀르스터보다 자신에게 먼저 찬사를 보내 기분이 흐뭇했다. 사람들은 '오, 독일, 우리의 독일이여!'를 열렬히 합창한 뒤, 엘리자베스와 푀르스터가 살게 될 웅장한 푀르스터호프Försterhof 저택 앞에 모여 그곳에 세워둔 두 번째 개선문 아래를 지나갔다. 다시 한 번 연설이 이어졌고, 소녀들이 또 꽃을 전달했다. 엘리자베스는 저택 외관이 다소 아름답지 못해 아쉽지만, 실내는 한없이 장엄한 분위기가 난다고 설명했다. 높은 천장 아래로 커다란 창문이 나 있고, 창문마다 아름다운 커튼이 드리워져 있었다. 푹신하고 안락한 의자와 소파도 곳곳에 놓여 있고, 물론 피아노도 있었다. 그 외 작은 목장 다섯 곳과 중간 크기의 목장 세 곳이 있고, 소 수백 마리, 말 여덟 마리, 수천 마르크 상당의 재산을 보관한 창고가 있었다. 하인은 스무 명이 있었는데, 모두 월급을 넉넉히 받으며 일했다. 그녀는 종교적으로 보면 세속적인 재산이 너무 많다고 안타까워했다.

프란치스카는 흐뭇한 기분으로 편지를 읽어 내려갔다. 코지마 바그너가 바이로이트의 여왕이었다면, 엘리자베스는 한 식민지 전체의 여왕이었다! 보잘것없는 니체에 비하면 엘리자베스는 얼마나 훌륭한 위치인가! 엘리자베스가 말하는 세속적인 재산의 목록은 니체의 재산과는 비교할 수도 없었다. 나움부르크 사람들은 푀르스터가 파라과이의 다음 대통령이 될 거라고 확신했다.

엘리자베스는 식민지 사업에 투자를 권유하며 계속 니체를 괴롭혔다. 자신이 만든 신세계에서 멋진 보상을 받을 수 있는데, 왜 고루한 구세계에 머물려 하느냐고 따지듯 말했다. 하지만 오버베크는 그녀의 생각에 찬성하지 않았다. 엘리자베스는 그가 루에게 보였던 태도와 마찬가지로 이 일 때문에도 그와 그의 아내를 평생 괘씸하게 생각했다. 니체는 가벼운 농담으로 동생의 제의를 부드럽게 거절하려고 애썼다. "내게서 달아나 반유대주의 놈들에게로 가버린 라마를 지지할 수 없구나." 하지만 엘리자베스는 오빠의 말을 재미있게 받아들이지는 않았을 것이다. 그녀는 그 대신 프란치스카의 충실한 하녀인 알비나에게서 얼마간의 돈을 겨우 받아냈다. 알비나에게는 큰돈이었는데, 이후로 그녀는 그 돈을 다시는 볼 수 없었다.

1888년 7월까지 푀르스터뢰데에 모인 인원은 40가구에 불과했다. 심지어 짐을 싸서 돌아간 사람도 있었다. 빌리는 돈이 점점 많아져 이자도 걱정스러웠다. 엘리자베스가 가져온 지참금과 이주민들이 가져온 계약금은 이미 다 써버린 상태였다. 도로와 위생 시설에 필요한 기초 공사도 할 수 없었고, 심지어 마실 만한 깨끗한 물도 없었다.

엘리자베스는 처음부터 계약 조건을 잘 알았다. 그녀는 푀르스터호프 저택으로 이사한 날로부터 18개월 안에 140가구를 파라과이로 불러들여야 했다. 그동안 그녀는 자신이 아는 모든 사람에게 편지를 보냈다. 모르는 사람에게도 보냈다. 독일에서 식민지 사업을 조직하고 지원해주는 각종 협회에도 편지와 호소문을 보냈다. 〈바이로이트 특보〉에도 캠페인 광고를 내보냈는데, 이 일로 그녀는 포퓰리스트로서 자신의 새로운 재능을 발견할 수 있었다. 그녀는 대중적인 글이 얼마나 엄청난 힘을 발휘하는지, 잘못된 정보로도 얼마나 쉽게 전설을 만들어 낼 수 있는지 알게 되었다. 누에바 게르마니아라는 전설은 나중에 오빠를 내세운 전설의 훌륭한 연습 과정이 되어준 셈이었다.

엘리자베스는 호소문에서 그곳을 나무마다 알록달록한 해먹이 걸려 있는 즐거운 엘도라도처럼 묘사했다. 해먹 위로 덮여 있는 모기장은 정말이지 얼마 안 되는 벌레보다는 밤이슬이 심해 꼭 필요하다고 설명했다. 그곳 원주민들은 '페온peon'으로 불렸다. 페온들은 두려워할 필요가 없었다. 그들은 쾌활하고 순종적이며 열정적인 자세를 가진 훌륭한 하인이었다. 주인이 문 앞에 나타나면 서로 명령을 받겠다며 달려 나갔다. 그들은 어린아이처럼 선물을 좋아했다. 시가나 구운 빵을 조금 주면, 원하는 것은 무엇이든 들어주겠다고 서로 달려들었다. 누에바 게르마니아인들은 별 볼일 없이 살아가는 그들의 삶을 이끌어주는 존재였다. 아침 식사로 맛있는 커피와 빵, 달콤한 시럽을 먹고 나면 과일과 채소 재배를 감독했다. 사실상 작물들은 땅에서 거의 저절로 자랐다. 그만큼 땅이 비옥해 축복의 땅으로 불렸다. 엘리자베스는 3국 동맹 전쟁으로 주인을 잃고 야생을 떠돌던 소 수백 마리를 키웠다. 가축화된 소들은 채식주의자들에게 우유, 버터, 치즈를 제공해주었다. 하지만 야생에서 돌아다니는 황소들은 골칫거리였다. 그녀의 설명은 이런 식으로 이어졌다.

그러던 중 1888년 3월, 엘리자베스는 강적을 만났다. 율리우스 클링바일Julius Klingbeil이라는 소작농 출신의 재단사인데, 그는 식민지 사업의 광고를 철저히 믿고 자신의 영웅 베른하르트 푀르스터를 따르기 위해 5천 마르크를 투자해 이곳에 왔다.

하지만 정작 파라과이에 도착해서 보니 모든 게 엘리자베스가 신문에서 말했던 것과 너무도 달랐다. 날씨는 견디기 힘들 정도로 더웠고, 모기는 시도 때도 없이 무자비하게 달려들었다. 열대 지방 곤충에 물리면 이름 모를 끔찍한 열병을 앓았다. 엘리자베스가 극찬한 땅은 너무 메말라 있어 삽질조차 힘들었다. 파라과이의 하인들은 게으르고, 무뚝뚝하고, 반항적이고, 빈둥거리며, 마테차만 마셔댔다. 땅 한 구역은 옆 구역과 1킬로미터 이상 떨어져 있어 외롭고 우울한 생활을 견뎌야 했다. 영양실조에 걸리거나 아픈 사람도 많았다. 그들에게는 삶의 의미가 없었다. 공포영화의 사운드트랙에 등장할 것 같은 재규어, 퓨마, 테이퍼, 멧돼지, 야생황소, 짖는 원숭이, 그 외 정체불명의 동물들이 밤낮으로 울부짖는 통에 사람들은 늘 숨죽이고 살았다. 나무에는 보아뱀이 득실거렸고, 땀 냄새를 맡고 온 독모기들이 끈질기게 사람들을 쫓아다녔다. 강에는 악어와 이름 모를 무서운 물고기가 득실댔다. 모기떼는 더 많았다. 들리는 말로는 7미터가 넘는 물뱀도 있었다.[7] 깨끗한 물을 구하려면 우물을 파야 했는데, 그것도 아주 깊이 파내야만 간신히 물을 찾는 경우가 많았다. 열대성 폭우가 한번 쏟아지는 날에는 힘들게 만들어 놓은 오솔길과 밭이 금세 진흙 호수로 변했다.

　모든 일은 푀르스터의 통제를 받았다. 식민 개척자로 따라온 사람들은 식민지 밖에서는 사업을 하지 않겠다는 합의서에 모두 서명해야 했다. 버터나 치즈, 목공예품 같은 작은 물건도 모두 푀르스터의 가게를 거쳐야 했다. 필수품이나 비상약도 푀르스터의 가게에서만 살 수 있었다. 그들은 독일로 돌아가게 되면 지분을 돌려받는다는 조건을 확실히 알고 있었다. 하지만 푀르스터는 사실상 그 조건을 이행할 수 없었다. 그렇다 하더라도 제대로 된 재판을 받을 수도, 달리 뾰족한 수도 없었기에 사람들의 권리는 부부 사기단이 지배하는 식민지에서 가볍게 무시되었다.

　클링바일은 도착하고 얼마 후, 다른 이주민들과 마찬가지로 호화로운 푀르스터 부부의 저택으로 불려갔다. 그가 존경해마지 않던 그 지도자는 땅을 사라고 그를 설득했다. 하지만 클링바일은 이미 5천 마르크를 냈기에 땅에 대한 권리를 확보한 상황이었다. 클링바일은 푀르스터가 책에서 본 것처럼 고귀한 아리아인 영웅의 모습일 거라 상상했다. 하지만 자신 앞에 앉아 있는 남자는 귀신에 홀린 듯 벌벌 떠는 허깨비에 불과했다. 푀르스터는 잠시도 안절부절못했다. 마음이 떳떳하지 못한 사람들이 그렇듯 상대의 눈을 똑

바로 보지 못했다.[8] 그는 횡설수설 말을 얼버무리며 한 가지 생각에도 집중하지 못했다. 클링바일은 즉시 환상에서 깨어났다. 그는 사람들이 했던 말이 사실이었음을 깨달았다. 식민지의 진짜 주인은 바로 엘리자베스라는 사실이.

우아하게 차려입은 엘리자베스는 도도한 표정으로 탁자 쪽으로 곧장 걸어와 클링바일 앞에 지도를 들이댔다. 구역별로 나누어진 누에바 게르마니아에는 한 곳만 빼고 모든 곳에 이름이 적혀 있었다. 그녀는 모든 구역이 팔렸다면서 곧바로 매입 가격을 제시한다면 마지막 남은 한 곳을 그의 명의로 확보해둘 수 있다고 말했다. 하지만 클링바일은 호락호락한 상대가 아니었다. 그는 얼마 지나지 않아 푀르스터 부부에게 그 땅에 대한 법적 권리가 없다는 사실을 알아냈다.

클링바일은 부부 사기단의 명성을 무너뜨리기 위해 곧장 독일로 돌아갔다. 그리고 《파라과이에 있는 베른하르트 푀르스터 박사의 독일 식민지에 관한 폭로》라는 200페이지 분량의 책을 냈다.[9] 푀르스터 부부는 사기꾼이자 거짓말쟁이, 독재자이며, 우유부단한 남편을 뒤에서 조종하는 사람은 엘리자베스라고 폭로했다. 파라과이에 있는 식민 개척자들은 독일에서 가장 못사는 날품팔이보다 못한 삶을 살고 있으며, 그들이 오랜 시간 고통스럽게 일하는 동안 그 도도한 부부는 유럽식 가구에 앉아 술을 마시며, 심지어 채식주의라는 식민지의 원칙을 어기고 멋진 식탁에서 고기 잔치를 벌인다고 했다.

엘리자베스는 싸움을 겁낸 적이 없었다. 오히려 대단히 좋아했다. 그녀는 곧장 인쇄소로 달려갔다. 클링바일을 반역자에 거짓말쟁이로 몰고 식민지를 무너뜨리기 위해 예수회에서 심어놓은 첩자라고 몰아세웠다. 자신의 남편은 영예로운 지도자이자 인류의 더 큰 행복이라는 사심 없는 목표를 추구하기 위해 끝없이 노력하는 이상주의적 천재라고 했다. 자신과 푀르스터는 불굴의 정신으로 일하는 충실한 애국자들을 위해 모든 희생을 감수하고 있다고 덧붙였다.

폰 볼초겐은 엘리자베스가 꾸며대는 새로운 거짓말을 〈바이로이트 특보〉에 계속 내보냈다. 하지만 모든 사람에게 그녀의 말이 통하지는 않았다. 엘리자베스는 점차 신용을 잃었다. 심지어 켐니츠 식민 사회Chemnitz Colonial Society에서도 그녀의 반박문을 더는 발행하지 않았다.

한편 푀르스터는 파라과이에서 거의 폐인처럼 지냈다. 식민지의 미래는 더없이 유능한 아내의 손에 맡긴 채 그는 주로 샌버너디노 호텔에서 술병만 껴안고 지냈다.

"파라과이의 상황이 정말 좋지 않다고 하더군." 니체는 1888년 크리스마스에 프란츠 오버베크에게 보낸 편지에서 이렇게 말했다. "속아서 건너간 사람들이 돈을 돌려 달라고 들고 일어났다. 돈은 하나도 없고. 폭력 시위가 벌어졌다고 하더군. 최악의 상황이 오지 않을까 걱정스럽네."[10] 하지만 엘리자베스의 자기 기만적 재능에는 끝이 없었다. 그녀는 집으로 보내는 편지에서 자신의 영광과 명성에 비해 보잘것없는 오빠의 처지를 계속 비웃었다.

니체는 엘리자베스가 누에바 게르마니아에 대해서도 루에게 했던 것과 똑같이 행동하고 있다는 것을 알았다.

프란치스카는 엘리자베스의 말을 끝까지 믿었다. 니체는 연민을 극복하는 것 또한 멀미의 사슬을 극복하는 것처럼 숭고한 가치 중 하나라고 생각했다. 동정은 내면의 적이었다. 하지만 자신도 모르게 어머니에게 환멸감의 도구가 되는 것은 참을 수 없었다. 오버베크에게 보낸 편지에서 그는 계속해서 이렇게 말했다. "어머니는 이것이 나의 위대한 업적이라는 사실을 아직 짐작도 못 하시네."[11]

· 19장 ·

나는 다이너마이트다!

...

나의 야심은 다른 사람들이 책 한 권으로 말하는 것, 다른 사람들이 책 한 권으로도
말하지 못하는 것을 열 마디의 문장으로 말하는 것이다.

- 《우상의 황혼》 51절

니체는 1887~1888년 겨울을 니스에서 보냈다. 제네바의 하숙집은 지진 이후 새로 단장하고 다시 문을 열었다. 니체는 자신이 쓰게 될 방의 벽지를 골라도 좋다는 말에 아이처럼 기뻐했다. 그는 줄무늬와 반점이 들어간 적갈색 벽지를 골랐다. 침대와 등받이가 뒤로 젖혀지는 긴 의자도 받았다. 하숙집 주인은 다른 손님에게는 1박에 8~10프랑을 받으면서도 '사랑스러운 반 맹인 교수님'에게는 5프랑 50상팀*만 받았다. 니체는 이 사실을 알고 자존심이 상했다. 하지만 어쩌겠는가? 그는 이미 하숙비를 내기도 버거운 상태였다. 당시 그는 자신의 책을 직접 출판하고 있었고, 오버베크에게 맡긴 연금과 투자금에서 걱정스러울 정도로 돈을 자주 당겨쓰고 있었다.

그해 겨울, 니스의 날씨는 기대와 달라 실망스러웠다. 열흘 동안 비가 쉴 새 없이 쏟아져 너무 추웠다. 방이 남향이었다면 따뜻했겠지만, 그에게는 그만한 돈이 없었다. 니체의 손가락은 끝이 점점 파래지며 덜덜 떨렸다. 그의 글씨는 점점 엉망이 되었고, 그는 자기 생각을 이해할 수 있는 사람만 알아볼 수 있다며 걱정했다. 그에게 구원의 손길을 내민 사람은 가스트와 어머니였다. 가스트는 따뜻한 실내복을 보내주었고, 어머니는 자그마한 난로를 보내주었다. 니체는 그 난로를 '우상의 불'이라 이름 짓고 혈액 순환에 도움이 되라고 난로 주변에서 춤을 추고 껑충껑충 뛰어다녔다. 덕분에 손가락 색은 본래대로 돌아왔다. 그때부터 그 난로와 50킬로

---

* 1프랑의 100분의 1 -역자주

그램 상당의 연료는 내반족 가방과 더불어 그의 여행의 동반자가 되었다.

니체는 예전에 루가 써준 시 〈삶에 대한 기도〉에 맞춰 썼던 곡을 꺼내 들었다. 제목은 「삶에 대한 찬가Hymn to Life」[1]로 바꾼 상태였고, 페터 가스트가 편곡해준 합창곡과 오케스트라의 악보도 있었다. 그는 유일한 자신의 출판 악보집이 되기를 기대하며 프리취에게 인쇄를 맡겼다. 구불구불한 글자체와 다른 예쁜 글자체도 넣어달라고 부탁했다. 니체와 가스터는 그들이 아는 모든 지휘자에게 악보를 보냈다. 당당하게 한스 폰 뷜로에게도 보냈다. 하지만 공연에서 그 곡을 쓰겠다는 사람은 아무도 없었다. 니체는 어쨌든 악보집이 출판되었다는 사실만으로도 기뻤다. 그는 언젠가 자신을 기리며 그 곡이 연주되기를 바랐다. 그 '언젠가'는 아마 자신의 장례식을 의미했을 것이다. 그는 최소한 그렇게라도 하면 자신과 루가 함께 후세에 남겨질 수 있다는 말을 여러 번 되풀이했다.

니체는 비트만이 《선악의 저편》을 읽고 남긴 비평 덕분에 마침내 자신의 책도 후세에 명성을 얻을지 모른다는 희망을 품었다. 그는 한껏 용기를 얻어 증정본을 예순여섯 권이나 발송했다. 《차라투스트라》4부의 경우 증정본을 일곱 권 발송한 것에 비하면 엄청나게 많은 것이었다. 게다가 그 일곱 권마저도 피해망상적인 당부의 말과 함께 보내지 않았던가. 그 책에 담긴 지혜가 너무 소중해 나눌 수 없으니 책을 받는 사람은 혼자 간직해 달라고 말이다. 하지만 이제 니체는 무엇보다 사람들이 자신의 말에 귀 기울여주기를 바랐다.

　비트만은 작곡가 요하네스 브람스가 《선악의 저편》을 읽고 크게 관심을 보인 뒤로 이제 《즐거운 학문》에도 관심을 보인다고 말해 니체를 더욱 기쁘게 했다. 니체는 그 기회를 이용해 브람스에게 〈삶에 대한 찬가〉의 악보를 보냈다. 계속 고군분투하던 페터 가스트의 「베네치아의 사자」에도 관심을 보여주기를 희망하며 함께 보냈다. 하지만 그런 식의 접근을 너무 많이 경험해왔던 브람스는 악보를 잘 받았다는 형식적인 답장만 보내왔다.

　야코프 부르크하르트는 《선악의 저편》을 받자 난처한 기색을 감추지 못했다. 《차라투스트라》의 마지막 권을 받았을 때 당황스러웠던 기억이 떠올랐기 때문이다. 대체 이번 책에서는 니체가 무슨 말을 했을까? 빵집 2층에서 조용히 살아가는 그는 항상 모든 상황에서 한 발짝 떨어져서 생각하고 행동하는 경향이 있었다. 그는 우선 철학 분야는 잘 모른다고 답해야 할 것 같았다. 일단 그렇게 말해놓고, 현대 사회가 금욕주의 사제로 인해 군중을 노예의 정신으로 몰고 감으로써 타락했다고 논의한 부분은 좋게 평가했다.

　부르크하르트는 민주주의까지 논할 여유는 없었다. 미래를 구축해야 하는 강인한 사람에 대한 니체의 설명은 부르크하르트가 말한 이기주의와 탐욕, 그리고 이탈리아 왕들의 폭력성과 잔인함에 대한 설명과 잘 맞아떨어졌다. 어쨌든 힘에 대한 그들의 의지 덕분에 중세 시대가 르네상스 시대로 탈바꿈할 수 있었고, 아이러니하게도 이후 약 500년간 자유 인본주의가 나타날 수 있었다.

니체는 이폴리트 텐에게도 책을 보냈다. 프랑스 문학 비평가이자 역사가인 그는 환경적인 요소를 통한 역사 해석에 관심이 많았다. 니체와 부르크하르트처럼 프랑스 혁명을 매섭게 비난하기도 했다. 텐은 《차라투스트라》를 침대 탁자 위에 올려놓고 잠들기 전에 읽는다고 말하며 격려성 답장을 보내왔다.[2]

당시 공쿠르 형제가 쓴 《공쿠르 형제의 일기》 2편이 출간되었는데, 정기적인 극장 파티와 저녁 연회, 멋을 즐기며 한가하게 살아가는 파리인의 삶을 보여주는 이 책을 두고 니체는 파리에서 '가장 이지적이고 회의적인 지성인들'의 만남이라며 부러움을 표현했다. 텐은 그 훌륭한 지성인 중 한 명에 속했다. 문학 비평가인 생트뵈브Sainte-Beuve*와 소설가 플로베르Flaubert,** 테오필 고티에도 이 그룹에 속했다. 러시아의 소설가 투르게네프도 가끔 이들과 함께 시간을 보냈다. 니체는 '분노에 찬 비관주의와 냉소주의, 허무주의, 그리고 유쾌함과 유머가 가득한' 그 지성인들의 모임을 부러워했다.[3] 그런 자리라면 자신도 아주 편안하게 느낄 것 같다며, 자신에게도 그런 모임이 있으면 좋았을 것이라 아쉬워했다.

그 아쉬움 때문인지 그는 라이프치히 시절부터 오랜 친구로 지내왔던 에르빈 로데를 찾아갔다. 이제 로데는 철학과 교수였다. 게

---

* 인상주의와 과학적 비평을 융합한 새로운 유형의 비평에 전념하였다. -편집자주
** 꿈 많은 로마네스크한 자기 자신, 또는 무언가를 천착하기를 좋아하는 자기 자신의 모습을 우스꽝스러운 존재로 관조하는 작품을 많이 썼다. 문학을 언어의 문제로 환원시킨 최초의 작가로, 누보로망의 원류라 평가된다. -편집자주

다가 곧 하이델베르크 대학교의 부총장이 될 몸이었다. 하지만 그때의 만남은 두 사람 모두에게 만족스럽지 못했다. 니체는 로데와 지적인 대화는 한 마디도 나누지 못했다고 불평했다. 로데는 니체에게서 말로 설명할 수 없는 낯선 기분, 어떤 기괴한 느낌이 들었다고 했다. 니체는 마치 아무도 살지 않는 나라에서 온 사람 같았다. 무언가 심각하게 잘못되고 있다는 것을 먼저 알아챈 쪽은 로데였다. 그는 니체가 자신은 위대한 운명에 놓여 있고, '2천 년 사이에 서서 결정적이고 파멸을 예고하는' 이 시대 최초의 철학자라는 주장에 공감할 수 없었다.[4] 니체의 말은 온통 과대망상증 환자의 말 같았다. 두 사람의 관계에서 먼저 발을 뺀 쪽은 로데였다. 로데는 니체의 편지에 답장을 보내지 않았고, 나올 때마다 보내주는 그의 새 책에 답례도 하지 않았다. 로데는 니체의 책들이 점점 비현실적이고 경박하게 느껴졌다. 두 사람은 그때 이후로는 만난 적이 없다.

한편 게오르그 브라네스Georg Brandes[5]라는 덴마크의 문예 비평가에게서 뜻밖의 기분 좋은 소식이 왔다. 니체가 브라네스에게 《인간적인 너무나 인간적인》과 《선악의 저편》을 보냈는데, 1887년 11월에 《도덕의 계보》를 받은 그에게서 마침내 열광적인 반응이 돌아온 것이다.

게오르그 브라네스는 북유럽에서 가장 유명한 문학 비평가였다. 정치적, 종교적 급진주의자였던 그는 '분노 문학' 혹은 '저항 문학'이라는 신조어를 만들어냈다. 그는 1880년대 사회적 지위가 있는 남편들이 아내와 딸에게는 보여주지 않는 책, 주교들이 성좌에 앉아 해악을 설파했던 책, 자주 검열을 당하거나 때로는 금서가 되었던 책에 그 용어를 사용했다. 브라네스는 키르케고르, 입센, 스트린드베리, 크누트 함순, 발자크, 보들레르, 졸라, 도스토옙스키, 톨스토이와 같은 '위험한' 자유정신들의 생각을 옹호했다. 정치적 성향이 강한 성직자들은 그를 반기독교인이자 고집불통의 아이콘이라 비난했다.

영국 조지 버나드 쇼George Bernard Shaw와 존 스튜어트 밀John Stuart Mill이 브라네스의 친구였다. 1869년에 밀의 《여성의 종속The Subjection of Women》[6]을 덴마크어로 번역한 책이 입센의 희극에 반영되어(입센의 아내 수잔나는 열정적인 페미니스트였다) 스칸디나비아의 여성 운동에 큰 영향을 미쳤다. 러시아 혁명가 크로포트킨Kropotkin[7]도 그의 친구였다. 푸시킨, 도스토옙스키, 톨스토이를 러시아 밖에서 더 유명해지게 만든 것도 그였다. 9권까지 나온 그의 책 《19세기 문학 주조 The Main Currents in Nineteenth-Century Literature》는 세계적으로 찬사를 받았다. 그는 발칸 반도와 폴란드, 핀란드를 돌며 강연을 이어갔고, 그리스에 갔을 때는 수상의 집에서 지내도록 초대를 받았다. 미국에서 강연을 순회할 때는 월계관을 몇 차례나 받았다. 그의 집 앞은 작가들이 보내오는 책들로 언제나 문전성시를 이루었다. 어떤 날은 하루에도 30~40통의 편지가 도착했다. 반체제 인사나 무명작가로서는 브라네스의 눈에 드는 것이 자신을 알릴 기회였을 것이다.

브라네스는 1877년과 1883년에 베를린에서 지내는 동안, 파울 레와 루 살로메를 만난 적이 있었다. 그들은 분명 니체에 관해서도 이야기를 나누었을 테지만, 니체에게 편지 같은 것을 보낸 적은 없었다. 니체가 《차라투스트라》에서 보여준 방향은 그의 눈길을 끌지 못했다. 시편 작가 같은 옛 어투와 종교적 신비주의가 묻어나는 분위기가 자신이 추구하는 부드럽고 현대적인 문학과는 맞지 않았다. 하지만 《인간적인 너무나 인간적인》과 《도덕의 계보》는 달랐다. 그는 11월 26일에 니체에게 편지를 써서 이렇게 말했다. "선생님의 글에서 새롭고 독창적인 정신의 숨결을 찾았습니다. 제가 읽은 것을 아직 완전히 이해하지는 못했습니다. 선생께서 보여주고자 하는 주제가 무엇인지 완전히 알지는 못합니다. 하지만 많은 부분이 제가 생각하고 공감하는 것들과 일치하더군요. 선생이 보여주신 금욕적 이상에 대한 경멸, 민주적 평범함에 대한 분개, 귀족적 급진주의 같은 부분이 그렇습니다."

귀족적 급진주의라니! 12월 2일, 니체는 흥분되고 다소 어수선한 내용으로 답장을 보냈다. 그가 해준 말들은 그동안 들은 말 중 자신에 관한 가장 예리한 평가였다. 니체는 자신이 느끼는 고독감에 대해 언급하며 데카르트의 묘비에 새겨진 오비디우스의 말을 인용했다. "잘 숨는 사람이 잘사는 사람이다." 하지만 언젠가는 만나고 싶다는 말을 연이어 덧붙여서 방금 한 말의 의미를 무색하게 했다. 서명 아래에는 약간 자신이 없다는 듯 이렇게 덧붙였다. "추신. 저는 4분 3은 앞이 보이지 않는 맹인입니다."[8]

니체는 브라네스가 자신의 동굴을 마음껏 출입할 수 있어야 한다고 생각했다. 그래서 최근에 쓴 서문까지 포함해 최근작을 모두 브라네스에게 보내라고 프리취에게 부탁했다. 페터 가스트에게는 《차라투스트라》 4부의 축쇄판 사본도 보내라고 지시했다.

브라네스는 코펜하겐대학교에서 봄 학기에 니체에 관해 강의를 해보고 싶다고 제의했다. 브라네스의 그 말에 니체의 수다스러운 편지가 이어졌다. 니체는 책마다 어떤 뒷이야기가 있었는지 브라네스에게 상세히 설명했다. 어떤 것은 도움이 되기도 했지만, 어떤 것은 전혀 알 필요가 없는 내용이었다.

《인간적인 너무나 인간적인》: 모두 고된 행군 중에 떠오른 생각임. 영감을 받은 사람의 모습을 보여주는 완벽한 예시.
《비극의 탄생》: 루가노에서 완성함. 당시 육군 원수 몰트케의 가족과 함께 살았음.

니체는 어디서도 보기 드문 아주 독특한 자기소개서도 함께 보냈다.

저는 1844년 10월 15일, 뤼첸 전장에서 태어났습니다. 제가 처음 들은 이름은 구스타브 아돌프[9]입니다. 제 조상은 니츠키라는 성을 가진 폴란드 귀족입니다. … 외국에서는 주로 폴란드인으로 지내서 바로 이번 겨울에도 니스에 갔을 때, 방문객 명단에 폴란드인으로 등록했습니다. 제 두상이 마테이코의 초상화에 나오는 사람과 닮았다는 이야기도 들었습니다. … 1868~1869년 겨울에는 바젤대학교에서 교수직을 제의받았고, … 1869년 부활절부터 1879년까지는 바젤에서 지냈습니다. 이때 기포병으로 자주 소환 명령을 받아 학교 일에 지장이 많았기 때문에 독일 시민권을 포기해야 했습니다. 그래도 군도와 대포 사용은 완전히 숙달하였습니다. … 바젤에서 지내던 초창기 때부터 리하르트, 코지마 부부와 말할 수 없이 가까운 관계로 지냈습니다. 당시 그들은 루체른 근처의 사유지인 트리브쉔 저택에 살았습니다. 하지만 고립된 곳에서 지내다 보니 이전의 유대 관계가 모두 단절되기도 하였습니다. 몇 년 동안 우리는 크고 작은 일들을 함께했습니다. 자신감이 무한대로 뻗어갔지요. … 이런 관계 속에 지내며 저는 많은 사람과(여성을 포함해서) 폭넓은 친분을 맺게 되었습니다. 사실상 파리와 피터즈버그 사이에 있는 모든 유명인을 알고 지냈지요. 대략 1876년부터 건강이 나빠졌습니다. … 습관적인 통증에 시달리는 지경에 이르러서 아픈 날이 200일간 이어진 해도 있었습니다. 그 문제는 전적으로 지역적 원인 때문이지 신경병 종류와는 전혀 관련이 없습니다. 정신 장애와 관련된 증상은 한 번도 겪은 적이 없습니다. 열병을 앓거나 실신한 적도 없습니다. 당시에 제 맥박은 나폴레옹 1세와 같이 1분에 60회로 상당히 느렸습니다. … 제가 정신병원에 있었다는 말이 나온 적도 있습니다만(게다가 정신병원에서 죽었다는 말도 있었습니다만), 전혀 사실이 아닙니다. … 결국 제 병은 제게 가장 큰 도움이 되었습니다. 병은 저를 해방시켜주었고, 나 자신이 될 용기를 주었으니까요. … 저는 용감한, 심지어 군인 같은 면도 있는 사람입니다. 제가 철학자인지 물으셨습니까? 그게 무슨 상관이겠습니까![10]

1888년 4월, 브라네스는 코펜하겐대학교에서 '프리드리히 니체, 귀족적 급진주의에 관한 논의'라는 제목으로 두 차례 강연을 시작할 때, 이 설명을 이용해 그를 소개했다. 강의는 일반 사람도 들을 수 있게 공개 강의로 진행되었다. 유명하지도 않은 한 철학자에 관한 강의를 듣겠다고 300명 넘는 청중이 몰렸던 것은 순전히 브라네스의 권위와 명성 덕분이었다.

"그를 주목하게 된 이유는 스칸디나비아 문학이 지난 10년 동안 제기되고 논의된 생각들에 충분히 오래 머물러 있어서입니다." 브라네스의 마지막 설명은 이렇게 이어졌다. "약간의 다원주의와 약간의 여성 해방, 약간의 행복 도덕, 약간의 자유 사고, 약간의 민주주의 숭배, 우리에게는 이런 것들이 필요합니다. 위대한 예술은 위대한 지성인에게서 나옵니다. 현대 사조에서 가장 개인적인 성향을 지닌, 예외적이며, 독립적이며, 저항적이고, 귀족적 자기 우월감이 있는 그런 사람에게서 말입니다."

청중은 폭발적인 반응을 보였다. 브라네스는 모두 니체 덕분이라고 그에게 공을 돌렸다. 니체는 몹시 뿌듯했다. 그는 덴마크 사람들이 지배자의 도덕이라는 개념을 그렇게 잘 이해하는 것은 아이슬란드의 영웅 전설 때문이 아닐까 생각했다.

니체는 이 놀라운 소식을 모든 친구에게 편지로 알렸다. 엘리자베스에게도 알렸다. 그녀는 그의 편지를 받고 온갖 멸시가 담긴 답장을 보냈다. 오빠도 자신처럼 유명인이 되고 싶은 것 같다고, 게오르그 브라네스같이 '무엇이든 핥아대는' 쓰레기, 유대인 놈을 통해 명성을 얻는 것도 나쁘지 않겠다고 빈정거렸다.[11]

그런 일에는 귀신같이 눈치가 빨랐던 엘리자베스는 게오르그 브라네스가 유대인이라는 사실을 금세 알아챘다. 게오르그 브라네스의 가족은 덴마크의 다른 많은 가족처럼 개명한 이름을 사용하고 있었다. 원래는 코헨이라는 이름이었지만, 브라네스라고 하면 좀 더 덴마크어에 가깝게 들려서 사회생활이 약간 더 수월했다.

니체는 엘리자베스에게 답장을 보냈다. 너의 편지를 여러 번 읽고 나니 완전히 작별 인사를 해야 할 것 같은 느낌이 든다고 말했다. 고통스럽고 괴로웠지만 화는 나지 않았다. 니체는 그 편지에서 자신이 받아들여야 하는 막중한 임무와 괴물 같은 운명, 귀에서 울려대는 냉혹한 음악을 설명하려고 노력했다. 그런 것들이 상스럽고 평범한 것들로부터 숙명적으로 자신을 떼어놓는다고 말이다. 그것은 선택의 문제가 아니었다. 끔찍한 비난으로 인류 전체에 도전하는 것은 그의 운명이었다. "내 이름에는 설명할 수 없는 많은 비운이 담겨 있구나." 마지막으로 그는 자신을 계속 사랑해주면 좋겠다는 말을 덧붙이며 '너의 오빠가'라고 서명했다. 니체는 그 편지를 부치지 않았다. 편지는 이후로도 초안 상태로 남았다.[12]

니체는 비트만과 텐, 부르크하르트, 브라네스가 자신의 책에 관

497

· 19장 · 나는 다이너마이트다!

심을 보여준 이후, 엘리자베스에게 쓴 편지에서 언급한 힘겨운 상황에 더욱 빠져들었다. 로데의 말이 옳았다. 니체는 자신이 정말 아무도 살지 않는 나라에서 온 사람처럼 느껴졌다. 그해 여름 그는 무언가 이상한 느낌을 받았다. 생체 시계가 제멋대로 움직였다. 강인함을 원칙으로 삼았던 그는 일반적으로 식습관과 하루 계획을 철저히 지켰다. 엄격한 규칙으로 제멋대로인 병세를 어느 정도는 통제할 수 있었기 때문이다. 어느 날 그는 자신이 한밤중에 일어나 옷을 갈아입고 책을 쓰고 있다는 사실을 깨달았다. 그는 다가올 기념비적인 과제, 즉 인간이 지금까지 숭배하고 사랑했던 모든 것에 대한 끈질긴 실험적 투쟁의 완결판을 준비하는 동안 자신에게 일어나는 중요한 변화에 관해서도 기록했다. 그는 몇 권의 책을 쓸 계획이었다. 아마도 네 권이 될 것 같았다. 그 책들로《인간적인 너무나 인간적인》과《도덕의 계보》로 시작했던 모든 가치의 재평가를 완성하고 싶었다. 제목으로는《힘에의 의지: 모든 가치의 전도에 대한 시도The Will to Power: Attempt at a Revaluation of All Values》를 생각하고 있었다. 이번에는 체계의 일부가 아니라 체계 전체를 철저히 무너뜨릴 계획이었다. 철학자 한 사람 한 사람을 쓰러뜨리고, 모든 설교가와 종교를 차례차례 무너뜨리기로 했다.

우선 그럴 만한 장소부터 찾아야 했다. 니체는 그해 봄에도 어김없이 돌아온 고민에 부딪혔다. 그 시기가 되면 프랑스와 이탈리아의 휴가지는 어딜 가나 견디기 힘들 정도로 태양이 눈부셨다. 하지만 그가 좋아하는 고산지역들은 여전히 꽁꽁 얼어붙어 있었다.

니체는 페터 가스트에게 의견을 물었다. 그때도 베네치아에서 지내고 있던 가스트는 본능적으로 자신을 보호하고 싶었는지 토리노를 제안했다.

니스에서 토리노까지는 기차로 비교적 수월하게 갈 수 있는 거리였다. 사보나에서 기차를 한 번 갈아타는 수고로움은 있었지만, 짐꾼이 있어서 수월하게 짐을 옮길 수 있었다. 니체는 다음 기차에 짐을 안전하게 옮겨 놓고는 안심이 되었는지 기차에서 내려 잠시 주변을 둘러보았다. 그리고 다시 기차로 돌아와 자리에 앉았다. 하지만 그 기차는 그가 타야 할 기차, 그의 짐이 실린 기차가 아니었다. 니체가 탄 기차는 토리노와는 반대 방향인 제노바를 향해 증기를 뿜으며 힘차게 출발했다. 그 참사를 해결하기 위해 그는 연신 전보를 부쳐대며 이틀 밤을 호텔에서 지냈다. 상황을 겨우 해결한 그는 4월 5일, 마침내 짐과 함께 토리노에 도착했다.

토리노에 도착하니 게오르그 브라네스가 말한 '귀족적 급진주의'라는 말이 번뜩 떠올랐다. 토리노라는 도시는 그 단어와 잘 맞아떨어졌다. 토리노는 한 번쯤은 꼭 와볼 만한, 우아하고 진지함이 묻어나는 도시였다. 사보이 왕가의 수도였던 그곳 사람들은 예의 바르고 느긋해 완벽한 '유럽인'에 가까웠다. 이탈리아 도시에서 쉽게 볼 수 있는 특유의 산만함이 없었다. 토리노는 그가 살기 딱 적당한, 그의 말을 빌리자면 시간을 벗어난 '반시대적' 장소였다. 그곳에는 고귀함과 탈인간성, 평온함이 공존했다. 심지어 건축물에서도 그가 가장 좋아하는 색인 적갈색 테라코타와 연노란색 바탕이 어우러져 품격과 고결함이 묻어났다. 깔끔하게 정돈된 광장은 가는 곳마다 생기 넘치는 분수대나 영웅의 동상으로 고풍스럽게 장식되어 있었다.

수평선을 따라 북서쪽을 바라보면 그가 좋아하는 눈 덮인 하얀 산봉우리들이 펼쳐졌다. 니체는 그곳에서 불어오는 바람 덕분에 실스마리아에서 느껴지던 것과 같은 산뜻함이 토리노의 대기에도 전해지는 거라 확신했다. 그런 산뜻한 공기는 그의 체질과 잘 맞았고 머리도 맑게 해주었다. 실스마리아에 그의 눈에 적당한 빛을 제공하는 그늘지고 조용한 숲이 있었다면, 토리노에는 1만 20미터에 달하는, 혹은 니체가 그렇다고 믿은, 아치형 회랑이 있었다. 그곳은 밝은 곳을 좋아하지 않는 두더지가 화창한 날씨에 밖으로 나와 산책하기에, 그래서 생각을 정리하고, 그것을 노트에 옮겨 적기에 딱 알맞은 정도의 밝기를 지니고 있었다. 게다가 비 오는 날에도 노트가 물에 젖을까 걱정할 필요 없이 몇 시간이고 걸어 다닐 수 있었다. 계절이 바뀌는 시기에 지낼 만한 곳을 찾던 그에게 토리노는 완벽한 장소였다. 그는 지구를 떠도는 연례 순회에서 토리노를 세 번째 고향으로 삼아야겠다고 생각했다. 나머지 두 곳은 니스와 실스마리아가 차지했다.

니체는 그해에 주기적으로 극도의 만족감에 휩싸였다. 토리노에서 받은 첫인상은 모든 사물에 대한 과도한 열광으로 이어졌다. 그의 편지에는 토리노에 있는 것들은 젤라또에서 공기에 이르기까지 모든 게 최고라는 말이 계속 등장했다. 카페도 최고였고, 아이스크림도 그때까지 먹어본 것 중 가장 맛있었다. 음식도 소화가 잘됐다. 식당들은 어느 곳도 예외 없이 세상에서 가장 맛있고 값싸고 영양가 넘치는 음식을 제공했다! 그의 위장은 토리노에서 나오는 음식은 무엇이든 소화할 수 있었다.

니체는 마을 중심가인 카를로 알베르토 광장 6번지 3층에 하숙집을 구했다. 창문 밖으로는 아름다운 광장과 비토리오 에마누엘레 2세*가 태어난 바로크 양식의 화려한 카리냐노 궁전이 내려다보였다. 니체는 편지에서 이 이야기를 자주 언급했다.

니체가 사는 건물 근처에는 수정궁을 본떠서 약 10년 전에 지은 거대한 유리 건축물인 갈레리아 수발피나^{Galleria Subalpina}가 있었다. 수발피나는 기차 없는 기차역같이 길쭉하게 이어진 50미터 길이의 3층 높이 건물로, 유럽의 대표 응접실인 베네치아의 산마르코 광장에 대적할 만했다. 아치형 창문이 매력적인 그 건물 안에는 할 일 없는 부르주아들이 탐낼 만한 것들이 모두 갖춰져 있었다. 야자수 화분과 오케스트라도 있었고, 아이스크림과 물 한 잔만 주문해 놓으면 얼마든 앉아 있을 수 있는 카페와 또 얼마든지 책을 훑어볼 수 있는 고서 서점도 있었다. 그중에서 니체에게 가장 만족감을 안겨준 곳은 콘서트홀이었다. 그의 방에서 창문만 열면 표를 살 필요도 없이 「세비야의 이발사^{Il Barbiere di Siviglia}」를 들을 수 있었다. 「카르

---

* 사르데냐의 제2대 국왕(재위 1843~1861)이며 이탈리아의 제1대 국왕(재위 1861~1878)이다. 입헌군주제 체제로 행정·재정의 근대화를 추진했고, 이로 인해 사르데냐는 이탈리아 통일운동의 모체가 되었다. 가리발디의 남이탈리아 원정 등을 거쳐 이탈리아를 통일했다. -편집자주

멘」을 상연하지 않는다는 점은 아쉬웠지만 말이다.

토리노의 공공 극장은 니체가 완전히 고립된 상태로 존재할 수 있게 해주었다. 베네치아에서 있을 때처럼 주변을 맴돌며 그를 챙겨주었던 고마운 페터 가스트도 없었고, 실스마리아에서처럼 그에게 관심을 보이던 여름 인파도 없었다. 니스에서 그랬듯 그의 시력과 주머니 사정을 고려해주던 친절한 이웃들도 없었다. 토리노에서는 다른 사람의 연민이라는 부담에 얽매이지 않고 완벽하게 자유로운 정신이 될 수 있었다.

니체는 삶에서 느껴지는 모순으로 마음이 혼란스러웠다. 프란츠 오버베크와 페터 가스트에게 자신의 판단력이 너무 냉정하고 가혹해진다는 걱정을 털어놓았다. 만성적인 취약 상태가 과도한 엄격함을 초래하는 것 같다고 했다. 이런 태도가 자신을 르상티망이라는 구덩이로 끌고 간다고 걱정했다. 하지만 모든 가치를 전도하겠다는 불가피한 엄중함에서 물러날 수는 없었다. 《반시대적 고찰》에서와 같이 도덕의 재평가라는 작업에 야심이 덜 드러나는 이전 작품들처럼, 새 책의 윤곽은 여전히 오락가락했다. 하지만 기본적으로 보면 그가 이미 《선악의 저편》과 《도덕의 계보》에서 설명한 주제로 더 확대되어야 했다. 노트에서 그가 밑줄 친 몇 개의 문장이 유럽 비극 시대의 시작이라는 개념으로 압축됐다. 이 개념은 영원 회귀라는 개념과도 관련이 있었다.

하지만 그보다 먼저 바그너에 관한 책을 한 권 더 써야 했다. 그는 5년 전에 죽은 바그너를 아직 마음에서 떠나보내지 못한 상태였다. 그래서 몇 주에 걸쳐《바그너의 경우: 음악가의 문제The Case of Wagner: A Musician's Problem》라는 책을 썼다. 약 30페이지 분량의 얇은 책인데, 바그너의 마법에서 벗어나려는 지속적이고 절망적인 니체의 몸부림이 느껴진다. 내용은 거의 일관성이 없이 전개된다. 전체적으로는 바그너의 음악적 힘이 자신의 감정을 조종한 것에 대한 분노와 그 힘에 맞서 자신의 자유 의지를 빼앗기지 않으려는 투쟁에 대한 것이다.

《바그너의 경우》는 비제의 걸작인 「카르멘」에 대한 예찬으로 시작한다. 니체는 「카르멘」을 완벽한 음악으로 규정하며, 이 음악은 들을 때마다 더 나은 철학자가 되게 해준다고 말한다. 그리고 곧장 독일 낭만주의를 통틀어, 특히 바그너를 꼬집어 이렇게 공격한다.

청중의 감정을 고조시키는 소름 끼치도록 자극적인 그의 능력은 건강함과는 거리가 멀다. 그의 음악은 퇴폐적이다. 때로는 「파르지팔」에서처럼 종교적인 의미에서 퇴폐적이고, 때로는 「마이스터징거」에서처럼 민족주의적 의미에서 퇴폐적이다. 바그너는 퇴폐의 음악가다. 대체 바그너가 인간인가? 오히려 질병이 아닌가? 그의 음악은 인류를 병들게 하지 않았는가? 바그너의 제자가 되면 엄청난 대가를 치른다. 모든 현대 음악이 병들어 있다는 것을 우리는 인정해야 한다. 퇴폐는 깊어진다.[13]

마지막으로 그는 바그너에 비하면 다른 모든 음악가는 아무것도 아니라는 점을 인정하고,[14] 바이로이트는 창시자를 철저히 잘못 이해하고 있는 바보 같은 곳이라고 표현한다.

이 책은 특이한 구조로 되어 있다. 책 마지막에 두 편의 후기가 나오는데, 바로 여기서 니체는 마침내 「파르지팔」을 예찬하며 바그너의 가장 위대한 걸작이라고 말한다. "나는 이 작품을 대단하게 생각한다. 내가 썼더라면 좋았을 텐데."[15]

6월 5일, 니체는 실스마리아에서 여름을 보내려고 토리노를 떠났다. 실스마리아에서는 쟌 뒤리쉬의 집에서 예전에 사용하던 방을 다시 썼다. 그해 스위스의 여름은 날씨가 험해서 비도 많이 오고 추웠다. 세 시간마다 날씨가 변덕을 부려서 그때마다 그의 기분도 달라졌다. 심지어 눈보라도 내렸지만, 늘 그렇듯 사람들은 몰려왔다. 관광객 중에는 얕은 지식을 뽐내는 인텔리 여성도 있었다. 그해에는 훌륭한 음악가도 두어 명 있었다. 니체는 숙소에서 나와 다리 건너편에 있는 알펜로즈 호텔에서 밥을 먹었다. 밖으로 나갈 수 없는 아침이면 이 호텔에 있는 '대화의 방'에 가서 음악을 듣기도 했고, 음악에 관해 이야기를 나누기도 했다.

그해 니체는 레사 폰 시른호퍼는 만나지 못했고, 메타 폰 잘리스 마흐슐린스Meta von Salis-Marschlins[16]라는 여성과 자주 시간을 보냈다. 4년 전 취리히에서 만난 그녀는 그에게 좋은 자극이 되어주었다. 그녀는 당당한 매력이 넘치는 귀족 출신의 브루넷(머리카락과 눈동자가 갈색인 백인)으로, 마흐슐린스라는 돈 많은 스위스 귀족 가문의 마지막 세대였다. 명석한 두뇌와 결단력이 귀족 출신이라는 혈통보다 더 돋보였다. 니체보다 열 살 어린 신여성이자 페미니스트였고, 말비다 폰 마이젠부크처럼 여성들에게 독립적이고 지적인 삶을 독려했다. 취리히대학교에서 법학과 철학 공부를 마치고 한 해 전 스위스 여성 중 처음으로 박사 학위를 취득했다. 시와 책을 썼고, 여성에게 동등한 기회를 요구하며 캠페인 활동도 벌였는데, 그녀가 주장하는 대상은 모든 여성이 아니었다. 그런 선택적 페미니즘은 귀족적 급진주의와 잘 맞았다. 그녀는 대중의 행복에 관심이 있었다기보다 귀족 출신인 여성과 출신은 낮더라도 지식인 여성들의 시민권 확대에 관심이 많았다. 그래야 민주주의보다 귀족주의에 가까운 세상이 된다고 생각했기 때문이다. 이 원칙은 여성뿐 아니라 남성에게도 적용되었다. 그녀의 회고록에는 니체가 혈통보다 사고가 더 귀족적인 엘리트로 묘사되어 있다.

메타는 나탈리 헤르첸의 추천으로 알게 된 도스토옙스키에 관해 니체와 이야기를 나누었다(나탈리 헤르첸은 니체가 돈만 있었으면 신붓감으로 괜찮을지 모른다고 말했던 그 여성이다). 니체는 서점에서 우연히 프랑스어로 번역된 《지하생활자의 수기Notes from Underground》를 집어든 덕분에 도스토옙스키를 알게 되었다. 스물한 살에 쇼펜하우어를 알게 되었을 때처럼, 또 서른다섯에 스탕달을 알게 되었을 때처럼, 도스토옙스키도 처음 본 순간 번개가 스치듯 그의 뇌리에 박혔다. 도스토옙스키의 글은 '제대로 된 한 편의 음악이자 전혀 독일적인 느낌이 들지 않는 매우 이국적인 음악'이었다. 그의 심리적 통찰력에는 천재적인 힘이 있었다.[17] 니체는 도스토옙스키의 다른 책도 찾아보았다. 《죽음의 집The House of the Dead》이라는 책을, 이번에도 프랑스어 번역본으로 읽었다. 도스토옙스키의 망명 생활과 시베리아 감옥에서 지내던 시절에 대한 혹독하고도 감동적인 이 이야기는 니체에게 강력한 영향력을 발휘했다. "베수비오 산기슭에 너희의 집을 지어라." 니체가 외쳤던 이 말을 도스토옙스키는 이미 실천하고 있었다. 그는 진리의 악마이자 광명의 악마, 치명적인 야수, 영혼의 아르고호 용사였고, 니체 자신만큼 고통을 겪은 자였다. 도스토옙스키가 오랜 감옥 생활로 굴욕감을 맛보았다면, 니체는 그에 못지않게 오랜 생활 온갖 질병에 시달리며 자신의 책에 대한 사람들의 무관심으로 굴욕감을 느꼈다.

두 사람은 그리스도 교리에 관해서도 깊은 지식을 보이며 생각을 같이했다. 도스토옙스키는 훗날 정치적 간섭으로 순수함을 빼앗기기 전까지는 원시 기독교, 최초의 기독교, 신성한 원시 종교의 모습을 제시할 수 있었다. 그는 신성한 무정부주의자였다. 그는 구세주의 진정한 심리는 사제들이나 국가의 종교, 질서와는 아무 관련이 없다는 것을 알았다. 그것은 노예의 도덕이라는 복수심과도 관련이 없었다. 그것을 '과학적으로' 정당화하려는 시도는 적절하지 않았다. 기독교는 바로 그런 것들 때문에 왜곡되어왔다고 믿었다. 니체는 기독교가 바로 '종교'라 불리는 그 유산 때문에 타락했다고 생각한다는 점에서 도스토옙스키도 생각을 같이한다고 느꼈다. 종교가 타락한 것은 인간이 세상에서 살기 위해 어쩔 수 없는 선택이었다. 구세주를 신성한 바보로 만들지 않을 수 없었다.

어느 날 메타 폰 잘리스와 니체는 호수를 따라 차라투스트라 바위가 있는 쪽으로 저녁 산책을 나갔다. 메타는 그날 니체가 《죽음의 집》에 관해 이야기하면서 눈에 눈물이 가득 고였다고 말한다. 니체는 그 책이 자신에게 일어나는 강렬한 감정 전체를 비난하게 만든다고 했다. 그런 감정이 자신에게 없어서가 아니라, 그런 감정을 너무 강하게 느끼고, 그것이 얼마나 위험한지 알기 때문이라고 했다. 메타는 그가 말하는 감정이 어떤 종류인지 말하지 않았는데, 아마도 연민의 감정이었을 것이다. 니체는 연민이라는 감정은 실제적인 면에서 아무 쓸모가 없고, 위험하고, 자신을 약하게 만든다고 생각했다. 그는 그것에 관해서 얼마 후 다음과 같은 내용으로 글을 썼다.

연민은 퇴폐적이고 허무주의에 대한 연습이다. 그것은 삶을 부정하고, 사람들을 무無로 끌어들인다. 하지만 무는 '무'로 불리지 않는다. 대개 '내세'나 신, '진정한 삶' 혹은 해탈이나 구원으로 불린다. 그것을 알았던 아리스토텔레스는 훌륭하게도 연민은 이따금 몰아내야 하는 위험한 병으로 간주했다. 따라서 그리스 비극은 설사제였다.[18]

메타는 한 해 전 여름에 니체에게 호수에서 노 젓는 법을 알려주었다. 두 사람은 이번에도 보트를 타고 호수를 탐험했고, 그때 니체는 자신의 어린 시절과 학창 시절, 어머니에 관해 많은 이야기를 했다. 그는 어렸을 때 자신이 이상한 아이였다고 했다. 어머니는 눈이 아주 예뻤다고도 했다. 메타는 니체가 그런 말을 할 때 그에게서 전에 본 적 없는 슬픈 기운을 느꼈다.

하지만 이때도 니체는 어렸을 때의 장난꾸러기 같은 모습을 완전히 잃지는 않았다. 아름다운 풍경을 자랑하는 숲속 휴양지에는 야외에 이젤을 세워두고 자신의 재능을 그림 속에 영원히 간직하려는 아마추어 화가들이 더러 찾아왔다. 어느 날 니체는 야생화를 관찰하고 있는 아일랜드 소녀에게 못생긴 무언가도 그림에 그려 넣으면 좋겠다고 조언했다. 꽃의 아름다움은 그에 대비되는 것과 함께 있을 때 더 강조될 거라고 말이다. 며칠 뒤 그는 두꺼비 한 마리를 잡아 주머니에 넣어두었다가 소녀에게 건넸다. 그리고 소녀가 놀라는 모습을 보며 아주 즐거워했다. 니체가 사탕을 좋아한다는 것을 알았던 소녀는 메뚜기 몇 마리를 잡아다가 캔디통에 넣어 니체에게 선물했다. 니체가 뚜껑을 열자 메뚜기들이 펄쩍 뛰어나왔다. 소녀의 복수였다. 두 사람과 가까운 사이의 주변 사람들은 서로 짓궂은 장난을 주고받았다며 재밌어했다.[19]

7월 중순에 《바그너의 경우》를 끝낸 그는 출판을 부탁한다며 원고를 나우만에게 보냈다. 나우만은 원고를 도저히 읽을 수 없다며 돌려보냈다. 니체는 또 한 번 페터 가스트에게 도움을 요청했다. 가스트는 늘 그래왔듯 자기 일은 제쳐두고 니체의 어려움을 해결해주었다. 덕분에 완성된 책은 9월에 나왔다.

니체는 계산해보니 자신이 책을 한 권 내려면 1천 프랑이 든다는 것을 알았다. 바젤대학교에서는 연금으로 3천 프랑을 지급했다. 메타는 이 사실을 알고 출판 자금에 도움을 주고 싶다며 눈치 빠르게 1천 프랑을 건넸다. 7월에는 파울 도이센이 같은 이유로 2천 프랑을 건네주었다. 도이센은 '인류가 너에게 지은 죄를 보상해주고 싶어 하는 익명의 몇몇 사람에게서 받은 선물을 전한다.'라고 써서 보냈다. 니체는 도이센이 말하는 몇몇 사람은 도이센 자신이거나 당시 베를린에 있던 레일 거라 짐작했다. 계산해보니 출판 비용이 1885년 한 해에 285마르크, 1886년에는 881마르크, 1887년에는 1,235마르크가 들었다. 니체는 친구들의 선물 덕분에 파산에 대한 걱정 없이 계속 책을 낼 수 있는, 심지어 전보다 더 많이 낼 수 있는 자유를 얻게 되었다.

니체는 《우상의 황혼》이라는 책도 썼다. 바그너의 「반지」 시리즈에서 마지막 오페라의 제목이 「신들의 황혼」이었으므로 이 제목은 누가 봐도 바그너에 대한 도전이었다. 니체는 이 책을 가치의 전도라는 위대한 작업의 첫 작품으로 만들기로 했다. '망치를 들어 철학하는 법'이라는 부제는 존재하는 모든 가치에 망치를 들겠다는 그의 의도를 암시했다. 즉 망치를 내리쳤을 때 진실한 소리가 울려야만 진정한 가치로 남을 수 있었다.

앞부분은 주제와 전혀 상관없는 이야기로 시작된다. 그는 '잠언과 화살'이라는 제목으로 44개의 아포리즘을 불쑥 전하는데, 그중 많이 알려진 것들을 소개하면 다음과 같다.

인간이 신의 실패작인가? 신이 인간의 실패작인가?

나를 죽이지 못하는 것은 나를 더 강하게 만든다.

자신의 삶에 이유가 있다면 어떤 방법도 거의 받아들일 수 있다. 사람들은 행복에 목숨 걸지 않는다. 오직 영국인들만 그렇다.

완벽한 여성은 작은 죄를 저지르듯이 문학을 한다. 시험 삼아, 지나가듯이, 누군가 자신을 알아보는지 둘러보고, 누군가가 자신을 알아보았다는 것을 확인하면서.

악한 인간은 노래하지 않는다. 그렇다면 대체 왜 러시아인들은 노래하는가?

기원을 찾을 때 사람은 게가 된다. 역사가들은 뒤를 본다. 그리고 결국 뒤도 믿어버린다.

만족감은 감기도 막아준다. 자신이 옷을 잘 입었다고 생각하는 여자가 감기에 걸린 적이 있던가?

얼마나 작은 것으로도 행복해질 수 있는가! 백파이프 소리만으로도 행복해질 수 있다. 음악 없는 삶은 실수일 것이다. 독일인은 신조차 노래를 부른다고 생각한다.

나는 체계를 세우는 사람을 믿지 않고 피한다. 체계를 세우려는 의지는 진실성이 부족하다는 것이다.

표면적으로만 보면 그의 말은 전혀 일관성이 없고, 단순하며, 심지어 가벼워 보인다. 니체는 이 '잠언과 화살'이라는 서두로 영리하게 독자들을 안심시킨 뒤, 목표로 삼은 우상들을 향해 거침없이 망치를 휘두른다. 소크라테스, 플라톤, 독일, 자유 의지, 인류를 '개선하는 것들'은 '거미줄을 짜는 병자', 즉 사제와 철학자를 위해 따로 마련한 가장 강력한 망치로 모두 무참히 공격했다.

니체는《우상의 황혼》에서 마침내 모든 일을 끝냈다고 느꼈다. 마지막 문장에서 말했듯이 그는 돌고 돌아 처음 출발선인 제자리로 돌아와 있었다.

이로써 나는 내가 앞서 출발했던 지점으로 돌아왔다.《비극의 탄생》은 모든 가치에 내가 최초로 시도한 재평가였다. 이제 나는 내가 원하는 것들과 내 능력이 자라나오는 토양으로 돌아왔다. 철학자 디오니소스의 마지막 제자인 내가, 영원 회귀의 스승인 내가.[20]

토리노의 황혼

. . .

괴물과 싸우는 사람은 자신이 괴물이 되지 않도록 조심해야 한다. 오랫동안 심연을
쏘아보면, 심연도 나를 되쏘아본다.

-《선악의 저편》4장 146절

1888년 9월 2일, 니체는《우상의 황혼》을 끝냈다. 그해 두 번째 책이었다. 그는 다음 날부터 또 새 책을 쓰기 시작했다.

다음 대작은 8월부터 구상해왔던《힘에의 의지》라는 책이었다. 지난 몇 달 동안 이미 그 책에 관해 어마어마한 양의 메모를 남긴 터였다. 하지만 9월 4일, 새 책을 쓰기 시작한 그날, 그는 갑자기 마음을 바꾸고 그가 말하는 모든 가치 전도의 마지막 계획을 급히 써 내려갔다. 사상의 근간을 뒤흔들 그 책은 이제 네 권으로 구성되었다.

반그리스도 - 기독교 비판에 대한 시도
자유정신 - 허무주의 운동으로서 철학 비판
부도덕자 - 무지, 도덕이라는 가장 치명적인 형태의 비판
디오니소스 - 영원 회귀의 철학

니체는 이제 심리적으로 불안정하고, 과도하게 유쾌하고, 스스로 만족스러워하며, 세상에 휘둘리지 않는 상태를 꾸준하게 유지했다. 심지어 그동안 그의 기분과 능력을 좌지우지하던 공기 상태마저 전혀 신경 쓰지 않았다.

1888년 늦여름의 실스마리아는 기상학적으로 보면 큰 뉴스거리였다. 엄청난 양의 비가 폭탄처럼 쏟아졌다. 니체는 책을 쓰는 동안 짬짬이 지인들에게 보낸 안부 편지에 거의 자부심을 느낄 만큼, 밀리미터 단위로 정확하게 강수량을 통계 내서 기록했다. 그가 지

난 7년간 올 때마다 보았던 호수는 이제 아메바같이 길쭉한 모양으로 변해 있었다. 그 호수가 공간을 빨아들여 그에게 정말 중요했던 빛의 밝기도 달라졌고, 습관적으로 해오던 산책도 할 수 없게 되었다. 길을 걸으면 머리 위로 나뭇잎이 우수수 떨어졌다. 발 아래 길은 쓰러진 초목들이 엉겨 붙어 반 맹인이 걸어 다니기에는 너무 위험했다. 차라투스트라 바위는 원래 한쪽 면이 호수 기슭에 있고, 다른 한쪽 면은 호수 안에 있어 대비되는 모습이었지만, 이제는 그런 특징 없이 완전히 물에 잠겨버렸다. 수행자의 오두막을 짓겠다고 꿈꾸었던 '순결의 반도'는 이제 반도가 아니라 외로운 섬이 되었다.

니체도 그랬다.

메타 폰 잘리스는 실스마리아에서 보내는 여름휴가를 끝내고 돌아갔고, 아베 폰 홀튼Abbé von Holten도 떠나고 없었다. 이제 바그너에 관해 깊은 대화를 나눌 사람이 없었다. 아베는 고맙게도 니체가 가스트의 음악을 감상할 수 있도록 그의 악보를 연습하는 수고를 아끼지 않던 친구였다. 몇 주 동안 니체는 과거 운율 리듬과 후기 운율 리듬 간의 차이를 구분하는 데 강박적으로 마음을 기울였다. 그는 과거 운율 리듬은 '시간적 리듬'이라고 부르고, '미개한' 세계에 뿌리를 둔 후기 운율 리듬은 '감정적 리듬'이라 표현했다. 그는 고전 세계에서 나온 '시간적 리듬'은 감정과 열정을 제어하고 조절하여 어느 정도 그것을 제거하는, 일종의 보호막 역할을 한다고 주장했다. 반면 문예 부흥기 이전 시대에 기반을 둔 '감정적 리듬'

은 교회 음악으로 길들여져 독일적인 야만스러운 리듬이 되어 감정을 고조시키는 수단으로 사용된다고 했다.[1]

9월 20일, 니체는 실스마리아를 떠나 토리노로 향했다. 이번 여행도 순조롭지 않았다. 코모호 일대 지역이 수십 킬로미터에 걸쳐 물에 잠기는 바람에 어느 지점에서는 그가 타고 있던 기차가 횃불로 밝혀진 나무다리를 건너야 했다. 보통 때였다면 만성 질환에 시달렸던 그는 이런 일로 며칠간 몸져누웠겠지만, 그때의 그는 물의 힘으로부터 자유로웠다. 단지 물의 액체 성분만이 힘에의 의지를 분출하고 있었다.

토리노에 처음 갔을 때, 니체는 마음의 여유와 자유, 자긍심을 느꼈다. 건강도 기적처럼 좋아졌고, 어느 때보다 풍부한 창의력이 발휘됐다. 두 번째로 갔을 때는 좋은 점이 더 많았다. 그는 적당하게 그늘이 드리워진 회랑과 반짝이는 강둑을 거닐며 마침내 위버멘쉬라는 정신적 상태에 도달했다는 아찔한 기분에 휩싸였다. 만약 그가 그 순간 느끼고 있는 것을 과거에 이미 찾았더라면, 인생의 모든 울림에, 지나간 모든 것과 다가올 모든 것에 기꺼이 만족했을 것 같았다. 그 순간만큼은 모든 것을 받아들일 수 있었다. 그리고 그 모든 상황이 영광스럽게 느껴졌다. "나는 지금 세상에서 가장 고마움을 느끼는 사람이라네. … 엄청난 수확의 시기를 맞이한 것 같아. … 내가 하는 모든 일이 쉽게 느껴지네."[2]

이 시기에 그가 지인들에게 보낸 편지에는, 처음 토리노에 왔을 때처럼 모든 것이 경험한 것 중 최고였다는 내용이 많다. 특히 이

때는 왕실의 결혼식 행사로 토리노의 귀족적 분위기가 더욱 고조되어 있었다. 잠시 스페인 왕위에 있다 물러난 아오스타의 공작, 아마데오 왕자와 그보다 스물한 살 어린 조카, 즉 나폴레옹 조제프 보나파르트의 딸이자 나폴레옹 황제의 조카딸인 마리아 레티샤 공주의 결혼식이 있었던 것이다. 토리노에서 매일같이 벌어지는 일들은 바이로이트의 축제 같았다. 보나파르트 왕가와 사부아 왕가의 일원들이 궁전 사이를 오가며 행진하는 동안, 금몰 장식을 단 고관과 바그너의 취향을 떠올리게 하는 비단과 공단 드레스를 입은 부인들이 길거리를 가득 메웠다. 대극장으로 변한 도시 전체는 환상에 불과한 자의식이 과대망상증으로 기울고 있던 고독한 남자에게 더할 나위 없는 장소였다.

당시 한 신문에는 왕족의 결혼식에 관한 과장된 기사 바로 밑에 비꼬는 기색 없이 '위생적인 결혼'이라는 제목으로 아메리카합중국에서 여러 종족의 혼혈, 즉 완전히 새로운 인종이 증가하고 있다는 기사가 있었다. "이곳에 이민해온 사람들은 먼저 이민해온 사람들과 결혼해 자신들보다 더 빠르고 더 공격적인 자손을 낳는다. 다윈에 따르면, 이들의 후손은 그 조상보다 확실히 키도 크고 팔다리도 길다. … 우리는 곧 결혼에 관한 적절한 법을 적용할 것이다. … 젊은 남녀 가운데는 질병의 이유로 절대 결혼하면 안 되는 부류도 존재한다."[3] 우생학이 등장하기 시작했고, 그로부터 7년 뒤 알프레드 플레츠Alfred Ploetz가 '인종 위생학'이라는 새 분야를 개척했는데, 그는 위버멘쉬에 관한 니체의 사상과 다윈의 적자생존을 왜곡해

니체의 삶

자신이 만든 생물학적 선택이론에 정당성을 부여했다.[4]

니체는 카를로 알베르토 6번지 3층에 있는 이전 하숙집을 다시 찾았다. 맞은편에 보이는 카리냐노 궁전은 왕의 결혼식 이후 여전히 부산했다. 니체는 볕 잘 드는 하숙집에서 예전처럼 즐겁게 지냈다. 하숙집 주인 다비데 피노와 그의 아내, 그리고 아이들도 다시 찾아온 니체를 반겼다. 피노는 아래층에서 작은 신문 판매점을 운영하며 문구와 엽서도 같이 팔았다. 그는 신발 세탁 서비스를 포함해 방세로 한 달에 25프랑만 받았다. 니스보다 훨씬 저렴한 액수였다. 니스에서는 식사를 포함해 하루에 5프랑 50상팀을 지불했지만, 토리노에서는 1프랑 15상팀이면 훌륭한 식사를 주문할 수 있었다. 20상팀이면 커피 한 잔을, 그것도 세계 최고의 커피를 주문할 수 있었다! 다정하고 친절한 토리노의 식당 주인들은 손님의 지갑을 털 궁리만 하는 니스와 베네치아의 상점 주인들과는 달랐다. 그들은 언제나 그들이 제공할 수 있는 제일 좋은 옵션을 제안했기에 니체는 고민 없이 그들의 친절한 제안을 받아들였다. 팁을 요구하는 사람은 없었지만, 니체는 항상 팁을 냈다. 10상팀이면 왕 같은 대접을 받았다.

토리노는 경치도 최고였다. 포강 강둑에 서 있는 커다란 나무들은 청명한 하늘색과 대비되어 황금빛으로 더욱 반짝였다. 니스에 대한 충성심은 완전히 어리석은 짓이었다! 나무도 없는 허여멀건 풍경이 뭐가 좋다고 그렇게 극찬했을까? 이곳 사람들은 시대를 초월한 모습으로 고대의 풍경을 거닐며 클로드 로랭이 그린 목가적 풍경화를 배경 삼아 영원의 거주자로 살았다. 공기는 또 어떤가! 그는 이렇게 맑고 깨끗한 공기는 어디에서도 느껴본 적이 없었다. 아침이 되면 매일같이 완벽하게 찬란한 태양이 떠올랐다(사실 토리노는 연간 117일 비가 내려 기후가 다소 좋지 않다. 특히 비는 10월과 11월에 집중되는데, 니체는 그 기간 토리노에서 지내며 지인들에게 이런 이야기를 전한 것이다). 다른 데서는 카를로 알베르토 거리가 자동차 타이어처럼 단조롭고 어두컴컴하고 우울한 분위기로 묘사된다. 하지만 니체에게는 토리노의 모든 것이 완벽했다. 다른 놀라운 변화도 있었다. 두통과 메스꺼움이 어느 날부터 나타나지 않았다. 식욕도 왕성해졌다. 뭐든지 잘 먹고 잠도 잘 잤다. 어떻게 보면 그때가 그의 인생에서 최대 절정기였다.

게다가 다비데 피노의 집에는 피아노도 있었다. 니체는 저녁마다 몇 시간씩 그 피아노를 쳤다. 음악에 대해 좀 알았던 피노의 딸은 벽 너머로 들려오는 피아노 연주가 바그너풍 같다고 말했다.

토리노에는 친구가 없었다. 찾아오는 손님도 없었다. 니체는 그 기간 내내 실스마리아에서 쓰기 시작한 책을 맹렬하게 써 내려갔다.

'기독교에 대한 저주'라는 부제가 붙은 《반그리스도 The Anti-Christ》는 기독교를 비난하는 짧고 강렬한 분위기를 전달하는 책이다. '반그리스도'라는 단어는 독일어로 '반그리스도'라는 의미도 되고, '반기독교인'이라는 의미도 된다. 니체는 이 책에서 예수 그리스도라는 사람에 대해서는 존경심을 표하되, 그의 이름으로 성장한 기독교라는 종교는 혹독하게 비난한다. 많은 부분이 그가 이미 《우상의 황혼》과 《도덕의 계보》에서 말한 내용이다. 그는 이 책에서 현실의 삶을 부정하고 가상 세계만 좇는 기독교의 모순을 또 한 번 꼬집는다.

쓰레기 같은 현실 대신 솜사탕 같은 영원의 세계를 선호하는 행위는 르상티망에 힘을 부여했다. 그리하여 사제들은 도덕적으로 더 힘이 세고 복수와 질투에 불타오르는 르상티망이라는 심리를 이용해 전 인류를 노예근성에 빠뜨렸다.

종교라는 허구적 세계는 자연에 대한 증오심과 현실에 대한 뿌리 깊은 불안감에서 생겨났다. 기독교 세계를 거친 이후, 도덕의 전 영역은 무용지물이 되었다. 모든 것이 인간의 상상이 만들어낸 가상의 원인과 결과에 지배를 받았기 때문이다. 기독교가 보여주는 현실에 대한 적개심은 타의 추종을 불허했다. 일단 '자연'이라는 개념이 신에 반하는 개념으로 낙인이 찍히자 자연계 전체가 비난의 대상이 되었다. 인간의 본성 또한 미숙하고 어리석다는 이유로 낙인의 대상에 포함되었다.

니체는 자신이 비난하고자 하는 대상은 예수 그리스도가 아니라 교회와 사제들에 한한다는 점을 분명히 했다. 기독교를 창시한 예수 그리스도에 대해서는 존경심을 표했다.

니체는 도스토옙스키를 직접 언급하지는 않지만, 예수 그리스도는 하층민과 소외계층, 죄인을 일깨워 지배 질서에 저항하게 한 성스러운 아나키스트라고 하면서, 오늘날 살아 있었다면 시베리아로 추방되었을 거라고 말한다. 그리스도는 종교 때문이 아니라 오히려 정치적 이유로 죽음을 맞았다. 십자가에 새겨진 문구가 이를 증명했다. '유대인의 왕'이라는 표현은 다이너마이트와 같았다. 유대인에게는 자신들의 땅이라고 주장할 수 있는 물리적 영토가 없었기 때문에 그 말이 오히려 위협적인 힘을 발휘했다.

'기쁜 소식을 가져온 자'인 그리스도는 그가 살아왔던 방식과 그가 가르친 방식대로 죽음을 맞았다. 인류를 구원하기 위해서가 아니라 어떻게 살아야 하는지 몸소 보여주기 위해서였다. 그가 인류에게 남긴 것은 그가 실천한 모습이다. 재판관과 간수 앞에서, 온갖 조롱과 비난 앞에서, 그리고 마침내 십자가 앞에서 그가 보여준 태도가 이를 증명했다. 그는 악에도 맞서지 않았고, 부당한 상황에도 저항하지 않았다. 오히려 그 상황을 담담하게 받아들이고 사랑했다. 르상티망이라고는 찾아볼 수 없었다. 그런 태도로서 '네 운명을 사랑하라'라는 영원한 긍정을 몸소 가르쳤다.

지금의 기독교는 사도 바울의 손에서 탄생했다. 그리스도의 모범적 삶을 가장 혐오스럽고 야만적인 형태로, 인간의 죄를 대신해 희생했다는 전설로 둔갑시킨 사람이 바로 그였다. 아무 죄 없는 사람의 피로서 죗값을 대신하다니 얼마나 끔찍한 이교도의 모습인가! 사도 바울은 세상을 향해, 인간의 육체를 향해 증오심을 키웠고, 최대한 모든 기회를 이용해 르상티망을 퍼뜨렸다. 바울은 어떻게 하면 하나의 작은 종파로 세계를 밝히는 큰불을 타오르게 할 수 있을지 고민했다. 하나님과 십자가라는 상징을 이용하고, 그 아래에 숨겨진 모든 것, 사람들의 마음 깊숙이 숨겨져 있는 저항심, 로마 제국 아래 비밀스럽게 행해져오던 무정부주의자들의 활동, 그런 것들을 모두 모아 기독교 교회라는 거대한 힘을 탄생시켰다.[5]

기독교를 정치적으로 해석한 《반그리스도》는 니체가 최종 판결을 내리며 신의 역할을 떠안는 마지막 부분이 없었다면 더 나은 책이 되었을지 모른다. 그 마지막 부분은 그 시기에 쓴 그의 책 대부분이 그렇듯, 스위프트식 풍자 문학이나 극도의 진지함을 연습한 것인지, 아니면 점점 불안정해지고 있는 심리 상태가 일시적으로 폭발한 것인지 판단하기 쉽지 않다.

내용은 다음과 같다.

기독교 금지령

구원의 날, 첫해 첫날로 정해진다.

(즉 잘못 계산된 시간에 따라 1888년 9월 30일을 말한다.)

악덕에 맞서 죽음을 무릅쓴 전쟁: 악덕은 바로 기독교다.

모든 성직자는 감금되어야 한다.

교회 예배에 참석하는 것은 사회도덕에 대한 공격이다.

기독교가 바실리스크의 알에 대해 고민했던 저주의 장소(이스라엘? 예루살렘? 그곳이 어디든)는 완전히 파괴되어야 한다. 지구상에서 가장 타락한 곳은 모든 후세 사람에게 공포가 되어야 한다.

그 위에 독사를 길러야 한다.

순결을 설파하는 목사가 진짜 죄인이다.

성직자들은 배척하고 굶겨서 모든 종류의 사막으로 쫓아내야 한다.

'신', '구원자', '구세주'라는 말은 범죄자를 의미하는 욕으로 사용되어야 한다.

나머지는 이것으로 따른다.

그는 여기까지 쓰고 마지막에 '반그리스도'라고 서명했다.

니체는 《반그리스도》를 끝낸 9월 30일을 위대한 승리의 날인 제7일로 기록했다(성경에서도 하나님은 6일 만에 세상을 만들고 7째 되는 날 쉬셨다). 니체는 그날 위대한 포강의 강둑을 따라 황금처럼 빛나는 미루나무 아래를 거닐며 '하나님처럼 여유롭게' 하루를 보냈다.

니체는 출판된 《바그너의 경우》가 도착하자 널리 널리 기증본을 발송했다. 게오르그 브라네스가 코펜하겐에서 자신을 주제로 강연한 이후로 그는 국제적인 인물이 된 자신의 모습을 상상했다. 특히 미국에서 보이는 관심을 자랑스럽게 생각했다. 세계가 그의 말에 귀를 기울이는 것 같았다. 그래서 누구에게 책을 보낼지, 그들에게 무엇을 부탁할지 망설임이 없었다.

그는 먼저 독일 책을 즐겨 읽기로 소문난 비제의 미망인에게 책을 보냈다. 파라과이에도 보냈다. 누에바 게르마니아 사업에 들어간 비용을 바그너 협회와 추종자들에게서 충당했던 매제는 책을 받고 크게 불쾌해했다. 엘리자베스도 똑같이 기분 나빠했다. 그녀 역시 코지마의 후원 없이는 아무 일도 하지 못했기 때문이다.

게오르그 브라네스는 열광적인 반응을 보이며 상트페테르부르크에 있는 몇몇 상류층 급진주의자의 주소를 동봉했다. 당시 러시아에서는 기독교에 대한 공격이 심하다는 이유로 《인간적인 너무나 인간적인》과 '여러 가지 생각과 잠언', '방랑자와 그의 그림자'를 포함해 니체의 책 몇 권이 출판 금지된 상태였다(금지령은 1906년에 와서야 풀렸다). 브라네스는 러시아의 급진주의 지식층에 그의 책을 널리 소개해줄 '우수한 전문가'로 우루소프 왕자와 안나 드미트리예브나 트니코프 공주를 추천했다. 그의 조언은 확실히 예리했다. 출판 부수로 보면, 그때부터 1890년대까지 유럽의 어느 나라보다 러시아에서 니체는 가장 많은 관심을 얻었다.[6]

야코프 부르크하르트에게도 책을 보냈다. "선생님의 한 마디는 제게 큰 기쁨이 될 것입니다."라는 진심 어린 부탁도 써서 보냈다. 니체는 그의 의견을 항상 중요하게 생각했다. 부르크하르트가 니체를 의지하는 것보다 니체가 그를 의지하는 마음이 늘 더 컸다. 하지만 바젤대학교라는 조직 안에서 안전하게 외길을 걷고 있던 부르크하르트는 '그 한 마디'조차 할 수 없었는지 아무 말도 하지 않았다.

니체는 '프랑스로 통하는 파나마 대운하가 열리기를 바라는 마음'으로 이폴리트 텐에게 책을 보냈다. 당시 니체는 비용을 감당할 여유가 없어 프랑스어 번역을 시도하지 못하는 상황이었다. 따라서 텐에게 번역을 부탁하는 한편, 같은 목적을 염두에 두고 말비다에게도 세 권을 보냈다.

로마에 있는 말비다의 집에서 가장 먼저 눈에 띄는 것은 높은 선반 위에서 방문객을 내려다보는 바그너의 위풍당당한 흉상이었다. 말비다는 니체를 후원함과 동시에 바그너에 대한 의리를 지키는 일이 전혀 힘들지 않았다. 그녀는 평생 아슬아슬한 줄타기를 잘했다. 수십 년간 주류파의 일원으로 안락한 생활을 누리는 특권을 유지하면서도, 아나키스트로서의 명성도 놓지 않았다. 그녀의 삶은 한 마디로 그녀가 부르주아의 응접실을 상징하는 푹신한 안락의자가 놓인 가리발디의 요트에 올랐다는 사실로 요약할 수 있다. 그녀는 니체와 바그너 사이의 전투에서도 양다리를 잘 걸쳤다. 하지만 《바그너의 경우》는 그동안 그녀가 잘 유지해온 중립적 태도보다 훨씬 많은 것을 요구했다. 그녀는 편지에서 니체의 부적절함을 지적했다. 그 편지는 현재 남아 있지 않지만, 그녀 스스로는 '최대한 신중하게' 쓴 편지였다고 말한다. 평소에 그녀가 보여준 유연한 태도를 보면 충분히 신뢰할 만한 말이다.

니체는 격한 반응으로 답장을 보냈다. "그 책은 누구라도 반박할 수 있는 내용이 아닙니다. 저는 … 지상 최고의 법원이니까요."[7]

그의 편지에 새로운 특징이 나타나기 시작했다. 그는 점점 공격적이고 전투적이며 위압적인 태도를 보였다. 자신을 신성화하는 표현도 여기저기 등장했다. 그는 자신의 지위와 힘에 관해 기이한 주장을 펼치기 시작했다. 그는 세계사에서 지금보다 더 중요한 순간은 없다고 판단했다. 인류는 결국 늘 무책임하고 무엇이 중요한 문제인지 알지 못했다. 오직 그만이 가치에 관한 위대한 질문을 묻고, 그만이 해결하고 있다는 사실을, 인류는 전혀 이해하지 못했다.

그는 그가 작업하는 가치의 전도가 몇 세기 만에 처음으로 세상을 제 궤도에 올려놓을 것이라 생각했다. 결정적으로 그의 신체 상태가 그에게 그럴 만한 능력이 있음을 증명했다. 거울 속에 비친 자신이 전형적인 청년의 모습으로 보였다. 그 어느 때보다 건강하고 영양 상태도 좋게 느껴졌다. 실제 나이보다 10년은 젊어 보였고, 그만큼 활력도 넘쳤다.

그가 거울 속 자신의 모습을 보며 이렇게 생각했던 적은 그의 인생을 통틀어 딱 한 번 더 있었다. 바로 루를 향한 사랑이 절정에 달했을 때, 그녀와 미래를 함께할 거라는 확신에 차 있을 때였다.

니체는 1888년 10월이 되자 다가올 생일을 손꼽아 기다렸다. 그는 그 순간을 위해 존재하는 것 같았다. 자신과 자신을 둘러싼 세상에서 가을이라는 그 계절에 딱 어울리게 존재하는 듯했다. 토리노 부근의 포도밭에서는 입안에서 달콤함을 쏟아내기 딱 알맞은 색으로 포도가 탐스럽게 익어갔다. 그의 입에서 나오는 말들도 그랬다. 그는 모든 면에서 자신이 무르익었다고 느꼈다. 모든 것이 완벽했다.

10월 15일, 그는 운명과도 같은 자신의 마흔네 번째 생일을 활기차게 맞았다.

또 다른 책을 시작하기에 완벽한 하루였다! 이 세상 사람들을 위해 적어도 자신의 생일을 기념할 자서전 정도는 있어야 했다. 니체는 위대한 작업을 다시 미루었다. 그래도 개의치 않았다. 시간은 많았으니까. 그는 자서전에 자신에 관한 모든 이야기를 풀어내고 싶었다. 그동안 쓴 책, 인생에 대한 관점, 그동안 겪은 수많은 일과 그때마다 느꼈던 생각을 모두 말이다. 세상은 그가 '그러했다'를 '그러기를 원했다'로 바꾸는 모든 과정을 목격할 수 있어야 했다. 그는 지금까지 자신에게 아무런 관심을 주지 않았던 인류가 마침내 자신에 관한 빛과 두려움을 보게 될 것이라 생각했다.[8]

그는 죽은 신의 후임자를 자처하며 자서전의 제목을 '이 사람을 보라'로 정했다. 요한복음에 등장하는 이 표현은 유대의 총독 본디오 빌라도가 그리스도를 사형에 처하던 바로 그 순간 내뱉은 말이다.[9] 이후 자괴감에 빠진 빌라도는 필라투스산에 올라 검은 호수 아래로 몸을 던져 죽었다고 전해진다. "이 사람을 보라." 빌라도는 밧줄에 묶여 채찍질 당하고 가시관을 쓴 채 피 흘리는 예수 그리스도를 가리키며 이렇게 외쳤다. 그리고 살아 있는 하나님을 십자가형에 처하는 사형 선고를 내렸다.

니체는 《이 사람을 보라》라는 책에서 자신의 모습을 예수와 경쟁 관계, 혹은 예수에 버금가는 존재로 설정한다. 그래서 그는 사람들에게 죽임을 당한 또 다른 한 명의 살아 있는 신이 되었다. 니체로서는 자신의 사상이 세상에 알려지지 못하고, 무시당하고, 관심을 받지 못함으로써 죽임을 당했다고 할 수 있었다. 책에는 성경을 인용하고 패러디한 문장이 수없이 등장한다. 첫 문장도 이렇게 시작한다. "나는 조만간 인류에게 인류 역사상 가장 어려운 요구를 해야만 하겠기에, 내가 누구인지 밝혀두어야겠다."[10]

책에 담긴 모든 내용은 섬세하면서도 난해하고, 격정적이며, 무엇보다 도발적이다. 페르디난드 아베나리우스Ferdinand Avenarius에게 쓴 편지에서 밝혔듯, 인간의 운명을 짊어지려면 광대가, 사티로스가 되기 위한 힘을 가져야 했다. 이 역시 그가 감내해야 할 시련의 일부였다. 가장 심오한 사고가 가장 경박한 사고도 될 수 있다는 생각은 그의 철학 신조이기도 했다.[11]

각 장의 제목은 '나는 왜 이렇게 현명한가', '나는 왜 이렇게 영리한가', '나는 왜 이렇게 좋은 책을 쓰는가', '나는 왜 운명인가'와 같이 터무니없고 도를 지나친 표현들이 눈에 띈다. 그는 각 장을 통해 정확히 왜 그가 그렇게 현명하고, 영리하고, 좋은 책을 쓰는지 설명한다. 또 자서전이라는 장르 전체를 조롱하기도 한다. 자서전은 가장 끔찍한 자기기만 행위다. 그는 자서전이 겸손과 자기비하라는 가면과 역사적 기록 보존이라는 당당한 핑곗거리 뒤에 작가의 허영심을 숨기는 관행이라며 분노한다. 자서전도 다른 모든 것처럼 재평가를 받아야 하지 않겠는가? 허풍과 사기의 수단으로, 실제로 일어나지 않은 일과 일어난 일을 뒤섞어 정신병 환자처럼 자축하고 과장하는 용도로 쓰여서는 안 되지 않겠는가? 수많은 복수의 관점주의觀點主義가 사용되어서는 안 되지 않겠는가? 자서전에는 사실은 없고 오직 해석만 존재했다.

'나는 왜 이렇게 현명한가'라는 첫 장은 수수께끼로 시작한다. "나는 나의 아버지로서 보면 이미 죽었고, 어머니로서 보면 아직 살아서 늙어가고 있다." 그는 양쪽 세계 모두에 발을 담그고 있다. 그는 어떤 사람인가? 성자도 아니고, 도깨비도 아니고, 단지 디오니소스의 제자였다. 그는 성자보다는 차라리 사티로스가 되고 싶었다. 우상을 세우기보다는 그것을 무너뜨리는 사람이 되고 싶었다. 그는 인류를 '개선'하겠다는 약속은 절대 하지 않겠다고 했다. 그는 독자들에게 자신의 다리를 보라고 말한다. 진흙으로 된 다리를.

그는 계속해서 자신의 건강에 아무런 문제가 없다는 점을 입증하려 한다. 문자 그대로 보면 이는 전혀 사실이 아니고, 그의 환상에 불과했다. 그의 삶에 대해 조금 아는 우리가 보기에 그의 이런 설명은, 매독에 걸린 이후로 알 수 없는 건강상의 문제로 고통받는 남자로서, 또한 '뇌연화증'으로 죽은 아버지를 둔 남자로서 엄습해오는 비극적인 상황을 부인하려는 의도로 보인다. 그는 자신이 육체적으로 얼마나 건강한지 말하려고 부단히 노력한다. 그렇다. 그는 건강상에 문제가 있었다. 하지만 단지 '일종의 지엽적 퇴화'로 인한 결과였다. 이 작은 지엽적 퇴화가 전반적인 피로감과 위장 계통을 약화시켰고, 그를 육체적, 정신적 면에서 극한으로 내몰았다. 하지만 덕분에 관점을 완전히 뒤엎는 기술과 지식을 얻었다. 니체는 자신을 상처 입은 의사에 비유한다. 그는 자신의 아픔을 사회에 대한 걱정과 관심으로 바꾸어 놓은 의사였다. 오직 그만이, 그 상처 입은 문화적 의사만이 모든 가치의 전도를 이뤄낼 수 있었다.

그는 인간의 위대함에 대한 자신의 신조가 '운명애amor fati'라고 말할 때 분명 진심이었을 것이다. 그는 다른 무언가를 원하지 않았고, 앞으로도 뒤로도, 영원토록 원하지 않았다.[12] 이어서 그는 어머니와 여동생을 보면, 운명애와 영원 회귀를 마음 깊이 꺼리게 된다고 말한다. "나는 나와 완전히 반대되고 헤아릴 수 없을 정도로 비천한 본능을 찾게 되면, 언제나 내 어머니와 여동생을 떠올린다. 이러한 천민들과 내가 친족이라고 생각하면, 내 신성함에 모독이 될 것이다. 바로 이 순간까지 어머니와 여동생이 나를 대한 방식은 말할 수 없을 정도로 공포감을 일으킨다. 실제로 시한폭탄이 작동하는 것과 같다. … 나는 독벌레에 저항할 힘이 없다. … '영원 회귀'에 대한 가장 확실한 반대이자 나에게 있어 지독히 나쁜 생각은 언제나 어머니와 여동생이었음을 인정한다. … 사람들은 자기 부모를 가장 적게 닮는다. 부모를 닮는다는 것은 저속함의 가장 극단적인 표시일 것이다."[13]

그는 자신이 '나쁜' 독일인의 피는 한 방울도 섞이지 않은 순수 폴란드인 귀족 혈통이라는, 사실과 전혀 다른 말도 언급한다. 하지만 프란치스카와 엘리자베스가 같은 폴란드 혈통이라는 말은 하지 않는다. 그러면서도 그들을 여전히 '내 어머니', '내 여동생'이라고 부른다. 그는 자신이 다른 어느 철학자보다 진실한 철학자라고 진지하게 말한다. 과연 우리는 그의 말을 어디까지 믿어야 할까?

이어지는 '나는 왜 이렇게 영리한가'라는 장에서는 그의 폐와 위가 철학적 활동에 가장 중심적인 역할을 한다고 주장한다. 그는 식이요법과 운동 전문가가 되어 커피를 피하고 건조한 공기에 살면 자신과 같은 건강 상태를 얻을 것이라고 조언한다. 본인은 토리노에서 세계 최고의 커피를 즐기면서 커피를 마시지 말라고 말하다니. 그의 의도를 이해하기 힘들다. 이어서 파리, 프로방스, 피렌체, 예루살렘이나 아테네에서 살라고도 한다. 무엇보다 독일 기후는 아무리 영웅적인 사람일지라도 위장에 나쁜 영향을 주니 독일에서는 살지 말라고 조언한다. 철학자에게는 튼튼한 위장이 무엇보다 중요했다.[14]

실내에서 떠오르는 아이디어를 믿지 마라. 마음의 표면이 모든 위대한 의무에서 벗어나게 하고, 자신을 알려고 노력하지 마라. 그의 주장은 이렇게 계속된다. 그는 그때까지 주장한 모든 말과 달리 자신이 되기 위한 전제조건은 자신의 존재에 대한 최소한의 관념도 갖지 않는 것이라고 진지하게 말한다.

"1850년대의 수렁에서 어린 시절을 보낸 우리는 독일 '문화'에 관해 필연적으로 비관론자가 될 수밖에 없다. 편견에 빠진 자가 나라를 다스리는 상황 속에서 문명화된 사고가 어떻게 존재할 수 있겠는가?" 니체는 오직 프랑스 문화만 믿을 수 있다고 말한다. 일단 문화에 관한 주제를 다루기 시작하자 자신의 삶에서 최초로 깊은 숨을 쉬게 해준 바그너에 관해 말하지 않을 수 없었다. 그는 「트리스탄과 이졸데」를 들은 이후 그처럼 무한하게 아름답고 온몸을 전율하게 하는 예술을 찾고 있다고 말한다. 코지마 바그너는 독일에서 가장 뛰어난 감각과 가장 고귀한 본성을 자랑하는 여성이라고 추켜세웠다. 또한 트리브쉔에서 보낸 시절은 무엇과도 바꿀 수 없다고 했다.

'나는 왜 이렇게 좋은 책을 쓰는가'에서는 자신이 쓴 모든 책을 한 권씩 설명한다. 그가 출판업자에게도 말했듯, 그는 차라리 논평을 직접 쓰는 편이 나았을지도 모른다. 지금까지 그런 사람은 없었지만.

마지막 장인 '나는 왜 운명인가'는 이렇게 시작한다.

나는 내 운명을 안다. 언젠가 내 이름은 어떤 놀라운 회상과 연관될 것이다. 지상에 한 번도 없었던 위기, 가장 깊은 양심과의 충돌, 이제까지 믿고 요구되고 신성시되었던 모든 것에 반하는 결정에 관한 회상과 접목될 것이다. 나는 인간이 아니다. 나는 다이너마이트다.

이런 문장은 종종 제3제국* 등장의 예언으로 해석되거나 혹은 그것을 사전에 승인하는 의미로 받아들여졌다. 하지만 짧지 않은 분량인 '나는 왜 운명인가'의 나머지 내용은 그가 미래의 계시적 사건을 언급하는 것이 아니라 이전의 모든 도덕에 맞서고자 하는 그의 임무를 말하고 있음을 분명하게 보여준다.

책의 마지막 문장은 "내 말이 이해되었는가? 디오니소스 대 십자가에 못 박힌 자"라는 말과 함께 다른 많은 책에서처럼 생략부호

---

* 나치 제국 -역자주

로 끝난다.

《이 사람을 보라》의 집필은 11월 4일에 끝났다. 완성까지 3주가 걸렸다. 그는 그 3주 내내 낯선 도시 안에서 완전히 혼자였다. 그곳 사람들은 가벼운 외투에 커다란 영국식 장갑을 끼고 거리를 오가는 작은 체구의 남자에게 별다른 관심이 없었다. 긴 석조 화랑을 따라 이어진 인공조명 불빛 아래를 오가는 사이, 한쪽으로 기운 그의 머리는 완전히 고정되어 있었다. 책을 끝냈을 때는 겨울이 성큼 다가와 도시 너머로 보이는 산들이 새하얀 하늘과 경쟁이라도 하듯 흰색 가발을 덮어쓴 것 같았다.

토리노는 다시 한 번 국가적 행사의 무대가 되었다. 왕족 결혼식에 이어 이번에는 국가 장례식이 열린 것이다. 하얀 새틴 드레스 대신 검정 리본이 거리를 차지했고, 화려했던 축제 분위기는 음울한 장례 분위기가 이어받았다. 결혼식에 참석했던 소수의 특권층이 로빌런트 백작의 장례식에 참석하기 위해 토리노로 몰려들었다. 언제나 고귀함을 사랑했던 니체는 부관에 불과했던 로빌런트를 카를로 알베르토 국왕의 아들로 높여 불렀다.

11월 6일, 니체는 《이 사람을 보라》의 원고를 인쇄업자 나우만에게 부쳤다. 자신의 인생에서 믿기 힘들 정도로 우월한 행복감에서 영감을 받아 쓴 책이라고 차분하게 설명한 편지도 동봉했다. 따라서 이 책은 즉시 조판에 들어가야 했다.

나우만은 나중에 출판업자가 되기는 하지만 그때는 인쇄 일만

했다. 즉, 돈을 낸 저자가 요구하는 대로 인쇄해주는 게 전부였다. 니체는《반그리스도》보다《이 사람을 보라》를 먼저 인쇄해달라고 재촉했다. 그래서 일단《반그리스도》는 인쇄가 보류됐다.《이 사람을 보라》는 일종의 선언서였다. 이 책의 임무는 세례 요한이 한 것처럼 새로운 길을 닦는 것이었다. 니체는 본문 주위에 테두리가 있으면 안 되고 줄 간격은 넓히라고 요구했다. 값싼 종이를 쓰자는 나우만의 제안에는 말도 안 된다며 펄쩍 뛰었다.

나우만에게 지시사항을 전달한 후로도 니체는 많은 것을 변경했다. 원고를 돌려 달라고 해서 절을 추가하고 1888년 12월에 다시 보냈다가, 또다시 돌려받아서 시를 넣었다가 뺐다. 니체는 생각이 너무 많았다. 그중 어느 것도 다음 책으로 계획한 가치의 전도와는 관련이 없었다. 그는 1883년에서 1888년 사이에 쓴 시 아홉 편을 모아 출판용으로 깨끗하게 옮겨 썼다. 몇 번의 수정 끝에 제목은《디오니소스 찬가The Dithyrambs of Dionysus》로 정했다. 독일어 'Dithyramb(찬가)'의 원래 의미는 디오니소스에 대한 그리스식 합창곡을 의미했으나, 시간이 지나면서 디오니소스나 바쿠스 찬가, 혹은 시라는 의미로 확대되었다.

니체는《비극의 탄생》에서 깨끗하고 절제된 독창성을 의미하는 아폴론적인 것에 대비하여 디오니소스적인 것을 열광적인 자유분방함으로 규정했는데, 시간이 지나면서 디오니소스적인 신비는 삶에 대한 근본적인 의지라는 생각으로 변했다. "그리스인은 이런 비밀 의식으로 무엇을 보장했는가? 영원한 삶, 영원한 삶의 회귀,

과거로 약속되는 미래와 과거를 바친 미래, 모든 죽음과 변화를 넘어 삶에 대한 당당한 자세, 출산과 성이라는 신비로움을 통한 전반적인 삶의 연속으로서 진정한 삶, 그런 것들을 보장했다."[15]

디오니소스와 가장 확실하게 연관된 시는 〈아리아드네의 탄식〉이다. 테세우스에 의해 낙소스섬에 버려졌던 아리아드네가 자신의 운명을 슬퍼하다가 주신酒神 디오니소스를 만나는 모습을 그린 시다. 니체는 《차라투스트라》의 4부 중 차라투스트라가 늙은 마법사를 물리치는 '마술사'라는 장에서 이 시를 처음 선보였다.

트리브쉔 시절에는 바그너가 디오니소스였고, 코지마는 아리아드네, 니체와 폰 뷜로가 테세우스 역을 맡는 것이 일반적으로 인정되었다. 하지만 이제 니체는 공공연히 지속해서 자신을 디오니소스로 불렀다. 특히 아리아드네로서 코지마가 그의 글에 점점 자주 등장했다.

자신을 스스로 디오니소스로 공언한 니체는 이제 20대 초반에 억눌렸던 억압의 포로가 아니었다. 그의 글에는 에로티시즘이 넘쳐흘렀다. 자유분방한 판타지의 세계를 그린 〈아리아드네의 탄식〉은 절망한 아리아드네가 팔다리를 쭉 뻗고 누운 모습으로 시작된다. 그녀는 몸을 떨며 신에게 애원한다. 구름 뒤의 사냥꾼인 디오니소스가 나타나 번개로 그녀를 쓰러뜨리자 그녀는 그가 신임을 인정한다. 얼음처럼 뾰족한 화살 아래 전율하던 그녀는 영원한 사냥꾼, 미지의 신에게 공격받고 그에게 굴복하며 몸을 꿈틀거리고 비튼다. 그는 그녀에게 바짝 다가가 그녀의 생각 속으로 파고

든다. 그녀는 황홀감으로 뒹굴며 항복하고, 교수형 집행자 같은 그 신은 그녀를 계속 괴롭힌다. 그녀는 "돌아오라!"라고 울부짖으며 "나의 고통, 마지막 행복이여!"라고 말한다. 그는 번쩍이는 불빛과 함께 나타난다. 마지막 행은 "나는 그대의 미로다."라는 말로 끝난다. 그전까지는 누가 디오니소스이고 누가 아리아드네인지 분명하게 드러나지만, 마지막 말을 한 사람은 누구인지 분명하게 드러나지 않는다. 아마 두 사람 모두일 것이다.

니체는 자신의 책을 누군가에게 헌정하는 편이 아니었다. 하지만 《디오니소스 찬가》는 이졸리네라는 시인에게 바쳤다. 그가 말하는 이졸리네는 '오줌 속 백합'이라는 별명을 가진 시인, 즉 주디스 고티에와 함께 트리브쉔 저택을 방문했던 카튈 망데스^{Catulle Mendès}였다.

망데스는 메사제의 오페라인 「이졸리네」의 대본을 썼다. 티아니아와 오베론에 관한 요정 이야기인 「이졸리네」는 다음 달인 1888년 12월, 파리에서 초연이 예정된 상태였다. 트리브쉔에서 한 번 본 이후로 두 사람 사이에 별다른 인연이 있었던 것으로 보이지는 않는다. 니체 혼자 마음을 쓴 것 같지도 않다. 니체는 이 아침에 가까운 헌정으로 그에게 프랑스어 번역을 부탁하려던 게 아니었을까? 말비다도 힘들다고 했고, 텐도 독일어 실력이 안 된다는 이유로 거절하여 장 보르도^{Jean Bourdeau}에게 부탁했지만, 보르도 역시 시간이 없다고 거절했다. 프랑스로 가는 파마나 운하는 좀처럼 열릴 기미가 보이지 않았다.

니체는 게오르그 브라네스와의 친분을 내세워 스웨덴 극작가인 아우구스트 스트린드베리August Strindberg에게 《이 사람을 보라》의 프랑스어 번역을 부탁했다. 자신을 소개하는 말로는 이제 완전히 굳어진 표현들이 자리 잡았다. 폴란드 혈통에, 건강에 아무런 문제가 없고, 세계적 명성을 얻었으며, 세계적인 통치자들의 언어인 독일어를 할 줄 안다고 말해 독일어의 우수함도 언급했다. 심지어 그를 설득할 마음으로 비스마르크 대공과 어린 독일 황제가 서면으로 된 선전포고와 함께 그 책의 견본 서적을 받게 될 것 같다고도 했다.[16] 스트린드베리는 당시 자신도 정신적으로 좋은 상태가 아니었다. 우선 가진 돈도 없었고, 사랑한 여자와 함께한 첫 번째 결혼이 파탄을 맞고 있었다. 두 사람은 허물어져 가는 성에 딸린 허름한 부속 건물에 살았다. 주변에는 떠돌이 개와 공작이 우글거렸다. 그 지역을 다스린다는 사람들은 자칭 백작부인과 그녀의 연인이었지만, 그 연인이라는 자는 연금술사에 마술사, 사기꾼, 도둑으로 통했다. 스트린드베리의 위대한 희곡인 「미스 줄리」가 탄생한 것은 그에게 일어난 그런 악재들 때문이기도 했다. 그런 혼란스러운 상황 속에서도 스트린드베리는 니체에게 아주 심각한 문제가 있다고 느꼈다. 니체라는 사람은 제정신인가? 그는 브라네스에게 이렇게 물었다.

스트린드베리가 이렇게 말한 데는 다른 이유도 있었다. 니체는 그 편지에서 살인자 두 사람에 대해 이상하리만치 집착하는 모습을 보였다. 그들의 끔찍한 범죄 이야기는 니체와 스트린드베리가 토리노와 스웨덴에서 읽은 신문을 포함해 당시 유럽의 많은 신문,

특히 외설적인 신문의 칼럼난을 도배하고 있었다. 수수께끼의 인물인 '프라도'라는 첫 번째 범죄자는 '린스카 데 카스틸론'이라는 이름으로 불린 스페인 남자였다. 그는 아내의 재산을, 알려진 바에 따르면 거의 120만 프랑이나 페루에서 탕진하고 프랑스로 달아났다. 그리고 강도질을 일삼다가 어느 창녀를 살해했다. 그리고 또 한 사람, '앙리 샹비쥐'라는 인물은 법학도였는데 알제리에 사는 프랑스 남자의 영국인 아내를 살해했다. 니체는 스트린드베리에게 보낸 편지에서 범죄적 재능은 매력적이라고 말했다. 그런 자는 '판사들보다, 심지어 변호사들보다 우수한 사람이고, 자제력이 있으며, 재치 있고, 풍부한 영혼을 가진 사람'이라고도 주장했다. 비슷한 종류의 범죄에 휘둘리며 살았던 스트린드베리는 니체가 무슨 말을 하려고 하는지 이해하지 못했다. 한 달 뒤, 니체가 야코프 부르크하르트에게 보낸 편지에서는, 두 범죄자의 이름이 계속 등장하며 점점 많아지고 있던 니체의 정체성 중 하나를 차지했다. 니체는 자신을 디오니소스이자 반그리스도라 불렀고, 앙리 샹비쥐이자 프라도라 불렀으며, 심지어 프라도의 아버지라고도 했다.[17]

또 니체는 자신의 얼굴에 대한 통제력도 잃기 시작했다. 페터 가스트에게는 재미있다는 듯 그 이야기를 전하며 이렇게 말했다. "별일 아니네! 걱정할 것 없어!" 게다가 이상한 행동들로 사람들의 시선을 끌기도 했다. 콘서트장에 가면 음악에 너무 취해 슬픈 표정을 감추지 못했다. 감당하기 힘들 정도로 눈물을 흘리다가 크게 웃기도 했다. 어떤 날은 사람들이 오가는 대로변에 서서 30분 동안 웃어댔다. 11월 21일에서 25일까지는 사흘 내내 심각한 표정을 지을 수 없었다. 그는 그런 상태가 세상의 구세주가 될 만큼 성숙한 상태에 도달한 거라 결론 내렸다. 두 달만 있으면 그의 이름이 세상에서 가장 유명한 이름이 될 거라 믿었다. 토리노의 모든 사람이 자신의 완벽한 매력을 느끼고 있는 듯했다. 자신이 어떤 가게나 공공장소에 나타나면 사람들은 표정부터 달라졌다. 이름도, 신분도, 돈도 제시하지 않았지만, 어딜 가나 조건 없이 최고의 대우를 받았다.[18] 그를 보기만 하면 누구라도 그를 왕처럼 대했다. 사람들이 그를 위해 문을 열어주는 태도를 보면 특별한 점이 있었다. 웨이터들은 마치 왕을 모시듯 그의 음식을 가져왔다. 한편 니체는 무명 시절에 자신의 진가를 알아보았던 사람들은 따로 마음속에 새겨두었다. 미래의 요리사가 이미 그에게 관심을 기울이고 있다고 해도 완전히 불가능한 말이 아니었다. 그를 독일인으로 보는 사람은 없었다.[19]

니체는 오버베크에게 위대한 재평가의 책 네 권이 곧 나올 것이라고 했다. 그는 결정적인 무기를 꺼내 들고 있었다. 한때 포병대 병사였던 사람으로서 그 이름에 걸맞게 인류의 역사를 정확히 두 동강 낼 계획이었다. 그는 이제 막 시작된 겨울이라는 계절에 어울리도록 그를 매우 기쁘게 하는 재치를 살짝 더해 다소 '오싹한' 계획을 써 내려갔다. 하지만 먼저 11월 20일 전에 바그너에 대한 공격을 한 번 더 감행해야겠다고 생각했다. 토리노를 떠나 니스 혹은 코르시카로 가기로 계획한 날짜였다.[20]

니스로, 혹은 코르시카로 가려던 계획은 세우자마자 취소했다. 코르시카로 가는 것은 이제 아무런 의미가 없었다. 무법자들이 모두 사라지면서 왕들도 그들과 운명을 같이했기 때문이다.[21]

여행 계획 같은 생각은 떠오르기가 무섭게 사라졌다. 그의 방에는 종이 더미가 산처럼 쌓여갔다. 엄청나게 많은 편지를 써대는 동시에 새 책에 쓰려고 이전 책에서 구절들을 따오다 보니, 예전에 써둔 글과 지금 쓰고 있는 글들이 한데 섞여 책상에서 바닥까지 눈송이처럼 메모지가 떠다녔다. 그가 쓰고 있던 《니체 대 바그너 Nietzsche contra Wagner》는 그해에 쓴 네 번째 책이자 《디오니소스 찬가》를 포함하면 다섯 번째 책이었고, 바그너가 제목에 들어간 책으로는 두 번째 책이었다.

마침내 내반족 가방이 니스에서 도착했다. 이제 그는 자신이 쓴 책들을 읽을 수 있었다. 책들은 모두 훌륭했다. 그는 자신의 총명함에 압도되었다. 그는 자신의 생각들이 어떻게 물리적 현상에까지 힘을 미쳤는지 의아해했다. 정말 놀라운 우연이 아닐 수 없었다. 누군가를 생각하기만 해도 그 사람으로부터 편지가 도착했다. 9월 3일부터 11월 4일까지 자신이 저지른 엄청난 일들을 고려하면 토리노에서 곧 지진이 발생할 가능성이 아주 크다고도 생각했다.

12월 15일, 니체는 《디오니소스 찬가》와 함께 《니체 대 바그너》의 얇은 원고를 나우만에게 보냈다. 다른 책들은 놔두고 우선 《니체 대 바그너》를 인쇄해 달라고 했다. 계획은 이틀 만에 변경되었다. 니체는 다시 전보를 보내 《이 사람을 보라》를 먼저 인쇄해 달라고 했다. "이 책은 문학의 개념을 초월한다. … 사실상 어떤 책도 이 책에 견줄 수 없다. 말 그대로 인류의 역사를 두 동강으로 폭파할 최고의 다이너마이트다."

크리스마스 시즌이 돌아왔다. 안부 편지를 써야 할 시기였다.

어머니께,

거의 모든 면에서 어머니의 늙은 아들은 대단히 유명한 인물이 되었습니다. 정확히 말하면 독일에서는 아니지만, 저의 고결한 마음을 이해하기에 독일인들은 너무 어리석고 저속할 따름입니다. 그들은 오로지 저에게만 비난을 퍼부었죠. 저의 팬들은 아주 특별한 존재들입니다. 모두 특출하고 영향력 있는 사람들이죠. … 가장 멋진 여성들만 있어요. 물론 트니코프 공주도 포함해서 말입니다! 저를 우러러보는 사람들 중에는 진짜 천재들이 있습니다. 제 이름은 그 누구보다 특별하게 여겨지고 숭배되고 있습니다. … 다행히 저는 제 임무에 필요한 모든 면에서 이제 성숙해 있습니다.

-어머니의 늙은 아들[22]

엘리자베스에게,

내 여동생, 엘리자베스. … 나는 너와 영원히 인연을 끊을 수밖에 없구나. 이제 내 운명이 확실하다 보니, 네가 한 모든 말이 열 배는 더 날카롭게 느껴진다. 너는 너와 가장 가까운 관계의 남자가 된다는 말이 무슨 의미인지, 그리고 천년의 문제가 누구의 운명에 따라 결정되는지 조금도 이해하지 못하지. 나는 말 그대로 내 손바닥 안에 인류의 운명을 쥐고 있단다.[23]

페터 가스트에게,

친애하는 나의 친구여, 나는 삶과 죽음의 모든 가능성에 대비해 차라투스트라 4부 전권을 되찾고 싶네. … (지난 며칠간 다시 읽었더니 감정에 취해 죽을 것 같았네.) 그 책은 나중에 몇 십 년 뒤 세계의 위기가 있고 나서 출판되면, 적당할걸세. 가령 전쟁같이 말이야!

-징조와 기적! 포이닉스가 보내는 인사[24]

페터 가스트에게,

폰 카리냐노 왕자께서 막 돌아가셨다고 하는군. 큰 장례식을 열어야겠어.[25]

카를 훅스에게,

… 세상은 앞으로 몇 년간 혼란에 빠질 겁니다. 옛 신이 물러났고, 제가 이제부터 세상을 지배할 테니까요.[26]

프란츠 오버베크에게,

친구여, … 이제 두 달 후면 나는 지구상에서 가장 유명한 사람이 될 걸세.

나도 직접 유럽 궁정에 낼 제안서를 쓰고 있다네. … 그러니까 독일에 방탄조끼를 입혀서 필사의 전쟁으로 이끌 셈이지. 어린 황제를 세울 때까지, 그의 부속품이 모두 내 손에 들어올 때까지 멈추지 않을걸세. 이건 우리끼리만 아는 이야기네! 꼭! 영혼이 완전히 고요해졌군! 연속해서 10시간은 잔 것 같네.

　-N[27]

메타 폰 잘리스 양에게,

친애하는 잘리스 양, … 어떤 인간도 내가 받은 것과 같은 편지는 받지 못했을 거요. … 최고의 상트페테르부르크 사회에서도 말입니다. 그리고 프랑스인들도! … 이곳 토리노에서 가장 주목할 만한 점은 내가 여기 모든 사람에게 완벽한 매력을 발휘하고 있다는 것이오. … 내 책들은 불같은 열정에서 나왔어요. 스톡홀름에 있는 코발레스카 부인(그녀는 헝가리인 마티아스 코빈 왕의 후손이에요.)은 … 현존하는 유일한 수학 천재로 여겨지죠.

　-당신의 N[28]

페터 가스트에게,

… 자네 카드가 왔을 때, 내가 대체 뭘 하고 있었던 거지? … 그 유명한 루비콘강이었는데. 이제 나는 내 주소를 모른다네. 곧 퀴리날레 궁전이 될 거로 해두게나.

　-N[29]

아우구스트 스트린드베리 선생님께,

로마에 왕자들을 소집하라고 명령했습니다. 젊은 황제들을 쏠 작정이거든요. … 한 가지 조건이 있어요. 그건 바로 이혼입니다.

-니체 카이사르[30]

아우구스트 스트린드베리 선생님께,

저런? … 결국 이혼은 안 된다고요?

-십자가에 매달린 자[31]

페터 가스터에게,

새로운 노래를 불러주게. 세상이 변하고, 모든 하늘이 기뻐하고 있으니 말이야.

-십자가에 매달린 자[32]

게오르그 브라네스 선생님께,

일단 저를 발견하셨으니, 저를 찾은 것은 위대한 공적이 아닙니다. 어려운 것은 저를 잃는 것이죠.

-십자가에 매달린 자[33]

야코프 부르크하르트 선생님께,

저는 세상을 창조한 것에 대한 지루함을 용납합니다. … 당신은 우리의 가장 위대한 스승이십니다. 왜냐하면, 나는 아리아드네와 함께 모든 것의 완벽한 균형일 뿐이니까요.

-디오니소스[34]

코지마 바그너에게,

아리아드네여, 당신을 사랑하오.

-디오니소스[35]

야코프 부르크하르트 선생님께,

친애하는 교수님,

사실 저는 하나님보다 바젤 교수가 되는 편이 훨씬 낫습니다. 하지만 저는 저의 개인적인 이기심을 실행할 수 없었습니다. 그를 위해 세상을 창조하는 일까지는 생략하려 합니다. 아시다시피 사람은 어디서 어떻게 살든 희생을 치러야 하죠. 하지만 저는 저를 위해 작은 학생실 한 곳을 유지해왔습니다. 카리냐노 궁전 맞은편에 말이죠(저는 거기서 비토리오 에마누엘레(이탈리아 왕)로 태어났어요). 게다가 그곳에선 책상에 앉아 갈레리아 수발피나에서 흘러나오는 멋진 음악을 들을 수도 있죠. 방세로 25프랑을 냅니다. 다른 서비스도 받아요. 차도 만들어 마실 수 있고, 쇼핑도 하고, 찢어진 장화로 고통도 받고. … 저는 다음 내세를 재미없는 농담으로 즐겨야 할 운명이므로 지금은 글 쓰는 일을 하고 있어요. 아무것도 바랄 것이 없습니다. 아주 좋아요. 전혀 힘들지 않습니다. …

프라도 사건은 심각하게 보지 마십시오. 제가 프라도입니다. 또

한, 프라도의 아버지입니다. 감히 레셉스*라고도 말하겠습니다. …
저는 제가 사랑하는 파리 사람들에게 새로운 생각을 전해주고 싶었
습니다. 그 훌륭한 범죄자에 관해서 말이죠. 저는 샹비쥐이기도 합니
다. 그도 역시 훌륭한 범죄자죠. …

제가 세상에 데려온 그 아이들에 관해서는, '하나님의 왕국'으로
들어가는 자들은 모두 하나님에게서 나오는 것이 아닌지, 약간 불신
감을 가지고 생각하고 있습니다. 이번 가을 최대한 가벼운 옷차림으
로 제 장례식에 두 번 참석했어요. 첫 번째는 로빌런트 백작으로서
였어요. (아니군요, 그는 제 아들입니다. 제가 카를로 알베르토인 한.) 하지
만 전 안토넬리**였죠. 친애하는 교수님, 이 구조물을 한번 봐주세요.
저는 제가 창조한 것들을 잘 모르겠습니다. 교수님께서 원하시는 대
로 마음껏 비판해주세요. … 저는 학생 외투를 걸치고 어디든 다닙니
다. 그러고는 누군가를 툭 쳐서 이렇게 말하죠. 'Siamo contenti? Son
dio, ha fatto questa caricature(행복하신가요? 저는 신입니다. 제가 이 패
러디를 창조했죠).' … 내일은 제가 받은 매력적인 마르게리타와 함께
제 아들 움베르토가 올 겁니다. 여기서도 셔츠 바람으로 있지만 말입
니다.

나머지는 코지마 부인을 위한 것입니다. … 아리아드네를 위한 것
이죠. … 우리는 가끔 마술을 연습합니다. …

---

* 프랑스 외교관으로 파나마 운하 건설에 관여했다.
** 이탈리아의 건축가, 알레산드로 안토넬리Alessandro Antonelli. 니체는 그 편지를 쓰기 몇 달 전 사망한
그의 장례식에 참석한 것으로 알려진다.

· 20장 · 토리노의 황혼

저는 가야파*를 사슬에 묶었습니다. 저 역시 작년에 독일 의사들에 의해 십자가형에 처했죠. 빌헬름 비스마르크와 모든 반유대주의자는 이미 죽어버렸어요.

바젤 사람들이 저를 더 존경하게 만들 이 편지를 어떻게 이용하셔도 좋습니다.

애정 어린 사랑을 담아

-당신의 니체[36]

편지는 1월 5일자 소인이 찍혀 있었다. 부르크하르트는 다음 날 그 편지를 받았다. 그날 오후 그는 오버베크에게 편지를 가져갔다. 오버베크는 니체에게 곧장 편지를 써서 바젤로 돌아오라고 했다. 다음 날, 오버베크는 '디오니소스'라고 서명된 편지를 받았다. "이제 모든 반유대주의자를 쏘려고 한다네."

오버베크는 바젤 정신병원으로 달려가 빌러 교수에게 편지를 보여주며 어떻게 해야 좋을지 물었다.

---

* 예수의 사형을 선고한 유대인 대제사장

· 21장 ·

미노타우로스 동굴

...

나귀가 비극이 될 수 있는가? 짊어질 수도, 팽개쳐 버릴 수도 없는 짐에 의해 파괴
될 수 있는 자가 있는가? … 철학자의 경우가 그러하다.

- 《우상의 황혼》 잠언과 화살 11절

1889년 1월 3일, 그날 아침 정확히 무슨 일이 일어났는지는 확실치 않다. 사람들은 그날도 보통 때처럼 그가 카를로 알베르토 광장에 있는 다비데 피노의 집을 나섰다고 전한다. 그들은 생각에 잠겨 쓸쓸하게 걸어가는 고독한 남자의 모습에 익숙했다. 그는 주로 서점으로 향했다. 그리고 몇 시간씩 책에 코를 파묻고 있다가 그냥 가는 남자로 알려져 있었다. 그날도 카를로 알베르토 광장에는 승객을 기다리는 몇몇 마차와 택시 사이에 늙은 말들이 힘없이 축 늘어진 채 서 있었다. 불쌍한 말들은 주인의 명령을 따르느라 속절없이 괴롭힘을 당했다. 니체는 한 마부가 말을 심하게 채찍질하는 모습에 충격을 받고 그 자리에 풀썩 주저앉았다. 그러고는 몸을 던지다시피 하여 마부를 가로막았고, 말의 목을 부둥켜안고 목 놓아 울다가 정신을 잃었다. 혹은 그랬다고 전해진다. 극적인 장면은 순간적으로 왔다가 순간적으로 지나간다. 그래서 목격자들이 말하는 진실은 형태가 다양하다.

목격자 중 누군가는 니체가 사는 곳을 알았던 모양이다. 다비데 피노가 불려온 것을 보면 말이다. 경찰도 불려왔다. 피노가 그 자리에 없었다면 니체는 아마 그때 어디론가 끌려가 이탈리아의 어두컴컴한 정신병원에 영원히 감금되었을지 모른다. 다행히 피노가 있어 그를 집으로 데려왔다.

니체는 3층에 있는 자기 방에 들어간 후로 아무도 들어오지 못하게 했다. 며칠 동안 그는 혼자서 횡설수설 떠들고, 고함지르고, 목청껏 노래를 불렀다. 밤낮을 가리지 않았다. 피노 가족은 계단을 올라가 그의 방에서 나는 소리에 귀를 기울였다. 니체는 부르크하르트와 오버베크에게 보내는 망상에 가까운 편지뿐 아니라 이탈리아의 왕과 왕비에게 보내는 편지도 그들에게 건넸다. 피아노 앞에서는 바그너의 곡을 격렬하게 연주하며 건반을 내려치고 굉음을 울려댔다. 피노 가족은 불안한 눈빛으로 천장을 올려다보았다. 머리 위로 들리는 니체의 발소리가 심상치 않았다. 기어가는 듯한 소리가 나다가 잠시 후에는 미친 듯이 쿵쿵거리며 뛰어가는 소리도 났다. 니체는 춤을 추고 있었다. 벌거벗은 채로 어린아이처럼 깡충거리며 뛰어다녔다. 그의 모습은 디오니소스의 광란 축제를 떠올리게 했다.

피노는 독일 영사에 연락하고 경찰서에 찾아갔다. 의사도 만났다. 오버베크는 1월 8일 오후에 도착했다.

"말할 수 없이 끔찍한 순간이었다." 오버베크는 그를 본 느낌을 그렇게 말했다. 그나마 오버베크가 목격했던 순간은 니체가 비교적 조용할 때였다. 그 후로 며칠 동안 그의 모습은 훨씬 더 처참했다.

오버베크는 니체의 방 앞에 서서 그의 모습을 지켜보았다. 니체는 소파에 몸을 잔뜩 웅크리고 앉아 있었다. 손에는 교정을 보는 듯 《니체 대 바그너》를 들고 있었다. 책을 들고는 있었지만, 책 읽는 모습을 흉내 내는 어린아이처럼 어색한 표정으로 인쇄된 종이를 코앞에 바짝 들이대었다. 오버베크는 니체가 교정볼 때 어떤 모습인지 잘 알았다. 종이는 그의 코와 '특정한' 거리만큼 떨어져 있어야 했고, 시선은 왼쪽에서 오른쪽으로 갔다가 다시 돌아와야 했다. 하지만 그때 니체의 모습을 보면 그가 보고 있는 페이지의 단어들이 그에게 아무런 의미를 전달하지 못하는 것이 분명했다.

니체는 오버베크를 보자마자 그에게 달려가 목을 끌어안고 울음을 터뜨렸다. 그러더니 다시 소파로 돌아가 한쪽에 웅크리고 앉아서 끙끙대며 온몸을 부들부들 떨었다. 오버베크는 평소 조용하고 침착한 편이라 감정을 잘 드러내지 않았지만, 그의 오랜 친구가 그 지경에 이른 모습을 보니 다리에 힘이 풀려 그 자리에 풀썩 주저앉고 말았다.

피노 가족은 오버베크가 니체의 방에 있는 동안 함께 옆에 서 있었다. 토리노의 정신과 의사였던 카를로 투리나^{Carlo Turina} 교수는 다비데 피노가 찾아왔을 때, 환자가 지나치게 흥분하면 브롬화물 몇 방울이 효과가 있을 거라고 했다.[1] 그들은 미리 준비해둔 물과 약을 조용히 건넸다. 그의 야수 같은 모습이 잠시 잠잠해졌다. 그때부터 니체는 거들먹거리듯 그날 저녁 자신을 위해 마련된 환영식에 대해 말하기 시작했다. 행복한 순간은 오래가지 않았다. 곧이어 그는 다시 알아들을 수 없는 단어와 문장들로 이상한 말을 쏟아냈다. 그러는 사이에도 바보스럽고 외설적인 행동을 멈추지 않았다. 피아노 앞에 달려가 격렬하게 감정을 분출했다가도 갑자기 펄쩍펄쩍 뛰어다니며 춤을 추었다. 오버베크는 니체의 사상과 관념에 익숙했기 때문에 어느 정도는 그의 말을 이해할 수 있었다. 니체는 자신을 죽은 신의 후계자이자 모든 영원함의 광대, 갈가리 찢긴 디오니소스라고 표현했다. 한편으로는 광란 축제를 재연하듯 몸을 격렬하게 비틀고 부들부들 떨었다. 하지만 그런 모습 속에서도 그에게는 어떤 순수함이 느껴졌다. 그는 그 자리에 있는 사람들에게 공포감, 심지어 혐오감도 주지 않았다. 단지 엄청난 연민의 감정만 들게 했다. 연민을 극복하는 것이야말로 숭고한 가치라고 자주 말했던 그에게 말이다.

오버베크가 바젤의 정신병원에 가서 빌러 박사에게 니체의 편지를 보여주었을 때, 빌러 박사는 당장 니체를 병원으로 데려와야 한다고 했다. 혼자서는 감당하지 못할 테니, 망상중 환자를 잘 달래고 진정시키는 전문가를 데려가라는 조언도 덧붙였다. 오버베크는 그런 일에 경험이 많다는 어느 독일인 치과 의사를 고용했다.

오버베크가 토리노에 머문 그 잠깐 사이에, 다비데 피노는 니체의 책과 노트를 열심히 정리했다. 니체는 나가지 않겠다며 침대에서 버텼다. 니체를 집 밖으로 유인할 유일한 방법은 그의 망상에 맞장구를 쳐주는 것이었다. "왕실 사람들이 기다리고 있어요! 환영 행사와 축제 행렬, 음악회가 모두 준비되어 있다고요!" 치과 의사의 말에 니체는 다비데 피노의 수면 모자를 낚아채서 왕관이라도 되는 듯 머리에 썼다. 모자를 벗겨보려 했지만 그는 뺏기지 않으려고 끝까지 버텼다.

토리노 거리와 기차역은 왕실 축제라는 니체의 환상을 깨트리지 않을 만큼 사람들로 북적거렸다. 니체는 잘 구슬림을 당해 결국 기차에 올라탔다.

노바라에 도착하자 문제가 생겼다. 바젤까지 가려면 세 시간 동안 다음 편 기차를 기다려야 했는데, 니체가 군중들에게 연설을 남기고, 충성스러운 신민들을 안아주고 싶다고 한 것이다. 치과 의사가 지체 높은 왕께서는 신분을 숨기고 있는 편이 더 좋겠다고 노련하게 그를 설득해 위기를 모면했다.

니체는 두 사람이 자신의 망상에 잘 맞춰주기만 하면 말 잘 듣는 아이처럼 얌전했다. 하지만 어느 순간 딴사람이 되어 전혀 다른 이야기를 해댔다. 그리고 두 남자가 자기 생각을 따라오지 못하면 길길이 화를 냈다. 밤이 되면 포수클로랄(최면 진정제) 덕분에 잠시 진정되어 있었다. 오버베크는 기차가 알프스산맥을 따라 어두컴컴한 고트하르트 터널을 달리는 동안, 〈곤돌라의 노래〉를 정확히 암송하는 니체의 목소리를 들었다. 곤돌라의 노래는 그의 마지막 책인 《이 사람을 보라》와 《니체 대 바그너》에 들어간 니체의 시였다.

> 나의 영혼은 현악기
> 보이지 않는 손길에 닿아
> 남몰래 노래하노라.
> 곤돌라의 노래를
> 그리고 환희로 전율하노라.
> 듣는 이 누구인가?[2]

바젤에 도착하자 택시 한 대가 그들을 기다리고 있었다. 니체는 원래 정신이 온전했을 때 바젤대학교의 정신병원인 프리드마트와 그곳 병원장인 빌러 교수를 알고 있었다. 하지만 그때는 그 건물에 들어가는 동안에도 그곳이 어딘지 아는 듯한 기미가 보이지 않았다. 오버베크는 니체가 혹시라도 빌러 교수와 정신병원을 알아보고 자신을 배신했다고 생각하지 않을지 걱정스러웠다. 니체는 빌러 교수를 보고 이자는 왜 자신에게 인사를 올리지 않느냐고 위엄 있는 목소리로 물었다. 하지만 빌러 교수의 이름을 듣고는 정중하게 인사를 건넸고, 어느샌가 국왕 놀이에서 빠져나와 두 사람이 7년 전 아돌프 피셔라는 종교에 미친 어느 광인에 대해 나눈 대화를 정확히 기억해냈다.

오버베크는 이제 돌아가 있으라는 말을 들었다. 니체는 병원에서 한동안 건강 검진과 정신감정을 받아야 했기 때문에 그가 더 있을 이유가 없었다.

"착실한 백성들아, 내가 너희를 위해 내일은 가장 아름다운 날씨를 준비하겠노라." 니체는 어디론가 이끌려 가며 이렇게 말했다.

다음 날 니체는 게걸스럽게 아침밥을 먹었다. 목욕도 즐겼다. 의사들은 니체가 병원에 8일간 머무르는 동안 이것저것 테스트를 하고 관찰하며 보고서를 기록했다.

신체 특이사항 없음. 건강함. 근육 발달형. 가슴팍이 두꺼움. 심장 소리 저음, 정상. 맥박 70. 동공 크기가 다름. 왼쪽보다 오른쪽이 크다. 빛에 대한 반응이 느림. 혀에 백태가 심함. 무릎반사에 과잉 반응을 보임. 소변 상태 좋음. 산성. 당, 알부민 무검출.

환자는 여자를 자주 요구함. 지난주 내내 몸이 좋지 않았고, 극심한 두통을 자주 겪었다고 말함. 몇 번 발작이 있었다고 함. 발작이 일어나는 동안에는 특이하게 몸이 좋게 느껴지고 기분도 좋았다고 함. 거리에 있는 모든 사람을 안아주고 키스하고 싶다고 말함. 벽에 오르고 싶어 함. 주의를 한곳에 붙들어두기 어려움. 단편적이고 불완전한 대답만 하거나 아예 대답하지 않음.

떨림 반응, 언어 장애 없음. 발화가 지속적이고, 혼란스러우며, 논리적 연관성이 없음. 밤에도 계속됨. 자주 조증성 흥분 상태를 보임. 발기 상태가 지속됨. 자기 방에 매춘부가 있다고 말함.

가끔은 꽤 정상적인 수준에서 대화가 유지됨. 그러다가 갑자기 농담을 하거나, 춤을 추고, 혼란 상태를 보이고, 망상에 빠짐. 간혹 노래나 요들을 부르고 소리를 지름.

1889년 1월 11일. 환자는 밤새 자지 않고 쉴 새 없이 말했음. 몇 번씩 일어나서 이를 닦고 씻는 등의 행위를 했음. 아침에는 극도로 피곤해했음. ··· 오후에는 주로 외부에서 지속적으로 운동 신경성 흥분 상태를 보임. 모자를 바닥에 던지고, 바닥에 눕기도 함. 횡설수설함. 가끔 자신이 여러 사람을 망쳐놓았다며 자신을 원망함.

1889년 1월 12일. 설포날(수면제) 투여 후 중간에 몇 번 깨고 네다섯 시간 수면. 기분이 어떤지 묻자 매우 좋아서 음악으로만 표현할 수 있을 정도라고 함.

8일 후 그들은 그의 행동에서 일종의 패턴을 도출했다. 수면 시간에는 좀 더 조용했고, 기상 후에는 정신 이상 증세와 분열, 과잉 행동이 심했다. 실내에서는 주로 분노를 말로 표현했다. '아주 강렬하게'. 실외에서는 옷을 벗고 바닥에 눕는 등 주로 육체적으로 표현하는 경향을 보였다.

빌러 교수는 매독 치료 분야의 권위자였다. 병원에 있는 그의 많은 환자가 매독 말기에 나타날 수 있는 뇌매독에 시달렸다. 니체가 뇌매독 진단을 받은 것은 그의 음경에 작은 흉터가 있는 것과 '두 번 감염된 적이 있다'라고 니체가 직접 말한 것 때문으로 보인다. 그들은 니체가 매독을 말한다고 생각했다. 그들은 당시 니체의 과거 진료 기록을 보지 못했다. 하지만 그 기록을 볼 수 있었다면, 니체가 젊었을 때, 그러니까 정상적인 상태에서 아이저 박사에게 진료를 받았을 때, '임질'에 두 번 걸린 적이 있다고 말한 것을 확인할 수 있었을 것이다.

빌러는 8일간 니체를 진찰한 후에 니체가 매독 말기에 나타나는 정신질환, 즉 '진행성 마비'라는 진단을 내렸다. 니체의 어머니에게 아들이 정신병원에 있다는 사실을 알리는 어려운 임무는 오버베크가 떠맡았다.

프란치스카는 소식을 듣자마자 허겁지겁 나움부르크를 떠나 1월 13일, 바젤에 도착했다. 그녀는 오버베크 부부의 집에서 하룻밤을 보내고 다음 날 아침 병원을 찾았다. 하지만 아들을 만나려면 먼저 의사와 면담을 하고 가족력을 밝혀야 했다.

"어머니는 지적 수준이 높지 않아 보인다." 보고서에는 이렇게 기록되어 있다. "아버지는 시골 목사였음. 계단에서 넘어진 후로 뇌 질환을 앓았음. … 어머니 쪽 형제 중 한 사람이 정신 요양원에서 사망함. 아버지 쪽 여형제들은 히스테리가 심하고 다소 특이했음. 임신과 출산은 정상적임."[3]

프란치스카는 자신이 해야 할 임무와 원하는 바를 분명히 알았다. 그녀는 아들을 돌보고 싶었다. 하지만 무리한 상황이었다. 자그마한 체구의 프란치스카는 나이도 이미 60대였다. 게다가 품위를 지키며 비활동적인 삶을 살아온 그녀가 체력이 좋을 리도 만무했다. 반면 그녀의 아들은 다부진 몸에 그녀보다 키도 크고 힘이 좋았고, 정신도 온전하지 않은 데다 행동을 예측할 수 없었다. 가끔 폭력성도 보였다.

확실히 니체는 프란치스카의 보살핌 이상의 무언가가 필요했다. 프란치스카는 남성 전문가의 조언을 거역할 생각은 전혀 없었지만, 니체를 나움부르크 가까이에 있는 예나의 정신병원으로 옮기고 싶었다.

이번에도 전문가의 도움이 필요하다는 결정이 내려졌다. 에른스트 메힐리Ernst Mähly라는 젊은 의사가 호송원으로 정해졌다. 남자 하나로도 니체를 감당하기 어렵다는 판단에 한 사람이 더 동행하기로 했다. 메힐리는 바젤대학교에서 니체가 가르친 학생 중 하나였다. 그는 《선악의 저편》이라는 책으로 모든 가치의 전도를 외치는 천재적 선구자를 경외하며 남몰래 그를 지지하고 있었다.[4] 또한 그는 예나의 정신병원 원장인 오토 빈스방거Otto Binswanger와도 아는 사이였다. 따라서 메힐리는 여러모로 이 일에 완벽한 적임자였다. 그는 아마도 니체가 하는 단편적인 말들을 짜 맞춰서 빈스방거 교수에게 어떻게든 도움을 주려고 생각했던 것 같다. 참고로 그는 나중에 자살로 생을 마감하는데, 그의 아버지는 아들의 자살이 니체에게 영향을 받은 탓이라고 생각했다.

1889년 1월 17일 저녁, 니체는 다른 정신병원으로 옮겨가기 위해 다시금 기차역으로 이끌려 갔다. 오버베크는 이번에는 함께하지 않았다. 작별 인사를 위해 기차역으로 나온 그는 장례행렬처럼 경직된 모습으로 말없이 기차역 중앙홀을 걸어가는 세 사람을 바라보며 '잊을 수 없는 끔찍한' 감정을 또 한 번 느꼈다. 니체의 걸음걸이는 마치 로봇처럼 부자연스럽고 뻣뻣했다. 그들의 얼굴은 밤 9시에 비추는 기차역의 환한 인공조명 때문인지 가면을 쓴 유령처럼 섬뜩해 보였다.

오버베크는 그들이 플랫폼을 걸어 나와 객실에 오르는 모습을 보고 같이 기차에 올랐다. 그리고 작별 인사를 전하기 위해 예약해 둔 자리로 갔다. 니체는 오버베크를 보자마자 그를 부둥켜안고 통곡에 가까운 울음을 터트렸다. 그러면서 자신이 누구보다 사랑한 사람은 '오버베크 자네'였다고 말했다. 오버베크는 그렇게 니체를 떠나보냈다.

사흘 뒤 오버베크는 페터 가스트에게 편지를 보냈다. 그는 소중한 친구에게 몹쓸 짓을 한 것 같아 괴로웠다. 그는 니체가 토리노에 있을 때부터 이미 돌이킬 수 없는 상황임을 알았다. 사랑하는 친구를 그렇게 속이고 기만하지 말았어야 했다는 생각이 들었다. 그는 둘도 없는 친구를 정신병원으로 보냈다는 죄책감에 평생 시달릴 것 같았다. 차라리 그때, 그곳 토리노에서 니체의 목숨을 끝내는 편이 나았을 것 같다는 생각마저 들었다.

그가 성실한 신학대 교수였다는 점을 생각한다면 그의 말은 대단히 놀랍다. 그에게는 살인이 어떤 행위보다 엄중한 죄였다. 하지만 오버베크는 물론이고 페터 가스트조차 니체가 어쩌면 미친 척 연기를 한 것인지 모른다는 생각에 이르자 더 심각한 도덕적 딜레마에 빠졌다. 가스트와 오버베크는 니체가 현실에 대한 통념적인 해석을 얼마나 뿌리치고 싶어 했는지, 평생 광기와 광인에 대해 얼마나 관심이 많았는지, 광란의 신에 관한 신성한 감정적 폭발에 얼마나 이끌렸는지 잘 알았다. 그는 엠페도클레스에서 횔덜린, 그리고 《차라투스트라》에서 등불을 들고 신을 찾는 광인에 이르기까지, 오직 광기라는 가냘픈 외침만이 인간의 마음을 새로운 진실에 도달하기 위해 반드시 건너야 하는 루비콘강에 데려다 놓을 수 있다고 믿었다. 그것은 반드시 치러야 할 대가였다. 관습적인 도덕에서 변화를 끌어낼 만큼 강력한 동력은 광기뿐이었다. 그 '끔찍한 필연적 결과'는 신성의 탈이자 확성기였다. 플라톤은 광기를 통해서만 가장 좋은 것들이 그리스에 닿는다고 말한 적이 있었다. 하지만 니체는 거기서 한 발 더 나아갔다. 기성도덕의 굴레를 던져버리고 싶은 성인聖人은 실제로 미치지 못할 때, 미친 척하는 것 말고는 다른 방법이 없었다.

"나 역시 오디세우스처럼 지하세계에 가본 적이 있고, 곧 다시 그곳에 있게 될 것이다. 죽은 자와 대화할 수 있기 위해 숫양만 바친 것이 아니라, 나 자신의 피 또한 내어주었다." 그의 책에는 이런 글이 쓰여 있다. "산 자들이 가끔 나에게 영혼으로 나타난다면 나를 용서하길."[5]

그들은 니체가 지하세계에 발을 담그고 다른 세상으로 가기 위해 광기의 가면을 쓰고 있는지도 모른다고도 생각했다. 하지만 니체가 예나의 정신병원에 갇혀 있는 14개월 동안 그들이 관찰한 현실은 그런 의심에서 벗어나게 했다. 그것은 가면도, 디오니소스의 속임수도, 뮤즈의 찬미도, 수수께끼 같은 강력한 사고도 아니었다. 그들은 마지막 남은 한 줄기 정신마저 사라져가는 그의 모습을 그저 지켜볼 수밖에 없었다.

니체는 예나의 정신병원을 예전에도 한 번 본 적이 있었다. 그가 열다섯 살 때였다. 그는 1859년 여름휴가로 떠난 여행에서 그 커다란 건물을 보고 건물 외관에서 느껴지는 음산한 분위기 때문에 우울하고 섬뜩한 기분이 든다고 일기에 적은 적이 있었다. 바젤 병원이 건축양식과 규모 면에서 반프리트 저택을 떠올리게 하는 부르주아풍 저택 같다면, 예나의 병원은 눈에 확 띄는 오렌지색과 검은색 벽돌, 크고 작은 탑들로 인해 음산하고 날카로운 분위기를 풍기는 거대한 건물이었다. 내부에는 자물쇠와 빗장 같은 안전장치가 눈에 띄게 많았고, 여러 곳에 보호대(억제대)가 설치되어 있고, 창문엔 모두 쇠창살이 달려 있었다.

니체는 '2급' 진료비를 내는 환자로 입원했다. 그런 결정은 주로 프란치스카가 내렸다. 하지만 그녀는 오버베크에게 조언을 구했을 것이고, 금전적인 부분에 신중을 기해야 한다는 말을 들었을 것이다. 바젤대학교에서 나오는 연금은 3천 프랑에서 2천 프랑으로 크게 준 상태였다. 니체가 얼마나 오래 병원 생활을 할지 모르는 상황이었으니 돈 문제에 신중할 수밖에 없었다.

빈과 괴팅겐에서 신경 병리학을 공부한 오토 빈스방거 교수는 서른도 되지 않은 젊은 나이에 예나 정신병원의 원장으로 임명되었고, 예나대학교에서 정신의학과 교수직도 맡고 있었다. 뇌매독과 마비성 치매에 관해 쓴 논문도 많았다. 그의 아버지도 비슷한 위치에 있었기 때문에 정신의학과 신경 병리학 분야에서는 누구보다 조예가 깊었다. 니체는 그의 병세로 보면 그 분야에서 가장 뛰어난 시설에 있게 된 것만큼은 틀림없었다. 하지만 안타깝게도 빈스방거는 니체를 따로 진찰한 적이 없었다. 니체에 대한 진단은 바젤 병원에서 보내준 결과, 즉 3기 매독에 따른 치매 및 진행성 마비, 그걸로 끝이었다.

이제 매독이라는 질병을 부정한 성관계에 대한 하나님의 벌로 보는 시각은 없었다. 정신병은 미친 사람들의 집합소에서 동물원의 동물처럼 다루어지는 병이라는 시각도 없었다. 치료법은 나오지 않았지만 인간적인 대우는 이뤄지고 있었다. 빈스방거는 무엇보다 환자의 마음을 평온하게 해주는 것이 중요하다고 생각했다. 니체는 예나의 정신병원에서 14개월을 보내는 동안 진정제를 맞고, 오래된 치료법인 수은 연고를 발랐다. 당시에는 매독이 불치병으로 여겨졌기 때문에 치료나 회복은 기대할 수 없었다. 환자들은 죽음을 기다리는 일 말고는 할 수 있는 일이 없었다. 살 수 있는 기간은 고작 1~2년이었다.

니체는 그 후로 11년을 더 살았다. 게다가 3기 매독에 나타날 수 있는 탈모나 코뼈 함몰 증상도 없었다. 따라서 빈스방거가 니체를 직접 진찰하고 확진을 내리지 않은 것이 안타까울 따름이다.[6]

니체는 병원에 있는 내내 정신 이상과 망상증을 보였고, 불안해하며 횡설수설했다. 얼굴은 늘 찡그리고 있었다. 특별한 이유 없이 알아들을 수 없는 말로 소리를 질러댔다. 과대망상 증상도 계속 보여서, 공사관, 대신, 관리 같은 사람들의 이야기를 자주 했다. 피해망상증도 있었다. 쇠창문 너머로 자신을 겨눈 총을 보았다고 했고, 그 사람을 잡겠다고 유리창을 깨서 손을 베기도 했다. 밤이 되면 '그들'이 자신에게 저주를 퍼붓고 자신을 괴롭히는 끔찍한 기구를 사용했다고 했다. 때로는 무시무시한 기계장치가 그에게 달려든다고 했다. 색정 망상도 계속 나타났다. 어느 날 아침에는 전날 밤에 스물네 명의 창녀와 함께 있었다고 말했다. 병원장을 보고는 '비스마르크 왕자'라 불렀고, 자신은 컴벌랜드의 공작이라고 했다가, 어느 날은 황제라고 했다. 마지막에는 프리드리히 빌헬름 4세라고도 했다. 그곳으로 그를 데려온 사람은 자신의 아내인 코지마 바그너 부인이라고 했다. 밤마다 고문을 겪지 않게 도와달라고 애원하는 날도 많았다. 그는 침대에서 자지 않고 침대 옆 바닥에서 잤다. 자주 경련을 일으켰고, 머리는 늘 한쪽으로 기울여 다녔다. 먹는 양이 엄청 많아져서 10월경에는 체중이 거의 6킬로그램이 늘어 있었다. 어떤 날은 컵을 깨뜨리고 깨진 유리 조각으로 위협하며 자기에게 오지 못하게 했다. 대소변을 제대로 가리지 못해 물컵에 소변을 누고 대변을 몸에 바르기도 했고, 가끔은 소변을 마시기도 했다. 끝없이 무언가를 말하고, 비명을 지르고, 불안한 듯 신음 소리를 냈다. 그의 목소리는 밤새 멀리서도 들렸다. 어느샌가 그의 오른쪽 콧수염에서는 흰털이 자라기 시작했다.

빈스방거가 실습수업을 하는 동안 니체가 임상 환자의 모델이 되기도 했다. 그는 이 일을 굴욕적으로 여기지 않았다. 자신이 무엇을 하고 있는지 몰랐기 때문에 그저 사람들이 자신을 중요한 인물로 본다고 인식했다. 그는 거듭 감사를 표하며 의사들에게 예의 바르게 행동했다. 그리고 자애로운 주인이 하인을 대하듯 행동했고, 연회에 참석해주어 고맙다는 인사도 했다. 그는 의사들과 몇 번이나 악수를 나누었다. 아마도 마음속 어딘가에서는 자신의 지위처럼 의사의 사회적 지위가 높다는 것을 알았던 것 같다.

어느 날 빈스방거는 환자의 걸음걸이에서 장애를 보여주고 싶었는데, 그날따라 니체가 너무 느릿하게 걸어 증상을 확인할 수 없었다. 빈스방거는 꾸짖듯이 이렇게 말했다. "이보세요, 교수님. 교수님같이 멋진 옛 군인은 지금도 씩씩하게 걸을 수 있으셔야죠!" 니체는 그 말을 듣고 강당 사이를 씩씩하게 걸어갔다.[7]

그가 애처로운 매력을 보여준 차분한 순간도 있었다. 그럴 때는 살며시 미소를 지으며 의사에게 말했다. "저를 조금만 덜 아프게 해주세요."

그는 자신이 어디에 있는지 전혀 몰랐다. 어느 날은 나움부르크에, 어느 날은 토리노에 있었다. 다른 환자들과는 거의 이야기하지 않았다. 책을 훔쳐서는 뒷면 책장에 자기 이름을 써놓고 하루에도 몇 번씩 책을 꺼내어 큰 소리로 "프리드리히 니체 교수"라고 말했다.

그는 토리노를 떠나던 날 다비데 피노의 모자에 집착했듯이 이제 병원 모자에 집착했다. 그는 밤낮없이 쓰고 있는 그 모자를 왕족의 머리 장식쯤으로 여겼다. 그에게서 모자를 뺏는 것은 꿈도 꿀 수 없었다. 산책 중에는 돌멩이나 온갖 잡동사니를 주워서 주머니에 쑤셔 넣었다. 그래서 나중에 사람들이 그의 주머니를 확인하려 하면 짜증을 내며 불안해했다.

그는 6개월간 진정제를 맞고 나자 어머니를 만나도 될 만큼 행동이 어느 정도 얌전해졌다. 어머니는 7월 29일에 도착했다. 의사들은 그의 방이나 그가 주로 낮에 시간을 보내는 정신병동 병실에서는 만나지 않는 것이 좋겠다고 판단했다. 모자 상봉은 면회실에서 이루어졌다. 니체는 특별히 선별된 사람들을 위해 이곳에서 강연한다고 어머니에게 말했다. 연필 한 자루와 종이가 여기저기 놓여 있었다. 그는 주머니에 연필과 종이를 쑤셔 넣으며 신나는 표정으로 묘한 말을 남겼다. "이제 나의 동굴로 기어들어 가면 할 일이 있겠군."[8]

별다른 변화 없이 6개월이 지났다. 12월에는 율리우스 랑벤^{Julius} Langbehn이라는 떠들썩한 사기꾼이 프란치스카를 찾아왔다. 랑벤은 니체를 치료할 수 있다고 자신만만하게 말했다. 그러려면 그가 완전히 통제권을 쥐고 치료를 시행해야 해서 니체를 법적인 양자로 삼아야 한다고 했다. 랑벤은 무너지는 독일 문화를 위한 해법을 제시한 책을 써서 베스트셀러 작가가 된 사람이다. 책 제목인《교육자로서의 렘브란트Rembrandt as Educator》는 니체의 〈교육자로서의 쇼펜하우어〉에 심하게 의지한 것 같았다. 랑벤은 독일을 위기에서 건져내려면, 렘브란트의 그림에서 선하고 타락하지 않은 독일의 농민 정신이 보여주듯이 흙으로 돌아가 기독교 정신을 되살려야 한다고 주장했다. 렘브란트가 네덜란드인이었다는 사실은 그에게 문제 되지 않는 것 같았다.

랑벤은 독일의 문제점은 지나치게 교육을 많이 하는 것이라고 지적했다. 그는 학식이 뛰어난 교수와 소위 '전문지식'을 갖춘 전문가들은 존경의 대상이 되면 안 된다고 생각했다. 그는 기본적으로 선한 독일 정신을 바탕으로 독일인의 영적 부활이 이루어져야 한다고 주장했다. 지혜라고 하는 것은 대지에서, 들판에서, 소박한 독일인의 마음에서 찾아야 했다. 외래문화, 특히 유대인은 당연히 추방되어야 했다. 그의 책은 1890년대에 큰 인기를 끌어서 출간된 첫해에만 29쇄를 찍었다. 이후에는 니체가 혐오하는 두 가지, 즉 반유대주의와 로마 가톨릭교를 찬양하는 방대한 내용을 추가했다. 랑벤은 시도 썼는데, 자신을 괴테보다 뛰어난 시인으로 자평하

· 21장 · 미노타우로스 동굴

기도 했다. 또한 자신을 '숨겨진 황제'라 여기며 자신의 치유 능력으로 독일 제국이 영적으로 새로 태어날 것이라고 믿었다. 비스마르크의 초대를 몇 번 받기도 했다.

랑벤의 편에서 보면, 니체같이 자칭 반기독교인을 '치료'한다는 것은 그의 옷에 날개를 다는 일이었다. 랑벤은 셸리 같은 '무신론자'와 니체 같은 '반기독교인'은 단지 게으름뱅이 학생에 불과하므로 다시 학교로 돌려보기만 하면 된다고 믿었다.[9] 그는 프란치스카가 서명할 법률 문서를 준비했다. 문서에는 '여기 서명자는 내 아들 프리드리히 니체의 법적 후견인임을 보증한다.'와 같은 문구가 적혀 있었다. 랑벤의 계획은 니체를 드레스덴으로 데려가 니체의 왕족 망상을 만족시켜주는 것이었다. 거기서 수행원에 둘러싸인 왕처럼, 혹은 어린아이처럼 니체를 대우해줄 계획이었다. 왕실 놀이에 필요한 적당한 크기의 저택과 그 안을 채울 비품, 옷, 예복을 사거나 신하들로 가장한 의료진과 하인들을 고용하는 데 필요한 모든 돈은 기금으로 모을 수 있다고 확신했다. 프란치스카는 간병인 자격으로 어쩔 수 없이 출입을 허락하겠지만, 이는 자신의 엄격한 통제와 허락하에서만 이루어져야 했다.

빈스방거도 그 나라의 나머지 국민과 마찬가지로 이 유명한 민족주의자이자 대중 선동가의 말에 혹했던 것 같다. 랑벤이 니체와 매일 산책하는 것을 허용해준 것을 보면 말이다. 니체는 랑벤이 계속해서 자신에게 개종을 권유하고 구마 의식을 시도하려 하자, 어느 날 테이블을 뒤엎고 주먹을 들이댔다. 프란치스카는 오버베크에게 그 말을 전해 듣고 용기를 내서 후견인 합의서에 서명을 거부했다. 랑벤은 그 순간만큼은 대담함보다 신중함을 발휘하여 혼자 드레스덴으로 갔다. 거기서 음란한 시를 쓰게 되는데, 나중에는 외설 혐의로 기소되기에 이른다. 하지만 그의 베스트셀러인 《교육자로서의 렘브란트》는 제3제국의 이념적 토대로 살아남아 나중에는 히틀러의 개인 서고에도 꽂혔다.[10]

1890년 2월이 되자 니체는 어머니와 몇 시간 정도는 따로 시간을 보내도 될 만큼 상태가 호전됐다. 프란치스카는 예나에 집을 구하고, 매일 아침 9시에 병원으로 아들을 데리러 갔다. 그녀는 자신이 아들을 돌볼 수 있게 된다면, 아들의 정신이 돌아올지 모른다고 믿었다. 그녀의 집 아래층에는 침실이 하나 더 있어서 프란츠 오버베크와 페터 가스트도 번갈아 그곳에 머물며 그녀를 도왔다.

하루에 4~5시간씩 산책하는 일은 니체에게 언제나 중요한 일과 중 하나였다. 두 병원의 진료 기록에서 그의 골격과 근육이 잘 발달해 있다고 언급되어 있던 것도 아마 그래서일 것이다. 프란치스카는 걷기를 좋아하지 않았지만 니체의 상태만 좋아질 수 있다면 그 정도쯤은 희생할 각오가 되어 있었다. 그녀는 니체의 팔을 잡고 걷거나 니체보다 조금 앞서서 걸었다. 니체는 그녀 뒤에서 따라 걷다가 이따금 멈춰서 막대기로 땅바닥에 그림을 그렸다. 혹은 땅바닥에서 주운 물건들을 호주머니에 넣었다. 프란치스카는 니체가 자신의 말을 고분고분 따르는 모습이 좋았다. 하지만 그의 두 친구는 그가 어린아이처럼 순종하는 태도가 끔찍하게 싫었다. 니체는 산책하는 동안에 한두 번은 꼭 기이한 행동을 했다. 갑자기 소리를 지르거나 지나가는 개나 사람을 치려고도 했다. 정확히 설명할 수는 없지만 그가 매력을 느낀 사람들과 악수를 하려고 해서 지나가는 여자들을 기겁하게 만들기도 했다.

그들은 가끔 겔쳐 투르나이젠Gelzer Thurneysen이라는 가족의 집에도 찾아갔다. 프란치스카는 투르나이젠의 집 앞에 도착하면 니체에게 모자를 벗으라고 말한 뒤 집 안으로 들어갔는데, 니체는 응접실 입구에서 쭈뼛거리며 들어가지 못했다. 프란치스카가 먼저 응접실 안으로 들어가 피아노를 치면 그제야 니체는 음악 소리에 이끌려 피아노가 있는 곳으로 따라 들어갔다. 결국에는 건반에 손도 올렸다. 처음에는 서서 피아노를 치다가 어머니가 의자에 앉혀주자 앉아서 계속 피아노를 쳤다. 프란치스카는 그가 음악에 빠져 있는 동안에는 혼자 두어도 괜찮다는 것을 알았다. 피아노 소리가 들려오는 한, 아들의 옆을 지키며 같은 방에 있지 않아도 괜찮았다.

1890년 3월 24일, 마침내 프란치스카는 아들의 보호권을 인정받았다. 그들은 6주 동안 예나에 있는 집에서 지냈다. 그러던 어느 날 니체가 프란치스카 몰래 집을 빠져나갔다. 그는 길거리에서 옷을 벗은 채로 있다가 경찰에 발견되어 집으로 돌려보내졌다. 아마도 수영을 하려고 했던 모양이지만, 그녀는 이 일로 아들이 다시 정신병원으로 보내질까 봐 눈앞이 캄캄했다. 그래서 겔쳐네 가족 중 한 사람을 설득해 기차역까지 니체를 '몰래' 데려갔다. 그리고 나움부르크행 기차에 올라탔다. 그때까지도 프란치스카의 충실한 하녀로 남아 있던 알비나는 돌아온 '교수님'을 반갑게 맞았다. 니체는 마침내 고향인 바인가르텐 18번지로 돌아왔다.

프란치스카의 작은 2층 주택은 행동이 억제되지 않는 니체 같은 환자를 돌보기에 안성맞춤이었다. 작은 정원에는 울타리가 쳐져 있고, 대문도 달려 있었다. 또 1층 창문에는 모두 튼튼한 덧문이 달려 있었다. 집 한쪽은 포도밭을 바라보았고, 다른 쪽은 성야곱 교회를 마주 보았다.

프란치스카는 희망을 버리지 않고 산책 치료법을 고수했다. 니체는 대개 그녀를 조용히 잘 따라다녔다. 낯선 사람이 다가오면 그녀는 그의 팔을 잡아 다른 방향으로 돌려세운 뒤 손가락으로 어딘가를 가리켜 주의를 돌렸다. 위협적인 순간이 지나고 나면 그녀는 다시 아들을 돌려세우고 가던 길을 계속 갔다. 길에서 아는 사람을 만나면 그녀는 니체에게 모자를 벗으라고 하고 잠시 서서 사람들과 이야기를 나누었다. 프란치스카가 잠시 얘기를 주고받는 동안 니체는 모자를 손에 쥐고 우두커니 서 있었다. 상대편에서 말을 걸어오면 그는 어리둥절한 표정만 지어 보였다. 이야기를 끝내고 나면 그녀는 니체에게 모자를 다시 쓰라고 말하고 가던 길을 갔다.

니체는 어렸을 때 잘레강에서 '고래처럼' 수영할 수 있다고 말할 정도로 수영을 잘하는 자신을 뿌듯하게 생각했다. 수영은 언제나 그에게 즐거운 놀이였다. 프란치스카는 신체와 관련된 기억을 떠올려주면 회복에 도움이 될지 모른다고 생각했다. 하지만 몇 번의 시도 끝에 그 생각은 단념해야 했다. 니체가 너무 흥분하는 바람에 통제할 수가 없었기 때문이다.

'사랑하는 아들'이 평소보다 유달리 시끄럽고 막무가내로 행동할 때에는, 그냥 마음 편하게 집에서만 지냈다. 니체가 만들어내는 고함이나 비명 소리에 불편함을 느낄 만한 이웃은 많지 않았다. 그가 참기 힘들 정도로 시끄럽게 굴거나 난폭해지면 잘게 썬 과일같이 단것을 입에 넣어주었다. 입에 든 음식을 다 먹고 나면 그의 관심은 딴 데로 가 있거나 으르렁거리던 소리가 그런대로 가라앉았다. 그는 먹는 양도 어마어마했다. 그녀는 포수클로랄이나 진정제는 주지 않았다고 말했다. 만약 그랬다면, 니체로서는 완전히 돌이킬 수 없는 상태가 되었을 것이다. 어머니의 편에서 보면 그렇게 사랑하는, 대소변도 못 가리는 순종적인 어린 아들을 예전처럼 완전히 마음대로 할 수 있게 된다는 의미였을 테지만.

· 22장 ·

무지한 점거자

...

언젠가 내가 '성자'로 불릴 것이라는 생각에 몹시 두렵다. 나는 성자가 되고 싶지 않
다. 오히려 광대이고 싶다. … 아마 나는 광대일 것이다.
-《이 사람을 보라》'나는 왜 운명인가' 중에서

엘리자베스는 파라과이에서 1889년 초에 오빠의 소식을 처음 전해 들었다. 불만에 찬 클링바일이 파라과이의 부부 사기단과 허울뿐인 식민지를 고발하며 책을 낸 바로 그 시점이다.[1] 독일로 돌아간다는 생각은 고려할 가치도 없었다. 그녀는 〈바이로이트 특보〉에 낸 기사에서 클링바일의 고소를 반박하며, 식민지의 사활을 걸고 싸우고 있었다. 그것도 혼자서.

결혼 생활은 전쟁터가 된 지 오래였다. 푀르스터는 돈을 갚기 위해 다시 대출을 받아야 하는 상황에서 언제든 닥칠 파산을 막기 위해 무시무시한 이자율로 돈을 빌리느라 산페드로, 샌버너디노, 아순시온 할 것 없이 파라과이 전역을 돌아다녔다. 푀르스터가 재정 상태를 더 엉망으로 만들고 있는 동안, 엘리자베스는 남편의 무능함을 원망하며 누에바 게르마니아를 지켰다. 그리고 독일에서 더 많은 식민지 개척자를 모집하기 위해 그녀의 모든 재능을 쏟아부었다. 파라과이 정부와 합의한 할당량을 그해 8월까지 채우지 못하면 그동안 일군 식민지는 모두 몰수될 터였다.

엘리자베스는 니체의 건강 소식을 듣고 니체보다는 자기 자신에 대한 연민을 더 많이 표현했다. "불쌍한 사람 같으니! 하긴 오빠에 대한 의무를 내가 소홀히 했지." 그녀는 자신이 독일에 있었다면 오빠의 상태가 훨씬 나았을 거라고 믿었다. 하지만 어머니에게는 자기가 없었다면 식민지 건설은 어둡고 불확실했을 거라고 말했다. 자화자찬이 아니라 정말로 자신은 더없이 훌륭한 아내였고, 푀르스터는 모든 일을 아내에게 떠맡기고 아내의 고통을 헤아려

주지도 않는 형편없는 이기주의자였다.[2]

피르스터는 클링바일의 비난으로 마음이 괴로웠다. 빚더미의 늪에 빠진 그는 매일 술을 마셨다. 6월 3일, 결국 그는 압박감을 이기지 못하고 샌버너디노의 호텔 방에서 스트리크닌과 모르핀을 삼키고 스스로 목숨을 끊었다.

엘리자베스가 샌버너디노에 도착했을 때는 이미 신문들이 그의 죽음을 스트리크닌 과다 복용에 따른 자살로 보도한 상태였다. 그녀가 그곳에 온 목적 중 하나는 남편의 자살을 부인하기 위해서였다. 그녀는 피르스터가 켐니츠 식민 사회의 회장인 막스 슈버트Max Schubert에게 유서를 보냈다는 사실은 알지 못했다. "이것은 내 마지막 부탁이오. 부디 당신의 뛰어난 재능과 능력, 젊은 열정으로 내가 시작한 그 훌륭한 사업을 계속 이어나가 주시오. 그 일은 내가 없는 편이 더 잘될 것 같소."[3]

엘리자베스는 아버지의 죽음을 마을에 난 불을 끄려고 양동이를 나르다 일어난 영웅적 행위의 결과로 조작했듯, 자신의 뛰어난 설득력을 동원해 그 지역의 의사에게 남편의 사망 원인을 심장마비로 바꾸게 했다. 나쁜 세력에게 억울하게 비난과 중상모략을 당해 스트레스가 심해진 탓이라고 말이다.

그녀는 한 달 만에 어머니에게 편지를 보냈다. 편지에는 사랑하는 남편과 같이 있지 못한 것이 안타까울 따름이라고 썼다. "제가 같이 있었다면 압박붕대와 족욕으로 심장마비를 막을 수 있었을 거예요. 우리는 늘 그 방법을 쓰고 있었거든요."[4] 엘리자베스 같은 사람이 심장마비를 그런 방식으로 막을 수 있다고 생각했다니 이해하기 힘들다.

그녀는 이제 오빠의 정신병을 설명할 다음 신화를 만들어냈다. 이름 모를 이상한 자바섬의 약 때문에 발작에 시달리게 되었다고 말이다.

내 기억으로 1884년에 그(니체)는 한 네덜란드 사람을 알고 지냈다. 그 네덜란드 사람은 자바섬에서 구한 진통제를 꽤 큰 병에 담아 전해주었다. 약은 약간 독한 술맛과 특이한 냄새가 났다. 이름도 특이했는데, 지금은 기억나지 않는다. 우리끼리는 그저 '자바섬 진통제'라고만 불렀다. 그 네덜란드 사람은 물 한 컵에 약을 몇 방울만 떨어뜨려 마셔야 한다고 강조했다. … 그(니체)는 1885년 가을쯤에, 한 번은 그 약을 너무 많이 마셨다는 이야기를 털어놓았다. 그랬더니 발작성 웃음이 터져 나오면서 쓰러졌다고 했다. … 어느 날 그는 가스트에게 보낸 편지에서 자신이 '싱글거리는' 이유가 틀림없이 그 자바섬 진통제 때문인 것 같다고 했다. 그가 자기 입으로 힌트를 제공했던 것이다. 그는 정신 이상 초기 증상을 보이던 당시에 어머니에게 '스무 방울'을 먹었다고('무엇'을 먹었는지는 말하지 않았다), 그래서 뇌가 '정상 궤도를 벗어났다'고 말하곤 했다. 아마도 근시 때문에 약을 너무 많이 먹게 되었고, 그래서 그 끔찍한 발작이 일어났던 것으로 보인다.[5]

엘리자베스는 자신이 소유하지도 않은 땅의 증서로 남편이 사용한 샌버너디노 호텔비를 계산하고, 발할라로 떠나는 영웅 전사의 품위에 걸맞은 장례식을 준비했다. 그녀가 푀르스터의 장례식을 묘사하며 어머니에게 쓴 편지글은 처음 식민지에 입성할 때를 설명하며 어머니에게 보낸 편지를 그대로 떠올리게 한다. "60명의 기수가 관 뒤를 따라 걸었어요. 그리고 무덤 위로 예포를 쏘아 올렸답니다."[6] 그의 자살에 관한 거짓 보고서는 유대인 신문에 실렸다.

엘리자베스는 파라과이에 남아 식민지를 계속 유지하기 위해 돈을 끌어오려고 무던히 노력했다. 그러나 1890년 8월이 되자 결국 모든 노력이 수포가 되고 말았다. 땅의 소유권은 '파라과이의 누에바 게르마니아 식민지 협회'로 넘어갔다. 그녀는 식민지의 권리를 되찾게 도와달라고 독일 국민에게 지지를 호소하고자 12월에 나움부르크로 돌아왔다. 프란치스카는 엘리자베스가 오빠를 돌봐주기 위해 돌아오는 것으로 알았다.

엘리자베스는 크리스마스를 며칠 앞두고 나움부르크에 도착했다. 프란치스카는 기차역으로 딸을 마중 나갈 때 니체도 데려갔다. 어린아이를 다루듯 니체의 팔을 꼭 붙잡고 그를 이끌었다. 니체는 행진하는 군인처럼 뻣뻣하게 걸었다. 손에는 빨간 장미 꽃다발을 움켜쥐고 있었다. 프란치스카는 엘리자베스를 보면 꽃을 건네주라고 몇 번이나 다짐을 시켰다. 니체는 꽃을 전해줄 때 그녀가 누구인지 기억해내고 '라마'라고 불렀다. 그날 밤 모녀는 니체를 침대에 눕혀놓고 오랜만에 이야기꽃을 피웠다. 엘리자베스는 오빠 방에서 들려오는 울부짖는 듯한 짐승 소리에 몹시 충격을 받았다.

엘리자베스는 어머니의 집에서 지내는 동안 수없이 많은 편지를 쓰고, 식민지 협회와 정부 관리들에게 탄원서를 보내고, 부족한 지원을 탓하며 반유대주의 단체를 비난했다. 그녀는 이제 그녀가 쓰는 기사에 그동안 사용하던 '엘리 푀르스터'라는 이름 대신 '푀르스터 박사 부인'이라는 이름을 사용했다. 《베른하르트 푀르스터 박사의 파라과이 식민지 누에바 게르마니아》라는 제목으로 그녀의 첫 책도 출판했다.[7] 그녀는 책에서 클링바일의 고소 내용을 조목조목 반박하며, 몹쓸 이방인에게서 그들의 지분을 되찾을 수 있도록 협회를 세워 실의에 빠진 무력한 미망인을 도와달라고 독일 국민에게 호소했다. 그때까지도 누에바 게르마니아에 남아 있던 사람들은 1891년 늦봄에 엘리자베스의 책이 나오자, 거짓말을 멈추지 않는 그녀의 모습에, 특히 그곳 토양이 놀랍도록 비옥하고 깨끗한 물이 넘친다고 묘사한 부분을 보며 분노를 감추지 못했다.

엘리자베스가 책을 쓰고 있던 6개월 동안, 그때까지 출판되지 않은 니체의 책, 즉 토리노에서 그가 급하게 쓴 마지막 책들에 문제가 생겼다. 그해 3월 말, 인쇄업자이자 이제 출판업자가 된 나우만은 《차라투스트라》의 4부를 묶어 인쇄를 끝내고 서점에 보낼 준비를 끝냈다. 그리고 프란치스카에게도 한 권을 보냈다. 프란치스카와 그녀의 남동생 에드먼드 욀러(평범한 목사였다)는 니체에 대한 법적 보호권은 있었지만, 출판물과 관련된 권리는 없었기 때문에 출판 문제는 비공식적으로 가스트와 오버베크에게 맡겨두고 있었다.

가스트와 오버베크는 출판되지 않은 니체의 원고가 얼마나 중요한지 잘 알았다. 그들은 나우만에게 책을 그대로 출판해달라고 부탁했다. 하지만《차라투스트라》의 4부를 읽게 된 프란치스와 엘리자베스는 불경스러운 구절들이 노골적으로 드러나 있는 것을 보고 큰 충격을 받았다. 프란치스카는 엘리자베스가 이대로 책이 나오면 어머니가 범죄 혐의로 고발될 수 있다고 말해 더욱 겁을 먹었다. 결국 프란치스카와 윌러는 출판을 허락하지 않겠다고 했다. 나우만은 격분하지 않을 수 없었다. 새로운 시대정신이 싹트고, 새로운 아방가르드 문화가 무르익은 가운데 니체의 책들이 어느덧 사람들로부터 막대한 관심을 받고 있었기 때문이다.

1888년, 독일 제국의 첫 황제 빌헬름 1세는 90세의 나이로 마침내 세상을 떠났다. 17년 전 그가 베르사유 궁전에 있는 거울의 방에서 독일 황제로 즉위했을 때, 니체는 유럽의 불균형을 걱정하며 큰 상심에 빠지기도 했다. 그사이 빌헬름 황제와 철혈 재상 비스마르크는 산업화와 자본주의, 무분별한 팽창정책, 개신교 교회, 보수주의적 예술, 검열 제도 등을 바탕으로 초보수적이고 억압적인 독일 제국을 구축해나갔다. 니체가 우려했듯이 이 모든 것이 합쳐져서 경직되고, 억압적이며, 민족주의적이고, 독재적인 하나의 거대 강국이 탄생하기에 이르렀다. 심지어 니체는 마지막 남은 정신을 붙들고 있는 동안에도, 독일 제국에 대한 공포심을 내려놓지 못했다. 토리노에서 과대망상중에 빠져 헛소리를 해대는 동안 그의 상상력은 황제와 비스마르크, 모든 반유대주의자를 총 쏘아 죽이는 데 동원되었다.

19세기 마지막 10년은 프랑스에서 그랬던 것처럼 예술 분야의 혁신을 맞이하는 낙관주의의 시대여야 했지만, 새 황제 빌헬름 2세가 즉위하고도 독일의 전망은 밝아지지 않았다. 심지어 그를 따라 1914년 1차 세계대전에 참전하게 되는 육군 장교들조차 1891년에는 새 황제를 두고 내부적으로 이런 말들을 했다. "특히 작은 일에 너무 변덕스럽고 경솔한 말을 많이 한다. … 자기가 원하는 것이 무엇인지도 모르는 것 같다. 심리적 장애가 있다는 소문도 있다."[8]

정치적 불확실성은 한 세기가 끝날 때마다 요동치는 시대정신과 함께 나타났다. "혁명적인 우상 파괴자는 어디 있는가?" 당시 라이프치히대학교에 재학 중이던 해리 케슬러는 이렇게 물었다. "우리 안에서 은밀한 메시아사상이 발전했다. 모든 메시아가 필요로 하는 사막은 우리의 마음 안에 있다. 그 사막 위에 마치 유성처럼 니체가 나타났다."[9] 환멸에 가득 찬 군인들이 새 황제의 정신 문제와 기질에 불신임을 학생 케슬러에게 드러낸 것이었다.

해리 케슬러 백작은 유럽 전역을 떠돌며 사교계와 정치권, 군인 사회에서 두루 활약한 인물이다. 집안도 부유했고, 그의 어머니는 남다른 미모를 자랑했다. 빌헬름 1세의 아들이라는 말도 있었지만, 이는 사실이 아니다(시기상 맞지 않는다). 비스마르크와 빌헬름 황제로부터 동시에 사랑을 받아 각자의 편에서 그들이 가장 아낀 젊은 유망주로 꼽히기도 했다. 1차 세계대전 때는 비밀요원이자 장교로 활약했고, 1918년에는 바르샤바의 독일 대사로 파견되었으며, 미술 운동가와 후원자, 박물관 큐레이터로도 활동했다. 「봄의 제전The Rite of Spring」 초연 때 니진스키Nijinsky와 같은 택시에 타기도 했다. 그는 진정한 범세계주의자였다. 관에 들어가 있는 니체가 다시 눈을 뜬다면, 그의 눈을 잘 감겨줄 것 같은 사람, 니체가 그의 존재를 알았다면, 안심하고 니체 문서 보관소의 초대 이사를 맡겼을 것 같은 사람이다.

그레이하운드처럼 날렵하고, 우아한 외모에 다국어를 구사할 줄 알며, 박식하고, 인맥이 풍부하나 거만함은 찾아볼 수 없었던 스물세 살의 대학생 케슬러는 1891년, 새로운 분위기를 감지하며 니체라는 철학자를 발견하게 된다. 이후 40년간 그는 유럽의 극장가와 출판사, 예술가들의 작업실, 귀족 부인들의 응접실을 누비며 새로운 시각을 널리 알렸다. 1933년에 나치가 정권을 장악한 후로는 독일을 떠나 또 다른 이야기로 역사책의 한 페이지를 장식했다.

1880년대 후반부터 1890년대 초반까지 대학 시절을 보낸 그는 도스토옙스키의 《죄와 벌》에서 깊이 영향을 받은 '라스콜니코프 세대'에 속했다. 케슬러는 명문가 출신의 대학 동기가 노동자 계급의 여자 친구를 총 쏘아 죽인 사건으로 재판을 받을 때, 증인을 서기도 했다. 그 친구는 여자 친구를 살해한 뒤 스스로 목숨을 끊으려 했으나 가슴을 겨눈 총구가 정확히 맞지 않아 자살에는 성공하지 못했다.[10] 당시 그 사건은 도스토옙스키의 책에 자극을 받은 허무주의적 행위로 알려지면서 절망에 빠진 첫 '후기 기독교'* 세대에게 깊은 인상을 남겼다. 무無에 대한 의지, 즉 깊은 혐오감에 빠진 학생들 사이에서 그런 살인 사건이 빈번하게 발생하자 이러한 현상을 도스토옙스키의 책에 등장하는 반영웅의 이름을 따서 '라스콜니코프 효과'라 불렀다.[11]

케슬러는 세기말의 허무주의적 분위기와 쇼펜하우어식 염세주의, 도덕적 절망 속에서 사람들이 과연 어떤 가치를 위해 싸워야 하는지 의아해할 때, 이전 세대에 바이런이 그러했듯 니체야말로 심오하고 광범위한 영향을 줄 수 있는 인물이라고 생각했다.

갈 곳 잃은 영혼들이 회의론과 평화에 대한 갈망 사이에서 필사적으로 답을 찾아 헤매는 가운데, 일부 사람들은 허상과도 같은 삶의 외부가 아니라 삶 그 자체에서 의미를 찾는 니체의 사상에 매달렸다. 그들은 니체를 진정한 자유정신으로 숭배했다. 니체는 홀로 개인주의를 극찬하고, 의인화된 관점을 토대로 인간의 자아를 분석하여, 쇠퇴하는 신앙과 끊임없이 공격받는 과학 양쪽 모두에 대안을 제시했다. 니체는 요한 피히테가 말한 대로 '한쪽에 치워두었다가 쓰고 싶을 때만 찾는 생명력 없는 가재도구'라기보다 완전히 개인적인 것으로서 의미의 가능성을 만들어냈다. 신앙이 쓸모없는 존재가 되었다면, 철학은 그것을 선택해서 적용하는 개인의 정신을 정당화해주는 힘이 있었으므로 여전히 가치가 있었다.

---

* 기독교가 대중적인 종교로서 쇠퇴의 길을 걷게 된 이후 -역자주

케슬러에게 가장 깊이 영향을 준 책은 《선악의 저편》이었다. 세계를 설명할 새로운 방법과 현대적 상황에 맞는 새로운 도덕적 가치를 찾아 미지의 바다를 항해한 영혼의 아르고호 용사도 그랬다. 그렇다. 신은 죽었다. 하지만 니체는 그 자리에 위버멘쉬를 세웠다. 위버멘쉬는 모든 사람과 모든 만물에 존재하는 힘에의 의지를 통해 개인이 이뤄내는 형이상학적 투쟁의 결과였다. 물론 거기서 말하는 투쟁은 타인에 대한 투쟁이라기보다는 시기심과 분노 같은 자기 자신에게 있는 저급한 감정에 대한 투쟁이었다.

세기말에 이르러 《차라투스트라》를 그렇게 열광적인 책으로 만든 개념은 힘에의 의지보다는 위버멘쉬였다. 아방가르드를 향해 길을 터준 《차라투스트라》는 교착과 퇴폐 상태에서 빠져나올 방법을 제시했다. 그것은 천국과 지옥을 통할 필요 없이 세상을 정화했다. 니체는 그리스 신들의 춤을, 기독교 유럽인을 완벽한 동물 무리로 전락시키고 축소한 교회의 의존성과 비교했다. 운명애는 허무주의적 심연 위로, 혹은 수세기 동안 이어오며 개인을 운터멘쉬Untermensch*의 수준으로 끌어내린 시기심과 르상티망 위로 밧줄을 던졌다.

해리 케슬러는 이런 글을 남겼다. "우리는 동료에 대한 연민이 아니라, 즐거움의 양을 가능한 한 최대로 높이고, 이 세상의 생명력을 최대한 높이는, 즉 동료에 대한 즐거움을 구하기 위해 노력해

---

* 나치에서 열등 인간이라는 의미로 사용한 표현 -역자주

야 한다. … 기본적으로 이 사고가 니체 철학의 핵심이다."[12] 대학을 떠나고 3년 뒤에는 이런 글을 썼다. "오늘날 어느 정도 교육받은 독일의 20~30대 중에서 니체의 세계관에 빚지지 않은, 혹은 그에게 조금이라도 영향을 받지 않은 사람은 없을 것이다."[13]

1891년, 나우만은 이런 분위기를 책 판매로 이어가기 위해《선악의 저편》과《바그너의 경우》,《도덕의 계보》의 2판을 출판했다. 엘리자베스는 법적인 문제에 손을 뻗었다. 그녀는 그때까지도 나움부르크에 남아 니체를 돌보는 어머니를 도우며 파라과이로 돌아가는 문제를 미루고 있었다. 엘리자베스는 결국 니체의 남은 책들을 출판하려면 3천 5백 마르크를 자신에게 지급하도록 하는 만족스러운 계약서를 받아냈다. 그녀는 페터 가스트만이 니체의 원고를 해독할 수 있다는 것을 알고 그를 편집자 자리에 앉혔고, 그에게 니체 전집 보급판 작업을 준비시킨 뒤 남은 문제를 해결하기 위해 1892년 7월 다시 파라과이로 떠났다.

파라과이에 남아 있던 이주민들은 그녀가 터무니없는 주장을 하며 책을 낸 것도 모자라 다시 파라과이로 돌아온 것에 격분해 푀르스터가 죽기 전 유서를 보낸 켐니츠 식민 사회의 회장인 막스 슈버트에게 항의서를 보냈다. 엘리자베스가 잠시 조국에 돌아간 일은 그녀의 과대망상증을 치료하는 데 아무런 도움이 되지 않았으며, 오히려 예전보다 더 심하게 자만심에 빠져 자신들을 군림하려든다고 했다.

누에바 게르마니아는 이러지도 저러지도 못하는 상태에 빠져 있었다. 엘리자베스는 퓌르스터호프 저택에서 요리사, 하인들과 함께 지내며 제삼의 이해관계자와 신문 칼럼을 통해 이주민들과 험악한 편지를 4월까지 주고받다가 마침내 폰 프랑켄베르크 뤼트비츠 남작에게 집을 파는 데 성공했다. 이로써 그녀는 파라과이 사업에 쏟아 부었던 그녀의 지참금 중 일부를 가까스로 되찾을 수 있었다. 돈을 확보한 그녀는 어머니에게 편지를 써서 아픈 오빠를 돌볼 사람이 필요하니 급히 집으로 와달라는 전보를 보내 달라고 부탁했다.

〈식민지 뉴스〉는 엘리자베스에게 추방 통보에 해당하는 기사를 내보냈다. "누에바 게르마니아의 문제를 개선하기 위한 첫 번째 선결 조건은 퓌르스터 박사 부인을 내보내는 것이다." 그 기사가 나올 때, 엘리자베스는 어머니의 전보 덕분에 여동생의 의무를 수행한다는 핑계로 이미 식민지를 떠나고 없었다.

1893년 9월, 그녀는 파라과이에서 나움부르크로 완전히 돌아왔다. 그녀의 이름은 이제 엘리자베스 퓌르스터 박사에서 엘리자베스 퓌르스터 니체가 되었다.

1893년은 니체에게 중요한 해였다. 니체의 책들은 그해부터 예술적 아방가르드를 통해 그림, 극작, 시, 음악에 이르기까지 광범위한 분야에 영향을 미치며 베를린과 파리에서 동시에 빛을 발하기 시작했다. 니체의 철학에 가장 먼저 불을 지핀 이들은 스칸디나비아 사람들이었다. 먼저 덴마크인 문예 비평가인 게오르그 브라네스가 니체에 관한 강의를 선보이며 그의 존재를 세상에 알렸고, 다음으로 스웨덴 극작가인 아우구스트 스트린드베리가 바통을 이어받았다. 그 직접적인 결과로 그는 그해가 끝나기 전 「미스 줄리 Miss Julie」를 선보였다. 「미스 줄리」는 헨릭 입센Henrik Ibsen의 초기작인 「유령Ghosts」 다음으로 유럽과 미국에서 상영 금지를 가장 많이 당해 실험적인 무대와 사설 극장에서만 상영할 수 있었다. 「유령」이 매독이라는 소재를 무대에 올린 최초의 시도였다면, 「미스 줄리」는 한 귀족 아가씨와 그 집 하인에 관한 훨씬 더 충격적인 이야기를 시도한 작품이다. 니체 철학에 입각한 심리극인 이 작품은 위버멘쉬와 운터멘쉬 사이에서 볼 수 있는 공통된 르상티망과 힘에 상충하는 의지로 나타나는 복종 및 지배의 장을 수사적으로 추적하며 성에 대한 디오니소스적 충동을 표현한다.

1892~1893년 베를린에서 살았던 스트린드베리는 어느 술집 이름을 따라서 지은 '검은 새끼 돼지'라는 자유분방한 범세계적 보헤미안 모임을 통해 니체의 명성을 널리 알렸다. 그는 그 모임에서 알게 된 노르웨이 화가 에드바르 뭉크Edvard Munch에게 니체의 책을 소개했는데, 뭉크는 그의 책들을 읽고 깊은 영향을 받아 '절규'라는 작품을 탄생시켰다. 뭉크는 시대정신을 정확히 포착한 이 그림을 통해, 신의 죽음 이후 삶의 의미와 중요성을 찾아야 하는 인간의 책임을 고민함으로써 실존주의적 공포를 담아낸 시대적 우상을 거의 완벽하게 창조해냈다. 이 그림은 얼마 지나지 않아 석판화와 목판화로도 재현되어 독일과 파리의 갤러리와 잡지를 휩쓸었다.

니체의 명성이 높아지는 데 기여한 네 번째 인물은 루 살로메였다. 1889년, 오토 브람Otto Brahm은 베를린에서 '자유 무대'라는 실험적인 극단을 창단하고, 1년 뒤에는 〈현대 생활을 위한 자유 무대The Free Stage for Modern Life〉를 창간했다.[14] 그때쯤 나름 유명인이 되어 있던 루는 브람의 옆집에 살았다. 그녀는 당시 니체에 관해 많은 기사를 썼는데, 그녀가 쓴 기사들은 〈현대 생활을 위한 자유 무대〉에 자주 소개되었고, 니체에 대한 관심을 넓히는 데 큰 역할을 했다. 1894년에는 니체의 생애와 작품을 연구한 최초의 중요한 연구서 중 하나로《작품으로 본 프리드리히 니체Friedrich Nietzsche in seinen Werken》를 출판했다.

니체의 글에 나타난 형식적인 요소 또한 1890년대 예술 작품에 직접적인 영향을 주었다. 사실 그의 질병으로 인해 어쩔 수 없이 사용하게 된 그의 독특한 문체는 아포리즘을 많이 사용한 짧고 비연속적이며 언뜻 보기에 체계적이지 못하고 완성되지 않은 것 같은 독특한 특징을 지니고 있었는데, 이것이 사람들의 눈길을 사로잡는 직접적이고 현대적인 의사소통 방식으로 인식되기 시작했다. 스트린드베리의 극들은 연극 무대에서 보이는 시공간과 행위의 전통적인 통일성을 폐기하고 내용이 난해하기로 악명이 높다. 극의 흐름이 논리적으로 진행되지 않기 때문인데, 오히려 그런 이유로 무대에서는 긴장감이 극대화된다. 뭉크는 물감이 튄 자국을 치우지 않고 그대로 남겨두거나 캔버스 전체를 채색하지 않고 남겨두기도 했다. 이는 그림에서 순간적으로 느껴지는 화가 특유의 강력한 효과로, 니체가 소렌토에서 처음 포착한 아포리즘을 연상하게 한다. 니체는 그 아포리즘적 특징을 토대로 '불확실성의 철학자'라는 강력하고 색다른 현대적 전략을 구축했다. 그리고 그 위치에서 결론은 독자에게 맡기고, 인간은 객관적 진리를 상상할 수 없으며, 그것을 추구한다는 것은 망상에 불과하다는 사실을 인정함으로써 아포리즘과 꼬리에 꼬리를 물고 이어지는 생각이나 책 전체를 생략으로 끝낼 힘을 얻었다.

1893년, 엘리자베스는 오빠의 책에 쏟아지는 국제적 관심을 직시하며 작은 지방 도시인 나움부르크에 도착했다. 그녀의 첫 번째 임무는 방대한 자료 정리였다. 그동안 프란치스카는 아들의 편지와 글들을 충실하게 보관해오고 있었다. 게다가 오버베크가 니체를 토리노에서 데려올 때, 프란치스카에게 보내려고 아주 정확하게 정리해둔 자료들도 있었다. 어머니가 평생에 걸쳐 모아둔 문서 보관함은 이제 니체가 몇 년 동안 들고 다닌 짐에 있던 노트와 종이뭉치, 오래된 초고들, 니체가 받은 편지들, 니체가 보낸 편지의 초안들, 보내지 못한 편지의 초안들로 가득 찼다.

엘리자베스는 어머니 집의 1층 벽을 허물어 방을 확장한 뒤, 차라투스트라 이야기에 등장하는 동물들인 뱀, 사자, 독수리 같은 조각품으로 장식했다. 특히 독수리는 독일 왕실의 독수리를 닮아 엘리자베스의 만족감을 충족시켜주었다. 그녀는 그곳을 니체 문서 보관소라 부르며 새 전설을 만들기 위한 전초기지로 삼았다. 푀르스터를 남성미 넘치는 영웅적인 선구자로 그려낸 그녀의 노력은 이 일을 위한 예행연습에 불과했다.

그녀는 니체와 편지를 주고받던 사람들에게 니체가 보낸 모든 편지와 글들을 보내 달라고 요구하며 그 글의 저작권은 니체 문서 보관소에 있다고 경고했다. 그녀의 요구에 따르지 않은 사람은 코지마와 오버베크 둘뿐이었다. 코지마는 엘리자베스의 재능과 성향을 잘 알았다. 엘리자베스가 말하는 니체와 바그너 사이의 진실은 자신이 생각하는 바와 같을 수가 없었다. 따라서 니체 문서 보관소에 도움을 줄 수 없었다. 엘리자베스는 바이로이트에서 이미 바그너 문서 보관소를 훌륭하게 구축하고 있던 코지마의 반응을 복수심과 경쟁으로 해석했다.

오버베크의 편에서 보면, 그가 엘리자베스에게 협조해야 할 이유는 전혀 없었다. 그는 니체가 여동생에게 느껴온 멀미의 사슬과 증오심, 멸시의 감정을 누구보다 잘 알았다. 엘리자베스는 오버베크가 자신의 요구를 거절하자 그에 대한 오랜 악감정이 더욱 깊어졌다. 그는 루와 문제가 생겼을 때도 자신을 도와주지 않았고, 누에바 게르마니아에 투자하는 일도 반대하지 않았던가. 오버베크는 이제 엘리자베스에게 최대 적이 되었다. 그는 틀림없이 '유대인'일 것이라고 그녀는 생각했다. 또한 니체가 그런 상태가 된 것은 오버베크와 어머니 프란치스카의 책임이 크다고 보았다. 엘리자베스는 니체가 처음 병세를 보였을 때, 그들이 취한 행동을 문제 삼았다. 정신병원이 아니라 그냥 병원에 데려갔어야 했다는 것이다. 토리노에서 니체를 바젤로 데려올 때 동행했던 치과의사도 알고 보니 유대인이자 사기꾼이었다. 그녀는 율리우스 랑벤과 편지를 주고받으며 어머니 대신 그의 편을 들었다. 예나 정신병원에서 지낼 때 '1급' 진료비를 냈어야 한다는 말도 꺼냈다. 그랬다면 결과는 지금과 완전히 달랐을 것이라고 말이다.

니체의 과거를 너무나 잘 아는 또 한 사람인 페터 가스트는 어리석게도 니체의 전기를 쓸 계획이라는 말을 엘리자베스에게 털어놓았다. 하지만 그녀는 자신만이 그 일을 할 자격이 있다고 주장하며 니체 문서 보관서의 편집장 자리에서 그를 쫓아냈다. 그리고 가스트 대신 문헌학자이자 음악가인 프리츠 쾨겔Fritz Kögel[15]을 그 자리에 앉혔다. 엘리자베스는 자신보다 열네 살 어린 그와 저녁마다 추파를 주고받았다. 잘생긴 얼굴에 자연스럽게 헝클어진 머리가 매력적인 쾨겔은 사교계에서 인기가 많았다. 니체의 손 글씨를 알아보지 못했지만 엘리자베스는 이를 전혀 문제 삼지 않았다. 니체 문서 보관소는 첫 2년간 엘리자베스가 접대하는 사교계의 살롱이 되었다. 편집장 쾨겔은 그녀의 기분을 맞춰주며 시시한 농담을 주고받거나 피아노 앞에서 멋지게 노래를 불러 찾아온 손님들을 즐겁게 해주었다. 피아노 위로는 그림 석 점이 걸려 있었다. 니체의 사진과 궁정화가 반다이크의 사진, 그리고 뒤러의 동판화였다. 위층에서 짐승의 울음소리가 이따금 들려와 응접실의 세련되고 고상한 분위기가 잠시 흐려지기도 했다.

프란치스카는 니체의 진행성 마비가 점차 뇌와 몸 전체로 퍼지면서 발작 증세가 더 심해지고 종잡을 수 없이 나타나 산책 치료법을 중단할 수밖에 없었다. 언제나 높은 산을 찾아다니며 산책을 즐겼던 니체는 이제 2층 방과 작은 베란다에 갇힌 신세가 되었다. 방에서 베란다로 이어지는 계단 몇 개도 혼자 찾지 못하는 날이 많아 누군가가 손을 잡고 이끌어주어야 했다. 그의 일과는 우리에 갇힌 짐승의 일과와 다를 바 없었다. 그가 할 수 있는 일이라고는 좁은 베란다를 왔다 갔다 하는 것이 전부였다. 그 베란다조차 키 큰 화분들이 가로막고 있어 바깥세상은 볼 수도 없었다. 프란치스카는 정부 관계자가 미치광이가 된 아들을 발각하면 뺏어 갈까 봐 늘 안절부절못했다.

니체는 거의 오전 중에는 잠만 잤다. 누군가의 도움으로 씻고 옷을 갈아입고 나면, 2층에 있는 나머지 다른 방에서 몇 시간씩 명하게 앉아 시간을 보냈다. 가끔은 인형이나 장난감을 가지고 놀았다. 어머니는 목이 쉬도록 그에게 책을 읽어주었다. 니체는 책의 의미는 이해하지 못해도 책 읽는 소리를 좋아했다. 손님이 찾아오는 것은 좋아하지 않았다. 이발사나 안마사가 종종 들러 그의 수염을 다듬거나 위축된 근육을 풀고 혈액 순환을 도와주려 하면, 자신을 헤치려 한다고 생각해 거칠게 저항했다. 그럴 때 프란치스카는 그를 살살 달래며 단 음식을 입에 넣어주었다. 동요를 불러주기도 했는데, 그럴 때 가끔 그가 가사를 기억해내어 중간 중간 따라 불렀다. 프란치스카와 그 집의 충실한 하녀 알비나는 니체가 난폭하게 변할 때마다 그를 두려워했다. 하지만 그를 뺏길지 모른다는 두려움이 그를 진정시키느라 육체적 에너지를 소모하며 불안해하는 마음보다 언제나 더 크게 느껴졌다.

프란치스카는 시간이 날 때마다 아픈 아들이 남긴 말을 기록했다. 그는 1891년까지는 어린 시절 고향인 뢰켄에 과수원이 있던 것을 기억했다. 과일나무의 이름도 기억했다. 복도 끝에 도서관이 있던 것도, 화약이 터져서 창문이 모두 깨졌던 것도 기억했다. 그는 그런 것들을 기억해낼 때마다 크게 웃다가 곧이어 심각한 표정으로 이렇게 말했다. "어린 리사야, 수영을 잘하는 너의 소년, 너의 사랑은 구원을 받았다. 그는 내 바지 주머니에 있지." 하지만 이때 이후로 프란치스카가 드문드문 남긴 기록을 보면 해가 갈수록 그의 기억은 점차 희미해졌다. 1895년, 즉 과일나무 이름을 말한 후로 4년이 지나서는 더 이상 어린 시절을 기억해내지 못했다. 일상적인 대화도 불가능해진 지 오래였다. 프란치스카가 배가 고픈지 물어보면 그는 이렇게 답했다. "제게 입이 있나요? 저걸 먹을까? 내가 말하는 내 입이 먹고 싶대요. … 저게 뭐지? 귀야, 저게 뭐야? 코야, 이건 뭐야? 내가 좋아하지 않는 손이군." 하지만 기억까지는 아니더라도 망가진 그의 뇌 어딘가에서 그가 누구였는지에 대한 희미한 그림자가 남아 있었는지, 기분을 좋게 해주는 거나 마음에 드는 것을 보면, 그것을 '책'이라고 불렀다. 그리고 자신이 멍청하지 않은지 자주 물었다. "오, 사랑하는 아들아. 아니야. 넌 멍청하지 않아. 네가 쓴 책들이 이제 세상을 놀라게 하고 있는걸." "아니에요. 전 멍청해요."

그나마 이때가 한때 자신이 위대한 사상을 품고 살았다는 것을 그가 어렴풋이 인식했던 순간이었는지 모른다.

1894년 10월 15일, 니체는 50번째 생일을 맞았다. 나우만은 그의 계좌로 1만 4천 마르크를 보냈다. 그의 책은 불티난 듯 팔리고 있었다. 하지만 니체는 아무것도 알지 못했다.

그의 생일을 축하하러 오랜 친구들이 찾아왔다. 하지만 니체는 그들을 알아보지 못했다. 이제 그는 어머니와 여동생, 알비나만 알아보았다. 오버베크는 그가 행복하지도 불행하지도 않은, 어떻게 보면 약간 무섭게도 모든 것을 초월한 듯 보인다고 했다. 파울 도이센은 꽃다발을 가져왔다. 그 꽃은 아주 잠깐 니체의 관심을 끌었다. 도이센은 니체에게 "이제 너도 50세가 되었다."고 말해주었다. 하지만 니체는 그 말이 무슨 의미인지 이해하지 못했다. 그가 관심을 보인 것은 오로지 케이크였다.

다음 해에는 과격하게 흥분해 있는 상태와 완전히 무기력한 상태만 번갈아 나타났다. 오버베크가 찾아왔을 때는 완전히 무기력한 상태였다. 그는 토리노에 있을 때처럼 소파 한쪽 구석에 웅크리고 앉아 있었다. 그의 눈에는 생기가 전혀 없었다. 오버베크는 그를 보며 궁지에 몰려 죽음만을 갈구하는 상처 입은 짐승을 떠올렸다.

오버베크는 그 후로 니체를 찾아오지 않았다. 엘리자베스는 오버베크가 미출간 작품을 일부 훔쳤다고 공개적으로 비난했다. 사실은 그가 니체의 편지들을 내놓지 않아서였지만, 그가 가진 편지에는 자신에 대해 호의적이지 않은 내용이 언급되어 있으리라는 것, 따라서 니체의 일에 관해 자신의 주장과 일치하지 않는 내용이 담겨 있으리라는 것을 알았기 때문이었다. 결국 그 편지들은 1907~1908년에 출판된다. 하지만 엘리자베스가 소송을 제기해 논쟁의 여지가 있는 구절들은 빈칸으로 대체하라는 판결을 받은 후였다. 그 검열은 그녀의 명성을 찾아주었을지는 몰라도 신뢰는 얻지 못했다.

그사이 모녀 관계는 점점 나빠졌다. 한집에서도 위층과 아래층의 삶은 극명한 대비를 보였다. 위층에서는 프란치스카와 알비나가 죽은 사람이나 다름없는 니체를 보살피느라 정신이 없었고, 아래층에서는 활기 넘치는 사교 모임이 분주히 열렸다.

엘리자베스는 어머니가 니체를 돌보기에 부적합하다는 내용으로 10쪽 분량의 편지를 썼다. 그녀는 니체의 완전한 보호자가 되어 다른 장소로 문서 보관소를 옮기고 싶었다. 하지만 가족 주치의가 자신의 편을 들어주지 않아 계획을 실행하지는 못했다.

당연히 프란치스카는 기분이 나빴다. 엘리자베스가 1895년에 니체의 첫 전기로 《니체의 생애The Life of Nietzsche》를 출판한 후로는 더더욱 그랬다. 프란치스카는 이해할 수 없었다. 그 책에 진실한 내용은 거의 없었다. 하지만 프란치스카는 겨우 글을 읽기만 하는 정도였지 딸의 이야기를 글로 반박할 재주가 없었고, 자신을 보호해줄 만큼 영향력 있는 사람과 인맥을 쌓아본 적도 없었다. 오버베크가 있기는 했지만, 그는 엘리자베스가 그렇게 탐내던 편지들을 바젤대학교에 기증하고 불쾌한 싸움에서 완전히 물러나 있는 상태였다. 오버베크는 특유의 성격대로 진실에 관한 판단은 후세에 넘겼다.

1895년 12월, 엘리자베스는 니체의 원고와 글에 대해 단독 저작권을 갖는 계약서를 작성했다. 어머니에게는 그의 책에서 나오는 모든 권리와 인세를 대신하여 3만 마르크를 제안했다. 프란치스카는 마지못해 수락했다. 딸에게 전권을 넘겨주고 싶지는 않았지만, 자신과 아들의 앞날을 생각하면 충분한 돈이 있어야 했다. 하지만 한 해 전에도 그 돈의 거의 절반에 가까운 금액을 받았던 것을 생각하면 큰돈이라고 볼 수는 없었다. 이제 니체의 책을 찾는 사람들이 많아 엘리자베스는 돈을 어렵지 않게 구할 수 있었다. 그 돈은 니체를 존경하는 돈 많은 세 후원자에게서 나왔다. 니체의 오랜 친구인 메타 폰 잘리스와 해리 케슬러, 그리고 로베르트 폰 멘델스존 Robert von Mendelssohn이라는 유대인 은행가였다. 엘리자베스의 반유대주의는 돈 문제에는 영향을 받지 않았다.

엘리자베스는 그때부터 1935년 사망하기 전까지 니체가 쓰거나 받은 편지를 포함해 그가 쓴 모든 글에 대한 접근과 출판, 편집, 저작권을 관리했다. 본인이 원하면 언제든 검열권을 행사했고, 니체의 글과 전기를 원하는 방향대로 바꾸었다. 그녀는 출판을 허락한 모든 책에 대한 인세를 받는 위치에 있었다.

1897년 4월, 프란치스카가 71세의 나이로 숨을 거두면서 모녀의 갈등은 저절로 끝이 났다. 불행하고 고달팠던 프란치스카의 인생은 그렇게 막을 내렸다. 원인은 자궁암이었던 것으로 보인다. 엘리자베스는 이제 니체의 글에 이어 인간 니체도 완전히 자신의 통제 아래 둘 수 있게 되었다.

엘리자베스는 가장 먼저 니체와 문서 보관소를 더 적당한 장소로 옮기고 싶었다. 나움부르크는 너무 뒤떨어진 도시였다. 그녀에게는 바이마르가 적당해 보였다. 독일 문화의 신전인 그곳이라면 니체의 위치를 제대로 인정받을 수 있을 것 같았다.

바이마르는 1775년 괴테의 탄생 이후 독일 뮤즈들의 산실이 되었다. 이후 바이마르는 독일 문학의 황금시대를 이끈 피히테와 헤르더, 폰 훔볼트, 셸링, 실러, 빌란트와 같은 인물들 덕분에 '독일의 아테네'로 완벽하게 자리 잡았다. 1848년에는 리스트가 문화 분야에서 책임을 맡아 '새 바이마르 협회'라는 문화협회를 세우고, 궁정 극장에서 바그너 오페라의 초기 작품을 선보이며 백은시대白銀時代를 열었다.

괴테와 실러의 문서 보관소도 바이마르에 있었다. 따라서 그들의 명성을 이용한다면, 바이로이트에 있는 언제나 질투와 경탄의 대상으로 바라보던 바그너의 문서 보관서와 어깨를 나란히 할 수 있을 것도 같았다.

나움부르크의 작은 집을 팔고 바이마르에서 큰 집을 사려면 돈이 더 필요했다. 그 일은 메타 폰 잘리스가 돕겠다고 나섰다. 그녀는 니체에게 큰 빚을 졌다고 생각했다. '실스마리아에서 함께 보낸 여름마다 그에게서 받은 것들을 어떻게 다 갚을 수 있을까?' 그녀는 그에게 단지 실바플라나 호수에서 노 젓는 법을 가르쳐주었는데, 그는 여자도 위버멘쉬가 될 수 있다는 큰 가르침을 주었다고 생각했다.

메타는 빌라 질버블리크Villa Silberblick[16]라는 저택을 찾아냈다. 바이마르 남부 외곽에 다소 투박한 사각형 모양으로 된 벽돌 저택으로, 반프리트보다 크기는 작았지만 콘서트홀을 수용할 필요가 없었으니 그 정도면 딱 적당한 크기였다. 빌라 질버블리크는 이름처럼 은빛 전망을 자랑했다.* 또 완만하게 숫은 훔볼트슈트라세 지역 위쪽에 자리 잡아 바이마르에서 가장 멋진 전망을 내려다볼 수 있었다. 괴테가 이탈리아 여행에서 돌아오며 창조한 유럽의 위대한 신고전주의적 경치에 견줄 만한 전망이었다. 괴테도 니체처럼 로마 일대의 평원인 캄파냐와 클로드 로랭의 풍경화들을 사랑했다. 집으로 돌아온 그는 바이마르 평원의 물결치듯 구릉을 이룬 들판을 아르카디아의 축소판으로 바꾸기 시작했다. 초원은 엘리시움**으로 탈바꿈시켰고, 신전과 동굴은 일름강을 따라 만들어졌다. 빌라 질버블리크의 창밖으로는 루에게 빠진 니체가 〈밤의 노래〉를 쓰도록 영감을 준 멋진 풍경이 죽 이어졌다.

---

* 질버Silber는 독일어로 은이라는 뜻이다. -역자주
** 그리스 신화에 등장하는 일종의 천국 -역자주

니체는 3년 동안 거의 매일 이곳 2층 베란다에 앉아 시간을 보냈다. 만약 그에게 본다는 능력이 남아 있었다면, 물론 그것은 전혀 있음직하지 않은 가정이 되겠지만, 아마도 튀링겐 평원에서 에터스부르크 산자락 끝으로 이어지는 그곳 풍경을 바라보며 아마도 캄파냐를, 그리고 루와 함께 몬테 사크로를 오르며 그의 인생을 바꿔놓을 만한 산책에서 보았던 풍경을 떠올렸을 것이다.

메타에게는 이곳이 존경하는 친구를 위해 딱 적당한 장소로 보였다. 그녀는 3만 9천 마르크를 들여 저택과 토지를 사들였다. 엘리자베스는 메타에게 알리지도 않고 욕실과 발코니를 뜯어버리고 실내 공사를 시작했다. 청구서는 물론 메타에게 보냈다. 메타는 불필요한 겉치레 공사로 돈을 마구 써대는 그녀의 행동에 화가 났다. 하지만 더 심각한 문제는 그녀가 언론의 관심을 얻기 위해 보이는 행동이었다. 메타는 한 기자가 니체를 구경거리로 묘사하는 기사를 읽게 되었다. 기사는 니체가 잠자고 일어나서 의자에 웅크리고 앉아 있다가 케이크 한 조각을 먹는다는 식의 내용으로 이어졌다. 메타는 참을 수 없었다. 그 후로는 엘리자베스와의 관계를 끊어버렸다.[17]

1897년 7월에 빌라 질버블리크의 공사가 끝나자 엘리자베스는 야간 시간대를 이용해 니체를 옮기는 비공개 여행을 준비했다. 니체는 휠체어로 기차역까지 이동한 뒤, 기차를 타고 나움부르크에서 바이마르로 왔다. 바이마르 기차역에서는 이날 특별히 개방된 비공개 출입구를 이용했다. 주로 작센 바이마르 대공의 출입 시에

만 사용되는 곳이었다. 그날 이후 엘리자베스는 혼자 걸어서 마을 주변을 돌아다니는 모습을 보인 적이 없었다. 어디를 가든 항상 하인을 대동하고 마차를 타고서만 이동했다.[18]

가장 먼저 찾아온 손님 중 하나는 해리 케슬러였다. 8월에 도착한 그는 역으로 마중 나온 하인의 모습을 보고 깜짝 놀랐다. 하인이 번쩍이는 금박 단추와 귀족 계급의 별무늬 장식이 돋보이는 제복을 입고 있었기 때문이다.[19] 케슬러는 《차라투스트라》에 관해 엘리자베스와 의논하고 싶었다. 한 해 전 같은 제목으로 리하르트 슈트라우스Richard Strauss가 작곡한 교향시가 초연되어 큰 화제를 불러 모은 바 있었다. 케슬러는 애서가용 호화판 《차라투스트라》를 내자고 제안했다. 그때까지 미출간된 《이 사람을 보라》와 마지막에 쓴 시들도 출판을 서두르고 싶었다. 엘리자베스는 아무런 반응을 보이지 않았다. 그녀는 《이 사람을 보라》에서 자신에 관한 모욕적인 구절을 숨기고 싶었던 만큼, 자신이 쓴 니체의 전기에서 조금씩 토막글을 내보이는 편이 더 낫다고 생각했다. 그렇게 되면 니체 문서 보관서의 책임자로서, 또한 니체의 자서전을 쓸 수 있는 유일한 사람으로서 누릴 수 있는 특권적인 위치도 지켜낼 수 있었다. 이는 클링바일 문제의 여파로 니체 문서 보관소의 진위성에 의문을 제기하는 사람들을 잠재울 수 있는 강력한 무기였다. 그녀는 《이 사람을 보라》의 원고를 11년이나 더 들고 있다가 출판을 허락했다. 그때도 '은행장용 에디션'이라는 형태로만 출판을 허락했다. 검은색과 금색 잉크로 인쇄하여 고급 한정판으로 제작된 그 책은 그녀에게 순익으로만 2만 9,500마르크를 벌어주었다.

엘리자베스는 해리 케슬러가 방문한 뒤로 위층에서 아직 멀쩡히 살아 있는 니체의 장례 절차에 부쩍 열의를 보였다. 바그너가 반프리트에 묻혔다는 것을 안 그녀는 빌라 질버블리크의 터에 그를 묻고 싶어 했다. 하지만 시 당국은 어렵다는 태도를 보였다. 해리 케슬러는 실스마리아에 있는 순결의 반도가 더 좋겠다고 생각했지만, 엘리자베스의 관심을 얻지는 못했다. 그 대신 그녀는 그에게 문서 보관소의 편집장 자리를 제안했다. 51세의 부인이 29세의 청년에게 매력적인 조건으로 제안했음에도 그는 이를 받아들이지 않았다.

엘리자베스는 자기 나이의 절반 가까운 어리고 잘생긴 남자와 어울리는 것을 아주 좋아했다. 이런 면에서 그녀는 확실히 빈Wien 스타일에 가까웠다. 문서 보관소의 첫 편집장인 프리츠 쾨겔은 자기 나이에 더 가까운 아가씨와 사랑에 빠져 약혼한 뒤로 그 자리에서 쫓겨났다. 다음으로는 젊은 루돌프 슈타이너가 그 자리에 앉았다. 슈타이너는 나중에 블라바츠키 부인의 신지학神智學이라는 일종의 신흥 종교에 잠시 빠졌다가 젊은 시절에 경험한 통찰력을 토대로 인지학人知學이라는 여러 체계가 뒤섞인 '영적 학문'을 창시했다. 엘리자베스는 그를 고용하여 편집장 일을 맡기는 것 외에도 니체의 철학을 자신에게 가르쳐 달라고 했다. 하지만 고집스러운 라마를 가르치는 건 실패가 예견되는 일이었다. 슈타이너는 그녀가 가르침을 받는 것도, 니체의 철학을 이해하는 것도 불가능하다고 말하며 그 일을 포기했다. 아마 둘 다 사실이었을 것이다.

케슬러가 편집장 자리를 거절하자 그 자리는 공석이 되었다. 사실 빌라 질버블리크에 얼마 전 실스마리아에서 보내온 종이뭉치가 도착해 있었다. 니체는 실스마리아에 마지막으로 방문했을 때, 잔 뒤리쉬의 집에 온갖 노트와 메모를 남겨두고 떠나면서 이것들은 전부 쓰레기이니 태워 달라고 부탁했다. 그 종이 뭉치는 벽장에 보관되어 있다가 태워지기 직전에, 차라투스트라의 산을 직접 둘러보고 그곳 바위를 만져보려고 온 니체의 추종자들에게 발견됐다. 종이에는 "나는 우산을 잃어버렸다."[20]라는 문장과 십자가에 못 박힌 예수와 디오니소스가 산산조각이 났다는 의미의 내용이 적혀 있었다. 엘리자베스는 그 소식을 듣고 그것을 모두 바이마르로 보내 달라고 요구했다. 그 덕분에 바이마르에는 문학적 자산인 니체의 유고가 점점 쌓여갔다.

결국 엘리자베스는 자존심을 굽히고 페터 가스트를 다시 편집장 자리로 불러들였다. 니체의 마지막 필적을 알아볼 수 있는 사람은 가스트밖에 없었다. 따라서 그녀가 그 혼잡스러운 메모들을 이용해 자신이 직접 책을 쓰고 니체의 이름으로 출판하려면 그가 꼭 필요했다. 그녀는 그 책에 '힘에의 의지'라는 제목을 붙여 모든 가치의 전도를 이뤄낸 그의 대표작으로 내세우겠다는 계획을 세웠다. 그녀는 그가 정신을 잃기 전 마지막 해에 그 책을 쓸 생각이라는, 혹은 썼다는, 혹은 《반그리스도》를 쓴 후로는 쓸 필요가 없어졌다는 말을 이따금 언급했고, 따라서 그의 육필 메모 조각들을 이용해 그 책을 직접 쓸 수 있다고 믿어 의심치 않았다.

니체는 경제적으로 여유로웠던 적이 없었다. 그는 물건을 아껴 쓰는 습관이 몸에 배어 있어서 공책은 여백이 없을 때까지 거의 빽빽하게 채워 썼다. 필체가 아주 나빠진다거나 하는 특징이 없는 한 그의 글은 연대나 순서를 알 방법이 없었다. 어떤 때는 앞면에서 시작해 뒷면으로, 다른 때는 뒷면에서 시작해 앞면으로 글을 썼다. 여러 페이지와 구절에 걸쳐 써둔 글에 줄을 그어 지우기도 하고, 그 밑에 다시 고쳐 쓰기도 했다. 심오한 의미가 담긴 구절들이 쇼핑 목록과 나란히 적혀 있기도 했다.

가스트가 니체의 육필 메모와 씨름하는 동안, 빌라 질버블리크는 순례지가 되어갔다. 그곳에 액자에 든 휘장과 파라과이 전통 공예품, 아리아인 우월주의·반유대주의·식민주의의 영웅인 푀르스터 박사의 흉상과 함께 니체의 글과 사진, 초판본이 나란히 전시되었다. 엘리자베스는 토요일마다 사교 모임을 주최했고, 주중에도 계속 파티를 열었다. 방문객들은 누군가의 표현대로 '한 줄기 빛으로만 분리된' 그들의 우상이 위층에 누워 있다는 사실을 의식하고 흥분했다. 특별 손님은 2층으로 올라가 먼발치에서 그를 볼 수 있었다. 그는 성상에서 본 듯한 바닥까지 끌리는 흰색 리넨 가운을 항상 입고 있었다.

감수성이 풍부한 사람들은 그의 모습에서 신격화된 이미지를 쉽게 떠올렸다. 신문이나 책에는 거의 종교에 가까운 이야기들이 등장하기 시작했다. 그들의 관심은 주로 그의 눈에 집중되었다. 숭고한 지성의 거장은 살아 있는 어떤 사람의 눈보다 심연을 더 깊이 들여다보고, 얼어붙은 산봉우리를 더 높게 올려다보는 신비한 눈을 가졌다는 식의 묘사가 등장했다. 반 맹인이나 다름없던 그의 가여운 두 눈은 쌍둥이별이나 천체의 해와 달, 심지어 은하수에도 비교되었다. 가령 루돌프 슈타이너는 이렇게 표현했다. "누구라도 이 시기에 니체를 본 사람은, 흰색 가운을 입고 고결한 자태로 비스듬히 누워 무언가를 탐구하는 듯한 그의 표정과 당당하고 위엄 있는 몸가짐을 보면서 이 남자는 죽을 수 없고, 단지 그의 눈이 이 헤아릴 수 없는 기쁨 속에서 인류와 전 세계 위에 영원토록 머물 뿐이라고 느꼈다."[21] 엘리자베스가 니체의 기념비 제작을 위해 부른 건축가 프리츠 슈마허Fritz Schumacher는 "그를 본 사람은 누구라도 정신이 달아난 육체를 보고 있다는 사실을 믿을 수 없었다. 그는 사소한 일상적인 것들 위에 우뚝 선 사람임을 믿을 수밖에 없었다."고 말했다.[22]

엘리자베스가 니체를 보여줄 때는 주로 저녁 식사 시간 후였다. 그녀는 종종 그의 모습이 강령술에 등장하는 영혼처럼 얇은 커튼을 통해 어렴풋이 보이도록 만들었다.[23] 그를 또렷하게 본 사람은 해리 케슬러가 거의 유일했다. 엘리자베스와 책 출판 문제를 논의하느라 며칠 동안 빌라 질버블리크에서 지냈기 때문에 방문객 중에서는 아마도 그가 니체의 모습을 가장 많이 또렷이 보았을 것이다. 니체가 내는 긴 신음 소리에 잠에서 깨곤 했던 그는 이렇게 말했다. "그는 있는 힘을 다해 늦은 밤까지 소리를 질렀다. 그러다가 다시 잠잠해졌다."[24]

케슬러는 니체의 모습에서 아픈 사람이나 예언자, 심지어 정신 병자의 모습도 보지 못했다. 오히려 그는 빈껍데기, 산송장에 가까웠다. 검푸른 정맥이 비쳐 보이는 그의 부은 양손은 뻣뻣한 밀랍처럼 굳어 있어 마치 시체 같았다. 입 전체와 턱까지 덮은 긴 콧수염은 제어되지 않는 입으로 드러날 수밖에 없는 그의 바보 같은 모습을 의도적으로 감추려는 듯 보였다. 빌라 질버블리크를 찾아온 순례자들과 달리 케슬러는 니체의 눈에서 아무것도 보지 못했다. 그의 눈에는 미친 자의 모습도 혹은 영적인 모습도 없었다. "그의 표정을 훌륭한 개에서 종종 볼 수 있는 충성스러움으로 표현하고 싶다. 그와 동시에 헛되이 끝나버린 지적 탐구의 결과를 잘 이해하지 못하겠다는 듯한 어리둥절함으로 묘사하고 싶다."[25]

니체는 1898년 여름에 처음 뇌졸중을 겪었다. 뇌졸중은 다음 해에도 나타났다. 1900년 8월에는 감기에 걸려 호흡 장애를 겪었다. 한 목격자는 엘리자베스의 끈질긴 복수가 두려워서인지 신분을 밝히지 않기를 원하며, 니체의 상태가 완전히 끝인 것 같다고 말했다. 꽤 오랫동안 옆에서 니체를 간호한 사람 같았다.

특히 그 목격자는 니체가 바이마르로 옮겨간 후로 판단력과 이해력이 없어지고, 말을 정확하게 전달하는 일도 없어졌다는 점을 언급했다. 그런 상황에도 언론 인터뷰는 꾸준히 이루어졌다. 하지만 니체를 직접 대면하는 경우는 거의 없었다. 모든 접촉은 엘리자베스를 통해야 했고, 모든 기사는 그녀를 거쳐서 나왔다. 그동안에도 니체는 한쪽이 마비된 몸으로 그 목격자 말하는 '매트리스 무덤'에서 무기력하게 누워 지냈다. 니체의 침대는 말 그대로 그의 탈출을 막기 위해 세워놓은 가구들로 꽉 막혀 있었다. 그나마 신체 기능은 조금 살아 있었다. 특히 니체는 반짝이는 물체를 볼 때마다 입에 집어넣으려고 했다. 그것만 빼면 그는 대체로 착하고 순종적인 환자였다. 그의 상태는 비참하고 절망적이었지만 육체적 고통은 거의 없었다.

이것은 해리 케슬러의 설명이고, 엘리자베스의 이야기는 달랐다. 니체는 그가 좋아하는 기 드 모파상Guy de Maupassant의 작품을 크게 즐기고 있는 상태였다. 그녀의 말에 따르면, 니체는 마지막 순간까지 언어 능력을 유지했다. "내가 한 일을 두고 오빠는 나를 얼마나 칭찬했던가. 내가 슬퍼 보일 때는 나를 또 얼마나 위로해주었던가. 그가 전한 감사의 말은 늘 감동적이었다. '리스베스, 왜 울어? 우리 꽤 행복하잖아.' 그는 이렇게 말하곤 했다."[26]

그의 죽음을 묘사한 이야기도 두 가지 버전이 있다. 익명의 목격자에 따르면 그의 마지막 사투는 힘들어 보였지만 그리 길지 않았다. 임종을 지켜본 것으로 보이는 그 목격자는 계속해서 이런 말을 남겼다. "니체의 인상적인 몸 상태는 심지어 관 안에서도 당당해 보여 만약 의지가 있었다면, 아마도 그의 마지막 시간이 더 오래갔을 것이다."[27]

엘리자베스는 그의 죽음을 다르게 말했다. 어느 날 그녀가 그를 마주 보고 앉아 있을 때 곧 폭풍우가 몰려들 것 같았다. 그의 안색이 변하더니 갑자기 뇌졸중을 일으키며 의식을 잃고 쓰러졌다(그녀는 뇌졸중을 좋아했다). "마치 위대한 인물이 천둥번개 사이로 사라지려는 것 같았다. 하지만 그는 저녁때가 되어 기운을 회복하고 무언가를 말하려 했다. … 내가 물 한잔을 건넸을 때 시간은 새벽 2시를 향해 갔다. 그는 내 얼굴이 잘 보이도록 전등갓을 밀어냈다. … 그는 그 숭고한 눈을 살며시 뜨고 마지막으로 내 눈을 지그시 바라보았다. 그리고 기쁨에 가득한 목소리로 이렇게 외쳤다. "엘리자베스!" 그러더니 갑자기 고개를 떨구며 스르르 눈을 감았다. … 차라투스트라는 그렇게 영면에 들었다."[28]

1900년 8월 25일, 그가 세상을 떠났다.

엘리자베스는 해리 케슬러를 불러들였다. 케슬러는 만국박람회에 참석하려고 파리로 가려던 여행을 서둘러 끝냈다. 파리에서는 전기 발명을 기념하며 에펠탑에 불을 밝혀 다음 세기를 반기고 있었다. 케슬러가 바이마르에 도착했을 때 니체는 문서 보관소에 놓인 관에 누워 있었다. 관 주변에는 야자나무와 꽃이 가득했다.

데스마스크*는 보통 조각가가 만들었다. 엘리자베스는 막스 클링거Max Klinger와 에른스트 게이거Ernst Geyger에게 작업을 부탁했다. 하지만 두 사람 다 너무 바빠서 해리 케슬러에게 그 일이 맡겨졌다. 케슬러는 장례식 실내 장식을 도와주려고 와 있던 젊은 수습생

---

* 사람이 죽은 직후 얼굴을 본떠 만드는 안면상 -역자주

을 끌어들여 일을 시작했다. 두 사람은 니체의 머리가 한쪽으로 기울어져 바로 세우는 작업을 해야 했다. 마스크가 완성되자 두 사람은 안도의 한숨을 내쉬었다. 엘리자베스는 데스마스크의 복제판을 만들어 기념품으로 나누어주었다. 하지만 얼마 후 그녀는 데스마스크가 그다지 인상적이지 못하다는 생각이 들었다. 그리하여 업그레이드된 두 번째 데스마스크가 만들어졌다. 이번에도 특별히 혜택 받은 사람들에게 마스크가 전해졌다. 업그레이드 버전에서는 니체의 이마가 소크라테스에 견줄 만큼 강조되고, 얼마 되지 않던 그의 머리숱이 젊은 아폴로처럼 풍성해졌다.

니체는 순수한 무신론자처럼 자신의 무덤으로 들어가고 싶다는 말을 주변 사람에게 한 적이 있었다. 장례곡으로는 루가 써준 〈삶에 대한 찬가〉만 원했다. 기독교적 의식이나 특히 목사가 참석하는 장례식은 원하지 않았다.

하지만 실제 장례식은 문서 보관소에 놓인 그의 관을 둘러싸고 기독교식으로 오래오래 치러졌다. 장례곡으로는 이탈리아 교회 음악의 대가인 팔레스트리나Palestrina와 브람스의 곡이 흘러나왔다. 쿠르트 브라이지히Kurt Breysig라는 미술사가는 폴로니어스 같은 현학자의 모습으로 끝도 없이 이어지는 추도 연설문을 읽었다. 어떤 사람은 니체가 그 추도식을 들었다면, 그를 창밖으로 내던지고 나머지 사람들도 쫓아냈을 것이라고 말했다.[29]

관은 다음 날 뢰켄으로 옮겨졌다. 빛나는 은 십자가로 장식된 그의 관은 아버지, 어머니, 어린 동생 요제프가 나란히 묻혀 있는 가족 묘 가운데에 묻혔다. 나중에 엘리자베스는 데스마스크를 만들었을 때처럼 마음을 바꾸고 그의 관을 끝자리로 옮겼다. 언제가 때가 오면 자신이 그 가운데 자리에서 영원한 안식을 취하고 싶었다.

그녀는 니체가 죽고 3만 6천 마르크를 물려받았다. 니체 문서 보관소도 정식으로 문을 열었다. 해리 케슬러는 이사로 임명되었다. 바이마르의 '그랜드 듀컬 미술 공예박물관' 이사직을 맡은 그는 바이마르의 첫 번째 황금시대가 괴테를 중심으로 만들어졌듯, 다음 시대를 니체를 중심으로 하는 '종합 예술'로 만들겠다고 마음먹었다. 그는 니체와 바그너가 한때 함께 꿈꾸었던 계획, 즉 하나의 통일된 시각으로 모든 예술을 포용하는 일관성 있는 새로운 독일 문화의 정체성을 창조하겠다는 계획을 이뤄내고 싶었다.

케슬러는 앙리 반 데 벨데Henry van de Velde에게 바이마르 미술 공예 학교의 교장직을 맡기고, '니체 문서 보관소'로 불리고 있는 빌라 질버블리크의 인테리어를 바꾸게 했다. 벨기에인인 반 데 벨데는 독일의 유겐트슈틸Jugendstil과 프랑스의 아르누보 같은 최신 양식에 밝았고, 바이마르로 오기 전에는 파리의 유명 미술상인 지그프리드 빙Siegfried Bing의 화랑과 메종 드 아르누보의 인테리어를 디자인한 바 있었다.

자연스러운 형태와 수공예를 강조하는 유겐트슈틸 양식은 기계의 힘에 반하여 자연계의 비논리적이고 비이성적인 힘을 강조하는 니체의 사상과 잘 어울렸다. 독일 황제는 반 데 벨데가 실내장식으로 만든 물결무늬를 보고 뱃멀미가 날 것 같다고 했지만, 엘리자베스는 문서 보관소가 사람들이 많이 찾는 현대적 스타일로 변신한 게 마음에 들었다. 니체의 이름에서 딴 알파벳 'N'은 유겐트슈틸 양식의 굵은 글씨체로 실내 곳곳의 목재 패널과 문손잡이를 장식했다.

무엇보다 종합 예술의 핵심은 니체가 쓴 책에 있었다. 케슬러는 니체의 원대한 글들이 자유롭게 의미를 펼칠 수 있도록 독일에서 오랫동안 써 왔던 낡은 고딕체가 아닌 깔끔한 새 활자체로 디자인해 달라고 반 데 벨데에게 주문했다.

반 데 벨데가 장식 예술을 담당했다면, 케슬러는 순수 미술을 담당했다. 케슬러는 전설적인 미술상들인 앙브루아즈 볼라르Ambroise Vollard와 폴 뒤랑뤼엘Paul Durand-Ruel을 잘 알았다. 그는 인상파, 후기 인상파, 표현파 화가의 그림들을 전시하며 자신의 화랑을 파리의 전위 예술을 소개하는 전초 기지로 삼았다. 또한, 모네, 르누아르, 드가, 보나르, 르동, 뷔야르를 포함한 많은 예술가를 개인적으로 알았고, 특히 조각가인 마욜에게는 위버멘쉬를 상징하는 거대한 니체상 제작을 맡기려고 했다. 1911년 완성을 목표로 계획된 이 기념비의 제작 위원회를 보면, 20세기 초에 니체에 대한 관심이 얼마나 세계적이었는지 알 수 있다. 마욜뿐 아니라 조지 버나드 쇼, 조지 무어George Moore, 윌리엄 버틀러 예이츠, 길버트 머레이Gilbert Murray, 윌리엄 로덴스타인William Rothenstein, 할리 그랜빌 바커Harley Granville-Barker, 에릭 길Eric Gill, 오귀스트 로댕Auguste Rodin, 모리스 드니Maurice Denis, 아나톨 프랑스Anatole France, 앙리 베르그손Henri Bergson, 샤를 모라스

Charles Maurras, 모리스 바레스Maurice Barrès까지 명단에 포함되었다. 하지만 이 계획은 1차 세계대전 발발로 무산되고 말았다.

에드바르 뭉크는 1906년에 바이마르로 초대를 받아 니체의 사후 초상화를 그렸다. 뭉크는 종종 그리는 대상에 대한 생각을 캔버스 크기로 드러냈는데, 인상적인 화풍으로 그려낸 니체의 초상화는 뭉크가 그린 가장 큰 그림 중 하나로 손꼽힌다. '절규'에 나오는 주인공처럼 니체는 캔버스를 비스듬하게 가로지르는 난간에 기대서 있다.[30] '절규'에서 표현된 난간이 오른쪽 아래에서 왼쪽 위로 이어지는 반면, 니체의 초상화에 나오는 난간은 왼쪽 아래에서 오른쪽 위로 이어진다. 뭉크가 두 인물의 정신적 여정을 얼마나 다르게 보았는지를 보여주는 흥미로운 대목이다. 특히 캔버스를 꽉 채우는 니체의 커다란 형상 덕분에 배경으로 그려진 교회는 아주 작게 느껴진다. 아마도 그가 니체와 비슷한 배경을 가졌기 때문인지도 모른다. 뭉크도 어렸을 때는 니체처럼 독실한 기독교 집안에서 자라 성직자가 될 몸이었고, 니체처럼 전혀 다른 길을 선택했다.

엘리자베스는 뭉크와 잘 어울리지 못했다. 그래도 자신의 초상화는 얻고 싶었다. 뭉크는 이상한 비율의 캔버스를 선택해 그녀의 주름치마를 요란하게 표현했고, 얼굴은 사형집행자 같은 단호하고 엄숙한 표정으로 그렸다.[31]

엘리자베스는 푸른 언덕에 자리 잡은 자신의 저택에 앉아 마침내 코지마와 동등한 위치를 얻었다고 생각했다. 코지마는 1930년에, 엘리자베스는 1935년에 사망했다. 엘리자베스는 니체의 첫 책

《비극의 탄생》에서 마지막 책 《이 사람을 보라》가 나오기까지 걸린 총 16년이라는 기간의 두 배 이상에 해당되는 기간 만큼 그의 책을 직접 관리했다. 그 수십 년간 그녀는 니체 문서 보관소의 중심에 서서 거미와 같은 역할을 해냈다. 니체가 쓴 단어들을 엮어 자신의 거미집을 만들었고, 자신의 신념을 예언한 신비로운 선지자로 그를 내세워 자신의 명성을 부풀렸다.

그녀는 니체 사상의 바탕을 이루는 '개념의 지진'을 결코 이해하지 못했다. 세계를 하나의 체계로 전락시킨 모든 체계와 모든 철학을 거부한 그의 행동을 그녀는 절대 이해하지 못했다. 자신을 스스로 '불확실성'의 철학자로 부를 수밖에 없었던 확실성에 대한 절대적인 거부는 그녀의 이해력을 넘어서는 행위였다. 성자보다는 광대에 가까운 모습으로 비칠 만한 생각은 짓궂은 말장난으로 무시했다. 진리는 한마디로 정의할 수 없고, 관점의 문제로서 다양하게 검토될 수 있다는 그의 생각은 묵살했다. 영원한 이성의 거미는 존재하지 않으며, 삶이라는 무도회장에서 일어나는 우연만 있을 뿐, 실존은 그 이상도 그 이하의 의미도 아니라는 말은 깊게 고민하지 않았다.

그녀는 니체가 쓴 모든 책을 완벽하게 통제하면서도 그가 추구한 지적 탐구의 본질, 즉 이상적 가치와 신이 존재하지 않는 불확실함으로 가득한 우주에서 어떻게 가치와 의미를 찾을 것인가 하는 그의 본질적인 물음조차 이해하지 못했다.

엘리자베스는 니체가 죽은 지 1년 만인 1901년에 니체 전집의

15권으로《힘에의 의지》를 출간했다. 책은 유고에서 뽑은 483개의 아포리즘으로 구성됐다. 그 아포리즘을 구성하는 메모와 초안은 니체가 출판은 고사하고 누군가 읽기를 바라고 쓴 것이 아니다. 가스트나 출판업자와 나눈 편지를 보면 알 수 있듯, 그는 최종적으로 무엇을 출판할지에 대해 항상 노이로제에 가까울 만큼 신중했다. 엘리자베스가 출판한《힘에의 의지》는 어떤 주제에 대해서도 그의 최종적인 견해를 대변하지 않았다. 엘리자베스는 1906년에 이 책의 재판을 내면서 기존에 483개였던 아포리즘을 1,067개로 늘려 초판의 세 배 크기로 만들었다. 그녀는 그렇게 저자 사후의 편집자로서 그녀가 누릴 수 있는 권리를 마음껏 누렸다.

니체를 전설로 만들려면 이미지를 잘 만드는 것도 중요했다. 엘리자베스는 건장한 모습의 조각상과 밝은 분위기의 그림, 조명을 잘 사용한 사진들을 제작했다. 심지어 니체를 가시 면류관을 쓴 그리스도로 그려 놓기도 했다. 니체가 쓴 모든 글을 손에 쥔 그녀는 그의 토막글을 짜깁기해서 책을 쓰고 기사를 냈다. 그녀가 무슨 말을 하든 토를 달 사람은 없었다. 그녀는 니체의 두 번째 전기로 쓴《외로운 니체The Lonely Nietzsche》에서 상상의 나래를 마음껏 펼쳤고,《니체와 바그너의 편지Nietzsche–Wagner Correspondence》라는 책에서는 믿기 힘든 설명들을 이어갔다.《니체와 여자들Nietzsche and Women》에서는 루에 대한 반감을 유감없이 드러냈다.《힘에의 의지》확장판을 내고 난 1908년에는 노벨 문학상 후보에 올랐고, 이후로도 세 번이나 니체에 대한 글로 수상 후보에 이름을 올렸다.[32] 예나대학교에서는 그녀에게 명예박사 학위를 수여했다. 이후로 그녀의 서명은 마지막 순간까지 '엘리자베스 푀르스터-니체 명예 철학박사'라는 형태로 유지되었다.

니체 문서 보관소가 1차 세계대전을 앞둔 몇 년간 해리 케슬러가 여전히 어느 정도 힘을 발휘하고 있는 가운데, 그곳에 관심을 보이는 세계적인 지성인도 점점 많아졌다. 철학자보다는 비평가와 소설가, 예술가가 더 많은 관심을 보였다. 그들 중에는 휴고 폰 호프만슈탈, 슈테판 게오르게Stefan George, 리하르트 데멜Richard Dehmel, 리하르트 슈트라우스, 토마스 만, 하인리히 만Heinrich Mann, 마르틴 부버Martin Buber, 카를 구스타프 융Carl Gustav Jung, 헤르만 헤세Hermann Hesse, 파울 하이제Paul Heyse, 라이너 마리아 릴케, 막스 브로트Max Brod, 알베르트 슈바이처Albert Schweitzer, 앙드레 지드, 무용수인 니진스키와 이사도라 덩컨Isadora Duncan, 비행선 개발자인 체펠린Zeppelin 백작 등이 있었다.

다른 초기 지지자들로는 조지 버나드 쇼, 윌리엄 버틀러 예이츠, H. G. 웰스, 제임스 조이스, 윈덤 루이스Wyndham Lewis, 허버트 리드Herbert Read, T. S. 엘리엇이 포함되었다. 헨리 루이스 멩켄Henry Louis Mencken은 아마도 미국인 중에서 가장 초기 지지자였을 것이다. 이후로는 시어도어 드라이저Theodore Dreiser, 유진 오닐Eugene O'Neill, 에즈라 파운드Ezra Pound, 잭 런던Jack London이 그 뒤를 이었다. 프랑스에서는 이폴리트 텐, 장 보르도, 앙드레 지드, 폴 발레리, 알프레드 자리Alfred Jarry, 외젠 드 로베르티Eugène de Roberty가, 이탈리아에서는 가브리엘레 단눈치오 Gabriele D'Annunzio, 베니토 무솔리니Benito Mussolini 등이 니체 철학의 신봉자로 이름을 올렸다.

신봉자가 생긴다는 생각에 자주 두려움을 표현했던 니체는 이 많은 이름만으로도 놀라워했겠지만, 숭배자들 사이에 정치적 인물이 있다는 것을 알았다면 분명 아연실색했을 것이다. 1차 세계대전이 가까워질수록 니체주의는 호전적 형태로 변모했다. 힘에의 의지는 폭력과 무자비함을 인정하는 도덕적 지침으로, 위버멘쉬는 위대한 야수성으로, 금발의 짐승은 인종 개량 프로젝트에 대한 동기로 그려졌다. 엘리자베스는 니체가 전쟁을 좋아했다는 식의 기사를 내서 이런 왜곡된 해석을 더욱 부추겼다.

1차 세계대전 중에는 독일 병사들을 위한 《차라투스트라》의 특별 포켓판 15만 부가 제작되어 괴테의 《파우스트》와 신약성서와 함께 전쟁터로 보내졌다. 어떤 이들은 전쟁 중인 병사들에게 대체 이 책이 왜 필요했는지, 혹은 범게르만주의와 군국주의를 그토록 혐오했던 니체가 그 사실을 알았다면 어떻게 생각했을지 궁금하다고 묻기도 했다.

"전쟁을 단념시킬 수 있다면, 그것이 훨씬 좋은 일이다." 니체의 마지막 노트 중에는 이런 글도 남아 있다. "나는 무장 평화를 유지하기 위해 매년 유럽이 지불하는 120억 달러를 어떻게 더 잘 사용할 수 있는지 알고 있다. 즉 군대 병원을 통해서가 아닌 생리학 지원 같은 다른 방법이 있다. … 젊음과 에너지와 힘을 모아 대포 앞

615

에 놓는 것, 그것은 '미친 짓'이다."[33]

니체의 철학이 민족주의와 폭력적인 용도로 각색될 수 있음을 처음 깨달은 정치인은 무솔리니였다. 권력을 잡기 오래전인 어린 시절, 그는 니체에게서 희망을 찾으려 했던 세대에 속했다.[34] 1931년, 그는 니체 문서 보관소가 나치에 의해 점령되고, 자신이 이탈리아의 파시스트 독재자가 되어 히틀러와 매우 가까웠을 때 엘리자베스에게 85세 생일을 축하한다는 전보를 보내기도 했다. 엘리자베스는 무솔리니를 대단히 존경해서 그가 공동 집필한 「5월의 광장」[35]이라는 연극을 바이마르 국립극장 무대에 올리는 일을 밀어붙이기도 했다. 1932년 2월에 그 극이 상영될 때는 히틀러가 돌격대원들을 대동하고 극장에 나타나 엘리자베스에게 큰 장미 꽃 다발을 선물했다. 1년 뒤, 그들은 바그너 사망 50주년을 기념하는 「트리스탄」 공연에서 다시 만났다. 히틀러는 이제 독일 총리가 되어 있었다.

엘리자베스는 온갖 미사여구를 동원해 그를 추켜세웠다. "우리는 감격에 취해 있다. 위대하신 아돌프 히틀러 총리 같은 너무나 훌륭하고 경이로운 인물이 우리 국가의 수장으로 있기 때문이다."

"하나의 민족, 하나의 국가, 하나의 총통."*[36]

---

* 나치즘을 상징하는 표어 -역자주

바이마르 공화국(1918~1933)이 전간기*에 있을 때 니체 문서 보관소는 나치 진영으로 들어가는 긴 내리막길을 걷게 된다. 당시 독일은 1차 세계대전에서 굴욕적인 패배를 당한 뒤 대공황과 극심한 인플레이션을 겪으며 실업자가 600만에 달하는 등 고통스러운 나날을 보냈다. 결과적으로 독일에서는 공산주의와 국가 사회주의라는 정치적 극단주의가 나타났다.

니체 문서 보관소는 엘리자베스가 국가 사회주의, 일명 나치스를 열렬히 환영한 덕분에 바이마르 공화국 시기에 그야말로 정치의 중심에 있었다. 나치의 공격적인 민족주의와 반유대주의는 그녀의 이상과 잘 맞았다. 그녀는 문서 보관소의 책임자 자리에 사촌인 막스 욀러Max Oehler를 앉혔다. 직업군인이었던 욀러는 독일군의 패배에 분노해 나치당에 입당했고, 히틀러 정권이 무너지기 전까지 그 자리를 지켰다.

엘리자베스와 욀러 덕분에 이제 니체 문서 보관소는 니체의 이름을 들먹이며 자신들의 철학을 설명하는 나치들로 가득 채워졌다. 빌라 질버블리크는 니체가 예견하고 경고했던 복수심에 불타는 타란툴라의 소굴이 되었다.

> 내 벗들이여, 나는 다른 사람들과 뒤섞이고 싶지 않고, 다른 사람들과 혼동되고 싶지 않다. 내 삶의 조언을 가르치는 사람들이 있다.

---

* 1·2차 세계대전 사이 기간 -역자주

그들은 사람이자 동시에 … 타란툴라이다. … '세상은 우리 복수의 폭우로 가득 차게 되었다. 정확히 우리가 정의로 여겨질 것이다.'라고 그들은 서로 말한다. … 그들은 영감을 받은 사람들과 닮았지만, 그들에게 영감을 준 것은 마음이 아니라 복수다. 그들이 교양을 갖추고 냉정해질 때, 그들을 교양 있고 냉정하게 만든 것은 정신이 아니라 시기심이다. 그들의 시기심은 심지어 그들을 사상가의 길로 이끈다. 그래서 바로 이것이 그들 시기심의 표시이다. … 그들의 애도에는 복수의 소리가 나고, 그들의 찬사에는 해로움이 있으며, 심판이 되는 것은 그들에게 행복이다. 그러므로 나는 내 벗들에게 충고한다. 처벌하려는 투지가 강한 모든 자를 믿지 마라! 그들은 나쁜 본성과 친족을 가진 사람들이다. 그들의 얼굴에서 교수형 집행관과 사냥개가 보인다. … [37]

타란툴라들, 즉 높은 지위에 있던 사람들이 문서 보관소 위원회의 편집자나 회원으로 하나둘 임명되었다. 그들 중에는 카를 아우구스트 엠게Carl August Emge라는 인물도 있었다. 예나대학교의 법철학 교수였던 그는 튀링겐 정부에서 촉망받는 나치 장관으로 일했고, 1933년 3월에는 히틀러를 지지하는 대학교수 300인 선언에 함께했다. 또 다른 편집자였던 철학자 오스발트 슈펭글러Oswald Spengler는 사회진화론에 대한 믿음으로 니체의 사상을 조작하는 데 가장 크게 악영향을 미쳤다. 그는 생존 투쟁, 자연선택, 적자생존 같은 다윈의 이론을 독일인 우월주의로 왜곡하고, 우생학과 민족 말살

니체의 삶

정책을 정당화했다. 위버멘쉬와 '지배자의 도덕'이라는 용어는 그에게 선물과도 같았다. 해리 케슬러는 지극히 평범한 사람인 그가 문서 보관소를 차지하고 케케묵은 구호를 끊임없이 외쳐대는 모습에 모멸감과 분노가 들끓었다.

드레스덴과 베를린대학교의 철학 교수였던 알프레드 보임러 Alfred Bäumler는 니체가 직접 저술한 것처럼 보이도록 하는 《힘에의 의지》 속편을 포함해서 니체의 원고로 여러 책을 썼다. 그는 알프레드 로젠베르크Alfred Rosenberg가 관리하는 '지식 및 이념 교육 감독부'에서 과학 및 장학 부장을 맡았기도 했는데,[38] 이 교육부에서는 학생들에게 인종과 혈통 이론을 가르치는 교과서를 제작했다. 그는 니체와 히틀러 사이의 연계를 확립하는 데 누구보다 혁혁한 공을 세운 인물로 평가된다.[39]

보임러는 그 악명 높은 베를린 분서를 직접 관장하기도 했다. 그 사건이 있기 며칠 전 철학자 마르틴 하이데거Martin Heidegger는 스와스티카 문양으로 가득한 공개행사에서 나치당에 가입했는데, 분서 사건이 일어난 그날에는 연단에 올라 대학의 나치화를 주장하며 전국에 있는 책을 더 불태워야 한다고 목소리를 높였다.[40] 문서 보관소의 편집자로 보임러와 손을 잡게 된 그는 니체의 일반 책들은 크게 가치가 없다는 어이없는 주장을 내놓았다. 니체의 진짜 철학은 유고에 있다는 것이었다. 하지만 그 유고는 이미 엘리자베스가 원하는 대로 마음껏 조작해놓은 것들이었다. 문서 보관소에서 일하는 철학자와 편집자들은 토막글을 마음대로 자르고 붙여서 그들의 입맛에 맞는 글로 조립하려면 유고를 절대 진리의 위치로 승격시키는 일이 무엇보다 중요했다.

해리 케슬러는 충격 속에서 이 모든 과정을 지켜보았다. "문서 보관소에 있는 사람은 문지기부터 편집장까지 모두가 나치들이다. … 눈물이 흐른다. … 열린 문틈으로 그가 병든 독수리처럼 앉아 있던 소파가 보였다. … 독일은 이상하고 이해할 수 없다."[41]

케슬러는 사랑하는 조국과 사랑하는 철학자를 뒤로하고 망명길에 올랐다. 그 철학자가 만든 디오니소스적인 삶의 춤은 독일의 새 주인으로 인해 죽음의 춤으로 변해가고 있었다.

1933년 11월 2일, 히틀러는 문서 보관소에서 엘리자베스와 다음 만남을 이어갔다. 독일의 총리가 된 그는 이제 호위대를 가득 이끌고 나타났다. 손에는 늘 가지고 다니던 채찍도 들려 있었다. 그는 한 시간 반 동안 문서 보관소에 머물다가 떠났다. 갈 때는 가지고 온 채찍 대신 엘리자베스가 준 니체의 지팡이를 들었다.[42] 엘리자베스는 1880년도에 베른하르트 푀르스터가 비스마르크에게 제출한 유대인 반대 청원서 사본도 그에게 주었다. 히틀러는 독일 본토의 흙 한 상자를 파라과이로 보내 푀르스터의 무덤 주변에 뿌려주라고 지시했다.

히틀러는 자신이 철학적 지도자라는 생각에 푹 빠져 있어서 위대한 철학자의 이름을 자주 들먹였다. 그가 니체의 사상을 실제로 공부한 적이 있는지는 정확히 알 수 없지만, 대체로 그렇지 않다는 의견이 많다. 1924년 그가 감옥에서 《나의 투쟁》을 썼던 시기에 가지고 있었던 도서 목록에는 니체의 책이 포함되어 있지 않다.[43] 물론 그가 소장했다가 나중에 분실했을 수도 있지만 이후에 만들어진 그의 개인 서재에서도 니체의 책들을 열심히 읽은 흔적은 없다. 1934년 뉘른베르크 전당대회에서 상영된 나치 선전 영화에는 니체의 철학이 묻어나는 듯한 「의지의 승리Triumph of the Will」라는 제목이 붙었는데, 그 영화의 감독인 레니 리펜슈탈Leni Riefenstahl이 니체의 책을 좋아하는지 히틀러에게 물어보자 히틀러는 이렇게 답했다. "아니, 그렇지 않소. 그와는 할 일이 별로 없소. … 그는 나의 지도자가 아니오."[44]

니체의 책에 담긴 복잡한 사상은 그에게 아무런 쓸모가 없었다. 하지만 '위버멘쉬', '힘에의 의지', '지배자의 도덕', '금발의 짐승', '선악의 저편' 같은 표현은 얼마든지 왜곡해서 사용할 수 있었다. 히틀러의 피아노 연주자였던 에른스트 한프슈탱글Ernst Hanfstaengl은 니체 문서 보관소에 한 번 이상 히틀러와 동행한 것으로 알려졌는데, 그는 히틀러가 대량학살을 일으키는 칵테일에 들어갈 수 있는 것은 무엇이든 넣는 천재 바텐더였다는 끔찍하면서도 적절한 비유를 들었다.[45] 이런 식으로 사상이 왜곡된 학자는 니체뿐만이 아니었다. 히틀러는 칸트 같은 철학자의 책에서도 필요한 문장만 골라 반유대주의와 민족주의, 독일의 지배자민족 예외주의를 지지하는 데 사용했다. 한프슈탱글은 이와 관련하여 의미심장한 글을 남겼다. "로베스피에르Robespierre가 장 자크 루소Jean-Jacques Rousseau의 가르침에 대해 행한 단두대의 왜곡은 니체의 모순되는 사상을 정치적으로 단순화하는 히틀러와 독일 비밀경찰에 의해 재현되었다."[46]

니체의 글은 문서 보관소를 들락거리는 선전가들로 인해 난도질당하고 있었지만, 나치 중에도 니체의 이름을 도용하는 것이 불합리하다는 것을 깨달은 사람이 있었다. 유명한 나치 이론가인 에른스트 크리크Ernst Krieck는 니체가 사회주의자도 민족주의자도 아니었다는 점과 인종적 사고에 반대했다는 점만 제외하면 뛰어난 국가 사회주의 사상가가 될 수 있었을 거라고 비꼬듯 말했다.[47]

1934년, 히틀러는 알베르트 슈페어Albert Speer와 함께 빌라 질버블리크를 찾아왔다. 슈페어는 히틀러가 제3제국을 기념하는 세계 최고의 건축물 설계를 맡길 만큼 아끼는 건축가였다. 엘리자베스는 슈페어가 니체 기념관을 설계할 거라는 소식에 크게 기뻐했다. 무솔리니는 커다란 디오니소스 조각상을 보내주어 기념관 건립에 도움을 보탰다.

이제 90세를 앞둔 엘리자베스는 대부분 침대에서 시간을 보냈다. 그리고 다른 사람이 읽어주는 《나의 투쟁》을 누워서 들었다. 죽기 9일 전 쓴 편지에서는 히틀러에 관해 이렇게 표현했다. "나만큼 그를 잘 안다면, 이 위대하고 훌륭한 남자를 사랑하지 않을 수 없을 것이다."[48]

죽음은 그녀에게 친절했다. 그녀는 독감에 걸리고 얼마 뒤인 1935년 11월 8일에 고통 없이 평화로운 죽음을 맞았다.

그녀는 죽음을 맞을 때도 살아온 모습 그대로였다. 그녀는 자신에 대한 의심으로 괴로워했던 순간이 없었다. 그녀는 자신이 믿고 싶은 대로 믿는 데 아무런 문제가 없었다. 그래서 마지막 순간까지 오빠가 가장 사랑한 사람은 자신이었다고 믿으며 행복하게 죽었다. 그녀는 자신의 위대함 덕분에 오빠가, 니체가 불후의 명성을 얻게 되었다고 굳게 믿었다. 문서 보관소를 세운 사람은 니체가 아니라 바로 자신이었다. 노벨상 후보에 오른 사람도, 전통 깊은 예나대학교에서 명예박사 학위를 받은 사람도 니체가 아니라 자신이었고, 그의 책을 엄청나게 판매하고, 독일의 총리, 독일에서 제일 높은 지위를 가진 사람과 친분을 즐긴 사람도 니체가 아니라 바로 그녀 자신이었다.

히틀러는 엘리자베스의 장례식 날, 문서 보관소에 안치된 엘리자베스의 관 바로 앞에 앉았다. 그는 커다란 화환을 보란 듯이 관 위에 올려놓고 엘리자베스를 영원한 독일의 공동 여사제로 칭송하는 과장된 추도연설에 엄숙하게 귀를 기울였다. 또 한 사람의 여사제는 코지마 바그너였으니 엘리자베스가 그 연설을 들었다면 얼마나 기뻐했을까? 히틀러는 보통 침통해 보이는 얼굴로 사진 찍히는 것을 허용하지 않았지만, 이날만큼은 예외였다.

"나는 언젠가 자격 없는 사람들이, 적합하지 않은 사람들이 나의 권위를 들먹일지 모른다는 생각에 두렵구나." 니체는 엘리자베스에게 이런 편지를 쓴 적이 있었다. "그러나 이는 인류의 모든 위대한 스승이 겪은 고통이다. 그들은 상황과 사건을 고려할 때 자신이 인류에게 축복이자 재앙이 될 수 있다는 사실을 알고 있다."[49]

니체는 정치적 이론의 토대가 되고 싶었던 적은 결코 없었다. 아이러니하게도 그가 관심을 가졌던 대상은 정치적이든 종교적이든 집단적 동물로서가 아니라 오직 한 개인으로서의 인간이었다.

니체는 인간을 '병든 동물'로 묘사했다. 모든 것이 주어짐에도, 절대 채워질 수 없는 형이상학적인 문제를 끝없이 갈구하는 욕구에 감염되어 있기 때문이다. 그 영원한 불멸의 욕구를 채우기 위해 그 시대의 많은 사람이 과학과 진화론에 눈을 돌렸다. 하지만 니체가 지적했듯 과학의 의미는 종교가 아니고, 진화는 도덕적인 길과는 거리가 멀다. 진화론에서 말하는 '좋고 나쁨'은 '더 유용하거나 덜 유용하다'는 의미이지 도덕이나 윤리와는 아무 관련이 없다.

'신은 죽었다.' 그는 그 말을 내뱉음으로써 당연한 사실을 기꺼이 인정하지 못하는 그 시대 사람들에게 그동안 누구도 쉽게 꺼낼 수 없었던 진실을 말하고자 하였다. 신에 대한 믿음이 없다면 지난 2천 년간 문명을 이끌어온 법칙에 어떤 도덕적 권위도 남지 않는다는 사실을 말이다.

인간이 문명의 체계를 구축해온 도덕률을 무효로 한다면 어떤 일이 일어날까? 인간이 가장 중요한 형이상학적 목적에서 벗어난다는 것은 어떤 의미일까? 모든 것이 무의미해질까? 만약 그렇다면, 어떻게 다시 유의미하게 만들 수 있을까? 만약 죽음 이후 아무것도 없다면, 모든 것의 궁극적 의미는 바로 '지금 여기'에 있다. 종교 없이 살아갈 힘을 얻은 인간은 자신의 모든 행동에 책임을 져야 한다. 하지만 니체가 본 사람들은 현실에 안주해 자신들이 믿어

온 진리가 진짜인지 가짜인지 살펴보려고 하지 않았고, 자신들이 따르는 우상에서 진실한 소리가 울리는지 망치를 휘둘러보려고도 하지 않았다.

이제 남은 과제는 철저히 현대인의 몫이다. 그가 답을 주지 않으려 했던 이유도 아마 여기에 있을 것이다. 답이 있다면 그 답은 우리 스스로 찾아야 하고, 의미가 있다면 그 의미도 우리가 직접 찾아야 한다. 그것이 위버멘쉬를 이뤄내는 진정한 길이다.

어떤 이는 종교로 과학을 거부할 수 있을 것이다. 혹은 종교적 신념은 거부하지만 도덕적 가치는 여전히 유지할 수 있을 것이다. 인간은 무엇보다 자기 자신이 되어야 한다. 그리고 자신의 운명을 사랑해야 한다. 우리는 삶이 우리에게 가져다주는 것들을 받아들이고, 자기혐오와 르상티망 같은 어리석음에 빠지지 않아야 한다. 그러고 나면 인간은 마침내 자기 자신을 극복하고 자기 자신과 평화를 이룬 위버멘쉬로서 진정한 성취감을 찾을 수 있다. 이 세상의 목적에서 즐거움을 찾고, 존재만으로도 장엄함을 느끼며, 삶의 유한함을 기쁘게 받아들일 수 있다.

안타깝게도 니체가 말한 자기 자신을 극복해야 한다는 주장이 타인을 극복해야 한다는 뜻으로 변질되어 그렇게 훌륭하고도 도발적인 방식으로 영원불변의 문제를 제기한 그의 훌륭한 능력이 빛을 잃게 된 경향이 있다. 마찬가지로 모든 면에서 진리를 철저히 탐구하고도 결코 '아마도'라는 표현을 넘어서는 답을 제시하지 않은 그의 노력은 무한한 해석의 가능성을 제시했다.

오늘날 빌라 질버블리크를 방문하면 정원에 높게 자란 나무들로 그 빌라의 이름을 짓게 만든 멋진 풍경은 찾아보기 힘들다. 하지만 그 정원 밖으로 펼쳐진 들판을 따라 걸으면, 한때 니체가 발코니에 앉아서 보았을 훌륭한 전망을 감상할 수 있다. 계몽주의 시대 괴테의 휴식처 같은 완벽한 고전미를 자랑하는 그곳 경치를 둘러보면, 인간이 어떻게 흙, 돌, 물, 나무 같은 단순한 자연의 재료로 인간 자신의 높은 이상을 통해 지구의 완벽함을 보여주는 상징적 광경을 만들어낼 수 있는지 새삼 놀라지 않을 수 없다. 초월적인 풍경은 수십 킬로미터 넘게 이어지다가 아름다운 실개천과 양들이 점점이 흩어진 초원에 다다라서 마침내 에터스부르크 산자락 끝으로 사라진다. 그리고 그 지점에서 수평선에 자리 잡은 나무들 뒤로 우뚝 솟은 또 다른 이정표를 볼 수 있다. 바로 연기로 검게 그을린 부헨발트 강제 수용소의 높다란 화장터 굴뚝이다.

풍경 위로 흐릿하게 드러나는 그 끔찍한 굴뚝이 인류 최악의 문화적 열망을 감추고 있듯, 니체가 남긴 예언적인 말도 지독한 함축에 가려져 있다.

나는 내 운명을 안다. 언젠가 내 이름은 어떤 놀라운 회상과 관련될 것이다. 지상에 한 번도 없었던 위기, 가장 깊은 양심과의 충돌, 이제까지 믿고 요구되고 신성시되었던 모든 것에 반하는 결정에 관한 회상과 접목될 것이다. 나는 인간이 아니다. 나는 다이너마이트다.[50]

역사를 따라 형성된 마음은 예언 속에 가라앉아 있다. 하지만 세상에 불행을 퍼트린 남자의 외침은 뒤늦은 깨달음이라는 긴 그늘에 가려 우리의 상상 속에서만 존재한다. 어쩌면 그것은 신의 죽음이라는 결과에 극도로 무관심했던 그 시대에 터널을 폭파시키고, 용감무쌍한 영혼의 아르고호 용사가 새로운 세상에 닿을 수 있도록 길을 열어준, 한 인간의 당당한 외침이었을 것이다.

니체의 아포리즘

우리는 지난 한 세기가 넘도록 니체의 아포리즘에서 우리 자신의 모습을 발견해왔다. 그중 개인적으로 현대인들에게 큰 울림을 준다고 생각되는 말들을 소개한다. 종종 서로 모순되는 그의 글들을 보면, 그가 얼마나 도발을 좋아한 철학자였는지, 왜 자신을 '아마도'의 철학자라고 불렀는지 다시 한 번 깨닫게 된다. 그가 남긴 많은 말은 간결하고도 함축적인 특징 덕분에 지금까지 널리 전파되었다. 제시되는 아포리즘은 출처를 달아놓기는 했지만, 그의 사상이 수많은 언어로 번역되어 시대정신에 녹아 들어갔다는 점을 고려하여 가장 인기 있는 버전으로 절충하여 선별했다.

● 심연

인간은 동물과 위버멘쉬 사이에 놓인 밧줄이다. 심연을 가로지르는 하나의 밧줄이다.
-《차라투스트라는 이렇게 말했다》'차라투스트라의 머리말', 제1부, 4절

괴물과 싸우는 사람은 자신이 괴물이 되지 않도록 조심해야 한다. 오랫동안 심연을 쏘아보면, 심연도 나를 되쏘아본다.
-《선악의 저편》'잠언과 간주곡', 146절

● 예술

예술은 최고의 과업, 인생에서 일어나는 진정한 형이상학적 활동이다.
-《비극의 탄생》'리하르트 바그너'에게 바치는 서문

● 권태

심지어 신들도 권태를 피할 수 없다.
- 《반그리스도》 48절

인생은 지루해하기에는 백배는 짧지 않은가?
- 《선악의 저편》 '우리의 덕', 227절

모든 인간 행위의 목표는 생각을 딴 데로 돌리게 하여 삶을 의식하지 않게
하는 것이다.
- 《반시대적 고찰》 '교육자로서의 쇼펜하우어', 4절

모든 사람은 자기 자신으로부터 도망치고 있으므로 조급함은 보편적인 현
상이다.
- 《반시대적 고찰》 '교육자로서의 쇼펜하우어', 5절

● 기독교

기독교는 혼자 힘으로 제대로 서지 못하는 사람들을 위한 낭만적인 건강
염려증이다.
- 노트 10, 1887년 가을, 127

천국은 마음의 상태다. '지상 위' 혹은 '죽음 이후'에 나타나는 것이 아니다.
- 《반그리스도》 34절

'기독교 정신'이라는 바로 그 단어가 오해를 불러일으킨다. 사실 기독교인은 딱 한 사람밖에 존재하지 않았고, 그는 십자가에서 죽었다.
-《반그리스도》39절

수정한 누가복음 18장 14절 - 자신을 낮추는 자는 높아지기를 원하는 것이다.
-《인간적인 너무나 인간적인》'도덕적 감각의 역사에 관하여' 87절

● 가족에 대한 분노

사람들은 자기 부모를 가장 적게 닮는다. 부모를 닮는다는 것은 저속함의 가장 극단적인 표시일 것이다.
-《이 사람을 보라》'나는 왜 이렇게 현명한가' 3절

● 명성

불멸을 원한다면 대가를 치러야 한다. 즉 살아 있는 동안 여러 번 죽어야 한다.
-《이 사람을 보라》'차라투스트라는 이렇게 말했다' 5절

나는 인간이 아니다. 나는 다이너마이트다.
-《이 사람을 보라》'나는 왜 운명인가' 1절

● 위대함의 공식

위대함을 위한 나의 공식은 바로 운명애, 즉 자신의 운명을 사랑하는 것이다. 다른 무엇도 원하지 않으며, 앞으로도 뒤로도 영원토록도 아니다. 필연적인 것을 단순히 견디는 것이 아니라 그것을 사랑하는 것이다.
- 《이 사람을 보라》 '나는 왜 이렇게 영리한가' 10절

● 신

신은 죽었다. 하지만 인간의 방식으로 볼 때, 그의 그림자가 드리워질 동굴은 앞으로도 수천 년 동안 여전히 존재할 것이다. 그리고 우리는, 계속 그 그림자와도 싸워야 한다.
- 《즐거운 학문》 제3부 108절

신은 죽었다! 신은 죽어 있다. 그리고 우리가 그를 죽였다. 살인자 중의 살인자인 우리가 어떻게 안식을 얻을 것인가? 세계가 지금까지 소유한 모든 것 중에서 가장 거룩하고 가장 강인한 존재가 우리의 칼을 맞고 피를 흘리며 죽어갔다. 누가 우리에게서 이 피를 닦아주겠는가? 어떤 물로 우리를 씻길 것인가? 어떤 속죄의 축제, 어떤 신성한 경기를 만들어야 할 것인가? 이 행위가 우리에게 그다지 중요하지 않은가? 그럴 만했음을 보이려면 우리가 신이 되어야 하지 않겠는가?
- 《즐거운 학문》 제3부 125절

인간이 신의 실패작인가, 신이 인간의 실패작인가?

-《우상의 황혼》'잠언과 화살' 7절

● 인생

네 자신이 되어라.
-《즐거운 학문》제3부 270절

인간은 목적이 아니라 하나의 다리다.
-《차라투스트라는 이렇게 말했다》'차라투스트라의 머리말' 제1부 4절

누구도 너를 대신해서 인생의 강을 건너게 해줄 다리를 만들어주지 않는
다. 오직 너 혼자 이뤄내야 한다.
-《반시대적 고찰》'교육자로서의 쇼펜하우어' 1절
삶 그 자체는 힘에의 의지다.
-《선악의 저편》'철학자들의 편견에 관하여', 13절

위험하게 살아라! 베수비오 산기슭에 그대들의 도시를 건설하라!
-《즐거운 학문》제4부 283절

춤추는 별을 낳으려면 인간은 먼저 마음에 혼돈을 품어야 한다.
-《차라투스트라는 이렇게 말했다》'차라투스트라의 머리말' 제1부 5절

우리는 우리 삶의 시인이 되고 싶다. 무엇보다 가장 작은 일상적인 문제에서.

- 《즐거운 학문》 제4부 299절

나를 죽이지 못하는 것은 나를 더 강하게 만든다.
- 《우상의 황혼》 '잠언과 화살' 8절

삶에 이유를 가진 사람은 거의 어떤 방법도 견딜 수 있다.
- 《우상의 황혼》 '잠언과 화살' 12절

사람들은 행복에 목숨 걸지 않는다. 오직 영국인들만 그렇다.
- 《우상의 황혼》 '잠언과 화살' 12절

우리는 존재에 대해 대담하고 위험한 태도를 취해야 한다. 어떤 일이 일어나든 우리는 그것을 잃을 수밖에 없기 때문이다.
- 《반시대적 고찰》 '교육자로서의 쇼펜하우어' 1절

인간은 어떻게 자신을 알 수 있을까? 인간은 어두운 베일에 싸여 있는 것이다. 토끼가 일곱 개의 가죽으로 되어 있다면, 인간은 가죽을 일흔 번씩 일곱 번을 벗겨도 여전히 '이것이 진정한 당신이다. 더는 가죽이 아니다'라고 말할 수 없다.
- 《반시대적 고찰》 '교육자로서의 쇼펜하우어' 1절

승자는 우연을 믿지 않는다.
- 《즐거운 학문》 제3부 258절

기억력이 나쁜 것의 장점은 같은 좋은 일이 있을 때 처음처럼 그것을 여러 번 즐길 수 있다는 것이다.
-《인간적인 너무나 인간적인》'혼자인 사람' 580절

덕은 이제 더 이상 어떤 믿음과도 만나지 않는다. 그것의 매력이 사라졌기 때문이다. 누군가는 아마도 모험과 과잉 같은 특이한 형태로 새롭게 광고할 방법을 생각해야 할 것이다.
- 노트 9, 1887년 가을, 155

● **결혼**

어떤 남자들은 아내를 납치당해 탄식하지만, 아무도 그들을 납치하지 않으려 한다는 사실에 더더욱 탄식한다.
-《인간적인 너무나 인간적인》'여성과 아이' 388절

● **수학**

수의 법칙에는 동일한 것이 있다고 가정하지만, 사실 동일한 것은 아무것도 없다.
-《인간적인 너무나 인간적인》'최초의 것과 최후의 것에 관하여' 19절

자연에는 정확한 직선도, 완전한 원도, 절대적 크기도 존재하지 않는다는

것을 처음부터 알았더라면 수학은 틀림없이 시작되지 않았을 것이다.
-《인간적인 너무나 인간적인》 '최초의 것과 최후의 것에 관하여' 11절

● 형이상학적 세계

형이상학적 세계의 존재가 증명된다 해도 조난 위기에 처해 있는 선원에게 물의 화학적 구성이 쓸모없듯 그런 지식은 지식 중에서 가장 쓸모없는 것이 될 것이다.
-《인간적인 너무나 인간적인》 '최초의 것과 최후의 것에 관하여' 9절

● 괴물

위대함은 끔찍함에 속한다. 아무도 그것에 속지 않도록 하라.
- 노트 9, 1887년 가을, 94절

● 음악

음악 없는 삶은 실수일 것이다. 독일인은 신조차 노래를 부른다고 생각한다.
-《우상의 황혼》 '잠언과 화살' 33절

바그너는 인간인가? 오히려 질병이 아닌가? 그는 손대는 모든 것을 오염시킨다. 그는 음악을 병들게 했다.

- 《바그너의 경우》 5절

● 음악과 마약

견디기 힘든 압박감에서 벗어나려고 사람들은 대마를 찾는다. 그렇다면 나
에게는 바그너가 필요하다. 바그너는 독일 모든 것의 해독제다.
- 《이 사람을 보라》 '나는 왜 이렇게 현명한가?' 6절

● 콧수염

아주 조심스럽고 합리적인 사람은 만약 콧수염을 덥수룩하게 기른다면, 그
그늘 안에 앉아 안정감을 느낄 수 있다. 그런 사람은 대개 그 덥수룩한 콧
수염의 부속물로만 보일 것이다. 즉, 군인 같은 사람으로 보일 것이다. 쉽게
화내고, 때로는 폭력적인 그런 사람으로 말이다. 그러므로 그런 식으로 대
우를 받게 될 것이다.
- 《여명》 제4부 381절

● 민족주의

'독일이여, 모든 것의 위에 있는 독일이여', 이것이 바로 독일 철학의 종말
이 아니었는지 두렵다.
- 《우상의 황혼》 '독일인들에게 부족한 것' 1절

독일 사람으로는 제가 나쁜 사람일지 모르지만, 어쨌든 유럽인으로 보면
아주 좋은 사람입니다.
- 어머니에게 쓴 편지, 1886년 가을

● 철학

사람이 혼자 살기 위해서는 짐승이 되거나 신이 되어야 한다고 아리스토텔
레스는 말한다. 하지만 다른 방법도 있다. 짐승이면서도 신이 되는 것. 바로
철학자가 되는 것이다.
-《우상의 황혼》'잠언과 화살' 3절

플라톤은 지루하다.
-《우상의 황혼》'내가 옛사람들에게 빚지고 있는 것' 2절

아테네에 그처럼 아름다운 청년들이 없었다면 플라톤식 철학은 절대 존재
하지 않았을 것이다. 플라톤의 철학은 차라리 에로틱한 경쟁으로 정의할
수 있다.
-《우상의 황혼》'어느 반시대적 인간의 탐험' 23절

오늘날의 철학자들은 이해할 수 없는 신성한 원리를 즐기고 싶어 한다.
-《여명》제5부 544절

상징적인 설명은 깊은 의미가 있다고 여겨진다. 사실을 말하자면, 그것은

얕은 의미도 없다.
- 《즐거운 학문》 제3부 126절

심오한 모든 것을 찾는 것엔 불편한 특징이 있다. 눈을 항상 긴장하게 만들고, 마지막에 가서는 원했던 것보다 더 많은 것을 찾게 만든다는 것이다.
- 《즐거운 학문》 제3부 158절

철학은 인간에게 어떤 독재 정치도 강요할 수 없는 방식으로 동굴 속으로, 마음의 미로로 피신을 권한다. 그래서 폭군을 화나게 한다.
- 《반시대적 고찰》 '교육자로서의 쇼펜하우어' 3절

생각은 감정의 그림자이다. 언제나 더 어둡고 비어 있고 단순하다.
- 《즐거운 학문》 제3부 179절

소크라테스의 등식, 즉 '이성=미덕=행복'은 고대 그리스인들의 모든 본능에 반대된다.
- 《우상의 황혼》 '소크라테스의 문제' 4절

● **철학/교육**

제자가 계속 제자로만 남아 있다면 스승에 대한 보답이 아니다.
- 《이 사람을 보라》 서문 4절

자신과 똑같이 생각하는 사람들만을 존중하도록 가르치는 것은 젊은 사람을 망치는 확실한 방법이다.
-《여명》제4부 297절

● 사진

사진을 찍을 때마다 외눈박이 키클롭스에게 처형되는 참사를 피해 보려고 노력하지만, 해적, 테너 가수, 아니면 루마니아 귀족의 모습으로 영원히 남는 결과는 피할 수 없군요.
- 말비다 폰 마이젠부르크에게 보낸 편지, 1872년 12월 20일

● 정치

도덕은 개인 안에 있는 집단적 본능이다.
-《즐거운 학문》제3부 116절

'새로운 천국'을 건설해 본 사람은 자신의 지옥을 통해 그것에 필요한 힘을 모았을 뿐이다.
-《도덕의 계보》제3 논문 10절

많이 생각하는 사람은 당원이 되기에 적합하지 않다. 그 정당에 대해 열심히 생각해서 반대당으로 너무 빨리 가버리기 때문이다.
-《인간적인 너무나 인간적인》'혼자인 사람' 579절

자신의 권리를 열심히 주장하는 사람은 마음 깊은 곳에서 자신에게 그런 권리가 조금이라도 있는지 의심하는 사람이다.
- 《인간적인 너무나 인간적인》 '혼자인 사람' 597절

● 소유

소유는 대개 소유의 가치를 줄인다.
- 《즐거운 학문》 제1부 14절

어떤 사람이 양어장의 소유자라면, 그가 물고기의 소유자이듯 자기 의견의 소유자이기도 하다. 낚시할 때는 운이 좋아야 한다. 그래야 자신의 물고기, 자신의 의견을 갖게 된다. 여기서 말하는 것은 살아 있는 물고기, 살아 있는 생각이다. 다른 사람들은 박제된 물고기 진열장을 소유하는 것에 만족한다. 그리고 그들의 머릿속에 신념을 소유하는 것에 만족한다.
- 《인간적인 너무나 인간적인》 '방랑자와 그의 그림자' 317절

● 탈진실

신념은 거짓말보다 더 위험한 진리의 적이다.
- 《인간적인 너무나 인간적인》 '혼자인 사람' 483절

타락한 시대에 사는 사람들은 재치와 험담에 뛰어나다. 그들은 단도나 폭행 말고 다른 방법으로도 살인할 수 있다는 것을 잘 안다. 그리고 언변이 좋

으면 신임을 얻는다는 것도 잘 안다.
- 《즐거운 학문》 제1부 23절

어떤 일에 해를 가하는 가장 비열한 방법은 의도적으로 잘못된 근거를 내세워 그것을 변호하는 것이다.
- 《즐거운 학문》 제3부 191절

● 리얼리티 TV

잔인함 없는 축제는 없다. 인간의 가장 오래되고 긴 역사는 이렇게 가르친다. 그리고 형벌에도 축제적인 요소가 많다!
- 《도덕의 계보》 제2논문 6절

고통을 보는 것은 쾌감을 준다. 고통을 주는 것은 더더욱 그렇다.
- 《도덕의 계보》 제2논문 6절

● 낭만적 영웅

불행함에 들어 있는 특징은 너무 커서(마치 행복함을 느끼는 것이 천박함, 야욕 없음과 평범함의 표시인 것처럼) 누군가 '그러나 당신은 얼마나 행복한가!'라고 말하면 사람들은 보통 그 말에 항의한다.
- 《인간적인 너무나 인간적인》 '혼자인 사람' 534절

위로가 필요한 사람들에게는 어떤 것도 그들의 경우에는 위로가 되지 않는 다는 주장만큼 효과적인 위로는 없다. 이런 주장은 그들을 탁월한 존재로 인정한다는 뜻이므로 그들은 즉시 다시 머리를 꼿꼿이 세운다.
-《여명》제4부 380절

● 성

성욕: 육체를 멸시하는 모든 사람에게 가시이자 말뚝이다. 왜냐하면 그것 은 모든 스승을 조롱하고 비웃기 때문이다. (...)

성욕: 천천히 타오르는 불이다. 그 위에서 천민들은 욕망으로 끓고 있다. (...)

성욕: 자유로운 마음을 지닌 사람들에게 순수하고 자유롭다. (...)

성욕: 나는 돼지와 좀도둑이 들어오지 못하도록 내 사상과 마음에 울타리 를 칠 것이다. (...)
-《차라투스트라는 이렇게 말했다》제3부 '세 가지 악에 관하여' 2절

● 국가

국가는 사람들이 교회를 우상숭배 하듯이 우상숭배 해주기를 바란다.
-《반시대적 고찰》'교육자로서의 쇼펜하우어' 4절

국가가 하는 모든 말은 거짓말이고, 국가가 가진 모든 것은 훔친 것이다.
-《차라투스트라는 이렇게 말했다》제1부 '새로운 우상에 관하여'

국가는 모든 냉혹한 괴물 중에서 가장 냉혹한 괴물의 이름이다. 국가는 냉혹하게 거짓말하며 그 입에서 이런 거짓말이 새어 나온다. "나, 국가가 민중이다."
-《차라투스트라는 이렇게 말했다》제1부 '새로운 우상에 관하여'

● 여행

내가 지금까지 이해하고 경험한 철학은 얼음처럼 춥고 높은 산에서 자유롭게 사는 삶이다.
-《이 사람을 보라》서문 3절
아무리 아름다운 경치도 그곳에서 석 달 이상 지내게 되면 사랑이 식어서 먼 바닷가가 우리의 욕구를 자극한다.
《즐거운 학문》제1부 14절

실내에서 떠오르는 아이디어를 믿지 마라.
-《이 사람을 보라》'나는 왜 이렇게 영리한가' 1절

● 진리?

도덕적인 현상은 존재하지 않는다. 현상에 대한 도덕적인 해석만 있을 뿐이다.
-《선악의 저편》'잠언과 간주곡', 108절

어떤 일이 규칙적이고 예측할 수 있게 일어난다 해도 그 일이 반드시 일어
난다는 것을 의미하지는 않는다.
- 노트 9, 1887년 가을, 91

어떤 것이 불합리하다는 것은 그것을 반론할 일이 아니라 오히려 존재해야
할 이유이다.
-《인간적인 너무나 인간적인》'혼자인 사람' 515절

사실은 없다. 해석만 있을 뿐.
- 노트, 1886년 여름~1887년 가을, 91절

● **임금의 노예**

과로, 호기심, 동정은 우리 현대의 악덕이다.
- 노트 9, 1887년 가을, 141절

활동적인 사람들의 불행은 그들의 활동이 거의 언제나 약간은 비이성적이
라는 사실에 있다. 예를 들면 사람들은 돈을 모으고 있는 은행가에게 그가
쉬지 않고 일하는 활동의 목적이 무엇인지 물어서는 안 된다. 활동적인 사
람은 돌이 굴러가듯 기계적인 우둔함을 따른다.
-《인간적인 너무나 인간적인》'고급문화와 저급문화의 특징' 283절

늘 그래왔듯이 모든 인간은 지금도 여전히 노예와 자유인으로 나뉜다. 하

루의 3분의 2를 자신을 위해 쓰지 않는 사람은 노예이다. 정치가, 사업가, 관리, 학자, 그 누구라도 마찬가지다.
- 《인간적인 너무나 인간적인》 '고급문화와 저급문화의 특징' 283절

● 전쟁

전투를 위해 사는 사람은 적이 살아 있는지에 관심이 있다.
- 《인간적인 너무나 인간적인》 '혼자인 사람' 531절

종교의 바다는 늪과 웅덩이를 남기고 썰물처럼 빠져나간다. 국가들은 서로 갈기갈기 찢기를 갈망하며 가장 적대적인 방식으로 서로에게서 멀어진다.
- 《반시대적 고찰》 '교육자로서의 쇼펜하우어' 4절

● 여자

신은 여자를 창조했다. 그 순간부터 정말로 지루함은 사라졌지만, 다른 많은 것도 함께 사라졌다! 여자를 만든 것은 신의 두 번째 실수다.
- 《반그리스도》 48절

진정한 남자는 단 두 가지, 위험과 유희를 원한다. 그래서 그들은 가장 위험한 장난감인 여자를 원하는 것이다.
- 《차라투스트라는 이렇게 말했다》 제1부 '늙은 여자와 젊은 여자에 관하여'

여인들은 이것을 알고 있다. 조금 더 뚱뚱하고, 조금 더 마른 것. 아! 이 작은 것 속에 얼마나 많은 운명이 놓여 있는가!
-《차라투스트라는 이렇게 말했다》제3부 '중력의 영혼에 관하여' 2절

여인에게 간다고? 그렇다면 채찍을 잊지 말라!
-《차라투스트라는 이렇게 말했다》제1부 '늙은 여자와 젊은 여자에 관하여'

● **저술가**

저술가들이 길고 복잡한 문장의 바스락거리는 주름을 즐기는 모습에는 우스꽝스러운 요소가 있다. 발을 감추려고 하는 모양새이기 때문이다.
-《즐거운 학문》제4부 282절

호흡이 긴 사람만이 긴 문장을 쓸 자격이 있다.
- 루 살로메에게 쓴 '글쓰기의 규칙'

시인은 그들의 사상을 운율이라는 마차 위에 태워 축제의 기분으로 제시한다. 그것들이 제 발로는 걷지 못하기 때문이다.
-《인간적인 너무나 인간적인》'예술가와 저술가의 영혼에서' 189절

숲이 점점 줄어드는 것이 사실이라면, 도서관을 땔감으로 사용해야 할 때가 올 것인가? 대부분 책이 뇌의 연기와 증기에서 탄생하는 것이므로 책은 아마도 그 상태로 돌아가야 할 것이다. 도서관에 불이 없다면, 불은 도서관

을 벌해야 한다.
-《반시대적 고찰》'교육자로서의 쇼펜하우어' 4절

나는 아포리즘에 숙달한 최초의 독일인이다. 아포리즘은 영원성이 부여되는 형태이다. 나의 야심은 다른 사람들이 책 한 권으로 말하는 것, 다른 사람들이 책 한 권으로도 말하지 못하는 것을 열 마디 문장으로 말하는 것이다.
-《우상의 황혼》'어느 반시대적 인간의 탐험' 51절

1844년   프리드리히 빌헬름 니체 10월 15일에 태어남. 작센 지방 뢰켄의
         목사였던 카를 루트비히 니체와 프란치스카 욀러 사이에서 첫
         째 아이로 출생.

1846년   여동생 엘리자베스 니체 7월 10일에 태어남.

1848년   남동생 루트비히 요제프 니체 2월 27일에 태어남.

1849년   아버지 카를 루트비히 니체 7월 30일에 '뇌연화증'으로 사망.

1850년   남동생 루트비히 요제프 1월 4일에 사망.
         나움부르크로 가족이 이사한 뒤 공립초등학교에 입학.

1851년   베버 교수가 운영한 개인 기관에서 학습.

1854년   나움부르크 기독교 학교 입학.

1858년   어머니 프란치스카가 니체와 엘리자베스를 데리고 나움부르크
         의 바인가르텐 18번지로 이사. 니체는 슐포르타에서 가을부터
         학업 시작.

1860년   친구들인 구스타프 크루크, 빌헬름 핀더와 게르마니아라는 문
         학 모임 창단. 에르빈 로데와 평생의 우정을 다짐.

1864년   9월에 슐포르타를 졸업한 뒤 10월에 본대학교 입학하여 신학과
         고전문헌학 전공. 프랑코니아라는 청년 단체에 가입.

1865년   본대학교를 떠나 라이프치히대학교에 입학. 신학 공부를 관두고
         프리드리히 리츨 교수 밑에서 고전문헌학을 공부하고 쇼펜하우
         어를 알게 됨. 쾰른의 사창가에 가게 됨.

1867년   군 복무. 제4 야전군 소속, 제2 기병대 훈련 시작.

1868년   말 사고를 당함. 리하르트 바그너의 「트리스탄과 이졸데」, 「마이
         스터징거」를 듣고 매료됨. 문헌학에는 점점 반감이 쌓임. 11월

바그너와 처음으로 만남.

1869년 바젤대학교에서 고전문헌학 객원 교수로 임명됨. 프로이센 시
민권 포기. 루체른의 트리브쉔 저택에 방문하여 바그너와 그의
정부였던 코지마 폰 뷜로를 만남. 필라투스산에 오름. 《음악 정
신에서 나온 비극의 탄생》에 관한 노트 작성. 니체가 트리브쉔
저택에 머무르는 동안 코지마가 바그너의 아들, 지크프리트를
출산함. 그해 크리스마스는 트리브쉔에서 보냄.

1870년 정교수로 임명됨. '고대 악극', '소크라테스와 비극', '오이디푸스
왕'에 관한 공개 강연을 선보임. 7월에 프랑스-프로이센 전쟁이
발발하여 위생병으로 지원함. 부상병들을 간호하는 과정에서
디프테리아와 이질에 걸려 입원했다가 바젤로 돌아옴. 신학 교
수였던 프란츠 오버베크와 친해짐. 바그너가 코지마와 결혼함.

1871년 바젤대학교 철학과 학과장 자리에 지원하나 거절됨. 《음악 정
신에서 나온 비극의 탄생》 집필. 프랑스-프로이센 종전. 제2제국
선포되고 빌헬름 1세가 독일 제국 황제로 즉위함.

1872년 바그너와 마차를 타고 바이로이트 축제 극장의 초석을 놓는 행
사에 참석함. 《비극의 탄생》이 출판되나 울리히 폰 빌라모비츠
묄렌도르프의 혹평을 받음. 에르빈 로데가 니체의 변호에 나섬.
겨울 학기 그리스와 라틴어 수사학 강의에 고전학 학생이 아무
도 등록하지 않음. 바그너와 코지마는 트리브쉔을 떠나 바이로
이트로 이사함.

1873년 '그리스 비극 시대의 철학'을 쓰기 시작하나 끝내지 못함. 파울
레와 만남. 《반시대적 고찰》의 1부 〈다비드 슈트라우스, 고백자

이자 저술가〉가 8월에 출간됨. 바이로이트의 기금 모음을 위한 위협적인 어조의 '독일인에 대한 호소문'을 작성하나 거부당함.

1874년 《반시대적 고찰》의 2, 3부인 〈삶에 대한 역사의 공과〉, 〈교육자로서의 쇼펜하우어〉 출간. 바그너는 「니벨룽의 반지」 전편을 완성하고 니체에게 바이로이트에서 여름을 함께 보내자고 초대함. 니체는 검은 숲에서 요양함.

1875년 《반시대적 고찰》의 4부 〈바이로이트의 리하르트 바그너〉를 쓰기 시작함. 좋지 않은 건강에도 계속 강단에 섬. 엘리자베스가 바젤로 와서 집안일을 도와주며 니체를 돌봐줌. 평생의 조력자인 하인리히 쾨젤리츠(이후 페터 가스트로 개명)를 만남. 겨울 동안 건강이 극히 악화됨.

1876년 바이로이트 축제 개막식에 맞춰서 〈바이로이트의 리하르트 바그너〉 출판. 루이제 오트와 연애 감정을 느낌. 바이로이트를 갑자기 떠나서 《인간적인 너무나 인간적인》을 쓰기 시작함. 마틸데 트람페다하에게 청혼하지만 거절당함. 10월에 바젤대학교에서 병가를 받고 제노바로 가 처음 바다를 봄. 말비다 폰 마이젠부르크, 파울 레와 함께 소렌토로 감. 볼테르, 몽테뉴의 책을 읽음. 바그너와 마지막으로 만남.

1877년 소렌토에서 5월 초까지 지내고 카프리, 폼페이, 헤르쿨라네움 방문. 오토 아이저 박사에게 건강 검진을 받고 눈 상태가 매우 나쁘다는 진단을 받음. 엘리자베스에게는 집안일을, 페터 가스트에게는 대필 도움을 받아가며 가을부터 강의를 다시 시작함.

1878년 《인간적인 너무나 인간적인》을 출판해 바그너에게 보냄. 바그너는 「파르지팔」 대본을 완성해 니체에게 보냄. 하지만 두 사람 다 서로의 작품을 좋지 않게 여김. 특히 바그너는 〈바이로이트 특보〉에서 니체를 비난함. 엘리자베스는 나움부르크로 돌아가고, 니체는 오버베크 부부와 가까운 관계를 유지함.

1879년　《인간적인 너무나 인간적인》의 2부로 '여러 가지 생각과 잠언'을 출판. 건강 문제를 이유로 5월에 바젤대학교 교수직을 사임하고, 연금으로 6년간 3천 스위스프랑을 받음(나중에 더 연장됨). '방랑자와 그의 그림자' 집필 시작. 그해는 118일간 심한 두통에 시달렸다고 기록되어 있음. 나움부르크로 돌아가 정원사가 되기로 계획함.

1880년　티롤 남부를 여행하고 가르다호가 있는 리바에서 페터 가스트를 만남. 두 사람이 함께 베네치아로 여행함. 이곳저곳 여행하며 한 해를 보낸 뒤 제노바에서 크리스마스를 맞이함.《여명》 집필.

1881년　레코아로, 코모호, 생모리츠 일대를 계속 여행함. 스피노자를 알게 됨. 처음으로 실스마리아를 방문하고 영원 회귀 사상을 떠올림. 차라투스트라를 언급하기 시작함.《여명》 출판. 제노바에 갔을 때는 콜럼버스에게 동질감을 느낌. 비제의 오페라 「카르멘」을 처음으로 봄.

1882년　타자기를 접함.《즐거운 학문》 출판. 메시나를 여행하며 〈메시나의 전원시〉라는 시를 씀. 4월, 로마에서 루 살로메, 파울 레와 만남. 루는 니체, 레에게 세 사람이 동거하는 '성스럽지 못한 삼위일체' 계획을 제안함. 니체는 오르타 언덕에서 루에게 청혼하지만 거절당함. 니체, 루, 레는 바젤에 가서 그 유명한 사진을 찍음. 니체는 트레브쉔으로 루를 데려감. 바이로이트로는 엘리자베스, 루와 동행하지 않고, 타우텐부르크에서 그들을 다시 만남. 루에게 영원 회귀 사상을 말해줌. 어머니, 여동생과 의절함. 세 사람이 파리에서 공부하며 한집에서 살기로 했던 '성스럽지 못한 삼위일체' 계획은 루와 레가 니체를 따돌리고 달아나며 무산됨. 니체는 고통을 잊기 위해 아편을 복용하고 편지에서는 자살을 언급함.

1883년　1월에 《차라투스트라는 이렇게 말했다》의 1부를 완성함. 바그너가 2월에 베네치아에서 사망함. 니체는 《차라투스트라》의 2부와 3부를 실스마리아와 니스에서 각각 완성함. 엘리자베스는 반유대주의 선동가인 베른하르트 푀르스터와 약혼 계획을 알림.

1884년　《차라투스트라》의 3부 출판. 책들이 팔리지 않아 출판업자와 갈등을 겪음. 메타 폰 잘리스, 레사 폰 시른호퍼와 만남. 자신을 폴란드 혈통이라고 믿음. 엘리자베스와는 화해함. 《차라투스트라는 이렇게 말했다》의 4부를 쓰기 시작함.

1885년　자비로 《차라투스트라》 4부를 소규모로 출판함. 엘리자베스는 푀르스터와 결혼. 니체는 아버지의 묘비를 새로 장만함. 《선악의 저편: 미래 철학의 서곡》 집필.

1886년　《차라투스트라》 4부 이후에 나온 모든 책처럼 《선악의 저편》도 개인적으로 출판함. 출판업자 에른스트 빌헬름 프리취는 니체 초기작들의 판권을 사서 《비극의 탄생》, 《여명》을 재발행하고,

《인간적인 너무나 인간적인》은 2부 '여러 가지 생각과 잠언'에 '방랑자와 그의 그림자'를 포함하여 신판을 발행. 프란츠 리스트가 바이로이트에서 사망함. 엘리자베스와 베른하르트 푀르스터는 파라과이로 가서 '순수한 아리아인 혈통'의 식민지, 누에바 게르마니아를 건설함.

1887년   니스에서 지진을 경험함. 프랑스어로 번역된 도스토옙스키의 작품을 읽음. 루 살로메는 프리드리히 카를 안드레아스와 약혼. 니체는 루가 써준 시 〈삶에 대한 찬가〉에 곡을 붙이고 악보집을 펴냄. 공연을 시도하지만 성공하지는 못함. 「파르지팔」의 곡을 듣고 매료됨. 《도덕의 계보: 하나의 논박서》를 출판하고, 《여명》, 《즐거운 학문》의 증보판을 다시 출판함.

1888년   게오르그 브라네스가 코펜하겐에서 그의 저서를 주제로 강연한 이후, 니체는 마침내 대중의 찬사를 받음. 스웨덴 극작가인 아우구스트 스트린드베리와 서신 교환. 그는 나중에 니체 철학에 영향을 받은 극을 씀. 니체는 토리노로 가게 되고 거기서 《바그너의 경우: 음악가의 문제》를 집필함. 《힘에의 의지》를 쓰다가 중도에 그만두고 이후로 《우상의 황혼: 망치를 들고 철학하는 법》, 《반그리스도: 기독교에 대한 저주》, 그리고 마지막 자서전인 《이 사람을 보라: 인간은 어떻게 자기 자신이 되는가》, 《니체 대 바그너: 한 심리학자의 파일로부터》를 잇달아 써냄. 1880년대에 썼던 시들을 모아서 《디오니소스 찬가》라는 제목으로 묶음. 기괴한 내용의 편지를 쓰면서 점점 정신 이상 증세를 보이기 시작함.

1889년	1월 3일 토리노에서 정신을 잃고 쓰러짐. 오버베크가 스위스로 데려옴. 매독균에 의한 진행성 마비로 진단받음. 예나에 있는 정신병원으로 옮겨짐. 《우상의 황혼》이 1월 24일에 출판되어 나옴. 파라과이에서는 베른하르트 푀르스터가 자살함. 엘리자베스는 식민지를 유지하려고 분투함.
1890년	병원에서 나와 나움부르크의 어린 시절 집에서 어머니의 간호를 받음. 정신병 증세와 진행성 마비가 더 심해짐. 판단력과 언어 능력을 모두 잃음.
1896년	유럽을 휩쓴 아방가르드의 열기로 그의 책들이 큰 주목을 받게 됨. 리하르트 슈트라우스가 《차라투스트라는 이렇게 말했다》를 교향시로 만들어 초연함.
1897년	4월 20일 프란치스카의 사망 후 엘리자베스는 니체와 그의 글들을 바이마르로 옮기고 문서 보관소를 세움.
1900년	8월 25일 니체 사망. 그의 시신은 고향 뢰켄의 가족묘에 안장됨.
1901년	엘리자베스가 니체의 유고를 임의로 편집하여 《힘에의 의지》 초판을 냄.
1904년	엘리자베스가 《힘에의 의지》 내용을 크게 늘려서 '결정판'을 출판함.
1908년	니체의 자서전인 《이 사람을 보라》가 마침내 출판됨. 엘리자베스에게 호의적이지 않은 언급은 삭제되어 있음.
1919년	열정적 나치 당원인 엘리자베스의 사촌 막스 욀러가 니체 문서 보관서의 책임자로 임명됨.
1932년	무솔리니의 열렬한 추종자가 된 엘리자베스는 무솔리니가 공동

집필한 「5월의 광장」을 바이마르 국립극장에서 상영하도록 추
진함. 이 공연에서 아돌프 히틀러는 엘리자베스의 좌석을 찾아
가 그녀를 만남.

1933년   히틀러가 니체 문서 보관소를 방문함. 엘리자베스는 니체의 지
팡이를 그에게 선물함.

1934년   히틀러가 알베르트 슈페어와 함께 문서 보관소에 방문함. 니체
흉상을 바라보는 사진을 찍음.

1935년   엘리자베스 사망. 히틀러가 장례식에 참석하여 화환을 내려놓
음. 엘리자베스는 원래 니체를 안치했던 가족 묘의 가운데 자리
를 대신 차지하여 안치됨.

·1장· 음악의 밤

1. 오틸리에 브로크하우스^{Ottlie Brockhaus}(1811~1883), 리하르트 바그너의 여동생이자 교수 및 인도학 학자인 헤르만 브로크하우스의 아내.

2. 빌헬름 로서^{Wilhelm Roscher}(1845~1923), 대학 동기.

3. 아테네 철학자 레온티우스의 딸로 421년 비잔틴 황제 테오도시우스와 결혼하려고 기독교로 개종했다. 여기서는 그녀가 지은 시를 말한다.

4. 자전적 미완성 유고, 1868~1869년.

5. R. J. Hollingdale, Nietzsche, the Man and His Philosophy, p. 36.

6. The Case of Wagner, Section 10.

7. Ecce Homo, 번역서. R. J. Hollingdale, intro. Michael Tanner, Penguin Classics, 2004, 'Why I am so Clever', Section 6.

8. Michael Tanner, Nietzsche, a Very Short Introduction, Oxford University Press, 2000, p. 23.

9. Ecce Homo, 'Why I am so Clever', Section 6.

10. 1868년 11월 20일 니체가 에르빈 로데에게 쓴 편지.

11. 카를 루트비히 니체^{Karl Ludwig Nietzsche}(1813~1849), 어머니 프란치스카 욀러 ^{Franziska Oehler}(1826~1897).

12. Friedrich Nietzsche, Jugendschriften, ed. Hans Joachim Mette et al., 5 vols, Walter de Gruyter and Deutscher Taschenbuch Verlag, 1994, Vol. I, pp. 4–5, translation by David Krell and Don Bates in The Good European, p. 14.

13. Jugendschriften, Vol. I, pp. 6–7. 니체가 약간 다른 두 가지 형태로 전하

는 이 예언적 꿈에 관해서는 몇 가지 추측이 제기된다. (다음 참조. Krell and Bates, The Good European, pp. 16–17, footnote 2). 니체는 1850년 말에 이 일이 있었다고 설명하지만, 실제로는 1850년 3월이었을 것으로 추정된다. 요제프의 사망 날짜 때문에도 혼란이 가중되는데, 요제프의 묘비에는 '1848년 2월 27일 출생, 1850년 1월 4일 사망'이라고 쓰여 있고, 교구 기록부에는 두 번째 생일 며칠 후에 죽은 것으로 되어 있어서 3월경으로 나와 있다. 니체가 그 꿈을 꾼 시기는 아마 이때일 것이다.

14. 라이프치히에서 활동한 신경학자로 다양한 저술 활동을 펼쳤다. 그의 이름은 뇌신경 마비와 관련된 독특한 마비 형태인 뫼비우스 증후군과 골반부의 근육위축병인 라이덴 뫼비우스 증후군에도 사용된다.

15. Richard Schain, The Legend of Nietzsche's Syphilis, Greenwood Press, 2001, pp. 2–4.

16. Jugendschriften, Vol. I, p. 7.

17. Elisabeth Nietzsche writing as Elisabeth Förster-Nietzsche, The Life of Nietzsche, trans. Anthony M. Ludovici, Sturgis and Walton, 1912, Vol. I, p. 27.

18. Förster-Nietzsche, The Life of Nietzsche, Vol. I, pp. 22–23.

19. 위와 동일, p. 24

20. Jugendschriften, Vol. I, p. 8. Trans. in Krell and Bates, The Good European, p. 19.

21. 1844년~1863년에 해당하는 간략한 자서전적 설명인 다음 글에서 참고. "Aus meinem Leben". Keith Ansell Pearson and Duncan Large, The Nietzsche Reader, Blackwell, 2006, pp. 18–21.

22. 위와 동일.

23. Förster-Nietzsche, The Life of Nietzsche, Vol. I, p. 40.

24. Ecce Homo, 'Why I am so Wise', Section 5.

25. Aus meinem Leben.

26.　Sämtliche Werke, Kritische Studienausgabe, Vol. XI, p. 253. 니체는 마지막 글을 쓰던 1887년경,《도덕의 계보》서문 3절에서 이 글을 다시 언급한다.

· 2장 · 독일의 아테네

1.　빌헬름 핀더Wilhelm Pinder의 글. 다음 책에서 인용됨. The Good European, p. 61.

2.　필립 멜랑히톤 슈바우처드Philipp Melanchthon Schwarzerd(1497~1560). 구약성서를 독일어로 번역할 때 루터의 수석 조수로 활동한 인물이며, 그리스어식 필명인 멜랑히톤으로 더 잘 알려져 있다.

3.　빌헬름 폰 훔볼트Wilhelm von Humboldt(1767~1835).

4.　Karl Wilhelm von Humboldt, Gesammelte Schriften: Ausgabe der Prussischen Akademie der Wissenschaften, Vol. II, p. 117.

5.　자전적 미완성 유고, 1868~1869년.

6.　Anne Louise Germaine de Staël, Germany, 1813, Vol. I, Saxony.

7.　1859년 4월 니체가 빌헬름 핀더에게 쓴 편지.

8.　Journal, 18 August 1859. 다음 책에서 인용됨. Krell and Bates, The Good European, p. 23.

9.　Sander L. Gilman (ed.), Conversations with Nietzsche, Oxford University Press, 1987, p. 15.

10.　아마 코베르슈타인Koberstein 교수였을 것이다.

11.　1861년 10월 19일 니체가 쓴 '내 친구에게 보내는 편지(…)'.

12.　Friedrich Hölderlin, Hyperion, trans. James Luchte, from The Peacock and The Buffalo, The Poetry of Nietzsche, Continuum Books, 2010, p. 34.

13. 엠페도클레스, 미완성 유고 38과 62.

14. 1862년 7월 28일 니체가 라이문트 그라니에Raimund Granier에게 쓴 편지.

15. Krell and Bates, The Good European, p. 26.

16. 자전적 미완성 유고, 1868~1869년.

17. 고대 로마의 저술가 타키투스(약 AD 55~116)는 《게르마니아Germania》라는 게르만족에 관한 역사서를 썼다.

18. 자전적 미완성 유고, 1868~1869년.

19. Elisabeth Nietzsche writing as Elisabeth Förster-Nietzsche, The Life of Nietzsche, Vol. I, p. 117.

20. 자전적 미완성 유고, 1868~1869년.

· 3장 · 네 자신이 되어라

1. Förster-Nietzsche, The Life of Nietzsche, Vol. I, p. 144.

2. Ibid., pp. 143–144.

3. Gilman (ed.), Conversations with Nietzsche, p. 20.

4. Chambers' Encyclopedia, 1895, Vol. IV, p. 433.

5. 1865년 6월 11일 니체가 엘리자베스에게 쓴 편지.

6. 1866년 4월 7일 나움부르크에서 니체가 카를 폰 게르스도르프에게 쓴 편지.

7. Gilman (ed.), Conversations with Nietzsche, p. 29.

8. 〈델포이 송시〉 2:73.

9. 1867년 11월 3일 니체가 나움부르크에서 에르빈 로데에게 쓴 편지.

10. 1889년 1월 6일, 니체가 야코프 부르크하르트에게 쓴 편지.

11. Hollingdale, Nietzsche, the Man and His Philosophy, p. 48.

12. Gilman (ed.), Conversations with Nietzsche, p. 62.

13. 1866년 8월 니체가 카를 폰 게르스도르프에게 쓴 편지.

14. 1870년 2월 니체가 에르빈 로데에게 쓴 편지.

15. 1854년 1월 15일 바그너가 프란츠 리스트에게 쓴 편지. 다음 책에서 인용됨. Barry Millington, Richard Wagner, The Sorcerer of Bayreuth, Thames and Hudson, 2013, p. 144.

16. Immanuel Kant, Critique of Judgement, 1790, trans. James Creed Meredith, Oxford University Press, 1928, p. 28.

17. 바그너의 「반지」에 나오는 초자연적 요소에 가장 많은 공헌을 한 것이 아마도 이 리기산 유령이었을 것이다. 가령 신들의 고향인 발할라는 무지개다리로 연결되었고, 발할라의 창문 사이로 피어오르는 안개 속에서는 거대하고 위협적인 모습의 두 거인이 나타났다. 1부인 「라인의 황금」에서는 무대장치에 관한 다음과 같은 특별지시도 쓰여 있었다. '구름이 갑자기 올라가고 도너Donner와 프로Froh가 모습을 드러낸다. 그들의 발아래로는 눈이 멀 정도로 밝게 빛나는 무지개다리가 계곡에서 성으로 이어진다. 무지개다리는 이제 저녁 햇살을 받아 더욱 반짝인다.'

18. Judith Gautier, Wagner at Home, trans. Effie Dunreith Massie, John Lane, 1911, p. 97.

19. Alan Walker, Hans von Bülow, A Life and Times, Oxford University Press, 2010, p. 98.

20. 1864년 9월 9일, 바그너가 엘리자 빌레Eliza Wille에게 쓴 편지.

21. 1858년 9월 4일, 바그너가 마틸데 베젠동크Mathilde Wesendonck에게 쓴 편지.

· 4장 · 낙소스섬

1. Cosima Wagner, Diary, 17 May 1869.

2. Hans von Bülow, cited in Joachim Köhler, Nietzsche and Wagner, A Lesson in Subjugation, Yale University Press, 1998, p. 28.

3. Lionel Gossman, 'Basel in the Age of Burckhardt', University of Chicago Press, 2000, p. 15.

4. Jacob Burckhardt, 'The Civilisation of the Renaissance in Italy', Penguin, 1990, p.

5. Untimely Meditations, 'Richard Wagner in Bayreuth', Section 3.

6. Jacob Burckhardt, The Civilisation of the Renaissance in Italy, Penguin, 1990, introduction by Peter Burke, p. 5.

7. Mendès, 'Personal Recollections', in Grey (ed.), Richard Wagner and His World, pp. 233–234.

8. 1870년 2월 7일 바그너가 니체에게 쓴 편지.

9. 'Zwei Nietzsche Anekdoten', Frankfurter Zeitung, 9 March 1904, quoted in Millington, Richard Wagner, p. 153.

10. Letter of 29 September 1850, cited in Millington, Richard Wagner, p. 221.

11. 원래는 다음 책에서 출간됨. Revue europeenne, 1 April 1861.

12. Originally published in Revue européenne, 1 April 1861.

13. Mendès, 'Personal Recollections', in Grey (ed.), Richard Wagner and His World, pp. 231–234.

14. Newell Sill Jenkins, 'Reminiscences of Newell Sill Jenkins', privately printed 1924, in Grey (ed.), Richard Wagner and His World.

15. 니체가 빌헬름 피셔 빌핑거에게 쓴 편지. 1871년 1월로 추정됨.

16. 니체가 빌헬름 카를 폰 게르스도르프에게 쓴 편지. 1870년 12월 12일.

17. Köhler, Nietzsche and Wagner, pp. 55–56.

18. 1870년 8월 29일 니체가 프란치스카에게 쓴 편지.

19. Förster-Nietzsche, The Life of Nietzsche, Vol. I, pp. 230–231.

20. 1871년 6월 21일 니체가 카를 폰 게르스도르프에게 쓴 편지.

21. Cosima Wagner, Diary, Sunday 25 December 1870.

22. 빌헬름 피셔 빌핑거Wilhelm Vischer-Bilfinger(1808–1874). 고고학자이자 교수이며 바젤대학교 이사회 회장으로 지냈다.

23. Malwida von Meysenbug, Rebel in a Crinoline, George Allen & Unwin, 1937, pp. 194–195.

24. Förster-Nietzsche, The Life of Nietzsche, Vol. I, pp. 243–244.

25. Ibid., p. 246.

26. 루가노호숫가에 자리 잡은 대형호텔로, 지금은 레지덴자 그랜드 팰리스 Residenza Grand Palace로 개명되었다.

· 5장 · 비극의 탄생

1. The Birth of Tragedy, Section 1.

2. Ibid., Section 7.

3. Ibid., Section 15.

4. Ibid., Section 15.

5. Ibid., Section 18.

6. Ibid., Section 20.

7. Ibid., Section 21.

8. Cosima Wagner, Diary, 18 August 1870.

9. Ibid., 8 April 1871.

10. 1871년 니체가 에르빈 로데에게 쓴 편지.

11. 1871년 11월 18일 니체가 카를 폰 게르스도르프에게 쓴 편지.

12. 1871년 12월 21일 니체가 에르빈 로데에게 쓴 편지.

13. 1871년 12월 27일 니체가 바젤에서 프란치스카와 엘리자베스에게 쓴 편지.

14. 1871년 12월 31일 니체가 바젤에서 구스타프 크루그에게 쓴 편지.

15. 'On the Future of Our Educational Institutions', first lecture, delivered 16 January 1872.

16. Cosima Wagner, Diary, 16 January 1872.

17. 1872년 1월 28일 니체가 에르빈 로데에게 쓴 편지.

18. Cosima Wagner, Diary, 31 January 1872.

19. 1872년 5월 1일 니체가 카를 폰 게르스도르프에게 쓴 편지.

20. 1872년 1월 30일 니체가 프리드리히 리츨에게 쓴 편지.

21. 1872년 10월 25일 니체가 에르빈 로데에게 쓴 편지.

22. Cosima Wagner, Diary, 22 May 1872.

23. Walker, Hans von Bülow, p. 5.

24. 1872년 10월 29일로 추정되는 날에 니체가 한스 폰 빌로에게 쓴 편지.

25. William H. Schaberg, The Nietzsche Canon, A Publication History and Bibliography, University of Chicago Press, 1995, pp. 203–204.

· 6장 · 포이즌 코티지

1. Cosima Wagner, Diary, 11 April 1873.

2. 본대학교의 프리드리히 리츨 교수의 후임으로 온 신학 및 고전 문헌학 교수인 헤르만 카를 우제너Hermann Carl Usener 교수의 말이다.

3. 프란츠 오버베크Franz Overbeck(1837–1905).

4. 1873년 5월 24일 카를 폰 게르스도르프가 에르빈 로데에게 쓴 편지.

5. Ecce Homo, 'Human, All Too Human', Section 4.

6. Untimely Meditations, 'David Strauss', Section 8.

7. 1873년 8월 9일 카를 폰 게르스도르프가 에르빈 로데에게 쓴 편지.

8. 1873년 10월 18일 니체가 에르빈 로데에게 바젤에서 쓴 편지.

9. Johann Karl Friedrich Zöllner, Natur der Kometen, 1870; Hermann Kopp, Geschichte der Chemie, 1834–7, Johann Heinrich Mädler, Der Wunderbau des Weltalls, 1861, Afrikan Spir, Denken und Wirklichkeit, 1873.

10. Untimely Meditations, 'On the Uses and Disadvantages of History for Life', Sect ion 10.

11. Cosima Wagner, Diary, 9 April 1974.

12. 1874년 4월 1일 니체가 카를 폰 게르스도르프에게 쓴 편지.

13. Cosima Wagner, Diary, 4 April 1874.

14. 1874년 4월 6일 바그너가 니체에게 쓴 편지.

·7장· 개념의 지진

1. 1875년 8월 11일 니체가 말비다 폰 마이젠부크에게 쓴 편지.

2. 새뮤얼 로스Samuel Roth(1893–1974). 작가 겸 출판업자. 포르노물 제작 판매로 유죄선고를 받았다.

3. For Walter Kaufmann's account see 'Nietzsche and the Seven Sirens', Partisan Review, May/June 1952.

4. Herlossohn, Damen-Conversations-Lexikon (1834–8), cited in Carol Diethe, Nietzsche's Sister and the Will to Power, University of Illinois Press, 2003, p. 17.

5. Count Harry Kessler, Diary, 23 February 1919, in Charles Kessler (ed. and trans.), Berlin in Lights, The Diaries of Harry Kessler, 1918–1937, Grove Press, NY, 1971, p. 74.

6. Diethe, Nietzsche's Sister and the Will to Power, p. 20.

7. 1865년 5월 26일 엘리자베스가 니체에게 쓴 편지.

8. Ecce Homo, 'Why I Write Such Good Books', Section 5.

9. Gilman (ed)., Conversations with Nietzsche, p. 69. Ludwig von Scheffler, memoir dated summer 1876.

10. Untimely Meditations, 'Schopenhauer as Educator', Section 4.

11. Ibid., Section 1.

12. Ibid., Section 1.

13. Ibid., Section 4.

14. Ibid., Section 7.

15. Ibid., Section 8.

16. Ibid., Section 4.

17. Ibid., Section 4.

18. Cosima Wagner, Diary, 8–18 August 1874.

19. Notebook, 1874.

20. Telegram, 21 October 1874.

21. 1876년 4월 11일 니체가 마틸데 트람페다하에게 쓴 편지.

·8장· 마지막 제자와 첫 제자

1. Untimely Meditations, 'Schopenhauer as Educator', Section 4.

2. Untimely Meditations, 'Richard Wagner in Bayreuth', Section 7.

3. Ibid., Section 8.

4. Ibid., Section 11.

5. Gilman (ed.), Conversations with Nietzsche, pp. 54–60.

6.   Ibid., p. 56.

7.   1872년 12월 20일 니체가 말비다 폰 마이젠부크에게 쓴 편지.

8.   1876년 7월 13일 바그너가 니체에게 쓴 편지.

9.   독일어로는 'Der Wanderer' 또는 'Es geht ein Wandrer'라는 제목으로 알려진다.

10.   Cosima Wagner, Diary, 28 July 1876.

11.   Article submitted to Russky Viedomosty, quoted in Millington, Richard Wagner, p. 231.

12.   말비다 폰 마이젠부크Malwida von Meysenbug(1816–1903).

13.   Memoiren einer Idealistin, published anonymously, 1869.

14.   알렉산드르 게르첸Alexander Herzen(1812–1870). '러시아 사회주의의 아버지'로 불리며, 농노해방과 토지개혁에 앞장섰다.

15.   Von Meysenbug, Rebel in a Crinoline, p. 194.

16.   Ibid., p. 196.

17.   1876년 8월 30일 니체가 루이제 오트에게 쓴 편지.

18.   1876년 9월 2일 루이제 오트가 니체에게 쓴 편지.

19.   1877년 9월 1일 루이제 오트가 니체에게 쓴 편지. 다음 책에서 인용.

      Nietzsche's Women: Beyond the Whip, Walter de Gruyter, 1996, p. 39.

· 9장 · 자유로운 영혼과 자유롭지 못한 영혼

1.   1876년 10월 28일 소렌토에서 말비다 폰 마이젠부크가 올가 헤르첸Olga Herzen에게 보낸 편지.

2.   1876년 10월 28일 소렌토에서 니체가 엘리자베스에게 쓴 편지.

3.   Human, All Too Human, Section 4, 'From the Souls of Artists and

Writers', Sect ion 145.

4. Paul Rée, Notio in Aristotelis Ethicis Quid Sibi Velit, Halle, Pormetter, 1875, quoted in Robin Small, Nietzsche and Rée, A Star Friendship, Clarendon Press, Oxford, 2007, p. xv.

5. 니체는 학생일 때 다음 책에서 다윈에 관한 정보를 얻었다. Friedrich Albert Lange, Geschichte des Materialismus und Kritik seiner Bedeutung in der Gegenwart (History of Materialism and Critique of its Present Importance), 1879. 1887~1888년쯤에는 다윈주의를 더 자세히 설명한 다음 책을 구했다. Karl Wilhelm von Nägeli, Mechanisch-physiologische Theorie der Abstammungslehre (Mechanico-physiological Theory of Evolution), 1884. 다음 책에서 참고함. Carol Diethe, The A to Z of Nietzscheanism, Scarecrow Press, 2010, pp. 53–54.

6. 다음 학술지에 게재되어 있다. Mind, 2 (1877), pp. 291–292. 더 자세한 내용은 다음 책 참고. Small, Nietzsche and Rée, pp. 88–90.

7. Small, Nietzsche and Rée, pp. 72, 98.

8. On the Genealogy of Morality, Preface, Section 8.

9. 1876년 9월 27일 니체가 바그너에게 쓴 편지.

10. 1876 notebook, quoted in Small, Nietzsche and Rée, p. 58.

11. 1876년 9월 27일 바젤에서 니체가 바그너에게 쓴 편지.

12. Cosima Wagner, Diary, 27 October 1876.

13. Ibid., 1 November 1876.

14. 1877년 4월 25일 니체가 엘리자베스에게 쓴 편지.

15. 1877년 5월 13일 니체가 말비다에게 쓴 편지.

16. 1877년 6월 2일 니체가 엘리자베스에게 쓴 편지.

17. Förster-Nietzsche, The Life of Nietzsche, Vol. II, pp. 11–13.

18. 1877년 10월 27일 바그너가 아이저 박사에게 보낸 편지. 다음에서 인용, Martin Gregor-Dellin, Richard Wagner, His Life, His Work, His Century,

trans. J. Maxwell Brownjohn, Collins, 1983, pp. 452–453.

19. Dr Eiser's report, 6 October 1877, cited in Gregor-Dellin, Richard Wagner, pp. 453–454.

· 10장 · 인간적인 너무나 인간적인

1. 1877년 2월 2일 니체가 에른스트 슈마이츠너에게 쓴 편지.

2. Human, All Too Human, 'Of First and Last Things', Section 2.

3. Ibid., Section 2.

4. Ibid., Section 4.

5. Ibid., Section 5.

6. Ibid., Section 9.

7. Ibid., Section 6.

8. Ibid., Section 11.

9. Ibid., Section 19.

10. Ibid., 'On the History of the Moral Sensations', Section 37.

11. 다음 책의 첫 문장. La Rochefoucauld, opening sentence of Sentences et maximes morales. 니체의 다음 책 참고. Human, All Too Human, 'On the History of the Moral Sensations', Section 35.

12. Ibid., 'A Glance at the State', Section 438.

13. Ibid., 'A Glance at the State', Section 452.

14. Ibid., 'On the History of the Moral Sensations', Section 87.

15. Schaberg, The Nietzsche Canon, p. 59. See also Förster-Nietzsche, The Life of Nietzsche, Vol. II, p. 32.

16. Ernst Schmeitzner to Nietzsche, quoted in Förster-Nietzsche, The Life of

니체의 삶

Nietzsche, Vol. II, p. 32.

17.   1878년 7월 15일 니체가 마틸데 마이어에게 쓴 편지.

18.   'L'âme de Voltaire fait ses compliments à Friedrich Nietzsche.'

19.   1878년 6월 코지마 바그너가 마리 폰 슐라이니츠^{Marie von Schleinitz}에게 쓴 편지

20.   바그너는 세 편의 논평을 다음에 게재했다. Publikum und Popularität in
      Bayreuther Blätter, August–September 1878.

21.   1879년 10월 5일 니체가 페터 가스트에게 쓴 편지.

22.   1877년 1월 1일 니체가 말비다에게 쓴 편지.

· 11장 · 방랑자와 그의 그림자

1.   Section 1 of the Preface to the second edition of Daybreak, 1886.

2.   전기 관련 내용은 1881년 8~9월 페터 가스트와 프란츠 오버베크에게 보낸
      편지들을 참고.

3.   1881년 7월 30일 니체가 프란츠 오버베크에게 쓴 편지.

4.   아이다 오버베크는 니체가 1880~1883년 자신의 집에서 잠시 머무르는 동안
      포이어바흐의 말을 인용했다고 적고 있다. 다음 책에서 참고. Gilman (ed.),
      Conversations with Nietzsche, pp. 111–115.

5.   Daybreak, Book I, Section 14.

6.   1879년 10월 5일 니체가 페터 가스트에게 쓴 편지.

7.   마태복음 16장 18절.

8.   1880년 3월 27일 니체가 프란츠 오버베크에게 쓴 편지.

9.   사실 뵈클린은 실제 묘지로 사용되는 피렌체의 섬을 모델로 그렸지만, 또 다
      른 묘지 섬인 베네치아의 산 미켈레^{San Michele}로 알려진 경우도 많다.

10.   Human, All Too Human, Book III, 'The Wanderer and His Shadow',

Section 295.

11.   1881년 8월 14일 니체가 페터 가스트에게 쓴 편지.

12.   스위스의 소비자 물가 지수(1501~2006년) 분석 자료에 따르면, 당시 전문 건
       축 기술자는 하루 일당으로 평균 2.45프랑을 받거나 주당 12.25프랑을 받았
       다. 니체가 지불한 방세는 싼 편에 속했다.

13.   1881년 9월 18일 프란츠 오버베크에게 쓴 편지.

14.   The Gay Science, Book IV, Section 341.

15.   Notebook, 1881.

16.   1880년 12월 5일 니체가 엘리자베스에게 쓴 편지. 니체가 적당한 그늘과 평
       화를 찾은 그 다락방은 빌레타 디 네그로^{Villetta di Negro} 공원 맞은편인 살리타
       델레 바티스타인 8번지에 있었다.

17.   Daybreak, Book IV, Section 381.

18.   루 살로메^{Lou Salomé}(1861–1937). 아버지는 위그노 교도인 러시아 장교였고, 어
       머니는 독일인이었다.

19.   Lou Andreas-Salomé, Looking Back: Memoirs, trans. Breon Mitchell,
       Paragon House, New York, 1990, p. 45.

20.   1882년 4월 20일 파울 레가 니체에게 쓴 편지.

21.   The Gay Science, Book IV, Section 77.

22.   1882년 3월 27일 말비다가 니체에게 쓴 편지.

· 12장 · 철학과 에로스

1.   Andreas-Salomé, Looking Back, p. 45.

2.   Lou Salomé, writing as Lou Andreas-Salomé, Nietzsche, trans. Siegfried
      Mandel, University of Illinois Press, 2001, pp. 9, 10.

3.   Andreas-Salomé, Looking Back, p. 47.

4.   Untimely Meditations, 'The Uses and Disadvantages of History for Life',
     Section 2.

5.   The Gay Science, Book II, Section 71, 'On female chastity'.

6.   Andreas-Salomé, Nietzsche, p. 11. 루 살로메는《인간적인 너무나 인간적
     인》의 '여러 가지 생각과 잠언' 중 338절의 잠언을 인용하고 있다.

7.   Lou Salomé, Friedrich Nietzsche in seinen Werken, 1894.

8.   Andreas-Salomé, Nietzsche, p. 13.

9.   Julia Vickers, Lou von Salomé: A Biography of the Woman Who
     Inspired Freud, Nietzsche and Rilke, McFarland, 2008, p. 41

10. 1882년 7월 13일 니체가 페터 가스트에게 쓴 편지.

· 13장 · 철학자의 제자

1.   The Gay Science, Book III, Section 125, 'The Madman'.

2.   Ibid., Book III, Section 108, 'New Battles'.

3.   Nietzsche to Reinhardt von Seydlitz, 4 January 1878.

4.   1882년 1월 26일 엘리자베스가 프란치스카에게 쓴 편지.

5.   이 이야기는 마르틴 그레고르 델린Martin Gregor-Dellin에 의해 다음 책에서 처음
     알려졌다. Richard Wagner, His Life, His Work, His Century, pp. 451–457.

6.   Elisabeth Nietzsche, Coffee-Party Gossip about Nora(1882년으로 추정됨).
     다음 책에서 영어로 된 전문을 읽을 수 있다. Diethe, Nietzsche's Sister and
     the Will to Power, pp. 161–193. 제목은 저자인 디스Diethe가 붙인 것이다.

7.   Vickers, Lou von Salomé, p. 48.

8.   1882년 8월 4일 니체가 루 살로메에게 쓴 편지.

9. 이 다툼에 관한 엘리자베스의 이야기는 그녀의 회고록과 1882년 9월 24일 ~10월 2일 사이에 주로 클라라 겔처Clara Gelzer에게 쓴 편지를 통해 알려진다. 루는 불편한 현실은 무시하는 자신의 확고한 원칙에 따라 회고록이나 니체에 관해 쓴 책에 어디에서도 엘리자베스와 다툰 일에 관해서 언급하지 않았다. 몬테 사크로에서 니체와 키스를 했느냐는 질문을 받았을 때처럼 그녀는 침묵으로 답을 대신했다.

10. Andreas-Salomé, Nietzsche, pp. 77–78.

11. Ibid., p. 71.

12. Ibid., p. 70.

13. Ibid., p. 71.

14. The Gay Science, Book IV, 'Sanctus Januarius', Section 276.

15. 1882년 8월 31일 니체가 루 살로메에게 쓴 편지.

16. Rudolph Binion, Frau Lou: Nietzsche's Wayward Disciple, Princeton University Press, 1968, p. 91.

17. Freundin – sprach Kolumbus – traue

   Keinem Genuesen mehr!

   Immer starrt er in das Blaue

   Fernstes zieht ihn allzusehr!

   Wen er liebt, den lockt er gerne

   Weit hinaus in Raum und Zeit –

   Über uns glänzt Stern bei Sterne,

   Um uns braust die Ewigkeit.

   (Translation by Curtis Cate.)

·14장· 아버지인 바그너가 죽고,
아들인 차라투스트라가 태어났다

1. 1882년 12월 중순에 니체가 파울 레와 루 살로메에게 쓴 편지.

2. 1883년 2월 11일 니체가 프란츠 오버베크에게 쓴 편지.

3. 1886년 10월 10일, 페터 가스트에게 보낸 편지에 나오는 라팔로에 관한 설명이다.

4. 1882년 12월 25일 니체가 프란츠 오버베크에게 쓴 편지.

5. Ecce Homo, 'Thus Spoke Zarathustra', Section 5.

6. 《즐거운 학문》 '성 야누아리우스' 342절. 이 부분은 처음에 《즐거운 학문》의 마지막 절이었다가 나중에 '우리 두려움을 모르는 자들'이라는 절이 추가됐다.

7. 니체 말고도 차라투스트라에 관심을 가진 사람은 많았다. 지난 50년간 젠드 아베스타나 그 저자에 관한 책이 독일어로 스무 권 출간됐다. Friedrich Nietzsche, Thus Spoke Zarathustra, Oxford University Press, 2008. 그레이엄 파크스의 소개하는 글 참조. Graham Parkes, p. xi.

8. Mary Boyce, Zoroastrians: Their Religious Beliefs and Practices, London, 1979 and The Oxford Companion to Philosophy, ed. Ted Honderich, Oxford University Press, 2005.

9. Thus Spoke Zarathustra, 'Zarathustra's Prologue', Section 3.

10. Thus Spoke Zarathustra, Part III, 'Before Sunrise'.

11. Ibid., 'Zarathustra's Prologue', Section 4.

12. Thus Spoke Zarathustra, Part I, 'On Little Women Old and Young'.

13. 1883년 2월 22일 니체가 프란츠 오버베크에게 쓴 편지.

14. 니체가 프란츠 오버베크에게 라팔로에서 쓴 편지. 1883년 2월 11일에 받음.

15. 1883년 6월 28일 니체가 카를 폰 게르스도르프에게 쓴 편지. 순결의 반도 Chastè peninsula를 말한다.

16. 1883년 2월 19일 니체가 페터 가스트에게 쓴 편지.

17. 1883년 4월 니체가 엘리자베스에게 쓴 편지. 다음 책에서 인용, Binion, Frau Lou, p. 104.

18. 1885년 10월 17일 니체가 프란츠 오버베크에게 쓴 편지.

19. 1883년 여름에 니체가 엘리자베스에게 쓴 편지.

·15장· 무덤이 있어야 부활도 있다

1. 클로드 로랭Claude Lorrain, 또는 클로드 겔레Claude Gellée(1604/5?–1682)로 알려진다. 성경이나 베르길리우스, 오비디우스의 신화에서 주제를 찾아 주로 목가적 풍경을 그린 프랑스 화가이다. 고전적인 건축물이나 인물, 동물을 배경으로 그려진 그의 그림은 영국의 18세기 풍경화 운동에 많은 영감을 제공했다.

2. Thus Spoke Zarathustra, Part II, Section 4, 'On Priests'.

3. 1883년 6월 28일 니체가 카를 폰 게르스도르프에게 쓴 편지.

4. Ecce Homo, 'Thus Spoke Zarathustra', Section 3.

5. 1888년 4월 10일 니체가 게오르그 브라네스에게 쓴 편지.

6. Thus Spoke Zarathustra, Part II, 'Of the Tarantulas'.

7. 1883년 8월 31일 니체가 페터 가스트에게 쓴 편지.

8. 니체가 프란츠 오버베크에게 쓴 편지. 1883년 8월 28일에 받음.

9. 1885년 3월 31일 니체가 프란치스카와 엘리자베스에게 쓴 편지.

10. 1884년 1월 엘리자베스가 베른하르트 푀르스터에게 쓴 편지.

11. 율리우스 파네트Julius Paneth 박사가 1883년 12월 26일과 1884년 1월 3일 니스에서 니체를 만나서 남긴 설명이다.

12. 오스트리아 크렘스 출신인 레사 폰 시른호퍼Resa von Schirnhofer(1855–1948)는 니체에 관한 미출간 회고록인 《Vom Menschen Nietzsche》(1937년)을 남겼다.

13. Resa von Schirnhofer, 3–13 April 1884, quoted in Gilman (ed.),

Conversations with Nietzsche, pp. 146–158.

14. 지금은 실스마리아의 니체 하우스 박물관에 벽지 일부가 전시되어 있다.

· 16장 · 그가 나를 덮쳤다!

1. 1884년 10월 2일 슈마이츠너가 니체에게 쓴 편지, 다음 책에서 인용됨.
   Schaberg, The Nietzsche Canon, p. 113.

2. 1885년 12월 1일 니체가 프란츠 오버베크에게 쓴 편지, 다음 책에서 인용됨.
   Schaberg, The Nietzsche Canon, p. 118.

3. 1885년 2월 12일 니체가 카를 폰 게르스도르프에게 쓴 편지.

4. Ecce Homo, 'Why I am so Wise', Section 2.

5. Human, All Too Human, Book I, Section 638.

6. 1885년 2월 12일 니체가 카를 폰 게르스도르프에게 쓴 편지.

7. 1885년 5월 20일 니체가 엘리자베스에게 쓴 편지.

8. The Times, 1 February 1883.

· 17장 · 허공에 외치다

1. 1887년 3월 24일 니체가 프란츠 오버베크에게 쓴 편지.

2. Ecce Homo, 'Beyond Good and Evil', Section 2.

3. Beyond Good and Evil, 'On the prejudices of philosophers', Section 14.

4. Ecce Homo, 'Human, All Too Human', Section 1.

5. Beyond Good and Evil, 'On the prejudices of philosophers', Section 5.

6. Beyond Good and Evil, 'On the prejudices of philosophers,' Section 9.

7. Ibid., Section 14.

8. Ibid., Section 14.

9. Ibid., Section 9.

10. '개구리의 관점'은 따로 설명이 필요 없겠지만, 아래에서 위를 바라보는 관점을 설명하기 위해 화가들이 사용하는 용어에서 유래되었다.

11. Beyond Good and Evil, 'Our virtues', Section 232.

12. 1887년 5월 12일 니체가 말비다 폰 마이젠부르크에게 쓴 편지.

13. Beyond Good and Evil, 'The religious character', Section 54.

14. Ibid., 'On the prejudices of philosophers', Section 17.

15. Ibid., 'On the natural history of morals', Section 193.

16. Ibid., 'The religious character', Section 46.

17. On the Genealogy of Morality, Second Essay, Section 16.

18. Beyond Good and Evil, 'On the prejudices of philosophers', Section 19.

19. On the Genealogy of Morality, First Essay, Section 11.

20. On the Genealogy of Morality, First Essay, Section 11.

21. Ibid., Second Essay, Section 17.

22. Twilight of the Idols, 'Improving Humanity', Section 2.

23. 요제프 빅토르 비트만Joseph Victor Widmann(1842–1911). 영향력 있는 스위스 문학 비평가. 그도 니체처럼 아버지가 목사였다.

24. 이 논평은 1886년 9월 16일과 17일자로 〈더 번드〉에 실렸다.

· 18장 · 라마랜드

1. 1886년 2월 니체가 엘리자베스에게 쓴 편지.

2.　Notebook 9, autumn 1887, note 102.

3.　Notebook 9, autumn 1887, note 94.

4.　1887년 10월 18일 니체가 프란치스카에게 쓴 편지.

5.　Chambers' Encyclopedia, 1895, Vol. VIII, pp. 750–751.

6.　Ibid., pp. 750–751.

7.　Ibid., pp. 750–751.

8.　Klingbeil. 다음 책에서 인용됨. H. F. Peters, Zarathustra's Sister: The Case of Elisabeth and Friedrich Nietzsche, Crown, 1977, p. 110.

9.　Julius Klingbeil, Enthüllungen über die Dr Bernhard Förstersche Ansiedlung Neu-Germanien in Paraguay(Revelations Concerning Dr Bernhard Förster's Colony New Germany in Paraguay), Baldamus, Leipzig, 1889.

10.　1888년 크리스마스에 프란츠 오버베크에게 보낸 편지.

11.　위와 동일.

· 19장 · 나는 다이너마이트다!

1.　Hymnus an das Leben für gemischten Chor und Orchester, 1887년 10월 20일 출간됨. 출판되기까지 겪었던 자세한 사연은 다음 책에서 참고. Schaberg, The Nietzsche Canon, pp. 140–149.

2.　이 이야기는 레사 폰 시른호퍼가 니체에게 들은 말이다. 하지만 나중에 엘리자베스는 그런 편지는 없었다고 그녀에게 말했다.

3.　1887년 11월 10일 니체가 페터 가스트에게 보낸 편지.

4.　Nietzsche to Reinhart von Seydlitz, 12 February 1888.

5.　게오르그 브라네스Georg Brandes(1842–1927), 덴마크 문예 비평가 겸 전기 작가.

6.   Qvinnans underordnade ställning, 1869.

7.   표트르 알렉세예비치 크로포트킨Pyotr Alexeyevich Kropotkin 공작(1842~1921).

8.   1887년 12월 2일 니체가 게오르그 브라네스에게 쓴 편지.

9.   구스타브 아돌프Gustav Adolf 또는 구스타부스 아돌푸스Gustavus Adolfus. 스웨덴의
      왕이자 독일 개신교도의 지도자였던 그는 30년 전쟁 중 1632년 뤼첸 전투에
      서 가톨릭 황제군과 싸우다 전사했다. 1813년 나폴레옹도 뤼첸 전투에서 승
      리를 거두었다.

10.   Georg Brandes, Friedrich Nietzsche, William Heinemann, 1909, pp. 80–
      82.

11.   니체가 토리노에서 1888년 크리스마스 때 프란츠 오버베크에게 보낸 편지에
      서 인용한 엘리자베스의 편지 내용.

12.   1888년 크리스마스에 니체가 엘리자베스에게 쓴 편지.

13.   The Case of Wagner, First Postscript.

14.   The Case of Wagner, Second Postscript.

15.   Ibid., First Postscript.

16.   메타 폰 잘리스 마흐슐린스Meta von Salis-Marschlins(1855~1929). 니체와 나눈 우정
      을 그린 《철학자와 신사Philosoph und Edelmensch》(1897)를 썼다.

17.   1887년 2월 231일 니체가 프란츠 오버베크에게 쓴 편지. 그리고 1887년 3월
      7일 니체가 페터 가스트에게 쓴 편지.

18.   The Anti-Christ, Section 7.

19.   Carl Bernoulli, 6 June–20 September 1888, 다음 책에서 인용됨. Gilman
      (ed.), Conversations with Nietzsche, p. 213.

20.   Twilight of the Idols, 'What I owe the Ancients', Section 5.

678

니체의 삶

· 20장 · 토리노의 황혼

1. 과거의 운율 리듬(시간적 리듬)과 미개한 운율 리듬(감정적 리듬) 간의 차이는 대략 1888년 8월 말, 실스마리아에서 니체가 카를 훅스에게 보낸 편지에서 언급된다.

2. 1888년 10월 18일 니체가 프란츠 오버베크에게 쓴 편지.

3. 1888년 10월 30일, 뉴사우스웨일스주〈메이틀랜드 머큐리 & 헌터 리버 제너럴 애드버타이저Maitland Mercury and Hunter River General Advertiser〉신문에 게재되었다. 그 기사는 〈보스턴 헤럴드Boston Herald〉에 실린 '위생적인 결혼'이라는 기사를 출처로 작성되었다고 소개한다.

4. Alfred Ploetz, Die Tüchtigkeit unserer Rasse und der Schutz der Schwachen. Ein Versuch über Rassenhygiene und ihr Verhältnis zu den humanen Idealen, besonders zum Sozialismus (The Industriousness of Our Race and the Protection of the Weak: An Essay on Racial Hygiene and its Relationship to Humane Ideals, Especially in Socialism), 1895.

5. The Anti-Christ, Section 58.

6. See Herbert W. Reichert and Karl Schlechta (eds), International Nietzsche Bibliography, Chapel Hill: University of North Carolina Press, 1960.

7. 1888년 10월 18일 니체가 말비다 폰 마이젠부크에게 쓴 편지.

8. 1888년 11월 13일, 프란츠 오버베크에게 보낸 편지에서 9일 전 완성한《이 사람을 보라》를 설명한다.

9. 요한복음 19장 5절.

10. Ecce Homo, Preface.

11. 페르디난드 아베나리우스Ferdinand Avenarius에게 보낸 편지. 다음 책에서 소개됨. Der Kunstwart, 2(1888–9), p. 6.

12. Ecce Homo, 'Why I am so Clever', Section 10.

13. Ibid., 'Why I am so Wise', Section 3.

14. Ibid., 'Why I am so Clever', Section 2.

15. Twilight of the Idols, 'What I owe to the Ancients', Section 4.

16. 1888년 12월 7일 니체가 아우구스트 스트린드베리에게 쓴 편지.

17. 1889년 1월 6일 니체가 야코프 부르크하르트에게 쓴 편지.

18. 1888년 12월 29일 니체가 메타 폰 잘리스 마흐슐린스에게 쓴 편지.

19. 1888년 12월 25일 니체가 프란츠 오버베크에게 쓴 편지.

20. 1888년 10월 18일 니체가 프란츠 오버베크에게 쓴 편지.

21. 1888년 11월 14일 니체가 메타 폰 잘리스 마흐슐린스에게 쓴 편지.

22. 1888년 12월 21일 니체가 프란치스카에게 쓴 편지.

23. 1888년 12월 니체가 엘리자베스에게 쓴 편지.

24. 1888년 12월 9일 니체가 페터 가스트에게 쓴 편지.

25. 1888년 12월 16일 니체가 페터 가스트에게 쓴 편지.

26. 1888년 12월 18일 니체가 카를 훅스Carl Fuchs에게 쓴 편지.

27. 1888년 12월 25일과 28일에 니체가 프란츠 오버베크에게 쓴 편지.

28. 1888년 12월 29일 니체가 메타 폰 잘리스 마흐슐린스에게 쓴 편지.

29. 니체가 페터 가스트에게 쓴 편지. 1888년 12월 31일과 1889년 1월 4일자로 토리노 소인이 찍혀 있다.

30. 니체가 아우구스트 스트린드베리에게 쓴 편지, 날짜 미정.

31. 니체가 아우구스트 스트린드베리에게 쓴 편지, 날짜 미정.

32. 니체가 페터 가스트에게 쓴 편지. 1889년 1월 4일자로 토리노 소인이 찍혀 있다.

33. 니체가 게오르그 브라네스에게 쓴 편지. 1889년 1월 4일자로 토리노 소인이 찍혀 있다.

34. 니체가 야코프 부르크하르트에게 쓴 편지. 1889년 1월 4일자로 토리노 소인이 찍혀 있다.

35. 1889년 1월 1일에 니체가 코지마에게 쓴 편지.

36. 니체가 야코프 부르크하르트에게 쓴 편지. 편지에 적힌 날짜는 1889년 1월 6일이지만, 1889년 1월 5일자로 토리노 소인이 찍혀 있다.

· 21장 · 미노타우로스 동굴

1. Schain, The Legend of Nietzsche's Syphilis, p. 44.

2. '나는 다리 위에 서 있었네An der Brücke stand'의 2연:

   Meine seele, ein Saitenspiel,

   Sang sich unsichtbar berührt,

   Heimlich ein Gondellied dazu,

   Zitternd vor bunter Seligkeit.

   – Hörte jemand ihr zu?

3. '어머니의 면담 자료'는 1889년 1월 병원 측에서 작성한 건강 보고서의 일부에서 가져왔다.

4. Carl Bernoulli, cited in E. F. Podach, The Madness of Nietzsche, trans. F. A Voight, Putnam, 1931, p. 177.

5. Human, All Too Human, 'A Miscellany of Opinions and Maxims', Section 408, 'Descent into Hades'.

6. 1920년대에 바젤 클리닉의 병원장으로 지낸 스투츠Stutz 박사는 병원 기록들을 살펴보고 그동안 병원에서 '진행성 마비'로 진단받은 많은 환자가 사실은 조현병에 해당한다고 밝혔다.

7. 자샤 짐쇼비츠Sascha Simchowitz라는 의대생이 떠올린 기억이다. 다음 책에서 인용됨. Krell and Bates, The Good European, p. 50.

8. Podach, The Madness of Nietzsche, p. 195.

9. 랑벤이 1900년 가을 니체의 사망 소식을 알고 난 뒤 케플러 주교에게 쓴 편

지. 다음 책에서 인용함. Podach, The Madness of Nietzsche, pp. 210–211.

10.   Timothy W. Ryback, Hitler's Private Library, The Books that Shaped His Life, Vintage, 2010, p. 134.

· 22장 · 무지한 점거자

1.   Klingbeil, Enthüllungen über die Dr Bernhard Förstersche Ansiedlung Neu-Germanien in Paraguay.

2.   1889년 4월 9일 엘리자베스가 누에바 게르마니아에서 어머니 프란치스카에게 쓴 편지.

3.   1889년 6월 2일 베른하르트 푀르스터가 막스 슈버트에게 쓴 편지.

4.   1889년 7월 2일 엘리자베스가 프란치스카에게 쓴 편지.

5.   Förster-Nietzsche, The Life of Nietzsche, Vol. II, pp. 400–401.

6.   1889년 7월 2일 엘리자베스가 프란치스카에게 쓴 편지.

7.   Elisabeth Nietzsche, writing as Eli Förster, Dr Bernhard Förster's Kolonie Neu-Germania in Paraguay, Berlin, Pioneer, 1891.

8.   Harry Kessler, Diary, 23 July 1891, in Easton (ed.), Journey into the Abyss, p. 30.

9.   Cited in Laird M. Easton, The Red Count, The Life and Times of Harry Kessler, University of California Press, 2002, p. 41.

10.   1891년 8월 20일, 제들리츠 노이먼Zedlitz-Neumann 남작은 마리 엘리자베스 마이스너Marie Elisabeth Meissner에게 총을 쏜 뒤 자살을 시도하나 실패한다. 이후에는 저널리스트로 활동했다.

11.   노르웨이에서 비슷하게 일어난 현상은 다음 책에서 참고. Sue Prideaux, Edvard Munch: Behind the Scream, Yale University Press, 2005, pp.

72–74.

12. Harry Kessler, Diary, 22 June 1896, in Easton (ed.), Journey into the Abyss, p. 160.

13. Harry Kessler, Diary, 28 January 1895, in ibid., p. 128.

14. 극단 '자유 무대'는 1889년에 설립되었고, 〈현대 생활을 위한 자유 무대〉는 1990년에 창간됐다. 이후에는 〈새 독일 평론Neue Deutsche Rundschau〉으로 이름이 변경되었다.

15. 프리츠 쾨겔Fritz Kögel(1860–1904), 문헌학자이자 작곡가 겸 작가.

16. 1889~1890년에 지어졌으며, 시어도어 라인하르트Theodor Reinhard와 H. 융한스H. Junghans가 건축했다.

17. Meta von Salis-Marschlins to Dr Oehler, 14 July 1898, cited in Peters, Zarathustra's Sister, p. 164.

18. 1900년 8월 4일 페터 가스트가 프란츠 오버베크에게 쓴 편지.

19. Harry Kessler, Diary, 7 August 1897, in Easton (ed.), Journey into the Abyss, p. 186.

20. 'Ich habe meinen Regenschirm vergessen'.

21. Hollingdale, Nietzsche, the Man and His Philosophy, p. 253.

22. Fritz Schumacher, recollection of 1898, in Gilman (ed.), Conversations with Nietzsche, pp. 246–247.

23. Karl Böttcher, Auf Studienpfaden: Gefängnisstudien, Landstreicherstudien, Trinkstudien, Irrenhausstudien, Leipzig, 1900, and Walter Benjamin, 'Nietzsche und das Archiv seiner Schwester', 1932, cited in Paul Bishop (ed.), A Companion to Friedrich Nietzsche, Camden House, NY, 2012, p. 402.

24. Harry Kessler, Diary, 2 October 1897, in Easton (ed.), Journey into the Abyss, p. 190.

25. Harry Kessler, Diary, 3 October 1897, in ibid., pp. 190–191.

26. Förster-Nietzsche, The Life of Nietzsche, Vol. II, p. 407.

27. Anonymous, quoted in Gilman (ed.), Conversations with Nietzsche, pp. 260–261.

28. Förster-Nietzsche, The Life of Nietzsche, Vol. II, p. 410.

29. 추도문은 미술사가인 쿠르트 브라이지히Kurt Breysig가 전달했다. 추도문에 관한 언급은 건축가인 프리츠 슈마허가 남긴 것이다. 1923년, 브라이지히는 엘리자베스를 문학 부문 노벨상 후보로 추천했다.

30. Edvard Munch, Friedrich Nietzsche, 1906, oil on canvas, 201×160cm, Thiel Gallery, Stockholm.

31. Edvard Munch, Elisabeth Förster-Nietzsche, 1906, oil on canvas, 115×80cm, Thiel Gallery, Stockholm.

32. 엘리자베스 피르스터 니체를 노벨 문학상 후보로 추천한 사람들 - 1908년, 독일 철학자 한스 바이힝거Hans Vaihinger; 1916년, 한스 바이힝거와 스웨덴 역사가인 하랄드 예르네Harald Hjärne; 1917년, 한스 바이힝거; 1923년 문헌학자 게오르그 괴츠Georg Goetz; 1923년, 니체의 장례식에서 끝없는 연설문을 읽은 쿠르트 브라이지히; 1923년, 한스 바이힝거.

33. Late notebook, W 13, 646, W 13, 645, cited in Krell and Bates, The Good European, p. 213.

34. 1912년, 무솔리니는 《프리드리히 니체의 삶》이라는 전기체의 수필을 써서 〈아반티Avanti〉지에 게재했다.

35. 영어식 제목은 「100일The Hundred Days」로 번역되어 있다.

36. Elisabeth Förster-Nietzsche, unpublished letter, Weimar, 12 May 1933. Cited in Peters, Zarathustra's Sister, p. 220.

37. Thus Spoke Zarathustra, Section 29, 'Of the Tarantulas', trans R. J. Hollingdale.

38. 알프레드 로젠베르크Alfred Rosenberg는 1934~1945년 동안, 나치스의 '지식 및 이념 교육 감독부' 위원장으로 지냈다.

39. Yvonne Sherratt, Hitler's Philosophers, Yale University Press, 2013, p. 70.

40. Breisgauer Zeitung, 18 May 1933, p. 3.

41. Harry Kessler, 'Inside the Archive', 7 August 1932, in Count Harry Kessler, The Diaries of a Cosmopolitan, 1918–1937, ed. and trans. by Charles Kessler, Phoenix Press, 2000, pp. 426–427.

42. Eyewitness account written by Ernst Hanfstaengel, Hitler's pianist, in his book of reminiscences, The Unknown Hitler, Gibson Square Books, 2005, p. 233.

43. See Ryback, Hitler's Private Library, pp. 67–68.

44. Ibid., p. 129.

45. Hanfstaengel, The Unknown Hitler, p. 224.

46. Ibid., p. 224.

47. 하이델베르크 대학교 교육학 교수, 에른스트 크리크Ernst Krieck가 한 말이다. 다음 책에서 인용됨. Steven E. Aschheim, Nietzsche's Legacy in Germany, University of California Press, 1992, p. 253.

48. 1935년 10월 31일 엘리자베스가 에른스트 틸Ernst Thiel에게 쓴 편지.

49. 1884년 6월 중순, 베네치아에서 니체가 엘리자베스에게 보낸 편지.

50. Ecce Homo, 'Why I am a Destiny', Section 1.

참고 문헌

The standard German edition of the collected works is Kritische Gesamtausgabe: Werke, ed. Giorgio Colli and Mazzino Montinari, Walter de Gruyter, 1967– .

Quotations from Nietzsche are from the Cambridge Texts in the History of Philosophy Series, unless otherwise cited. Quotations from the letters, unless otherwise cited, are taken from Selected Letters of Friedrich Nietzsche, edited by Christopher Middleton, Hackett Publishing, Indianapolis, 1969.

Andreas-Salomé, Lou, Looking Back: Memoirs, trans. Breon Mitchell, Paragon House, 1990

Andreas-Salomé, Lou, Nietzsche, trans. Siegfried Mandel, University of Illinois Press, 2001

Bach, Steven, Leni, The Life and Work of Leni Riefenstahl, Abacus, 2007

Binion, Rudolph, Frau Lou, Nietzsche's Wayward Disciple, Princeton University Press, 1968

Bishop, Paul (ed.), A Companion to Friedrich Nietzsche, Life and Works, Camden House, 2012

Blanning, Tim, The Triumph of Music: Composers, Musicians and their Audiences, 1700 to the Present, Allen Lane, 2008

Blue, Daniel, The Making of Friedrich Nietzsche, The Quest for Identity 1844–1869, Cambridge University Press, 2016

Brandes, Georg, trans. A. G. Chater, Friedrich Nietzsche, William Heinemann, 1909

Brandes, Georg (ed.), Selected Letters, trans. W. Glyn Jones, Norvik Press, 1990

Burckhardt, Jacob, The Civilisation of the Renaissance in Italy, Penguin, 1990

Cate, Curtis, Friedrich Nietzsche, A Biography, Pimlico, 2003

Chamberlain, Lesley, Nietzsche in Turin, The End of the Future, Quartet, 1996

Detweiler, Bruce, Nietzsche and the Politics of Aristocratic Radicalism, University of Chicago Press, 1990

Diethe, Carol, The A to Z of Nietzscheanism, Scarecrow Press, 2010

Diethe, Carol, Nietzsche's Sister and the Will to Power, University of Illinois Press, 2003

Diethe, Carol, Nietzsche's Women, Beyond the Whip, Walter de Gruyter, 1996

Dru, Alexander, The Letters of Jacob Burckhardt, Liberty Fund, Indianapolis, 1955

Easton, Laird M. (ed.), Journey into the Abyss, The Diaries of Count Harry Kessler, 1880–1918, Alfred A. Knopf, 2011

Easton, Laird M., The Red Count. The Life and Times of Harry Kessler, University of California Press, 2002

Feuchtwanger, Edgar, Imperial Germany, 1850–1918, Routledge, 2001

Förster-Nietzsche, Elisabeth, The Nietzsche–Wagner Correspondence, trans. Caroline V. Kerr, Duckworth, 1922

Förster-Nietzsche, Elisabeth, The Life of Nietzsche, Vol. I, The Young Nietzsche, trans. Anthony M. Ludovici, Sturgis and Walton, 1912

Förster-Nietzsche, Elisabeth, The Life of Nietzsche, Vol. II, The Lonely Nietzsche, trans. Paul V. Cohn, Sturgis and Walton, 1915

Gautier, Judith, Wagner at Home, trans. Effie Dunreith Massie, John Lane, 1911

Gilman, Sander L. (ed.), and David J. Parent (trans.), Conversations with Nietzsche, A Life in the Words of His Contemporaries, Oxford University

Press, 1987

Gossmann, Lionel, Basel in the Age of Burckhardt, A Study in Unseasonable Ideas, University of Chicago Press, 2002

Gregor-Dellin, Martin, Richard Wagner, His Life, His Works, His Century, trans. J. Maxwell Brownjohn, Collins, 1983

Gregor-Dellin, Martin, and Mack, Dietrich (eds), Cosima Wagner's Diaries, trans. Geoffrey Skelton, Vols I and II, Helen and Kurt Wolff Books, Harcourt Brace Jovanovich, Vol. I 1978, Vol. II 1980

Grey, Thomas S. (ed.), Richard Wagner and His World, Princeton University Press, 2009

Hanfstaengl, Ernst, The Unknown Hitler, Gibson Square, 2005

Hayman, Ronald, Nietzsche, A Critical Life, Weidenfeld and Nicolson, 1980

Heidegger, Martin, German Existentialism, trans. Dagobert D. Runes, Philosophical Library Inc., 1965

Hilmes, Oliver, Cosima Wagner, the Lady of Bayreuth, Yale University Press, 2010

Hollingdale, R. J., Dithyrambs of Dionysus, Anvil, 2001

Hollingdale, R. J., Nietzsche, The Man and His Philosophy, Cambridge University Press, 1999

Johnson, Dirk R., Nietzsche's Anti-Darwinism, Cambridge University Press, 2010

Kaufmann, Walter (ed.), Friedrich Nietzsche, The Will to Power, trans. Kaufmann and R. J. Hollingdale, Vintage, 1968

Kessler, Charles (ed. and trans.), The Diaries of a Cosmopolitan, Phoenix Press, London, 2000

Köhler, Joachim, Nietzsche and Wagner, A Lesson in Subjugation, trans. Ronald Taylor, Yale University Press, 1998

Krell, David Farrell, and Bates, Donald L., The Good European, Nietzsche's Work Sites in Word and Image, University of Chicago Press, 1997

Levi, Oscar (ed.), Selected Letters of Friedrich Nietzsche, trans. Anthony M. Ludovici, Heinemann, 1921

Love, Frederick R., Nietzsche's St Peter, Genesis and Cultivation of an Illusion, Walter de Gruyter, 1981

Luchte, James, The Peacock and the Buffalo, The Poetry of Nietzsche, Continuum Publishing, 2010

Macintyre, Ben, Forgotten Fatherland, The Search for Elisabeth Nietzsche, Macmillan, 1992

Mann, Thomas, Doctor Faustus, trans. H. T. Lowe-Porter, Penguin, 1974

Meysenbug, Malwida von, Rebel in a Crinoline, Memoirs of Malwida von Meysenbug, trans. Elsa von Meysenbug Lyons, George Allen & Unwin, 1937

Middleton, Christopher (ed.), Selected Letters of Friedrich Nietzsche, Hackett Publishing, Indianapolis, 1969

Millington, Barry, Richard Wagner, The Sorcerer of Bayreuth, Thames and Hudson, 2013

Moore, Gregory, Nietzsche, Biology and Metaphor, Cambridge University Press, 2002

Moritzen, Julius, Georg Brandes in Life and Letters, Colyer, 1922

Nehemas, Alexander, Nietzsche, Life as Literature, Harvard, 2002

Peters, H. F., Zarathustra's Sister: The Case of Elisabeth and Friedrich Nietzsche, Crown, 1977

Podach, E. F., The Madness of Nietzsche, trans. F. A Voight, Putnam, 1931

Roth, Samuel (purportedly by Friedrich Nietzsche), My Sister and I, trans. Dr Oscar Levy, AMOK Books, 1990

Ryback, Timothy W., Hitler's Private Library, The Books that Shaped His Life,

Vintage, 2010

Safranski, Rüdiger, Nietzsche, A Philosophical Biography, trans. Shelley Frisch, Norton, 2003

Schaberg, William H., The Nietzsche Canon, A Publication History and Bibliography, University of Chicago Press, 1995

Schain, Richard, The Legend of Nietzsche's Syphilis, Greenwood Press, 2001

Sherratt, Yvonne, Hitler's Philosophers, Yale University Press, 2013

Small, Robin, Nietzsche and Rée, A Star Friendship, Clarendon Press, Oxford, 2007

Spencer, Stewart, and Millington, Barry (eds), Selected Letters of Richard Wagner, Dent, 1987

Storer, Colin, A Short History of the Weimar Republic, I. B. Tauris, 2013

Tanner, Michael, Nietzsche, A Very Short Introduction, Oxford University Press, 2000

Vickers, Julia, Lou von Salomé, A Biography of the Woman Who Inspired Freud, Nietzsche and Rilke, McFarland, 2008

Walker, Alan, Hans von Bülow, A Life and Times, Oxford University Press, 2010

Watson, Peter, The German Genius, Europe's Third Renaissance, The Second Scientific Revolution and the Twentieth Century, Simon & Schuster, 2010

Zweig, Stefan, Nietzsche, trans. Will Stone, Hesperus Press, 2013

Select Discography

Albany Records, USA, Friedrich Nietzsche, Vol. I, Compositions of His Youth, 1857–63, Vol. II, Compositions of His Mature Years, 1864–82.

Deutsche Grammophon, Lou Salomé (Opera in 2 Acts) by Giuseppe Sinopoli. Lucia Popp, José Carreras and the Stuttgart Symphony Orchestra.

감사의 말

이 책을 준비하는 4년 동안 여러 방면에서 많은 사람에게 도움을 받았다. 먼저 니체 학자들에게 감사의 마음을 전한다. 그들 중에는 내가 실제로 만나본 사람도 있고, 이미 사망해서 만나지 못한 사람들도 있는데, 편집된 니체의 유고에서 거짓된 부분을 골라내고 원본을 찾아내어 정리하고 번역하는 수고를 아끼지 않았다.

영국과 미국의 두 편집자, 밋지 엔젤과 팀 듀건에게 감사한다. 그들은 내가 새로운 생각의 흐름을 시작할 수 있게 도와주었다. 철학 관련 부분을 감독하며 엄청난 관대함을 보여주고 그의 망치를 휘둘러 큰 영향을 준 니겔 월버튼에게도 감사의 인사를 전한다.

스위스와 독일에 있는 분들에게도 감사의 마음을 전하고 싶다. 바이마르에 있는 안나 아말리아 대공비 도서관의 에르만 폰 빌라모위츠 모엘렌도르프, 실스마리아에 있는 니체 하우스의 피터 안드레 블록 교수와 피터 빌워크 박사, 트리브쉔에 있는 리하르트 바그너 박물관의 카야 플레셔에게 감사한다.

다음은 영국에 있는 분들에게 전하는 인사이다. 먼저 펠리시티 브라이언 협회Felicity Bryan Associates의 펠리시티 브라이언과 미셸 토팜, 그리고 협회의 모든 팀에게 감사한다. 파버Faber에 있는 로라 하산, 에미 프란시스, 도나 페인, 앤 오웬, 안나 데이비슨, 존 그린드로드, 소피 포르타스에게도 특별히 인사를 전하고 싶다. 원고 교열에 도움을 준 엘리너 리스와 허가 작업을 도와준 레이첼 소른, 런던 고돌핀 스쿨Godolphin School의 해리 케슬러와 친척관계인 루이스 두페트와 고전학부에게 고마움을 전한다. 특히 19세기 통화 문제를 주목해준 로저 로맥스와 아포리즘 강의를 재밌게 해준 로라 샌더슨에게도 감사를 표한다. 또한, 앤드루 누른베르크Andrew Nurnberg 팀과 런던 도서관의 훌륭한 직원들에게도 고맙다는 인사를 전하고 싶다.

미국에는 팀 듀건 외에도 사실 확인에 도움을 준 조지 루카스, 윌리엄 울프슬라우, 힐러리 맥클렐런에게도 감사한다.

질리언 말파스, 크리스토퍼 싱클레어 스티븐슨, 고인이 되신 톰 로젠탈에게는 특별한 감사를 표한다. 그들 모두 내가 이 책을 처음 시작할 때 큰 용기와 도움을 주었다. 유익한 대화로 도움을 준 앤토니 비버, 아르테미스 쿠퍼, 루시 휴스 홀레트, 사라 베이크웰에게도 고개 숙여 감사의 인사를 전한다. 마지막으로 재치 있는 감각으로 비평과 도움말을 아끼지 않고, 집안을 유령하우스로 만들어도 눈감아준 우리 가족에게 마음 깊이 감사한다.